T0169718

ENCYCLOPÉDIE
DES SCIENCES PHILOSOPHIQUES
EN ABRÉGÉ

BIBLIOTHÈQUE DES TEXTES PHILOSOPHIQUES

Fondateur H. GOUHIER   Directeur E. CATTIN

G.W.F. HEGEL

ENCYCLOPÉDIE
DES SCIENCES PHILOSOPHIQUES
EN ABRÉGÉ

Présentation, traduction et notes
par
Bernard BOURGEOIS

PARIS
LIBRAIRIE PHILOSOPHIQUE J. VRIN
6, Place de la Sorbonne, V^e
2018

© *Librairie Philosophique J. VRIN*, 2012

Imprimé en France

ISSN 0249-7972
ISBN 978-2-7116-2375-4

www.vrin.fr

PRÉSENTATION

LE SENS DE L'ENCYCLOPÉDIE HÉGÉLIENNE

Le discours spéculatif sur le sens de l'être

Une encyclopédie au sens strict du terme, à savoir, comme l'indique l'étymologie grecque, une instruction se bouclant, et par là se totalisant, en un cercle, en un cycle, n'est vraiment possible – lorsqu'il s'agit des sciences réelles (et non pas seulement formelles, ne visant aucun être distinct d'elles) – que des sciences que Hegel appelle philosophiques, et non pas des sciences désignées par lui positives, c'est-à-dire de ce que l'on entend généralement à l'époque moderne par le mot « sciences ». Car ces dernières, ainsi que leurs applications techniques, expriment un contenu originellement offert par l'expérience prise dans l'extériorité à soi, la différence ou la diversité spatio-temporelle indéfinie, qui va, comme telle, sans cesse au-delà d'elle-même au lieu de revenir en soi pour s'y unifier. La grande Encyclopédie du XVIIIe siècle n'est bien encyclopédique qu'au sens fort large du terme, celui d'un regroupement d'abord alphabétique – elle se dit un « Dictionnaire » – des sciences, des arts et des métiers ; ce sont là des contenus théoriques ou pratiques dont un tel rassemblement, une telle simple somme, suppose l'expérience, qui les a déjà fait découvrir et vérifier chacun pour lui-même, et lui ajoute de façon contingente leur mise en rapport ou en réseau les uns avec les autres. Au contraire, les sciences philosophiques telles que Hegel les comprend ne posent chacune leur contenu qu'en se composant les unes avec les autres, dans un contenu totalisant qui fait d'elles les simples moments d'une seule et même science, la philosophie en tant que système encyclopédique du savoir.

Car ce contenu n'est pas la diversité empirique indéfinie, originellement sensible, unifiée par des lois, qui habille l'identification de la différence ou le sens – tout sens est une différence ou détermination identifiée, non chaotique – supposé par l'expérience de sa manifestation sensible, et en son existence et en son essence propre. Le contenu philosophique est précisément cette existence et cette essence déterminée du sens de l'être, qui, en effet, est une identification elle-même déterminée, différenciée, de la différence manifestée empiriquement; l'identification de la différence, qui constitue l'être physico-chimique, est ainsi relativement extérieure à cette différence, tandis que, dans l'être vivant, elle lui est intérieure et consubstantielle, et que, chez l'être spirituel, elle s'accomplit en la posant comme sa différence. Or, l'affirmation philosophique du sens de l'être n'est scientifique qu'en établissant, de façon alors purement pensante, donc en se maintenant dans le milieu intérieur du sens, la nécessité des déterminations de celui-ci, c'est-à-dire leur identité processuelle, soit l'auto-différenciation progressive du sens ainsi totalisé de l'être.

Une telle auto-détermination du sens de l'être n'est elle-même assurée que si, d'abord, 1) elle repose sur une détermination de l'être entièrement identique à elle-même en tant qu'elle se présente comme n'ayant de rapport qu'à elle-même, et par là comme étant vraiment en soi. Elle n'est ensuite 2) justifiée comme le processus qui la fait se différencier d'un tel socle que pour autant que c'est l'identité absolue de celui-ci qui le rend néanmoins autre que lui-même ou suscite la détermination négative de la première détermination, et, du même coup, exige l'insertion de cette différence dans l'identité native désormais enrichie, plus concrète ou complexe, de l'être. Enfin, 3) l'auto-détermination du sens de l'être n'est justifiée comme auto-détermination achevée ou totalisée, strictement encyclopédique, que si elle se clôt dans une détermination qui a pour contenu l'auto-détermination même de l'être, laquelle s'absorbe de la sorte dans elle-même, libérée de tout destin extérieur à son repos absolu. Ce sont ces trois conditions que remplit l'encyclopédie hégélienne des sciences philosophique de l'être ressaisi en son sens.

Hegel ne fonde pas l'encyclopédie du savoir sur une détermination *particulière* de celui-ci, objective : par exemple la nature, ou subjective : par exemple le Moi, ou objective-subjective : par exemple Dieu, érigé arbitrairement en l'absolu, puisque sa particularité (même celle de Dieu en tant que distingué d'autre chose) la relativise. Il la fonde sur la détermination la plus *universelle*, la moins limitée ou déterminée qui soit, par là même applicable à tout et dont l'affirmation est impliquée par toute affirmation de quoi que ce soit, c'est-à-dire sur la détermination indéterminée : « être ». Le sens « être » identifie en lui tout affirmé, tout affirmant, et tout affirmant avec tout affirmé. Affirmer le non-être est bien dire qu'il est. La parole : « c'est » est donc inévitable. Et telle est bien la première détermination encyclopédique de l'être, à savoir qu'il est. Mais, si le socle de l'Encyclopédie hégélienne est parménidien, son parménidisme n'est aussi que son commencement, en tant que tel aussitôt emporté par l'héraclitéisme qui le fait se remplir ou s'accomplir.

Car, si le non-être peut être dit être, l'être comme tel, n'étant rien de déterminé, peut être dit un non-être. Or, mesuré, comme par une règle de lui-même, par son identité à soi érigée en principe et par là renvoyant au non-être toute contradiction interne, il exige d'être en lui-même la négation de lui-même comme cet être pur, abstrait, du commencement, qui le fait se renverser en lui-même et se contredire en s'égalant au non-être. L'être a donc nécessairement pour sens d'être, non pas seulement lui-même, mais l'unité de lui-même et du non-être : il n'*est* qu'en tant qu'il *a* en lui, en étant ainsi préservé de l'être, le non-être. Mais cette identité à soi ainsi concrète de l'être est un nouveau sens de lui-même, à savoir le devenir (l'être comme devenir de lui-même, puisqu'il a en lui du non-être).

Cependant, l'être comme devenir va, lui aussi, à son tour, se montrer contradictoire, donc se nier en un nouveau, plus concret si l'on peut dire, non-être, ce qui – puisqu'il y a de l'être, ne serait-ce, à chaque fois, qu'un tel non-être – exigera l'intégration de celui-ci dans une unité plus concrète de l'être. Et ce, jusqu'à ce qu'on parvienne à l'unité absolument concrète ou totale récapitulant en son ordre hiérarchique (le concret a puissance sur l'abstrait, en son sens, partiel) toutes les déterminations de l'être dans celle qui, depuis le début de l'Encyclopédie, les distribuait en les disant, par là les maîtrisait en portant l'être à son comble unifiant, à savoir la détermination de l'être comme dire spéculatif de lui-même.

Pour Hegel, je ne peux pas vraiment dire : « c'est », discours impliqué par tout discours, que si je dis que ce qui est, c'est l'être en tant qu'il se dit encyclopédiquement dans et comme le discours philosophique absolu sur lui-même ; au fond, qui parle pour dire quelque chose doit, s'il veut être dans une entière cohérence avec soi, dire l'Encyclopédie des sciences philosophiques. Ainsi, ne pas hégélianiser, ce n'est pas tenir en le jugeant vrai un autre discours que celui de Hegel, c'est, plus radicalement, renoncer au discours, le renoncement extrême fondant, en soi, implicitement car comment pourrait-il l'expliciter sans se renier, sur la caractérisation de l'identité de l'être et du non-être comme étant elle-même non-être le choix de la voix silencieuse vers le nirvana ; le choix primaire est bien, en effet, entre l'affirmation comme être et l'affirmation comme non-être de l'identité de l'être et du non-être. Parce que Hegel choisit l'être de l'identité de l'être et du non-être, qui est alors devenir, un devenir qui est, il peut dire ce choix dans un premier dire qui est et qui dit le premier être véritable, mais, par là même aussi, commencer alors un discours, qui ne peut commencer que pour autant qu'il va au-delà du commencement et se déploie dans l'Encyclopédie tout entière.

La linguistique saussurienne a bien déterminé un signe par sa différence d'avec tous les autres au sein de ce qui se déploie comme un système des signes, mais la pensée, principe recteur du discours, s'emploie à instituer une logique des significations, et la philosophie a voulu fonder et justifier celle-ci. Hegel a tenté de l'élever à son apothéose spéculative en faisant s'engendrer toutes les significations universelles, tous les sens universels de l'être à partir du premier, qui est de faire paraître l'être en tant que tel, corrélat du discours élémentaire s'objectant à lui-même, pour être un dis-cours, un mouvement différenciant de soi, l'être visé comme être, ou comme ce qui est en soi identique à soi. Cependant, l'élémentaire dire de l'être, qui se vit lui-même comme un être, ne peut pas ne pas nier la négation de soi introduite en lui par la non-identité de lui-même et de ce qu'il s'objecte comme être. Il se différencie alors de lui-même et se pose comme ce qui nie la contradiction qu'est son dire initial. Voilà pourquoi le discours commençant doit se poursuivre, si, bien entendu, l'être qui tient ce discours refuse la contradiction et exige lui-même d'être, c'est-à-dire d'être identique à soi, exigence dont on sait que, consciente alors absolument d'elle-même, elle définit la philosophie.

Le principe du développement du discours encyclopédique sur l'être est donc la différenciation d'avec soi progressive de ce discours qui s'éloigne de plus en plus de son identité à soi ou de sa simplicité immédiate («C'est») et donne de plus en plus à l'être une identité concrète, remplie, en cela totale, susceptible d'absorber et maîtriser en elle tout sens, et d'échapper ainsi à la puissance destinale d'une altérité signifiant que l'être affirmé a l'être hors de lui, n'est pas en tant qu'il est, ce qui s'exprime dans sa contradiction interne, source de son anéantissement; le concret, en effet, qui résulte d'un «concrescere», d'un croître (se déployer, s'étaler, se distendre ou différencier), ensemble (en se rassemblant, en s'unifiant, en s'identifiant), c'est-à-dire de l'identification de la différenciation et de l'identification, ou de l'auto-différenciation de l'identité, exprime bien cette identité différenciée qu'est la totalité. Mais c'est la *contradiction*, partant l'auto-négation de l'être affirmé en son universalité abstraite, logée inévitablement en toute affirmation, qui mobilise son développement jusqu'au terme de l'Encyclopédie, laquelle pose le sens totalisé de l'être, alors pleinement assuré en son être et dicible par un savoir absolu de lui-même. Un tel développement nécessaire de l'être, parce qu'il a son moteur dans l'auto-négation ou contradiction de cet être, peut être appelé un développement *dialectique*, une dialectique.

La pensée rationnelle du sens de l'être

Hegel fait précéder le déploiement encyclopédique de l'être d'un
« Concept préliminaire » où il justifie sa démarche spéculative par la
critique de toutes les autres positions que la pensée se faisant philosophie pouvait prendre et a effectivement prises à l'égard de l'« objectivité » sous laquelle il est toujours visé. Certes, la pensée, en tant
que telle, universalise le contenu intuitionné extérieur ou intérieur,
sensible ou senti, auquel elle s'applique en l'arrachant à sa concréité
ou richesse confuse singulière spatio-temporelle et en le déposant
ainsi simplifié dans le support répétable du mot prononcé une fois.
Mais, regrettant le caractère général du discours (« ceci », par exemple,
peut se dire de tout) dans lequel elle s'incarne, elle peut vouloir se
renier et se faire le porte-parole de l'*intuition* concrète première et
s'accomplir, à ce qu'elle croit, comme philosophie de l'intuition ou
du savoir immédiat. Hegel a toujours combattu un tel reniement de
soi de la pensée qui, méprisant l'universalité communicable du vrai,
s'enferme, ainsi à travers un certain romantisme à la mode en son
temps, dans le sentiment individuel ineffable. C'est que le tout dont il
fait le vrai et l'absolu n'exclut pas, mais inclut l'universel posé comme
tel dans la pensée discursive, et cela même si l'universel pensant doit
lui-même se totaliser dans un système des significations déposées
dans le langage.

La pensée doit bien d'abord se comporter comme *entendement*
(*Verstand*), pouvoir d'extraire, d'abstraire, du contenu mélangé, plus
syncrétique que proprement synthétique, de l'intuition, un élément
alors lié à un mot prononcé et rendu par là disponible à l'acte discursif.
L'entendement fixe en son identité à soi ce qu'il a différencié ou
séparé du tout en devenir de l'intuition. La pensée peut bien formellement s'en tenir à ce pouvoir de discernement fixateur qu'est
l'entendement et affirmer celui-ci pour lui-même en lui donnant alors
le rôle décisif dans la connaissance vraie de l'être. C'est bien le cas
dans le kantisme, qui définit le savoir véritablement objectif – celui
qu'illustre notamment la science newtonienne de la nature – comme

l'identification intellectuelle, dans des lois, du divers présupposé de l'intuition sensible empirique.

Ce faisant, Kant rabaisse à un statut seulement subjectif la pensée qui, tendant par nature à l'identification plénière du divers, le pose comme posé par son identité à elle alors capable, dans la dissolution de toute altérité la limitant, de se constituer par soi la totalité de ce qui est. Un tel pouvoir visé par la pensée la définit comme *raison*, une raison s'affirmant, aux trois niveaux de la diversité empirique posée, comme la totalisation de l'expérience intérieure dans l'Idée du Moi, puis comme la totalisation de l'expérience extérieure dans l'Idée du Monde, enfin comme la totalisation de l'expérience intérieure et extérieure dans l'Idée de Dieu. Pour Kant, on le sait, la raison prend ces trois Idées totalisatrices pour des réalités, mais sa critique d'elle-même la fait se saisir comme purement subjective. La pensée rationnelle n'a rien d'une connaissance vraie, car, comme pensée humaine, elle est originairement limitée par l'existence, en tant qu'autre source du sens, de la sensibilité purement réceptrice d'un donné autre qu'elle. Le tout, qui seul, comme tel, repose sur lui-même et a un être plénier, absolu, échappe alors à la connaissance, laquelle, en sa relativité et partialité, échoit à l'entendement.

Hegel combat, à l'égal de l'intuitionnisme, cet intellectualisme qui identifie à elles-mêmes des différences demeurant séparées, par leur origine, réellement les unes des autres, et empêchant ainsi leur rassemblement formellement systématisant de valoir comme un système réel de l'être lui-même pris en son absoluité. À vrai dire, pour Hegel, l'entendement, qui identifie, mais partiellement et, par conséquent, formellement, est un moment nécessaire de la pensée, mais il n'est, en son insuffisance, que son premier moment. La pensée simplement identifiante du divers ou du différent dont elle se différencie, en l'affirmant ainsi pratiquement en elle alors même qu'elle le nie théoriquement, est, de ce fait, contradictoire. Or, une telle contradiction, qu'il lui faut reconnaître en elle-même, illustre le deuxième moment de la pensée : celui-ci lui fait saisir précisément toute signification identique à elle-même comme se différenciant d'avec elle-même, comme se niant en son non-être d'elle-même. Ce deuxième moment de tout ce qui a être et sens est *le dialectique*, par lequel tout sens et être abstrait et fixé à son abstraction se renverse dans le négatif de lui-même : A est non-A. Une telle auto-négation de l'identique à soi pris en sa pureté ou abstraction signifie que le vrai est bien plutôt le concret ou le tout, posé alors en creux, négativement. Et puisque, suivant la reprise kantienne du thème, l'affirmation du tout comme tout analysé d'abord par l'entendement mais maintenant proprement synthétisé – à la différence de ce qu'il est, seulement syncrétique, dans sa saisie intuitive immédiate – est l'affaire de la raison, le moment du dialectique peut bien être désigné par Hegel comme celui du « *négativement-rationnel* ».

Cependant, ce moment ne saurait épuiser la pensée, comme le croit à tort le scepticisme, qui se complaît à affirmer que tout est contradictoire, et, en cela, n'assume pas le caractère positif totalisateur de son propre discours, lequel, pour lui, au fond, puisqu'il le tient, dit bien vrai. La raison doit – et c'est le moment réellement totalisant de la pensée – être affirmée positivement, comme l'identification des opposés A et non-A, du même coup rabaissés à des aspects partiels de l'être vrai qui, infléchissant de la sorte leur signification, les totalise dans son sens plus concret, plus vraiment total. Ce troisième et dernier moment du sens, qui couronne l'être et l'élève à sa vérité, ou – c'est la même chose – l'établit en son principe le plus profond, est celui que thématise sous le nom de spéculatif (*speculum* : le miroir, ici, de l'être, qui est le tout) le philosophe encyclopédique qui le construit en ses synthèses de plus en plus vraies. La raison positive – le « *positivement-rationnel* » – identifie ainsi à nouveau ce que la raison négative a détruit, à savoir l'identité affirmée en son caractère partiel ou abstrait par l'entendement, mais l'identité rationnelle assure son être en se faisant concrète ou totale.

Par là même, la pensée se réconcilie elle-même aussi avec l'intuition, dont elle maîtrise alors le contenu, car le tout est désormais reconstruit à partir de ses éléments discernés. La raison accomplie positivement est bien la réconciliation absolue d'elle-même et de ce qu'elle révèle être ses autres moments, celui de son identité non différenciée ou déterminée avec elle-même : l'intuition, celui de sa différence non identifiée avec elle-même : l'entendement, et celui de son identification encore seulement négative, différente d'avec soi, de son identité et de sa différence. Elle est bien l'identité positive, concrète, de l'identité et de la différence. Mais un tel accomplissement d'elle-même, médiatisé qu'il est en son processus, par *le* (moment) dialectique – qui fait passer de A à non-A, dont le vrai sens est d'être l'identité de A et de non-A, soit B, la nouvelle détermination de l'être –, peut être désigné comme *la* dialectique, même si ce qui assure l'être d'un tel accomplissement est le spéculatif, auto-position pensante du tout alors transparent à lui-même, donc se maîtrisant pleinement, dans l'Encyclopédie hégélienne.

Dialectique dialectique

Hegel n'a certes pas inventé la dialectique, cet art – quelque portée, entre Platon et Aristote, qu'on lui attribue – de faire naître discursivement du Même, non pas lui-même comme dans la déduction, mais l'Autre, à travers une confrontation, originellement dialogique, des significations, pensées et opinions. Mais il l'a promue ontologiquement en faisant d'elle, d'une part, indissociablement, un processus de l'être et du penser dont l'identité est aussi bien présupposée que posée par un tel processus, et, d'autre part et par voie de conséquence – puisque la téléologie ou le finalisme détermine unilatéralement l'être par cette idéalisation pensée dissociante de lui-même qu'est la fin ou le but –, en logeant son moteur ailleurs que dans la différenciation à supprimer, si l'être est en son fond identique à soi, entre cet être ainsi partiel, qui est le Même, et l'Autre de lui-même qu'est le tout comme tel seul capable d'être, mais n'étant pas encore.

La dialectique antérieure à celle de Hegel – y compris encore celle, subjective, de Fichte (la dialectique du Moi) et celle, objective, du premier Schelling (la dialectique de la nature) – est une telle dialectique téléologique se mouvant dans le contexte de la différence de l'idéalité et de la réalité. Son moteur est le *manque* affectant le principe indéterminé ou illimité constituant le point de départ posé (l'auto-position, absolue en son abstraction, du Moi ou de la nature), manque apprécié par référence à un concret ou à un tout final seulement présupposé par la subjectivité arbitraire du philosophe. En revanche, la dialectique hégélienne est mue par ce qui est d'abord posé, l'infinité ou identité à soi de l'être, en tant que ce Même n'est pas le Même ou qu'il est autre que lui-même, donc en tant qu'il est *contradiction* et par là s'anéantit lui-même, ainsi qu'on l'a vu de l'être pris en son sens immédiat, inévitable, l'être en tant que purement être et, de ce fait, identique au non-être. C'est bien parce que l'être dont on part est lui-même dialectique, qu'il est pris dans la dialectique ou qu'il y a un départ à partir de lui-même pour le cycle de sa fondation dans et comme l'être absolument tel.

À la contingence de la dialectique téléologique antérieure, mue par le manque de ce qui est d'abord posé, Hegel substitue ainsi la nécessité de la dialectique proprement dialectique, mue par la contradiction de l'être dont on part. Dialectique absolument nécessaire puisque, si l'être purement être, autre que le non-être, est, par le vide lié à sa pureté, précisément ce non-être et, du fait de cette contradiction intérieure de lui-même, s'anéantit, ce qui est, c'est la négation d'un tel non-être, par là de ce qui le provoque, à savoir de l'exclusion réciproque visée de l'être pur et du pur non-être, et, par conséquent, la position de leur unité, qui a nom devenir. L'application stricte du principe de contradiction, génératrice de nécessité, impose donc l'affirmation : l'être est devenir, qui, pourtant, n'est pas une tautologie, mais une hétérologie. Cette hétérologie assigne une nouvelle signification, plus vraie, aux deux moments initiaux de l'être s'avérant comme leur unité en tant que devenir. Le vrai sens de l'être, dans l'unité qu'il forme avec le non-être et qui est plus vraie que chacun d'eux, est le devenir s'affirmant comme être, c'est-à-dire l'apparaître, de même que le vrai sens du non-être dans cette unité est le devenir s'affirmant comme non-être, c'est-à-dire le disparaître. Au degré où nous sommes du développement encyclopédique, l'être est en sa vérité le devenir comme unité de l'apparaître et du disparaître, sens absolument nouveau et cependant absolument nécessaire s'il y a de l'être, or il y a de l'être, même si c'est celui d'un non-être.

Et la même nécessité de l'auto-position de l'être va se reproduire à chaque étape de l'encyclopédie spéculative, jusqu'à ce que l'être se fonde comme être en sa détermination ultime, qui ne peut être que la totalisation accomplie de ses déterminations, cette totalisation se révélant être l'être se pensant spéculativement lui-même, récapitulation de soi, dans son résultat, du processus de la spéculation hégélienne où il se fait culminer. Alors est posé par cette spéculation hégélienne de l'être sur lui-même l'être même comme une telle spéculation qui, disant finalement son propre dire, ne peut se prolonger qu'en redisant ce qui a déjà été dit, c'est-à-dire qu'en se célébrant comme savoir achevé, n'ayant plus d'Autre, étant pleinement délivré ou délié, bref : absolu. La *progression* encyclopédique fait ainsi se fonder nécessairement comme tel l'être même en tant qu'il est le fondement de lui-même, et par là, en se signifiant comme étant, ontologiquement parlant, la *régression* menant de l'être en tant que tout être, inévitablement posé, à l'être se posant comme le fondement absolu de tout ce qu'il est, elle s'avère bien couronner spéculativement l'être dans la mesure où elle s'identifie elle-même avec son Autre.

Raison encyclopédique et expérience

L'Encyclopédie développant l'être à travers le réseau se totalisant de ses significations – que celles-ci expriment son sens comme tel, l'idéalité universalisante des catégories (être, devenir, essence, substance, causalité, finalité, syllogisme, personnalité...), ou la réalité particularisante de cet être (nature, espace et temps, chose physique, organisme végétal, animal, esprit, conscience, histoire ...) – semble pouvoir s'élaborer dans un exercice autonome de la pensée se reconstruisant systématiquement sans avoir à s'aliéner dans l'expérience si contingente des êtres et des faits réels. Cet auto-déploiement constamment nécessaire de l'être, mû par la *négativité* de la pensée (même du réel), semble n'avoir rien à emprunter aux sciences *positives* se nourrissant de l'expérience. Pourtant, même élevée à son accomplissement spéculatif, la philosophie n'autorise aucunement, aux yeux de Hegel, ce qu'on pourrait appeler un philosophisme. Comme l'avaient fait avant lui Schelling, mais déjà Fichte, et d'abord Kant lui-même, Hegel rejette toute coupure abstraite entre l'*apriori* et l'*aposteriori*. Il insère la philosophie dans son contexte empirique et historique, lui-même déjà travaillé par la raison universelle, et, corrélativement, il fait entrer massivement l'expérience humaine la plus concrète dans le champ de la spéculation : songeons particulièrement à la *Phénoménologie de l'esprit*, cette « science de l'expérience de la conscience », qui devait introduire scientifiquement au système (encyclopédique) de la science (philosophique). Hegel souligne toujours que « la philosophie est redevable de son développement à l'expérience »[1], parce que « tout doit nécessairement parvenir à nous d'une manière extérieure »[2].

L'expérience, bien loin de se réduire à ce que l'empirisme en a fait, enrichit la nature de l'immense apport de la culture, et, de ses années de formation à la dernière édition de l'*Encyclopédie*, peu avant sa mort, Hegel a pratiqué et théorisé l'enracinement de sa réflexion, puis de l'accomplissement spéculatif de celle-ci, dans toute la culture, antique et moderne, littéraire et scientifique. Sa culture fut véritable-ment encyclopédique, d'abord au sens courant, non spéculatif, du terme, ce dont témoigne en particulier son information, la plus actuelle, dans le domaine des sciences de la nature, qu'il s'agisse de la géologie, de la minéralogie, de la biologie ; la deuxième partie de l'*Encyclopédie*, la « *Philosophie de la nature* », en est l'impression-nante illustration : Hegel fut bien en ce sens le contemporain de Goethe. Le penseur le plus spéculatif de l'histoire fut bien aussi le plus empirique. Et c'est du dedans d'elle-même que la philosophie, pour lui, en appelle à l'expérience, tout de même que, inversement, c'est du dedans d'elle-même que l'expérience en appelle à la philosophie.

1. Hegel, *Encyclopédie*, § 12, ci-dessous, p. 100.
2. Hegel, *Vorlesungen über die Philosophie der Religion* (*Cours sur la philosophie de la religion*), II, 2, G. Lasson (éd.), Hambourg, F. Meiner, 1966, p. 19.

L'incarnation essentielle à l'absolu qui est esprit, c'est-à-dire manifestation ou révélation de soi – tel est le sens rationnel du message chrétien recueilli par Hegel –, signifie que l'esprit se fait surgir de la nature, que le sens s'élabore à partir de son aliénation sensible; l'ambiguïté du mot «sens» – qui désigne aussi bien le sensible que la signification, l'intelligible – est elle-même pleine de sens. C'est bien l'expérience qui suscite et nourrit la philosophie pour cet «Aristote des temps modernes» qu'Alain voyait dans Hegel. Et c'est pourquoi la pensée, comme entendement, s'emploie d'abord à universaliser à travers le langage le riche contenu de l'immédiateté sensible. Ce travail de l'entendement se poursuit dans les sciences positives, puis dans la philosophie, même si celle-ci doit s'élever à la raison spéculative comme auto-engendrement nécessaire du sens total dans la multiplicité des sens. Cependant, cette raison spéculative, qui nie le résultat négatif de la critique (dialectique) rationnelle des sens fixés par l'entendement, ne peut par elle-même prise isolément qu'affirmer que ce qui est et qui constitue le contenu vrai de l'être, c'est, à chaque étape du parcours encyclopédique, l'identité entre eux des moments rendus contradictoires par leur exclusion réciproque fixée. Or, puisque le contenu plus vrai de cette identité nie celui selon lequel se présentent d'abord ces moments, il ne peut être lu en eux et résulter de leur simple sommation, qui les figerait dans eux-mêmes. Un tel contenu doit donc être *inventé*, et c'est la *liberté* géniale du penseur spéculatif qui doit décider que l'unité nouvelle exigée des deux opposés sombrant sans elle dans le néant de leur contradiction est présente dans tel ou tel contenu, idéal ou réel, qui les promeut alors en leur sens vrai.

C'est ici que l'expérience cultivée des choses, et, en particulier, les sciences positives, peuvent offrir *in concreto* effectués des touts significatifs d'éléments divers, dont le sens universel remplit de son contenu spécifique la forme unifiante nouvelle imposée par la dialectique de la détermination précédente, plus abstraite, de l'être. Il est bien entendu que la réalité positive de l'expérience, notamment scientifique, n'est pas ce qui, par une réflexion sur le contenu et la forme de cette expérience, déterminerait la philosophie spéculative alors réduite à une simple épistémologie. La vérité de l'Encyclopédie hégé-lienne n'est pas suspendue à la progression de la connaissance scien-tifique et, plus généralement, n'est pas déterminée par la vérité de celle-ci. Il n'y a donc guère de sens à condamner par exemple la philo-sophie de la nature de Hegel au motif que l'auteur de l'*Encyclopédie* a cru voir les déterminations universelles ou les catégories de l'être, quant aux genres significatifs de celui-ci, illustrées par une science positive démentie ultérieurement par le progrès inouï de l'entende-ment scientifique. Certes, les sciences philosophiques et les sciences positives ont pour objet le même contenu principiel, étudié ration-nellement, dans les premières, comme moment spécifique du sens totalisant de l'être réel, dont il constitue un genre, et construit en son détail par l'entendement des secondes comme le contenu légal de l'expérience toujours en train de s'enrichir. Mais la vérité du contenu commun est, quand il est pris comme le sens de l'être se justifiant moyennant sa totalisation rationnelle immanente à elle-même, tout autre chose que ce qu'elle est, lorsqu'il est pris dans son extension empirique explorée et analysée par l'entendement à l'œuvre dans les sciences positives.

La justification du discours encyclopédique sur l'être – qui se démontre être celui même que l'être tient sur lui-même en son apogée spéculatif où se surmonte absolument sa contradiction – est donc une justification proprement rationnelle. L'entendement explique en dégageant les régularités légales – « le comment » nécessaire – de l'expérience positive de l'être; la raison, elle, justifie en établissant la raison d'être – le « pourquoi » – des déterminations universelles de l'être, par exemple de la légalité même de la nature, celui de l'exis-tence de la pesanteur, de la chaleur, de la végétation, de la sexualité, etc. Elle le fait en montrant que c'est parce que l'être les contient qu'il vainc sa contradiction, d'abord partiellement, relativement, puis enfin totalement, absolument, et par là s'assure comme être. Le choix originaire de Hegel en faveur de l'être, son parménidisme foncier – qui lui fait affirmer l'être même du devenir qui le remplit sans le vouer au chaos – est le choix même de la raison, ou du sens, puisque celui-ci, déjà comme simple direction, consiste dans cette identification concrète de la différence (le mouvement faisant coïncider le point A et le point B) par laquelle Hegel définit la raison. Pour lui, il y a du sens partout – il est même rationnel qu'il y ait de l'irrationnel ou du pur positif –, et l'on doit et peut le trouver ; la philosophie spéculative a la foi et le courage de la raison. Et l'Encyclopédie récompense celui qui s'est lancé dans son entreprise, puisqu'elle se clôt par l'affirmation absolument nécessaire, que l'être est une telle position rationnelle de lui-même, qui exige cependant le séjour dans l'aliénation empirique, naturelle, et existentielle, culturelle, de la raison, dont le triomphe ne peut éclater que dans l'assomption de cette aliénation. S'il n'y a pas de philosophisme chez Hegel, celui-ci a bien une confiance absolue dans le pouvoir de la philosophie, qui se sait, en s'accomplissant spéculativement, le savoir que l'absolu prend de lui-même en elle.

L'introduction à l'Encyclopédie

Un problème subsiste cependant, et qui concerne l'absoluité de la justification du discours encyclopédique. Car, si la pensée de l'être, une fois posée, s'est démontrée encyclopédiquement n'être vraie qu'en le pensant comme pensée de soi (l'absolu comme savoir absolu de soi réalisé dans la spéculation philosophique), sa position initiale peut ne pas sembler elle-même absolument justifiée. Ne manque-t-on pas d'emblée l'être en le réduisant au pur sens abstrait de lui-même, et, penser un tel être, est-ce vraiment penser ? Un tel refus du point de vue de la spéculation pourrait être aisément exemplifié, soit avant, soit pendant, soit après l'intervention de Hegel.

C'est pourquoi celui-ci avait, avant de publier son « Système de la science », c'est-à-dire le contenu de l'Encyclopédie, élaboré, avec la Phénoménologie de l'esprit, une justification du point de vue spéculatif à partir du point de vue non spéculatif de la conscience naturelle, d'abord attachée au prestige du sensible. Cette justification phénoménologique était bien présentée comme une introduction à la science spéculative faisant droit aux mesures et exigences de la conscience

dite naturelle, mais prise comme déjà soucieuse de vérité, et d'une
vérité vécue et appréhendée comme identité avec soi, non-contra-
diction, de l'être dans lui-même et de sa saisie, c'est-à-dire d'une
conscience s'affirmant comme étant en soi déjà philosophante et donc
capable de faire sienne l'expression d'elle-même par le phénoméno-
logue, dans un discours rendu, par une telle cohérence avec soi, déjà
nécessaire et scientifique au sens usuel du terme. Plus encore, ce
discours, en exploitant la lecture pleinement rationnelle du dialectique
– l'auto-négation du négatif ou dialectique signifie l'auto-position
du positif plus vrai – supposait l'adhésion en soi du lecteur encore
« naturel » de la *Phénoménologie* à la scientificité concrète, spéculative, illustrée par l'*Encyclopédie*, donc se rendait en fait lui-même
inutile. C'est pourquoi, dans la deuxième édition de la *Phénoménologie*
qu'il préparait lorsque la mort le surprit, Hegel n'allait plus présenter
l'ouvrage de 1807 comme une telle introduction scientifique à la
science.

Aussi, lorsqu'il publie l'*Encyclopédie*, il y insère le « Concept
préliminaire » en guise de nouvelle introduction à celle-là, qui
s'adresse explicitement aux lecteurs déjà philosophes, exigence à la
fois resserrée par rapport à la destination que se donnait la première
édition de la *Phénoménologie* en visant la conscience naturelle en
général, et élargie par rapport à la mobilisation implicite déjà spéculative de celle-ci. Dans le « Concept préliminaire », Hegel s'adresse à
l'entendement philosophant dans les positions non spéculatives
relativement à l'objectivité ou vérité de la pensée, qui fixent la différence entre la pensée et l'être, et la raison hégélienne s'efforce de se
justifier en s'exprimant elle-même à travers son moment d'entendement, à savoir en montrant que la philosophie pré-spéculative
s'enferme dans des contradictions internes que son principe, le
principe de contradiction, à la fois suscite et exige de surmonter, dans
l'absolutisation de son propre exclusivisme. Elle appuie sa critique
essentiellement sur le principe de contradiction, pour l'inciter à se
critiquer lui-même dans la séparation qu'il fige de la pensée et de
l'être. Cependant, une telle raison sait fort bien qu'en se faisant elle-

même auto-critique de l'entendement philosophant, elle ne réalise que la condition négative de l'affirmation d'elle-même par celui auquel elle s'adresse ; la condition positive, c'est elle-même comme auto-affirmation d'elle-même. L'adoption du point de vue spéculatif repose en fin de compte sur la décision de penser pleinement, totalement, décision qui excède, comme toute décision, les raisons alléguées par l'entendement, et se prend dans un acte de liberté absolue. La philosophie absolue se fait exister absolument. Or, le dernier, ultime, absolu sens quelle donne, dans son développement encyclopédique, à l'être, est bien celui par lequel l'être se fait, comme personnalité pure, la libre résolution d'être la pensée de lui-même comme être, c'est-à-dire de philosopher en vérité.

Le contenu de l'encyclopédie hégélienne

Structuration générale et moments principaux de l'Encyclopédie

Le cercle ou le cycle de l'*Encyclopédie* est le développement qui forme boucle en recourbant sur son commencement : la pensée de l'être comme tel, en la pure universalité du sens – du pensé – visé en lui, sa fin même : la pensée de l'être pris comme étant lui-même cette pensée (alors de soi) de l'être. Un tel cercle manifeste ainsi que, pour la spéculation hégélienne, l'identité de l'être et du penser est bien l'intégration, d'abord pensante (par le sujet philosophant) et enfin pensée (dans l'objet du philosophe) de l'être dans la pensée. L'identité de l'identité et de la différence, par laquelle Hegel définit le tout ou l'absolu, n'est pas leur neutralisation, mais elle est nécessairement portée et opérée par l'un de ses deux termes, dominant l'autre en l'unité qu'il forme avec lui. Or, elle ne peut être opérée et portée, sans être niée, par la différence. C'est l'identité qui, dans son identité avec la différence, pose et dépose celle-ci, ou, en d'autres termes, c'est le penser – identifiant – qui pose et dépose l'être en tant que différent de lui. Le développement de l'être pensé le pense donc d'abord comme pensé, puis comme être, enfin comme pensant, ou, dit moins abstraitement, il le pense d'abord comme sens – *logique* – de l'être, puis comme être immédiat de ce sens de l'être, comme réalisation, objectivation, aliénation, sensibilisation – en la *nature* – d'un tel logique, enfin comme être réfléchi en lui-même – *spirituel* – de ce sens comme sens. Tel est le parcours encyclopédique de l'être en sa totalité ou absoluité.

L'*Encyclopédie* comprend donc trois parties, qui sont, dans l'ordre : la Science de la logique [1], la Philosophie de la nature et la Philosophie de l'esprit. On voit que la systématisation hégélienne de la philosophie ainsi élevée à la scientificité – Kant avait lié la scientificité à la systématicité – diffère en sa composition des systématisations antérieures, qu'elles s'inscrivent dans la philosophie prékantienne de l'être ou dans la philosophie kantienne et post-kantienne de la pensée de l'être. Les unes et les autres, qui distinguent, sous une forme ou sous une autre, peu ou prou, l'être et la pensée, n'intègrent pas vraiment la logique, science formelle de la pensée possible, dans le système métaphysique de l'être. Celui-ci, chez Wolff, comporte la métaphysique générale ou l'ontologie, étude de l'être en tant que tel, et la triple métaphysique spéciale : psychologie et cosmologie rationnelles, ainsi que théologie naturelle (en fait elle aussi rationnelle, car non positive ou révélée, surnaturelle), structuration bien différente de celle de l'Encyclopédie hégélienne. Cette dernière diffère aussi de la systématisation kantienne de la philosophie rationnelle. Kant rapporte bien la Logique transcendantale, non formelle, à la pensée du réel, mais en tant qu'elle est un moment de la *Critique* de la raison qui, comme telle, ne produit pas la connaissance du réel, mais établit simplement la condition de sa possibilité. Dans le kantisme, le *Système* doctrinal de la connaissance vraie du réel ou la métaphysique non illusoire mais scientifique se compose seulement de deux parties :

---

1. Rappelons que, avant de publier l'*Encyclopédie* (dont la première partie est constituée par « La science de la logique », dite aussi « Petite Logique »), Hegel avait publié (de 1812 à 1816), la *Science de la logique*, en trois tomes, dite également « Grande Logique ».

la métaphysique de la nature et la métaphysique de la liberté, de l'esprit purement esprit, toutefois en tant que l'une et l'autre procèdent de l'activité de l'esprit fini, la première de son pouvoir théorique effectif, mais qui est seulement d'entendement, la seconde de son pouvoir rationnel effectif, mais qui est seulement pratique, la théorie rationnelle de l'être – par exemple comme théologie – excédant l'esprit humain. Et par son sens ou son orientation, et par son contenu ou sa composition, le système spéculatif hégélien se distingue du système transcendantal kantien.

Le système encyclopédique de Hegel comprend ainsi en lui la logique spéculative en tant qu'ontologie vraiment universelle exposant le sens de tout ce qui, de quelque façon, est, ce sens se totalisant dans l'être comme Soi absolu ou « personnalité pure »[1]. Le sens saturé de celle-ci étant de se poser libre en posant du même coup, à titre de condition, comme libre d'elle-même ou comme pleinement autre qu'elle, le moment altérant, aliénant, de son sens total, celui-ci est réellement aliéné comme une nature. Cependant la nature, qui est le sens existant comme être sensible, c'est-à-dire une contradiction, ne peut être par elle-même : elle est donc par l'être qui n'est tel que comme le négatif de l'être contradictoire du sens immédiatement sensibilisé constitutif de la nature. Un tel être est la sensibilisation du sens comme non sensible, la sensibilisation du sens comme sens, et cet être, c'est l'esprit. Or, le Soi libre n'étant tel qu'en se rapportant à un autre être vraiment libre, c'est-à-dire à un autre Soi libre, libéré de et par le premier, l'esprit étant pour l'esprit, donc communauté des esprits et, radicalement, originairement, communauté de l'esprit s'auto-posant et de l'esprit posé, de l'esprit infini et de l'esprit fini – ou, dit par la religion vraie, Dieu n'étant qu'à s'incarner ou à se faire homme, et l'homme qu'en étant destiné au salut divinisant –, il n'y a pas à séparer, dans la philosophie rationnelle de l'esprit, une théologie

1. Hegel, *Wissenschaft der Logik* (*Science de la logique*) (1816), III, G. Lasson (éd.), Hambourg, F. Meiner, 1934, réed. 1963, II, p. 502 ; trad. fr. P.J. Labarrière et G. Jarczyk, *La logique subjective ou doctrine du concept*, Paris, Aubier-Montaigne, 1981, p. 389.

et une psychologie (anthropologie) rationnelles. Telle est la justification de la triplicité ou trinité spéculative originale constitutive de l'*Encyclopédie des sciences philosophiques*.

Le sens régressivement fondateur du cycle nécessaire des déterminations de l'être, qui fait que les plus immédiates, en cela plus universelles et abstraites, qui n'ont pas d'être pour elles-mêmes, ne sont que parce qu'œuvre en elles l'être absolu de leur tout singularisé en et comme un Soi (la « personnalité pure » constitutive du sens vrai de l'être et réalisée dans l'esprit absolu se pensant spéculativement), interdit de saisir le logique, la nature et l'esprit comme trois types d'êtres – surtout les deux derniers – subsistants en eux-mêmes pris isolément et, corrélativement, leurs trois théories spéculatives comme proprement des *parties* de l'Encyclopédie. Le sens ou le logique, la nature et l'esprit *sont* (et d'abord, quoi qu'on s'imagine, le premier), mais l'être *de* cet être que chacun est en diffère pour autant qu'il implique l'être présupposé et/ou posé des deux autres. Logique, nature et esprit sont simplement des *moments* présents et agissant en soi dans l'être de chacun d'eux. L'être ne se réduit pas à l'être naturel ou empirique, et l'être le plus dur est même celui du sens : la nécessité logique est la nécessité de fer, et elle l'est même, ou, en vérité, elle l'est surtout, lorsqu'elle est celle qui fait se poser le sens accompli, l'« Idée logique », comme liberté. Il ne faut donc pas lire avec le seul entendement, essentiellement diviseur, le triple parcours de l'absolu comme logique, nature et esprit. – Mais si c'est l'absolu et le tout qui, à chaque fois, œuvre dans chacun de ses moments, sa dialectique est toujours essentiellement celle du moment alors érigé en élément (milieu) où se déploient, avec lui-même, les deux autres moments. En Hegel, le philosophe de l'identité concrète ou du tout est constamment attentif à la différence, aux différences – contrairement à l'occultation de celles-ci à laquelle, selon lui, s'adonnait la philosophie de l'identité de Schelling, et, plus encore, de ses disciples. Une telle théorie et pratique discriminante – faisant droit à l'exigence, non absolutisable, mais prioritaire, de l'entendement – de la raison encyclopédique chez Hegel nous enjoindrait maintenant de séjourner dans le détail des trois sciences philosophiques fondamentales de l'être. Mais l'entreprise risquée de récrire alors en fait laborieusement l'ouvrage hégélien serait bien inopportune ici, où il s'agit d'en proposer à nouveau la simple traduction. On se contentera, en toute conscience, d'esquisser un parcours cavalier des trois moments de l'*Encyclopédie des sciences philosophiques*.

L'être absolument tel se détermine comme l'auto-totalisation de ses déterminations, mais cette réflexion en soi de la totalité déterminée de l'être s'oppose celle-ci, comme ce d'où elle revient en elle-même, en la faisant se déployer dans l'élément ou le milieu fixant l'Autre (relatif) d'elle-même qu'est chacun de ses moments : l'identité à soi, la différence d'avec soi, et l'identité des deux. L'être vrai se détermine comme totalité d'abord dans l'élément promouvant son moment de l'identité à soi : alors, ses déterminations ou différences restent prises dans une telle identité, par là ne sont pas des différences réelles, mais des différences idéales, de purs sens intérieurs les uns aux autres dans le tout du sens ; telle est la détermination *logique* de l'être. Puis l'être se détermine en se totalisant dans l'élément promouvant son moment de la différence d'avec soi, c'est-à-dire dans l'extériorité à soi définissant la *nature*, dont les déterminations originellement dispersées spatio-temporellement ne peuvent se totaliser effectivement dans une nature une. Dans le logique, on a un tout, mais qui n'est pas vraiment réel ; dans la nature, on a un réel, mais qui n'est pas vraiment un tout. La totalité réelle qu'est l'être vrai ne peut se réaliser que dans l'élément promouvant le moment de la totalité constitué par l'identité de son identité à soi et de sa différence d'avec soi, qui se réfléchissent l'une dans l'autre en un Soi réel dans cet élément qu'est l'*esprit*. La totalité de l'être se fait naître de la totalisation spirituelle de la totalisation logique et de la totalisation naturelle des déterminations de cet être. Le cercle de l'Encyclopédie hégélienne est un cercle de cercles.

Science de la logique

Le cercle logique de l'être est lui-même un cercle de cercles logiques subordonnés, différenciés par le rapport que l'être en tant que

sens entretient avec la détermination ou différence qui lui est
nécessaire puisque, ainsi qu'on l'a vu, son indétermination le ferait se
renverser dans le non-être. Ce rapport varie pour autant que l'être
comme sens le réalise successivement – la procédure de la réalisation
de l'être se répète partout – à travers chacun des trois moments, promu
en élément ou milieu de cette réalisation, de la totalité qu'il est. –
L'être a d'abord un rapport de pure identité à sa détermination : il l'*est*
dans la logique, ainsi immédiate, de l'être comme être. Mais la détermination, comme différence, donc renvoi à ce dont celle diffère, à
l'autre détermination, nie l'identité à soi de l'être identique à elle. Si
cette détermination, comme qualité, est posée comme identique à soi,
rien n'indiquant dans son contenu le destin de variation frappant son
existence, la variation emporte l'être identifié à elle comme un destin
extérieur. Si, alors, la détermination, comme quantité, insère sa
variation dans la définition d'elle-même (rien, dans le blanc, n'appelle
le noir, mais le nombre n'est lui-même que par sa place dans la série
des nombres), elle sauve l'identité de l'être, mais pour autant qu'elle
ne se confond pas avec la qualité qu'il est (le champ reste un champ en
s'agrandissant). Ainsi, l'être qualitatif est déterminé, mais il n'est pas,
tandis que l'être quantitatif est, mais il n'est pas intimement, vraiment
déterminé. Cette contradiction semble être surmontée par la détermination concrétisée qu'est la mesure, où la qualité est identifiée à la
quantité : la qualité aqueuse est, par sa constitution même et non par un
destin extérieur, liée à d'autres qualités (glace et vapeur), puisque
la quantification (état de 0 à 100 degrés) l'insère avec celles-ci dans
la continuité d'une série. Cependant, l'identification de l'être à sa
mesure, quantité qualifiée, donc soumise à la variation aliénante de la
qualité, intériorise en lui son destin comme destin, c'est-à-dire comme
ce qui le mène à sa perte.

Il s'ensuit que l'être déterminé n'est possible que si l'altération
ou aliénation impliquée par la détermination définit l'être en son
identité à soi, que si sa différenciation de lui-même est en même temps
son identification de lui-même, que s'il s'intériorise en s'extériori-
sant, ou encore, en d'autres termes, que s'il s'approfondit en essence

fondatrice de son être élargi, au lieu de coller à son être quasi ponctuel. L'être comme *essence* de lui-même *a* son être au lieu de l'*être*. Il dépasse sa détermination pour autant que celle-ci inclut en elle-même l'autre détermination, à la fois identique à elle et différente d'elle, une autre détermination dans laquelle la première se rappelle néanmoins elle-même, dans laquelle elle paraît. Ainsi, l'être, comme substance, possède en lui-même ses accidents, et, comme tout, ses parties ; la cause n'est telle, elle-même, identique à elle-même, que si elle *produit* nécessairement un effet dont elle se distingue cependant, bien qu'il soit *son* effet. Désormais, les déterminations diverses de l'être ne *passent* plus les unes dans les autres, emportées par un destin extérieur à elles et révélant leur *impuissance*, mais elles *se réfléchissent* en leur *puissance* les unes dans les autres. Cependant, l'être comme essence de lui-même *est* cet avoir de son être, cette identité, présente alors dans lui-même comme différence, car subie, de son identité et de sa différence de lui-même ; c'est encore seulement le penseur de l'essence qui identifie l'identité avec soi et la différence d'avec soi de l'être essentiel. Au niveau de l'être essentiel, le contenu des déterminations liées les unes aux autres, mais en tant que différentes, n'est pas le même : par exemple, le tout n'est pas posé comme tel dans chacune de ses parties, un accident de la substance n'expose pas la substance. L'être essentiellement déterminé pose nécessairement son autre détermination, mais il est cette position, il ne pose pas cette position qu'il est, il ne se pose pas en elle et dans l'Autre qu'elle pose, et qui n'est pas le même que lui. Il ne s'identifie pas en tant qu'il se différencie et ne se différencie pas en tant qu'il s'identifie, la contradiction de ces deux opérations entraînant derechef son non-être et démontrant par là même que ce qui est, c'est l'identification dans la réflexion en soi de la réflexion en autre chose, le Soi comme Soi de l'être en tant que *concept* de lui-même.

Hegel souligne, dans la « Science de la logique », la coupure entre, d'une part, l'ensemble des deux premiers moments, la logique de l'être et la logique de l'essence, qui constituent la « *logique objective* », et, d'autre part, le troisième et dernier moment, la logique du concept, désignée, elle, comme la « *logique subjective* ». Le sens de l'être est, en effet, d'abord celui d'un objet, soit immédiat, purement identique à soi, dont la différence nécessaire, en tant qu'il est déterminé, n'est telle que dans la pensée subjective du philosophe logicien, soit médiatisé pour autant qu'il est aussi différencié dans lui-même en même temps identique à soi, sans que cet « aussi » objectif dépasse sa juxtaposition ou extériorité à soi sinon encore dans le sujet logicien qui identifie en les pensant les deux moments de l'identité à soi et de la différence d'avec soi de l'être essentiel. L'objet ne peut être que s'il opère lui-même cette identification de lui-même et se fait de la sorte lui-même sujet : le tout substantiel n'est qu'en tant qu'il est le Soi, dont l'identité se différencie d'elle-même et jouit donc d'elle-même dans la différence posée par elle. La grande révolution de la philosophie consiste bien, pour Hegel, à penser la substance comme sujet, le tout comme un Soi, l'essence comme concept, le concept (*Begriff*) étant l'être essentiel qui se saisit (*greifen*) de lui-même, se maîtrise lui-même, se fait en se pensant. Hegel s'est bien donné comme tâche d'élever la substance au sujet. Comme auto-détermination, l'identité de l'être ne fait pas que passer dans un Autre qu'elle, ou que produire un Autre qu'elle, mais elle a, elle possède, elle maîtrise la position d'un posé dans lequel le posant se retrouve, une telle position exaltant de la sorte la liberté du posant dans la liberté du posé, et cette opération méritant alors d'être désignée comme *création*. Si le sens de l'être comme être est l'impuissance du passage dans un Autre, si son sens comme essence est la puissance aveugle, naturelle (« *Deus sive natura* » disait le spinozisme, par lequel il faut bien commencer, mais auquel il ne faut pas rester), de la production de ce qui apparaît comme son Autre, son sens comme concept est la puissance se maîtrisant absolument en sa liberté de la création du Même que soi, également libre. Le sens conceptuel de l'être fait ainsi de celui-ci un tout organique, présent comme tel dans chaque partie, qui devient par là un membre, de lui-même. Ce tout présent à lui-même est d'abord immédiat, de l'ordre de la vie, sujet encore objectif, contradiction exigeant que l'être soit un sujet subjectif conquérant son objectif comme Soi théorique et pratique qui s'accomplit dans ce que Hegel appelle l'Idée, le tout de l'être se pensant dans l'infinité de son Soi.

Philosophie de la nature

Mais, se libérant d'elle-même comme tout idéal du sens, l'Idée logique le réalise en réalisant d'abord son propre moment de la différence en élément ou milieu de déploiement d'un tel tout, et ce tout réel, l'être du sens comme différent de celui-ci qui est l'intériorité à soi de ses déterminations, est l'être sensible, pris dans l'extériorité réciproque de ses déterminations, d'un tel sens. Cet être sensible du tout du sens est la *nature*. On voit aussitôt que l'élément nouveau, différent d'avec soi, du déploiement du sens total empêche ce tout de s'identifier à lui-même dans ses nouvelles déterminations, donc d'être un tout réel, qu'il a cependant pour destination d'être. L'intériorité de la nature – le sens – et son extériorité – le sensible – différent ainsi à jamais en la constituant en « la contradiction non résolue » (§ 248). Ne pouvant être un tout réel, *la* nature, à proprement parler, n'existe que pour un Autre qu'elle – ce sera l'esprit –, mais non pas par elle-même, vouée sans cesse à l'indéfinité de la réalisation de son sens, et incapable de s'affirmer comme vraiment infinie. On ne saurait par conséquent la diviniser, comme tend à le faire le romantisme. Elle est bien l'Idée – ou la totalité du sens – aliénée, et aliénée pour toujours. Le sens n'y est pas sensibilisé comme sens, comme le sens.

Ce qui ne signifie pas que la nature ne comporte pas du sens, puisque, dans et comme elle, c'est le sens qui *s*'est aliéné, donc encore formellement affirmé dans ce qui est son œuvre. Il y a un sens de et dans l'aliénation sensible du sens, un sens certes soumis, comme tout ce qui a de l'être, au sens logique, mais original, proprement naturel en raison de l'élément ou du milieu de son déploiement. Cette dimension immédiatement sensible du sens de la nature l'enchaîne à une expérience inéliminable dans la connaissance de cette nature, aussi intellectualisée qu'elle soit, et c'est pourquoi Hegel refuse de limiter une telle connaissance aux abstractions théorético-techniques de la science moderne : il loue souvent, contre Newton, le grand sens intuitif goethéen des choses. L'expérience de la nature doit être prise en compte dans tout son éventail, et *la philosophie de la nature ne saurait se réduire à une simple épistémologie.* Elle doit – ainsi qu'il a été dit – restituer la totalité signifiante des déterminations de l'être non réellement totalisable qu'est la nature. Elle est une ontologie spécifique de celle-ci. Une telle tâche est ici particulièrement héroïque puisque le sens de l'être naturel est immergé dans le milieu sensible de l'extériorité réciproque ou de la différence d'avec soi prédominante. Il y a, certes, de la régularité, de la nécessité, de la légalité dans la nature, également des types d'êtres, des genres et des espèces, mais dont l'existence n'exclut pas, tant s'en faut, la contingence, le désordre, la monstruosité, qui, au demeurant, persisteront, limités, dans l'histoire de l'esprit, dont elle est la présupposition négative. Dans la nature, comme partout, le concept est bien à l'œuvre, mais dans un élément impuissant – car la différence y borne essentiellement l'identité – à traduire pleinement dans lui-même la souveraineté conceptuelle. La prédominance naturelle de la différence, c'est-à-dire de l'*espace*, relativement au *temps* recueillant la multiplicité, spatialement omniprésente, dans l'unique point de l'instant à chaque fois présent du temps, fait se juxtaposer les déterminations de la nature, alors que la prédominance du temps dans l'esprit permettra à celui-ci de se composer et intégrer historiquement. C'est pourquoi la dialectique qui fait poser une détermination plus concrète, plus totalisante, de la nature en raison de la contradiction annulant, comme porteuse de l'être, la plus abstraite, n'a pas le sens d'un processus réel, mais celui d'un développement purement idéal, conceptuel. Les déterminations naturelles sont ainsi juxtaposées réellement, à l'opposé – pour ce qui est notamment des déterminations de la nature vivante – de ce qu'affirme l'évolutionnisme. L'être vivant, cime de la nature, comporte bien une évolution, mais uniquement dans les individus, et qui est absolument répétitive, laissant inchangées les espèces dans leur fixisme coexistant.

La dialectique idéale de la nature la fait se distribuer en trois grands règnes dans la juxtaposition de la nature *mécanique*, de la nature *physique* et de la nature *organique*. Dans la première, la diversité de l'être sensible est une quantité dont les éléments ne s'appellent pas les uns les autres en raison d'une détermination intrinsèque, qualitative, qu'ils n'ont pas ; l'unité donnant forme à cette matière leur est extérieure, c'est l'unité cherchée, vers laquelle ils tendent, de la pesanteur ou gravité. La nature mécanique est donc privée de cette identité à soi présente qui fait être. La nature n'a donc d'être qu'en tant qu'elle existe alors comme nature physique : dans celle-ci, la différence matérielle est identifiée à soi, à chaque fois, de façon immanente, intérieurement, et, en cela, qualifiée. Tel est le corps (*Körper*) physique. Mais précisément par cette détermination, c'est-à-dire différenciation, qualifiant son identité à soi, le corps physique est immédiatement mis en rapport d'opposition aux autres corps, et ainsi, de par lui-même, soumis à leur ensemble comme à un destin qui le nie. L'être naturel n'est, par conséquent, que s'il n'*est* pas, mais *a*, possède, maîtrise, ses déterminations qualifiantes comme de simples moments de lui-même, des membres en chacun desquels il s'affirme comme leur tout, revendiquant ainsi une certaine autarcie au sein de la nature. Cependant, cet être alors organique, un tout inclus dans le tout non totalisé – comme il a été vu – de la nature, ne peut se retrouver dans celui-ci, universel qui reste dès lors pour lui un destin négateur. La nature en son ensemble a puissance sur le tout organique singulier, qui, par son sens ontologique, est supérieur à elle, incapable qu'elle est de se totaliser réellement. Une telle contradiction condamne la nature au non-être : s'il n'y avait que la nature, il n'y aurait pas de nature. Si, en dépit de son non-être propre, la nature est cependant, elle doit son être à un être vrai, qui la porte ontologiquement. Et cet être vrai ne peut être qu'un tout réel, lequel ne peut se réaliser ni dans l'élément de la simple identité – lieu du tout non réel du logique –, ni dans l'élément de la simple différence – lieu de la réalité non totalisée de la nature –, mais dans l'élément de l'identité de l'identité et de la différence, où se déploie le tout réel qu'est l'*esprit*, identique à soi dans sa différence, chez soi dans son Autre, c'est-à-dire libre.

Philosophie de l'esprit

L'esprit est liberté, auto-position, auto-détermination de lui-même, échappant par là à tout destin le réduisant à un non-être. Mais, se libérant aussi de lui-même (en tant que simple être), il pose son Autre, tout le non-être que s'est révélé être par soi-même aussi bien la nature que le logique. L'esprit ne provient pas de la nature, même si c'est le non-être de la nature qui démontre l'être de ce qui la nie, de cet esprit qui porte l'être, en lui-même négatif, de la nature. Et tout le développement de l'esprit qui, posant, doit se poser lui-même, se faire ce qu'il est, agir absolu, consiste bien à se poser posant, suivant le sens logique qu'il fait se réaliser, la nature elle-même. Il n'est même esprit qu'en se naturalisant lui-même, en s'incarnant, ainsi que se l'est représenté la religion chrétienne, dont la spéculation hégélienne a voulu être la conception rationnelle. L'esprit se naturalise, le sujet s'objective, et les trois étapes de son auto-développement sont les moments de plus en plus spirituels, c'est-à-dire libres, de cette objectivation.

L'esprit s'objective comme esprit d'abord subjectivement, à l'intérieur de lui-même : tel est l'« *esprit subjectif* », qui finit par devenir objet de lui-même en tant que libre, maître chez lui de la nature qu'il s'est fait être. Ainsi confiant en lui-même, conscient de sa puissance, il s'affirme dans la nature qu'il se représente extérieure à lui, il s'objective comme sujet dans cette nature première et la transforme en la seconde nature qu'est, au sens très large du terme, le droit : tel est l'« *esprit objectif* », qui culmine dans l'histoire universelle. Mais cet esprit objectif présuppose la première nature qu'il nie, et c'est là sa limite, celle de sa liberté ainsi non encore pleinement libre, contradiction qui n'est résolue qu'autant que l'esprit se pose en lui-même *comme* posant son Autre naturel et devient par là conscient de ce qu'il fait d'abord sans savoir qu'il le fait. Cet esprit qui se libère en son infinité, qui est infiniment libre, Hegel le désigne comme l'« *esprit absolu* ».

L'esprit subjectif, négation de l'extériorité naturelle, la fait s'intérioriser en se totalisant dans cette présence à soi spirituelle de la vie naturelle qu'est l'« esprit-nature » ou l'*âme*, objet de l'anthropologie. L'intériorisation de soi totalisante du contenu de la nature se conclut en se libérant en elle-même de l'extériorité de ce contenu qu'elle peut s'objecter comme autre qu'elle. Telle est la *conscience*, éclatement de l'âme en l'opposition sujet-objet, dans laquelle l'esprit, se mettant à distance, comme sujet, de lui-même, comme objet, s'apparaît de la sorte à lui-même, alors étudié par la phénoménologie[1]. S'étant ainsi, en se mettant à distance du contenu objectif, formé en lui-même, il peut revenir sur un tel contenu pour le spiritualiser à même lui notamment à travers le langage : tel est l'*esprit* comme esprit, dont la connaissance est la psychologie. La maîtrise spirituelle subjective de la nature, qui s'accomplit dans la pleine conscience de la liberté, ne peut cependant sans se contredire tolérer l'existence trouvée de l'objectivité naturelle. L'esprit devenu en lui-même objet pour lui-même comme liberté entreprend nécessairement de rendre cette objectivité naturelle conforme à sa propre subjectivité accomplie. – Une telle réalisation, dans la nécessité objective, de la liberté, est le *droit*. Celui-ci se présente d'abord en tant que « droit abstrait », ensemble des dispositions assurant la reconnaissance objective, universelle, de l'objectivité comme objectivité appropriée de l'être même, lui-même seulement objectif, des sujets individuels ; puis en tant que « moralité », quand ladite reconnaissance est aussi celle de l'acte ou du vouloir intérieur, vraiment subjectif, de ces sujets ; enfin en tant que « vie éthique », lorsque les sujets sont reconnus dans leur subjectivité universelle, objective, par une objectivité elle-même instituée de l'esprit, culminant dans la vie socio-politique concrétisée historiquement. – Cependant, même l'universalisation, dans l'histoire, de l'institution objectivée de l'esprit ne supprime pas la limitation

---

1. La « Phénoménologie », comme moment de l'*Encyclopédie*, étudie simplement en sa structure *formelle* le moment conscientiel (rapport sujet-objet) de l'esprit. La *Phénoménologie de l'esprit*, l'ouvrage publié en 1807, exposait tout le *contenu* de l'esprit saisi par la conscience « naturelle », non spéculative, mais s'acheminant nécessairement vers l'adoption du point de vue spéculatif, dont l'*Encyclopédie* allait présenter le contenu processuel en sa pureté spéculative.

originaire de l'esprit objectif, qui admet l'être donné brut de l'objectivité naturelle conditionnant l'histoire de l'esprit. Celui-ci ne se libère en se sachant alors infini ou absolu qu'autant que, dans l'art, la religion et la philosophie s'élevant à la spéculation, il se fait et se sait créateur de la nature dans sa participation divinisante à l'esprit divin conçu comme humanisation plénière, aussi historique, de lui-même. En cela, l'être est totalement réconcilié avec lui-même dans tout ce qui est et il se célèbre tel dans le savoir absolu, qui n'a rien d'une fuite hors de l'être, puisqu'il l'assume bien plutôt en tout son champ, y compris d'abord le plus sensible et insignifiant. Tout a un sens et ce sens, totalisé, est le sens absolu de l'être absolu.

L'Encyclopédie hégélienne est ainsi le déploiement achevé de l'être comme esprit assuré de l'omniprésence efficiente universelle du sens, qui est le tout du sens présent même là où il semble absent. Le sens est la chose du monde la mieux partagée, et c'est la bonne nouvelle que la philosophie doit annoncer à l'époque moderne confrontée à l'expérience singularisée bien réelle du non-sens.

NOTE SUR LA PRÉSENTE TRADUCTION

La traduction ici proposée de *l'Encyclopédie des sciences philosophiques* est la reprise partielle de celle qui a été publiée, chez le même éditeur, en trois volumes, un pour chacune des trois parties de l'ouvrage de Hegel, en 1970 (I. *La science de la Logique*), 1988 (III. *Philosophie de l'esprit*) et 2004 (II. *Philosophie de la nature*)[1]. Reprise partielle, car l'édition originale comportait la traduction des trois éditions successives (1817, 1827 et 1830) du texte proprement hégélien de l'*Abrégé* de l'*Encyclopédie*, ainsi que celles des *Additions* (*Zusätze*) que les premiers éditeurs – disciples de Hegel – de ses

1. *Cf.* Hegel, *Encyclopédie des sciences philosophiques*, présentation, traduction et notes B. Bourgeois, I. *La science de la logique*, Paris, Vrin, 1970 ; II. *Philosophie de la nature*, Paris, Vrin, 2004 ; III. *Philosophie de l'esprit*, Paris, Vrin, 1988.

Œuvres complètes (t. 8, 9, 10, 1840-1845), avaient composées à partir des cours dans lesquels, des années durant, le Maître avait développé la densité escarpée de ce qu'il regardait pourtant comme un « Manuel » à l'usage de ses auditeurs. Qu'on nous permette de redire ici, au sujet de ces si précieuses *Additions*, que leur lecture pour elles-mêmes constitue peut-être, sans doute, la meilleure voie d'accès à la pensée de Hegel. Mais il a semblé utile d'offrir également, en sa nudité plus maniable, la traduction du seul texte de l'*Abrégé* (ou *Précis*) de l'*Encyclopédie*, en son ultime édition hégélienne de 1830, accompagnée de rares notes simplement historico-philologiques, mais non proprement philosophiques – ces dernières étant proposées dans la tradition intégrale évoquée ci-dessus; un tel vade-mecum spéculatif fera s'annoncer ou se récapituler chez les lecteurs français ou francophones le contenu explicité et commenté antérieurement mis à leur disposition.

Le projet général de l'idéalisme allemand, d'élever la philosophie à la science par sa systématisation, s'est réalisé chez Hegel dès le début du siècle, dans ses cours à l'Université de Iéna (1801-1807), puis au Gymnase de Nuremberg (1808-1816), où est exposée la première « encyclopédie philosophique » proprement dite, enfin à l'Université de Heidelberg (1816-1818), où est publiée la première édition de l'*Encyclopédie des sciences philosophiques* (1817). Au cours de son magistère berlinois (1818-1831), Hegel offrira en 1827 une deuxième édition, considérablement augmentée, de l'ouvrage, et, en 1830, une ultime édition, moins remaniée. Il enseignera à plusieurs reprises, de 1816 à 1831, les trois parties de l'*Encyclopédie*, en développant et concrétisant les paragraphes serrés et arides de son « Manuel ».

Exploitant et compilant le contenu des cahiers de cours de Hegel, des cahiers de notes tenus par des auditeurs ou par eux-mêmes, les disciples premiers éditeurs des *Œuvres complètes* du Maître – L. von Henning pour la première partie de l'*Encyclopédie*, C.L. Michelet pour la deuxième partie et L. Boumann pour la troisième partie – republieront en le grossissant des *Additions* le texte

de l'*Abrégé*, de 1840 à 1845. C'est ce texte concrétisé et développé
– dit de la « Grande encyclopédie » – que H. Glockner republiera
dans son édition des œuvres complètes de Hegel (édition du Jubilé) de
1927 à 1930[1]. Le texte de l'*Abrégé*, en sa version de 1830, sera repris,
lui, par G. Lasson puis J. Hoffmeister, et plus tard, d'abord en 1959,
par F. Nicolin et O. Pöggeler[2] et, pour terminer, par W. Bonsiepen et
H.C. Lucas, dans le tome 20 de la grande édition savante des *Œuvres
complètes* de Hegel entreprise par l'Académie des sciences de
Rhénanie-Westphalie (1992)[3]. Le texte dont nous reprenons ici la
traduction que nous avons déjà publiée, en son intégralité, en trois
tomes, est celui de l'édition originale de 1830, corrigé ainsi qu'il a été
indiqué dans cette première publication. Comme nous l'avons déjà
fait alors, nous renvoyons le lecteur, pour plus de commodité, au texte
de l'édition allemande accessible à un large public la plus récente,
à savoir celle de Nicolin et Pöggeler (*NP*)[4], dont la pagination est
indiquée en marge – la barre marquant, dans la ligne du texte français,
le début de la nouvelle page du texte allemand correspondant.

Le présent ouvrage comporte, pour commencer, la traduction des
Préfaces des trois éditions successives de l'*Encyclopédie* (1817, 1827,
1830) ainsi que celle de l'Allocution de Hegel à ses auditeurs pour
l'ouverture de ses cours à l'Université de Berlin, le 22 octobre 1818,
cours qu'il consacra précisément à un exposé de son Encyclopédie
spéculative.

Comme nous l'avons répété dans les trois Présentations de nos
traductions successives des trois parties de l'*Encyclopédie*, nous

1. *Cf.* Hegel, *Sämtliche Werke*, H. Glockner (éd.), Stuttgart, Frommanns Verlag,
1927-1930 ; les tomes contenant l'*Encyclopédie* sont les tomes 8-10.

2. *Cf.* Hegel, *Enzyklopädie der philosophichen Wissenschaften im Grundriss*
(1830), F. Nicolin et O. Pöggeler (éd.), Hambourg, F. Meiner Verlag, 1959, 1969, 1991
(dorénavant cité *NP*).

3. *Cf.* Hegel, *Enzyklopädie der philosophichen Wissenschaften im Grundriss* (1830),
dans *Gesammelte Werke*, tome 20, W. Bonsiepen et H.-Ch. Lucas (éd.), Hambourg,
F. Meiner Verlag, 1992.

4. *Cf.* ci-dessus, note 2.

avons adopté comme principe général la conjugaison des deux
démarches que Schleiermacher, à tort croyons-nous, jugeait exclusives l'une de l'autre, et que, d'ailleurs lui-même, infirmant avec brio
la théorie qu'il avait exposée dans sa conférence de 1813 sur «Les
diverses méthodes de traduction»[1], avait bien pratiquées simultanément comme traducteur de Platon. L'une de ces méthodes consiste à
faire parler l'auteur traduit dans la langue de traduction, en le pliant en
quelque sorte à elle, l'autre à faire parler dans la langue de traduction
l'auteur lui-même, auquel on plie inversement celle-là, cette dernière
exigence étant, selon nous, en fin de compte, prioritaire, mais dans
le respect maximal, alors compatible avec une telle priorité, de la
première. C'est bien Hegel lui-même, qui ne pensait pas d'abord en
français, que nous avons tâché de faire s'exprimer quand même en
français. La priorité en question nous a conduit par exemple, à aller
contre des expressions usuelles en français, telle celle de «preuves de
l'existence de Dieu», car Hegel distingue strictement entre les catégories logiques de *Dasein* (être-là) et d'*Existenz* (existence), et c'est
pourquoi nous avons employé l'expression de «preuves de l'être-là
de Dieu», nécessaire pis-aller. Il va sans dire que la maîtrise ainsi
hiérarchisante des deux exigences contradictoires à l'instant énoncées
mobilise un art tout empirique dont le traducteur sait qu'il ne peut
l'illustrer à jamais que bien imparfaitement. En ce sens, une traduction
est toujours prématurée.

La fidélité à un tel idéal de traduction exige assurément une
fidélité à soi-même dans la réalisation qu'on en tente. La constance
est de règle dans la traduction des déterminations encyclopédiques
de l'absolu, que Hegel fixe rigoureusement les unes par rapport aux
autres dans le cercle qu'elles forment. Ce qui n'interdit pas, certes,
d'employer deux termes français différents, en raison de leur contexte
d'application, pour traduire la même catégorie allemande : c'est ainsi
que l'on aura recours, pour exprimer «*Erscheinung*», soit au mot

1. *Cf.* F. Schleiermacher; «Über die verschiedenen Methoden des Übersetzens»,
dans *Philosophische und vermischte Schriften*, II, Berlin, G. Reimer, 1838, p. 207-245.

« apparition », soit au mot « phénomène ». Nous avons, à l'inverse, lorsque l'allemand dispose de deux mots différents quand le français n'en a qu'un, usé de quelques artifices : ainsi, nous traduisons « *die Sache* » : l'affaire dont il s'agit, par « la Chose », mais « *das Ding* » : l'unité perceptive des propriétés, par « la chose » ; « *das Objekt* », catégorie de la Logique du concept, par « l'objet », mais « *der Gegenstand* » : ce qui fait face et s'objecte au sujet conscient, par « l'ob-jet », etc. Nous avons limité autant que possible – dans le souci, proprement hégélien, d'utiliser les mots usuels de la langue – le recours à des néologismes. C'est ce qui nous a toujours retenu de fabriquer un mot pour traduire « *aufheben* », ce mot allemand si typiquement spéculatif aux yeux de Hegel puisqu'il réunit dans son sens les significations opposées de « conserver » et de « supprimer ». À « sursumer », « surprimer », « relever », « enlever », « surlever », etc., nous avons préféré tout bonnement « supprimer », puisque, pour Hegel, le sens négatif l'emporte sur le sens positif, ce qui amène le philosophe spéculatif lui-même à marquer ce dernier sens en ajoutant un adjectif : « *erhaltende Aufhebung* » : « suppression qui conserve ». Le traducteur doit consentir à des sacrifices, et qui ne lui laissent même pas la conscience pleinement en paix !

ENCYCLOPÉDIE
DES SCIENCES PHILOSOPHIQUES
EN ABRÉGÉ

À L'USAGE DE SES COURS
PAR GEORG WILHHEM FRIEDRICH HEGEL

**PRÉFACES
DE L'ENCYCLOPÉDIE
DES SCIENCES PHILOSOPHIQUES**

ÉDITION DE 1817[1]

Le besoin de mettre dans les mains de mes auditeurs un fil conducteur pour mes cours de philosophie est ce qui m'a en tout premier lieu amené à faire paraître cette vue d'ensemble de toute l'étendue embrassée par la philosophie, plus tôt que je n'en aurais eu par ailleurs l'intention.

La nature d'un Précis n'exclut pas seulement un développement exhaustif des idées suivant leur *contenu*, mais rétrécit en particulier aussi le développement de leur dérivation systématique, qui doit nécessairement contenir ce que l'on entendait autrefois par la *preuve* et qui est indispensable à une philosophie scientifique. Le titre devrait indiquer pour une part l'étendue d'un Tout, pour une part l'intention de réserver le détail pour l'exposé oral.

Mais, dans le cas d'un Précis, c'est davantage simplement une *finalité extérieure* de l'ordonnance et organisation, qui entre en considération lorsque c'est un contenu déjà présupposé et bien connu qui est à exposer dans une brièveté voulue. En tant que l'exposé présent n'est pas dans ce cas, mais établit une nouvelle élaboration de la philosophie suivant une méthode qui finira, je l'espère, par être reconnue

---

1. Nous renvoyons, pour la pagination du texte allemand (indiquée en marge; la barre verticale dans le texte annonce la nouvelle page de l'édition allemande), à l'édition *NP*; voir ci-dessus, Présentation, note 2, p. 38.

comme la seule vraie, identique au contenu, j'aurais pu tenir pour plus
avantageux pour lui, eu égard au public, si les circonstances me
l'avaient permis, de faire paraître auparavant un travail plus détaillé
concernant les autres parties de la philosophie, comme j'en ai livré
un au public concernant la première partie du Tout, la *Logique*[1]. Je
crois, du reste, bien que dans l'exposé présent le côté suivant lequel
le contenu est plus proche de la *représentation* et de la familiarité
empirique dût nécessairement être borné, avoir assez mis en évidence
relativement aux passages [en autre chose], qui ne peuvent être qu'une
médiation devant s'opérer par le moyen du *concept*, que ce qu'il y a
de méthodique dans la progression se différencie suffisamment, et
de l'*ordre* seulement *extérieur* que recherchent les autres sciences,
21 et aussi d'une | *manière de faire* devenue habituelle en des ob-jets[2]
philosophiques, qui *présuppose un schéma* et par là met les matières
en parallèle d'une façon tout aussi extérieure et encore plus arbitraire
que ne le fait la première manière, et, par la méprise la plus singulière, veut avoir donné satisfaction à la nécessité du concept avec la
contingence et l'arbitraire des liaisons.

Le même arbitraire, nous le vîmes aussi s'emparer du contenu de
la philosophie et se lancer dans des aventures de la pensée, en imposer
pendant un temps aux visées bien intentionnées et honnêtes, mais
par ailleurs aussi être tenu pour une déraison atteignant même à la
démence. Au lieu de l'élément imposant ou démentiel, la teneur
essentielle donna plus proprement et plus souvent à connaître des
trivialités bien connues, comme la forme la simple manière d'un esprit

---

1. Hegel publia la *Science de la logique* en 1812-1816, avant de publier en 1817
l'*Encyclopédie des sciences philosophiques*, dont la première partie est elle aussi une
Science de la Logique, plus condensée.

2. « Gegenstände ». Nous traduisons « Gegenstand » par *ob-jet*, conformément à
l'étymologie du mot allemand aussi : *Gegen-stand*, pour maintenir dans notre traduction
la différence entre « Gegenstand » et « Objekt » ; nous traduirons « Objekt » par *objet*.
L'*objet* constitue une détermination de la Logique, alors que l'*ob-jet* est thématisé dans la
Philosophie de l'esprit : l'ob-jet est le contenu que l'*âme* s'oppose, s'objecte à elle-même
en devenant *conscience*, phénomène de l'esprit.

voulu, pratiqué méthodiquement et facile à avoir, consistant en liaisons baroques et en un entortillement forcé, comme en général derrière les airs de sérieux une tromperie à l'égard de soi et à l'égard du public. De l'autre côté, nous vîmes par contre la platitude marquer le *manque de pensées* du sceau d'un scepticisme avisé à ses propres yeux et d'un criticisme à la raison modeste, et avec le vide d'idées accroître en un degré égal sa suffisance et sa vanité. – Ces deux directions de l'esprit ont pendant un long espace de temps singé le sérieux allemand, lassé son besoin philosophique plus profond, et ont eu pour conséquence une indifférence et même un tel mépris à l'égard de la science de la philosophie, que maintenant aussi une certaine modestie – comme elle se nomme – s'imagine pouvoir discuter et trancher de ce qu'il y a de plus profond dans la philosophie et se permettre de lui refuser la connaissance rationnelle, dont on comprenait autrefois la forme sous l'opération de la *preuve*.

Le premier des phénomènes [1] mentionnés peut pour une part être regardé comme la volupté juvénile de la nouvelle époque qui s'est ouverte dans le royaume de la science comme dans celui de la politique. Si cette volupté a salué avec transport l'aurore de l'esprit rajeuni et, sans travail plus profond, est venue aussitôt à la jouissance de l'Idée [2] et s'est enivrée un temps des espoirs et des perspectives qu'offrait celle-ci, elle réconcilie plus facilement avec ses dérèglements, parce qu'elle a un noyau à son fondement, et que la fumée superficielle qu'elle a répandue autour de lui doit nécessairement se dissiper d'elle-même. Mais l'autre phénomène | est plus contrariant **22** parce qu'il donne à connaître un accablement et manque de force, et

1. Nous traduisons ici «Erscheinung», suivant l'usage courant, par *phénomène*, mais, surtout après l'introduction de la catégorie logique de «Erscheinung», en sa signification précise, dans le développement encyclopédique, nous aurons recours, pour mieux marquer sa situation et sa distinction dans le champ des concepts, au terme *apparition* («erscheinen» : *apparaître*).

2. «Die Idee». Nous traduisons par *Idée*, avec un «i» majuscule. L'Idée est pour Hegel l'Absolu en son sens vrai, concret, qui est d'être la raison ou l'identité du concept et de l'objectivité, de l'idéel et du réel, du Soi et de l'être.

s'emploie à le recouvrir par une suffisance qui donne des leçons aux esprits philosophiques de tous les siècles, les méconnaît, mais se méconnaît le plus elle-même.

Mais il est d'autant plus réjouissant aussi de percevoir et encore de mentionner comment face à tous deux l'intérêt philosophique et l'amour sérieux de la *connaissance plus élevée* se sont conservés sans prévention et sans vanité. Si cet intérêt s'est parfois jeté sur la forme d'un *savoir immédiat* et du *sentiment*, il atteste par contre l'impulsion intérieure – allant plus loin – d'une intellection rationnelle, qui seule donne à l'homme sa dignité, surtout en ce que ce point de vue-là n'advient pour lui-même que comme *résultat* du savoir philosophique, que par conséquent ce qu'il paraît dédaigner est reconnu par lui au moins comme *condition*. – À cet intérêt pris à la *connaissance* de la *vérité*, je dédie cet essai visant à fournir une introduction ou contribution à sa satisfaction; puisse un tel but lui ménager un accueil favorable !

(Heidelberg, mai 1817.)

ÉDITION DE 1827

PRÉFACE

Le lecteur bénévole trouvera dans cette nouvelle édition plusieurs parties remaniées et développées en déterminations plus précises ; à ce sujet, je me suis efforcé d'atténuer et de réduire le côté formel de l'exposé et aussi, grâce à des remarques exotériques plus détaillées, de rapprocher des concepts abstraits de l'intelligence ordinaire et des représentations plus concrètes qu'on en a. Mais la brièveté serrée que nécessite un Précis, dans des matières en outre abstruses, conserve à cette deuxième édition la même destination qu'avait la première, de servir de livre de cours, livre qui doit recevoir par le moyen d'un exposé oral sa nécessaire élucidation. Le titre d'*Encyclopédie* pouvait, il est vrai, initialement laisser le champ libre à une moindre rigueur de la méthode scientifique et à un assemblage extérieur ; mais la nature de la Chose [1] implique que la connexion logique devait rester l'assise fondamentale.

---

1. « Die Sache » : la *Chose*. Pour distinguer dans la traduction les termes allemands : « die Sache » et « das Ding », nous traduisons le premier terme par la *Chose*, avec un « c » majuscule ; la *Chose*, c'est le contenu dont il est question, ce devant quoi, selon Hegel, doivent s'effacer l'arbitraire et la prétention de la subjectivité. La *chose* (« das Ding »), c'est simplement l'unité existante des propriétés, une détermination particulière (appartenant à la Logique de l'Essence) du contenu qu'il s'agit de penser.

Il n'existerait que trop d'occasions et d'incitations semblant exiger que je m'explique sur la position extérieure de ma façon de philosopher, relativement à des entreprises pleines d'esprit ou dépourvues d'esprit de la culture de notre époque, ce qui ne peut se faire que d'une manière exotérique, comme dans une préface ; car ces entreprises, bien qu'elles se donnent un rapport à la philosophie, ne s'engagent pas scientifiquement, par conséquent ne s'engagent pas du tout en elle, mais développent leurs beaux discours du dehors et en dehors d'elle. Il est déplaisant et même périlleux de se placer sur un tel terrain étranger à la science, car une telle explication et discussion ne fait pas avancer la compréhension qui seule peut importer pour la connaissance véritable. Mais parler de quelques phénomènes peut être utile ou nécessaire.

Ce à quoi en général j'ai travaillé et travaille dans mes efforts philosophiques, c'est à la connaissance scientifique de la vérité. Elle est le chemin le plus difficile, mais qui seul peut avoir de l'intérêt et de la valeur pour l'esprit, une fois que celui-ci s'est engagé sur le chemin de la pensée, qu'il n'a pas, sur ce chemin, sombré dans ce qui est vain, 4 mais s'est conservé la volonté et | le courage de la vérité ; il trouve bientôt que la méthode seule a le pouvoir de dompter la pensée, de la conduire à la Chose et de l'y maintenir. La poursuite d'une telle démarche se révèle n'être elle-même rien d'autre que la restauration de ce contenu consistant absolu au-delà duquel la pensée tout d'abord s'efforçait d'aller et se plaçait, mais une restauration dans l'élément le plus propre, le plus libre, de l'esprit.

Il y a eu un état de choses plus naïf, selon l'apparence plus heureux, qui n'est pas encore passé depuis très longtemps, où la philosophie allait la main dans la main avec les sciences et avec la culture, où une Aufklärung d'entendement modérée se satisfaisait à la fois du besoin de l'intellection, et de la religion, où de même un droit naturel se conciliait avec l'État et la politique, et où une physique empirique portait le nom de philosophie naturelle. Mais la paix était assez superficielle, et en particulier cette intellection se trouvait avec la religion, comme ce droit naturel avec l'État, dans une contradiction interne. Il en est résulté alors la séparation, la contradiction s'est développée ; mais dans la philosophie l'esprit a fêté la réconciliation de lui-même avec lui-même, de telle sorte que cette science n'est en contradiction qu'avec cette contradiction-là elle-même et avec le fard qui la recouvre. Il relève des mauvais préjugés, de croire qu'elle se trouverait en opposition avec une connaissance-d'expérience sensée, l'effectivité rationnelle du droit et une religion et piété naïve ; ces figures, la philosophie les reconnaît et même les justifie ; le sens pensant s'enfonce bien plutôt dans leur teneur essentielle, s'instruit et se fortifie auprès d'elles comme auprès des grandes intuitions de la nature, de l'histoire et de l'art ; car ce contenu massif, dans la mesure où il est pensé, est l'Idée spéculative elle-même. La collision avec la philosophie ne se présente que pour autant que ce fond se sépare de son caractère propre et que son contenu vient à être saisi dans des catégories et rendu dépendant de celles-ci sans qu'elles soient conduites jusqu'au concept et achevées en l'Idée.

Le résultat négatif important où se trouve l'entendement de la culture scientifique universelle, à savoir que sur le chemin du concept fini aucune médiation avec la vérité ne serait possible, a en effet habituellement la conséquence opposée à celle qui s'y trouve impliquée immédiatement. Cette conviction, | en effet, a bien plutôt supprimé 5 l'intérêt pour l'examen des catégories, ainsi que l'attention et la prudence dans leur emploi, au lieu d'avoir pour effet la relégation des Rapports[1] finis à l'écart de la connaissance ; leur emploi est devenu, comme dans un état de désespoir, d'autant moins discret, moins conscient et moins critique. Du malentendu selon lequel l'insuffisance des catégories finies quand on a en vue la vérité entraînerait l'impossibilité d'une connaissance objective, on a conclu à l'autorisation de

1. « Verhältnisse ». Nous traduisons par le mot « rapport » avec un « r » majuscule, pour distinguer de tout autre rapport le rapport thématisé par Hegel comme une catégorie déterminée ; le Rapport, tel que l'étudie par exemple la Logique de l'essence, est une relation – caractéristique de la pensée d'entendement (illustrée par le kantisme) – dont les termes restent *séparés* dans leur lien.

parler et de décider en s'appuyant sur le sentiment et l'opinion subjective, et à la place de la démonstration se présentent des assurances et les récits de ce qui se trouve là comme genre de faits dans la conscience, qui est tenue pour d'autant plus pure qu'elle est moins critique. C'est à une catégorie aussi sèche que l'est l'*immédiateté*, et sans l'examiner plus avant, que les besoins les plus élevés de l'esprit doivent être référés, et par son moyen qu'on doit décider à leur sujet. On peut, particulièrement là où il est traité d'ob-jets religieux, constater que dans ce cas la philosophie est expressément mise de côté, comme si par là était banni tout mal et obtenue la garantie contre l'erreur et l'illusion, et alors l'examen de la vérité est instauré à partir de présuppositions faites d'un lieu quelconque, et au moyen d'un raisonnement[1], c'est-à-dire qu'on l'entreprend en employant les déterminations-de-pensée courantes d'essence et de phénomène, de fondement et de conséquence, de cause et d'effet, et ainsi de suite, et en opérant les enchaînements syllogistiques[2] usuels suivant ces Rapports et les autres Rapports de la finité. «Ils sont délivrés du Malin, le Mal est resté»[3], et le Mal est neuf fois pire qu'auparavant, parce que l'on se confie à lui sans aucune suspicion ni critique ; et comme si ce mal qu'on tient écarté, la philosophie, était autre chose que l'examen de la vérité, mais avec la conscience de la nature et de la valeur des Rapports-de-pensée liant et déterminant tout contenu.

C'est le pire destin que la philosophie elle-même a alors à subir sous ces mains-là, lorsqu'elles entreprennent de s'occuper d'elle, et

1. «durch Räsonnement». Le *raisonnement* relève de l'entendement et non de la raison («Vernunft»). Nous n'avons pourtant pas cru devoir employer, pour traduire «Räsonnement», un autre mot français que celui dont le mot allemand tire si manifestement son origine.

2. «Das Schliessen» : nous traduisons par l'*enchaînement syllogistique* («schliessen» : fermer, enchaîner ; «der Schluss» : *le syllogisme*).

3. «Den Bösen sind sie los, das Böse ist geblieben». *Cf.* Goethe, *Faust*, 1re partie, Mephistopheles : «Den Bösen sind sie los, die Bösen sind geblieben» («Ils sont délivrés du Malin, les méchants sont restés»). *Cf.* ci-dessous, note 1, p. 55.

pour une part l'appréhendent, pour une part la jugent. C'est le Fait [1] de la vitalité physique ou spirituelle, particulièrement aussi de la vitalité religieuse, qui est défiguré par cette réflexion incapable de le saisir. Cette appréhension a cependant pour elle-même le sens d'élever pour la première fois le Fait à quelque chose de su, | et la difficulté réside 6 dans ce passage de la Chose à la connaissance, qui est opéré au moyen de la réflexion. Cette difficulté n'est plus présente, pourtant, dans le cas de la science. Car le Fait de la philosophie est la connaissance déjà élaborée, et en cela l'appréhension serait seulement une *réflexion* au sens d'une pensée *subséquente*; c'est seulement le jugement d'appréciation qui exigerait une réflexion au sens habituel. Mais cet entendement non-critique dont on a parlé se montre tout aussi infidèle dans l'appréhension nue de l'Idée exprimée de façon déterminée, il voit si peu de mal dans les présuppositions fixes qu'il contient, ou en doute si peu, qu'il est même incapable de répéter le Fait nu de l'Idée philosophique. Cet entendement réunit en lui d'une manière étonnante ces deux côtés, à savoir qu'en l'Idée il est frappé par la complète divergence et même la contradiction expresse qui l'oppose à l'emploi qu'il fait des catégories, et qu'en même temps il ne lui vient aucun soupçon qu'il existe et qu'il est pratiqué une manière de penser autre que la sienne, et qu'il lui faudrait ainsi se comporter ici autrement qu'en pensant comme à l'ordinaire. De cette façon, il se produit que l'Idée de la philosophie est aussitôt maintenue fixement en sa définition abstraite, dans l'opinion qu'une définition doit nécessairement, pour elle-même, apparaître claire et achevée, et a seulement en des représentations présupposées son régulateur et sa pierre de touche, du moins dans l'ignorance que le sens ainsi que la preuve nécessaire de la définition résident uniquement dans son développement et en ce qu'elle procède de celui-ci en tant que résultat. Or en tant que, d'une

---

1. « das Faktum ». Nous traduisons par le mot « fait » avec un « f » majuscule. « Das Faktum », le *Fait*, désigne la réalité contraignante de quelque chose qui doit ainsi être reconnu, alors que « die Tatsache », le *fait*, désigne simplement quelque chose en son être-présent, son être-donné.

façon plus précise, l'Idée en général est l'unité *concrète, spirituelle*[1], mais que l'entendement consiste à appréhender les déterminations conceptuelles seulement dans leur *abstraction* et par là dans leur unilatéralité et finité, cette unité est changée en l'identité abstraite privée d'esprit, dans laquelle de ce fait la différence n'est pas présente, mais où *tout* est *un*, et où entre autres choses aussi le Bien et le Mal sont d'une seule et même nature. C'est pourquoi pour la philosophie spéculative le nom de *système de l'identité*, de *philosophie de l'identité*, est déjà devenu un nom reçu. Si quelqu'un prononçait sa profession de foi en disant : « Je crois en Dieu le Père, Créateur du Ciel et de la Terre », on s'étonnerait à voir quelqu'un d'autre tirer déjà de cette première partie, que celui qui fait cette profession de foi croit en Dieu le Créateur du Ciel, *donc* tient la Terre pour non créée, la Matière pour

7 éternelle. | Le Fait est exact, que celui-là a exprimé dans sa profession de foi qu'il croyait en Dieu le Créateur du Ciel, et pourtant le Fait tel qu'il a été appréhendé par second est entièrement faux ; à un tel point qu'il faut regarder cet exemple comme incroyable et comme trivial. Et pourtant on se trouve, avec l'appréhension de l'Idée philosophique, dans le cas de cette bi-partition violente, d'une manière telle que, pour qu'on ne puisse pas se méprendre sur la nature constitutive de l'identité qui, selon ce qui est assuré, serait le principe de la philosophie spéculative, on fait suivre l'instruction expresse et la réfutation correspondante posant par exemple que le sujet est *différent* de l'objet, de même le fini de l'infini, etc., comme si l'unité spirituelle concrète était en elle-même sans détermination et ne *contenait* pas elle-même *en elle* la différence, comme si un homme quelconque ne savait pas que le

---

1. Hegel entend par *concret* (« konkret »), suivant l'étymologie latine (« concrescere » : *croître ensemble*), ce qui est constitué par une unité de déterminations différentes, le résultat du processus lui-même concret qui inclut dans son identité la différence du mouvement de la différenciation de l'identité, et du mouvement de l'identification des différences. Le concret, en son sens achevé, est l'Idée, et la réalisation achevée de l'Idée est l'*Esprit* (« Geist »), qui est, en une unité accomplie, la différenciation de soi (la Chute, l'aliénation …) et la réunion avec soi (la Rédemption, la réconciliation …).

sujet est différent de l'objet, l'infini du fini, ou s'il y avait à rappeler à la philosophie s'enfonçant dans sa sagesse d'école, qu'il y a en dehors de l'école la sagesse à laquelle cette différence est quelque chose de bien connu.

En tant que la philosophie, relativement à la diversité qui ne lui serait pas bien connue, est dénigrée de façon plus déterminée en ce sens que par là disparaîtrait en elle aussi la différence du Bien et du Mal[1], on aime habituellement à faire preuve d'équité et de magnanimité en accordant que « les conclusions néfastes qui sont liées avec leur proposition, les philosophes, dans leurs exposés, ne les développent pas toujours (donc ne les développent pas en fait peut-être aussi parce qu'ils ne pensent pas ces conclusions) »[*]. La | philosophie doit **8**

---

[*] Ce sont les paroles de M. Tholuk[2] dans le *Florilège de la mystique orientale*, p. 13. Lui aussi, l'homme profondément sentant qu'est Tholuk se laisse ici même entraîner à suivre la grande route habituelle de l'appréhension de la philosophie. L'entendement ne peut, dit-il, raisonner que des deux façons suivantes : ou bien il y aurait un fondement originaire conditionnant tout, et alors le fondement ultime de moi-même, lui aussi, résiderait en lui, et mon être ainsi que mon agir libre ne seraient qu'illusion ; ou bien je suis effectivement un être[3] différent du fondement originaire, être dont l'agir n'est pas conditionné ni produit par le fondement originaire, et alors le fondement originaire n'est pas un être absolu, conditionnant tout ; donc il n'y aurait pas de Dieu infini, mais une foule

1. « das Gute » : le Bien, en tant que l'universel pratique qui est le corrélat du vouloir moral, à la différence de « das Wohl » : le bien, au sens de bien propre (bien-être, bonheur …) d'un être particulier ou singulier. – « das Böse » : le Mal, comme négation, par le vouloir mauvais ou méchant, du Bien, à la différence, de « das Übel » : le mal, le malheur éprouvé comme la négation du bien propre.

2. F.A.C. Tholuk, *Blütensammlung aus der Morgenländischen Mystik, nebst einer Einleitung über Mystik überhaupt und Morgenländische insbesondere* (*Florilège de la mystique orientale, avec une Introduction sur la mystique en général et la mystique orientale en particulier*), Berlin, 1825.

3. « ein Wesen ». Certes, « das Wesen », c'est *l'essence*, mais le mot français « être » lorsqu'il désigne un être réfléchi en soi dans ses déterminations, identique dans sa différence, bref *un* être ou un être *essentiel*, peut être employé pour traduire « das Wesen ». *Cf.* « das höchste Wesen » : *l'Être suprême*.

dédaigner cette pitié qu'on veut bien lui accorder, car elle en a aussi peu besoin pour la justification morale, que peut lui faire défaut le discernement des conséquences effectives de ses principes, et aussi peu qu'elle peut manquer d'en tirer les conclusions expresses. Je vais brièvement élucider cette conclusion suivant laquelle la diversité du Bien et du Mal doit être ramenée à une simple apparence, plus pour donner un exemple du caractère creux d'une telle appréhension de la philosophie que pour justifier cette dernière. Nous n'allons dans ce but même examiner que le spinozisme, la philosophie dans laquelle Dieu est déterminé seulement comme *substance* et non comme sujet et esprit. Cette différence concerne la *détermination* de l'unité; c'est 9 cela seul qui importe, pourtant | ils ne savent rien de cette *détermination*, bien qu'elle soit un Fait, ceux qui ont l'habitude d'appeler la philosophie système de l'identité et peuvent même s'exprimer en

de dieux, etc. C'est de la première proposition que doivent faire profession tous les philosophes qui pensent plus profondément et de façon plus pénétrante (je ne peux précisément pas savoir pourquoi la première | unilatéralité devrait être plus profonde et plus 8 pénétrante que la deuxième); les conséquences qu'ils ne développent cependant pas toujours, suivant ce qui a été mentionné plus haut, seraient « que la mesure de référence éthique [1] de l'homme, elle non plus, n'est pas une mesure de référence absolument vraie, mais qu'à *proprement* parler (c'est souligné par l'auteur lui-même) Bien et Mal seraient identiques et seulement suivant l'apparence divers ». On ferait toujours mieux de ne pas parler du tout de philosophie aussi longtemps que, avec toute la profondeur du sentiment, on est encore tellement pris dans l'unilatéralité de l'entendement, qu'on n'a savoir que du *ou bien – ou bien* d'un fondement originaire dans lequel l'être individuel et sa liberté ne sont qu'une illusion, et de l'absolue subsistance-par-soi des individus, et qu'on n'a rien appris du *ni - ni* de ces deux unilatéralités du périlleux dilemme, comme l'appelle M. Tholuk. Il est vrai qu'il parle, p. 14, de ces esprits – et ceux-ci seraient les philosophes proprement dits – qui admettent la deuxième proposition (c'est pourtant bien la même signification qu'avait auparavant la première proposition) et suppriment l'opposition de l'être *inconditionné* et de l'être *conditionné* au moyen de l'*être originaire indifférent*, dans lequel tous les opposés corrélatifs se compénètrent. Mais M. Tholuk n'a donc pas remarqué, en parlant ainsi, que l'être originaire indifférent dans lequel les opposés doivent se compénétrer est absolument la même chose que cet être inconditionné dont

1. « Sittlich » : *éthique*; nous réservons « moral » pour traduire « moralisch ».

disant que suivant elle *tout est un seul et même être*, et aussi que Bien et Mal sont *identiques*, tout cela constituant les pires modes de l'unité, dont il ne peut être question dans une philosophie spéculative, mais dont seule une pensée encore barbare peut faire usage lorsqu'il s'agit d'Idées. Pour ce qui concerne maintenant l'allégation que dans cette philosophie-là[1], *en soi* ou *proprement*, la diversité du Bien et du Mal

l'unilatéralité devait être supprimée, et qu'il exprime ainsi tout d'une haleine la suppression de cet être unilatéral dans un être tel qu'il est exactement tout juste cet être unilatéral, donc, au lieu de la suppression, le maintien de l'unilatéralité ! Si l'on veut dire ce que font des *esprits*, il faut que l'on puisse appréhender le Fait avec de l'esprit ; autrement le Fait est sous notre main devenu faux. – Du reste, je remarque au surplus que ce qui est dit ici et plus loin sur la représentation que se fait M. Tholuk de la philosophie, ne peut ni ne doit être à énoncer ainsi de lui *individuellement* ; | on lit la même chose dans cent livres, entre 9 autres particulièrement dans les préfaces des théologiens. J'ai cité l'exposé de M. Tholuk, en partie parce qu'il m'est par hasard le plus présent, en partie parce que le profond sentiment qui semble placer ses écrits du côté tout à fait opposé à celui de la théologie d'entendement, est le plus proche de la profondeur d'esprit ; car sa détermination fondamentale, la *réconciliation*, qui n'est pas l'être originaire inconditionné ni une abstraction de ce genre, est le contenu consistant même qu'est l'Idée spéculative et qu'elle exprime de façon pensante, – un contenu consistant que cet esprit profond aurait dû le moins méconnaître dans l'Idée.

Mais il arrive à M. Tholuk ici même comme partout ailleurs dans ses écrits, de se laisser aller aussi aux discours à la mode sur le *panthéisme*, ce dont j'ai parlé en détail dans une des dernières remarques de l'Encyclopédie[2]. Je note seulement ici la maladresse et l'absurdité caractéristiques où tombe M. Tholuk. Tandis qu'il place à l'un des côtés de son dilemme prétendument philosophique le fondement originaire et désigne ce côté par la suite, p. 33, 38, comme panthéistique, il caractérise l'autre comme celui des sociniens, des pélagiens et des philosophes populaires, en ce sens qu'il n'y aurait de ce côté « aucun Dieu infini, mais un *grand nombre* de dieux, c'est-à-dire le nombre de tous ces êtres qui sont distincts de ce prétendu fondement originaire et ont un *être* et agir propre, s'ajoutant à ce prétendu fondement originaire ». En réalité, il n'y a pas, de ce côté, simplement un grand nombre de dieux, mais *toutes choses* (tout ce qui est fini passe ici pour avoir un être propre) *sont des dieux* ; c'est de ce côté que M. Tholuk a en réalité expressément son *omnidéisme*, son *panthéisme*, non pas du premier côté, dont le Dieu est constitué selon lui expressément par le fondement originaire *un*, où par conséquent il y a seulement *monothéisme*.

1. Le spinozisme.
2. Il s'agit de la remarque rattachée au § 573, *cf.* ci-dessous, p. 598 *sq.*

serait sans valeur, on doit se demander ce que peut bien signifier ce
«*proprement*». S'il signifie la nature de Dieu, on ne réclamera
pourtant pas que le Mal soit placé en elle; cette unité substantielle dont
10 on a parlé est le Bien lui-même; le Mal n'est que scission; | dans cette
unité-là il n'y a rien moins qu'une identité de nature du Bien et du Mal,
ce dernier est bien plutôt exclu. Par là, en Dieu comme tel se trouve
tout aussi peu la différence du Bien et du Mal; car cette différence est
seulement dans ce qui est scindé, dans un être tel qu'en lui il y a le Mal
lui-même. Or, ensuite, dans le spinozisme se présente aussi la différence: *l'homme, différent de Dieu*. Le système peut, de ce côté, ne pas
être satisfaisant théoriquement; car l'homme et le fini en général, même
s'ils sont rabaissés après coup à la condition de mode, se *trouvent*
seulement, dans l'étude qui les considère, *à côté* de la substance. Or
c'est ici, où la différence existe, qu'elle existe aussi essentiellement
comme la différence du Bien et du Mal, et c'est ici seulement qu'elle
est *proprement*, car il y a ici seulement sa détermination propre. Si,
dans le cas du spinozisme, on a seulement la substance devant les
yeux, il n'y a en elle, à vrai dire, aucune différence du Bien et du Mal,
mais pour cette raison que le Mal, comme le fini et le monde en général
(v. § 50. Rem. p. 53), *n'existe pas du tout* à ce niveau. Mais si l'on
a devant les yeux le niveau où dans ce système se présentent aussi
l'homme et le Rapport de l'homme à la substance, et où seulement
peut avoir sa place le Mal dans sa différence d'avec le Bien, il faut
qu'on ait examiné les parties de l'Éthique qui traitent de lui, des affec-
tions, de la servitude humaine et de la liberté humaine, pour pouvoir
faire un rapport sur les conclusions morales du système. Sans aucun
doute on se convaincra de la pureté élevée de cette morale dont le
principe est l'amour sans mélange de Dieu, tout autant que de l'idée
que cette pureté de la morale est une conséquence du système. *Lessing*
disait en son temps que les gens traitaient Spinoza comme un chien
mort[1]; on ne peut pas dire que dans les temps tout récents on traite

1. Dans l'ouvrage de F.H. Jacobi, *Über die Lehre des Spinoza in Briefen an den
Herrn Moses Mendelssohn* (*Lettres à M. Moses Mendelssohn sur la doctrine de Spinoza*),

mieux le spinozisme et aussi, d'une façon générale, la philosophie spéculative, lorsqu'on voit que ceux qui en font des comptes rendus et en jugent ne se donnent même pas la peine de saisir correctement les Faits et de les indiquer et rapporter correctement. Ce qui serait pourtant le minimum d'équité, et elle pourrait bien en tout cas exiger un tel minimum d'équité.

L'histoire de la philosophie est l'histoire de la découverte des *pensées* concernant l'absolu, qui est son ob-jet. Ainsi, par exemple, Socrate a, peut-on dire, découvert la détermination de | *but*, qui a été 11 développée et connue de façon déterminée par Platon et particulièrement par Aristote. L'histoire de la philosophie de *Brucker*[1] est si peu critique, non seulement suivant le côté extérieur de ce qui est historique, mais suivant l'indication des pensées, que l'on trouve citées, des plus anciens philosophes, vingt, trente propositions et davantage comme étant leurs philosophèmes, propositions dont pas une seule ne leur appartient. Ce sont des conclusions que Brucker bâtit selon la manière de la mauvaise métaphysique de son temps et attribue à tort à ces philosophes comme leurs affirmations. Des conclusions, il y en a de deux sortes, pour une part ce sont seulement des développements d'un principe qui descendent plus loin dans le détail, mais pour une autre part elles sont une régression vers des principes plus profonds; ce qui est l'affaire de l'histoire consiste précisément à indiquer à quels individus appartiennent un tel approfondissement plus poussé de la pensée et le dévoilement de celui-ci. Mais cette démarche de Brucker n'est pas incorrecte simplement parce que ces philosophes-là n'ont pas eux-mêmes tiré les conséquences qui résideraient dans leurs

Breslau, 1785, Jacobi fait dire à Lessing dialoguant avec lui: « Reden die Leute doch immer von Spinoza wie von einem toten Hunde » (« Les gens parlent en fait toujours de Spinoza comme d'un chien mort »). Cf. *Œuvres philosophiques de F.H. Jacobi*, trad. fr. Anstett, Paris, Aubier, 1946, p. 116.

1. J.J. Brucker, *Historia critica philosophiae*, Leipzig, 1742-1744 (5 livres) et 1767 (livre VI). Dans ses cours sur l'histoire de la philosophie, Hegel déplore le caractère non critique de cette *Histoire critique de la philosophie*.

principes et donc ne les ont pas du tout exprimées de façon expresse, mais bien plutôt parce qu'on leur suppose directement, dans le cas d'un tel enchaînement syllogistique, une attitude consistant à admettre et à utiliser des Rapports-de-pensée relevant de la finité, qui sont directement contraires à la mentalité des philosophes qui étaient d'esprit spéculatif, et ne font bien plutôt que vicier et falsifier l'Idée philosophique. Si une telle falsification a l'excuse de l'enchaînement syllogistique prétendu correct dans le cas de philosophies anciennes dont seulement quelques propositions peu nombreuses nous sont rapportées, elle disparaît dans le cas d'une philosophie qui pour une part a saisi son Idée elle-même dans les pensées déterminées, pour une autre part a expressément examiné et déterminé la valeur des catégories, si néanmoins on appréhende l'Idée en la mutilant, si on extrait de l'exposé seulement *un* moment et si on le donne (comme l'identité) pour la totalité, et si on introduit tout à fait naïvement les catégories, en leur unilatéralité et non-vérité, selon la première manière venue, comme elles se déploient à travers la conscience de tous les jours. La connaissance cultivée des Rapports-de-pensée est la première condition pour appréhender de façon juste un Fait philosophique. Mais la grossièreté de la pensée est expressément non seulement justifiée, mais érigée en loi par le principe du savoir immédiat ; la connaissance des pensées et par là la culture de la pensée subjective ne sont pas plus
12 un | savoir immédiat que ne le sont une science ou un art ou un savoir-faire quelconques.

La religion est le mode de la conscience suivant lequel la vérité est pour tous les hommes, pour les hommes de toute culture ; mais la connaissance scientifique de la vérité est une espèce particulière de leur conscience, espèce dont le travail n'est pas entrepris par tous, mais bien plutôt seulement par quelques-uns. *Le contenu consistant est le même* ; mais comme Homère dit de certaines étoiles qu'elles ont deux noms, l'un dans la langue des dieux, l'autre dans la langue des hommes éphémères, il y a pour ce contenu consistant deux langages, l'un, du sentiment, de la représentation et de la pensée d'entendement qui fait son nid dans des catégories finies et des abstractions

unilatérales, l'autre, du concept concret. Si l'on veut à partir de la
religion discuter et juger aussi de la philosophie, il est requis davantage que d'avoir seulement l'habitude du langage de la conscience
éphémère. Le fondement de la connaissance scientifique est le
contenu consistant intérieur, l'Idée demeurant en lui et la vitalité agile
de celle-ci dans l'esprit, comme, d'une façon non moindre, la religion
est une âme sentante[1] travaillée de part en part, un esprit éveillé à la
connaissance, un contenu consistant élaboré. Dans les tout derniers
temps, la religion a contracté de plus en plus l'étendue cultivée de son
contenu et s'est retirée dans l'être intensif de la piété ou encore du
sentiment, et souvent d'un sentiment manifestant une teneur essentielle très indigente et dégarnie. Tant qu'elle a encore un Credo, une
doctrine, une dogmatique, elle a ce dont la philosophie peut s'occuper
et ce en quoi elle-même comme telle peut se réunir avec la religion. Ce
qu'il ne faut pourtant pas prendre à nouveau suivant l'entendement
séparateur, le mauvais entendement, dans lequel la religiosité moderne
se trouve prise et suivant lequel elle les représente toutes deux d'une
manière telle qu'elles s'excluraient l'une l'autre ou seraient d'une
façon générale à tel point séparables qu'elles ne s'uniraient ensuite
que de l'extérieur. Il est bien plutôt impliqué aussi dans ce qui a été dit
jusqu'à présent, que si la religion peut bien être sans la philosophie,
la philosophie ne peut être sans la religion, mais inclut bien plutôt
celle-ci en elle. La religion vraie, la religion de l'esprit, doit nécessairement avoir quelque chose de tel, un contenu; car l'esprit est essentiellement conscience, par conséquent conscience du contenu rendu
ob-jectif; comme sentiment, il est le contenu non ob-jectif même
(seulement *qualifié*, pour employer une expression de J. Böhme) et
seulement le plus bas degré de la conscience, | et même il se trouve 13
dans la forme de l'âme, qui nous est commune avec l'animal. C'est
seulement la *pensée* qui fait de l'âme, dont l'animal aussi est pourvu,
l'esprit, et la philosophie est seulement une conscience de ce contenu,

1. « Das Gemüt » : *l'âme sentante*.

de l'esprit et de sa vérité, aussi dans la figure et la manière d'être de cette essentialité de lui-même, qui le différencie de l'animal et le rend capable de religion. La religiosité contractée, se concentrant dans le cœur comme en un point, doit nécessairement faire de la contrition et mortification de celui-ci le moment essentiel de sa régénération; mais elle devrait en même temps se rappeler qu'elle a affaire au cœur d'un esprit, que l'esprit est commis à la puissance sur le cœur et ne peut être cette puissance que dans la mesure où il est lui-même régénéré. Cette régénération de l'esprit, qui le fait sortir de l'ignorance naturelle aussi bien que de l'erreur naturelle, se produit par le moyen de l'enseignement et de la croyance – advenant grâce au témoignage de l'esprit – qui relève de la *vérité objective*, du contenu. Cette régénération de l'esprit est, entre autres choses, aussi immédiatement une régénération du cœur, qui fait sortir celui-ci de la vanité de l'entendement unilatéral dont il se prévaut pour savoir des choses telles que celles-ci, par exemple que le fini est différent de l'infini, que la philosophie doit nécessairement être ou bien polythéisme ou bien, dans des esprits à la pensée pénétrante, panthéisme, etc., – régénération qui libère de ces vues lamentables en vertu desquelles l'humilité pieuse se comporte avec hauteur à l'égard de la philosophie comme à l'égard de la connaissance théologique. Si la religiosité persiste dans son intensité sans expansion et par là sans esprit, elle n'a, en vérité, savoir que de l'opposition de cette forme bornée et bornante qui est la sienne, à l'expansion spirituelle d'une doctrine religieuse en tant que telle, 14 comme d'une doctrine philosophique*. | Cependant, non seulement l'esprit pensant ne se borne pas à la satisfaction dans la religiosité plus

---

* Pour en revenir encore une fois à M. Tholuk, qui peut être regardé comme le représentant enthousiaste du courant piétiste, le manque d'une doctrine est bien marqué dans son écrit *Sur la doctrine du péché*, 2ᵉ éd. (qui vient de me tomber sous les yeux)[1]. J'avais été frappé par la façon dont il traite de la Trinité dans son écrit *La doctrine*

1. A. Tholuk, *Die Lehre von der Sünde und vom Versöhnen, oder : Die wahre Weihe des Zweiflers* (*La doctrine du péché et de la réconciliation ou : la vraie consécration du douteur*), Hambourg, 1825.

pure, naïve, mais ce point de vue-là est, en lui-même, un | résultat issu **15**
de la réflexion et du raisonnement; c'est à l'aide d'un entendement
superficiel qu'il s'est procuré cette distinguée libération de toute
doctrine ou c'est tout comme, et c'est en utilisant la pensée par
laquelle il est contaminé, pour s'empresser contre la philosophie,
qu'il se maintient de force sur la mince cime sans contenu d'une

spéculative de la Trinité de l'Orient postérieur[1], dont je lui sais sérieusement gré pour les
notations historiques soigneusement dégagées que comporte cet écrit; il nomme cette
doctrine une doctrine *scolastique*; elle est en tout cas beaucoup plus ancienne que ce
que l'on appelle scolastique; il la considère uniquement | suivant le côté extérieur d'une **14**
genèse prétendument seulement historique à partir d'une spéculation sur des passages
bibliques et sous l'influence de la philosophie platonicienne et aristotélicienne (p. 41).
Mais dans l'écrit sur le péché, il traite, pourrait-on dire, cavalièrement[2] ce dogme en le
déclarant seulement capable d'être un *cadre cloisonné* où se laissent ordonner les doctrines
(lesquelles?) de la foi (p. 220), et même il faut aussi appliquer à ce dogme l'expression
selon laquelle il apparaîtrait à ceux qui se tiennent sur la rive (sur le sable de l'esprit peut-
être?) comme un château de la fée Morgane. Mais la doctrine de la Trinité n'est « jamais
un fondement » (c'est ainsi que M. *Tholuk* parle du trépied au même endroit, p. 221) « sur
lequel la foi peut être fondée ». Cette doctrine, en tant qu'elle est la plus sainte, n'a-t-elle
pas été de tout temps – ou du moins depuis combien de temps? – le contenu principal de la
foi elle-même comme *Credo*, et ce *Credo* le fondement de la croyance subjective?
Comment, sans ce dogme, la doctrine de la réconciliation, que M. *Tholuk*, dans l'écrit
cité, cherche avec tant d'énergie à faire accéder au sentiment, peut-elle avoir un sens plus
que moral ou, si l'on veut, plus que païen, comment peut-elle avoir un sens chrétien?
D'autres dogmes plus spéciaux, on ne trouve rien non plus dans cet écrit; M. *Tholuk*, par
exemple, ne conduit jamais son lecteur que jusqu'à la passion et à la mort du Christ, mais
non pas jusqu'à sa résurrection et à son ascension à la droite du Père. Une détermination

1. A. Tholuk, *Die spekulative Trinitätslehre des späteren Orients. Eine religions-
philosophische Monographie aus handschritlichen Quellen der Leydener, Oxforder und
Berliner Bibliothek* (*La doctrine spéculative de la Trinité de l'Orient postérieur.
Monographie de philosophie de la religion, à partir de sources manuscrites des
Bibliothèques de Leyde, Oxford et Berlin*), Berlin, 1826. Dans sa lettre à Tholuk du
3 juillet 1826, Hegel critique l'historicisme de Tholuk, qui lui fait négliger le contenu
même de la doctrine de la Trinité en sa raison immanente, en son processus intérieur, et
l'amène à s'intéresser seulement au côté extérieur de son développement historique
(Hegel, *Correspondance*, trad. fr. Carrère, Paris, Gallimard, 1967, III, p. 333-334).
2. En français dans le texte.

sentimentalité abstraite. Je ne peux me retenir de citer par des extraits la *Parenesis* de M. *Fr. von Baader*, concernant une telle figure de la piété, ces extraits étant empruntés au 5ᵉ Cahier des *Fermenta Cognitionis, Préface*, p. IX *sq.* [1].

Aussi longtemps, dit-il, qu'à la religion, à ses enseignements, n'aura pas été ménagée à nouveau de la part de la science une estime fondée sur une recherche libre et par conséquent sur une conviction véritable …, aussi longtemps vous-mêmes, hommes pieux et hommes sans piété, avec tous vos commandements et interdictions, avec tous vos beaux discours et actes …, vous ne remédierez pas au mal, et aussi longtemps cette religion non estimée ne sera pas non plus aimée, parce que l'on ne peut en fait aimer d'un cœur résolu et sincère que ce que l'on voit estimé sincèrement et connaît sans contestation comme estimable, de même que l'on ne peut aussi servir la religion qu'avec un tel *amor generosus* … En d'autres termes : voulez-vous que la praxis de la religion prospère à nouveau, alors veillez donc à ce que nous parvenions à nouveau à une théorie rationnelle de celle-ci et n'abandonnez pas complètement le terrain à vos adversaires (les athées) avec cette

---

capitale dans la doctrine de la réconciliation est le *châtiment des péchés* ; celui-ci est chez M. *Tholuk* – p. 119 *sq.* – la conscience de soi qui accable et le malheur lié à elle, dans lequel sont tous ceux qui vivent *hors* de Dieu, l'unique source de la félicité ainsi que de la sainteté ; de telle sorte que péché, conscience de la culpabilité et malheur ne peuvent pas être *pensés* l'un sans l'autre (ici, il vient aussi à la pensée comment, p. 120, les déterminations aussi sont montrées comme découlant de la *nature* de Dieu). Cette détermination du châtiment du péché est ce qu'on a appelé le châtiment *naturel* du péché, et ce qui (comme l'indifférence à l'égard de la doctrine de la Trinité) est le résultat et l'enseignement de la raison et de l'Aufklärung par ailleurs si décriées par M. Tholuk. – Il y a quelque temps, fut rejeté devant la Chambre haute du Parlement anglais un Bill qui concernait la secte des *unitaristes* ; à cette occasion, une feuille anglaise publia une note sur le grand nombre des unitaristes en Europe et en Amérique, et ajouta alors : « Sur le continent européen, le protestantisme et l'unitarisme sont présentement la plupart du temps synonymes ». C'est à des théologiens de décider si la dogmatique de M. *Tholuk* se différencie en plus d'un point ou, tout au plus, de deux points, – et, s'ils sont regardés de plus près, si même en ceux-ci elle s'en différencie bien – de la théologie habituelle de l'Aufklärung.

1. Franz von Baader, *Fermenta cognitionis*, 5 cahiers, Berlin, 1824.

affirmation *irrationnelle* et *blasphématoire* : qu'on ne peut pas du tout songer à une telle théorie de la religion, en tant qu'elle est une Chose impossible, que la religion est simple Chose du cœur, où l'on peut et même où l'on doit se défaire à bon droit de la tête *.

Relativement à l'indigence en contenu, on peut encore remarquer qu'il ne peut être question d'elle que comme du phénomène lié à l'état extérieur de la religion à une époque déterminée. On pourrait se plaindre d'une telle époque, lorsqu'il y a une telle | nécessité de **16** susciter seulement la simple croyance en Dieu, ce qui était si urgent pour le noble *Jacobi*, et ensuite de ne plus éveiller qu'un christianisme concentré de l'impression; on ne peut en même temps méconnaître les principes plus élevés qui se manifestent même ici (cf. *Introd.* à la *Logique*, § 64, Rem.). Mais devant la science gît le riche contenu que des siècles et millénaires de l'activité connaissante ont produit, et devant elle il ne gît pas comme quelque chose d'historique que seul *d'autres* ont possédé et qui serait pour nous quelque chose de passé, permettant seulement une occupation orientée vers le savoir de la mémoire et s'adressant à la sagacité de la critique des récits, non à la connaissance de l'esprit et à l'intérêt de la vérité. Ce qu'il y a de plus élevé, de plus profond et de plus intime a été amené au jour, dans les religions, les philosophies et les œuvres de l'art, sous une figure plus pure ou plus impure, plus claire ou plus trouble, souvent très rebutante. On peut estimer comme un mérite particulier, que M. *Fr. von Baader* continue non seulement de rappeler de telles formes dans le souvenir,

|* M. *Tholuk* cite à plusieurs reprises des passages tirés du Traité d'*Anselme* : *Cur* **15** *Deus Homo*, et il vante, p. 127, « la profonde modestie de ce grand penseur »[1] ; pourquoi ne considère-t-il pas et ne cite-t-il pas aussi le passage (cité au § 77 de l'*Encyclopédie*, p. 166) du même Traité : « Negligentiae mihi videtur si … non studemus quod credimus, *intelligere* » (« À ce qu'il me semble, nous faisons preuve de négligence si… nous ne cherchons pas à *comprendre* ce que nous croyons ») ? Si, à la vérité, le *Credo* est ratatiné à peine à quelques articles peu nombreux, il reste peu de matière à connaître et il ne peut résulter grand-chose de la connaissance.

1. A. Tholuk, *La Doctrine du péché et de la réconciliation.*

mais, avec un esprit profondément spéculatif, de faire accéder expressément leur contenu consistant aux honneurs scientifiques en exposant et corroborant à partir d'elles l'Idée philosophique. La profondeur de *Jacob Böhme* fournit particulièrement pour cela une occasion et des formes. À ce puissant esprit on a donné à bon droit le nom de «philosophus teutonicus»; il a, pour une part, élargi le contenu consistant de la religion pour lui-même jusqu'à l'Idée universelle, appréhendé en lui les plus hauts problèmes de la raison et cherché à y saisir l'esprit et la nature dans leurs sphères et formations déterminées, en prenant pour assise fondamentale que l'esprit de l'homme et toutes les choses sont créés à l'image de Dieu et, en vérité, d'aucun autre Dieu que du Dieu *un en trois personnes*, et sont seulement cette vie qui consiste pour eux à être, à partir de la perte de leur modèle originaire, réintégrés à lui; pour une autre part, il a, inversement, appliqué de vive force les formes des choses naturelles (le soufre, le salpêtre, etc., l'âpre, l'amer, etc.) à des formes spirituelles et à des formes-de-pensée. La gnose de M. von Baader, qui se rattache à des formations de ce genre, est une manière propre d'allumer et de promouvoir l'intérêt philosophique; elle s'oppose avec force tout autant à la tranquillisation dans la nudité vide de contenu des prétendues Lumières, qu'à la piété qui veut rester seulement intensive. M. von Baader prouve, à ce sujet, dans tous ses écrits qu'il est éloigné de prendre cette gnose pour 17 le | mode exclusif de la connaissance. Elle a pour elle-même ses incommodités, sa métaphysique n'est pas poussée jusqu'à la considération des catégories elles-mêmes et au développement méthodique du contenu; elle souffre de l'inadéquation du concept à ses formes et figurations barbares ou pleines d'esprit; de même qu'elle souffre en général de ce qu'elle a le contenu absolu comme *présupposition*, et explique, raisonne et réfute à partir de cette présupposition *.

---

* Il ne peut que m'être agréable de reconnaître aussi bien par le contenu des divers écrits récents de M. *von Baader* que dans les mentions nommément faites de beaucoup de mes propositions, son adhésion à ces dernières; sur la plus grande partie ou facilement sur la totalité de ce qu'il conteste, il ne me serait pas difficile de m'entendre avec lui, c'est-

Des figurations plus pures ou plus troubles de la vérité, nous en avons, peut-on dire, *assez* et en *surabondance*, – dans les religions et mythologies, dans les philosophies gnostiques et donnant dans le mysticisme qui appartiennent aux temps anciens et modernes ; on peut trouver sa joie à faire la *découverte* de l'Idée dans ces figurations, et tirer satisfaction de ce que la vérité n'a pas été quelque chose de

à-dire de montrer que cela ne s'écarte pas en fait de ses vues. C'est seulement à une critique qui se rencontre dans les *Remarques sur quelques philosophèmes anti-religieux de notre temps*, 1824, p. 5, *cf.* p. 56 *sq.*, que je veux toucher : il est question à cet endroit même d'un philosophème qui, « issu de l'école de la Philosophie de la nature, établirait un concept faux de la matière en affirmant lui-même de l'essence – passagère et cachant en elle-même la corruption – de ce monde, qu'une telle essence née et naissant de Dieu *immédiatement* et éternellement, en tant que constituant la sortie de soi (aliénation [1]) éternelle de Dieu, *conditionnerait* éternellement son éternelle rentrée en soi (comme esprit). Pour ce qui concerne la première partie de cette représentation, relativement à la *naissance* (c'est là en général une catégorie que je n'emploie pas, en tant qu'elle n'est qu'une expression imagée, non une catégorie) de la matière, de Dieu même, je ne vois rien d'autre si ce n'est que cette proposition est contenue dans la détermination que Dieu est le créateur du monde ; mais pour ce qui | concerne l'autre partie, à savoir que 18 l'éternelle sortie de soi *conditionnerait* la rentrée en soi de Dieu en tant qu'esprit, M. von Baader pose à cet endroit le *conditionner*, catégorie, pour une part, en et pour soi inadéquate ici, et aussi peu employée par moi pour cette relation ; je rappelle ce que j'ai noté plus haut au sujet de la substitution non-critique des déterminations-de-pensée les unes aux autres. Mais discuter de la naissance *immédiate* ou *médiatisée* de la matière ne conduirait qu'à des déterminations entièrement formelles. Ce que M. von Baader lui-même avance, p. 54 *sq.*, au sujet du concept de la matière, je ne le regarde pas comme s'écartant de mes déterminations concernant celle-ci ; de même que je ne comprends pas quel recours pour la tâche absolue de saisir la création du monde comme concept, réside dans ce que M. von Baader indique, p. 58, à savoir que la matière « ne serait pas le produit immédiat de l'unité, mais celui de ses principes (mandataires, Elohim) *qu'elle* suscita à cet effet ». Si le sens (car suivant la structure grammaticale il n'est pas parfaitement clair) est celui-ci, à savoir que la matière est le produit des principes, ou celui-ci, à savoir que la matière s'est suscité ces Elohim et s'est fait produire par eux, ces Elohim ou bien ce cercle total en son ensemble doivent être placés dans une relation à Dieu qui n'est pas éclaircie par l'intercalation des Elohim.

1. « Entäusserung » : extériorisation (« Äusserung ») séparant de (« Ent- ») soi, aliénation.

seulement solitaire, mais qu'en elles son activité efficiente a été présente au moins comme fermentation. Mais lorsque la suffisance de l'immaturité en vient à réchauffer de telles productions de la fermentation, elle élève facilement pour elle, dans sa paresse et son incapacité 18 | de penser scientifiquement, une telle gnose au rang de mode exclusif de la connaissance ; car cela coûte moins de peine de se complaire dans de telles formations imagées et de leur rattacher des philosophèmes assertoriques, que d'entreprendre le développement du concept et de soumettre sa pensée, comme son âme sentante, à la nécessité logique de celui-ci. La suffisance en vient vite aussi à s'attribuer comme découverte ce qu'elle a appris par d'autres, et elle le croit d'autant plus facilement lorsqu'elle les combat ou rabaisse ; ou bien plutôt elle est excitée contre eux parce qu'elle a puisé ses lumières en eux.

De même que dans les phénomènes de l'époque que nous avons pris en considération dans cet avant-propos se fait connaître, bien qu'elle soit défigurée, l'impulsion pressante de la pensée, ainsi, pour la pensée même qui est amenée par la culture à la hauteur de l'esprit, et pour son temps, c'est en et pour soi un besoin – et pour cette raison ceci seul est digne de notre science – que ce qui auparavant a été révélé comme mystère mais reste, dans les figurations plus troubles de sa révélation, quelque chose de très secret pour la pensée formelle, soit révélé pour la pensée elle-même qui, dans le droit absolu de sa liberté, 19 affirme son obstination | à ne se réconcilier avec le contenu massif que pour autant que celui-ci a su se donner la figure en même temps la plus digne de lui-même, celle du concept, de la nécessité qui relie tout, contenu comme pensée, et précisément en cela le rend libre. Si l'on doit rénover de l'ancien, c'est-à-dire une ancienne figuration, car le contenu consistant lui-même est éternellement jeune, la figuration de l'Idée par exemple, comme *Platon* et beaucoup plus profondément *Aristote* la lui ont donnée, est infiniment plus digne de la remémoration, pour cette raison aussi que son dévoilement grâce à son appropriation à notre culture pensante est immédiatement non seulement une compréhension d'elle, mais une progression de la science elle-même. Mais comprendre de telles formes de l'Idée n'est

pas, également, chose aussi superficielle que de saisir des fantasma-
gories gnostiques et cabalistiques, et façonner plus avant celles-là se
fait encore moins de soi-même, que de montrer ou indiquer en
celles-ci des résonances de l'Idée.

De même qu'on a justement dit du vrai qu'il était *index sui et falsi*,
alors qu'on ne sait pas le vrai à partir du faux, de même le concept est la
compréhension de lui-même et de la figure privée de concept, alors
que celle-ci, à partir de sa vérité intérieure, ne comprend pas celui-là.
La science comprend le sentiment et la croyance, mais elle ne peut
être jugée qu'à partir du concept, en tant qu'elle repose sur lui, et,
puisqu'elle est l'auto-développement de celui-ci, un jugement qui
l'apprécie à partir du concept n'est pas tant un jugement sur elle
qu'une progression avec elle. C'est un tel jugement que je dois
souhaiter aussi à cet essai, de même que je peux seulement considérer
et prendre en considération un tel jugement.

(Berlin, le 25 mai 1827.)

ÉDITION DE 1830

De multiples améliorations sont apportées ici et là dans cette troisième édition, on a particulièrement eu en vue de favoriser la clarté et déterminité[1] de l'exposition. Cependant, eu égard au but que se propose le traité, d'être un abrégé, le style devait demeurer concis, formel et abstrait; le traité conserve sa détermination, de recevoir seulement par le moyen de l'exposé oral les éclaircissements nécessaires.

Depuis la deuxième édition ont paru de multiples études critiques de ma démarche philosophique, qui pour la plus grande partie ont montré peu de disposition pour une telle tâche; de telles réponses frivoles à des œuvres qui ont été méditées pendant de nombreuses années et travaillées avec tout le sérieux requis par l'ob-jet et par l'exigence scientifique, n'offrent rien de réjouissant si l'on regarde les mauvaises passions de la suffisance, de l'orgueil, de l'envie, du mépris, etc., qui percent en elles, et bien moins encore quelque chose d'instructif. Cicéron dit, *Tuscul.* Quaest. I, II : « Est philosophia paucis contenta judicibus, *multitudinem* consulto ipsa fugiens, eique ipsi et *invisa* et *suspecta*; ut, si quis universam velit vituperare, *secundo* id

---

1. « Die Bestimmtheit » : c'est le caractère de ce qui est déterminé (« bestimmt »); nous avons, dans cette traduction, employé le terme de *déterminité*. Nous réservons le terme de *détermination* pour traduire « Bestimmung ».

populo facere possit » [« La philosophie se contente d'un petit nombre de juges, elle fuit elle-même à dessein la *multitude*, étant à celle-ci elle-même *odieuse* et *suspecte*, au point que, si quelqu'un voulait la blâmer en tout ce qu'elle est, il pourrait le faire avec l'*approbation du peuple* »]. Il est d'autant plus populaire de se déchaîner contre la philosophie que cela se fait avec moins de discernement et de profondeur; la mesquine passion hostile est compréhensible dans la résonance qui vient à sa rencontre chez d'autres, et l'ignorance s'associe à elle avec une égale intelligibilité. D'autres ob-jets tombent sous les sens ou se tiennent devant la représentation dans des intuitions d'ensemble; la nécessité d'un degré même réduit de savoir portant sur eux se fait sentir, pour qu'on puisse participer à la discussion les concernant; ils renvoient aussi plus facilement au bon sens parce qu'ils se tiennent dans une présence bien connue, ferme. Mais le manque de tout cela est opposé hardiment à la philosophie ou plutôt à une quelconque image fantastique vide que l'ignorance où l'on est d'elle se forge d'elle, et dont elle se persuade, elle n'a rien devant soi, sur quoi elle pourrait s'orienter, et elle se meut ainsi çà et là entièrement dans quelque chose 24 qui est indéterminé, vide, et | par là dans quelque chose qui est privé de sens. – J'ai entrepris ailleurs la tâche peu réjouissante et stérile d'éclairer dans leur nudité découverte quelques-unes de ces apparitions tissées de passions et d'ignorance.

Il aurait pu sembler récemment qu'à partir du terrain de la théologie et même de la religiosité une recherche plus sérieuse portant sur Dieu, les choses et la raison divines eût dû être stimulée sur un mode scientifique dans un domaine plus étendu. Mais d'emblée le commencement du mouvement ne laissa pas croître un tel espoir; car l'occasion provenait de *personnalités*, et ni la prétention de la piété accusatrice, ni la prétention attaquée de la raison libre ne s'élevèrent à la *Chose*, encore moins à la conscience que, pour discuter de la Chose, il fallait fouler le sol de la philosophie. Cette attaque de l'élément personnel, se fondant sur des aspects extérieurs très spéciaux de la religion, se montra accompagnée de la présomption inouïe, de vouloir décider de sa propre autorité du christianisme de certains individus, et de leur imprimer par là le sceau de la réprobation mondaine et éternelle.

Dante s'est permis, pris dans la puissance de l'exaltation d'une divine poésie, de manier les clefs de Pierre et de condamner à la damnation de l'enfer, nommément, beaucoup de ses contemporains, il est vrai, déjà morts, même des papes et des empereurs. On a fait à une philosophie récente le reproche infamant qu'en elle [l']individu humain se poserait comme Dieu ; mais vis-à-vis d'un tel reproche relevant d'une conclusion fausse, c'est une présomption effective tout autre, que de se comporter comme Juge du monde, de juger sans appel du christianisme des individus et de prononcer par là à leur sujet la réprobation la plus intime. Le schibboleth de cette puissance souveraine est *le nom du Seigneur Jésus* et l'*assurance* que le Seigneur demeure dans le cœur de ces juges. Le Christ dit (Matt. 7, 20) : « C'est à leurs fruits que vous devez les reconnaître », mais l'insolence inouïe de la réprobation et de la condamnation n'est pas un bon fruit. Il poursuit : « Tous ceux qui me disent : *"Seigneur, Seigneur !"* n'entreront pas dans le royaume des Cieux, beaucoup me diront ce jour-là : *"Seigneur, Seigneur ! n'avons-nous pas prophétisé en ton nom* ? n'avons-nous pas chassé des démons *en ton nom* ? n'avons-nous pas fait de nombreuses actions *en ton nom* ?"* Alors, je leur dirai ouvertement : *"Je | ne vous ai pas encore* **25** *connus ; retirez-vous de moi, vous qui agissez mal !"* ». Ceux qui assurent avoir la possession exclusive du christianisme et exigent d'autres hommes cette croyance en eux, ne sont pas arrivés au point de chasser les démons, bien plutôt beaucoup d'entre eux, comme ceux qui croient en la voyante de Prevorst[1], tirent vanité d'être en bons termes avec une clique de spectres et d'avoir pour eux une crainte respectueuse, au lieu de chasser et bannir ces mensonges d'une superstition servile anti-chrétienne. Ils se montrent aussi peu capables de parler avec sagesse, et complètement incapables d'accomplir de hauts

---

1. *Cf.* Justinius Kerner, *Die Seherin von Prevorst. Eröffnungen über das innere Leben des Menschen und über das Hineinragen einer Geisterwelt in die unsere* (*La voyante de Prevorst. Communication sur la vie intérieure de l'homme et sur l'irruption d'un monde d'esprits dans le nôtre*), Stuttgart-Tübingen, 1829. Hegel avait projeté de faire une recension de cet ouvrage (cf. *NP*, p. 471).

faits dans le domaine de la connaissance et de la science, ce qui serait leur destination et leur devoir; l'érudition n'est pas encore de la science. Tandis qu'ils s'occupent en détail de la masse des à-côtés extérieurs indifférents de la foi, ils s'en tiennent par contre, relativement à la teneur consistante et au contenu de la foi eux-mêmes, d'une façon d'autant plus desséchée, au nom du Seigneur Jésus, et dédaignent à dessein et de façon injurieuse le développement de la doctrine qui est le fondement de la foi de l'Église chrétienne, car l'expansion pleinement pensante et scientifique troublerait, et même interdirait et anéantirait la suffisance de la vantardise subjective qui se prévaut de l'assurance dépourvue d'esprit, inféconde en bien, riche seulement en mauvais fruits, qu'ils se trouvent en possession du christianisme et ont celui-ci en propre de façon exclusive. – Cette expansion spirituelle est distinguée dans l'Écriture, avec la conscience la plus déterminée, de la simple croyance, au point que selon elle celle-ci devient la *vérité* seulement grâce à celle-là. « Celui qui *croit* en moi, dit le Christ (Jean, 7, 38), de son corps couleront *des fleuves d'eau vive* ». Ce qui est alors aussitôt expliqué et déterminé au v. 39, où il est dit que, toutefois, la croyance comme telle en la personne temporelle, sensible, présente du Christ n'a pas cet effet, qu'elle n'est pas encore la vérité comme telle; dans ce qui suit, v. 39, la croyance est déterminée en ce sens que le Christ a dit cela de l'Esprit que *devaient recevoir* ceux qui *croyaient* en lui; car le Saint-Esprit *n'était pas encore là*, car Jésus *n'était pas encore transfiguré*; la figure non encore transfigurée du Christ est la personne alors présente sensiblement dans le temps ou plus tard représentée ainsi – ce qui est le même contenu –, personne qui est l'ob-jet immédiat de la foi. Dans cette présence, le Christ a | révélé lui-même de vive voix à ses disciples sa nature éternelle et sa destination à la réconciliation de Dieu avec soi-même et des hommes avec lui, l'ordre du salut et la doctrine éthique, et la foi que ses disciples avaient en lui comprend tout cela en elle. Néanmoins, cette foi qui ne manquait en rien de la certitude la plus forte est présentée seulement comme le commencement et l'assise fondamentale conditionnante, comme ce qui n'a pas encore son achèvement; ceux qui avaient une telle foi n'ont pas encore l'Esprit, ils doivent seulement le *recevoir* – lui, la vérité même, lui, qui vient seulement après cette foi, qui conduit à toute vérité. Ceux-là, cependant, en restent à une telle certitude, à la condition; mais la certitude, elle-même seulement subjective, n'apporte que le fruit subjectif qui est formellement celui de l'*assurance*, et ensuite en cela celui de l'orgueil, du dénigrement et de la condamnation. Contrairement à l'Écriture, ils se tiennent ferme seulement dans la certitude, à l'encontre de l'esprit, qui est l'expansion de la connaissance et qui seul est la vérité.

Ce dénuement en teneur consistante scientifique et, d'une façon générale, spirituelle, cette piété le partage avec ce dont elle fait immédiatement l'ob-jet de son accusation et de sa condamnation. L'Aufklärung d'entendement, par sa pensée formelle, abstraite, sans teneur consistante, a vidé la religion de tout contenu, tout comme cette piété l'a fait par sa réduction de la foi au schibboleth du « Seigneur, Seigneur! ». En cela, aucune des deux n'a le moindre avantage sur l'autre; et en tant qu'elles se rencontrent en s'opposant, il n'existe aucune matière où elles auraient un point de contact et pourraient acquérir un terrain commun ainsi que la possibilité de parvenir à la recherche et ensuite à la connaissance et à la vérité. La théologie de l'Aufklärung s'est de son côté maintenue ferme dans son formalisme, c'est-à-dire dans l'acte d'invoquer la *liberté* de conscience, la *liberté* de penser, la *liberté* d'enseigner, et même la raison et la science. Une telle liberté est assurément la catégorie du *droit infini* de l'esprit et l'autre *condition particulière* de la vérité, qui s'ajoute à la première, la croyance. Mais *quelles* déterminations et lois rationnelles *contient* la conscience véridique et libre, *quel contenu* a et enseigne la croyance et pensée libre, c'est un point matériel qu'ils se sont abstenus de toucher et ils sont restés dans ce formalisme du négatif et dans la liberté de remplir la liberté chacun à son gré et suivant son opinion, de telle sorte qu'en général le contenu lui-même serait indifférent. | Ces gens ne 27 pouvaient pas s'approcher d'un contenu pour cette raison aussi que, si la communauté chrétienne est nécessairement unie par le lien d'un concept doctrinal, d'une profession de foi, et doit toujours l'être, au contraire les généralités et abstractions de l'eau rationaliste insipide, sans vie, de l'entendement n'admettent pas ce qu'ont de spécifique un contenu et un concept doctrinal chrétiens en eux-mêmes déterminés et développés. Alors que les autres, se prévalant du nom « Seigneur, Seigneur ! », dédaignent franchement l'accomplissement par lequel la foi s'achève en l'esprit, la teneur consistante et la vérité.

Ainsi a été soulevée, il est vrai, beaucoup de poussière, celle de l'orgueil, de la haine et de la personnalité, ainsi que celle des généralités, mais elle est frappée de stérilité, elle ne pouvait pas contenir la Chose, pas conduire à une teneur consistante et à une connaissance. – La philosophie a pu être satisfaite d'avoir été laissée hors jeu ; elle se trouve en dehors du terrain de ces prétentions dont on a parlé, de celles des généralités abstraites comme de celles des personnalités, et, attirée sur ce terrain, elle n'aurait pu s'attendre qu'à ce qui est sans agrément et sans profit.

En tant que l'intérêt suprême et inconditionné de la nature humaine a laissé tomber hors de lui le profond et riche contenu consistant, et que la religiosité, tout ensemble celle qui est pieuse et celle qui réfléchit, en est venue à trouver la satisfaction la plus haute là où il n'y a pas de contenu, la philosophie est devenue un besoin contingent, subjectif. Ces intérêts inconditionnés ont été, dans les deux sortes de religiosité, réglés – et cela par rien d'autre que par le raisonnement – de telle manière qu'il n'y a plus besoin de la philosophie pour satisfaire ces intérêts ; et même, elle est, et cela à bon droit, considérée comme fâcheuse pour ce contentement nouvellement créé et une satisfaction restreinte de ce genre. La philosophie est par là renvoyée entièrement au libre besoin du sujet ; il n'y a pour ce dernier aucune espèce de contrainte l'amenant à philosopher, bien plutôt ce besoin, là où il est présent, doit être inébranlable en face d'entreprises de mise en suspicion et de dissuasion ; il n'existe que comme une nécessité intérieure qui est plus forte que le sujet, par laquelle son esprit est poussé alors sans repos « afin qu'il vainque »[1] et procure à l'impulsion

1. F. Nicolin et O. Pöggeler (*NP*, p. 471) évoquent le passage de l'Epître de saint Paul aux Romains (3,4) : « Afin que tu sois juste dans tes paroles et que tu vainques lorsque tu es jugé ». Ils font aussi l'hypothèse que la citation hégélienne renvoie à un cantique.

pressante de la raison la jouissance qui en est digne. Ainsi, sans être stimulée par une autorité quelconque, par l'autorité religieuse elle non plus, tenue bien plutôt pour un superflu et | un luxe dangereux ou du **28** moins qui fait réfléchir, l'activité s'occupant de cette science se tient d'autant plus librement dans le seul intérêt de la Chose et de la vérité. Si, comme le dit Aristote[1], la Théorie est ce qui renferme *la plus grande béatitude* et, parmi le bien, est le *meilleur*, ceux qui sont participants à cette jouissance savent ce qu'ils ont en elle, la satisfaction de la nécessité de leur nature spirituelle ; ils peuvent se retenir d'adresser à d'autres des exigences en ce sens, et peuvent les laisser à leurs besoins et aux satisfactions qu'ils trouvent pour ceux-ci. Il a été question plus haut de l'empressement non accompagné de vocation à s'occuper de philosophie ; de même qu'il se fait entendre d'autant plus fort qu'il est moins propre à y prendre part, de même la participation allant plus à fond, plus profonde, est plus seule avec soi et plus silencieuse vers le dehors ; la vanité et superficialité en a vite terminé [avec les choses], et elle s'emploie à intervenir au plus tôt dans la discussion ; mais le sérieux qui se consacre à une Chose grande en elle-même et ne se satisfaisant qu'au moyen du long et difficile travail d'un développement achevé, se plonge longtemps dans celle-ci en une calme occupation.

Le fait que bientôt va être épuisée la deuxième édition de ce fil conducteur encyclopédique qui, suivant sa destination indiquée plus haut, ne rend pas facile l'étude de la philosophie, m'a donné la satisfaction de voir qu'en dehors du bruit par lequel se font entendre la superficialité et la vanité, s'est rencontrée une participation plus calme, récompensant davantage, que je souhaite maintenant aussi pour cette nouvelle édition.

(Berlin, le 19 septembre 1830.)

1. Aristote, *Métaphysique*, XII, 7.

ALLOCUTION DE HEGEL À SES AUDITEURS
POUR L'OUVERTURE DE SES COURS À BERLIN
LE 22 OCTOBRE 1818[1]

Messieurs,

En me produisant pour la première fois dans cette Université avec la fonction de professeur de philosophie, à laquelle m'a appelé la grâce de Sa Majesté le Roi, permettez-moi de dire pour commencer, dans cet avant-propos, que j'ai considéré comme étant pour moi particulièrement souhaitable et agréable d'entrer dans une activité académique plus étendue, aussi bien précisément en ce moment-ci qu'en ce lieu-ci. Pour ce qui concerne le moment, il semble que sont apparues les circonstances dans lesquelles la philosophie peut se promettre à nouveau attention et amour, où cette science devenue presque muette peut à nouveau élever sa voix. Car récemment il y avait d'un côté la misère du temps, qui a donné aux petits intérêts de la vie quotidienne une si grande importance, d'un autre côté il y avait les intérêts élevés

1. Cette allocution de Hegel, qui est reproduite dans l'édition Glockner des *Œuvres complètes de Hegel* (*Hegel Sämtliche Werke*, Bd. 8, *System der Philosophie I*, p. 31-36, texte auquel renvoie la pagination allemande indiquée), ouvrait les cours qu'il fit à Berlin, où il venait d'être appelé, pendant le semestre d'hiver 1818-1819, et qu'il consacra à un exposé de l'Encyclopédie philosophique. Cette allocution constitue ainsi en quelque sorte une préface orale, et c'est pourquoi il nous a semblé bon de la présenter après les trois *Préfaces* de l'*Encyclopédie des sciences philosophiques*.

de la réalité effective [1], l'intérêt et les combats ne visant tout d'abord
qu'à restaurer et sauver le tout politique de la vie du peuple et de l'État,
qui ont réclamé toutes les facultés de l'esprit, les forces de toutes les
classes ainsi que les moyens extérieurs, à un point tel que la vie intérieure de l'esprit ne pouvait obtenir du repos. L'esprit du monde, si
occupé dans la réalité effective et tiré vers le dehors, était empêché de
se tourner vers l'intérieur et de se diriger sur soi-même ainsi que de
32 jouir de soi dans sa patrie propre. Maintenant que ce torrent | de la
réalité effective est brisé et que la nation allemande en général a sauvé
sa nationalité, le fondement de toute vie vivante, le temps est alors
venu où dans l'État, à côté du gouvernement du monde effectif, peut
fleurir de façon indépendante aussi le libre règne de la pensée. Et
d'une manière générale la puissance de l'esprit s'est fait valoir à un tel
degré que ce sont seulement les Idées et ce qui est conforme aux Idées,
qui constituent ce qui maintenant peut se conserver, qu'il faut que ce
qui doit valoir se justifie devant l'intellection et la pensée. Et c'est
en particulier cet État qui m'a maintenant accueilli en lui, qui par sa
prépondérance spirituelle a obtenu le poids qui est le sien dans la
réalité effective et dans le domaine politique, qui s'est égalé en
puissance et en indépendance à des États qui lui auraient été supérieurs
en moyens extérieurs. Ici, la culture et la floraison des sciences sont
l'un des moments essentiels dans la vie de l'État elle-même. En cette
Université, l'Université du centre, le centre de toute culture de l'esprit
et de toute science, la philosophie, doit aussi trouver sa place et être
l'ob-jet de soins privilégiés. – Cependant, ce n'est pas seulement la vie
de l'esprit en général qui constitue un élément fondamental dans
l'existence de cet État, mais, de façon plus précise, ce grand combat du
peuple uni à son Prince pour l'indépendance, pour la destruction d'une
tyrannie étrangère sans âme, et pour la liberté, a pris son origine plus
haute dans l'âme sentante. C'est la puissance éthique de l'esprit qui
s'est sentie en son énergie, a arboré sa bannière et a fait valoir ce

---

1. « Die Wirklichkeit » : *la réalité effective*, *l'effectivité*.

sentiment sien comme force et puissance disposant de la réalité effective. Il nous faut considérer comme inestimable, que notre génération ait vécu, agi et œuvré avec efficience[1] dans ce sentiment, sentiment dans lequel se concentrait tout ce qui relève du droit, de la morale et de la religion. Dans un tel agir efficient profond et embrassant tout, l'esprit s'élève en lui-même à sa dignité, la platitude de la vie et la fadeur des intérêts | vont à l'abîme[2], et la superficialité du discerne- 33 ment et des opinions se tient là dans sa nudité et se volatilise. Ce sérieux plus profond qui est venu dans l'âme sentante en général est donc aussi le véritable sol de la philosophie. Ce qui s'oppose à la philosophie, c'est d'un côté le fait d'être plongé dans les intérêts de la nécessité et du quotidien, d'un autre côté la vanité des opinions. L'âme sentante occupée par celle-ci ne laisse en elle aucun espace à la raison, en tant que cette dernière ne recherche pas ce qui est propre à chacun. Cette vanité doit nécessairement se volatiliser en son néant, lorsque c'est devenu pour l'homme une nécessité, de se mettre en peine pour atteindre un contenu consistant substantiel, lorsque les choses en sont venues à un point tel que seul un tel contenu peut se faire valoir. Mais dans un tel contenu consistant substantiel nous avons vu l'époque, nous avons vu se former le noyau dont le développement ultérieur selon tous les côtés, le côté politique, éthique, religieux, scientifique, est confié à notre époque.

Notre vocation et tâche est d'apporter nos soins au développement philosophique de l'assise fondamentale substantielle qui s'est nouvellement rajeunie et fortifiée. Son rajeunissement, que montrèrent l'action efficiente et l'extériorisation qui ont été les siennes en premier lieu dans l'effectivité politique, a sa manifestation ultérieure dans le sérieux éthique et religieux plus grand, dans l'exigence de profondeur et de solidité en général, qui a touché tous les rapports de la vie. Le sérieux le plus solide est en et pour lui-même le sérieux s'attachant à

---

1. « Wirken » : agir avec efficience ; « das Wirken » : l'agir efficient (*cf.* « die Wirkung » : l'effet).
2. « Zu Grunde gehen » : aller au fondement, au fond, à l'abîme ; disparaître.

connaître la vérité. Ce besoin, par lequel la nature spirituelle se différencie de la nature simplement sentante et jouissante, est précisément
pour cette raison ce qu'il y a de plus profond dans l'esprit, il est en soi
un besoin universel. Le sérieux de l'époque l'a pour une part stimulé,
pour une autre part il est une propriété plus immédiate de l'esprit
allemand. Pour ce qui concerne ce par quoi ce qui est allemand se
distingue dans la culture de la philosophie, disons que l'état de cette
étude et la signification de ce mot chez les autres nations montrent que
34 si le mot s'est encore conservé chez elles, | il a changé de sens, et que la
Chose s'est dégradée et a disparu, et cela d'une manière telle qu'il en
est resté à peine un souvenir et un pressentiment. Cette science s'est
réfugiée chez les Allemands et continue de vivre encore seulement
chez eux. À nous a été confiée la conservation de cette sainte lumière,
et c'est notre vocation d'en prendre soin et de l'alimenter ainsi que de
veiller à ce que la chose la plus haute que l'homme puisse posséder, la
conscience de soi de son essence, ne s'éteigne pas et ne disparaisse
pas. Mais, même en Allemagne, la platitude de l'époque antérieure
s'est tellement écartée de la régénération de cette chose, qu'elle s'est
imaginé et a assuré avoir trouvé et démontré qu'il n'y avait aucune
connaissance de la vérité; Dieu, l'essence du monde et de l'esprit,
serait quelque chose d'inconcevable, d'insaisissable; il faudrait que
l'esprit s'en tienne à la religion, et la religion à la croyance, au sentiment et au pressentiment, sans savoir rationnel. La connaissance ne
concernerait pas la nature de l'absolu, de Dieu et de ce qui, dans la
nature et dans l'esprit, est vrai et absolu, mais bien plutôt seulement
pour une part le thème négatif, qu'on ne connaîtrait rien de vrai, mais
que seul ce qui est sans vérité, temporel et passager jouirait en quelque
sorte de l'avantage d'être connu, – pour une autre part ce qui relève
proprement de cette sphère, l'élément extérieur, c'est-à-dire ce qui est
historique, les circonstances contingentes sous lesquelles la prétendue
connaissance est apparue, et précisément cette connaissance serait
à prendre seulement comme quelque chose d'historique et à traiter
seulement de façon critique et érudite selon ces côtés extérieurs, sans
que son contenu puisse être pris au sérieux. On est allé aussi loin que

Pilate, le proconsul romain ; comme il entendait le Christ prononcer le mot de *vérité*, il répliqua en demandant : « Qu'est-ce que la vérité ? » dans l'état d'esprit de quelqu'un qui en aurait fini avec un tel mot et saurait qu'il n'y a aucune connaissance de la vérité. Ainsi ce qu'on a considéré de tout temps comme ce qu'il y a de plus honteux et de plus indigne, à savoir de renoncer à la connaissance de la vérité, a été à notre époque érigé en triomphe suprême de l'esprit. | Le fait de déses- **35** pérer de la raison était, lorsqu'on y est arrivé, encore accompagné de souffrance et de mélancolie, mais bientôt la légèreté d'esprit religieuse et éthique, et ensuite la platitude et superficialité du savoir qui se nomma « Aufklärung », ont franchement confessé leur impuissance et mis leur orgueil dans l'oubli profond des intérêts plus élevés ; et finalement ce qu'on a appelé la philosophie critique a donné bonne conscience à ce non-savoir de l'éternel et du divin en assurant avoir *prouvé* que l'on ne pouvait rien savoir de l'éternel et du divin. Cette prétendue connaissance s'est même arrogé le nom de philosophie, et rien n'a été davantage bienvenu pour la superficialité du savoir aussi bien que du caractère, rien n'a été saisi par elle avec tant d'empressement, que cette doctrine de l'ignorance par laquelle précisément cette superficialité et platitude a été donnée pour ce qui a l'excellence, pour le terme et le résultat de toute aspiration intellectuelle. Ne pas savoir le vrai et connaître seulement l'apparaître de ce qui est temporel et contingent, seulement ce qui est *vain*, c'est cette *vanité* qui s'est étalée et s'étale encore à notre époque dans la philosophie, et qui a le verbe haut. On peut bien dire que depuis que la philosophie a commencé de se faire jour en Allemagne, cela n'a jamais été si mal pour cette science au point qu'une telle façon de voir, une telle renonciation à la connaissance rationnelle, ait atteint une telle prétention et une telle extension, – une façon de voir qui s'est traînée jusqu'à nous depuis la période précédente, et qui est tellement en contradiction avec le sentiment mieux trempé, l'esprit nouveau plus substantiel. C'est cette aurore d'un esprit mieux trempé, que je salue, que j'invoque, c'est à lui seul que j'ai affaire lorsque j'affirme que la philosophie doit avoir un contenu consistant et lorsque je vais développer ce contenu consistant devant vous. Mais d'une façon générale j'en appelle ici à l'esprit de la jeunesse : car elle est le beau moment de la vie qui n'est pas encore **36** | prise dans le système des buts bornés de la nécessité et qui est pour elle-même capable de la liberté d'une occupation scientifique désintéressée ; de même elle est encore exempte de l'esprit négatif de la vanité, de l'inconsistance d'un effort simplement critique. Un cœur encore sain a encore le courage de désirer la vérité, et c'est dans le royaume de la vérité que la philosophie est chez elle, c'est lui qu'elle bâtit et auquel nous devenons participants par son étude. Ce qui dans la vie est vrai, grand et divin, l'est par l'*Idée* ; le but de la philosophie est de la saisir dans sa figure et son universalité vraies. La nature est assujettie à réaliser la raison seulement par nécessité ; mais le royaume de l'esprit est le royaume de la liberté. Tout ce qui donne de la cohérence à la vie humaine, tout ce qui a valeur et validité, est de nature spirituelle, et ce royaume de l'esprit existe seulement par la conscience de la vérité et du droit, par la saisie des Idées.

J'ose souhaiter et espérer que je réussirai, sur le chemin que nous prenons, à gagner et à mériter votre confiance. Mais tout d'abord je n'ose rien réclamer si ce n'est que vous apportiez avec vous de la confiance en la science, de la foi en la raison, de la confiance et de la foi en vous-mêmes. Le courage de la vérité, la foi en la puissance de l'esprit sont la première condition de l'étude philosophique ; l'homme doit s'honorer lui-même et s'estimer digne de ce qu'il y a de plus élevé. De la grandeur et de la puissance de l'esprit il ne peut avoir une trop grande opinion. L'essence fermée de l'univers n'a en elle aucune force qui pourrait résister au courage du connaître, elle doit nécessairement s'ouvrir devant lui et mettre sous ses yeux ainsi qu'offrir à sa jouissance sa richesse et ses profondeurs.

INTRODUCTION

§ 1

La philosophie est privée de l'avantage dont profitent les autres sciences, de pouvoir présupposer ses *ob-jets*, comme accordés immédiatement par la représentation, ainsi que la *méthode* de la connaissance – pour commencer et progresser –, comme déjà admise. Elle a, il est vrai, ses ob-jets tout d'abord en commun avec la religion. Toutes deux ont pour ob-jet la *vérité*, et cela dans le sens le plus élevé, – dans celui selon lequel Dieu est la vérité et lui *seul* est la vérité. Ensuite, toutes deux traitent en outre du domaine du fini, de la *nature* et de l'*esprit humain*, de leur relation l'un à l'autre et à Dieu comme à leur vérité. La philosophie peut bien, par suite, présupposer une *familiarité* avec ses ob-jets, et même elle doit nécessairement en présupposer une, comme en outre un intérêt à leur égard ; – déjà pour cette raison que la conscience se fait, dans le temps, des *représentations* des ob-jets avant de s'en faire des concepts, et que, même, l'esprit pensant n'accède à la connaissance et conception pensante qu'*à travers* la représentation et en se tournant *vers* elle.

Mais dans le cas de la manière pensante de considérer les choses, il se révèle bientôt qu'elle inclut en elle l'exigence de montrer la *nécessité* de son contenu, de *prouver* aussi bien déjà l'être, que les déterminations de ses ob-jets. Cette familiarité avec ceux-ci – dont on vient de parler – apparaît ainsi comme insuffisante, et faire ou admettre des *présuppositions* et des *assurances*, comme inadmissible. Mais la difficulté d'instituer un *commencement* se présente par là en même temps, puisqu'un commencement, en tant qu'il est un immédiat, institue une présupposition ou bien plutôt en est lui-même une.

§ 2

La philosophie peut tout d'abord être déterminée en général 34 comme une *manière pensante de considérer* des ob-jets. Mais s'il | est exact (et ce sera bien exact) que l'*homme* se différencie de l'*animal* par la pensée, tout ce qui est humain est humain en ce que, et seulement en ce qu'il est produit au moyen de la pensée. En tant, cependant, que la philosophie est un mode propre de la pensée, un mode par lequel celle-ci devient connaissance et connaissance qui conçoit, la pensée propre à elle aura aussi un caractère *différent* de la pensée agissant dans tout ce qui est humain et même produisant l'humanité de ce qui est humain, tout autant qu'elle lui est identique, et qu'*en soi* il n'y a qu'*une* pensée. Cette différence se rattache au fait que la teneur essentielle humaine – fondée grâce à la pensée – de la conscience n'*apparaît* pas tout d'abord *dans la forme de la pensée* mais comme sentiment, intuition, représentation, *formes* qui sont à différencier de la pensée en tant que *forme*.

C'est un préjugé ancien, une proposition devenue triviale, que l'homme se différencie de l'animal par la pensée ; cela peut paraître trivial, mais il devrait paraître aussi singulier, s'il était besoin de rappeler une telle croyance ancienne. Or cela peut être tenu pour un besoin, étant donné le préjugé de l'époque actuelle qui sépare l'un de l'autre *sentiment* et *pensée* de telle sorte qu'ils seraient opposés entre eux, et même si hostiles, que le sentiment, en particulier le sentiment religieux, serait souillé, perverti et même peut-être entièrement anéanti par la pensée, et que la religion et la religiosité n'auraient essentiellement pas dans la pensée leur racine et leur lieu. Lorsqu'on opère une telle séparation, on oublie que l'homme seulement est capable de religion, mais que l'animal n'a aucune religion, pas plus que droit et moralité[1] ne lui appartiennent.

---

1. « Die Moralität » : la *moralité* ; il faut en distinguer ce que Hegel entend par « die Sittlichkeit » : la *vie éthique*.

Lorsque cette séparation de la religion d'avec la pensée est affirmée, on évoque habituellement la pensée qui peut être désignée comme *réflexion*, – la pensée *réfléchissante* qui a pour *contenu* et amène à la conscience des *pensées* en tant que telles. C'est la négligence qu'on apporte à prendre connaissance et à tenir compte de la différence indiquée de façon déterminée par la philosophie concernant la pensée, qui suscite les représentations et les reproches les plus grossiers contre la philosophie. En tant qu'à l'homme seulement appartiennent la religion, le droit et la vie éthique, et cela seulement pour cette raison qu'il est un être pensant, dans ce qui relève de la religion, du droit, de l'éthique – que ce soit un sentiment et une croyance ou une représentation – la *pensée* en général n'a pas été inactive ; son activité et ses productions y sont présentes et contenues. Mais il y a une différence entre avoir de tels sentiments et représentations *déterminés* et *pénétrés* par la *pensée*, et avoir des *pensées sur eux*. Les pensées, engendrées par le moyen de la réflexion, sur ces premières manières d'être de la conscience, | sont ce sous quoi l'on comprend la réflexion, le raisonnement **35** et des choses de ce genre, ensuite aussi la philosophie.

Il est à ce sujet arrivé, et cette méprise a prédominé encore assez souvent, qu'une telle *réflexion* a été affirmée comme la condition, et même comme l'unique chemin par lequel nous accéderions à la représentation et à la certitude de ce qui est éternel et vrai. Ainsi, par exemple, on a donné les (maintenant plutôt *anciennes*) *preuves métaphysiques de l'être-là*[1] *de Dieu* en disant que ou en faisant comme si c'était essentiellement et uniquement par leur connaissance et la conviction qu'on avait d'elles, que la croyance et la conviction de l'être-là de Dieu pouvaient être produites. Une telle affirmation s'accorderait avec celle selon laquelle nous ne pourrions pas manger avant d'avoir acquis la connaissance des déterminations chimiques, botaniques ou zoologiques des aliments, et selon laquelle nous devrions attendre de digérer que nous ayons achevé l'étude de l'anatomie et de la physiologie. S'il en était ainsi, ces sciences gagneraient en leur domaine, comme la philosophie dans le sien, à vrai dire beaucoup en utilité, et même, leur utilité serait élevée à l'indispensabilité absolue et universelle ; mais bien plutôt, elles toutes, au lieu d'être indispensables, n'existeraient pas du tout.

---

1. « Das Dasein » : *l'être-là* ; malgré l'expression courante en français de « preuves de l'existence de Dieu », nous traduisons « Dasein » (« da-sein ») par *être-là*, réservant le terme d'*existence* pour traduire la catégorie beaucoup plus concrète de « Existenz ».

§ 3

Le *contenu* qui remplit notre conscience, de quelque espèce qu'il soit, constitue la *déterminité* des sentiments, intuitions, images, des buts, devoirs, etc., et des pensées et concepts. Sentiment, intuition, image, etc., sont dans cette mesure les *formes* d'un tel contenu qui reste *un seul et même* contenu, qu'il soit senti, intuitionné, représenté, voulu, et qu'il soit *seulement* senti, ou bien senti, intuitionné, etc., avec mélange de pensée, ou pensé totalement *sans mélange*. Dans une quelconque de ces formes ou dans le mélange de plusieurs, le contenu est *ob-jet* de la conscience. Mais dans cette ob-jectivité les *déterminités de ces formes* aussi *se joignent au contenu*; de sorte que suivant chacune de ces formes un ob-jet particulier semble surgir et que ce qui est en soi la même chose peut apparaître comme un contenu divers.

En tant que les déterminités du sentiment, de l'intuition, de la faculté de désirer, de la volonté, etc., dans la mesure où l'on en a un *savoir*, sont appelées en général *représentations*, on peut dire d'une façon générale que la philosophie pose à la place des représentations des *pensées*, des *catégories*, mais plus précisément des *concepts*. Les représentations en général | peuvent être regardées comme des *métaphores* des pensées et des concepts. Mais de ce que l'on a des représentations, on ne connaît pas encore leur signification pour la pensée, c'est-à-dire pas encore leurs pensées et leurs concepts. Inversement, ce sont aussi deux choses différentes, d'avoir des pensées et des concepts, et de savoir quels sont les représentations, intuitions et sentiments qui leur correspondent. – Un côté de ce que l'on appelle l'*inintelligibilité* de la philosophie se rapporte à cela. La difficulté réside pour une part dans une incapacité, qui en soi est seulement un *manque d'habitude*, de penser abstraitement, c'est-à-dire de maintenir ferme de pures pensées et de se mouvoir en elles. Dans notre conscience habituelle, les pensées sont revêtues d'une matière courante sensible et spirituelle, et unies à elle, et quand nous méditons, réfléchissons et raisonnons, nous *mêlons* les sentiments, intuitions et représentations avec des pensées (dans toute proposition de contenu entièrement sensible, comme : «Cette feuille *est* verte», se sont déjà immiscées des catégories : l'*être*, la *singularité*). Mais autre chose est de faire des pensées elles-mêmes, hors de tout mélange, l'ob-jet. L'autre facteur de l'inintelligibilité est l'impatience que l'on met à vouloir avoir devant soi sous le mode de la représentation ce qui est dans la conscience en tant que pensée et concept. On rencontre l'expression, que l'on ne sait pas ce que l'on doit *penser* dans un concept qui a été saisi ; dans un concept, il n'y a rien de plus à penser que le concept lui-même. Mais le sens de cette expression est une nostalgie d'une *représentation* déjà *bien connue, courante* ; il en est pour la conscience comme si avec le mode de la représentation lui était retiré le sol sur lequel elle a d'ordinaire son point de station fixe et constituant son chez-soi. Lorsqu'elle se trouve transportée dans la région pure des concepts, elle ne sait pas où dans le monde elle est. Ce qu'on trouve par conséquent *le plus intelligible*, ce sont des écrivains, des prédicateurs, des orateurs, etc., qui débitent à leurs lecteurs ou auditeurs des choses que ceux-ci savent déjà par cœur, qui leur sont familières et qui *s'entendent d'elles-mêmes*.

§ 4

Relativement à notre conscience commune, la philosophie aurait tout d'abord à établir le besoin de son *mode de connaissance propre*, ou même à l'éveiller. Mais relativement aux ob-jets de la religion, à la *vérité* en général, elle aurait à démontrer sa *capacité* de les connaître à partir d'elle-même ; relativement à une *diversité* se faisant jour par rapport aux représentations *religieuses*, elle aurait à *justifier* ses déterminations s'écartant de celles-là.

| § 5

37

En vue de faire entendre préalablement la différence indiquée et le discernement s'y rattachant que le *contenu* vrai de notre conscience est *conservé* dans la transposition de celle-ci dans la forme de la pensée et du concept, et même posé seulement alors dans sa lumière propre, on peut rappeler un autre *ancien préjugé*, à savoir que pour expérimenter ce qu'il y a de *vrai* dans les ob-jets et événements, et aussi dans les sentiments, intuitions, opinions, représentations, etc., une *réflexion* est requise. Mais la réflexion a au moins en tout cas pour effet de changer les sentiments, représentations, etc., en *pensées*.

Dans la mesure où c'est seulement la *pensée* que la philosophie revendique pour la *forme* propre de son entreprise, et où tout homme par nature peut

penser, il se présente, en vertu de cette abstraction qui laisse de côté la différence indiquée au § 3, le contraire de ce qui a été mentionné tout à l'heure
comme plainte au sujet de l'*inintelligibilité* de la philosophie. Cette science
fait souvent l'expérience du mépris en ce sens que même des gens qui ne se
sont pas donné de la peine avec elle, expriment l'idée présomptueuse qu'ils
entendent d'emblée ce qu'il en est de la philosophie et sont capables, tels qu'ils
sont ainsi avec une culture ordinaire, en particulier en s'appuyant sur des sentiments religieux, de philosopher et de porter des jugements sur elle. On accorde
qu'il faut avoir étudié les autres sciences pour les connaître, et que c'est seulement en vertu d'une telle connaissance que l'on est autorisé à avoir un jugement sur elles. On accorde que pour fabriquer un soulier, il faut l'avoir appris et
s'y être exercé, bien que chacun possède en son pied la mesure de référence
pour cela, et possède des mains et, en elles, l'aptitude naturelle à la tâche
exigée. C'est seulement pour l'acte de philosopher lui-même qu'une telle
étude, un tel apprentissage et un tel effort ne seraient pas exigés. Cette opinion
commode a, dans les tout derniers temps, reçu sa confirmation avec la théorie
du savoir immédiat, savoir par intuition.

§ 6

De l'autre côté, il est aussi important que l'on comprenne au sujet
de la philosophie, que son contenu n'est aucun autre que le contenu
consistant originairement produit et se produisant dans le domaine de
38 l'esprit vivant, et constitué en *monde*, monde extérieur et | intérieur de
la conscience, – que son contenu est l'*effectivité*. La conscience la plus
prochaine de ce contenu, nous la nommons *expérience*. Une considération sensée du monde différencie déjà ce qui du vaste empire de
l'être-là extérieur et intérieur n'est qu'*apparition*, passager et insignifiant, et ce qui mérite en soi-même véritablement le nom d'*effectivité*.
En tant que la philosophie ne diffère que suivant la forme d'une autre
manière de prendre conscience de cet unique et même contenu consistant, son accord avec l'effectivité et l'expérience est nécessaire. Et
même, cet accord peut être regardé comme une pierre de touche au
moins extérieure de la vérité d'une philosophie, de même que l'on
regarde comme le but final suprême de la science, de susciter grâce à la

connaissance de cet accord la réconciliation de la raison consciente de soi avec la raison *qui est*, avec l'effectivité.

Dans la *Préface* de ma *Philosophie du Droit*, p. XIX[1], se trouvent les propositions :

> « Ce qui est rationnel est effectif,
> et ce qui est effectif est rationnel. »

Ces propositions simples ont paru choquantes à maints esprits et ont rencontré de l'hostilité, et cela même de la part de gens qui ne veulent pas qu'il soit contesté qu'ils possèdent de la philosophie et bien sûr en outre de la religion. Il est inutile de citer sous ce rapport la religion, car ses enseignements sur le gouvernement divin du monde expriment ces propositions de façon trop déterminée. Mais pour ce qui concerne le sens philosophique, il faut présupposer assez de culture pour savoir non seulement que Dieu est effectif, qu'il est ce qu'il y a de plus effectif, que lui seul est véritablement effectif, mais encore, eu égard au côté formel, qu'en général l'être-là est pour une part *apparition* et seulement pour une part *effectivité*. Dans la vie courante on en vient à appeler tout ce dont on a incidemment l'idée, l'erreur, le mal et ce qui appartient à ce côté des choses, ainsi que toute existence, quelque rabougrie et passagère qu'elle soit, de façon contingente, une *effectivité*. Mais même déjà pour une sensibilité ordinaire, une existence contingente ne va pas mériter le nom emphatique de quelque chose d'effectif ; – le contingent est une existence qui n'a pas une valeur plus grande que celle d'un *possible*, qui peut *ne pas être* tout aussi bien qu'elle est. Mais si j'ai parlé d'effectivité, on devrait penser de soi-même en quel sens j'emploie ce terme, puisque dans une *Logique* détaillée[2] j'ai traité aussi de l'effectivité et l'ai différenciée exactement non seulement aussitôt du contingent, qui a bien | aussi une existence, mais, pour plus de **39** précision, de l'être-là, de l'existence et d'autres déterminations. À l'*effectivité du rationnel* s'opposent déjà aussi bien la représentation selon laquelle les idées, les idéaux ne seraient rien de plus que des chimères, et la philosophie un système de tels fantômes, que celle selon laquelle inversement les idées et les idéaux seraient quelque chose de beaucoup trop excellent pour avoir une

1. C'est la pagination de l'édition originale (Berlin, 1821).
2. *Science de la Logique, Théorie de l'essence*, Section III : *L'effectivité* (*Wissenschaft der Logik*, éd. Lasson, II, p. 156 *sq.*).

effectivité, ou aussi bien quelque chose de trop impuissant pour s'en créer une. Mais la séparation de l'effectivité d'avec l'idée est particulièrement en faveur dans l'entendement, qui tient les songes de ses abstractions pour quelque chose de véritable et tire vanité du *devoir-être*[1] qu'il aime à prescrire aussi et surtout dans le champ de la politique, comme si le monde l'avait attendu pour apprendre comment il *doit* être mais n'est pas; s'il était comme il *doit* être, que resterait-il de la sagesse en avance qu'il affirme avec son devoir-être? Lorsqu'il se tourne, avec le devoir-être, contre des ob-jets, des structures, des états de choses, etc., pleins de trivialité, extérieurs et passagers, qui peuvent avoir aussi éventuellement pour une certaine époque, pour des cercles parti-culiers, une importance relative assez grande, il peut bien avoir raison et trouver dans un tel cas beaucoup de choses qui ne correspondent pas à des déterminations universelles, justes; qui ne serait pas assez avisé pour voir dans ce qui l'entoure beaucoup de choses qui en fait ne sont pas comme elles doivent être? Mais cette sagesse avisée a tort de s'imaginer qu'avec de tels ob-jets et leur devoir-être elle se trouve à l'intérieur de la science philosophique. Celle-ci a seulement affaire à l'Idée, qui n'est pas assez impuissante pour devoir-être seulement et ne pas être effective, et par là à une effectivité où ces ob-jets, structures, états de choses, etc., ne sont que le côté extérieur superficiel.

§ 7

En tant que la *réflexion* en général contient tout d'abord le principe (aussi au sens de commencement) de la philosophie, et après qu'elle a refleuri en sa subsistance-par-soi dans les temps modernes (après l'époque de la réforme luthérienne), alors, en tant que dès le début elle ne s'est pas comportée simplement abstraitement, comme dans les débuts philosophiques des Grecs, mais s'est en même temps jetée sur la matière paraissant sans mesure du monde des phénomènes, le nom de *philosophie* a été donné à tout ce savoir qui s'est occupé de la connaissance de la mesure fixe et de l'*universel* dans l'océan des

---

1. «Das Sollen»: *le devoir-être*; le devoir-être est une catégorie essentielle de l'entendement séparateur, il présuppose une séparation entre le réel et l'idéel, l'idéal. La philosophie hégélienne est la critique constante des philosophies du «Sollen» (Kant, Fichte, etc.).

singularités empiriques, ainsi que du *nécessaire*, des *lois*, dans le désordre apparent de la masse infinie du | contingent, et avec cela en **40** même temps a emprunté son *contenu* à l'intuition et perception *propre* de l'extérieur et de l'intérieur, à la nature *présente* comme à l'esprit *présent* et au cœur de l'homme.

Le principe de l'*expérience* contient la détermination infiniment importante, que pour admettre et tenir pour vrai un contenu l'homme doit lui-même *y être présent*, de façon plus précise, qu'il a à trouver un tel contenu en accord avec *la certitude de lui-même* et réuni avec elle. Il doit y être présent, soit seulement avec ses sens extérieurs, ou bien avec son esprit plus profond, sa conscience de soi essentielle. Ce principe est la même chose que ce qui de nos jours a été appelé croyance, savoir immédiat, la révélation dans l'extérieur et surtout dans l'intérieur *propre* à chacun. Nous appelons ces sciences qui ont été nommées *philosophie*, des sciences *empiriques*, d'après le point de départ qu'elles adoptent. Mais l'essentiel qu'elles prennent pour but et amènent au jour, ce sont des *lois*, des *propositions universelles*, une *théorie* ; les *pensées* de ce qui est donné là. Ainsi la physique *newtonienne* a été appelée « Philosophie de la nature », tandis que par exemple *Hugo Grotius*[1], en rapprochant les attitudes historiques des peuples les uns vis-à-vis des autres, et en s'appuyant sur un raisonnement ordinaire, a établi des principes généraux, une théorie qui peut être appelée philosophie du droit public extérieur. – Le nom de *philosophie* a encore chez les Anglais généralement cette destination, *Newton* a de façon durable la réputation de plus grand philosophe ; jusque dans les prix courants des fabricants d'instruments, on voit ces instruments qui ne sont pas placés sous une rubrique particulière d'appareils magnétiques, électriques, les thermomètres, baromètres, etc., appelés *instruments philosophiques* ; en vérité, ce n'est pas un assemblage de bois, de fer, etc., mais seulement la *pensée*, que l'on devrait nommer l'instrument de la philosophie *.– Ainsi en particulier la

---

* Lui aussi le Journal édité par Thomson porte le titre : « Annales de la *Philosophie* ou magazine de la *Chimie, Minéralogie, Mécanique, Histoire naturelle, Economie rurale et Arts* ». On peut à partir de là se représenter par soi-même comment sont constituées les matières qui sont appelées ici *philosophiques*. Parmi les annonces de livres nouvellement

1. Hugo Grotius, *De jure belli et pacis*, Paris, 1625.

science – que l'on doit aux tout derniers temps – de l'économie politique
41 s'appelle aussi philosophie, | ce que nous avons coutume de nommer économie politique *rationnelle* ou éventuellement économie politique de l'*intelligence* *.

§ 8

Si satisfaisante que soit, tout d'abord, cette connaissance dans le champ qui est le sien, *premièrement* il se révèle encore un autre cercle d'*ob-jets* qui n'y sont pas compris, – la *liberté*, l'*esprit*, *Dieu*. On ne peut les trouver sur ce terrain, non pas parce qu'ils n'appartiendraient pas à l'expérience – ils ne sont pas, il est vrai, expérimentés de façon sensible, mais ce qui est dans la conscience en général, est expérimenté; c'est même là une proposition tautologique –, mais

parues, j'ai trouvé récemment dans un journal anglais la suivante : « The Art of Preserving the Hair, on *Philosophical Principles*, neatly printed in post 8, price 7 sh. » [1]. Par « principes *philosophiques* de la préservation des cheveux » on se représente vraisemblablement des principes chimiques, physiologiques et autres semblables.

41 |* Dans la bouche d'hommes d'État anglais, relativement aux principes généraux de l'économie politique, se rencontre souvent l'expression : « principes *philosophiques* », même dans des exposés publics. Dans la session parlementaire de 1825 (2 février), *Brougham*, à l'occasion de l'Adresse par laquelle il devait être répondu au Discours du Trône, s'exprima ainsi : « ... les principes dignes d'un homme d'État et *philosophiques* du libre-échange, – car sans aucun doute ils sont philosophiques – dont l'adoption a fait féliciter aujourd'hui le Parlement par Sa Majesté ». Cependant, non seulement ce membre de l'opposition, mais lors du banquet annuel que tenait (le même mois) la société des armateurs, sous la présidence du premier ministre Earl Liverpool, avec à ses côtés le secrétaire d'État Canning et le trésorier-payeur général de l'armée Sir Charles Long, le secrétaire d'État Canning déclara, en répliquant au toast porté à sa santé : « Une période a récemment commencé dans laquelle les ministres ont eu le pouvoir d'appliquer à l'administration de ce pays les justes maximes d'une profonde *philosophie* ». Quelque différente que la philosophie anglaise soit de l'allemande, si ailleurs le nom de philosophie n'est employé que comme un surnom et un sarcasme, ou comme quelque chose de haïssable, il est toujours réjouissant de le voir encore honoré dans la bouche de ministres anglais.

1. Annonce parue dans le *Morning Chronicle* du 30-7-1825. Cf. *Berliner Schriften*, éd. Hoffmeister, Hambourg, F. Meiner, 1956, p. 701.

parce que ces ob-jets se présentent aussitôt suivant leur *contenu* comme infinis.

C'est une proposition ancienne, que l'on a coutume à tort d'attribuer à *Aristote* comme si par elle devait être exprimé le point de vue de sa philosophie, que celle-ci : «Nihil est in intellectu quod non fuerit in sensu»; – il n'y a rien dans la pensée, qui n'ait été dans le sens, dans l'expérience. On ne pourrait considérer que comme une méprise le fait pour la philosophie spéculative de ne pas vouloir accorder cette proposition. | Mais, inversement, **42** elle affirmera aussi bien : «Nihil est in sensu, quod non fuerit in intellectu», – dans ce sens tout à fait général, que le *Noûs* et, en une détermination plus profonde, l'*esprit* [1] sont la cause du monde, et dans ce sens plus précis (v. § 2), que le sentiment relevant du droit, de l'éthique, de la religion, est un sentiment et par là une expérience d'un contenu tel qu'il a sa racine et son siège seulement dans la pensée.

§ 9

D'autre part, la raison subjective demande à être aussi satisfaite *suivant la forme*; cette forme est la *nécessité* en général (v. § 1). Dans ce type de science dont on a parlé plus haut, pour une part l'*universel* qui s'y trouve contenu, le genre, etc., est pour lui-même indéterminé, non relié pour lui-même avec le *particulier*, mais tous deux sont l'un pour l'autre extérieurs et contingents, de même qu'aussi bien les particularités réunies sont pour elles-mêmes extérieures et contingentes les unes à l'égard des autres. Pour une autre part, les commencements sont toutes sortes d'*immédiatetés*, d'*être-trouvé*, de *présuppositions*. Dans les deux cas, satisfaction n'est pas donnée à la forme de la nécessité. La réflexion, pour autant qu'elle vise à satisfaire ce besoin, est la pensée proprement philosophique, *la pensée spéculative*. En tant qu'elle est en cela une réflexion qui, en sa *communauté de nature* avec cette première réflexion dont on a parlé, en est en même temps

---

1. Le *Noûs* (voῦç), l'intelligence objective.

différente, elle a, en dehors des formes qui leur sont communes, aussi *des formes propres*, dont la forme générale est le *concept*.

Le rapport de la science spéculative aux autres sciences est dans cette mesure seulement celui-ci, à savoir que celle-là ne vient pas à laisser de côté le contenu empirique des dernières, mais le reconnaît et en fait usage, qu'elle reconnaît de même ce que ces sciences ont d'universel, les lois, les genres, etc., et les utilise pour son propre contenu, mais qu'aussi en outre, dans ces catégories, elle en introduit et fait valoir d'autres. La différence se rapporte dans cette mesure uniquement à ce changement des catégories. La Logique spéculative contient la précédente Logique et Métaphysique, conserve les mêmes formes-de-pensée, lois et ob-jets, mais en même temps en les formant plus avant et transformant avec d'autres catégories.

Du *concept* au sens spéculatif il faut distinguer ce qui est ordinairement nommé concept. C'est suivant le dernier sens, unilatéral, qu'on a posé et mille et mille fois répété, et qu'on a érigé en préjugé l'affirmation que l'infini ne peut être saisi au moyen de concepts.

43 | § 10

Cette pensée qui est celle du mode de connaissance philosophique a besoin elle-même, et d'être saisie suivant sa nécessité, et aussi d'être justifiée quant à sa capacité de connaître les ob-jets absolus. Mais un tel discernement est lui-même une connaissance philosophique, qui par suite tombe seulement *à l'intérieur* de la philosophie. Une explication préalable devrait par là être une explication non philosophique et ne pourrait être plus qu'un tissu de présuppositions, assurances et raisonnements, – c'est-à-dire d'affirmations contingentes face auxquelles on pourrait avec le même droit assurer les affirmations opposées.

Un thème principal de la philosophie *critique* est qu'avant d'entreprendre de connaître Dieu, l'essence des choses, etc., il y aurait à examiner préalablement la *faculté de connaître* elle-même, pour savoir si elle est capable de s'acquitter d'une telle tâche ; on devrait préalablement apprendre à connaître l'*instrument*, avant d'entreprendre le travail qui doit être réalisé par le moyen de ce dernier ; sinon, au cas où il serait insuffisant, toute la peine prise serait dépensée en pure perte. Cette pensée a paru si plausible qu'elle a suscité la plus grande admiration et approbation, et a ramené la connaissance, de son intérêt pour les *ob-jets* et de son occupation avec eux, à elle-même, à l'élément formel. Si pourtant l'on ne veut pas s'illusionner avec des mots, il est facile de voir que l'on peut bien éventuellement examiner et apprécier d'autres instruments d'une autre manière qu'en entreprenant le travail propre auquel ils sont destinés. Mais l'examen de la connaissance ne peut se faire autrement qu'en *connaissant*; dans le cas de ce prétendu instrument, l'examiner ne signifie rien d'autre que le connaître. Mais vouloir connaître *avant* de connaître est aussi absurde que le sage projet qu'avait ce scolastique, d'apprendre *à nager avant de se risquer dans l'eau.*

Reinhold[1], qui a reconnu la confusion qui règne dans une telle façon de commencer, a proposé comme remède, de commencer provisoirement en philosophant sur le mode *hypothétique* et *problématique*, et de poursuivre ainsi, on ne sait comment, jusqu'à ce que plus loin il vienne à se produire que l'on ait sur ce chemin atteint le *Vrai originaire*. Considéré de plus près, ce chemin se ramènerait à ce qui est courant, à savoir à l'analyse d'une assise fondamentale empirique ou d'une supposition provisoire mise en une définition. On ne peut méconnaître qu'une conscience juste soit impliquée dans le fait de qualifier la démarche courante des présuppositions et affirmations provisoires, de procédé hypothétique et problématique. Seulement, ce | discer- **44** nement juste ne change pas la nature d'un tel procédé, mais exprime aussitôt ce qu'il a d'insuffisant.

§ 11

On peut plus précisément déterminer le besoin de la philosophie en disant que, tandis que l'esprit a pour ob-jets, en tant que sentant et intuitionnant : du sensible, en tant que fantaisie créatrice[2] : des images, en tant que volonté : des buts, etc., *en s'opposant à ces formes* de son être-là et de ses ob-jets ou simplement *en se différenciant*

---

1. K.L. Reinhold, *Beiträge zur leichtern Übersicht des Zustandes der Philosophie beim Anfange des 19. Jahrhundertes* (*Contributions à une vue d'ensemble plus aisée sur l'état de la philosophie au commencement du XIXe siècle*), I, Hambourg, 1801. Le titre même de l'article de Hegel sur la *Différence des systèmes philosophiques de Fichte et de Schelling* comporte la référence explicite à cet ouvrage de Reinhold.
    2. « als Phantasie ».

d'elles, il donne satisfaction aussi à son intériorité la plus haute, la *pensée*, et fait de la pensée son ob-jet. Il vient ainsi *à lui-même*, au sens le plus profond du terme, car son principe, son être-un-Soi pur de tout mélange est la pensée. Mais dans cette entreprise, il arrive que la pensée s'embrouille dans des contradictions, c'est-à-dire se perde dans la non-identité fixe des pensées, par conséquent ne s'atteigne pas elle-même, et bien plutôt reste prise dans son contraire. Le besoin plus élevé va contre ce résultat de la pensée qui relève seulement de l'entendement, et il est fondé en ce que la pensée ne se délaisse pas, reste fidèle à elle-même dans cette perte consciente de son être-chez-soi, « afin qu'elle vainque »[1], accomplisse dans la pensée elle-même la résolution de ses propres contradictions.

Le discernement que la nature de la pensée elle-même est la dialectique consistant en ce qu'elle doit nécessairement en tant qu'entendement tomber dans le négatif d'elle-même, dans la contradiction, constitue un côté capital de la Logique. La pensée désespérant de pouvoir *à partir d'elle-même* effectuer aussi la résolution de la contradiction dans laquelle elle s'est posée elle-même, revient aux solutions et apaisements qui ont échu en partage à l'esprit dans certaines autres de ses manières d'être et de ses formes. La pensée, toutefois, n'aurait pas besoin, lors de ce retour, de sombrer dans la *misologie*, dont Platon[2] a déjà eu l'expérience sous les yeux, et de se conduire de façon polémique à l'encontre de soi-même, ainsi que cela se produit dans l'affirmation de ce que l'on appelle le *savoir immédiat* comme de la forme *exclusive* de la conscience de la vérité.

§ 12

La *naissance* de la philosophie, qui procède du besoin cité, a l'*expérience*, la conscience immédiate et raisonnante pour *point de* **45** *départ*. | Stimulée par elle comme par un excitant, la pensée se conduit essentiellement de telle sorte qu'elle s'*élève* au-dessus de la conscience naturelle, sensible et raisonnante, dans l'élément sans mélange qui est

1. *Cf.*, ci-dessus, note 1, p. 76.
2. Platon, *Phédon*, 89 d, *République*, 411 d.

le sien, et se donne ainsi tout d'abord un *Rapport* d'éloignement, de *négation*, avec ce commencement. Elle trouve ainsi en elle, dans l'idée de l'essence *universelle* de ces phénomènes, tout d'abord sa satisfaction; cette idée (l'Absolu, Dieu) peut être plus ou moins abstraite. Inversement, les sciences de l'expérience apportent avec elles la stimulation à vaincre *la forme* dans laquelle la richesse de leur contenu est offerte comme quelque chose qui est seulement immédiat et trouvé, fait d'une multiplicité d'éléments placés *les uns à côté des autres*, par suite d'une façon générale *contingent*, et à élever ce contenu à la nécessité, – cette stimulation arrache la pensée à cette universalité-là, ainsi qu'à la satisfaction procurée seulement *en soi*, et la pousse au *développement à partir de soi*. Celui-ci est d'une part seulement un accueil du contenu et de ses déterminations offertes à la vue, et d'autre part il donne à ce contenu la figure consistant pour lui à venir au jour librement au sens de la pensée originaire, seulement suivant la nécessité de la Chose même.

Du rapport de l'*immédiateté* et de la *médiation* dans la conscience, on aura à parler plus bas expressément et avec plus de détails. En attendant, il n'y a ici qu'à appeler l'attention sur ce point-ci, à savoir que si les deux moments *apparaissent* aussi comme différents, *aucun des deux ne peut faire défaut*, et qu'ils sont dans une liaison *indissociable*. – Ainsi, le savoir de Dieu, comme de tout *supra*-sensible en général, renferme essentiellement une *élévation* au-dessus de l'impression ou intuition sensible; il renferme par là un comportement *négatif* à l'égard de ce premier terme, et en cela la *médiation*. Car la médiation est un acte consistant à commencer et à avoir progressé jusqu'à un deuxième terme, de telle sorte que ce deuxième terme n'est que dans la mesure où l'on est parvenu à lui à partir d'un terme autre par rapport à lui. Mais en cela, le savoir de Dieu n'est pas moins subsistant-par-soi vis-à-vis de ce côté empirique dont on vient de parler, et même il se donne sa subsistance-par-soi essentiellement par le moyen de cette négation et élévation. – Si l'on fait de la médiation la conditionnalité et si on la fait ressortir unilatéralement, on peut dire – mais il n'est pas dit grand-chose par là – que la philosophie doit à l'expérience (à l'*a posteriori*) sa première origine – en fait la pensée est essentiellement la négation de quelque chose d'immédiatement présent –, tout autant que l'on doit le manger aux aliments, car sans ceux-ci l'on ne pourrait pas manger ; le manger est, à vrai dire, sous ce rapport, représenté comme ingrat, car il est l'acte de consommer ce à quoi il doit être redevable de lui-même. La pensée est en ce sens non moins ingrate.

46 | Mais l'*immédiateté* propre, réfléchie en elle-même, par suite médiatisée en elle-même, de la pensée (l'*a priori*) est l'universalité, son être-chez-soi en général ; en celle-ci elle est satisfaite en elle-même, et dans cette mesure l'indifférence à l'égard de la *particularisation*, et par là à l'égard de son développement, lui est congénitale. De même que la religion, qu'elle soit plus développée ou plus inculte, achevée en conscience scientifique ou maintenue dans la naïveté de la croyance et du cœur, possède la même nature intensive de la satisfaction et de l'enivrement qui rend bienheureux. Lorsque la pensée s'en tient à l'*universalité* des Idées – comme c'est nécessairement le cas dans les premières philosophies (par exemple, à l'*être* de l'école d'Elée, au *devenir* d'Héraclite, etc.) –, il lui est reproché à bon droit du *formalisme* ; même dans le cas d'une philosophie développée, il peut arriver que l'on appréhende seulement les propositions ou déterminations abstraites, par exemple que dans l'absolu tout est un, l'identité du subjectif et de l'objectif, et qu'au niveau du particulier on répète seulement celles-là. Par rapport à la première universalité abstraite de la pensée, c'est en un sens juste et plus profond, que la philosophie est redevable de son *développement* à l'expérience. Les sciences empiriques, d'une part, n'en restent pas à la perception des *singularités* du phénomène, mais, en pensant, elles ont élaboré la matière pour la philosophie en venant au-devant d'elle, en tant qu'elles trouvent les déterminations universelles, les genres et les lois ; elles préparent ainsi ce premier contenu du particulier à pouvoir être accueilli dans la philosophie. D'autre part, elles contiennent par là l'obligation pour la pensée, de progresser elle-même jusqu'à ces détermina-tions concrètes. L'accueil de ce contenu dans lequel, grâce à la pensée, l'immé-diateté encore adhérente et l'être-donné sont supprimés, est en même temps un *développement* de la pensée à partir d'elle-même. Tandis que la philosophie doit ainsi son développement aux sciences empiriques, elle donne à leur contenu la figure plus essentielle de la *liberté* (de l'*a priori*) de la pensée et la *vérification* de la *nécessité*, au lieu de l'attestation du trouver-là et du fait d'expérience, de façon que le fait devienne la présentation et la reproduction de l'activité originaire et parfaitement subsistante-par-soi de la pensée.

§ 13

C'est sous la figure propre d'une *histoire extérieure* que la naissance et le développement de la philosophie sont représentés comme *histoire de cette science*. Cette figure donne aux degrés du développement de l'Idée la forme d'une succession contingente et éventuellement d'une simple *diversité* des principes et de leurs | réalisations dans les philo- 47 sophies qu'ils régissent. Mais le maître d'œuvre de ce travail millénaire est l'esprit vivant un dont la nature pensante consiste à amener à sa conscience *ce qu'il est*, et, en tant que cet être est ainsi devenu ob-jet, à être en soi-même du même coup déjà élevé au-dessus de celui-ci et à être en soi-même un degré supérieur. L'*histoire de la philosophie* fait voir dans les philosophies qui apparaissent diverses, pour une part, seulement une philosophie une à des degrés divers de son développement, pour une autre part, que les *principes* particuliers dont chacun fut au fondement d'un système ne sont que des *rameaux* d'un seul et même tout. La philosophie la dernière dans le temps est le résultat de toutes les philosophies précédentes et doit par conséquent nécessairement contenir les principes de toutes; c'est pourquoi elle est, si toutefois elle est de la philosophie, la plus développée, la plus riche et la plus concrète.

Étant donné l'apparence des si nombreuses, si *diverses* philosophies, il faut différencier l'*universel* et le *particulier* suivant leur détermination propre. L'universel, pris formellement et posé *à côté* du particulier, devient lui-même aussi quelque chose de particulier. Une telle position, dans le cas d'ob-jets de la vie courante, frapperait d'elle-même comme inadéquate et maladroite, comme si par exemple quelqu'un qui réclamait des fruits, repoussait cerises, poires, raisins, etc., sous prétexte que ce seraient là des cerises, des poires, des raisins, mais *non pas* des fruits. Mais eu égard à la philosophie, on se permet de justifier le dédain où on la tient, par la raison qu'il y a de si diverses philosophies et que chacune n'est qu'*une* philosophie, non *la* philosophie, – comme si les cerises elles aussi n'étaient pas des fruits. Il arrive aussi qu'on place une philosophie dont le principe est l'universel *à côté* de philosophies dont le principe est un principe particulier, voire même à côté de doctrines qui assurent qu'il n'y a pas du tout de philosophie, au sens où les deux côtés seraient *seulement* des visions *diverses* de la philosophie, à peu près comme si la lumière et l'obscurité étaient appelées deux espèces *diverses* de la lumière.

§ 14

Le même développement de la pensée, qui est exposé dans l'histoire de la philosophie, est exposé dans la philosophie elle-même, mais libéré de cette extériorité historique, *purement dans l'élément de la pensée*. La pensée libre et vraie est en elle-même *concrète*, et ainsi elle est *Idée*, et, en son universalité totale, *l'*Idée ou *l'absolu*. La science de ce dernier est essentiellement *système*, parce que le vrai en 48 tant que *concret* | est seulement en tant qu'il se déploie en lui-même et se recueille et retient dans l'unité, c'est-à-dire en tant que *totalité*, et c'est seulement par la différenciation et la détermination de ses différences que peuvent exister la nécessité de ces dernières et la liberté du Tout.

Une démarche philosophique *sans système* ne peut rien être de scientifique; outre que pour elle-même une telle démarche philosophique exprime davantage une manière de penser subjective, elle est, suivant son contenu, contingente. Un contenu a seulement comme moment du Tout sa justification, mais, en dehors de ce dernier, il a une présupposition non fondée ou une certitude subjective; de nombreux écrits philosophiques se bornent à exprimer d'une telle façon seulement des *manières de voir* et des *opinions*. – Par *système* on entend faussement une philosophie ayant un *principe* borné, différent d'autres principes; c'est au contraire le principe d'une philosophie vraie, que de contenir en soi tous les principes particuliers.

§ 15

Chacune des parties de la philosophie est un tout philosophique, un cercle se fermant en lui-même, mais l'Idée philosophique y est dans une déterminité ou un élément particuliers. Le cercle singulier, parce qu'il est en lui-même totalité, rompt aussi la borne de son élément et fonde une sphère ultérieure; le tout se présente par suite comme un cercle de cercles, dont chacun est un moment nécessaire, de telle sorte que le système de leurs éléments propres constitue l'Idée tout entière, qui apparaît aussi bien en chaque élément singulier.

§ 16

En tant qu'*encyclopédie*, la science n'est pas exposée dans le développement détaillé de sa particularisation, mais doit être bornée aux éléments initiaux et aux concepts fondamentaux des sciences particulières.

Combien de parties spéciales il faut pour constituer une science particulière, c'est indéterminé pour autant que la partie ne peut absolument pas être un moment isolé en sa singularité, mais doit nécessairement être elle-même une totalité, pour être quelque chose de vrai. Le tout de la philosophie constitue par suite véritablement une science *une*, mais elle peut être regardée aussi comme un tout de plusieurs sciences particulières. L'encyclopédie philo-sophique se différencie d'une autre, | ordinaire, encyclopédie, en ce que celle-ci **49** doit être à peu de choses près un *agrégat* des sciences, qui sont accueillies de façon contingente et empirique, et parmi lesquelles il y en a aussi qui ne font que porter le nom de sciences, mais sont elles-mêmes par ailleurs une simple collection de connaissances. L'unité en laquelle, dans un tel agrégat, les sciences sont rassemblées, est, parce qu'elles sont accueillies de façon extérieure, pareillement une unité *extérieure*, – un *ordre*. Celui-ci doit nécessairement, pour la même raison et en outre parce que les matériaux eux aussi sont de nature contingente, rester un *essai* et montrer toujours des côtés inadéquats. – Car outre que l'encyclopédie philosophique 1) exclut de simples *agrégats* de connaissances – comme par exemple la philologie apparaît tout d'abord –, elle exclut de même aussi indépendamment de cela 2) des agrégats de connais-sances qui ont à leur fondement le simple arbitraire, comme par exemple l'héraldique ; des sciences de la dernière espèce sont les sciences *de part en part positives*. 3) On nomme aussi positives d'autres sciences qui, pourtant, ont un fondement et commencement rationnel. Cette partie constitutive appartient à la philosophie, mais le côté positif leur reste propre. Ce qu'il y a de positif dans les sciences est d'espèce diverse. 1) Leur commencement en soi rationnel passe dans le contingent, pour autant qu'elles ont à faire descendre l'universel dans la *singularité* et *effectivité empirique*. Dans ce champ de la variabilité et de la contingence on ne peut faire valoir le *concept*, mais seulement des *raisons*. La science du droit, par exemple, ou le système des impôts directs et indirects exigent des décisions ultimes détaillées qui ont leur lieu en dehors de l'*être-déterminé-en-et-pour-soi* du concept, et par suite permettent une latitude pour la détermination, qui peut être saisie, suivant une raison, de telle façon, et, suivant une autre, de telle autre, et ne peut comporter aucun caractère ultime assuré. De même l'Idée de la nature se perd dans sa singularisation en des contingences, et l'*histoire naturelle*, la *géographie*, la *médecine*, etc. tombent dans des déterminations de l'existence, dans des espèces et des différences qui sont déterminées par un hasard extérieur et par le jeu [des choses], non par le moyen de la raison. L'*histoire* aussi rentre dans ce cas pour autant que, si l'Idée est son essence, son apparition est néanmoins dans la contingence et dans le champ de l'arbitraire. 2) De telles sciences sont *positives* aussi dans la mesure où elles ne reconnaissent pas leurs déterminations pour *finies* et ne montrent pas le passage de ces dernières et de leur sphère tout entière dans une sphère plus haute, mais les admettent comme *absolument valables*. À cette finité de la *forme* – comme la première était la finité de la *matière* –, se rattache 3) celle du *fondement de la connaissance*, qui est pour une part le raisonnement, pour une autre part le sentiment, la croyance, l'autorité d'autres instances, d'une façon générale l'autorité de l'intuition intérieure ou extérieure. La philosophie aussi qui veut se fonder sur l'anthropologie, les faits de la conscience, l'intuition 50 intérieure ou l'expérience extérieure, rentre dans ce cas. 4) Il peut encore | se faire que c'est simplement la *forme de l'exposition scientifique* qui est empirique, mais que l'intuition pleine de sens ordonne ce qui n'est que phénomènes d'une manière conforme à ce qu'est la suite intérieure du concept. Il appartient à une telle empirie, que du fait de l'opposition et de la multiplicité variée des phénomènes rapprochés, les détails *extérieurs*, *contingents*, des conditions se suppriment, ce qui permet alors à l'*universel* de se présenter devant le sens. Une physique expérimentale, une histoire, etc., faite avec sens, exposera de cette manière la science rationnelle de la nature ainsi que des événements et actes humains dans une image extérieure, reflétant le concept.

§ 17

Pour ce qui est du *commencement* que la philosophie a à instaurer, elle semble en général commencer avec une présupposition subjective, comme les autres sciences, c'est-à-dire être contrainte de faire d'un ob-jet particulier – tout comme c'est ailleurs l'espace, le nombre, etc., ici c'est la pensée – l'ob-jet de la pensée. Mais c'est l'acte libre de la pensée que de se placer au point de vue où elle est pour elle-même et en cela *se crée* et *se donne elle-même son ob-jet*. Ensuite, ce point de vue qui apparaît comme point de vue *immédiat* doit nécessairement à l'intérieur de la science se faire le *résultat* et, en vérité, le résultat ultime de celle-ci, dans lequel elle atteint à nouveau son commencement et retourne en elle-même. De cette manière la philosophie se montre comme un cercle revenant en lui-même, qui n'a aucun commencement au sens des autres sciences, de telle sorte que le commencement est seulement une relation au sujet, en tant que celui-ci veut se décider à philosopher, mais non à la science comme telle. Ou, ce qui est la même chose, le concept de la science, et par conséquent le premier concept – et parce qu'il est le premier, il contient la séparation consistant en ce que la pensée est ob-jet pour un sujet philosophant (en quelque sorte extérieur) – doit nécessairement être saisi par la science elle-même. C'est même l'unique fin, opération et visée de celle-ci, que de parvenir au concept de son concept, et ainsi à son retour en elle-même et à sa satisfaction.

§ 18

De même que d'une philosophie on ne peut donner une représentation préliminaire, générale, car c'est seulement le *tout* de la | science qui est l'exposition de l'Idée, de même aussi sa *division* ne **51** peut être conçue qu'à partir de celle-ci; elle est comme celle-ci, d'où elle est à tirer, quelque chose d'anticipé. Mais l'Idée s'avère comme la pensée absolument identique à soi, et celle-ci en même temps comme l'activité de s'opposer soi-même à soi pour être pour soi, et d'être, dans cet Autre, seulement auprès de soi-même. Ainsi, la science se décompose dans les trois parties que sont :

1° La *Logique*, la science de l'Idée en et pour soi ;
2° La *Philosophie de la Nature*, en tant qu'elle est la science de l'Idée en son être-autre ;
3° La *Philosophie de l'Esprit*, en tant que l'Idée qui, de son être-autre, fait retour en soi-même.

Il a été remarqué plus haut, au § 15, que les différences des sciences philosophiques particulières ne sont que des déterminations de l'Idée elle-même, et c'est seulement celle-ci qui s'expose en ces éléments divers. Dans la nature, ce n'est pas quelque chose d'autre que l'Idée qui serait connu, mais elle y est dans la forme de l'*aliénation*, tout comme dans l'Esprit c'est la même Idée qui est *en tant qu'étant pour soi* et que *devenant en et pour soi*. Une telle détermination dans laquelle l'Idée apparaît, est en même temps un moment qui *s'écoule*; c'est pourquoi la science singulière consiste, tout autant que dans le fait de connaître son contenu comme ob-jet *qui est*, aussi dans le fait de connaître immédiatement en lui son passage dans sa sphère supérieure. C'est pourquoi la *représentation* de la *division* a ceci d'incorrect, qu'elle place les parties ou sciences particulières *les unes à côté des autres*, comme si elles étaient seulement des parties immobiles et, dans leur différenciation, substantielles, telles des *espèces*.

LA SCIENCE DE LA LOGIQUE

CONCEPT PRÉLIMINAIRE

§ 19

La Logique est la science de l'*Idée pure*, c'est-à-dire de l'Idée dans l'élément abstrait de la *pensée*.

Pour cette détermination, comme pour d'autres déterminations contenues dans ce Concept préliminaire, est valable la même chose qui est valable pour les concepts avancés au préalable concernant la philosophie en général, à savoir qu'ils sont des déterminations puisées *à partir de* et *à la suite de* la vue d'ensemble du tout.

On peut bien dire que la Logique *est* la science de la *pensée*, de ses *déterminations* et *lois*, mais la pensée comme telle constitue seulement la *déterminité universelle* – ou l'*élément* – dans laquelle est l'Idée en tant que logique. L'Idée est la pensée, non pas en tant que pensée formelle mais en tant qu'elle est la totalité en développement de ses déterminations et lois propres, qu'elle se donne à elle-même, qu'elle n'*a* pas et ne trouve pas déjà là en elle-même.

La Logique est la science *la plus difficile* dans la mesure où elle n'a pas affaire à des intuitions, pas même comme la géométrie à des représentations sensibles abstraites, mais à des abstractions pures, et où elle exige une force et pratique experte qui permette de se retirer dans la pensée pure, de la maintenir ferme et de se mouvoir en une telle pensée. De l'autre côté, elle pourrait être regardée comme *la plus facile*, parce que le contenu n'est rien d'autre que la pensée propre [de chacun] et ses déterminations courantes, et que celles-ci sont en même temps *les plus simples* et ce qu'il y a d'*élémentaire*. Elles sont aussi ce qu'il y a de *mieux connu* : l'être, le néant, etc., la déterminité, la grandeur, etc., l'être-en-soi, l'être-pour-soi, l'un, le multiple, etc. Pourtant, ce fait d'être bien connue rend plutôt plus difficile l'étude de la Logique; pour une part, on considère aisément qu'il ne vaut pas la peine de s'occuper encore d'une telle chose bien connue; pour une autre part, il s'agit de se la rendre bien connue d'une manière tout autre qu'on ne l'a déjà fait, et même d'une manière opposée.

L'*utilité* de la Logique concerne le rapport au sujet, pour autant qu'il se **54** donne une certaine formation en vue d'autres buts. La | formation de ce sujet au moyen de la Logique consiste en ce qu'il devient expert dans la pratique de la pensée, parce que cette science est la pensée de la pensée, et en ce qu'il reçoit en sa tête les pensées, et encore en tant que pensées. – Mais dans la mesure où le logique est la forme absolue de la vérité et, plus encore que cela, aussi la vérité pure elle-même, il est tout à fait autre chose que simplement quelque chose d'*utile*. Mais comme ce qui est le plus excellent, le plus libre et le plus indépendant est aussi ce qui est le plus utile, le logique lui aussi peut être saisi ainsi. Son utilité est alors à estimer encore en un autre sens que celui d'être simplement l'exercice formel de la pensée.

§ 20

Si nous prenons la pensée selon la représentation immédiate que l'on s'en fait, elle apparaît α) tout d'abord dans sa signification habituelle, subjective, comme l'une des activités ou facultés de l'esprit, *à côté* d'autres : la sensibilité, l'intuition, l'imagination, etc., la faculté de désirer, le vouloir, etc. Son *produit*, la déterminité ou forme de la pensée, est l'*universel*, l'abstrait en général. La *pensée*, en tant qu'elle est l'*activité*, est par conséquent l'universel *agissant*, et, à vrai dire, l'universel *se* produisant en son action, en tant que l'effet, ce qui est produit, est précisément l'universel. La pensée, représentée comme *sujet*, est un *être pensant*, et l'expression simple du sujet existant, comme être pensant, est : *Moi*.

Les déterminations indiquées ici et dans les paragraphes suivants ne peuvent être prises comme des affirmations et comme mes *opinions* sur la pensée; toutefois, puisque, dans cette manière d'en parler au préalable, aucune déduction ou preuve ne peut trouver place, elles peuvent être regardées comme des *Faits*, de telle sorte que, dans la conscience d'un chacun, pour peu qu'il ait des pensées et qu'il les considère, il se trouve déjà là empiriquement que le caractère de l'universalité et de même pareillement les déterminations qui suivent, y sont présentes. Une culture déjà présente de l'attention et de l'abstraction est assurément requise pour l'observation [par chacun] de Faits de sa conscience et de ses représentations.

Déjà dans cette exposition préliminaire, on vient à parler de la différence entre [donnée] sensible, représentation et pensée; elle est décisive pour la saisie de la nature et des modes de la connaissance; il servira donc à l'éclaircissement [des choses], de rendre ici aussi déjà perceptible cette différence. – Pour le *sensible*, c'est tout d'abord son origine extérieure – les sens ou organes des sens – qui est prise pour l'expliquer. Seulement, la dénomination de l'organe ne donne aucune détermination pour ce qui est saisi par là. La différence du *sensible* d'avec la pensée est à placer en ce que la détermination | de celui-là est la *singularité*, et, en tant que le singulier (de façon tout à fait **55** abstraite : l'atome) est pris aussi dans la connexion, le sensible est un *être-l'un-hors-de-l'autre* dont les formes abstraites plus précises sont l'être-l'un-*à-côté-de*-l'autre et l'être-l'un-*à-la-suite-de*-l'autre. L'*acte de la représentation* a une telle matière sensible pour contenu, mais posée dans la détermination du «*Mien*», en ce sens qu'un tel contenu est en *Moi*, et de l'*universalité*, de la relation-à-soi, de la *simplicité*. – Outre le sensible, la représentation a toutefois aussi pour contenu une matière qui [est] issue de la pensée consciente de soi, comme les représentations de ce qui appartient au droit, à l'éthique, à la religion, et aussi de la pensée elle-même, et il n'est pas si facile de saisir où il faut situer la différence entre de telles *représentations* et les *pensées* d'un tel contenu. Ici, le contenu est une pensée tout autant qu'est aussi présente la forme de l'universalité, qui est requise déjà pour qu'un contenu soit en *Moi*, d'une façon générale pour qu'il soit une représentation. Mais le caractère propre de la représentation est à placer en général, sous cet aspect aussi, dans ce fait qu'en elle un tel contenu se tient pareillement isolé en sa singularité. Le droit, les déterminations du droit et de réalités du même genre ne se tiennent pas, il est vrai, dans l'extériorité sensible réciproque [des parties] de l'*espace*. Selon le temps elles apparaissent bien peut-être les unes après les autres, toutefois leur contenu lui-même n'est pas représenté comme affecté par le temps, s'écoulant en lui et changeant. Mais de telles déterminations en soi spirituelles se tiennent également *isolées en leur singularité* dans le vaste champ de l'universalité intérieure, abstraite, de l'acte de la représentation en général. Elles sont, en cette singularisation isolante, *simples*; le droit, le devoir, Dieu. Or, la représentation, ou bien s'en tient à ce que le droit est le droit, Dieu est

Dieu, – ou bien, plus cultivée, avance des déterminations, par exemple que Dieu est le créateur du monde, qu'il est souverainement sage, tout-puissant, etc.; ici sont mises aussi les unes à la suite des autres plusieurs déterminations simples isolées en leur singularité, qui, en dépit de la liaison qui leur est assignée dans le sujet qui est le leur, restent extérieures les unes aux autres. La représentation se rencontre ici avec l'*entendement*, qui ne se différencie de celle-là qu'en ce qu'il pose des Rapports d'universel à particulier ou de cause à effet, etc., et par là des relations de nécessité entre les déterminations isolées de la représentation, alors que celle-ci les laisse dans son espace indéterminé *les unes à côté des autres*, liées par le simple « *aussi* ». – La différence entre représentation et pensée a l'importance la plus immédiate, puisqu'on peut dire d'une façon générale que la philosophie ne fait rien d'autre que changer les représentations en pensées, – mais, il est vrai, ultérieurement, la simple pensée en concept.

Du reste, si pour le sensible les déterminations *de la singularité et de l'être-l'un-hors-de-l'autre* ont été avancées, on peut encore ajouter que celles-ci aussi elles-mêmes sont à leur tour des pensées et des universels; dans
56 la Logique il se révélera que la pensée | et l'universalité est précisément ceci, à savoir qu'elle est elle-même et son Autre, a prise sur celui-ci, et que rien ne lui échappe. En tant que le langage est l'œuvre de la pensée, en lui aussi rien ne peut être dit, qui ne soit universel. Ce que je ne fais que *viser* est *mien*[1], m'appartient en tant que je suis cet individu particulier; mais si le langage n'exprime que de l'universel, je ne puis dire ce que je ne fais que *viser*. Et l'*indicible* – sentiment, sensation – n'est pas ce qu'il y a de plus excellent, de plus vrai, mais ce qu'il y a de plus insignifiant, de moins vrai. Quand je dis : « le *singulier* », « *ce* singulier-ci », « ici », « maintenant », ce ne sont là que des universels; *tout être* et *chaque être* est un singulier, un ceci, et aussi, s'il est sensible, un ici, un maintenant. De même, quand je dis : « *Moi* », je me *vise* comme *celui-ci* qui exclut tous les autres, mais ce que je dis : Moi, chacun précisément l'est; un Moi qui exclut de lui tous les autres. Kant s'est servi de l'expression maladroite, que le Moi *accompagne* toutes mes représentations,

1. « Was ich nur *meine*, ist *mein* ». Nous n'avons pu traduire en français ce jeu de mots par lequel Hegel exprime le caractère individuel de la simple opinion (« Meinung »), dans laquelle *tel* ou *tel* Moi *vise* le singulier, mais ne peut le proférer, le produire (dans l'élément du langage), puisque lui-même est, comme *Moi*, l'universel agissant et se produisant en ses produits. – Cf. *Phénoménologie de l'esprit*, chap. I, « La certitude sensible ».

également mes sensations, désirs, actions, etc. Le Moi est ce qui est en et pour soi universel, et la communauté est aussi une forme, mais une forme extérieure, de l'universalité. Tous les autres hommes ont en commun avec moi, d'être un Moi, de même qu'il appartient en commun à toutes *mes* sensations, représentations, etc., d'être les *miennes*. Mais le Moi, pris abstraitement en tant que tel, est la pure relation à soi-même, dans laquelle il est fait abstraction de la représentation, du sentir, de tout état comme de toute particularité de la nature, du talent, de l'expérience, etc. Le Moi est dans cette mesure l'existence de l'universalité totalement *abstraite*, ce qui est abstraitement *libre*. C'est pourquoi le Moi est la *pensée* en tant que *sujet*, et, en tant que Moi, je suis à la fois dans toutes mes sensations, représentations, tous mes états, etc., la pensée est partout présente et traverse en tant que catégorie [1] toutes ces déterminations.

§ 21

β) En tant que la pensée est prise comme active relativement à des ob-jets – la *réflexion sur* quelque chose –, l'universel, en tant qu'il est un tel produit de son activité, contient la valeur de la *Chose*, l'*essentiel*, l'*intérieur*, le *vrai*.

On a cité dans le § 5 la vieille croyance considérant que ce qu'il y a de vrai dans des ob-jets, des manières d'être constitué, des événements, – l'intérieur, l'essentiel, la Chose qui importe – ne se trouve pas *immédiatement* dans la conscience, n'est pas déjà ce qu'offre la première apparence et idée venue, mais qu'il faut préalablement *réfléchir* là-dessus pour accéder à la constitution véritable de l'ob-jet, et que ce but est atteint au moyen de la réflexion.

| § 22

γ) Du fait de la réflexion, quelque chose est *changé* dans la manière selon laquelle le contenu est tout d'abord dans la sensation, l'intuition, la représentation; c'est par conséquent seulement *par l'intermédiaire* d'un changement, que la nature *vraie* de l'*ob-jet* parvient à la conscience.

---

1. La catégorie, unité du Moi et de l'être, est l'expression d'abord abstraite de l'identité de l'identité (l'universel) et de la différence (la détermination ou particularité).

§ 23

δ) En tant que, dans la pensée réfléchissante, la nature vraie vient au jour tout autant que cette pensée est *mon* activité, cette nature vraie est tout autant le *produit* de *mon* esprit – et cela en tant qu'il est sujet pensant –, de moi selon mon universalité simple – en tant que Moi *qui est chez soi* absolument –, ou de ma *liberté*.

On peut entendre souvent l'expression : *penser par soi-même*, comme si par là était dit quelque chose d'important. En réalité, personne ne peut penser pour autrui, pas plus que manger et boire [pour lui] ; cette expression est par conséquent un pléonasme. – Dans la pensée réside immédiatement la *liberté*, parce qu'elle est l'activité de l'universel, un se-rapporter-à-soi en cela abstrait, un être-chez-soi dépourvu de détermination selon la subjectivité, [et] qui, selon le *contenu*, est en même temps seulement dans la *Chose* et ses détermi-nations. Si donc il est question d'humilité ou modestie et d'orgueil, relative-ment à l'acte de philosopher, et si l'humilité ou modestie consiste à ne rien attribuer de *particulier*, en fait de propriété et d'activité, à sa subjectivité [propre], l'acte de philosopher sera pour le moins à déclarer exempt d'orgueil, en tant que la pensée, suivant le contenu, n'est vraie que dans la mesure où elle est plongée dans la *Chose*, et, suivant la forme, n'est pas un être ou agir *parti-culier* du sujet, mais précisément ceci, à savoir que la conscience se comporte comme Moi abstrait, comme *libérée* de *toute particularité* appartenant à des propriétés, états, etc. donnés par ailleurs, et n'accomplit que l'universel, dans lequel elle est identique à toutes les consciences individuelles. – Si Aristote invite à se maintenir *digne* d'un tel comportement [1], la dignité que se donne la conscience consiste précisément à laisser se dissiper l'opinion et l'avis *particuliers* et à laisser régner la *Chose* en soi-même.

§ 24

Les pensées peuvent, suivant ces déterminations, être appelées des
58 pensées *objectives*, parmi lesquelles | on a à compter aussi les formes qui habituellement sont tout d'abord étudiées dans la Logique

---

1. *Cf.* Aristote, *Métaphysique*, I, 2. *Cf.* aussi Hegel, *Vorlesungen über die Geschichte der Philosophie* (*Leçons sur l'histoire de la philosophie*), G 18, p. 315 *sq.*

ordinaire et prises seulement pour des formes de la pensée *consciente*. La *Logique* coïncide par conséquent avec la Métaphysique, la science des *choses*, saisies en des *pensées* qui passaient pour exprimer les *essentialités* des *choses*.

Le Rapport de formes telles que le concept, le jugement et le syllogisme, à d'autres [formes], comme la causalité, etc., ne peut se dégager qu'à l'intérieur de la Logique elle-même. Mais ce qu'il faut bien discerner aussi préalablement, c'est qu'en tant que la pensée cherche à se faire des choses un *concept*, ce concept (et avec lui aussi ses formes les plus immédiates, le jugement et le syllogisme) ne peut consister en des déterminations et rapports qui soient étrangers et extérieurs aux choses. La réflexion, a-t-il été dit plus haut, conduit à l'être *universel* des choses; mais celui-ci est lui-même un des moments du concept. Qu'il y a de l'entendement, de la raison dans le monde, cela veut dire la même chose que ce que contient l'expression : «pensée objective». Mais cette expression n'est pas commode, précisément parce que le terme de «pensée» n'est employé trop couramment que comme renvoyant à l'esprit, à la conscience, et que celui d'«objectif», de même, n'est employé avant tout qu'à propos de ce qui ne relève pas de l'esprit.

§ 25

L'expression de «*pensées objectives*» désigne la *vérité*, qui doit être l'*ob-jet* absolu de la philosophie, non pas simplement le *but visé* par celle-ci. Mais elle indique de façon générale aussitôt une opposition, et en vérité celle dont la détermination et la validité constituent ce autour de quoi tournent l'intérêt du point de vue philosophique propre à l'époque présente et la question de la *vérité* et de sa connaissance. Si les déterminations-de-pensée sont entachées d'une opposition fixe, c'est-à-dire sont seulement de nature *finie*, elles sont inadéquates à la vérité, qui est absolument en et pour soi, la vérité ne peut entrer dans la pensée. La pensée qui n'amène au jour que des déterminations *finies* et se meut dans de telles déterminations, s'appelle «*entendement*» (au sens plus étroit du terme). Plus précisément, la *finité* des déterminations-de-pensée est à appréhender de deux manières, suivant l'une, en ce sens qu'elles sont *seulement*

subjectives et comportent l'opposition permanente à ce qui est objectif, suivant l'autre, en ce sens qu'étant d'un *contenu borné* en général, elles persistent dans leur opposition, d'une part, les unes aux autres, d'autre part, et plus encore, à l'absolu. Les *positions données à*
59 *la pensée relativement à l'objectivité* doivent | maintenant être considérées comme une introduction plus précise, en vue d'éclaircir et de dégager la signification et le point de vue qu'on attribue ici à la Logique.

Dans ma *Phénoménologie de l'esprit*, qui pour cette raison a été désignée lors de son édition comme la première partie du Système de la science, a été pris le chemin consistant à commencer par la première, la plus simple apparition de l'esprit, *la conscience immédiate*, et à développer sa dialectique jusqu'au point de vue de la science philosophique, dont la nécessité est montrée par cette progression. Mais pour cela, on ne pouvait en rester à l'être formel de la simple conscience ; car le point de vue du savoir philosophique est en même temps en lui-même le plus riche en teneur essentielle et le plus concret ; par conséquent, émergeant comme résultat, il présupposait aussi les figures concrètes de la conscience, comme par exemple [celles] de la morale, de la vie éthique, de l'art, de la religion. Le développement de la *teneur essentielle*, des ob-jets des parties propres de la science philosophique, tombe donc en même temps dans ce développement de la conscience, qui semblait tout d'abord seulement borné à l'être formel [de celle-ci] ; c'est derrière son dos pour ainsi dire que ce développement doit nécessairement avancer, dans la mesure où le contenu se rapporte à la conscience comme l'*en-soi*. L'exposition devient par là plus compliquée, et ce qui appartient aux parties concrètes tombe en partie déjà aussi dans cette introduction-là [1]. – L'examen à entreprendre ici a plus encore l'inconvénient de ne pouvoir procéder que de façon historique et en raisonnant ; mais il doit principalement contribuer à faire discerner que les questions que l'on rencontre dans la représentation au sujet de la nature de la *connaissance*, au sujet de la *croyance* et ainsi de suite, et que l'on tient pour tout à fait *concrètes*, se ramènent en réalité à des déterminations-de-pensée *simples*, mais qui reçoivent seulement dans la Logique la solution vraie par laquelle on en vient à bout.

---

1. Il s'agit de la *Phénoménologie de l'esprit* de 1807, première partie du Système de la science, en tant qu'elle est l'introduction *scientifique* à la science.

A
PREMIÈRE POSITION DE LA PENSÉE
RELATIVEMENT À L'OBJECTIVITÉ

§ 26

La première position est la démarche *naïve* qui renferme, encore sans la conscience de l'opposition de la pensée en et contre elle-même, la *croyance* que, grâce à la *réflexion*, la *vérité* est *connue*, et ce que les objets sont véritablement, | amené devant la conscience. [Prise] dans **60** cette croyance, la pensée va directement aux ob-jets, reproduit le contenu des sensations et intuitions à partir d'elle-même en faisant de lui un contenu de la pensée, et trouve sa satisfaction dans un tel contenu comme dans la vérité. Toute philosophie à ses origines, toutes les sciences, et même l'agir quotidien de la conscience, vivent dans cette croyance.

§ 27

Cette pensée, à cause de l'inconscience où elle est de l'opposition qu'elle comporte, *peut* aussi bien, suivant sa teneur essentielle, être une authentique démarche philosophique *spéculative*, qu'également séjourner dans des déterminations-de-pensée *finies*, c'est-à-dire dans l'opposition *encore non résolue*. Ici, dans l'introduction, ne peut trouver place que l'intérêt qui porte à considérer cette position de la pensée suivant sa limite et, par suite, à s'occuper avant tout de la dernière *démarche philosophique*. – Celle-ci, dans son développement le plus déterminé et le plus proche de nous, était l'*ancienne métaphysique*, telle qu'elle était constituée chez nous avant la philosophie kantienne. Cette métaphysique n'est cependant quelque chose d'ancien que relativement à l'histoire de la philosophie; [prise] pour elle-même, elle est d'une façon générale toujours présente, elle est la *simple vision d'entendement* des ob-jets de raison. Considérer de plus près sa manière de procéder et son contenu principal, comporte donc en même temps cet intérêt présent plus proche [de nous].

§ 28

Cette science considérait les déterminations-de-pensée comme les *déterminations fondamentales des choses*; par cette présupposition que ce qui *est*, du fait qu'il est *pensé*, est connu *en soi*, elle se tenait plus haut que la philosophie critique postérieure. Mais 1) ces déterminations étaient prises en leur abstraction comme valant pour elles-mêmes et comme capables d'être des *prédicats du vrai*. Cette métaphysique présupposait en général que l'on pouvait arriver à la connaissance de l'absolu *en lui attribuant des prédicats*, et n'examinait ni les déterminations d'entendement suivant leur contenu et leur valeur propres, ni non plus cette forme qui consiste à déterminer l'absolu par attribution de prédicats.

61 | De tels prédicats sont, par exemple : *être-là*, comme dans la proposition : « *Dieu a un être-là* »; *finité* ou *infinité*, dans la question de savoir si le monde est fini ou infini ; *simple*, *composé*, dans la proposition : « L'âme est *simple* »; – ensuite : « La chose est un *Un*, un *Tout* », etc. On n'examinait pas si de tels prédicats étaient en et pour soi quelque chose de vrai, ni si la forme du jugement pouvait être une forme de la vérité.

§ 29

Des prédicats de ce genre sont pour eux-mêmes un contenu *borné*, ils se montrent déjà comme non adéquats à la *plénitude* de la *représentation* (de Dieu, de la nature, de l'esprit, etc.) et ne l'épuisent aucunement. Ensuite, du fait qu'ils sont prédicats d'un sujet un, ils sont liés les uns aux autres, mais ils sont, par leur contenu, divers, de sorte qu'ils sont *les uns par rapport aux autres* accueillis de l'*extérieur*.

Au premier défaut les Orientaux cherchaient à remédier, par exemple dans la détermination de Dieu, au moyen de multiples *noms* qu'ils lui attribuaient; mais en même temps il devait, de ces noms, y avoir une multiplicité *infinie*.

§ 30

2) Ses ob-jets étaient sans doute des totalités qui appartiennent en et pour soi à la *raison*, à la pensée de l'universel en lui-même *concret*, – *l'âme, le monde, Dieu*; – mais la métaphysique les recevait de la *représentation*, les posait au fondement comme des *sujets donnés tout achevés*, dans l'application qui leur était faite des déterminations d'entendement, et elle avait seulement en cette représentation la *mesure de référence* permettant de décider si les prédicats étaient ou non convenables et suffisants.

§ 31

Les représentations de l'âme, du monde, de Dieu paraissent tout d'abord fournir à la pensée un *point d'appui ferme*. Mais outre que le caractère de subjectivité particulière est mêlé à elles et qu'elles peuvent, par suite, avoir une signification très diverse, elles ont bien plutôt besoin de recevoir préalablement grâce à la seule pensée la détermination ferme. C'est ce qu'exprime toute proposition, en tant qu'en elle c'est seulement au moyen du *prédicat* (c'est-à-dire, en philosophie, | au moyen de la détermination-de-pensée) que vient à **62** être indiqué *ce qu'*est le sujet, c'est-à-dire la représentation initiale.

Dans la proposition: «Dieu *est* éternel, etc.», on commence avec la représentation «Dieu»; mais ce qu'il *est*, n'est pas encore *su*; c'est seulement le prédicat qui énonce ce qu'il *est*. C'est pour cette raison que dans la sphère du logique, où le contenu est déterminé exclusivement dans la forme de la pensée, il est non seulement superflu de faire de ces déterminations des prédicats de propositions dont le *sujet* serait Dieu ou le terme plus vague d'absolu, mais cela aurait aussi le désavantage d'évoquer une autre mesure de référence que la nature de la pensée elle-même. – Sans compter que la forme de la proposition, ou, de manière plus déterminée, du jugement, est impropre à exprimer ce qui est concret – et le vrai est concret – et spéculatif; le jugement est, par sa forme, unilatéral et, dans cette mesure, faux.

§ 32

3) Cette métaphysique devint du *dogmatisme* parce qu'il lui fallut admettre, suivant la nature des déterminations finies, que de *deux affirmations opposées*, comme l'étaient les propositions de tout à l'heure, l'une devait nécessairement être *vraie*, mais l'autre *fausse*.

§ 33

La *première partie* de cette métaphysique en sa figure ordonnée était constituée par l'*ontologie*, la théorie des *déterminations abstraites de l'essence*. Pour celles-ci, en leur multiplicité variée et en leur validité finie, il manque un principe ; il faut pour cette raison les dénombrer *empiriquement* et *de manière contingente*, et leur *contenu* plus précis ne peut être fondé que sur la *représentation*, sur l'*assurance* que par un mot on se représente précisément telle chose, éventuellement aussi sur l'étymologie. On ne peut avoir affaire ici qu'avec l'*exactitude* – s'accordant avec l'usage de la langue – de l'analyse, et avec la *complétude* empirique, non pas avec la *vérité* et *nécessité* de telles déterminations en et pour elles-mêmes.

La question de savoir si l'être, l'être-là ou la finité, la simplicité, la composition, etc., sont des *concepts vrais en et pour soi* doit nécessairement être choquante si l'on est d'avis qu'il peut être question simplement de la vérité d'une *proposition*, et que l'on peut seulement se demander si un concept peut être *attribué* (comme on le disait) avec vérité *à un sujet*, ou non ; que la non-vérité dépend de la contradiction qui | se rencontrerait entre le sujet de la représentation et le concept à lui donner comme prédicat. Mais le concept en tant qu'il est un concret – et même toute déterminité en général – est essentiellement en lui-même une unité de déterminations différentes. Si donc la vérité n'était rien de plus que l'absence de la contradiction, il faudrait dans le cas de chaque concept considérer en premier lieu si, pour lui-même, il ne contient pas une telle contradiction interne.

§ 34

La *deuxième partie* était la *psychologie rationnelle* ou *pneumatologie*, laquelle concerne la nature métaphysique de l'*âme*, c'est-à-dire de l'esprit en tant qu'une *chose*.

L'immortalité était cherchée dans une sphère où *composition, temps, variation qualitative, augmentation ou diminution quantitative* ont leur place.

§ 35

La *troisième partie*, la *cosmologie*, traitait du *monde*, de sa contingence, de sa nécessité, de son éternité, de son être-limité dans l'espace et le temps ; des lois formelles au sein de ses changements, en outre de la liberté de l'homme et de l'origine du Mal.

Comme oppositions absolues valent ici principalement celles de la contingence et de la nécessité, de la nécessité extérieure et de la nécessité intérieure, des causes efficientes et des causes finales, ou de la causalité en général et du but, de l'essence ou substance et du phénomène, de la forme et de la matière, de la liberté et de la nécessité, de la félicité et de la souffrance, du Bien et du Mal.

§ 36

La *quatrième partie*, la *théologie naturelle* ou *rationnelle*, considérait le concept de Dieu ou sa possibilité, les preuves de son être-là et ses propriétés.

a) Dans cette façon de considérer Dieu selon l'entendement, il importe surtout de savoir quels prédicats conviennent ou ne conviennent pas à ce que *nous nous représentons* par Dieu. L'opposition de la réalité et de la négation se présente ici comme absolue ; d'où vient que pour le concept, tel que l'entendement le prend, il ne reste à la fin que l'abstraction vide de l'*essence* indéterminée, de la pure réalité ou positivité, le | produit mort de l'Aufklärung moderne. **64**
b) La manière de *prouver* propre à la connaissance finie montre en général la position absurde consistant en ce qu'il doit être indiqué un fondement objectif de l'être de Dieu, qui se présente par conséquent comme *un être médiatisé* par un autre. Cette manière de prouver qui a pour règle l'identité d'entendement

est embarrassée par la difficulté d'opérer le passage du *fini* à l'*infini*. Ainsi, ou bien elle ne pouvait pas libérer Dieu de la finitude – subsistant positivement – du monde qui est-là, de sorte qu'il devait nécessairement se déterminer comme la substance immédiate de ce dernier (panthéisme) ; ou bien il restait comme un objet en face du sujet, donc de cette manière quelque chose de *fini* (dualisme). *c)* Les *propriétés*, alors qu'elles doivent pourtant être des propriétés déterminées et diverses, se sont proprement abîmées dans le concept abstrait de la réalité pure, de l'essence indéterminée. Mais dans la mesure où, dans la représentation, le monde fini demeure encore comme un être *vrai*, et Dieu en face de lui, s'introduit aussi la représentation de rapports divers de Dieu au monde, qui, déterminés comme propriétés, d'un côté ne peuvent, en tant que rapports à des états finis, qu'être eux-mêmes d'espèce finie (par exemple : juste, bon, puissant, sage, etc.), mais d'un autre côté doivent en même temps être infinis. Cette contradiction ne permet, quand on se place à ce point de vue, que la solution nébuleuse au moyen d'une élévation quantitative, solution qui consiste à les pousser dans ce qui est sans détermination, dans le « sensum eminentiorem ». Mais par là, la propriété est en fait anéantie, et il lui est laissé simplement un nom.

B
DEUXIÈME POSITION DE LA PENSÉE RELATIVEMENT À L'OBJECTIVITÉ

I. *L'empirisme*

§ 37

Le besoin, pour une part, d'un contenu *concret* en face des théories abstraites de l'entendement qui, pour lui-même, ne peut progresser de ses généralités jusqu'à la particularisation et détermination, pour une autre part, d'un *point d'appui ferme* face à la possibilité de *pouvoir tout prouver* dans le champ et suivant la méthode des déterminations finies, conduisit tout d'abord à l'*empirisme*, qui, au lieu de chercher le 65 vrai dans la pensée elle-même, | va le prendre dans l'*expérience*, dans la présence extérieure et intérieure.

§ 38

L'*empirisme*, d'une part, a cette source en commun avec la métaphysique elle-même, en tant que celle-ci, pour confirmer ses définitions – les présuppositions ainsi que le contenu plus déterminé –, a pareillement pour garantie les représentations, c'est-à-dire le contenu provenant tout d'abord de l'expérience. D'autre part, la perception singulière est différente de l'expérience, et l'empirisme élève le contenu appartenant à la perception, au sentiment et à l'intuition, dans la *forme* de *représentations*, *propositions* et *lois*, etc., *universelles*. Cela ne se produit toutefois que dans ce sens, que ces déterminations universelles (par exemple la force) ne doivent avoir pour elles-mêmes aucune autre signification et validité que celle qui est tirée de la perception, et qu'aucune connexion autre que celle que l'on peut montrer dans le phénomène ne saurait être justifiée. Le point d'appui ferme, suivant le côté *subjectif*, la connaissance empirique le possède en ce que la conscience a dans la perception sa *propre présence et certitude immédiate*.

Il y a dans l'empirisme ce grand principe, que ce qui est vrai doit nécessairement être dans l'effectivité et être-là pour la perception. Ce principe est opposé au *devoir-être* dont se rengorge la réflexion et qu'elle utilise pour se comporter de façon méprisante envers l'effectivité et la présence en invoquant un *au-delà* qui ne saurait avoir son siège et son être-là que dans l'entendement subjectif. Comme l'empirisme, la philosophie elle aussi ne reconnaît (§ 7) que ce qui *est*; elle n'a pas savoir de ce qui *doit* seulement être et par conséquent *n'est pas là*. Suivant le côté subjectif, on a de même à reconnaître le principe important de la *liberté*, qui se trouve dans l'empirisme, à savoir que l'homme doit *lui-même* voir ce qu'il doit admettre dans son savoir, s'y savoir *lui-même présent*. – Mais la réalisation *conséquente* de l'empirisme, pour autant qu'il se borne, suivant le contenu, au fini, nie le supra-sensible en général ou du moins sa connaissance et sa déterminité, et n'accorde à la pensée que l'abstraction et l'universalité et identité formelle. L'illusion fondamentale dans l'empirisme scientifique est toujours celle-ci, à savoir qu'il utilise les catégories métaphysiques de matière, de force, et en outre celles d'un, de multiple, d'universalité, d'infini aussi, etc., ensuite, qu'il poursuit l'*enchaînement de syllogismes* au fil de telles catégories, en cela | présuppose et emploie les formes de **66** l'enchaînement syllogistique, et en tout cela ne sait pas qu'il contient et pratique ainsi lui-même une métaphysique et utilise ces catégories et leurs liaisons d'une manière totalement non-critique et inconsciente.

§ 39

Au sujet de ce principe a tout d'abord été faite la réflexion juste, que, dans ce que l'on appelle *expérience* et qui est à distinguer d'une simple perception singulière de faits singuliers, se trouvent *deux éléments*, – l'un étant la *matière* pour elle-même dispersée en sa singularité[1], infiniment *diverse*, – l'autre, la *forme*, les déterminations de l'*universalité* et de la *nécessité*. L'empirie montre bien de nombreuses, peut-être d'infiniment nombreuses perceptions semblables, mais l'*universalité* est encore quelque chose de tout autre que la grande multitude. De même, l'empirie fournit bien des perceptions de changements *se suivant les uns les autres* ou d'ob-jets *situés les uns à côté des autres*, mais non pas une connexion *nécessaire*. En tant donc que la perception doit rester l'assise fondamentale de ce qui peut passer pour vérité, l'universalité et la nécessité apparaissent comme quelque chose d'*injustifié*, comme une contingence subjective, une simple habitude dont le contenu peut être constitué ainsi ou bien autrement.

Une conséquence importante en est que, dans cette manière [de voir] empirique, les déterminations et lois du droit et de l'éthique ainsi que le contenu de la religion apparaissent comme quelque chose de contingent, et que leur objectivité et vérité interne est abandonnée.

Le scepticisme de *Hume*, dont procède surtout la réflexion mentionnée plus haut, doit d'ailleurs être bien distingué du *scepticisme grec*. Le scepticisme de Hume prend pour base la *vérité* de l'empirique, du sentiment, de l'intuition, et conteste à partir de là les déterminations et lois universelles, pour cette raison qu'elles ne sont pas justifiées par la perception sensible. L'ancien scepticisme était si éloigné de faire du sentiment, de l'intuition, le principe de la vérité, qu'il se tournait bien plutôt avant tout contre le sensible. (Sur le

---

1. « vereinzelte ».

scepticisme moderne, comparé à l'ancien, voir le *Journal critique de la philosophie*, de Schelling et Hegel – 1802, 1, 2) [1].

| II. *La philosophie critique*   67

§ 40

La philosophie critique a en commun avec l'empirisme, d'admettre l'expérience comme l'*unique* sol des connaissances, qu'elle ne tient cependant pas pour des vérités, mais seulement pour des connaissances de phénomènes.

On part, tout d'abord, de la différence des éléments qui se rencontrent dans l'analyse de l'expérience, la *matière sensible* et ses *relations universelles*. Tandis qu'il s'y joint la réflexion indiquée dans le paragraphe précédent, à savoir que dans la perception, [prise] pour elle-même, il n'est contenu que du *singulier* et que *ce qui passe*, en même temps on *s'attache avec insistance au Fait* que l'*universalité* et la *nécessité* se trouvent déjà là, comme des déterminations tout aussi essentielles, dans ce que l'on appelle expérience. Or, puisque cet élément ne provient pas de l'empirique en tant que tel, il appartient à la spontanéité de la *pensée* ou il est *a priori*. – Les déterminations-de-pensée ou *concepts de l'entendement* constituent l'*objectivité* des connaissances d'expérience. Ils contiennent en général des *relations*, et grâce à eux se forment, par conséquent, des jugements *synthétiques a priori* (c'est-à-dire des relations originaires de termes opposés).

Que dans la connaissance se rencontrent les déterminations de l'universalité et de la nécessité, c'est là un Fait que le scepticisme de Hume ne

---

1. L'article de Hegel a pour titre : *Rapport du scepticisme à la philosophie, exposé de ses diverses modifications et comparaison du tout récent scepticisme avec le scepticisme ancien*. On pourra trouver ce texte dans le tome I de l'édition Glockner des *Œuvres complètes de Hegel* (dorénavant cité *G* – 1, p. 213-275), ainsi que dans le tome 4 de la nouvelle édition des *Œuvres complètes de Hegel* entreprise sous la direction de la «Deutsche Forschungsgemeinschaft» (*Jenaer kritische Schriften*, Buchner-Pöggeler (éd.), Hambourg, F. Meiner, 1968, p. 197-238).

conteste pas. Autre chose qu'un Fait présupposé, il ne l'est pas non plus dans la philosophie kantienne ; on peut dire, suivant le langage habituel dans les sciences, qu'elle a seulement établi une autre *explication* de ce Fait.

§ 41

La philosophie *critique* soumet bien tout d'abord à l'examen la valeur des concepts de l'entendement employés dans la métaphysique – et, du reste, aussi dans les autres sciences et dans la représentation ordinaire –. Pourtant, cette critique ne se dirige pas sur le contenu lui-même et le rapport déterminé lui-même de ces déterminations-de-pensée les unes à l'égard des autres, mais elle les considère selon l'opposition de la *subjectivité* et de l'*objectivité* en général. Cette **68** opposition, comme elle est prise ici, se rapporte | (voir § précédent) à la différence des éléments *à l'intérieur de l'expérience*. L'*objectivité* signifie ici l'élément d'*universalité* et de *nécessité*, c'est-à-dire celui des déterminations-de-pensée elles-mêmes, – de ce que l'on appelle l'*a priori*. Mais la philosophie critique élargit l'opposition de telle sorte que le *tout* de l'expérience, c'est-à-dire ces deux éléments-là ensemble, tombe dans la *subjectivité*, et qu'il ne subsiste rien en face d'elle si ce n'est la *chose-en-soi*.

Les *formes* plus précises de l'*a priori*, c'est-à-dire de la pensée et, en vérité, de celle-ci en tant qu'activité subjective en dépit de son objectivité, se dégagent de la manière suivante, – celle d'une systématisation qui, du reste, ne repose que sur des bases psychologico-historiques.

§ 42

a) Le pouvoir théorique, la connaissance comme telle.

Comme *fondement* déterminé des concepts de l'entendement, cette philosophie indique l'*identité originaire* du *Moi* dans la pensée (unité transcendantale de la conscience de soi). Les représentations données par le moyen du sentiment et de l'intuition sont, suivant leur *contenu*, un *divers multiple*, et [elles le sont] tout autant par leur forme, par l'*extériorité réciproque* [des données] de la sensibilité, dans ses deux formes, l'espace et le temps, qui en tant que formes (l'universel) de l'intuitionner sont en elles-mêmes *a priori*. Ce divers multiple du sentir et de l'intuitionner, en tant que le Moi le rapporte à lui-même et le réunit dans lui-même comme dans une conscience une (aperception pure), est par là amené dans une identité, dans une liaison originaire. Les modes déterminés de cette mise en rapport sont les concepts purs de l'entendement, les *catégories*.

Comme c'est bien connu, la philosophie kantienne en a pris très à son aise avec la *découverte* des catégories. Le Moi – l'unité de la conscience de soi – est tout à fait abstrait et complètement indéterminé ; comment donc peut-on parvenir aux *déterminations* du Moi, aux catégories ? Par bonheur, dans la Logique habituelle se trouvent déjà données empiriquement les *diverses espèces du jugement*. Mais le jugement est la *pensée* d'un ob-jet déterminé. Les diverses manières de juger, déjà toutes dénombrées, fournissent donc les diverses *déterminations de la pensée*. – Il reste à la philosophie de *Fichte* le grand mérite d'avoir rappelé que les *déterminations-de-pensée* sont à montrer dans leur *nécessité*, qu'elles | sont essentiellement à *déduire*. – Cette philo- **69** sophie aurait pourtant dû avoir, sur la méthode de traiter de la Logique, au moins pour effet que les déterminations-de-pensée en général ou les matériaux logiques usuels, les *espèces* de concepts, de jugements, de syllogismes, ne fussent plus seulement empruntés à l'observation et ainsi appréhendés de façon simplement empirique, mais dérivés de la pensée elle-même. Si la pensée doit être capable de prouver quoi que ce soit, si la Logique doit exiger que des *preuves* soient données et si elle veut enseigner l'opération de la preuve, il faut bien qu'elle soit capable avant tout de prouver son contenu le plus propre, de discerner la nécessité de celui-ci.

§ 43

D'une part, c'est par le moyen des catégories que la simple perception est élevée à l'objectivité, à l'*expérience*, mais, d'autre part, ces concepts, en tant qu'unités simplement de la conscience subjective, sont conditionnés par la matière donnée, pour eux-mêmes vides, et ils ont leur application et leur emploi uniquement dans l'expérience, dont l'autre partie constitutive – les déterminations du sentiment et de l'intuition – est de même seulement quelque chose de subjectif.

§ 44

Les catégories sont donc incapables d'être des déterminations de l'absolu, en tant que celui-ci n'est pas donné dans une perception, et l'entendement – ou la connaissance au moyen des catégories – est pour cette raison incapable de connaître les *choses-en-soi*.

La *chose-en-soi* (– et sous la *chose* on comprend aussi l'esprit, Dieu) exprime l'ob-jet, dans la mesure où il est fait *abstraction* de tout ce qu'il est pour la conscience, de toutes les déterminations du sentiment comme de toutes les pensées déterminées qu'on en a. Il est aisé de voir ce qui reste, – la *complète abstraction*, l'être totalement *vide*, qui n'est plus déterminé que comme *au-delà*; le *négatif* de la représentation, du sentiment, de la pensée déterminée, etc. Mais tout aussi simple est la réflexion que ce *caput mortuum* lui-même n'est que *le produit* de la pensée, précisément de la pensée qui a progressé jusqu'à la pure abstraction, du Moi vide qui se donne pour *ob-jet* cette vide *identité* de lui-même. La détermination *négative* que cette identité abstraite reçoit en tant qu'*ob-jet* est également citée parmi les catégories kantiennes et elle est quelque chose de tout à fait bien connu, tout comme cette identité vide. On ne peut, d'après cela, que s'étonner d'avoir lu à de si nombreuses reprises, que l'on ne sait pas ce qu'est la *chose-en-soi*; alors qu'il n'y a rien de plus aisé que de savoir cela.

| § 45

C'est alors la *raison*, la faculté de l'*inconditionné*, qui discerne ce qu'il y a de conditionné dans ces connaissances d'expérience. Ce qui s'appelle ici ob-jet de la raison, l'*inconditionné* ou *infini*, n'est rien d'autre que l'égal-à-soi-même, ou encore il est l'*identité originaire* – dont on a fait mention (§ 42) – du *Moi* dans la *pensée*. Le terme « raison » signifie ce Moi ou penser *abstrait* qui se donne cette *identité* pure pour ob-jet ou but. *Cf.* la remarque du paragraphe précédent.

À cette identité absolument *sans détermination* sont inadéquates les connaissances d'expérience, parce qu'elles sont en général d'un contenu *déterminé*. En tant qu'un tel inconditionné est pris pour l'absolu et le vrai de la raison (pour l'*Idée*), les connaissances d'expérience sont alors définies comme le non-vrai, comme des *phénomènes*.

§ 46

Mais le besoin survient, de connaître cette identité ou la vide *chose-en-soi*. Or, connaître ne signifie rien d'autre que savoir un ob-jet selon son contenu *déterminé*. Mais un contenu déterminé contient une connexion multiforme dans lui-même et fonde une connexion avec beaucoup d'autres ob-jets. Pour une telle détermination de cet infini ou de cette *chose-en-soi*, cette raison n'aurait rien d'autre que les *catégories*; en voulant les employer à cette fin, elle devient *survolante* (transcendante).

Ici intervient le second côté de la *Critique de la raison*, et ce second côté est pour lui-même plus important que le premier. Le premier est en effet la manière de voir qui s'est présentée plus haut, à savoir que les *catégories* ont leur source dans l'unité de la conscience de soi; que par conséquent la connaissance obtenue grâce à elle[s] ne contient en réalité rien d'objectif, et que l'objectivité qui leur est attribuée (§ 40, 41) est elle-même seulement quelque chose de *subjectif*. Si l'on ne regarde que cela, la critique kantienne est simplement un *idéalisme subjectif* (plat) qui ne s'engage pas dans le *contenu*, n'a devant lui que les formes abstraites de la subjectivité et de l'objectivité, et, en vérité, s'en tient d'une manière unilatérale à la première, la subjectivité, en tant que détermination ultime absolument affirmative. Mais dans l'examen de l'*application* – comme il est dit – que la raison ferait des catégories pour la connaissance de ses ob-jets, le contenu des catégories vient | en discussion du **71** moins suivant quelques déterminations, ou du moins il y aurait là une occasion grâce à laquelle il pourrait venir en discussion. Il y a un intérêt particulier à voir comment *Kant* juge *cette application des catégories à l'inconditionné*, c'est-à-dire la métaphysique; cette démarche doit ici en quelques mots être rapportée et critiquée.

§ 47

1) Le *premier inconditionné* qui est considéré[1] (voir plus haut, § 34) est l'*âme*. Dans ma conscience, je me trouve, moi, toujours α) comme le *sujet déterminant*, β) comme un être *singularisé*[2] ou abstraitement simple, γ) comme l'être qui dans tout le divers de ce dont je suis conscient est *un* et *le même*, – comme être *identique*, δ) comme un être qui *me différencie* en tant qu'être pensant de toutes les *choses hors de moi*.

La démarche de l'ancienne métaphysique est alors indiquée exactement, à savoir qu'elle pose à la place de ces déterminations *empiriques* des *déterminations-de-pensée*, les *catégories* correspondantes, moyennant quoi naissent ces quatre propositions : α) l'*âme est une substance*, β) elle est une substance *simple*, γ) elle est, suivant les divers moments temporels de son être-là, *numériquement identique*, δ) elle est *en rapport* avec ce qui est *spatial*.

Dans ce passage, on a fait remarquer le défaut consistant en ce que deux sortes de déterminations sont confondues les unes avec les autres (*paralogisme*), à savoir des déterminations empiriques avec des catégories, en ce que c'est quelque chose d'illégitime que de *conclure par syllogisme* de celles-là à celles-ci, d'une façon générale de poser, à la place des premières, les autres.

---

1. *Cf.* Kant, *Critique de la raison pure*, *Dialectique transcendantale*, 2ᵉ Livre, I. « Des paralogismes de la raison pure ». Hegel va examiner ici les quatre paralogismes de la raison pure selon Kant, ceux de la substantialité, de la simplicité, de la personnalité et de l'idéalité.

2. « als ein *Singuläres* ». – Nous avons traduit ici « ein Singuläres » par « un être singularisé », en entendant par là l'être *séparé* des autres et de l'Autre, différent, en son identité (abstraitement) simple, de la différence. L'être singularisé (« das Singuläre ») est le *singulier* (« das Einzelne ») en tant qu'*individu* singulier, en tant qu'il est pris dans son être-là immédiat, non-vrai ; le singulier en sa vérité est le Tout qui n'a rien hors de lui, l'auto-différenciation de l'identité, l'auto-particularisation de l'universel, la simplicité *concrète*.

On voit que cette critique n'exprime rien d'autre que la remarque de *Hume* citée plus haut, § 39, à savoir que les déterminations-de-pensée en général – universalité et nécessité – ne se rencontrent pas dans la perception, que l'empirique, suivant son contenu comme suivant sa forme, est différent de la détermination de la pensée.

Si l'empirique devait constituer ce qui vérifie la pensée, il serait pour celle-ci assurément requis qu'elle puisse être montrée exactement dans des perceptions. – Que la substantialité, la simplicité, l'identité-à-soi et la subsistance-par-soi se conservant dans le commerce avec le monde matériel, ne puissent être affirmées de l'âme, cela repose, dans la critique kantienne de la psychologie métaphysique, uniquement sur ce fait que les | déterminations **72** dont la conscience nous fait *faire l'expérience* au sujet de l'âme ne sont pas exactement les mêmes déterminations que celles que la *pensée* produit dans ce cas. Mais d'après l'exposé qui précède, Kant aussi fait consister le *connaître* en général, et même l'*expérience*, en ce que les *perceptions* sont pensées, c'est-à-dire en ce que les déterminations qui appartiennent tout d'abord au percevoir sont *changées* en déterminations-de-pensée. – Toujours est-il qu'on peut considérer comme un bon résultat de la critique kantienne le fait que la réflexion philosophique sur l'*esprit* a été libérée de l'âme-*chose*, des catégories et par là des questions sur la *simplicité* ou l'*être-composé*, la *matérialité*, etc. de l'âme. – Pourtant, le point de vue vrai concernant le caractère *inadmissible* de telles formes ne va pas être, même pour l'entendement humain ordinaire, celui selon lequel elles sont des *pensées*, mais bien plutôt celui selon lequel de telles pensées, en et pour elles-mêmes, ne contiennent pas la vérité. – Lorsque pensée et phénomène ne correspondent pas parfaitement l'un à l'autre, on a tout d'abord le choix de regarder l'un ou l'autre comme l'élément défectueux. Dans l'idéalisme kantien, pour autant qu'il concerne le rationnel, le défaut est rejeté sur les pensées, de telle sorte que selon lui celles-ci sont insuffisantes parce qu'elles ne sont pas adéquates à ce qui est perçu et à une conscience se bornant à ce qu'embrasse le percevoir, parce que les pensées ne sont pas rencontrées comme étant dans une telle conscience. Le contenu de la pensée pour lui-même ne vient pas ici en discussion.

§ 48

2) Dans sa tentative pour connaître l'être inconditionné du *deuxième* ob-jet (§ 35), du *monde*[1], la raison tombe dans des *antinomies*, c'est-à-dire dans l'affirmation de deux propositions *opposées* portant sur *le même* ob-jet, et cela de telle sorte que chacune de ces propositions doit être affirmée avec une égale nécessité. Il en résulte que le contenu du monde, dont les déterminations tombent dans une telle contradiction, ne saurait être *en soi*, mais seulement phénomène. La *solution* est que la contradiction ne tombe pas dans l'ob-jet en et pour lui-même, mais appartient uniquement à la raison connaissante.

Ici se trouve exprimé que c'est le contenu lui-même, c'est-à-dire que ce sont les catégories, pour elles-mêmes, qui amènent la contradiction. Cette pensée, que la contradiction qui est posée à même le rationnel par le fait des déterminations d'entendement, est *essentielle* et *nécessaire*, est à considérer comme l'un des plus importants et plus profonds progrès de la philosophie des temps modernes. Aussi profond est ce point de vue, aussi triviale est la
73 solution; elle consiste seulement en une tendre attention pour | les choses du monde. Ce n'est pas l'essence du monde qui aurait en elle la tache de la contradiction, mais celle-ci appartiendrait *seulement* à la raison pensante, à l'*essence* de l'*esprit*. On n'aura rien, bien sûr, contre cette idée que le monde qui *apparaît* montre des contradictions à l'esprit qui l'observe, – monde qui apparaît, il l'est, tel qu'il est pour l'esprit subjectif, pour la *sensibilité* et l'*entendement*. Mais si l'on compare l'*essence* du monde avec l'*essence* de l'esprit, on peut s'étonner [en voyant] avec quelle naïveté a été posée et répétée l'affirmation pleine d'humilité, que ce n'est pas l'essence du monde, mais l'essence de la pensée, la raison, qui se contredit elle-même en elle-même. Il ne sert à rien d'utiliser la tournure [de pensée] selon laquelle la raison tomberait dans la contradiction *seulement* du fait de l'*application des catégories*. Car, à ce sujet, il est affirmé que cette application est *nécessaire* et que la raison n'a pas, pour la connaissance, d'autres déterminations que les catégories. La connaissance est en réalité la pensée *déterminante* et *déterminée*; si la raison

---

1. *Cf.* Kant, *Critique de la raison pure, Dialectique transcendantale*, 2ᵉ Livre, II. « L'antinomie de la raison pure ».

est seulement une pensée vide, indéterminée, elle ne pense *rien*. Mais si, en fin de compte, la raison est réduite à cette *identité vide* (voir le paragraphe suivant), elle aussi est en fin de compte heureusement délivrée également de la contradiction, grâce au sacrifice aisé de tout ce qui a contenu et consistance.

On peut ensuite faire remarquer que le manque d'une étude plus approfondie de l'antinomie a d'abord encore amené Kant à ne citer que *quatre* antinomies. Il parvint à celles-ci en présupposant – comme lorsqu'il s'agissait de ce qu'il a appelé les paralogismes – la table des catégories, et ce faisant il employa la manière de procéder – devenue plus tard si prisée – consistant, au lieu de dériver du concept les déterminations d'un ob-jet, à le placer simplement sous un *schéma* tout prêt par ailleurs. Ce qu'il y a encore d'indigent dans le développement des antinomies, je l'ai montré à l'occasion dans ma *Science de la Logique*. – La chose principale qui est à remarquer, c'est que ce n'est pas seulement dans les quatre ob-jets particuliers empruntés à la cosmologie, que se rencontre l'antinomie, mais bien plutôt dans *tous* les ob-jets de tout genre, dans *toutes* les représentations, *tous* les concepts et *toutes* les Idées. Savoir cela et connaître les ob-jets selon cette propriété, cela fait partie de ce qu'il y a d'essentiel dans la réflexion philosophique ; cette propriété constitue ce qui se détermine plus loin comme le moment *dialectique* du logique.

§ 49

3) Le *troisième* ob-jet de la raison est *Dieu* (§ 36)[1] ; lequel doit être connu, c'est-à-dire *déterminé de façon pensante*. Or, pour l'entendement, toute détermination n'est à l'égard de l'*identité* simple qu'une | *borne*, une négation en tant que telle ; par conséquent toute réalité 74 ne peut être prise que sans borne, c'est-à-dire qu'*indéterminée*, et Dieu, en tant que concept inclusif[2] de toutes les réalités ou en tant que l'essence la plus réelle de toutes, devient l'*abstraction simple*, tandis que pour la détermination il ne reste que la déterminité de même absolument abstraite, l'*être*. L'*identité* abstraite, qui est aussi nommée

1. *Cf.* Kant, *Critique de la raison pure, Dialectique transcendantale*, 2ᵉ Livre, III. « L'idéal de la raison pure ».

2. « Inbegriff ».

ici le concept, et l'*être* sont les deux moments dont la réunion est ce qui est recherché par la raison; elle est l'*Idéal de la raison*.

§ 50

Cette réunion admet *deux voies* ou formes; on peut en effet commencer par l'*être* et de là passer à l'*abstraction de la pensée*, ou inversement on peut opérer le passage de l'*abstraction* à l'*être*.

Pour ce qui concerne la première façon de commencer, à savoir par l'être, l'être se présente, en tant que l'immédiat, comme un être déterminé de manière infiniment variée, un monde en sa plénitude. Celui-ci peut être déterminé plus précisément comme une collection en général de contingences infiniment nombreuses (dans la preuve *cosmologique*) ou comme une collection de *fins* et de rapports de *finalité* infiniment nombreux (dans la preuve *physico-théologique*)[1]. – *Penser* cet être pris en sa plénitude, cela signifie le dépouiller de la forme [faite] de singularités et de contingences, et le saisir comme un être universel, nécessaire en et pour soi et qui se détermine et agit suivant des fins universelles, être qui est différent de cet être que nous avions en premier lieu; – comme *Dieu*. – Le sens principal de la critique de cette démarche est que celle-ci est un enchaînement syllogistique, un passage. En tant qu'en effet les *perceptions* et leur agrégat, le monde, ne montrent pas, en eux-mêmes comme tels, l'universalité en direction de laquelle la pensée purifie ce contenu-là, cette universalité ne serait donc pas justifiée par cette représentation empirique du monde. À l'opération par laquelle la pensée s'élève de la représentation empirique du monde à Dieu, on oppose par conséquent le point de vue de *Hume* (comme dans les Paralogismes, v. § 47), – le point de vue qui tient pour inadmissible de *penser* les perceptions, c'est-à-dire d'en dégager ce qui est universel et nécessaire.

---

1. *Cf.* Kant, *Critique de la raison pure, Dialectique transcendantale*, 2ᵉ Livre, III, 5. « De l'impossibilité d'une preuve cosmologique de l'être-là de Dieu », et 6. « De l'impossibilité d'une preuve physico-théologique de l'être-là de Dieu ».

Parce que l'homme est pensant, pas plus le bon sens que la philosophie ne se laisseront un jour dissuader | de s'élever à Dieu *en partant* et *en sortant de* 75 l'intuition empirique du monde. Cette élévation n'a rien d'autre à sa base que la contemplation *pensante*, non simplement sensible, animale, du monde. C'est pour la pensée et *seulement* pour la pensée qu'est l'*essence*, la *substance*, la *puissance universelle* et la *détermination finalisée* du monde. On ne peut regarder ce qu'on appelle les preuves de l'être-là de Dieu que comme les *descriptions* et analyses du *cheminement* en lui-même *de l'esprit*, qui est un esprit *pensant* et pense le sensible. L'*élévation* de la pensée au-dessus du sensible, son mouvement d'*aller au-delà* du fini en direction de l'infini, le *saut* que l'on ferait dans le suprasensible en rompant avec les séries du sensible, tout cela c'est la pensée même, ce passage est *seulement pensée*. Si un tel passage ne doit pas être opéré, cela signifie qu'on ne doit pas penser. En fait, les animaux n'opèrent pas un tel passage ; *ils* en restent à l'impression et intuition sensible ; ils n'ont pour cette raison aucune religion. Il y a, aussi bien d'une façon générale qu'en particulier au sujet de la critique de cette élévation de la pensée, deux sortes de remarques à faire. *Premièrement*, lorsqu'elle est mise sous la forme de *syllogisme* (de ce que l'on appelle *preuves* de l'être-là de Dieu), le *point de départ* est, assurément, l'intuition du monde, déterminé de quelque façon comme un agrégat de contingences ou de fins et de relations de finalité. Dans la pensée, pour autant qu'elle fait des syllogismes, ce point de départ peut paraître *demeurer* et être *laissé* comme une *assise fondamentale fixe*, et comme tout aussi empirique que l'est tout d'abord cette matière. La relation du point de départ au point final où mène la progression est ainsi représentée comme seulement *affirmative*, en tant qu'elle est une opération syllogistique qui conclut d'un terme qui *serait* et *demeurerait*, à un autre terme qui, de même, *serait* aussi. Mais c'est la grande erreur, que de vouloir connaître la nature de la pensée seulement dans cette forme propre à l'entendement. Penser le monde empirique signifie bien plutôt essentiellement : changer entièrement sa forme empirique et la transformer en un universel ; la pensée exerce en même temps une activité *négatrice* sur cette assise fondamentale-là ; la matière perçue, lorsqu'elle est déterminée au moyen de l'universalité, *ne demeure pas* dans sa figure empirique première. On fait ressortir le *contenu consistant* intérieur du perçu avec la mise à l'écart et la *négation* de l'écorce (*cf.* § 13 et 23). Les preuves métaphysiques de l'être-là de Dieu sont pour cette raison des explicitations et descriptions défectueuses de l'élévation de l'esprit du monde à Dieu, parce qu'elles n'expriment pas, ou plutôt ne font pas ressortir, le moment de la *négation* qui est contenu dans cette élévation, car dans le fait que le monde est *contingent* est impliqué ceci même, à savoir qu'il est seulement quelque chose qui s'*écroule*, qui apparaît, qui est en et pour soi du *néant*. Le sens de l'élévation de l'esprit est qu'au monde peut bien appartenir un être, mais qui est seulement une apparence, non l'être véritable, non **76** une vérité absolue, que celle-ci, bien plutôt, | est au-delà de cette apparition, seulement en Dieu, que Dieu seulement est l'être véritable. En tant que cette élévation est *passage* et *médiation*, elle est tout autant *suppression* du *passage* et de la médiation, car ce par quoi Dieu pourrait paraître médiatisé, le monde, est bien plutôt qualifié comme ce qui a un caractère de néant ; c'est seulement le caractère de *néant* de l'*être* du monde, qui est le lien de l'élévation, de sorte que ce qui est comme l'élément médiatisant disparaît, et que par là, dans cette médiation elle-même, la médiation est supprimée. – C'est surtout à ce rapport saisi seulement comme *affirmatif* en tant que rapport entre deux étants, que s'en tient et s'en prend *Jacobi*[1], en combattant l'opération de la preuve propre à l'entendement ; il dirige contre elle le reproche justifié, que par là des *conditions* (le monde) sont cherchées pour l'*inconditionné*, que l'*infini* (Dieu) est de cette manière représenté comme *fondé* et *dépendant*. Mais cette élévation, telle qu'elle est dans l'esprit, corrige elle-même cette apparence ; sa teneur essentielle, bien plutôt, est la correction de cette apparence. Mais cette nature véritable de la pensée en son essence, qui consiste à supprimer dans la médiation la médiation elle-même, Jacobi ne l'a pas reconnue, et de là vient qu'il a tenu, à tort, le juste reproche qu'il fait à l'entendement seulement réfléchissant, pour un reproche atteignant la pensée en général, par là aussi la pensée rationnelle.

En vue d'élucider l'attitude consistant à ne pas voir le moment *négatif*, on peut à titre d'exemple citer le reproche qui est fait au *spinozisme*, à savoir qu'il serait un panthéisme et un athéisme[2]. La *substance absolue* de Spinoza n'est pas encore, il est vrai, l'*esprit* absolu, et l'on exige à bon droit que Dieu soit déterminé comme esprit absolu. Mais lorsqu'on représente la détermination

---

1. *Cf.*, par exemple, l'*Appendice VII* des *Lettres à Moses Mendelssohn sur la doctrine de Spinoza* (*Über die Lehre des Spinoza, in Briefen an den Herrn Moses Mendelssohn, Beilage VII*, 2ᵉ éd., 1789, p. 398-434) ; voir *Œuvres philosophiques de F.H. Jacobi*, trad. cit., p. 278-296).

2. *Cf.*, par exemple, Jacobi, *Über die Lehre des Spinoza...*, éd. 1785, p. 170 : « Spinozismus ist Atheismus » (trad. cit., p. 190).

qu'on trouve chez Spinoza, d'une manière telle qu'il confondrait Dieu avec la nature, avec le monde fini, et ferait du monde Dieu, on présuppose alors que le monde fini possède une effectivité véritable, une *réalité affirmative*. Avec cette présupposition, Dieu, à la vérité, est, avec [l'affirmation d']une unité de Dieu et du monde, absolument finitisé et rabaissé à la simple multiplicité variée finie, extérieure, de l'existence. Abstraction faite de ce que Spinoza ne définit pas Dieu en disant qu'il est l'unité de Dieu et du monde, mais en disant qu'il est l'unité de la *pensée* et de l'*étendue* (du monde matériel), il est impliqué déjà dans cette unité, même encore lorsqu'elle est prise de cette première manière-là, tout à fait gauche, que dans le système spinoziste le monde est bien plutôt déterminé seulement comme un phénomène auquel ne saurait appartenir une réalité effective, de sorte que ce système est à regarder bien plutôt comme un *acosmisme*. Une philosophie qui affirme que Dieu, et *seulement* Dieu, *est*, on pourrait, pour le moins, ne pas la donner pour un athéisme. On attribue bien encore une religion aux peuples qui révèrent comme Dieu le singe, la vache, des statues de pierre, d'airain, etc. ! Mais dans l'esprit qui est celui de la représentation, il est encore bien plus contraire à l'homme, | de 77 renoncer à la présupposition propre à celle-ci, à savoir que cet agrégat de finitude qui est en elle et qu'on appelle le *monde* a une réalité effective. Qu'*il n'y ait* – comme elle pourrait à peu près s'exprimer – *aucun monde* : admettre quelque chose de tel, on le tient facilement pour tout à fait impossible ou du moins pour bien moins possible que le fait qu'il pourrait venir en l'esprit de quelqu'un, qu'*il n'y a aucun Dieu*. On croit, et cela ne fait pas précisément honneur, beaucoup plus facilement qu'un système nie Dieu, que l'on ne croit qu'il nie le monde ; on trouve beaucoup plus concevable la négation de Dieu que la négation du monde.

La *deuxième* remarque concerne la critique du *contenu consistant* que cette élévation pensante atteint tout d'abord. Ce contenu consistant, s'il est constitué seulement par les déterminations de la *substance* du monde, de son *essence nécessaire*, d'une *cause organisant* et *dirigeant* [les choses] selon la *finalité*, etc., n'est pas, en vérité, adéquat à ce qu'on entend ou doit entendre par *Dieu*. Mais, abstraction faite de la manière de procéder qui consiste à présupposer une représentation de Dieu et à apprécier un résultat d'après une telle représentation, ces déterminations-là ont déjà une grande valeur et sont des moments nécessaires dans l'Idée de Dieu. Pour, dans cette voie, amener devant la pensée le contenu consistant en sa détermination vraie, l'Idée vraie de Dieu, il faut, en vérité, que le point de départ ne soit pas emprunté à un contenu subordonné. Les choses *simplement contingentes* du monde constituent une détermination très abstraite. Les formations organiques et leurs déterminations finalisées appartiennent à la sphère supérieure, *à la vie*. Mais, outre que la considération de la nature vivante et de la relation aussi qui rapporte les choses existantes à des *fins*, peut être viciée par l'insignifiance des fins, voire par même des citations puériles de fins et de relations entre celles-ci, la nature seulement vivante elle-même n'est pas encore en réalité ce à partir de quoi la vraie *détermination* de l'Idée de Dieu peut être saisie : Dieu est plus que vivant, il est esprit. La nature *spirituelle* est seule le *point de départ* le plus digne et le plus vrai pour la pensée de l'absolu, pour autant que la pensée se donne un point de départ et veut se donner le plus proche.

§ 51

L'*autre voie de la réunion* par laquelle l'*Idéal* doit être réalisé part de l'*abstraction de la pensée* et progresse *en direction de* la détermination, pour laquelle il ne reste que l'*être* ; – *preuve ontologique* de l'*être-là de Dieu*. L'opposition qui se présente ici est celle de la *pensée* et de l'*être*, alors que dans la première voie l'*être* est commun aux 78 deux côtés et que | l'opposition ne concerne que la différence de ce qui est singularisé et de l'universel. Ce que l'entendement oppose à cette autre voie est en soi la même chose que ce qui vient d'être rapporté, à savoir que, de même que dans l'empirique l'universel ne se trouverait pas déjà là, de même, inversement, dans l'universel, ce qui est déterminé ne serait pas contenu, et ce qui est déterminé est ici l'être. Ou encore, l'être ne pourrait pas être dérivé du concept et tiré de lui par analyse.

Si la critique kantienne de la preuve ontologique a rencontré un accueil et une approbation si inconditionnellement favorables, cela vient sans doute aussi du fait que Kant, pour rendre plus claire la différence qu'il y avait entre la pensée et l'être, a utilisé l'exemple des *cent thalers*[1] qui, suivant le *concept*, seraient également cent, qu'ils soient seulement possibles ou effectifs ; alors

---

1. *Cf.* Kant, *Critique de la raison pure*, *Dialectique transcendantale*, 2e Livre, III, 4. « De l'impossibilité d'une preuve ontologique de l'être-là de Dieu ».

que pour l'état de *ma* fortune cela constituerait une différence essentielle.
– Rien ne peut être aussi évident que l'idée que quelque chose dont j'ai une
pensée ou une représentation n'est pas encore *effectif* pour autant, – la pensée
que la représentation ou encore le concept ne suffisent pas pour [donner] l'être.
– Abstraction faite de ce que l'on pourrait, non à tort, nommer barbare le fait de
nommer quelque chose de tel que cent thalers un concept, ceux qui répètent
sans cesse à l'encontre de l'Idée philosophique que *pensée et être* sont *diffé-*
rents, devraient pourtant bien tout d'abord présupposer que cela n'est également pas inconnu des philosophes ; quelle connaissance plus triviale peut-il y
avoir en réalité ? Mais il faudrait ensuite songer que lorsqu'il est question de
Dieu, c'est là un ob-jet d'une autre espèce que cent thalers et qu'*un quelconque*
concept – représentation, ou quelque nom qu'on emploie – particulier. En
réalité tout être *fini* est ceci et *seulement* ceci, à savoir que *son être-là est diffé-*
rent de son concept. Mais Dieu doit être expressément ce qui peut être seulement «*pensé comme existant*» [1], où le concept inclut en lui l'être. C'est cette
unité du concept et de l'être qui constitue le concept de Dieu. – C'est là,
en vérité, encore une détermination formelle de Dieu, qui pour cette raison
contient en fait seulement la nature du *concept* lui-même. Mais que celui-ci,
déjà en son sens tout à fait abstrait, inclue en lui l'être, c'est facile à discerner.
Car le concept, de quelque manière qu'il soit déterminé par ailleurs, est du
moins la *relation* à soi-même qui vient au jour moyennant la suppression de la
médiation, par conséquent la relation elle-même *immédiate* à soi-même ; mais
l'être n'est rien d'autre que cela. – Il devrait, peut-on bien dire, en aller singu-
lièrement si cet être le plus intime de l'esprit, le concept, ou encore si le Moi ou,
qui plus est, la totalité concrète qu'est Dieu n'étaient pas même assez riches
pour contenir en eux une détermination aussi pauvre que l'*être*, et même, qui
est la plus pauvre de toutes, la plus abstraite. Pour la | pensée il ne peut rien y **79**
avoir, suivant le contenu consistant, de plus mince que l'*être*. Seul, peut être
encore plus mince ce que l'on vient à se représenter tout d'abord quand il est
question de l'être, à savoir une existence *sensible extérieure* comme celle du
papier que j'ai ici devant moi ; mais d'une existence sensible d'une chose
bornée, passagère, on ne voudra d'ailleurs pas parler. – Du reste, la remarque
triviale de la Critique, selon laquelle la pensée et l'être seraient différents, a
peut-être le pouvoir, quant au cheminement qui mène l'esprit de l'homme de la

---

1. *Cf.* Spinoza : *Éthique*, 1 [re] Partie, Définition I.

pensée de Dieu à la certitude qu'il *est*, tout au plus de le troubler, mais non de l'interrompre. Ce passage, l'inséparabilité absolue de la pensée de Dieu d'avec son être, est aussi ce qui a été restauré dans son droit dans la manière de voir qui est celle du *savoir immédiat* ou de la *croyance*, ce dont on parlera plus tard.

§ 52

Pour la *pensée*, prise à sa pointe extrême, la *déterminité* reste, de cette manière, quelque chose d'*extérieur*; il ne reste qu'une *pensée* absolument *abstraite* qui s'appelle ici toujours *raison*. Cette raison – en cela consiste le résultat – ne fournit rien d'autre que l'*unité formelle* en vue de la simplification et systématisation des expériences, est un *canon*, non un *organon* de la vérité, ne peut fournir une *doctrine* de l'infini, mais seulement une *critique* de la connaissance. Cette critique consiste, en dernière analyse, dans l'*assurance* que la pensée n'est en elle-même que l'*unité indéterminée* et l'*activité* de cette *unité indéterminée*.

§ 53

b)[1] La *raison pratique* est appréhendée comme la volonté se déterminant elle-même, et cela d'une manière *universelle*, c'est-à-dire comme la volonté *pensante*. Elle doit donner des lois impératives, objectives, de la liberté, c'est-à-dire des lois qui énoncent ce qui *doit se faire*. L'autorisation d'admettre ici la pensée comme une activité qui *détermine de façon objective* (c'est-à-dire, en réalité, une *raison*) est placée en ce que la liberté pratique pourrait être *prouvée par expérience*, c'est-à-dire montrée dans le phénomène de la conscience de soi. Contre cette expérience intérieure à la conscience on voit revenir tout ce que le déterminisme met en avant contre elle en partant aussi bien de l'expérience, en particulier l'induction sceptique
80 (aussi humienne) | de la *diversité infinie* de ce qui passe pour droit et

---

1. Ce « b) » correspond au « a) » du § 42.

devoir parmi les hommes, c'est-à-dire des lois – qui devraient être objectives – de la liberté.

§ 54

Pour ce que la pensée pratique se proposerait comme loi, pour le critère de la *détermination* de soi en soi-même, il n'est, à nouveau, rien donné d'autre que la même *identité abstraite* de l'entendement, à savoir ceci : qu'aucune contradiction ne trouve place dans l'acte de la détermination ; – la raison *pratique*, ainsi, ne va pas au-delà du formalisme qui doit être ce qu'il y a d'ultime dans la raison *théorique*.

Cependant, cette raison pratique ne pose pas la détermination universelle, *le Bien*, seulement *en elle-même*, mais elle n'est plus proprement *pratique* que dans l'exigence que le Bien ait un être-là dans le monde, une objectivité extérieure, c'est-à-dire que la pensée ne soit pas simplement *subjective*, mais objective en général. De ce postulat de la raison pratique on parlera plus tard.

§ 55

c) À la *faculté du jugement réfléchissant* est attribué le principe d'un *entendement intuitif*, c'est-à-dire dans lequel le *particulier*, qui pour l'*universel* (l'identité abstraite) serait *contingent* et ne pourrait être dérivé de lui, serait déterminé par le moyen de cet universel lui-même ; – ce dont on aurait l'expérience dans les produits de l'*art* et de la nature *organique*.

La *Critique du jugement* a ceci de remarquable, que Kant a exprimé en elle la représentation, et même la pensée, de l'*Idée* [1]. La représentation d'un *entendement intuitif*, d'une finalité *interne*, etc., est l'*universel*, pensé en même temps comme étant, en lui-même, *concret*. C'est, par suite, uniquement dans ces représentations que la philosophie kantienne se montre *spéculative*. Beaucoup, notamment *Schiller*, ont découvert, dans l'Idée du *Beau artistique*,

---

1. *Cf.* Kant, *Critique du jugement*, éd. Vorländer, Leipzig, F. Meiner, 1924, § 77.

de l'unité *concrète* de la pensée et de la représentation sensible, l'issue faisant sortir des *abstractions* de l'entendement séparateur; d'autres l'ont découverte dans l'intuition et la conscience de la vitalité en général, que ce soit une vitalité naturelle ou une vitalité intellectuelle. – Le produit artistique comme l'individualité vivante sont, il est vrai, bornés dans leur contenu; mais Kant place **81** l'Idée qui a de l'ampleur aussi suivant le contenu, dans l'harmonie postulée | de la nature ou nécessité avec le but de la liberté, dans le but final du monde, pensé comme réalisé. Mais la paresse de la *pensée*, comme on peut appeler cela, a, lorsqu'il s'agit de cette Idée suprême, dans le devoir-être un expédient qui lui permet trop facilement de tenir ferme, à l'encontre de la réalisation effective du but final, à l'être-séparé du concept et de la réalité. Au contraire, la *présence actuelle* des organisations vivantes et du Beau artistique rend visible, aussi pour le *sens* et l'*intuition*, déjà la *réalité effective* de l'*Idéal*. C'est pourquoi les réflexions kantiennes sur ces ob-jets seraient particulièrement propres à introduire la conscience dans la saisie et la pensée de l'Idée *concrète*.

§ 56

Ici est établie la pensée d'un rapport de l'*universel* de l'entendement au *particulier* de l'intuition, autre que celui qui est au fondement de la doctrine de la raison théorique et de la raison pratique. Mais il ne s'y joint pas le discernement que ce rapport-là est le *vrai*, mieux, *est* la *vérité* même. Bien plutôt, cette unité est seulement accueillie telle qu'elle vient à l'existence dans des phénomènes finis, et elle est montrée dans l'*expérience*. Une telle expérience offre tout d'abord, dans le sujet, pour une part le *génie*[1], le pouvoir de produire des idées esthétiques, c'est-à-dire des représentations de l'*imagination* libre qui sont au service d'une Idée et donnent à *penser*, sans qu'un tel contenu soit exprimé dans un *concept* ou s'y laisse exprimer; pour une autre part le *jugement de goût*[2], le sentiment de la *concordance* des *intuitions* ou représentations en leur liberté avec l'*entendement* en sa légalité.

1. Cf. *ibid*, § 46.
2. Cf. *ibid*, § 1.

§ 57

Le principe de la faculté du jugement réfléchissant, pour ce qui concerne ensuite les *produits vivants de la nature*[1], est déterminé comme le but, le *concept* actif, l'universel en lui-même déterminé et déterminant. En même temps, est écartée la représentation de la *finalité externe* ou *finie*, dans laquelle le but n'est pour le moyen et les matériaux où il se réalise qu'une forme extérieure. Tandis qu'au contraire, dans le vivant, le but est une détermination et activité immanente dans la matière, et que tous les membres sont réciproquement l'un pour l'autre aussi bien moyen que but.

| § 58 82

Or, bien que dans une telle Idée le rapport d'entendement du but et du moyen, de la subjectivité et de l'objectivité soit supprimé, cependant, en contradiction avec cela, le but est, à nouveau, interprété comme une cause qui existerait et serait active *seulement comme représentation*, c'est-à-dire comme quelque chose de *subjectif*; en cela donc, la détermination-par-le-but elle aussi est interprétée seulement comme un principe d'appréciation appartenant à *notre* entendement.

Alors que c'est un premier résultat de la philosophie critique, que la raison ne peut connaître que des *phénomènes*, on aurait pourtant, du moins pour la nature vivante, le choix entre deux manières de penser *également subjectives*, et, d'après l'exposé kantien lui-même, l'obligation de ne pas connaître les produits de la nature simplement suivant les catégories de qualité, cause et effet, composition, parties constitutives, etc. – Le principe de la *finalité interne*, maintenu ferme et développé dans une application scientifique, aurait entraîné une manière tout autre, plus élevée, de les considérer.

1. Cf. *ibid.*, § 61 *sq.*

§ 59

Suivant ce principe, l'Idée, en son être totalement dépourvu de bornes, consisterait en ce que l'universalité déterminée par la raison – le but final absolu, *le Bien* –, soit réalisée effectivement dans le monde, et cela grâce à un tiers, la puissance posant ce but final lui-même et le réalisant, – *Dieu*, dans lequel, lui qui est la vérité absolue, ces oppositions de l'universalité et de la singularité, de la subjectivité et de l'objectivité sont par là [même] dissoutes et présentées comme ne-subsistant-pas-par-soi et non-vraies.

§ 60

Mais le *Bien*, – dans lequel est placé le but final du monde, est d'emblée déterminé seulement comme *notre* Bien, comme la loi morale de *notre* raison pratique ; de sorte que l'unité ne va pas plus loin que l'accord de l'état du monde et des événements du monde avec notre moralité*. Outre que, même avec la position de cette borne, le 83 *but final*, | le *Bien*, est une abstraction sans détermination, comme aussi ce qui doit être un *devoir*. Plus précisément, face à cette harmonie, l'opposition qui dans le contenu de celle-ci est posée comme *non-vraie* est à nouveau réveillée et affirmée, de sorte que l'harmonie est déterminée comme quelque chose de seulement *subjectif*, – comme quelque chose qui *doit* seulement être, c'est-à-dire qui en même temps *n'a pas de réalité* ; – comme un *ob-jet de foi* auquel appartiendrait

---

* Selon les propres paroles de la *Critique du jugement* de Kant – p. 427 –, le « but final est simplement un concept de notre raison pratique et ne peut être induit d'*aucune donnée de l'expérience* en vue d'un jugement théorique sur la nature, ni être rapporté à une connaissance de celle-ci. Aucun usage de ce concept n'est possible, excepté uniquement pour la raison pratique suivant des lois morales, et le *but final de la Création* est cette constitution du monde qui est en accord avec ce que nous seulement pouvons déclarer déterminé suivant des lois, c'est-à-dire avec le but final de *notre raison pratique pure*, et cela pour autant qu'elle doit être pratique »[1].

1. Kant, *Critique du jugement, op. cit.*, § 88, p. 326.

seulement une certitude subjective, non pas une vérité, c'est-à-dire *non pas* cette objectivité qui correspond à l'Idée. – Si cette contradiction paraît être recouverte, du fait que la réalisation de l'Idée est reportée dans le *temps*, dans un avenir où l'Idée aurait aussi l'*être*, [il faut dire qu']une condition sensible telle que le *temps* est bien plutôt le contraire d'une solution de la contradiction, et [que] la représentation d'entendement correspondante, *le progrès à l'infini*, n'est immédiatement rien d'autre que la contradiction elle-même perpétuellement posée.

On peut encore faire une remarque générale sur le résultat qui s'est dégagé de la philosophie critique quant à la nature de la *connaissance*, et érigé en l'un des préjugés, c'est-à-dire l'une des présuppositions générales de l'époque.

Dans tout système dualiste, mais particulièrement dans celui de Kant, le défaut fondamental qui le caractérise se fait connaître par l'inconséquence consistant à réunir ce qui, un instant auparavant, a été déclaré comme subsistant-par-soi, donc comme *ne pouvant être réuni*. Tout comme à l'instant même ce qui est réuni a été défini comme le vrai, ce qui est aussitôt bien plutôt défini comme le vrai, c'est que *les deux moments* auxquels, dans la réunion, [prise] comme leur vérité, la subsistance-pour-soi a été refusée, n'ont de vérité et d'effectivité qu'autant qu'ils sont des moments séparés. Dans une telle manière de philosopher fait défaut la conscience simple que, par ce va-et-vient lui-même, chacune de ces déterminations singulières est tenue pour insatisfaisante, et le défaut consiste dans la simple incapacité où l'on est de rassembler deux pensées – et suivant la forme il n'y en a que *deux* de présentes. C'est pour cette raison la plus grande inconséquence que, d'une part, d'accorder que l'entendement ne connaît que des phénomènes, et, d'autre part, | d'affirmer **84** cette connaissance comme *quelque chose d'absolu* en disant que la connaissance ne *peut* pas davantage, que c'est là la *borne*[1] naturelle, absolue, du savoir humain. Les choses naturelles sont bornées, et elles ne sont des choses naturelles que dans la mesure où elles *ne savent rien* de leur *borne* universelle, dans la mesure où leur déterminité est seulement une borne *pour nous*, non *pour elles*. Quelque chose n'est su – et même ressenti – comme *borne*, manque, que

---

1. « die Schranke ». Dans ce texte, Hegel ne distingue pas, comme il le fait dans la *Science de la Logique* de 1812, *la limite* (« die Grenze ») et la *borne* (« die Schranke »).

pour autant que l'on est en même temps *au-delà* de lui. Les choses vivantes ont le privilège de la douleur par rapport à celles qui sont sans vie; même pour celles-là une déterminité *singulière* devient la sensation de quelque chose de *négatif*, parce qu'elles ont en elles, en tant que vivantes, l'*universalité* de la vitalité, qui est *au-delà* du singulier, parce que dans le négatif d'elles-mêmes elles se conservent encore et ressentent cette *contradiction* comme *existant* en elles. Cette contradiction n'est en elles que pour autant que ces deux éléments-ci sont dans le sujet un : l'universalité de son sentiment vital et la singularité négative à l'égard de celui-ci. Une borne, un manque de la connaissance ne sont de même déterminés comme borne, manque, que par la *comparaison* avec l'Idée *présente* de l'universel, d'un être total et achevé. Ce n'est, par suite, que de l'inconscience que de ne pas discerner que précisément la désignation de quelque chose comme quelque chose de fini ou de borné contient la preuve de la *présence effective* de l'infini, du non-borné, que le savoir d'une limite[1] ne peut être que dans la mesure où l'illimité est *de ce côté-ci* dans la conscience.

Au sujet de ce résultat concernant la connaissance, on peut encore ajouter *cette autre remarque*, que la philosophie kantienne n'a pu avoir aucune influence sur la pratique des sciences. *Elle laisse les catégories* et la *méthode de la connaissance ordinaire en dehors de toute contestation*. Si dans des écrits scientifiques d'alors on prend parfois son élan en s'appuyant sur des propositions de la philosophie kantienne, il se révèle, dans la suite de l'étude, que ces propositions n'étaient qu'un ornement superflu et que le même contenu empirique se serait présenté si ces quelques premières feuilles avaient été omises[*].

---

[*] Même dans le *Manuel de Métrique* de Hermann[2], on commence avec des paragraphes de la philosophie kantienne; et même, dans le § 8, on conclut que la loi du rythme doit être : 1) une loi *objective*, 2) une loi *formelle*, 3) une loi *déterminée a priori*. Que l'on compare donc avec ces exigences et les principes de causalité et d'action réciproque qui viennent ensuite, l'étude traitant des mètres eux-mêmes, étude sur laquelle ces principes formels n'exercent pas la moindre influence !

1. « Die Grenze »; *cf.* note précédente.

2. G. Hermann, *Handbuch der Metrik*, Leipzig, 1799; le premier chapitre de cet ouvrage est consacré à une discussion du concept de rythme : « § 8. Si donc le rythme doit être quelque chose d'universellement valable, il faut que sa loi soit : 1) une loi objective, 2) une loi formelle, 3) une loi déterminée *a priori* » (cf. *NP*, p. 474-475).

Pour ce qui concerne la comparaison plus précise de la philosophie kantienne avec l'*empirisme qui fait de la métaphysique*, [disons que] | l'empi- **85** risme *naïf* s'en tient, il est vrai, à la perception sensible, mais admet aussi bien une effectivité spirituelle, un monde suprasensible, de quelque façon que soit constitué son contenu, qu'il tire son origine de la pensée, de l'imagination, etc. Suivant la *forme*, ce contenu a sa confirmation – comme l'autre contenu, celui du savoir empirique, a la sienne dans l'autorité de la perception extérieure – dans une autorité spirituelle. Mais l'*empirisme réfléchissant* et faisant de la *conséquence* [*avec soi*] son principe combat un tel dualisme du contenu ultime, suprême, et nie la subsistance-par-soi du principe pensant et d'un monde spirituel se développant en lui. Le *matérialisme*, le *naturalisme*, est le système *conséquent* de l'empirisme. – La philosophie kantienne oppose sans réserve à cet empirisme le principe de la pensée et de la liberté, et se rattache au premier empirisme, sans le moins du monde sortir du principe général de celui-ci. L'un des côtés de son dualisme reste le monde de la perception et de l'entendement réfléchissant sur elle. Ce monde, il est vrai, est donné pour un monde de *phénomènes*. C'est là pourtant un simple titre, une détermination simplement formelle, car sa source, sa teneur essentielle et la manière de le considérer restent tout à fait les mêmes. L'autre côté est, par contre, la subsistance-par-soi de la pensée qui se saisit elle-même, le principe de la liberté, qu'elle[1] a en commun avec la métaphysique antérieure, habituelle, mais qu'elle vide de tout contenu et auquel elle n'en peut, à nouveau, procurer aucun. Cette pensée, appelée ici *raison*, est, en tant que dépouillée de toute détermination, libérée de toute *autorité*. L'effet principal qu'a eu la philosophie kantienne a été d'avoir éveillé la conscience de cette intériorité absolue qui, si elle ne peut, en vérité, à cause de son abstraction, à partir d'elle-même se développer en quoi que ce soit ni produire aucune détermination : ni connaissances ni lois morales, se refuse pourtant absolument à laisser agir et valoir en elle quelque chose qui ait le caractère d'une *extériorité*. Le principe de l'*indépendance de la raison*, de son absolue subsistance-par-soi en elle-même, est désormais à regarder comme principe universel de la philosophie, ainsi que comme l'un des préjugés de l'époque.

---

1. C'est-à-dire la philosophie kantienne.

86

| C
TROISIÈME POSITION DE LA PENSÉE
RELATIVEMENT À L'OBJECTIVITÉ

Le savoir immédiat

§ 61

Dans la philosophie critique la pensée est appréhendée de telle sorte qu'elle serait *subjective* et que sa détermination *ultime*, insurmontable, serait l'*universalité abstraite*, l'identité formelle ; la pensée est ainsi opposée à la vérité en tant qu'universalité concrète en elle-même. Dans cette détermination suprême de la pensée, qui serait la raison, les catégories n'entrent pas en considération. – Le point de vue opposé consiste à appréhender la pensée comme activité seulement *du particulier*, et à la déclarer, de cette manière, pareillement, incapable de saisir la vérité.

§ 62

La pensée, en tant qu'activité du particulier, a seulement les *catégories* pour produit et contenu. Celles-ci, telles que l'entendement les fixe, sont des déterminations bornées, des formes de ce qui est *conditionné, dépendant, médiatisé*. Pour la pensée bornée à elles, l'infini, le vrai, n'est pas ; elle ne peut opérer aucun passage à celui-ci (ce qui va contre les preuves de l'être-là de Dieu). Ces déterminations-de-pensée sont appelées aussi *concepts* ; et *concevoir* un objet ne signifie dans cette mesure rien d'autre que le saisir dans la forme de quelque chose de *conditionné* et de *médiatisé*, par conséquent, dans la mesure où il est le vrai, l'infini, l'inconditionné, le changer en quelque chose de conditionné et de médiatisé, et de cette manière, au lieu de saisir le vrai de façon pensante, bien plutôt le renverser en un non-vrai.

C'est là l'argument polémique unique, simple, que met en avant le point de vue qui affirme le savoir seulement immédiat de Dieu et du vrai. Dans le passé, les représentations – dites anthropomorphiques – de toutes sortes ont été écartées de Dieu en tant que finies et, par suite, indignes de l'infini, et il devint de ce fait déjà une essence fort vide. Mais les | déterminations-de-pensée **87** n'étaient en général encore pas comprises parmi l'anthropomorphique ; bien plutôt, la pensée passait pour ce par quoi la finitude était ôtée aux représentations de l'absolu, – selon le préjugé de tous les temps, remarqué plus haut, d'après lequel on accède à la vérité seulement par la réflexion. Or, on a finalement présenté aussi les déterminations-de-pensée en général comme de l'anthropomorphisme, et la pensée comme l'activité qui *ne fait que finitiser*. – Dans le 7ᵉ Appendice aux Lettres sur Spinoza[1], *Jacobi* a exposé de la manière la plus précise cet argument polémique qu'il a d'ailleurs puisé dans la philosophie de Spinoza elle-même et utilisé pour combattre la connaissance en général. Par cet argument polémique la connaissance est appréhendée seulement comme connaissance du fini, comme la progression pensante à travers des *séries* allant de *conditionné* à *conditionné*, dans lesquelles tout ce qui est condition est soi-même à son tour seulement un conditionné ; – à travers des *conditions conditionnées*. Expliquer et concevoir signifie d'après cela montrer quelque chose comme *médiatisé* par quelque chose d'*autre*, par conséquent tout contenu n'est qu'un contenu *particulier*, *dépendant* et *fini* ; l'infini, le vrai, Dieu, se trouve en dehors du mécanisme d'une telle connexion à laquelle la connaissance serait bornée. – Il est important que, tandis que la philosophie kantienne n'a surtout placé la finitude des catégories que dans la détermination formelle de leur *subjectivité*, dans cet argument polémique les catégories viennent en discussion selon leur déterminité, et que la catégorie en tant que telle soit reconnue pour finie. – Jacobi a en particulier eu devant les yeux les brillants succès des sciences qui se rapportent à la nature (des sciences exactes[2]), dans la connaissance des forces et lois naturelles. À vrai dire, l'infini ne se laisse pas rencontrer en une immanence sur ce terrain du fini ; c'est bien ainsi que *Lalande* a dit qu'il avait fouillé le ciel tout entier, mais n'avait pas trouvé Dieu (*cf.* Rem. du § 60). Comme résultat ultime, se dégagea, sur ce terrain, l'universel, en tant que l'agrégat *indéterminé* du fini extérieur, la *matière* ; et Jacobi ne voyait à bon droit aucune autre issue sur le chemin de la simple progression en des *médiations*.

---

1. *Cf.* ci-dessus, § 50, note 1, p. 136.
2. En français dans le texte de Hegel.

§ 63

En même temps il est affirmé que *la vérité est pour l'esprit*, à tel point que c'est par la *raison* seule que l'homme subsiste, et qu'elle est *le savoir de Dieu*. Mais puisque le savoir médiatisé doit être borné seulement à un contenu fini, la raison est *savoir immédiat, croyance*.

Savoir, croyance, pensée, intuition sont les catégories qui se présentent à **88** l'intérieur de ce point de vue, [et] qui, en tant qu'elles | sont *présupposées* comme *bien connues*, ne sont que trop souvent employées arbitrairement suivant de simples représentations et distinctions psychologiques ; ce qui est leur nature et leur concept, chose qui seule importerait, n'est pas examiné. Ainsi, l'on trouve le *savoir* très couramment opposé à la *croyance*, tandis qu'en même temps la croyance est déterminée comme savoir immédiat, par là aussitôt reconnue aussi pour un savoir. On trouvera bien encore comme un fait d'expérience, que ce que l'on croit est dans la conscience, que par conséquent on *a* au moins *savoir de cela* ; et aussi que ce que l'on croit est dans la conscience comme quelque chose de *certain*, qu'ainsi on *le* sait. De même, ensuite, la *pensée* surtout est opposée au savoir immédiat et à la croyance, et particulièrement à l'intuition. Lorsque l'intuition est déterminée comme *intellectuelle*, cela ne peut rien signifier d'autre qu'intuition *pensante*, si toutefois l'on ne va pas entendre par le terme d'intellectuel, ici où Dieu est l'ob-jet, aussi des représentations relevant de la fiction et des images. Il se produit dans le langage propre à cette manière de philosopher, que l'on parle de croyance aussi relativement aux choses communes de la présence *sensible*. Nous *croyons*, dit Jacobi, que nous avons un *corps*, nous *croyons* en l'*existence* des *choses sensibles*[1]. Mais lorsqu'il est question de la croyance en l'être vrai et éternel, du thème selon lequel Dieu serait révélé, donné dans le savoir immédiat, l'intuition, ce ne sont pas là des choses sensibles, mais un contenu *en lui-même universel*, [ce sont] seulement des ob-jets pour l'esprit *pensant*. De même encore, en tant que la *singularité* comme Moi, la *personnalité*, dans la mesure où l'on n'entend pas un Moi *empirique*, une personnalité *particulière*, principalement en tant que la

---

1. Jacobi affirme dès la 1re édition des *Lettres… sur la doctrine de Spinoza* (1785) ce rôle universel de la croyance : « C'est par la croyance que nous savons que nous avons un corps, et qu'en dehors de nous sont présents d'autres corps et d'autres êtres pensants. Vraie, merveilleuse révélation ! » (*Œuvres philosophiques, op. cit.*, p. 163 ; trad. cit., p. 187).

personnalité de Dieu est devant la conscience, c'est d'une personnalité *pure*, c'est-à-dire de la personnalité *en elle-même universelle*, qu'il est question ; une telle personnalité est une pensée et n'est donnée qu'à la pensée. – L'*intuition* pure, ensuite, est tout à fait la même chose que la pensée pure. Intuition, croyance expriment tout d'abord les représentations déterminées que nous lions à ces mots dans la conscience ordinaire ; ainsi, elles sont, certes, diffé-rentes de la pensée et cette différence est intelligible à peu près à chacun. Mais croyance et intuition doivent aussi être prises en un sens plus élevé, elles doivent être prises comme croyance en Dieu, comme intuition intellectuelle de Dieu, c'est-à-dire qu'on doit faire abstraction précisément de ce qui constitue la différence qui sépare l'intuition, la croyance, de la pensée. On ne peut dire comment croyance et intuition, transportées dans cette région supérieure, seraient encore différentes de la pensée. On s'imagine avoir dit et affirmé, avec de telles différences devenues vides, quelque chose de très important, et contester des déterminations qui sont les mêmes que celles qu'on affirme. – Le terme de *croyance*, cependant, comporte l'avantage particulier, qu'il rappelle la croyance de la *religion chrétienne*, paraît inclure celle-ci ou même facile-ment être la même chose, de sorte que | cette manière de philosopher pleine **89** de croyance paraît essentiellement pieuse et chrétiennement pieuse et, en se fondant sur ce caractère pieux, se donne la liberté d'assurer ce qui lui plaît, avec d'autant plus de prétention et d'autorité. Mais il ne faut pas se laisser tromper par l'apparence quant à ce qui peut venir s'insinuer là du fait de la simple similitude des termes, et il faut bien maintenir ferme la différence. La croyance chrétienne inclut en elle une autorité de l'Église, mais la croyance affirmée dans ce point de vue relevant de la philosophie est bien plutôt seulement l'autorité de la révélation subjective propre [à chacun]. De plus, la première croyance, la croyance chrétienne, est un contenu objectif, riche en lui-même, un système de la doctrine et de la connaissance ; mais le contenu de la seconde croyance est si indéterminé en lui-même qu'il peut bien, en vérité, admettre aussi le premier contenu, mais tout autant comprendre en lui aussi la croyance que le Dalaï-Lama, le taureau, le singe, etc., sont Dieu, et que pour lui-même il se borne au *Dieu en général*, à l'*Être suprême* [1]. La croyance elle-même, dans ce sens qui veut être philosophique, n'est rien d'autre que la sèche *abstraction* du savoir immédiat, une détermination entièrement formelle, qui ne peut être

---

1. « das *höchste Wesen* » ; *cf.* ci-dessus, note 3, p. 55.

confondue avec la plénitude spirituelle de la croyance chrétienne, ni selon le côté du cœur plein de foi et de l'esprit plein de sainteté qui l'habite, ni selon le côté de la doctrine riche en contenu –, ni être prise pour cette plénitude.

Ce qui s'appelle ici croyance et savoir immédiat est du reste tout à fait la même chose que ce qui a été nommé ailleurs inspiration, révélation du cœur, contenu implanté en l'homme par la nature, puis, en particulier, aussi bon sens, *common sense*, sens commun. Toutes ces formes font, de la même manière, de l'immédiateté selon laquelle un contenu se trouve dans la conscience, est un fait en celle-ci, le principe.

§ 64

Ce que sait ce savoir immédiat, c'est que l'être infini, éternel, Dieu, qui est dans notre *représentation*, *est* aussi, que, dans la conscience, à cette *représentation* est liée immédiatement et inséparablement la certitude de son *être*.

À la philosophie il ne peut pas venir le moins du monde à l'esprit, de vouloir contredire ces propositions du savoir immédiat; elle pourrait bien plutôt se féliciter de ce que ces vieilles propositions qui sont *les siennes* et qui, même, expriment son contenu universel tout entier, soient, d'une telle manière, il est vrai, non philosophique, devenues dans une certaine mesure également des préjugés universels de l'époque. On peut, bien plutôt, seulement s'étonner de ce que l'on ait pu croire que | ces propositions étaient opposées à la philosophie, – les propositions : que ce qui est tenu pour vrai est immanent à l'esprit (§ 63), et que la vérité est pour l'esprit (*ibid.*). D'un point de vue formel, est particulièrement intéressante la proposition affirmant qu'à la *pensée* de Dieu son *être* est lié immédiatement et inséparablement, que l'*objectivité* l'est à la *subjectivité* qu'a tout d'abord la pensée. Et même, la philosophie du savoir immédiat va si loin en son abstraction, que ce n'est pas seulement avec la pensée de Dieu uniquement, mais aussi, dans l'intuition, avec la *représen-tation* de mon *corps* et des *choses extérieures*, que la détermination de leur *existence* est liée tout aussi inséparablement. – Si la philosophie s'efforce de prouver une telle unité, c'est-à-dire de montrer qu'il est impliqué dans la nature de la pensée ou de la subjectivité elle-même, d'être inséparable de l'être ou de l'objectivité, quoi qu'il en soit d'une telle preuve, la philosophie doit en tout cas être tout à fait satisfaite de ce qu'il est affirmé et montré que ses propositions sont aussi des *faits de la conscience*, par là sont en accord avec l'*expérience*. – La différence entre l'affirmation propre au savoir immédiat et la philosophie se ramène uniquement à ce que le savoir immédiat se donne une position *exclusive*, ou uniquement à ce qu'il s'oppose à l'acte de philosopher. – Mais c'est aussi sous le mode de l'immédiateté, que cette proposition-là, autour de laquelle, comme on peut dire, tourne tout l'intérêt de la philosophie moderne, a d'emblée été exprimée par son auteur : « cogito, ergo sum ». Il ne faut pas savoir, de la nature du syllogisme, beaucoup plus que le fait que dans un syllogisme se rencontre « ergo », pour regarder cette proposition comme un syllogisme ; où serait le *medius terminus* ? et un tel *medius terminus* appartient pourtant bien plus essentiellement au syllogisme que le mot « ergo ». Mais si l'on veut, pour justifier cette appellation, nommer cette liaison-là chez Descartes un syllogisme *immédiat*, cette forme superflue ne signifie rien d'autre qu'une *liaison – médiatisée par rien –* de déterminations *différentes*. Mais alors, la liaison de l'être avec nos représentations, qu'exprime la proposition du savoir immédiat, n'est ni plus ni moins un syllogisme. – À la Dissertation de *Hotho* sur la philosophie *cartésienne* [1], qui a paru dans l'année 1826, j'emprunte les citations dans lesquelles Descartes lui-même aussi s'explique expressément sur ce point, que la proposition : « cogito, ergo sum » n'est pas un syllogisme ; les passages sont : *Respons. ad II. Object.*, *De Methodo* IV, *Ep.* I, 118 [2]. – Du premier passage, je cite les termes plus précis ; Descartes dit tout d'abord que nous sommes des êtres pensants, que c'est « prima quaedam notio quae ex nullo syllogismo concluditur » [« une certaine notion qui n'est conclue d'aucun syllogisme »], et poursuit : « neque cum quis dicit : ego cogito, ergo sum sive existo, *existentiam ex cogitatione per syllogismum deducit* » [« et lorsque quelqu'un dit : je pense, donc je suis ou j'existe, il ne déduit pas l'existence de la pensée par un syllogisme »] [3]. Comme Descartes | sait ce qui appartient à un syllogisme, il ajoute que si, dans le cas **91** de cette proposition, pouvait trouver place une déduction moyennant un

1. H.G. Hotho, *De philosophia Cartesiana*, Berlin, 1826.
2. Les textes cités de Descartes sont : *Respons. ad secund. Object.* (*Œuvres de Descartes*, éd. Adam-Tannery, VIII, p. 140 *sq.*), cf. *Réponses aux secondes objections* (*Œuvres*, A.T., IX, p. 102 *sq.*) ; *De Methodo*, IV (*Œuvres*, A.T., VI, p. 557 *sq.*), cf. *Discours de la Méthode*, 4ᵉ Partie (*Œuvres*, A.T., VI, p. 31 *sq.* ; *Lettres à Clerselier* (*Œuvres*, A.T., IV, p. 442 *sq.*).
3. Descartes, *Respons. ad secund. Object*, *loc. cit.* ; *Réponses aux secondes objections*, A.T., IX, p. 110.

syllogisme, il lui appartiendrait la majeure : « illud omne, quod cogitat, est sive existit » [« tout ce qui pense est ou existe »] [1]. Mais cette dernière proposition est, selon lui, une proposition telle qu'on la déduit bien plutôt seulement de la première proposition.

Les expressions de Descartes au sujet de la proposition de l'inséparabilité de moi en tant qu'être pensant et de l'être, à savoir que dans l'*intuition simple* de la conscience est contenue et donnée cette connexion, que cette connexion est quelque chose d'absolument premier, un principe, ce qu'il y a de plus certain et de plus évident, de sorte qu'on ne peut se représenter aucun scepticisme assez énorme pour ne pas admettre cela, – sont si parlantes et explicites que les propositions modernes de Jacobi et d'autres, concernant cette liaison immédiate, ne peuvent passer que pour des répétitions superflues.

§ 65

Ce point de vue ne se contente pas d'avoir montré du savoir *médiatisé* que, pris *isolément*, il n'est pas suffisant pour [la saisie de] la vérité, mais son caractère propre consiste en ce que selon lui le savoir *immédiat*, pris seulement *isolément*, avec *exclusion* de la médiation, a pour contenu la vérité. Dans de telles exclusions mêmes, le point de vue cité se révèle aussitôt comme une rechute dans l'entendement métaphysique, dans son « *ou bien – ou bien* », par là, en réalité, dans le Rapport, même, de la médiation extérieure, qui repose sur le fait de tenir fixement au fini, c'est-à-dire à des déterminations unilatérales au-delà desquelles cette manière de voir s'imagine faussement s'être placée. Laissons toutefois ce point sans le développer ; le savoir exclusivement immédiat est affirmé seulement comme *un fait*, et ici, dans l'introduction, on ne peut le prendre que suivant cette réflexion extérieure. En soi, ce qui importe, c'est l'être logique de l'opposition de l'immédiateté et de la médiation. Mais ce point de vue-là refuse de considérer la nature de la Chose, c'est-à-dire le concept, car une telle considération conduit à de la médiation et même à de la connaissance.

1. *Ibid.*

La considération vraie, celle du logique, doit trouver sa place à l'intérieur de la science elle-même.

Toute la deuxième partie de la *Logique*, la théorie de l'*essence*, est l'étude traitant de l'unité essentielle – qui se pose – de l'immédiateté et de la médiation.

| § 66   92

Nous nous en tenons ainsi à ceci, que le savoir immédiat doit être pris comme un *fait*. Mais par là, la réflexion est dirigée sur le champ de l'*expérience*, sur un phénomène *psychologique*. – À cet égard, il faut indiquer qu'il relève des expériences les plus communes, que des vérités dont on sait très bien qu'elles sont un résultat des considérations les plus compliquées, au plus haut point médiatisées, se présentent *immédiatement* à la conscience de celui à qui une telle connaissance est devenue familière. Le mathématicien, comme tout homme instruit dans une science, a présentes à lui immédiatement des solutions auxquelles a conduit une analyse très compliquée ; tout homme cultivé a immédiatement présents dans son savoir une foule de points de vue et principes généraux qui sont issus seulement d'une réflexion réitérée et d'une longue expérience de la vie. L'aisance à laquelle nous sommes parvenus dans un genre quelconque de savoir et aussi d'art, de savoir-faire technique, consiste précisément dans le fait d'avoir de telles connaissances, de tels modes de l'activité, lorsque le cas se présente, *immédiatement* dans sa conscience, et même dans une activité se dirigeant vers le dehors, ainsi que dans ses membres. Dans tous ces cas, non seulement l'immédiateté du savoir n'exclut pas sa médiation, mais elles sont tellement liées que le savoir immédiat, lui-même, est un produit et un résultat du savoir médiatisé.

C'est tout aussi trivial de discerner la liaison d'une *existence* immédiate avec sa médiation ; les germes, les parents sont une existence immédiate, initiale, par rapport aux enfants, etc., qui sont des êtres engendrés. Mais les germes, les parents, tout autant qu'ils *sont*, comme existants en général, *immédiats*, sont également des êtres engendrés, et les enfants, etc., sans préjudice de la médiatisation de leur existence, sont maintenant immédiats, car ils *sont*. Le fait que je *suis*, moi, à Berlin, cette présence *immédiate* qui est la mienne, sont médiatisés par le voyage fait pour venir ici, etc.

§ 67

Mais pour ce qui concerne le *savoir immédiat* de *Dieu*, de ce qui relève du *droit*, de l'*éthique* – dans ce domaine tombent aussi les autres déterminations que sont celles d'instinct, d'idées implantées, 93 innées, | de sens commun, de raison naturelle, etc. –, quelque forme que l'on donne à cette originarité, l'expérience universelle est que, pour que ce qui s'y trouve contenu soit amené à la conscience, il est exigé essentiellement (ce l'est aussi pour la *réminiscence platonicienne*) une *éducation*, un développement (le baptême chrétien, bien qu'il soit un sacrement, contient lui-même l'obligation ultérieure d'une éducation chrétienne); c'est-à-dire que la religion, la vie éthique, tout autant qu'elles sont une *croyance*, un *savoir immédiat*, sont absolument conditionnées par la *médiation*, qui s'appelle développement, éducation, culture.

Dans l'affirmation d'idées *innées* et la contradiction qu'on lui a portée, a régné une opposition de déterminations exclusives analogue à celle qui est considérée ici, à savoir l'opposition de la liaison essentielle *immédiate* – comme on peut exprimer la chose – de certaines déterminations universelles avec l'*âme*, et d'une autre liaison qui se produirait d'une manière extérieure et serait médiatisée par des ob-jets et représentations *donnés*. On dirigea contre l'affirmation d'*idées innées* l'objection empirique, que tous les hommes devraient nécessairement avoir ces idées, par exemple avoir la proposition de la contradiction dans leur conscience, la savoir, pour autant que cette proposition était, avec d'autres du même genre, comptée parmi les idées innées. On peut imputer à cette objection une méprise, dans la mesure où les déterminations visées, en tant qu'innées, ne doivent pas pour autant être aussi déjà dans la *forme* d'idées, de représentations de ce qui est su. Mais s'adressant au savoir immédiat, cette objection est tout à fait pertinente, car il affirme expressément ses déterminations en tant qu'elles seraient dans la conscience. – Si le point de vue du savoir immédiat en vient à accorder qu'en particulier pour la croyance religieuse un développement et une éducation chrétienne ou religieuse sont *nécessaires*, il est arbitraire de vouloir à nouveau ignorer cela lorsqu'on parle de la croyance, ou [encore] c'est faire preuve d'absence de pensée que de ne pas savoir qu'avec la nécessité accordée d'une éducation est exprimée précisément l'essentialité de la médiation.

§ 68

Dans les expériences citées, on invoque ce qui se montre comme *lié* au savoir immédiat. Si cette liaison se trouve être prise tout d'abord comme étant seulement une connexion *extérieure*, empirique, celle-ci s'avère pour la manière empirique elle-même de considérer les choses, comme essentielle et | indissociable parce qu'elle est constante. Mais, **94** de plus, si suivant l'expérience ce savoir immédiat est pris pour lui-même, dans la mesure où il est savoir de Dieu et du divin, une telle conscience est décrite en général comme une *élévation au-dessus* du sensible, du fini, ainsi qu'au-dessus des désirs et penchants immédiats du cœur naturel, – élévation qui passe dans la croyance en Dieu et au divin et finit en elle, de sorte que cette croyance est un savoir et une certitude immédiats, mais néanmoins a ce chemin de la médiation pour présupposition et condition.

On a déjà remarqué que les preuves – comme on dit – de l'être-là de Dieu qui partent de l'être fini, expriment cette élévation et ne sont pas des inventions d'une réflexion à la recherche de subtilités, mais les médiations propres, nécessaires, de l'esprit, bien qu'elles n'aient pas dans la forme habituelle de ces preuves leur expression complète et juste.

§ 69

C'est le passage indiqué (§ 64) de l'Idée subjective à l'être, qui, pour le point de vue du savoir immédiat, constitue l'intérêt principal et est affirmé essentiellement comme une connexion originaire, ne comportant pas de médiation. Pris sans qu'on tienne aucunement compte de liaisons qui paraissent de manière empirique, ce point central, précisément, montre *dans lui-même* la médiation, et cela en sa détermination, comme elle est en sa vérité, non pas comme une médiation avec et par quelque chose d'extérieur, mais comme se résolvant dans elle-même.

§ 70

Ce qu'affirme en effet ce point de vue, c'est que ni l'*Idée* en tant qu'une pensée simplement *subjective*, ni simplement un *être*, pour lui-même, ne sont le vrai ; – l'être, seulement pour lui-même, un être qui n'est pas celui de l'Idée, c'est l'être sensible, fini, du monde. Par là est ainsi immédiatement affirmé que l'Idée n'est *le vrai* que *par la médiation* de l'être, et inversement que l'être ne l'est que *par la médiation* de l'Idée. La proposition du savoir immédiat ne veut pas, à bon droit,
95 l'immédiateté indéterminée, vide, l'être abstrait | ou une unité pure [prise] pour elle-même, mais l'unité *de l'Idée* avec l'être. Cependant, c'est être dépourvu de pensée que de ne pas voir que l'unité de déterminations *différentes* n'est pas simplement une unité purement immédiate, c'est-à-dire totalement indéterminée et vide, mais qu'il est posé justement en elle, que l'une des déterminations n'a de vérité, que médiatisée par l'autre, – ou si l'on veut, que chacune n'est médiatisée avec la vérité que par l'autre. – Que la détermination de la médiation est contenue dans cette immédiateté-là elle-même, est par là montré comme un *Fait* contre lequel l'*entendement*, conformément au propre principe du savoir immédiat, ne peut rien avoir à objecter. C'est seulement l'entendement courant abstrait qui prend les déterminations de l'immédiateté et de la médiation, chacune pour elle-même, comme absolues et s'imagine avoir en elles quelque chose de *ferme* en fait de distinction ; il se crée ainsi la difficulté insurmontable, de les réunir ; – difficulté qui, comme on l'a montré, n'est pas présente dans le Fait, tout comme elle disparaît dans le concept spéculatif.

§ 71

L'unilatéralité de ce point de vue entraîne avec elle des déterminations et conséquences dont on a encore, après la discussion qu'on a faite de l'assise fondamentale, à souligner les traits principaux. *Premièrement*, puisque ce n'est pas la *nature* du *contenu*, mais le *Fait* de la *conscience* qui est institué comme le critère de la vérité, le savoir *subjectif* et l'*assurance* que moi, je trouve là dans ma conscience un certain contenu, sont l'assise fondamentale de ce qui est donné comme vrai. Ce que moi, je trouve là dans *ma* conscience, est alors élevé au rang de quelque chose qui se trouverait dans la conscience de *tous*, et donné pour la *nature* de la conscience elle-même.

Autrefois, on citait parmi ce qu'on nommait les preuves de l'être-là de Dieu celle du «consensus gentium» auquel Cicéron, déjà, en appelle aussi[1]. Le «consensus gentium» est une autorité importante, et le passage de l'idée qu'un contenu se trouverait dans la conscience de *tous*, à l'idée qu'il résiderait dans la nature de la conscience elle-même et lui serait nécessaire, se présente immédiatement. Cette catégorie d'un accord *universel* impliquait la conscience essentielle, n'échappant pas à l'intelligence humaine la moins cultivée, que la conscience de l'être singulier est en même temps quelque chose de *particulier*, de *contingent*. Lorsque | la nature de cette conscience n'est pas elle-même **96** examinée, c'est-à-dire lorsque ce qu'elle a de particulier, de contingent, n'est pas mis à part, en tant que c'est uniquement par le moyen de cette opération pénible de la réflexion, que l'universel en et pour soi qui est en elle peut être dégagé, c'est seulement l'accord de *tous* sur un contenu qui peut fonder un préjugé respectable selon lequel il[2] appartiendrait à la nature de la conscience elle-même. Le besoin de la pensée, de savoir comme *nécessaire* ce qui se montre comme *universellement* présent, ne peut assurément pas se satisfaire du «consensus gentium», mais même à l'intérieur de l'attitude admettant que cette universalité du Fait était une preuve satisfaisante, on a, parce qu'on a fait l'expérience qu'il y avait des individus et des peuples chez lesquels la croyance en Dieu ne se trouvait pas déjà là, renoncé au «consensus gentium» comme

---

1. Cicéron, *De natura deorum*, II, 12: «Itaque inter omnes omnium gentium sententia constat. Omnibus enim innatum est et in animo quasi insculptum esse deos» («C'est pourquoi cette opinion est bien arrêtée chez tous les hommes de toutes les nations. Il leur est en effet inné et comme sculpté dans l'esprit qu'il y a des dieux »).

2. C'est-à-dire ce contenu.

preuve de cette croyance *. Mais il n'y a rien de plus rapide et de plus commode que d'avoir à poser la simple *assurance*, que moi, je trouve en ma conscience un contenu avec la certitude de sa vérité, et que, par suite, cette certitude n'appartient pas à moi en tant que sujet particulier, mais à la nature de l'esprit lui-même.

* Pour trouver dans l'expérience l'athéisme et la croyance en Dieu plus ou moins répandus, ce qui importe, c'est si l'on se contente de la détermination d'un Dieu *en général* ou si l'on exige une connaissance plus déterminée de lui. Des idoles – du moins – des Chinois, des Hindous, etc., de même des fétiches africains, et aussi des dieux grecs eux-mêmes, on n'accorde pas, dans le monde chrétien, que de telles idoles soient Dieu ; qui croit en de telles idoles ne croit donc pas en Dieu. Si, par contre, on considère que dans une telle croyance en des idoles se trouve pourtant *en soi* la croyance en Dieu *en général*, comme l'est le genre dans l'individu particulier, le service d'une idole lui aussi vaut comme une croyance non seulement en une telle idole, mais en Dieu. Inversement, les Athéniens ont traité comme des athées les poètes et les philosophes qui tenaient Zeus, etc., seulement pour des nuées, etc., et venaient à affirmer seulement un *Dieu en général*. – Ce qui importe, ce n'est pas ce qui serait contenu *en soi* dans un ob-jet, mais ce qui de lui est *exté-*
97 *riorisé* pour la conscience. Toute intuition sensible de | l'homme, même la plus commune, serait, si l'on accepte la confusion de ces déterminations, religion, puisque assurément *en soi* dans toute intuition de ce genre, dans tout ce qui relève de l'esprit, est contenu le principe qui, développé et purifié, s'élève à la religion. Mais c'est une chose que d'être *capable* de religion (et cet *en-soi* exprime la capacité et la possibilité), c'en est une autre que d'*avoir* de la religion. – Ainsi, dans les temps modernes, des voyageurs (par exemple les capitaines *Ross* et *Parry*[1]) ont a nouveau trouvé des peuplades (Esquimaux) auxquelles ils refusèrent toute religion, même cet élément de religion que l'on pourrait trouver encore chez des *sorciers* africains (les *Goètes* d'Hérodote[2]). Suivant un tout autre côté, un Anglais qui passa à Rome les premiers mois de la dernière année jubilaire écoulée, dit dans son récit de voyage, en parlant des *Romains* d'aujourd'hui, que le commun peuple

1. Hegel connaissait les relations de voyages écrites par ces deux explorateurs des régions arctiques que furent Sir John Ross (1777-1856) et Sir William Edward Parry (1790-1855). – Parmi les notes publiées dans les *Écrits de Berlin* par J. Hoffmeister, figure, à propos d'une rubrique : « Eskimaux », la mention de l'ouvrage de J. Ross, *A voyage of discovery…*, publié à Londres en 1819, et Hegel renvoie aux pages 128 *sq.* de cet ouvrage (Hegel, *Berliner Schriften*, éd. Hoffmeister, *op. cit.*, p. 710).

2. *Cf.* Hérodote, II, 33, I, où il est question d'une région de l'Afrique où tous les hommes seraient des magiciens ou sorciers (« γόητας εἶναι ἅπαντας »).

§ 72

De ce que le *savoir immédiat* doit être le critère de la vérité, il s'ensuit, *en deuxième lieu*, que tout ce qui est superstition et service des idoles est qualifié de vérité, et que le contenu de la volonté le plus contraire au droit et à l'éthique est justifié. | Pour l'Indien, ce n'est **97** pas en vertu d'un savoir, comme on dit, médiatisé, de raisonnements et de syllogismes, que la vache, le singe ou le Brahma, le Lama valent comme Dieu, mais il *croit* en eux. Mais les désirs et penchants naturels déposent spontanément leurs intérêts dans la conscience, les buts immoraux se trouvent en elle tout à fait immédiatement ; le caractère bon ou mauvais exprimerait l'*être déterminé* de la volonté, qui serait su dans les intérêts et les buts, et, à la vérité, su de la façon la plus immédiate.

§ 73

Enfin le savoir immédiat de Dieu doit seulement s'étendre jusqu'à affirmer *que* Dieu est, non pas *ce que* Dieu est ; car cette dernière affirmation serait une connaissance et conduirait à un savoir médiatisé. Par là, Dieu, en tant qu'ob-jet de la religion, est expressément borné au *Dieu en général*, au suprasensible indéterminé, et la religion est, en son contenu, réduite à son minimum.

S'il était effectivement nécessaire de ne faire que ce qu'il faut pour que la croyance qu'*il y a un Dieu* soit conservée encore ou même pour qu'une telle croyance s'instaure, on ne pourrait qu'admirer la pauvreté de l'époque, qui fait prendre ce qu'il y a de plus indigent dans le savoir religieux pour un gain, et qui en est venue à | retourner, dans son église, à l'autel qui se trouvait, il y a **98** longtemps, à *Athènes*, et qui était consacré *au Dieu inconnu*.

est bigot, mais que ceux qui savent lire et écrire sont, en leur totalité, des athées. – Si, d'ailleurs, le reproche d'athéisme est, dans les temps modernes, devenu plus rare, c'est bien principalement parce que le contenu consistant de la religion et l'exigence en matière de religion se réduisent à un minimum (v. § 73).

§ 74

Il y a encore à indiquer brièvement la nature générale de la *forme de l'immédiateté*. C'est en effet cette forme même qui, parce qu'elle est *unilatérale*, rend son contenu lui-même unilatéral et par là *fini*. À l'*universel*, elle donne l'unilatéralité d'une *abstraction*, de telle sorte que Dieu devient l'essence sans détermination; mais Dieu ne peut s'appeler esprit que pour autant qu'il est su comme *se* médiatisant *avec lui-même* en lui-même. Ainsi seulement, il est *concret*, vivant et esprit; le *savoir* de Dieu comme esprit contient précisément par là en lui une médiation. – Au *particulier*, la forme de l'immédiateté donne la détermination, d'*être*, de *se* rapporter *à soi*. Mais le particulier a précisément pour être, de se rapporter à *autre chose* en dehors de lui; du fait de cette forme-là, le *fini* est posé comme absolu. Comme elle est, en tant que totalement abstraite, *indifférente* à l'égard de *tout contenu* et précisément par là susceptible de recevoir tout contenu, elle peut sanctionner un contenu idolâtre et immoral aussi bien que le contenu opposé. C'est seulement cette saisie du contenu qui discerne qu'il n'est pas subsistant-par-soi, mais *médiatisé par quelque chose d'autre*, qui le rabaisse à sa finité et non-vérité. Un tel discernement, parce que le contenu comporte la médiation, est un savoir qui contient de la médiation. Mais un contenu ne peut être connu comme ce qui est vrai, que pour autant qu'il n'est pas médiatisé avec quelque chose d'autre, n'est pas fini, donc se médiatise avec lui-même et, ainsi, est tout à la fois médiation et relation immédiate à lui-même. – Cet entendement qui s'imagine s'être affranchi du savoir fini, de l'*identité d'entendement* de la métaphysique et de l'Aufklärung, fait lui-même immédiatement à nouveau de cette *immédiateté, c'est-à-dire de l'abstraite relation-à-soi*, de l'identité abstraite, le principe et le critère de la vérité. *Pensée abstraite* (la forme de la métaphysique réfléchissante) et *intuition abstraite* (la forme du savoir immédiat) sont une seule et même chose.

§ 75

L'*appréciation* de cette troisième position qui est donnée à la pensée par rapport à la vérité, n'a | pu être entreprise que d'une ⁹⁹ manière que ce point de vue indique et reconnaît immédiatement en lui-même. Il a été ainsi montré comme étant *en fait* faux qu'*il y ait* un savoir immédiat, un savoir qui soit sans médiation, ou avec autre chose ou, en lui-même, avec soi. Pareillement, il a été déclaré comme étant une non-vérité de fait, que la pensée progresse *seulement* à même des déterminations *médiatisées* par *autre chose* – finies et conditionnées –, et que dans la médiation cette médiation elle-même ne se supprime pas tout autant. Mais, du *Fait* d'une telle connaissance qui ne progresse ni dans une immédiateté unilatérale ni dans une médiation unilatérale, la *Logique* elle-même et la *Philosophie tout entière* sont l'*exemple*.

§ 76

Si l'on considère le principe du savoir immédiat par rapport au point de départ, la métaphysique qu'on a appelée plus haut *naïve*, il se dégage de cette comparaison, que ce savoir est *retourné* à ce commencement que cette métaphysique s'est donné dans les temps modernes comme philosophie *cartésienne*. Dans les deux [points de vue], il est affirmé :

1) L'inséparabilité simple de la *pensée* et de l'*être* du [sujet] pensant, – « cogito, ergo sum » est tout à fait la même chose que l'idée que dans la conscience me serait immédiatement révélé l'être, la réalité, l'existence du Moi (Descartes déclare en même temps expressément, *Princ. phil.* 1.9¹, qu'il entend par pensée la *conscience* en

---

1. Descartes, *Principia philosophiae*, I, 9 : « Cogitationis nomine, intelligo illa omnia, quae nobis consciis in nobis fiunt, quatenus eorum in nobis conscientia est » (« Par le mot de pensée, j'entends tout ce qui, pour nous êtres conscients, se passe en nous, pour autant que la conscience s'en trouve en nous », *Œuvres de Descartes*, A.T., VIII, 7).

général comme telle); et que cette inséparabilité est la connaissance absolument *première* (non médiatisée, prouvée) et la plus *certaine*.

2) De même, l'inséparabilité de la représentation de *Dieu* et de son *existence*, de telle sorte que celle-ci est contenue dans la représentation de Dieu elle-même, que cette représentation n'est absolument pas sans la détermination de l'existence, que celle-ci, par conséquent, est une existence nécessaire et éternelle *.

* *Cart. Princ. phil.*, 1.15 : «magis hoc (ens summe perfectum existere) *credet*, si attendat, nullius alterius rei ideam apud se inveniri, in qua eodem modo necessariam existentiam contineri animadvertat; ... intelliget, illam exhibere veram et immutabilem 100 | naturam, quaeque *non potest non existere*, cum necessaria existentia in ea contineatur» («elle (la pensée) croira davantage cela (que l'être au plus haut point parfait existe) si elle prête attention au fait que ne se rencontre en elle l'idée d'aucune autre chose en laquelle elle puisse remarquer que l'existence nécessaire y serait contenue de la même façon; ... elle comprendra que l'idée de l'être parfait montre une véritable et immuable nature qui ne peut pas ne pas exister, puisque l'existence nécessaire est contenue en elle»)[1]. Une tournure de phrase venant après, qui rend un son de médiation et de preuve, ne porte aucune atteinte à cette assise fondamentale première. – Chez Spinoza, c'est tout à fait la même chose, à savoir que l'*essence* de Dieu, c'est-à-dire la représentation abstraite, inclurait en elle l'existence. La première *Définition* de Spinoza est celle de la *causa sui*, à savoir qu'elle est quelque chose «*cujus essentia* involvit existentiam; sive id, cujus *natura non potest concipi nisi existens*» («dont l'essence enveloppe l'existence; soit ce dont la nature, ne peut être conçue, sinon existante»)[2]; – l'inséparabilité du concept et de l'être est la détermination fondamentale et la présupposition. Mais quel est le concept auquel appartient cette inséparabilité d'avec l'être? Ce n'est pas celui des choses *finies*, car celles-ci sont précisément des choses dont l'existence est une existence *contingente* et créée. – Que, chez Spinoza, la 11ᵉ Proposition[3], à savoir que Dieu existe nécessairement,

1. Cf. *ibid.*, I, 14-15 (A.T., VIII, 10).
2. Spinoza, *Ethica*, I, De Deo, Definitiones, I : «Per causam sui intelligo id, cujus essentia involvit existentiam, sive id, cujus natura non potest concipi, nisi existens» (*Spinoza opera*, éd. Gebhart, Heidelberg, II, p. 45).
3. Spinoza, *Ethica*, I, De Deo, Proposition XI : «Deus, sive substantia constans infinitis attributis, quorum unumquodque aeternam, et infinitam essentiam exprimit, necessario existit» («Dieu, soit la substance constante faite d'une infinité d'attributs dont chacun exprime une essence éternelle et infinie, existe nécessairement», *Spinoza opera*, I, *op. cit.*, p. 52).

| 3) Pour ce qui concerne la conscience pareillement immédiate **100** de l'existence de choses *extérieures*, elle ne signifie rien d'autre que la conscience *sensible*; que nous avons une telle conscience, c'est la plus mince des connaissances; il y a seulement intérêt à savoir que ce savoir immédiat de l'*être* des choses extérieures est illusion et erreur, et que dans le sensible en tant que tel il n'y a aucune vérité, que l'*être* de ces choses extérieures est bien plutôt un être contingent, passager, une *apparence*, – qu'elles ont essentiellement pour être, d'avoir seulement une existence qui est séparable de leur concept, de leur essence.

§ 77

Mais ces deux points de vue sont différents.

1) La philosophie cartésienne *progresse* de ces présuppositions non démontrées et tenues pour indémontrables, *à* une connaissance *ultérieure* développée, et elle a de cette manière donné naissance aux sciences des temps modernes. Le point de vue moderne, par contre, est parvenu au résultat pour lui-même important (§ 62), que la connaissance qui progresse à même des médiations *finies* ne connaît que du fini et ne | contient aucune vérité; et il demande à la conscience de Dieu[1] **101**

---

suive avec une preuve, et de même la 20e[2], à savoir que l'existence de Dieu et son essence sont une seule et même chose, – c'est là un formalisme superflu de la preuve. Dieu est la substance (et, en vérité, l'unique substance), mais la substance est *causa sui*, *donc* Dieu existe nécessairement, – tout cela ne signifie rien d'autre si ce n'est que Dieu est ce dont le concept et l'être sont inséparables.

1. Il s'agit, bien entendu, de la conscience qui a Dieu pour objet.
2. *Ibid.*, Propositio XX : « Dei existentia, ejusque essentia unum et idem sunt » (« L'existence de Dieu et l'essence de celui-ci sont une seule et même chose », *Spinoza opera*, I, *op. cit.*, p. 64).

de s'en tenir à cette croyance dont on a parlé et qui est, en vérité, totalement abstraite *.

2) Le point de vue moderne ne change rien alors, d'un côté, à la méthode – introduite par Descartes – de la connaissance scientifique habituelle et fait avancer les sciences de l'empirique et du fini, qui en sont nées, tout à fait de la même manière, – mais, d'un autre côté, ce point de vue rejette cette méthode et par là, puisqu'il n'en connaît pas d'autres, *toutes* les méthodes pour le savoir de ce qui, suivant son contenu consistant, est infini; il s'abandonne pour cette raison à l'arbitraire barbare de ce qu'il s'imagine et de ce qu'il assure, à une suffisance en moralité et à un orgueil du sentiment, ou à un avis et raisonnement sans mesure qui se déclare avec le plus de force contre la philosophie et les philosophèmes. C'est que la philosophie ne permet pas qu'on ne fasse qu'assurer, que s'imaginer, qu'aller et venir arbitrairement par la pensée en raisonnant.

§ 78

L'*opposition* d'une immédiateté subsistante-par-soi du contenu ou du savoir, et d'une médiation en face d'elle tout aussi subsistante-par-soi, qui ne pourrait être réunie avec celle-là, est à mettre de côté

---

* *Anselme* dit par contre : « *Negligentia* mihi videtur, si postquam confirmati sumus in fide, non *studemus*, quod *credimus*, *intelligere* » (*Tract. cur Deus homo*) [1]. – Anselme a alors dans le contenu concret de la doctrine chrétienne un problème difficile tout autre pour la connaissance, que ce que contient cette croyance moderne.

1. Saint Anselme, *Cur Deus homo*, I, 1 : « Sicut rectus ordo exigit ut profunda Christianae fidei prius credamus, quam ea praesumamus ratione discutere, ita negligentia mihi videtur, si, postquam confirmati sumus in fide, non studemus quod credimus intelligere » (« De même que l'ordre droit exige que nous croyions à la profonde foi chrétienne avant d'oser discuter ces choses par la raison, de même, à ce qu'il me semble, nous faisons preuve de négligence si, après que nous sommes confirmés dans la foi, nous ne cherchons pas à comprendre ce que nous croyons », *Anselmi opera omnia*, éd. Schmitt, Edimbourg, 1946, II, p. 48).

tout d'abord parce qu'elle est une simple *présupposition* et *assurance* arbitraire. De même, tous les autres présupposés ou préjugés sont à abandonner quand on entre dans la science, qu'ils soient empruntés à la représentation ou à la pensée ; car c'est dans la science seulement que sont examinées toutes les déterminations de ce genre et que doit être connu ce qui est en elles et dans leurs oppositions.

Le *scepticisme*, en tant qu'il est une science négative mise en œuvre à travers toutes les formes de la connaissance, pourrait se présenter comme une introduction où serait montré le caractère de néant de telles présuppositions. Toutefois, il serait non seulement un chemin peu réjouissant, mais aussi un chemin superflu pour cette raison que le dialectique lui-même | est un moment **102** essentiel de la science affirmative, comme on va le faire remarquer à l'instant. D'ailleurs, il aurait à trouver les formes finies aussi seulement de façon empirique et non scientifique, et à les accueillir comme données. L'exigence d'un tel scepticisme accompli est la même que celle selon laquelle la science devrait être précédée par *le doute à l'égard de tout*, c'est-à-dire par l'entière *absence de présupposition* en tout. Elle est accomplie proprement dans la résolution *de vouloir purement penser*, grâce à la liberté qui fait abstraction de tout et saisit sa pure abstraction, la simplicité de la pensée.

CONCEPT PLUS PRÉCIS ET DIVISION DE LA LOGIQUE

§ 79

Le logique a, suivant la forme, trois côtés : α) *le côté abstrait* ou relevant de l'*entendement*, β) *le côté dialectique* ou *négativement-rationnel*, γ) *le côté spéculatif* ou *positivement-rationnel*.

Ces trois côtés ne constituent pas trois *parties* de la Logique, mais sont des *moments de tout ce qui a une réalité logique*, c'est-à-dire de tout concept ou de tout ce qui est vrai en général. Ils peuvent tous être posés sous le premier moment, l'élément relevant de l'*entendement*, et par là être maintenus séparés les uns des autres, mais ainsi ils ne sont pas considérés en leur vérité. – L'indication qui est faite ici des déterminations du logique – de même que la division – est ici également seulement anticipée et historique.

§ 80

α) La pensée en tant qu'*entendement* s'en tient à la déterminité fixe et à son caractère différenciel par rapport à d'autres ; un tel abstrait borné vaut pour elle comme subsistant et étant pour lui-même.

§ 81

β) Le moment *dialectique* est la propre auto-suppression de telles déterminations finies, et leur passage dans leurs opposées.

103 | 1) Le dialectique, pris à part pour lui-même par l'entendement, constitue, particulièrement quand il est présenté dans des concepts scientifiques, le *scepticisme* ; celui-ci contient la simple négation comme résultat du dialectique. 2) La dialectique est habituellement considérée comme un art extérieur qui, arbitrairement, suscite un embrouillement dans des concepts déterminés et une simple *apparence* de *contradictions* en eux, de telle sorte que, non pas ces déterminations, mais cette apparence serait du néant et que ce qui relève de l'entendement, par contre, serait bien plutôt le vrai. Souvent, la dialectique n'est aussi rien de plus qu'un système de bascule subjectif propre à un raisonnement allant de côté et d'autre, où le contenu consistant fait défaut et où le dénuement est recouvert par cet esprit aiguisé qui engendre un tel raisonnement. – En sa déterminité propre, la dialectique est bien plutôt la nature propre, véritable, des déterminations d'entendement, des choses et du fini en général. La réflexion est tout d'abord le dépassement de la déterminité isolée et une mise en relation de cette dernière, par laquelle celle-ci est posée dans un rapport, tout en étant par ailleurs maintenue dans sa valeur isolée. La dialectique, par contre, est ce dépassement *immanent* dans lequel la nature unilatérale et bornée des déterminations d'entendement s'expose comme ce qu'elle est, à savoir comme leur négation. Tout ce qui est fini a pour être, de se supprimer soi-même. Le dialectique constitue par suite l'âme motrice de la progression scientifique, et il est le principe par lequel seul une *connexion et nécessité immanente* vient dans le contenu de la science, de même qu'en lui en général réside l'élévation vraie, non extérieure, au-dessus du fini.

§ 82

γ) Le *spéculatif* ou *positivement-rationnel* appréhende l'unité des déterminations dans leur opposition, l'*affirmatif* qui est contenu dans leur résolution et leur passage [en autre chose].

1) La dialectique a un résultat *positif* parce qu'elle a un *contenu déterminé*, ou parce que son résultat, en vérité, n'est pas le *néant vide, abstrait,* mais la négation de *certaines déterminations* qui sont contenues dans le résultat, précisément parce que celui-ci n'est pas un *néant immédiat,* mais un résultat. 2) Ce rationnel, par conséquent, bien qu'il soit quelque chose de pensé, d'abstrait aussi, est en même temps un *concret,* parce qu'il n'est pas une unité simple, formelle, mais une *unité de déterminations différentes.* C'est pourquoi en général la philosophie n'a pas du tout affaire à de simples abstractions ou pensées formelles, mais uniquement à des pensées concrètes. 3) Dans la Logique spéculative la simple *Logique d'entendement* est contenue et elle peut être aussitôt construite à partir de celle-là; pour cela, il n'est besoin de rien d'autre que | de laisser de côté ce qui est dialectique et rationnel; elle **104** devient ainsi ce qu'est la *Logique habituelle,* une *histoire* de toutes sortes de déterminations-de-pensée rassemblées, qui valent en leur finité comme quelque chose d'infini.

§ 83

La Logique se décompose en trois parties :
I.   En *la Théorie de l'être.*
II. *La Théorie de l'essence.*
III. *La Théorie du concept et de l'Idée.*

C'est-à-dire, en la Théorie de la pensée :
I.   Dans son *immédiateté,* – le *concept en soi.*
II. Dans sa *réflexion* et *médiation,* – l'*être-pour-soi* et l'*apparence* du concept.
III. Dans son *être-retourné-en-soi-même* et son *être-chez-soi développé,* – le concept *en* et *pour soi.*

LA THÉORIE DE L'ÊTRE

§ 84

L'être est le concept seulement *en soi*, les déterminations de celui-ci sont des déterminations dans l'élément de l'*être*, en leur différence des termes *autres* les uns vis-à-vis des autres, et leur détermination ultérieure (la forme du dialectique) est un *passage en autre chose*. Cette détermination progressive est tout à la fois une *ex-position au dehors* et par là un déploiement du concept qui est *en soi*, et en même temps l'*entrée-dans-soi* de l'être, un approfondissement de ce dernier en lui-même. L'explication du concept dans la sphère de l'être devient la totalité de l'être tout autant que, par là, est supprimée l'immédiateté de l'être ou la forme de l'être comme tel.

§ 85

L'être lui-même, ainsi que toutes les déterminations qui suivent, non seulement [celles] de l'être, mais les déterminations logiques en général, peuvent être regardés comme des définitions de l'absolu, comme les *définitions métaphysiques* de Dieu ; ce qui, toutefois, pour plus de précision, ne vaut jamais que pour la première détermination, simple, d'une sphère, et ensuite pour la troisième, en tant que celle-ci est le retour [qui ramène] de la différence à la relation simple à soi-même. Car définir Dieu métaphysiquement, cela signifie exprimer sa nature dans des *pensées* en tant que telles ; or la Logique embrasse

172 PREMIÈRE PARTIE – LA SCIENCE DE LA LOGIQUE

toutes les pensées, comme elles sont [en étant] encore dans la forme de pensées. Les déterminations qui viennent *en second*, en tant qu'elles sont une sphère dans sa *différence*, sont par contre les définitions du *fini*. Mais si la forme propre à des définitions était employée, elle impliquerait ceci, à savoir qu'un substrat de la représentation flotte devant [l'esprit]; car *l'absolu* lui aussi, en tant qu'il doit exprimer Dieu dans le sens et dans la forme de la pensée, ne reste, par rapport à son prédicat, à l'expression déterminée et effective en des pensées, qu'une pensée *visée*, un substrat pour lui-même indéterminé. Puisque
106 la pensée, la Chose qui | seule importe ici, n'est contenue que dans le prédicat, la forme d'une proposition, comme ce sujet-là, sont quelque chose de complètement superflu (*cf.* § 31, et, ci-dessous, le chapitre sur le jugement).

A

QUALITÉ

a) *Être*

§ 86

L'*être pur* constitue le commencement, parce qu'il est aussi bien pensée pure que l'immédiat indéterminé, simple, et que le premier commencement ne peut rien être de médiatisé et de davantage déterminé.

Tous les doutes et toutes les observations qui pourraient être dirigés contre le fait de commencer la science par l'*être* vide abstrait, se dissolvent grâce à la conscience simple de ce que comporte la nature du commencement. L'être peut être déterminé comme le « Moi = Moi », comme l'*absolue indifférence* ou *identité*, etc. Dans le besoin [où l'on se trouve] de commencer ou bien par quelque chose d'absolument *certain*, c'est-à-dire la certitude de soi-même, ou bien par une définition ou une intuition du *Vrai absolu*, ces formes et d'autres du même genre peuvent être regardées comme devant nécessairement être les éléments premiers. Mais en tant qu'à l'intérieur de chacune de ces formes il y a déjà de la *médiation*, elles ne sont pas véritablement les éléments premiers; la médiation consiste à être sorti d'un premier terme pour passer à un second, et à provenir de termes différents. Si le «Moi = Moi» – ou encore l'intuition intellectuelle – est pris véritablement comme [étant] seulement ce qui est premier, il n'est dans cette immédiateté pure rien d'autre que l'*être*, de même qu'inversement l'être pur, en tant qu'il n'est plus cet être abstrait, mais l'être contenant en lui-même la médiation, est pur penser ou intuitionner.

Si l'*être* est énoncé comme prédicat de l'absolu, cela donne la première définition de celui-ci: «*L'absolu est l'être*». C'est là la définition (dans l'élément de la pensée) absolument initiale, la plus abstraite et la plus indigente. Elle est la définition des *Eléates*, mais en même temps aussi le thème bien connu selon lequel Dieu est le *concept inclusif de toutes les réalités*. On doit faire, en effet, abstraction du caractère borné qui est en chaque réalité, de telle sorte que Dieu soit seulement ce qu'il y a de *réel* en toute réalité, l'*être le plus réel de tous*. En tant que la réalité contient déjà une réflexion, ce thème est | exprimé d'une manière plus immédiate dans ce que dit Jacobi[1] du Dieu de **107** Spinoza, à savoir qu'il est le principe *de l'être dans tout être-là*.

§ 87

Or, cet être pur est l'*abstraction pure*, partant l'*absolument-négatif* qui, pris pareillement en son immédiateté, est le *néant*.

1) Il s'en est ensuivi la deuxième définition de l'absolu, à savoir qu'il est le *néant*; en fait, elle est contenue dans ce qu'on énonce lorsqu'on dit que la chose-en-soi est ce qui est indéterminé, absolument sans forme et par là sans contenu; – ou encore que Dieu *est seulement* l'*Être suprême* et rien d'autre en plus, car en tant que tel il est exprimé comme exactement la même négativité; le néant dont les *Bouddhistes* font le principe de tout ainsi que l'ultime but final et terme de tout, est la même abstraction. 2) Lorsque l'opposition en cette immédiateté est exprimée comme *être* et *néant*, il paraît trop choquant qu'elle soit du néant, pour que l'on n'ait pas dû tenter de fixer l'être et de le garantir

---

1. Jacobi, *Lettres à Moses Mendelssohn sur la doctrine de Spinoza*: «Le Dieu de Spinoza est le principe pur de l'effectivité dans tout être effectif, de l'être dans tout être-là, il est totalement sans individualité, et absolument infini», *Über die Lehre des Spinoza, in Briefen an den Herrn Moses Mendelssohn, op. cit.*, p. 61; trad. cit., p. 127.

contre le passage [en autre chose]. La réflexion, eu égard à cela, doit nécessairement s'aviser de chercher pour l'être une détermination ferme, par laquelle il serait différent du néant. On le prend, par exemple, comme ce qui persiste en tout changement, comme la matière infiniment déterminable, etc., ou encore, sans réflexion, comme une quelconque existence singulière, la première réalité sensible ou spirituelle venue. Mais toutes les déterminations ultérieures et plus concrètes de ce genre ne laissent plus l'être comme l'*être pur*, tel qu'il est ici au commencement en son immédiateté. C'est seulement dans cette indéterminité pure et à cause d'elle qu'il est *néant*; quelque chose d'*ineffable*; ce qui le différencie du néant est quelque chose de simplement *visé*. – La seule chose précisément qui importe, c'est la conscience de ces commencements, à savoir qu'ils ne sont rien d'autre que ces abstractions vides, et que chacune des deux est aussi vide que l'autre; l'*impulsion* incitant à trouver, dans l'être ou dans les deux termes, une signification ferme, est cette *nécessité* même qui emporte plus loin l'être et le néant et leur donne une signification vraie, c'est-à-dire concrète. Cette progression est le développement logique et le cours [de pensées] qui s'expose dans ce qui suit. La *réflexion* qui *trouve* pour eux des déterminations plus profondes est la pensée logique, moyennant laquelle de telles déterminations se produisent au jour non pas du tout d'une manière contingente, mais d'une manière nécessaire. – Chaque signification subséquente qu'il reçoivent est pour cette raison à regarder seulement comme une *détermination plus approchée* et une *définition plus vraie* de l'*absolu*; une telle signification est alors, non plus une abstraction vide comme être et néant, mais bien plutôt un concret dans lequel tous deux, être et néant, sont des moments.
108 – La forme la plus haute du | néant [pris] pour lui-même serait la *liberté*, mais elle est la négativité en tant qu'elle s'approfondit en elle-même jusqu'à la plus haute intensité, et qu'elle est elle-même affirmation et, à la vérité, affirmation absolue.

§ 88

Le *néant*, en tant que ce néant immédiat, égal à soi-même, est de même, inversement, *la même chose* que l'*être*. La vérité de l'être ainsi que du néant est par suite l'*unité* des deux; cette unité est le *devenir*.

1) La proposition : « *être et néant sont la même chose* » apparaît pour la représentation, ou l'entendement, comme une proposition si paradoxale que peut-être elle ne la tient pas pour sérieusement pensée. En réalité, elle fait

partie aussi de ce qu'il y a de plus dur dans ce que la pensée exige d'elle-même, car être et néant sont l'opposition dans toute son *immédiateté*, c'est-à-dire sans que dans l'un d'eux ait déjà été *posée* une détermination qui contiendrait sa relation à l'autre. – Mais ils *contiennent* cette détermination, comme cela est montré dans le paragraphe précédent, la détermination qui justement est la même dans les deux. La déduction de leur unité est, dans cette mesure, entièrement *analytique*; comme en général la progression tout entière de la démarche philosophique, en tant que progression méthodique, c'est-à-dire en tant que progression *nécessaire*, n'est rien d'autre que simplement la *position* de ce qui est déjà contenu dans un concept. – Mais tout aussi juste qu'est l'unité de l'être et du néant, il l'est *également* qu'ils sont *absolument divers*, – que l'un *n*'est *pas* ce que l'autre est. Mais parce que la différence, ici, ne s'est pas encore déterminée, car précisément l'être et le néant sont encore l'immédiat, – elle est, telle qu'elle est en eux, ce qui est *ineffable*, ce qui est simplement *visé*.

2) Cela n'exige pas une grande dépense d'esprit, de tourner en ridicule la proposition qu'être et néant sont la même chose, ou plutôt d'avancer des absurdités en assurant contre la vérité, qu'elles sont des conséquences et applications de cette proposition; par exemple que, suivant celle-ci, c'est la même chose, que ma maison, ma fortune, l'air pour respirer, cette ville-ci, le Soleil, le droit, l'esprit, Dieu *soient* ou *ne soient pas*. En de tels exemples, pour une part, sont introduits subrepticement des *buts particuliers*, l'*utilité* que quelque chose a pour *moi*, et l'on demande s'il *m*'est indifférent que la Chose utile soit ou ne soit pas. En réalité, la philosophie est précisément cette doctrine qui enseigne à libérer l'homme d'une foule infinie de buts et desseins finis, et à le rendre indifférent à leur égard, de telle sorte que ce soit pour lui assurément la même chose, si de telles Choses sont ou ne sont pas. Mais en général dès qu'il est question d'un *contenu*, avec lui est posée une connexion avec d'*autres* existences, buts, etc., qui | sont *présupposés* comme ayant une valeur; c'est de **109** *telles présuppositions* que l'on fait alors dépendre si l'être ou le non-être d'un *contenu déterminé* sont *la même chose* ou *non*. On substitue subrepticement une différence *pleine de contenu* à la différence vide de l'être et du néant. – Mais, pour une autre part, ce sont des buts en soi essentiels, des existences et des Idées absolues, qui sont posés simplement sous la détermination de l'*être* ou du non-être. De tels ob-jets concrets sont tout autre chose encore que seulement des *étants* ou bien des *non-étants*; des déterminations indigentes comme être et néant, – et elles sont, parce qu'elles sont précisément seulement les déterminations du commencement, les plus indigentes qu'il y ait, – sont

tout à fait inadéquates pour la nature de ces ob-jets ; un contenu vrai est très loin au-delà de ces abstractions mêmes et de leur opposition. – Lorsque en général quelque chose de concret est substitué subrepticement à l'être et au néant, il arrive à l'absence de pensée ce qui lui est habituel, c'est-à-dire de recevoir dans la représentation et de viser en ses paroles quelque chose de tout autre que ce dont il est question, et ici il est question simplement de l'être et du néant abstraits.

3) On peut facilement dire que l'on ne *conçoit* pas l'unité de l'être et du néant. Son concept, cependant, est indiqué dans les paragraphes précédents, et il n'est rien de plus que ce qui est indiqué là ; la concevoir ne signifie rien d'autre qu'appréhender ce qui est indiqué là. Mais on entend aussi par l'acte de concevoir, encore quelque chose de plus que le concept proprement dit ; on réclame une conscience plus diversifiée, plus riche, une représentation, de façon qu'un tel concept soit exhibé comme un cas concret avec lequel la pensée en sa praxis habituelle serait plus familiarisée. Dans la mesure où le ne-pas-pouvoir-concevoir exprime seulement l'absence de l'habitude de tenir ferme des pensées abstraites sans y rien mêler de sensible, et de saisir des propositions spéculatives, il n'y a rien d'autre à dire si ce n'est que le genre du savoir philosophique est sans aucun doute différent du genre du savoir auquel on est habitué dans la vie courante, comme aussi de celui qui prédomine dans d'autres sciences. – Mais si le ne-pas-concevoir signifie seulement que l'on ne peut pas se *représenter* l'unité de l'être et du néant, c'est là en réalité si peu le cas, que chacun, bien plutôt, a des représentations infiniment nombreuses de cette unité ; et que l'on n'ait pas une telle représentation, cela peut seulement vouloir dire ceci, à savoir que l'on ne reconnaît pas le concept proposé, dans l'une quelconque de ces représentations, et qu'on ne la sait pas comme un exemple de lui-même. L'exemple le plus proche en est le *devenir*. Chacun a une représentation du devenir et accordera aussi bien que c'est une représentation *une* ; puis, que si on l'analyse, on y trouve contenue la détermination de l'*être*, mais aussi de son Autre absolu, du *néant* ; puis, que ces deux déterminations sont, inséparées, dans cette représentation une ; de telle sorte que le 110 devenir | est ainsi l'unité de l'être et du néant. – Un exemple également proche en est le *commencement* ; la Chose, dans son commencement, *n'est pas encore*, cependant il n'est pas simplement son *néant*, mais en lui il y a déjà aussi son *être*. Le commencement est lui-même aussi devenir, il exprime pourtant déjà la référence à la progression ultérieure. – On pourrait, pour s'accommoder à la marche plus habituelle des sciences, commencer la Logique par la

représentation du commencement purement pensé, donc du commencement en tant que commencement, et analyser cette représentation; ainsi, on admettrait peut-être plus volontiers comme résultat de l'analyse, qu'être et néant se montrent comme inséparés en un terme un.

4) Mais il y a encore à remarquer que l'expression : « être et néant sont *la même chose* », ou : « l'*unité* de l'être et du néant », – et de même toutes les autres *unités* de ce genre, celle du sujet et de l'objet, etc., sont à bon droit choquantes, parce que ce qu'il y a de boiteux et d'incorrect réside en ceci, que l'on fait ressortir l'*unité*, et que si la diversité, à vrai dire, s'y trouve (puisque c'est, par exemple, de l'être et du néant que l'unité est posée), cette diversité, pourtant, n'est pas en même temps exprimée et reconnue, qu'on fait donc abstraction d'elle seulement d'une manière indue, qu'elle semble ne pas être prise en considération. En réalité, une détermination spéculative ne se laisse pas exprimer de façon correcte dans la forme d'une telle proposition; l'unité doit être saisie dans la diversité en même temps *présente* et *posée*. Le *devenir* est l'expression vraie du résultat de l'être et du néant, en tant qu'il est leur unité; il n'est pas seulement l'*unité* de l'être et du néant, mais il est en lui-même le *non-repos*, – l'unité qui n'est pas simplement, en tant que relation-à-soi, immobile, mais, du fait de la diversité de l'être et du néant, qui est en lui, est en elle-même [tournée] contre elle-même. – L'*être-là*, par contre, est cette *unité* ou le devenir dans cette forme de l'unité; c'est pourquoi l'être-là est *unilatéral* et *fini*. L'opposition est comme si elle était disparue; elle est contenue seulement *en soi* dans l'unité, mais non pas *posée* dans l'unité.

5) À la proposition que l'être est le passage dans le néant, et le néant le passage dans l'être, – à la proposition du *devenir*, s'oppose la proposition : « De rien, rien ne vient », « Quelque chose vient seulement de quelque chose », la proposition de l'éternité de la matière, du panthéisme. Les Anciens ont fait la réflexion simple, que la proposition : « De quelque chose vient quelque chose », ou : « De rien, rien ne vient », supprime en fait le devenir; car ce à partir de quoi il y a devenir et ce qui devient sont une seule et même chose; c'est seulement la proposition de l'abstraite identité d'entendement qui est présente. Mais on doit nécessairement être frappé d'étonnement à voir les propositions : « De rien, rien ne vient », ou : « Quelque chose vient seulement de quelque chose », exposées encore à notre époque tout à fait naïvement, sans qu'on ait quelque conscience qu'elles [sont] l'assise fondamentale du panthéisme, et de même sans qu'on ait connaissance du fait que les Anciens ont épuisé l'examen de ces propositions.

| b) Être-là

§ 89

L'être dans le devenir, en tant qu'un avec le néant, de même le néant, un avec l'être, sont des termes qui ne font que disparaître ; le devenir, du fait de sa contradiction en lui-même, tombe en s'y résolvant dans l'unité dans laquelle les deux termes sont supprimés ; son *résultat* est donc l'*être-là*.

Il y a une fois pour toutes à rappeler, en ce premier exemple, ce qui a été indiqué au paragraphe 82 et dans la remarque qui s'y trouve jointe ; ce qui seul peut fonder une progression et un développement dans le savoir, c'est de tenir ferme les résultats dans leur vérité. Quand dans un ob-jet ou concept quel-conque la contradiction est montrée (et où que ce soit, il n'y a *absolument rien*, en quoi la contradiction, c'est-à-dire des déterminations opposées, ne puisse et ne doive être montrée ; – l'acte d'abstraire qui est le fait de l'entendement consiste à se fixer de vive force à *une* déterminité, à s'efforcer d'obscurcir et d'éloigner la conscience de l'autre déterminité qui se trouve dans cet ob-jet), – quand donc une telle contradiction est reconnue, on a coutume de conclure : « *donc* cet ob-jet n'est *rien* » ; tout comme *Zénon*, le premier, montra du mouvement, qu'il se contredisait, qu'il n'*était* donc pas, ou comme les Anciens reconnurent le *naître* et le *disparaître*, les deux espèces du devenir, pour des déterminations sans vérité, en exprimant que l'*Un*, c'est-à-dire l'absolu, ne naissait ni ne disparaissait. Cette dialectique s'en tient ainsi simplement au côté négatif du résultat et fait abstraction de ce qui en même temps est effec-tivement présent, un résultat *déterminé*, ici un *néant* pur, mais un *néant* qui inclut en lui l'*être*, et de même un être, qui inclut en lui le néant. Ainsi, 1) l'être-là est l'unité de l'être et du néant dans laquelle l'immédiateté de ces déterminations et par là, dans leur relation, leur contradiction sont disparues, – une unité dans laquelle ils ne sont plus que des *moments*, 2) comme le résultat est la contradiction supprimée, il est dans la forme de l'*unité simple* avec soi, ou lui-même comme un *être*, mais un être avec la négation ou déterminité ; il est le devenir, posé dans la *forme* de l'*un* de ses moments, de l'être.

§ 90

α) L'*être-là* est l'être avec une *déterminité* qui est en tant que déterminité immédiate ou dans l'élément de l'être, la *qualité*. L'être-là, en tant qu'il est, dans cette déterminité qui est la sienne, réfléchi *en lui-même*, est | [un] *étant-là*, [un] *Quelque-chose*. – Les 112 catégories qui se développent à même l'être-là ne peuvent être indiquées que sommairement.

§ 91

La qualité, en tant que déterminité *qui est*, face à la *négation* contenue en elle mais différente d'elle, est *réalité*. La négation, non plus le néant abstrait, mais en tant qu'elle est un être-là et un *Quelque-chose*, est seulement une forme en celui-ci, elle est en tant qu'*être-autre*. La qualité, en tant que cet être-autre est sa détermination propre, mais est tout d'abord différent d'elle, est *être-pour-un-autre*, – un vaste champ de l'être-là, du Quelque-chose. L'*être* de la qualité en tant que tel, face à cette relation à un Autre, est l'*être-en-soi*.

§ 92

β) L'être, tenu ferme, comme différent d'elle, à l'écart de la déterminité, l'*être-en-soi*, ne serait que l'abstraction vide de l'être. Dans l'être-là, la déterminité est une avec l'être, elle qui, posée en même temps comme négation, est *limite*, *borne*. C'est pourquoi l'être-autre n'est pas de l'indifférent extérieur à lui, mais son propre moment. Quelque-chose est, du fait de sa qualité, premièrement *fini*, et deuxièmement *variable*, de telle sorte que la finité et la variabilité appartiennent à son être.

§ 93

Quelque-chose devient un Autre, mais l'Autre est lui-même un Quelque-chose, donc il devient pareillement un Autre, et ainsi de suite *à l'infini*.

§ 94

Cette infinité est la *mauvaise ou négative* infinité, en tant qu'elle n'est rien d'autre que la négation du fini, lequel, cependant, renaît aussi bien, par conséquent tout aussi bien n'est pas supprimé, – ou [encore], cette infinité exprime seulement le *devoir-être* de la suppression du fini. Le progrès à l'infini en reste à l'expression de la contradiction que le fini contient, à savoir qu'il est aussi bien *Quelque-chose*
113 que son | *Autre*, et il est la continuation s'éternisant de l'alternance de ces déterminations dont l'une amène l'autre.

§ 95

γ) Ce qui est en fait présent, c'est que Quelque-chose devient un Autre et que l'Autre, d'une façon générale, devient un Autre. Quelque-chose est, dans son rapport à un Autre, lui-même déjà un Autre relativement à ce dernier ; par conséquent, comme ce en quoi il y a passage est tout à fait la même chose que ce qui opère le passage, – les deux termes n'ont aucune autre détermination que l'unique et même détermination d'être un *Autre*, – par là, Quelque-chose, en son passage dans autre chose, ne fait que venir se joindre *à soi-même*, et cette relation à soi-même dans le passage [en autre chose] et dans l'Autre est la *véritable infinité*. Ou, si on le considère négativement, ce qui est changé, c'est l'*Autre*, il devient l'*Autre* de l'*Autre*. Ainsi l'être est restauré, mais comme négation de la négation, et il est l'*être-pour-soi*.

Le dualisme, qui rend insurmontable l'opposition du fini et de l'infini, ne fait pas la réflexion simple, que de cette manière l'infini est aussitôt seulement *l'un des deux* [termes], qu'on fait de lui, par là, un être seulement *particulier*, auquel s'ajoute le fini comme l'autre particulier. Un tel infini, qui n'est qu'un particulier, est *à côté* du fini, a en celui-ci, précisément par là, sa borne, sa limite, *n'est pas* ce qu'il doit être, n'est pas l'infini, mais est seulement *fini*. – Dans un tel Rapport, où le fini est placé *de ce côté-ci*, l'infini *de ce côté-là*, le premier *en deçà*, l'autre *au-delà*, au fini est attribuée *la même dignité* qu'à l'infini en fait de *consistance* et de *subsistance-par-soi* ; de l'être du fini, on fait un être absolu ; dans un tel dualisme, il se tient ferme pour lui-même. Touché, pour ainsi dire, par l'infini, il serait réduit à néant ; mais il ne doit pas pouvoir être touché par l'infini, il faut qu'un abîme, une faille infranchissable, se trouve entre les deux, que l'infini persiste absolument de ce côté-là et le fini de ce côté-ci. Tandis que l'affirmation de la persistance ferme du fini en face de l'infini s'imagine être loin au-dessus de toute métaphysique, elle se tient tout simplement sur le terrain de la métaphysique d'entendement la plus ordinaire. Il se produit ici la même chose que ce qu'exprime le progrès à l'infini : en premier lieu, on accorde que le fini *n'est pas en et pour soi*, qu'une effectivité subsistante-par-soi *ne* lui appartient *pas*, ni un être *absolu*, qu'il n'est qu'un être passager ; ce qu'*en second lieu* on oublie aussitôt, et l'on se | représente **114** le fini seulement en face de l'infini, absolument séparé de lui et enlevé à l'anéantissement, en tant que subsistant-par-soi, que persistant pour lui-même. – Tandis que la pensée s'imagine de cette manière s'élever à l'infini, il lui arrive le contraire, – de parvenir à un infini qui n'est qu'un fini, et, pour ce qui est du fini qui a été délaissé par elle, bien plutôt de toujours le conserver, d'en faire un absolu.

Si, à la suite de la réflexion qui a été faite sur le caractère de néant de l'opposition d'entendement entre le fini et l'infini (thème avec lequel on peut comparer avec profit le *Philèbe* de *Platon*[1]), on peut ici aussi facilement songer à s'exprimer en disant qu'ainsi l'infini et le fini ne font qu'*un*, que le vrai, la véritable infinité sont déterminés et énoncés comme *unité* de l'infini et du fini, une telle expression renferme, il est vrai, quelque chose de juste, mais elle est, tout autant, boiteuse et fausse, tout comme on l'a remarqué, il y a un instant, de l'*unité* de l'être et du néant. Elle entraîne en outre le reproche justifié visant la finitisation de l'infini, un infini fini. Car, dans cette expression-là, le fini apparaît comme laissé en place ; il n'est pas exprimé de façon expresse comme *supprimé*. – Ou bien, en tant qu'on réfléchirait au fait que posé comme un avec l'infini, il ne pourrait assurément pas rester ce qu'il était en dehors de cette unité, et, au moins, aurait à pâtir quelque peu en sa détermination (comme l'alcali, combiné avec l'acide, perd de ses propriétés), [on verrait que] c'est précisément là ce qui arriverait à l'infini, qui, en tant que le négatif, serait, de son côté, pareillement émoussé au contact de l'Autre. En réalité, une telle chose arrive aussi à l'infini abstrait, unilatéral, de l'entendement. Toutefois, l'infini véritable ne se comporte pas simplement comme l'acide unilatéral ;

1. Platon, *Philèbe*, 23 c *sq.*

mais il se conserve ; la négation de la négation n'est pas une neutralisation ; l'infini est l'affirmatif, et seul le fini est ce qui est supprimé.

Dans l'être-pour-soi, a fait son entrée la détermination de l'*idéalité*. L'*être-là*, appréhendé tout d'abord seulement suivant son être ou son affirmation, a une *réalité* (§ 91), par conséquent la finité elle aussi est tout d'abord dans la détermination de la réalité. Mais la vérité du fini est bien plutôt son *idéalité*. Tout autant, l'infini d'entendement lui aussi qui, placé *à côté* du fini, est lui-même seulement l'un des deux finis, est un infini non-vrai, un infini *idéel*. Cette idéalité du fini est la proposition capitale de la philosophie, et toute vraie philosophie est pour cette raison un *idéalisme*. Il importe seulement de ne pas prendre pour l'infini ce qui en sa détermination même est aussitôt constitué en quelque chose de particulier et de fini. – C'est sur cette différence que l'on a, pour cette raison, appelé ici l'attention de façon plus détaillée ; le concept fondamental de la philosophie, l'infini véritable, en dépend. Le sens de cette
115 différence est épuisé par | les réflexions toutes simples, pour cette raison peut-être de peu d'apparence, mais irréfutables, qui sont contenues dans le paragraphe.

c) *Être-pour-soi*

§ 96

α) L'être-pour-soi, en tant que relation à soi-même, est *immédiateté*, et, en tant que relation du négatif à soi-même, il est un étant-pour-soi, l'*Un*, – ce qui est en soi-même sans différence, ce qui par là exclut de soi l'*Autre*.

§ 97

β) La relation du négatif à soi-même est une relation *négative*, donc une différenciation de l'Un d'avec soi-même, la *répulsion* de l'Un, c'est-à-dire une position de *plusieurs Uns*. Suivant l'immédiateté de l'étant-pour-soi, ces Plusieurs sont des *étants*, et la répulsion des Uns qui sont dans l'élément de l'être devient, dans cette mesure, leur répulsion les uns à l'égard des autres en tant que réalités présentes, ou une *exclusion* réciproque.

§ 98

Mais les *Plusieurs* sont l'un ce qu'est l'autre, chacun est un Un ou encore un des Plusieurs; ils sont par conséquent une seule et même chose. Ou bien, si la répulsion est considérée en elle-même, elle est, en tant que *comportement* négatif des plusieurs Uns les uns à l'égard des autres, aussi bien essentiellement leur *relation* les uns aux autres; et comme ceux auxquels l'Un se rapporte en son acte de repousser sont des Uns, en eux il se rapporte à lui-même. La répulsion est par suite aussi bien essentiellement *attraction*; et l'Un exclusif ou l'être-pour-soi se supprime. La déterminité qualitative, qui dans l'Un a atteint son être-déterminé-en-et-pour-soi, est par là passée dans la déterminité *en tant que supprimée*, c'est-à-dire dans l'être en tant que *quantité*.

La philosophie *atomistique* est ce point de vue à l'intérieur duquel l'absolu se détermine comme être-pour-soi, comme Un et comme plusieurs Uns. Comme leur force fondamentale, c'est aussi la répulsion qui se montre dans le concept de l'Un, qui a été admise; cependant, ce n'est pas, de même, l'attraction, mais le *hasard*, c'est-à-dire ce qui est sans pensée, qui doit les | réunir. En 116 tant que l'Un est fixé comme Un, sa rencontre avec d'autres est assurément à regarder comme quelque chose de tout à fait extérieur. – Le *vide*, qui est admis comme l'autre principe venant s'ajouter à l'atome, est la répulsion elle-même, représentée comme le néant *qui est*, situé entre les atomes. – L'atomistique moderne – et la physique conserve encore toujours ce principe – a renoncé aux atomes dans la mesure où elle s'en tient à de petites particules, les molécules; elle s'est par là rapprochée de la représentation sensible, mais a abandonné la détermination pensante. – En tant qu'ensuite une force attractive est placée à côté de la force répulsive, l'opposition est, à la vérité, rendue *complète*, et l'on a eu grande opinion de soi en découvrant cette prétendue force naturelle. Mais la relation des deux [forces] l'une à l'autre, ce qui constitue ce qu'elles ont de concret et de vrai, serait à arracher à la trouble confusion en laquelle elle est encore laissée dans les *Fondements métaphysiques initiaux de la science de la*

184 PREMIÈRE PARTIE – LA SCIENCE DE LA LOGIQUE

nature, de *Kant*[1]. – La vision atomistique des choses est, dans les temps modernes, devenue encore plus importante dans le domaine *politique* que dans le domaine physique. Suivant elle, la volonté des [individus] *singuliers* comme telle est le principe de l'État, ce qui produit l'attraction est la particularité[2] des besoins, des penchants, et l'universel, l'État lui-même, est le Rapport extérieur du contrat.

B
QUANTITÉ

a) La quantité pure

§ 99

La *quantité* est l'être pur, où la déterminité est posée non plus comme faisant un avec l'être lui-même, mais comme *supprimée* ou *indifférente*.

1) Le terme de *grandeur* ne convient pas pour la quantité, dans la mesure où il désigne surtout la quantité *déterminée*. 2) La mathématique a coutume de définir la grandeur comme ce qui peut être *augmenté* ou *diminué*; aussi fautive que soit cette définition en tant qu'elle contient à son tour le défini lui-même, il s'y trouve pourtant impliqué que la détermination-de-grandeur est une détermination qui est posée comme *variable* et *indifférente*, de sorte qu'en dépit d'une variation d'elle-même, d'un accroissement en extension ou en intensité, 117 la Chose, par exemple une maison, | un rouge, ne cesse pas d'être une maison, un rouge. 3) L'absolu est quantité pure, – ce point de vue coïncide en général avec le fait de donner à l'absolu la détermination de la *matière*, où la forme serait bien présente, mais serait une détermination indifférente. La quantité

---

1. Kant, *Metaphysische Anfangsgründe der Naturwissenschaft*, Riga, 1786; la 2ᵉ partie de l'ouvrage a pour titre «Metaphysische Anfangsgründe der Dynamik» («Fondements métaphysiques initiaux de la dynamique»).
2. «die Partikularität». C'est la particularité («Besonderheit») prise dans son être-là immédiat, extérieur, quantitatif, en tant que pluralité particulière.

constitue aussi la détermination fondamentale de l'absolu lorsqu'il est saisi de telle sorte qu'en lui, l'absolument-indifférent, toute différence serait seulement quantitative. – Par ailleurs, l'espace pur, le temps, etc., peuvent être pris comme exemples de la quantité, pour autant que le réel doit être appréhendé comme remplissement *indifférent* de l'espace et du temps.

§ 100

La quantité, [prise] tout d'abord dans sa relation immédiate à soi ou dans la détermination de l'égalité avec soi-même posée moyennant l'attraction, est grandeur *continue*; – dans l'autre détermination contenue en elle, celle de l'Un, elle est grandeur *discrète*. Mais cette quantité-là est tout aussi bien discrète, car elle est seulement continuité du *Plusieurs*; celle-ci, aussi bien continue, sa continuité est l'Un, en tant qu'il est *le même* [être] des plusieurs Uns, l'*unité*.

1) La grandeur continue et la grandeur discrète ne doivent donc pas, dans cette mesure, être regardées comme des *espèces*, comme si la détermination de l'une ne revenait pas à l'autre, mais elles se différencient seulement en ce que *le même tout* est posé une fois sous l'une de ses déterminations, l'autre fois sous l'autre. 2) L'antinomie de l'espace, du temps ou de la matière, eu égard à leur divisibilité à l'infini ou bien à leur être-composé à partir d'[éléments] indivisibles, n'est rien d'autre que l'affirmation de la quantité, une fois comme continue, l'autre fois comme discrète. Si l'espace, le temps, etc., sont posés seulement avec la détermination de quantité continue, ils sont *divisibles* à l'infini; mais avec la détermination de grandeur discrète, ils sont en eux-mêmes *divisés* et sont composés d'Uns indivisibles; il y a autant d'unilatéralité dans un cas que dans l'autre.

b) Le quantum

§ 101

La quantité, *posée* essentiellement avec la déterminité exclusive qui est contenue dans elle, est *quantum*, quantité limitée.

| § 102

Le quantum a son développement et sa déterminité accomplie dans le *nombre*, qui contient en lui comme son élément l'Un, suivant le moment de la discrétion la *valeur numérique*[1], suivant celui de la continuité l'unité, en tant que moments qualitatifs de celui-ci.

En arithmétique, les *modes du calcul* sont habituellement présentés comme des manières contingentes de traiter les nombres. S'il doit se trouver en eux une nécessité et par là un entendement[2], celui-ci doit nécessairement résider dans un principe, et ce dernier ne peut résider que dans les déterminations qui sont contenues dans le concept du nombre lui-même; ce principe doit être ici montré brièvement. – Les déterminations du concept de nombre sont la *valeur numérique* et l'*unité*, et le nombre lui-même est l'unité des deux. Mais l'unité, appliquée à des nombres empiriques, est seulement leur *égalité*; ainsi le principe des modes du calcul doit nécessairement consister à poser des nombres dans le Rapport unité-valeur numérique, et à produire l'égalité de ces déterminations.

En tant que les Uns ou les nombres eux-mêmes sont indifférents les uns à l'égard des autres, l'unité dans laquelle on les fait passer apparaît généralement comme un rassemblement extérieur. Calculer est, pour cette raison, d'une façon générale, *compter*[3], et la différence des *modes* de calcul réside uniquement dans la constitution qualitative des nombres qui sont comptés ensemble, et pour cette constitution la détermination d'unité et de valeur numérique est le principe.

Nombrer est ce qui vient en premier, construire le nombre *en général*, opération par laquelle on prend ensemble des *Uns* aussi nombreux que l'on veut. – Mais un *mode* de calcul est l'opération de compter ensemble des termes qui sont déjà des nombres, non plus le simple Un.

---

1. « die Anzahl » : la valeur numérique, la quantité numérique.

2. Nous savons que Hegel prend le terme « entendement » (« Verstand ») aussi bien dans un sens objectif que dans un sens subjectif.

3. « Rechnen ist darum überhaupt *zählen* ». – Malgré la parenté : nombre (« Zahl ») – nombrer (« zählen »), nous préférons employer le terme français plus courant de « compter », réservant le terme « nombrer », qui reçoit donc un sens plus restrictif, pour désigner ce que Hegel entend par « numerieren ».

Les nombres sont *immédiatement* et *en premier lieu*, de façon tout à fait indéterminée, des nombres en général, inégaux donc en général ; l'opération de prendre ensemble ou de compter de tels nombres est celle d'*additionner*.

La détermination qui vient *immédiatement après* est que les nombres sont *égaux* en général, par là ils constituent une seule et même *unité*, et une *quantité numérique* de telles unités est donnée ; compter de tels nombres est l'opération de *multiplier* ; – où il est indifférent que les déterminations de quantité numérique et d'unité soient réparties de telle ou telle façon entre les deux nombres, les facteurs, que tel nombre soit pris pour la valeur numérique et tel nombre au contraire pour l'unité.

La *troisième* déterminité est enfin l'*égalité* de la *valeur numérique* et de l'*unité*. L'opération de compter ensemble des nombres ainsi déterminés est l'opération d'*élever à la puissance* – et tout d'abord au *carré*. – L'élévation à une puissance ultérieure est la continuation formelle – qui s'en va, à nouveau, dans la quantité numérique indéterminée – de la multiplication du nombre par lui-même. – Comme, dans cette troisième détermination, l'égalité accomplie de l'unique différence présente, celle de la valeur numérique et de | l'unité, est **119** atteinte, il ne peut y avoir d'autres modes de calcul que ces trois-là. – À l'opération de compter ensemble des nombres correspond celle de les décomposer suivant les mêmes déterminités. Il y a donc à côté des trois modes indiqués, qui dans cette mesure peuvent être appelés les modes *positifs*, aussi trois modes *négatifs*.

c) *Le degré*

§ 103

La *limite* est identique avec le tout du quantum lui-même ; en tant que multiple *en elle-même*, elle est la grandeur *extensive*, mais, en tant que déterminité *simple* en elle-même, elle est la grandeur *intensive* ou le *degré*.

La différence entre les grandeurs continue et discrète et les grandeurs extensive et intensive consiste par suite en ce que les premières visent la *quantité en général*, mais celles-ci sa *limite* ou déterminité en tant que telle. – Ici, pareillement, la grandeur extensive et la grandeur intensive ne sont pas non plus deux espèces dont chacune contiendrait une déterminité que l'autre n'aurait pas ; ce qui est grandeur extensive est tout autant comme grandeur intensive, et inversement.

§ 104

Dans le degré, le *concept* du quantum est *posé*. Il est la grandeur en tant qu'elle est, indifférente, *pour elle-même* et simple, mais de telle sorte qu'elle a la déterminité moyennant laquelle elle est quantum, absolument *en dehors d'elle* dans d'autres grandeurs. Dans cette contradiction consistant en ce que la limite indifférente *qui est pour soi* est l'absolue *extériorité*, est posé le *progrès* quantitatif *infini*, – une *immédiateté* qui se renverse immédiatement en son contraire, en l'*être-médiatisé* (le dépassement du quantum qui vient d'être posé), et inversement.

Le *nombre* est pensée, mais la pensée en tant qu'un être complètement extérieur à soi. Il n'appartient pas à l'intuition, puisqu'il est pensée, mais il est la pensée qui a pour détermination l'extériorité de l'intuition. – Le quantum ne *peut* donc pas seulement être augmenté ou diminué à l'infini, lui-même est par son concept cet *envoi-au-delà* de soi-même. Le progrès quantitatif infini est 120 également la | répétition privée-de-pensée d'une seule et même contradiction qui est le quantum en général, et posé dans sa déterminité, le degré. Au sujet de ce qu'il y a de superflu à exprimer cette contradiction sous la forme du progrès infini, *Zénon* dit à bon droit chez Aristote : «C'est la même chose de dire quelque chose *une fois* et de le dire *toujours*».

§ 105

Ce caractère du quantum, d'*être extérieur* à soi-même dans sa déterminité *qui est pour soi*, constitue sa *qualité* ; en cet être-extérieur-à-soi, il est précisément lui-même et en relation avec lui-même. L'extériorité, c'est-à-dire le quantitatif, et l'être-pour-soi, le qualitatif, y sont réunis. – Le quantum *en lui-même* ainsi posé est le *Rapport* quantitatif, – déterminité qui est tout autant un quantum *immédiat*, l'exposant, que *médiation*, à savoir la *relation* d'un quantum quelconque à un autre, – les deux côtés du Rapport, qui en même temps ne valent pas selon leur valeur immédiate, mais dont la valeur est seulement dans cette relation.

§ 106

Les *côtés* du Rapport sont encore des quanta immédiats, et la détermination qualitative et la détermination quantitative sont encore extérieures l'une à l'autre. Mais suivant leur vérité, à savoir que le quantitatif est lui-même relation à soi dans son extériorité, ou que l'être-pour-soi et l'indifférence de la déterminité sont réunis, il [1] est la *mesure*.

C
LA MESURE

§ 107

La mesure est le quantum qualitatif, tout d'abord comme *immédiat*, un quantum auquel est lié un être-là ou une qualité.

| § 108   121

Pour autant que dans la mesure qualité et quantité sont seulement dans une unité *immédiate*, leur différence vient au jour, en elles, d'une manière tout aussi immédiate. Le quantum spécifique est en ce sens, pour une part, simple quantum, et l'être-là est susceptible d'une augmentation et diminution sans que la mesure, qui en ce sens est une *règle*, soit par là supprimée, mais, pour une part, le changement du quantum est aussi un changement de la qualité.

§ 109

L'*être-sans-mesure* est tout d'abord ce fait, pour une mesure, d'outrepasser grâce à sa nature quantitative sa déterminité qualitative. Mais puisque l'autre Rapport quantitatif, l'être-sans-mesure du

---

1. C'est-à-dire le Rapport quantitatif.

premier, est tout autant qualitatif, l'être-sans-mesure est également une mesure ; et ces deux passages, de la qualité dans le quantum et de celui-ci dans celle-là, peuvent, à leur tour, être représentés comme *progrès infini*, – comme l'opération par laquelle, dans l'être-sans-mesure, se supprime et se restaure la mesure.

§ 110

Ce qui en fait se produit ici, c'est que l'*immédiateté* qui appartient encore à la mesure, en tant que telle, est supprimée ; qualité et quantité elles-mêmes sont, en celle-ci, tout d'abord comme *immédiates*, et elle est seulement leur *identité relative*. Mais la mesure montre d'elle-même qu'elle se supprime dans l'être-sans-mesure et pourtant, en celui-ci, qui est sa négation mais est lui-même unité de la quantité et de la qualité, ne fait, tout autant, que venir se joindre *à elle-même*.

§ 111

L'infini, l'affirmation en tant que négation de la négation, avait, à la place des côtés plus abstraits de l'être et du néant, du Quelque-chose et d'un Autre, à présent la qualité et la quantité pour côtés. Celles-ci sont α) tout d'abord *passées*, la qualité, dans la quantité (§ 98), et la quantité, dans la qualité (§ 105), | et par là toutes deux se sont montrées comme *négations*. β) Mais dans leur *unité* (la mesure), elles sont tout d'abord différentes et l'une est seulement *par la médiation* de l'autre ; et γ) après que l'immédiateté de cette unité s'est montrée comme se supprimant, cette unité est désormais *posée* comme ce qu'elle est *en soi*, comme relation-à-soi simple, qui contient en elle en tant que supprimés l'être en général et ses formes. – L'être, ou l'immédiateté qui, moyennant la négation d'elle-même, est médiation *avec soi* et relation à soi-même, donc aussi bien médiation qui se supprime en direction de la relation à soi, de l'immédiateté, est l'*essence*.

LA THÉORIE DE L'ESSENCE

§ 112

L'essence est le concept comme concept *posé*, les déterminations sont, dans l'essence, des déterminations seulement *relatives*, elles ne sont pas encore comme réfléchies absolument en elles-mêmes ; c'est pourquoi le concept n'est pas encore comme [un] *pour-soi*. L'essence, en tant que l'être qui par la négativité de lui-même se médiatise avec lui-même, n'est la relation à soi-même qu'en tant que celle-ci est relation à un Autre qui, cependant, est immédiatement non pas comme [un] étant, mais comme quelque chose de *posé* et de *médiatisé*. – L'être n'est pas disparu, mais, en premier lieu, l'essence, en tant que relation simple à soi-même, est être ; cependant, pour une autre part, l'être, suivant sa détermination unilatérale, d'être un être *immédiat*, est *rabaissé* à un être seulement négatif, à une *apparence*. – L'essence est en cela l'être en tant que *paraître* dans soi-même.

L'absolu est l'*essence*. – Cette définition est la même que celle selon laquelle il est l'*être*, dans la mesure où l'être est pareillement la relation simple à soi-même ; mais elle est en même temps plus élevée parce que l'essence est l'être qui est allé *dans lui-même*, c'est-à-dire que sa relation simple à soi-même est cette relation, posée comme la négation du négatif, comme médiation de soi en soi avec soi-même. – Mais en tant que l'absolu est déterminé comme *essence*, la négativité est souvent prise seulement dans le sens d'une *abstraction* de tous les prédicats déterminés. Cet agir négatif, l'acte d'abstraire, tombe alors en dehors de l'essence, et l'essence elle-même n'est ainsi que comme un résultat *sans cette prémisse qui est la sienne*, le *caput mortuum* de l'abstraction. Cependant, comme cette négativité n'est pas extérieure à l'être mais est sa propre dialectique –, la vérité de l'être, l'essence, est en tant que l'être qui est allé *dans lui-même* ou qui est *dans lui-même*; ce qui différencie cet être de l'être immédiat est constitué par cette *réflexion*, son paraître dans soi-même, et celle-ci est la détermination propre de l'essence elle-même.

§ 113

La relation-à-soi dans l'essence est la forme de l'*identité*, de la 124 *réflexion-en-soi*; celle-ci est | venue ici prendre la place de l'*immédiateté* de l'être; toutes deux sont les mêmes abstractions de la relation-à-soi.

L'absence-de-pensée propre à la sensibilité, qui consiste à prendre tout ce qui est borné et fini pour un *étant*, passe dans l'entêtement de l'entendement, qui consiste à le saisir comme quelque chose qui est *identique-à-soi*, qui *ne se contredit pas en soi-même*.

§ 114

Cette identité, en tant que provenant de l'être, apparaît, tout d'abord, seulement affectée des déterminations de l'être et rapportée à lui comme à quelque chose d'*extérieur*. Si celui-ci est pris ainsi séparé de l'essence, il s'appelle l'*inessentiel*. Mais l'essence est [un] être-dans-soi, elle est *essentielle*, dans la seule mesure où elle a dans elle-même le négatif d'elle-même, où elle a dans elle-même la relation-à-un autre, la médiation. C'est pourquoi elle a en elle-même l'inessentiel comme sa propre apparence. Mais en tant que le différencier est contenu dans le paraître ou le médiatiser, et que le différencié, dans sa différence d'avec l'identité d'où il vient et dans laquelle il n'est pas ou repose comme apparence, conserve lui-même la forme de l'identité, l'inessentiel est ainsi dans la manière d'être de l'immédiateté se rapportant à soi ou de l'être; la sphère de l'essence devient de ce fait une liaison encore imparfaite de l'*immédiateté* et de la *médiation*. En elle, tout est posé de telle façon qu'il se rapporte à soi et qu'il est en même temps dépassé, – comme un *être de la réflexion*, un être dans lequel un Autre paraît, et qui paraît dans un Autre. – Elle est, par suite, aussi la sphère de la *contradiction posée*, contradiction qui, dans la sphère de l'être, est seulement *en soi*.

Dans le développement de l'essence se présentent, puisque le concept un est, en tout, le substantiel, les mêmes déterminations que dans le développement de l'être, mais dans une forme *réfléchie*. Ainsi, à la place de l'être et du néant apparaissent maintenant les formes du *positif* et du *négatif*, celui-là correspondant tout d'abord à l'être sans opposition en tant qu'*identité*, celui-ci étant développé (paraissant dans lui-même) comme la *différence*; – de même, ensuite, le *devenir*, en tant que *fondement* aussitôt lui-même de l'*être-là* qui, en tant que réfléchi sur le fondement, est *existence*, etc. – Cette partie (la plus difficile) de la Logique contient principalement les catégories de la métaphysique et des sciences en général ; – en tant qu'elles sont des productions | de **125** l'entendement réfléchissant qui tout à la fois admet les différences comme *subsistantes-par-soi* et pose *aussi* leur relativité ; – mais qui relie seulement ces deux démarches par un *aussi* en les plaçant l'une à côté de l'autre ou l'une à la suite de l'autre, et ne rassemble pas ces pensées, ne les réunit pas pour former le concept.

A
L'ESSENCE COMME FONDEMENT DE L'EXISTENCE

a) Les pures déterminations de la réflexion

α) *Identité*

§ 115

L'essence paraît *dans elle-même*, ou est réflexion pure, ainsi elle est seulement relation à soi, non pas en tant que relation à soi immédiate, mais en tant que relation à soi réfléchie, – *identité avec soi*.

Identité formelle ou *identité d'entendement* est cette identité, pour autant qu'on se tient fixement à elle et qu'on *fait abstraction* de la différence. Ou, bien plutôt, l'*abstraction* est la position de cette identité formelle, la transformation de quelque chose qui est en soi-même concret en cette forme de la simplicité, – soit qu'une partie du divers multiforme présent à même le concret soit *mise de côté* (au moyen de ce que l'on appelle l'*analyse*) et que seul *un* élément de ce divers multiforme soit retenu, ou qu'avec la mise de côté de leur diversité les déterminités multiformes soient contractées en une seule.

L'identité étant jointe à l'absolu en tant que sujet d'une proposition, celle-ci s'énonce : « L'*absolu est l'identique à soi* ». – Aussi vraie qu'est cette proposition, aussi ambigu est son sens, à savoir si elle est visée dans sa vérité ; c'est pourquoi elle est dans son expression au moins incomplète : car il n'est pas décidé si c'est l'*identité* d'entendement abstraite, c'est-à-dire en opposition aux autres déterminations de l'essence, – ou bien l'identité en tant que *concrète* en elle-même, qui est visée ; [prise] ainsi, elle est, comme cela se dégagera, tout d'abord le *fondement* et ensuite, en une vérité plus haute, le *concept*. – Le mot même d'*absolu* lui aussi n'a souvent aucune autre signification que celle d'*abstrait* ; ainsi l'espace *absolu*, le temps *absolu* ne signifient rien d'autre que l'espace abstrait et le temps abstrait.

Si les déterminations de l'essence sont prises comme déterminations **126** *essentielles*, elles deviennent prédicats d'un sujet présupposé | qui, parce qu'elles [sont] essentielles, est : *tout*. Les propositions qui naissent de là ont été exprimées comme les *lois universelles de la pensée*. La *proposition de l'identité* s'énonce en conséquence ainsi : « *Tout est identique avec soi* » ; « A = A » ; et négativement : « *A ne peut pas être en même temps A et non-A* ». – Cette proposition, au lieu d'être une loi-de-la-pensée vraie, n'est rien d'autre que la loi de l'*entendement abstrait. La forme de la proposition* la contredit déjà elle-même, puisqu'une proposition promet aussi une différence entre sujet et prédicat, alors que celle-ci ne fournit pas ce qu'exige sa forme. Mais, nommément, cette loi est supprimée par les lois-de-la-pensée – ainsi qu'on les appelle – venant ensuite, qui érigent en lois le contraire de cette loi. – Si l'on affirme que cette proposition ne peut être prouvée mais que *chaque* conscience procède selon elle et, suivant l'expérience, lui donne son adhésion aussitôt qu'elle la saisit, il y a à opposer à cette prétendue expérience de l'École l'expérience universelle, qu'aucune conscience ne pense ni n'a de représentations, etc. ..., ni ne parle, suivant cette loi, qu'aucune existence, de quelque espèce qu'elle soit, n'existe suivant elle. Le parler qui suit cette prétendue loi de la vérité (une planète est – une planète, le magnétisme est – le magnétisme, l'esprit est – un esprit) passe à bon droit pour niais ; c'est bien là une expérience universelle. L'École, en laquelle seule de telles lois ont validité, s'est depuis longtemps discréditée, avec sa Logique qui les expose [très] sérieusement, auprès du bon sens comme auprès de la raison.

β) *La différence*

§ 116

L'essence n'est pure identité et apparence dans elle-même qu'en tant qu'elle est la négativité se rapportant à soi, par conséquent acte de se repousser de soi-même ; elle contient donc essentiellement la détermination de la *différence*.

L'être-autre n'est plus ici l'être-autre *qualitatif*, la déterminité, la limite ; mais en tant qu'elle est dans l'essence, qui se rapporte à soi, la négation est en même temps comme relation, *différence, être-posé, être-médiatisé*.

§ 117

La différence est 1) différence *immédiate*, la *diversité*, dans laquelle chacun des termes différents *est pour lui-même* ce qu'il est, et dans laquelle il est indifférent à l'égard de sa relation à l'autre, | qui est **127** ainsi une relation extérieure à lui. À cause de l'indifférence des termes divers à l'égard de leur différence, celle-ci tombe en dehors d'eux dans un troisième terme, terme *qui compare*. Cette différence extérieure est, en tant qu'identité des termes mis en rapport, l'*égalité*, en tant que leur non-identité, l'*inégalité*.

Ces déterminations elles-mêmes, l'entendement les laisse tomber l'une en dehors de l'autre de telle sorte que, bien que la comparaison ait un seul et même substrat pour l'égalité et l'inégalité, il doit y avoir là des *côtés* et *points de vue* divers le concernant, mais l'égalité pour elle-même est seulement ce qui précède, l'identité, et l'inégalité pour elle-même est la différence.

La diversité a été également convertie en une proposition, en celle que *tout est divers* ou qu'*il n'y a pas deux choses qui soient parfaitement égales l'une à l'autre*. Ici, à *tout* est donné le prédicat *opposé* à l'identité qui lui a été attribuée dans la *première* proposition, donc est donnée une loi contredisant la première. Mais, pourtant, dans la mesure où la diversité n'appartiendrait qu'à la comparaison extérieure, Quelque-chose, *pour lui-même*, *doit* seulement être *identique* à lui-même, et ainsi cette deuxième proposition ne doit pas contredire la première. Mais alors la diversité *n'appartient pas* non plus au Quelque-chose ou à tout, elle ne constitue pas une détermination essentielle de ce sujet ; cette deuxième proposition ne peut, de cette manière, absolument pas être énoncée. – Mais si le Quelque-chose *lui-même* est, suivant la proposition, divers, il l'est par *sa propre* déterminité ; cependant, ainsi, ce n'est plus alors la diversité comme telle, mais la différence *déterminée*, qui est visée. – C'est là aussi le sens de la proposition leibnizienne [1].

§ 118

L'égalité est une identité seulement de termes tels qu'ils *ne sont pas les mêmes*, ne sont pas identiques l'un à l'autre, – et l'inégalité est *relation* des termes inégaux. Toutes deux ne tombent donc pas de façon indifférente l'une en dehors de l'autre dans des côtés ou points de vue divers, mais l'une est un paraître dans l'autre. La diversité est par suite différence de la réflexion ou *différence en soi-même*, différence *déterminée*.

§ 119

2) La différence *en soi* est la différence *essentielle*, le *positif* et le 128 *négatif*, de telle sorte que celui-là | est de telle manière la relation à soi identique, qu'il *n'est pas* le négatif, et que celui-ci est de telle manière le différent pour lui-même, qu'il *n'est pas* le positif. En tant que chacun est pour lui-même autant qu'*il n'est pas l'autre*, chacun *paraît* dans l'autre et n'est que pour autant que l'autre est. La différence de

---

1. Quant à la référence à Leibniz, cf. *La Monadologie*, § 9 : « Il faut même que chaque monade soit différente de chaque autre. Car il n'y a jamais dans la nature deux êtres qui soient parfaitement l'un comme l'autre et où il ne soit possible de trouver une différence interne, ou fondée sur une dénomination intrinsèque » (*Œuvres choisies de Leibniz*, L. Prenant (éd.), Paris, Garnier, p. 301), et l'opuscule *De la nature en elle-même ou de la force immanente et des actions des créatures*, où il est question du principe des indiscernables : « nulle part ne se trouve une ressemblance parfaite » (*ibid.*, p. 279).

l'essence est par conséquent l'*opposition*, suivant laquelle le différent n'a pas en face de lui un *Autre en général*, mais *son* Autre ; c'est-à-dire que chacun n'a sa détermination propre que dans sa relation à l'autre, n'est réfléchi en lui-même qu'en tant qu'il est réfléchi en l'autre, et de même l'autre ; chacun est ainsi, pour l'autre, *son* Autre.

La différence en soi donne la proposition : « *Tout est quelque chose d'essentiellement différent* » – ou comme elle a aussi été exprimée : « *De deux prédicats opposés, seul l'un revient au Quelque-chose, et il n'y a pas de tiers* ». Cette proposition de l'opposition contredit de la façon la plus expresse la proposition de l'identité, en tant que Quelque-chose doit être, suivant l'une, seulement la *relation à soi*, mais, suivant l'autre, un *opposé*, la *relation à son Autre*. C'est l'absence-de-pensée caractéristique de l'abstraction, qui fait placer l'une à côté de l'autre comme des lois deux propositions contradictoires de ce genre, sans même les comparer. – La proposition du *tiers exclu* est la proposition de l'entendement déterminé, qui veut tenir éloignée de lui la contradiction et, ce faisant, tombe en elle. A doit être ou + A ou – A ; par là est déjà exprimé le tiers, le A qui n'est *ni* + ni –, et qui est posé *tout aussi bien* que + A et que – A. Si + 0 signifie 6 milles en direction de l'ouest, et – 0 6 milles en direction de l'est, et que + et – se supriment, les 6 milles de chemin ou d'espace restent ce qu'ils étaient avec ou sans l'opposition. Même les simples « plus » et « moins » du nombre ou de la direction abstraite ont, si l'on veut, le zéro pour tiers ; mais l'on ne doit pas contester que la vide opposition d'entendement du + et du – n'ait aussi sa place dans le cas d'abstractions telles que le nombre, la direction, etc.

Dans la théorie des concepts contradictoires, l'un des concepts signifie par exemple « bleu » (même quelque chose de tel que la représentation d'une couleur est dans une telle théorie appelé concept), l'autre « *non-bleu* », de telle sorte que cet Autre ne serait pas quelque chose d'affirmatif, par exemple « jaune », mais doit être maintenu ferme seulement comme l'abstraitement-négatif. – Que le négatif est en lui-même aussi bien positif, – voir le § suivant –, c'est là ce qui est impliqué aussi déjà dans la détermination, que l'opposé à un Autre est *son* Autre. – Le caractère vide de l'opposition de concepts dits contradictoires se présentait à plein dans l'expression pour ainsi dire grandiose d'une loi universelle | affirmant que, de tous les prédicats ainsi opposés, l'un **129** appartient à *chaque* chose et l'autre non, de telle sorte que l'esprit serait ou blanc ou non-blanc, jaune ou non-jaune, etc., à l'infini.

En tant qu'on oublie qu'identité et opposition sont elles-mêmes opposées, la proposition de l'opposition est prise aussi pour celle de l'identité dans la forme de la proposition de la contradiction, et un *concept* auquel, de deux caractères se contredisant l'un l'autre, aucun n'appartient (voir il y a un instant) ou tous les deux appartiennent, est déclaré logiquement faux, comme par exemple un cercle carré. Or, bien qu'un cercle polygonal et un arc de cercle rectiligne soient contraires tout autant à cette proposition, les géomètres n'ont pourtant aucun scrupule à considérer et à traiter le cercle comme un polygone à côtés rectilignes, Mais quelque chose de tel qu'un cercle (sa simple déterminité) n'est pas encore un *concept*; dans le concept du cercle centre et périphérie sont également essentiels, les deux éléments caractéristiques lui appartiennent ; et pourtant périphérie et centre sont opposés l'un à l'autre et se contredisent l'un l'autre.

La représentation – si en faveur en physique – de la *polarité* contient en elle la détermination plus juste de l'opposition, mais si la physique s'en tient, pour ce qui est des pensées, à la Logique ordinaire, elle serait facilement effrayée si elle développait devant soi la polarité et parvenait aux pensées qui s'y trouvent.

§ 120

Le *positif* est ce *divers* qui doit être pour lui-même et en même temps *non* indifférent à l'égard de sa relation à *son Autre*. Le *négatif* doit aussi bien être subsistant-par-soi, être la relation négative *à soi*, *être pour lui-même*, mais en même temps, comme négatif pur et simple, avoir cette relation à soi qui est la sienne, son positif, seulement dans l'Autre. Tous deux sont donc la contradiction posée, tous deux sont *en soi* la même chose. Tous deux le sont aussi *pour soi*, en tant que chacun est la suppression de l'autre et de soi-même. Ils vont par là au *fondement*. – Ou encore, la différence essentielle est immédiatement, en tant que différence en et pour soi, seulement la différence d'elle-même d'avec elle-même, et donc contient l'identique ; au tout de la différence qui est en et pour soi appartient donc, aussi bien qu'elle-même, l'identité. – *En tant que* différence *se rapportant à soi*, elle est également déjà exprimée *comme l'identique à soi*, et l'*opposé* est en général ce qui contient en soi-même *l'un* et *son autre, soi-même* et *son opposé*. L'être-dans-soi de l'essence, ainsi déterminé, est le *fondement*.

§ 121

Le *fondement* est l'unité de l'identité et de la différence; la vérité de ce comme quoi la différence et l'identité se sont produites, – la réflexion-en-soi qui est tout autant réflexion-en-autre chose, et inversement. Il est l'*essence*, posée comme *totalité*.

La *proposition du fondement* s'énonce: «Tout a son *fondement* suffisant», c'est-à-dire que ce n'est pas la détermination de quelque chose comme [un] identique à soi ni comme [un] divers ni comme simple positif ou comme simple négatif, qui est l'essentialité vraie de quelque chose, mais le fait qu'il a son être dans un Autre, qui, en tant qu'il est l'identique-à-soi du premier, est son essence. Celle-ci est tout autant non pas abstraite réflexion *en soi*, mais *en autre chose*. Le fondement est l'essence qui est *dans elle-même*, et celle-ci est essentiellement fondement, et fondement, elle ne l'est que pour autant qu'elle est fondement de quelque chose, d'un Autre.

§ 122

L'essence est tout d'abord paraître et médiation *dans elle-même*; en tant que totalité de la médiation, son unité avec soi est maintenant *posée* comme l'auto-suppression de la différence et par là de la médiation. C'est là ainsi la restauration de l'*immédiateté* ou de l'*être*, mais de l'être pour autant qu'il est *médiatisé par la suppression de la médiation*; – *l'existence*.

Le fondement n'a encore aucun *contenu* déterminé en et pour soi, et il n'est pas *but*, c'est pourquoi il n'est pas *actif* ni *productif*; mais il y a seulement qu'une existence *provient* du fondement. Le fondement déterminé est pour cette raison quelque chose de formel; une déterminité quelconque – pour autant qu'elle est posée comme *rapportée à elle-même*, comme affirmation – par rapport à l'existence immédiate qui s'y rattache. Il est précisément en étant *raison d'être*, aussi une *bonne* raison, car «*bon*», [pris] de façon tout à fait abstraite, ne signifie pas non plus davantage que quelque chose d'affirmatif, et toute déterminité est bonne, qui peut de quelque manière être exprimée comme quelque chose qui est de façon avouée affirmatif. C'est pourquoi une raison d'être peut être trouvée et avancée pour tout, et une *bonne raison* (par exemple un bon motif d'agir) peut produire *ou non* quelque effet, avoir *ou non* une suite. Motif qui produit quelque effet, elle le devient par exemple en étant accueillie dans une volonté qui seule la rend agissante et en fait une cause.

131

|b) L'existence

§ 123

L'existence est l'unité immédiate de la réflexion-en-soi et de la réflexion-en-autre chose. Elle est par conséquent la multitude indéterminée de réalités existantes en tant que réalités réfléchies-en-soi, qui en même temps tout autant paraissent-dans-autre chose, sont *relatives* et forment un *monde* de dépendance réciproque et [fait] d'une connexion infinie de fondements et de réalités fondées. Les fondements sont eux-mêmes des existences, et les existants sont, de même, suivant de nombreux côtés, aussi bien des fondements que des réalités fondées.

§ 124

Mais la réflexion-en-autre chose de l'existant n'est pas séparée de la réflexion-en-soi; le fondement est leur unité, d'où est provenue l'existence. L'existant contient par conséquent, en lui-même, la relativité et sa connexion multiforme avec d'autres existants, et il est *réfléchi* en lui-même en tant que *fondement*. Ainsi, l'existant est *chose*.

La *chose-en-soi*, qui est devenue si célèbre dans la philosophie kantienne, se montre ici dans sa genèse, c'est-à-dire comme l'abstraite réflexion-en-soi à laquelle on se tient fixement face à la réflexion-en-un autre et face aux déterminations différenciées en général, comme à leur *assise fondamentale* vide.

c) La chose

§ 125

La *chose* est la totalité en tant qu'elle est le développement – posé en une unité – des déterminations du fondement et de l'existence. Suivant l'un de ses moments, la réflexion-en-un autre, elle a, en elle, les différences suivant lesquelles elle est une chose *déterminée* et concrète. α) Ces déterminations sont différentes *les unes des autres*; c'est en la chose, non en elles-mêmes, qu'elles ont leur réflexion-en-soi. Elles sont des *propriétés* de la chose, et leur relation à elle est l'*avoir*.

L'*avoir* vient comme relation à la place de l'*être*. *Quelque-chose* a, il est vrai, | en lui-même, aussi des *qualités*, mais ce transport de l'avoir sur l'étant **132** est incorrecte parce que la déterminité comme qualité est immédiatement une avec le Quelque-chose, et Quelque-chose *cesse d'être* s'il perd sa qualité. Mais la *chose* est la réflexion-en-soi, en tant qu'elle est l'identité aussi différente de la différence, de ses déterminations. – L'*avoir* est dans de nombreuses langues employé pour la désignation du *passé*, – à bon droit, en tant que le passé est l'*être supprimé*, et que l'esprit est la réflexion-en-soi de ce passé, esprit dans lequel uniquement il a encore une subsistance, mais qui différencie aussi de lui-même cet être supprimé en lui.

§ 126

β) Mais la réflexion-en-un autre est aussi, dans le *fondement*, immédiatement, en elle-même, la réflexion-en-soi, c'est pourquoi les propriétés sont tout autant identiques à elles-mêmes, *subsistantes-par-soi* et libérées de leur être-lié à la chose. Mais parce qu'elles sont les déterminités de la chose *différentes les unes des autres*, en tant que réfléchies-en-soi, elles ne sont pas elles-mêmes des choses, en tant que celles-ci sont concrètes, mais des existences réfléchies-en-soi, en tant que déterminités abstraites, des *matières*.

Les matières, par exemple les matières magnétique, électrique, ne sont pas non plus nommées des *choses*. – Elles sont les qualités proprement dites, unes avec leur être, la déterminité parvenue à l'immédiateté, mais à un être qui est un être réfléchi, une existence.

§ 127

La *matière* est ainsi l'*abstraite* ou indéterminée réflexion-en-autre chose, ou la réflexion-en-soi en même temps comme *déterminée*; elle est par suite la *choséité étant-là*, la consistance de la chose. La chose a de cette manière à même les matières sa réflexion-en-soi ([ce qui est] le contraire [du thème] du § 125), elle n'a pas, en elle-même, sa consistance, mais elle la tire *des matières* et n'est que leur connexion superficielle, une liaison extérieure d'elles-mêmes.

§ 128

γ) La matière, en tant qu'elle est l'*unité immédiate* de l'existence avec elle-même, est aussi indifférente à l'égard de la déterminité; les multiples matières diverses viennent donc se fondre en la *matière une*,

133 | l'existence dans la détermination réflexive de l'*identité*, en face de laquelle ces déterminités différentes et la *relation* extérieure qu'elles ont les unes avec les autres dans la chose, sont la *forme*, – la détermination réflexive de la *différence*, mais en tant qu'existante et en tant que totalité.

Cette matière une, sans détermination, est encore la même chose que la chose-en-soi, sauf que celle-ci est en tant que totalement abstraite en elle-même, celle-là en tant qu'étant, en soi, aussi pour-de l'autre, tout d'abord pour la forme.

§ 129

La chose se décompose ainsi en *matière et forme*, chacun de ces éléments étant la *totalité* de la choséité et étant subsistant-par-soi pour lui-même. Mais la *matière*, qui doit être l'existence positive, indéterminée, contient en tant qu'existence aussi bien la réflexion-en-un autre que l'être-dans-soi; comme unité de ces déterminations elle est elle-même la totalité de la forme. Mais la forme contient déjà comme totalité des déterminations la réflexion-en-soi, ou, en tant que forme *se rapportant à soi*, elle a ce qui doit constituer la détermination de la matière. Toutes deux sont *en-soi* la même chose. Cette unité qui est la leur, *posée*, est d'une façon générale la *relation* de la matière et de la forme, qui sont aussi bien différentes.

§ 130

La chose, en tant qu'elle est cette totalité, est la contradiction, d'être, suivant son unité négative, la *forme*, dans laquelle la matière est déterminée et rabaissée à des *propriétés* (§ 125), et en même temps de *consister* en des *matières* qui, dans la réflexion-en-soi de la chose, sont en même temps aussi bien subsistantes-par-soi que niées. La chose a ainsi pour être, d'être l'existence essentielle comme une existence se supprimant dans elle-même, elle est *apparition*.

Ce qui dans la chose est aussi bien *négation posée* que subsistance-par-soi des matières se présente dans la physique comme la *porosité*. Chacune des multiples matières (la matière colorante, la matière odorante et d'autres matières parmi lesquelles, suivant quelques-uns, il y a aussi la matière sonore, et en outre la matière calorique, la matière électrique, etc.) est *aussi niée*, et dans cette négation d'elle-même, ses pores, il y a les multiples autres matières subsistantes-par-soi, qui sont tout aussi poreuses et laissent ainsi réciproquement exister les autres dans elles-mêmes. Les pores ne sont rien d'*empirique*, mais des fictions de l'entendement qui | représente de cette manière le moment **134** de la négation des matières subsistantes-par-soi, et recouvre le développement plus poussé des contradictions par cet embrouillement nébuleux dans lequel toutes [les matières] sont *subsistantes-par-soi* et toutes également *niées* les unes dans les autres. – Lorsque de semblable manière dans l'esprit les facultés ou activités sont hypostasiées, leur unité vivante devient de même l'embrouillement en quoi consiste l'influence exercée par l'une dans l'autre.

De même que les pores (il n'est pas question des pores existant dans l'être organique, de ceux du bois, de la peau, mais de [ceux qui seraient] dans ce qu'on appelle les matières, comme dans la matière colorante, la matière calorique, etc., ou dans les métaux, cristaux et choses de ce genre) ne trouvent pas leur vérification dans l'observation, de même la matière aussi elle-même, ensuite une forme séparée d'elle, [et] tout d'abord la chose et le fait pour elle de consister en des matières, ou le fait qu'elle a elle-même une consistance et n'a que des propriétés, – sont un produit de l'entendement réfléchissant qui, tandis qu'il observe et prétend indiquer ce qu'il a observé, produit bien plutôt une métaphysique, qui est de tous côtés une contradiction qui toutefois lui demeure cachée.

B
L'APPARITION

§ 131

L'essence doit nécessairement *apparaître*. Son paraître dans elle-même est la suppression d'elle-même en direction de l'immédiateté qui, en tant que réflexion-en-soi, est *consistance* (matière) aussi bien qu'elle est *forme*, réflexion-en-autre chose, consistance *se supprimant*. Le paraître est la détermination moyennant laquelle l'essence est non pas être, mais essence, et le paraître développé est l'apparition. C'est pourquoi l'essence n'est pas *derrière* l'apparition ou *au-delà* d'elle, mais du fait que c'est l'essence qui existe, l'existence est apparition.

a) Le monde de l'apparition

§ 132

Ce qui apparaît existe d'une manière telle que sa *consistance* est immédiatement supprimée, et que cette dernière n'est qu'*un* moment de la forme elle-même; la forme prend en elle la consistance ou la matière comme l'une de ses déterminations. Ce qui apparaît a ainsi
135 son fondement | dans cette forme en tant qu'elle est son essence, sa réflexion-en-soi face à son immédiateté, mais par là seulement dans une autre déterminité de la forme. Ce fondement qui est le sien est tout autant quelque chose qui apparaît, et l'apparition va ainsi dans sa progression à une médiation infinie de la consistance par la forme,

donc aussi bien par la non-consistance. Cette médiation infinie est en même temps une unité de la relation à soi ; et l'existence est développée en une *totalité* et un *monde* de l'apparition, de la finité réfléchie.

b) Contenu et forme

§ 133

L'extériorité réciproque propre au monde de l'apparition est totalité et elle est contenue entièrement dans sa *relation-à-soi*. La relation à soi de l'apparition est ainsi complètement déterminée, a la *forme* dans elle-même et, parce que c'est dans cette identité, comme consistance essentielle. Ainsi, la forme est *contenu* et, suivant sa déterminité développée, la *loi* de l'apparition. Dans la forme en tant que *non réfléchie-en-soi* tombe le négatif de l'apparition, ce qui est non-subsistant-par-soi et variable, – elle est la *forme* indifférente, *extérieure*.

Dans le cas de l'opposition de la forme et du contenu, il est essentiel de tenir ferme que le contenu n'est pas sans forme, mais a tout aussi bien la *forme dans lui-même* qu'elle lui est *quelque chose d'extérieur*. Ce qui est présent, c'est le redoublement de la forme, qui est une fois, en tant que réfléchie en soi, le contenu, l'autre fois, en tant que non réfléchie en soi, l'existence extérieure, indifférente pour le contenu. *En-soi* est présent ici le Rapport absolu du contenu et de la forme, c'est-à-dire leur renversement l'un dans l'autre, de telle sorte que le *contenu* n'est rien d'autre que le *renversement de la forme* en contenu, et la *forme* rien d'autre que le *renversement du contenu* en la forme. Ce renversement est l'une des déterminations les plus importantes. Mais *posé*, il ne l'est que dans le *Rapport absolu*.

§ 134

Mais l'existence *immédiate* est déterminité de la consistance elle-même comme de la forme ; elle est, par suite, aussi bien extérieure à la déterminité du contenu, que cette extériorité qu'il a moyennant le moment de sa consistance lui est essentielle. L'apparition, | ainsi **136** posée, est le *Rapport*, à savoir qu'un être un et identique, le contenu, est comme la forme développée, comme l'extériorité et *opposition* d'existences subsistantes-par-soi et leur relation d'*identité*, relation dans laquelle seulement les termes différents sont ce qu'ils sont.

c) Le Rapport

§ 135

α) Le Rapport *immédiat* est celui du *tout* et des *parties* : le contenu est le tout et *consiste* dans les parties (la forme), le contraire de lui-même. Les parties sont différentes les unes des autres et sont ce qui subsiste par soi-même. Mais elles ne sont des parties que dans leur relation d'identité les unes aux autres, ou pour autant que prises ensemble elles constituent le tout. Mais *l'ensemble* est le contraire et la négation de la partie.

§ 136

β) L'être un et identique de ce Rapport, la relation à soi présente en lui, est par conséquent immédiatement relation *négative* à soi, et cela comme la médiation telle qu'un être un et identique est *indifférent* à l'égard de la différence, et que c'est la relation *négative à soi* qui se repousse elle-même, comme réflexion-en-soi, vers la différence et se pose existante comme réflexion-en-autre chose, et qu'inversement cette réflexion-en-autre chose ramène à la relation à soi et à l'indifférence, – la *force* et son *extériorisation*.

Le *Rapport du tout et des parties* est le Rapport immédiat, par suite le Rapport privé de pensée, et le renversement – immédiat, par suite privé de pensée – de l'identité-avec-soi dans la diversité. On passe du tout aux parties et des parties au tout, et dans l'un des termes on oublie l'opposition à l'autre, en tant que chacun pour lui-même, une fois le tout, l'autre fois les parties, est pris comme existence subsistante-par-soi. Ou bien, en tant que les parties doivent avoir leur consistance *dans* le tout et celui-ci la *tirer de* celles-là, c'est une fois l'un, l'autre fois l'autre, qui est le terme *consistant*, et de même à chaque fois son Autre est l'*inessentiel*. Le *Rapport mécanique*, en sa forme superficielle, consiste d'une façon générale en ce que les parties sont en tant que subsistant par elles-mêmes les unes vis-à-vis des autres et vis-à-vis du tout.

| Le *progrès à l'infini*, qui concerne la *divisibilité de la matière*, peut **137** utiliser aussi ce Rapport et il est alors l'alternance privée-de-pensée des deux côtés de ce dernier. Une chose est une fois prise comme un *tout*, puis on passe à la *détermination de partie*; cette détermination est alors oubliée et ce qui était partie est considéré comme un tout; ensuite la détermination de la partie se présente à nouveau, et ainsi de suite à l'infini. Mais cette infinité, prise comme le négatif qu'elle est, est la relation *négative* du Rapport à lui-même, la force, le tout identique à lui-même, en tant qu'être-dans-soi, – et en tant que supprimant cet être-dans-soi et s'extériorisant, et inversement l'extériorisation, qui disparaît et retourne dans la force.

La force, en dépit de cette infinité, est aussi finie; car le contenu, l'être *un et identique* de la force et de l'extériorisation, n'est d'abord qu'*en soi* cette identité, les deux côtés du Rapport ne sont pas encore eux-mêmes, chacun pour lui-même, l'identité concrète de ce dernier, ne sont pas encore la totalité. Ils sont par conséquent des termes divers l'un pour l'autre, et le Rapport est un Rapport *fini*. C'est pourquoi la force a besoin de la sollicitation venant du dehors, agit de façon efficiente aveuglément, et, à cause de cette défectuosité de la forme, le contenu aussi est borné et contingent. Il n'est pas encore véritablement identique à la forme, n'est pas encore comme concept et but, lequel est ce qui est déterminé en-et-pour-soi. – Cette différence est au plus haut point essentielle, mais n'est pas facile à appréhender, elle ne peut se déterminer de façon plus précise qu'à même le concept de but lui-même. Si on ne la voit pas, on est par là conduit à la confusion consistant à appréhender Dieu comme force, confusion dont pâtit principalement le « Dieu » de Herder [1].

On a coutume de dire que la *nature* de la *force* elle-même est inconnue, et que seule son extériorisation est connue. D'une part, la *détermination-de-contenu* tout entière de la force est exactement la même que celle de l'*extériorisation*; l'explication d'une apparition à partir d'une force est pour cette raison une tautologie vide. Ce qui doit rester inconnu n'est donc en fait rien d'autre que la forme vide de la réflexion-en-soi, par laquelle seulement la force est différente de l'extériorisation, – forme qui est également quelque chose de bien connu. Cette forme n'ajoute absolument rien au contenu et à la loi, qui ne

---

1. J.G. Herder, *Gott. Einige Gespräche* (*De Dieu. Quelques entretiens*), Gotha, 1787.

doivent être connus qu'à partir de l'apparition uniquement. On assure aussi partout que par là on ne doit rien affirmer au sujet de la force ; on ne peut donc pas voir pourquoi la forme de force a été introduite dans les sciences. – Mais, d'autre part, la nature de la force est assurément quelque chose d'inconnu, parce que fait encore défaut la nécessité aussi bien de la connexion de son contenu en lui-même que de ce dernier pour autant qu'il est pour lui-même borné et a par conséquent sa déterminité par l'intermédiaire d'un Autre hors de lui.

138

| § 137

La force, en tant qu'elle est le tout qui, en soi-même, est la relation négative à soi-même, est cet acte de se repousser de soi et de s'*extérioriser*. Mais comme cette réflexion-en-autre chose, la différence des parties, est tout autant réflexion-en-soi, l'extériorisation est la médiation par laquelle la force, qui retourne en elle-même, est en tant que force. Son extériorisation est elle-même la suppression de la diversité des deux côtés qui est présente dans ce Rapport, et la position de l'identité qui *en soi* constitue le contenu. Sa vérité est pour cette raison le Rapport dont les deux côtés ne sont différents que comme *Intérieur* et *Extérieur*.

§ 138

γ) L'*intérieur* est le fondement tel qu'il est en tant que la simple forme de l'un des *côtés* de l'apparition et du Rapport, la forme vide de la réflexion-en-soi, à laquelle l'existence, pareillement en tant que la forme de l'autre côté du Rapport, avec la détermination vide de la réflexion-en-autre chose, fait face comme *extérieur*. Leur identité est l'identité remplie, le *contenu*, *l'unité* – posée dans le mouvement de la force – de la réflexion-en-soi et de la réflexion-en-autre chose ; tous deux sont la même totalité *une*, et cette unité fait d'eux le contenu.

§ 139

C'est pourquoi, *premièrement*, l'extérieur est *le même contenu* que l'intérieur. Ce qui est intérieur est aussi présent extérieurement, et inversement ; l'apparition ne montre rien qui ne soit dans l'essence, et, dans l'essence, il n'y a rien qui ne soit manifesté.

§ 140

Deuxièmement. Intérieur et extérieur, cependant, sont aussi, en tant que déterminations-de-forme, *opposés* entre eux, et cela absolument, comme les abstractions de l'identité avec soi et de la simple multiplicité variée ou réalité. Mais en tant qu'ils sont, comme moments de la forme une, essentiellement identiques, ce qui est d'abord posé *seulement* dans l'une des abstractions l'est *immédiatement* aussi *seulement* dans l'autre. | Ce qui, par suite, est seulement un *intérieur* **139** est aussi par là seulement un *extérieur* ; et ce qui est *seulement* un extérieur est aussi tout d'abord *seulement* un *intérieur*.

C'est l'erreur habituelle de la réflexion, que de prendre l'essence comme ce qui serait simplement *intérieur*. Si elle est prise simplement ainsi, cette considération, aussi, est une considération tout à fait *extérieure*, et cette essence-là est l'abstraction extérieure vide.

> « Dans l'*intérieur* de la nature – dit un poète [1] –
> Ne pénètre aucun esprit créé,
> Trop heureux s'il en sait seulement l'écorce *extérieure* ! » [*]

---

[*] *Cf.* Goethe, « Exclamation indignée », *Contribution à la science de la nature*, Livre I, Cahier 3 :

> « Je l'entends répéter depuis soixante ans,
> Et je *peste* là-contre, mais secrètement, –
> La nature n'a ni noyau ni écorce,
> Elle est tout d'un seul coup, » etc. [2].

1. Il s'agit d'Albrecht v. Haller (1708-1777). Le passage cité par Hegel se trouve dans le poème : « Die Falschheit der menschlichen Tugenden » (« La fausseté des vertus humaines ») publié dans le recueil *Versuch schweizerischer Gedichte* (*Essai de poèmes suisses*), Berne, 1732.

2. Hegel cite ici un passage d'un poème de Goethe, appartenant au recueil de poésies *Zur Morphologie* (*Contributions à la morphologie*), Livre I, Cahier 3 (paru en 1820), p. 304, et alors intitulé « Unwilliger Ausruf » (« Exclamation indignée ») ; plus tard, dans

Il eût bien plutôt fallu dire qu'au moment justement où l'essence de la nature est pour lui déterminée comme l'*intérieur*, il sait seulement l'écorce *extérieure*. – Parce que, dans l'*être* en *général* ou encore dans la perception seulement sensible, le *concept* n'est encore que l'intérieur, il est quelque chose d'extérieur à eux, – un être comme un penser subjectifs, sans vérité. – Dans la nature, comme dans l'esprit, pour autant que le concept, le but, la loi ne sont encore que des dispositions *intérieures*, de pures possibilités, ils ne sont encore qu'une nature inorganique extérieure, une science d'un tiers, une puissance étrangère, etc. – L'homme, tel qu'il est extérieurement, c'est-à-dire dans ses actes (non pas, certes, dans son extériorité seulement corporelle), tel il est intérieurement ; et s'il est vertueux, moral, *seulement* intérieurement, c'est-à-dire *seulement* en ses intentions, sentiments, et si son extérieur n'est pas identique à cela, l'un est aussi creux et vide que l'autre.

le recueil *Gott und Welt* (*Dieu et le monde*), Goethe lui donna pour titre « Allerdings » (« Assurément ») et pour sous-titre « Dem Physiker » (« Au physicien »). – Dans ce poème, Goethe cite les vers de A. von Haller :

> « Dans l'intérieur de la nature »
> Ô philistin,
> « Ne pénètre aucun esprit créé ».
> À mes frères et sœurs et à moi-même,
> Puissiez-vous ne pas rappeler
> Un tel mot.
> Nous pensons :
> En tout lieu
> Nous sommes dans l'intérieur.
> « Heureux celui à qui elle montre seulement
> L'écorce extérieure ! »
> Je l'entends répéter depuis soixante ans
> Et je peste là-contre, mais secrètement ;
> Dis-moi mille et mille fois :
> Elle donne tout avec largesse et de bon gré ;
> La nature n'a ni noyau
> Ni écorce.
> Elle est tout d'un seul coup.
> Quant à toi, examine-toi donc avant tout seulement
> Pour savoir si tu es noyau ou écorce.

§ 141

Les abstractions vides, par le fait desquelles le contenu identique un doit être encore dans le Rapport, se suppriment, dans le passage immédiat [l'une en l'autre], l'une dans l'autre; le contenu n'est lui-même rien d'autre que leur identité (§ 138), elles sont l'apparence de l'essence, posée comme apparence. Par l'extériorisation de la force, l'intérieur est *posé* dans l'existence; cette *position* est la *médiatisation* par des abstractions vides; elle disparaît dans elle-même en direction de l'*immédiateté* dans laquelle l'*intérieur* et l'*extérieur* sont *en et pour soi* identiques, et leur différence, déterminée comme étant seulement [un] être-posé. Cette identité est l'*effectivité*.

| C   **140**

L'EFFECTIVITÉ

§ 142

L'effectivité est l'unité devenue immédiate de l'essence et de l'existence, ou de l'intérieur et de l'extérieur. L'extériorisation de l'effectif est l'effectif lui-même, de telle sorte qu'en elle il reste aussi bien un essentiel et qu'il n'est un essentiel que pour autant qu'il est dans une existence extérieure immédiate.

Précédemment se sont présentées comme formes de l'immédiat l'*être* et l'*existence*; l'*être* est d'une façon générale immédiateté non réfléchie et *passage* en autre chose. L'*existence* est unité immédiate de l'être et de la réflexion, par conséquent *apparition*, elle vient du fondement et va au fondement. L'effectif est l'*être-posé* de cette unité, le Rapport devenu identique avec soi; il est par suite soustrait au *passage* [en autre chose] et son *extériorité* est son énergie; il est en elle réfléchi en lui-même; son être-là est seulement la *manifestation de lui-même*, non d'un Autre.

§ 143

L'effectivité, en tant qu'elle est ce concret, contient les déterminations dont il était question ci-dessus, et leur différence, elle est pour cette raison aussi leur développement, de telle manière qu'elles sont, en elle, en même temps déterminées comme apparence, comme termes seulement posés (§ 141). 1) En tant qu'*identité* en général, elle est, tout d'abord, la *possibilité*; – la réflexion-en-soi qui, en tant que faisant face à l'unité *concrète* de l'effectif, est posée comme l'abstraite et *inessentielle essentialité*. La possibilité est l'*essentiel* en vue de l'effectivité, mais de telle sorte qu'elle soit en même temps *seulement* possibilité.

C'est bien la détermination de la *possibilité*, c'est bien elle et, avec elle, l'effectivité et la nécessité, que Kant pouvait regarder comme des *modalités*, « en tant que ces déterminations n'augmenteraient pas le moins du monde le concept en tant qu'objet, mais expriment seulement le rapport à la faculté de connaître ». En fait, la possibilité est l'abstraction vide de la réflexion-en-soi, ce qui précédemment s'appelait l'intérieur, sauf qu'il est maintenant déterminé comme l'intérieur supprimé, *seulement posé*, extérieur, et ainsi assuré-141 ment | est aussi *posé* comme une simple modalité, comme abstraction insuffisante et, pris de façon plus concrète, comme appartenant seulement à la pensée subjective. Effectivité et nécessité, par contre, ne sont véritablement rien moins qu'une simple *manière d'être* pour un Autre, elles sont bien plutôt directement le contraire, elles sont posées comme le concret qui n'est pas seulement posé, mais qui est achevé en lui-même. – Puisque la possibilité est tout d'abord, en face du concret en tant qu'[un] effectif, la simple forme de l'*identité-avec-soi*, la règle [valant] pour cette forme est seulement que quelque chose ne se contredise pas en soi-même, et *ainsi tout est possible*; car à tout contenu cette forme de l'identité peut être donnée par le moyen de l'abstraction. Mais *tout* est aussi bien *impossible*, car en tout contenu, puisqu'il est un concret, la déterminité peut être saisie comme opposition déterminée et par là comme contradiction. C'est pourquoi il n'y a aucun discours plus vide que celui [qui parle] d'une telle possibilité et impossibilité. En particulier, il ne peut pas être question en philosophie, de montrer *que quelque chose est possible*, ou que *quelque chose d'autre encore est possible*, et que quelque chose, comme on l'exprime aussi, est *pensable*. L'historien est de même immédiatement averti de ne pas employer cette catégorie qualifiée pour elle-même aussi déjà de non-vraie ; mais la subtilité de l'entendement vide se complaît le plus dans l'invention creuse de possibilités, et de possibilités très nombreuses.

§ 144

2) Mais l'effectif, dans sa différence d'avec la possibilité en tant qu'elle est la réflexion-en-soi, est lui-même seulement le Concret *extérieur*, l'Immédiat *inessentiel*. Ou bien, immédiatement, dans la mesure où il est tout d'abord (§ 142) comme l'unité simple, elle-même immédiate, de l'intérieur et de l'extérieur, il est en tant qu'Extérieur *inessentiel*, et il est ainsi en même temps (§ 140) ce qui est *seulement* intérieur, l'abstraction de la réflexion-en-soi ; il est par conséquent lui-même déterminé comme quelque chose de *seulement* possible. Avec cette valeur d'une simple possibilité, l'effectif est un *contingent*, et inversement la possibilité est la simple *contingence* elle-même.

§ 145

Possibilité et contingence sont les moments de l'effectivité, l'intérieur et l'extérieur, posés comme de simples formes qui constituent l'*extériorité* de l'effectif. Elles ont, dans l'effectif déterminé *en lui-même*, dans le *contenu*, en tant qu'il est leur fondement de détermination essentiel, leur réflexion-en-soi. La finité | du contingent 142 et du possible consiste par conséquent plus précisément dans l'être-différent de la détermination-de-forme par rapport au contenu, et, si *quelque chose est contingent et possible, cela dépend par conséquent du contenu*

§ 146

Cette extériorité de l'effectivité, dont il a été question, contient plus précisément ceci, à savoir que la contingence, en tant qu'effectivité immédiate, n'est essentiellement l'identique avec soi que comme un *être-posé*, mais qui est aussi bien supprimé, une extériorité qui est-là. Elle est ainsi un *présupposé* dont l'être-là immédiat est en même temps une *possibilité* et a la détermination d'être supprimé, – d'être la possibilité d'un Autre, – la *condition*.

§ 147

3) Cette extériorité ainsi développée est un *cercle* des déterminations de la possibilité et de l'effectivité immédiate, leur *médiatisation* l'une par l'autre, la *possibilité réelle* en général. En tant qu'elle est un tel cercle, elle est de plus la totalité, de la sorte le *contenu*, la *Chose* déterminée en et pour soi, et de même, suivant la différence des déterminations dans cette unité, la concrète *totalité de la forme* pour elle-même, la transposition de soi immédiate de l'intérieur dans l'extérieur et de l'extérieur dans l'intérieur. Cet auto-mouvement de la forme est *activité*, manifestation active de la Chose comme du fondement *réel* qui se supprime en direction de l'effectivité, et manifestation active de l'effectivité contingente, des conditions, à savoir leur réflexion-en-soi et leur auto-suppression en direction d'une autre effectivité, en direction de l'effectivité de la *Chose*. Lorsque *toutes les conditions* sont présentes, la Chose *doit nécessairement* devenir effective, et la Chose est elle-même l'une des conditions, car en tant qu'intérieur elle n'est tout d'abord qu'un présupposé. L'effectivité *développée*, en tant qu'elle est l'échange réciproque – tombant en une unité – de l'intérieur et de l'extérieur, l'échange réciproque de leurs mouvements opposés, qui sont réunis en un mouvement un, est la *nécessité*.

La nécessité a été, il est vrai, justement définie comme unité de la possibilité et de l'effectivité. Mais exprimée seulement ainsi, cette détermination est superficielle et, pour cette raison, inintelligible. Le concept de la
143 | nécessité est très difficile, et cela parce qu'elle est le concept lui-même, mais dont les moments sont encore comme des effectivités qui sont pourtant à saisir en même temps seulement comme des formes, comme brisées en elles-mêmes et comme passant [en autre chose]. C'est pourquoi on doit présenter de manière encore plus détaillée, dans les deux paragraphes suivants, l'exposition des moments qui constituent la nécessité.

§ 148

Parmi les trois moments, de la *condition*, de la *Chose* et de l'*activité*,

a) la *condition* est α) le présupposé; en tant qu'elle est seulement un posé, elle est seulement en tant que relative à la Chose, mais, en tant que présup(posé), elle est en tant que pour elle-même, – circonstance contingente, extérieure, qui existe sans référence à la Chose; mais, dans cette contingence, en même temps en référence à la Chose, qui est la totalité, ce présupposé est un cercle complet de conditions. β) Les conditions sont passives, sont utilisées pour la Chose comme des matériaux et entrent par là dans le contenu de la Chose; elles sont de même conformes à ce contenu et contiennent déjà en elles sa détermination tout entière.

b) La *Chose* est aussi bien α) un présupposé; en tant que posée, elle n'est encore qu'un intérieur et un possible, et, en tant que présup(posée), elle est un contenu pour lui-même subsistant-par-soi; β) elle obtient par l'utilisation des conditions son existence extérieure, la réalisation de ses déterminations-de-contenu, qui correspondent de leur côté aux conditions, de sorte que, aussi bien, elle se montre comme Chose à partir de celles-ci et provient d'elles.

c) L'*activité* est α) aussi bien, pour elle-même (un homme, un caractère), existante de façon à subsister-par-soi, et en même temps elle a sa possibilité seulement dans les conditions et dans la Chose; β) elle est le mouvement consistant à transposer les conditions en la Chose, et celle-ci en celles-là comme dans le côté de l'existence; mais, bien plutôt, consistant seulement à poser la Chose au dehors en la faisant sortir des conditions dans lesquelles elle est présente en soi, et, par la suppression de l'existence qu'ont les conditions, à donner existence à la Chose.

Dans la mesure où ces trois moments ont les uns vis-à-vis des autres la figure d'une existence subsistante-par-soi, ce processus est en tant que la nécessité extérieure. – Cette nécessité a pour sa Chose un contenu borné. Car la Chose est ce tout dans une déterminité simple; | mais comme il est dans sa forme extérieur à lui-même, il est, par là, **144** aussi dans lui-même et dans son contenu, extérieur à lui-même, et cette extériorité [qui est] en la Chose est borne de son contenu.

§ 149

La nécessité est en soi par conséquent l'*essence une* identique *avec soi*, mais pleine de contenu, qui paraît dans elle-même de telle manière que ses différences ont la forme de termes *effectifs subsistants-par-soi*, et cet identique est en même temps, comme *forme* absolue, l'*activité* consistant à supprimer [l'immédiateté] en faisant [d'elle] un être-médiatisé, et à supprimer la médiation en faisant d'elle une immédiateté. – Ce qui est nécessaire est par le moyen d'un *Autre*, qui se décompose en ce qui est le *fondement médiatisant* (la Chose et l'activité) et en une effectivité *immédiate*, un contingent qui est en même temps condition. Le nécessaire, en tant qu'il est par le moyen d'un Autre, n'est pas en et pour soi, mais un nécessaire simplement *posé*. Cependant, cette médiation est aussi bien immédiatement la suppression d'elle-même ; le fondement et la condition contingente sont transposés en immédiateté, ce par quoi cet être-posé est supprimé en direction de l'effectivité, et par quoi la Chose est *venue se rassembler avec elle-même*. Dans ce retour en soi, le nécessaire *est absolument*, en tant qu'effectivité inconditionnée. Le nécessaire est ainsi, *médiatisé* par un cercle de circonstances : il est ainsi, parce que les circonstances sont ainsi ; et, tout en un, il est ainsi, *non-médiatisé*, – il est ainsi, parce qu'il est.

a) Rapport de substantialité

§ 150

Le nécessaire est dans lui-même *Rapport absolu*, c'est-à-dire le processus développé (dans les paragraphes précédents) dans lequel le Rapport se supprime aussi bien en direction de l'identité absolue.

Dans sa forme immédiate, il est le Rapport de la *substantialité* et de l'*accidentalité*. L'absolue identité avec soi de ce Rapport est la *substance* comme telle, qui est, en tant que nécessité, la négativité de cette forme de l'intériorité, donc se pose comme effectivité, mais est aussi bien la *négativité* de cet extérieur, suivant laquelle l'effectif, en tant qu'immédiat, | est seulement quelque chose d'*accidentel* qui, du **145** fait de cette simple possibilité qui est la sienne, passe dans une autre effectivité, *passage* qui est l'identité substantielle en tant que l'*activité-de-la-forme* (§ 148, 149).

§ 151

La substance est en cela la totalité des accidents, dans lesquels elle se révèle comme leur négativité absolue, c'est-à-dire comme *puissance absolue* et en même temps comme la *richesse de tout contenu*. Mais ce contenu n'est *rien d'autre que cette manifestation même*, en tant que la déterminité réfléchie en elle-même pour donner le contenu n'est elle-même qu'un moment de la forme, qui, [pris] dans la *puissance* de la substance, passe [dans un autre]. La substantialité est l'absolue activité-de-la-forme et la puissance de la nécessité, et tout contenu seulement un moment qui appartient uniquement à ce processus, – le renversement absolu de la forme et du contenu l'un dans l'autre.

§ 152

Suivant le moment consistant en ce que la substance, en tant que puissance absolue, est la puissance *se rapportant à soi* comme à une possibilité intérieure seulement, et se déterminant par là à l'accidentalité, et en ce que l'extériorité posée par là en est différente, elle est proprement *Rapport*, comme elle est substance dans la première forme de la nécessité, – *Rapport de causalité*.

b) *Rapport de causalité*

§ 153

La substance est *cause* dans la mesure où, face à son passage dans l'accidentalité, elle est réfléchie en soi et ainsi est la *Chose originaire*, mais tout autant supprime la réflexion-en-soi ou sa simple possibilité, se pose comme le négatif d'elle-même et ainsi produit un *effet*, une effectivité qui ainsi est seulement une effectivité *posée* mais, du fait du processus de l'agir efficient, en même temps nécessaire.

La cause, en tant qu'elle est la *Chose originaire*, a la détermination
146 d'absolue subsistance-par-soi et d'une | consistance se maintenant face à l'effet, mais dans la nécessité, dont l'identité constitue cette originarité elle-même, elle n'a fait que passer dans l'effet. Il n'y a aucun contenu – dans la mesure où il peut à nouveau être question d'un contenu déterminé – dans l'effet, qui ne soit pas dans la cause ; – cette identité-là est le contenu absolu lui-même ; mais de même elle est aussi la détermination-de-forme, l'originarité de la cause est supprimée dans l'effet, dans lequel elle *fait* d'elle-même un *être-posé*. Mais la cause, par là, n'est pas disparue de telle sorte que l'effectif serait seulement l'effet. Car cet *être-posé* est aussi bien immédiatement supprimé, il est bien plutôt la réflexion en soi-même de la cause, son originarité ; c'est dans l'effet seulement que la cause est effective et cause. La cause est par suite en et pour soi *causa sui*. – Jacobi, se tenant fixement à la représentation unilatérale de la *médiation*, a (Lettres sur Spinoza, 2ᵉ éd., p. 416) pris la *causa sui* (l'*effectus sui* est la même chose), cette vérité absolue de la cause, simplement pour un formalisme. Il a aussi avancé que Dieu devait nécessairement être déterminé non comme fondement, mais essentiellement comme cause [1] ; qu'il n'ait pas atteint par là ce qu'il avait en vue, c'est ce qui se serait dégagé d'une réflexion plus approfondie sur la nature de la cause. De même aussi dans la cause *finie* et sa représentation, cette identité, eu égard au contenu, est présente ; la pluie – la cause –, et l'humidité – l'effet –, sont une seule et même eau existante. Eu égard à la forme, dans l'effet (l'humidité), la cause (la pluie), ainsi, disparaît ; mais par là aussi la détermination de l'effet, qui n'est rien sans la cause, et il ne reste que l'humidité indifférente.

La cause, dans le sens courant du Rapport de causalité, est *finie*, pour autant que son contenu est fini (comme dans la substance finie), et pour autant que cause et effet sont représentés comme deux existences subsistantes-par-soi diverses, – ce qu'il ne sont toutefois qu'en tant que l'on fait, à leur propos,

---

1. *Cf.* Jacobi, *Über die Lehre des Spinoza, in Briefen an den Herrn Moses Mendelssohn*, éd. 1789, *op. cit.*, p. 414 *sq.*

abstraction du Rapport de causalité. Parce que dans la finité on en reste à la *différence* des déterminations-de-forme dans leur relation, la cause est, par un mouvement d'alternance, déterminée *aussi* comme quelque chose de *posé* ou comme un *effet*; celui-ci a ensuite à son tour une cause *autre*; ainsi naît ici aussi le progrès à l'infini des effets aux causes. Et de même le progrès *descendant*, en tant que l'effet, suivant son identité avec la cause, est lui-même déterminé comme cause et en même temps comme une *autre* cause, qui à son tour a d'autres effets, et ainsi de suite à l'infini.

§ 154

De la cause l'effet est *différent*; celui-ci est, comme tel, [un] *être-posé*. Mais l'être-posé est aussi bien réflexion-en-soi | et immédiateté, 147 et l'agir efficient de la cause, son poser, est en même temps [un] *présupposer*, dans la mesure où l'on se tient ferme à la diversité différenciant l'effet de la cause. Par là est présente une *autre substance* sur laquelle l'effet se produit. Celle-ci, en tant qu'elle est *immédiate*, n'est pas négativité se rapportant à soi, ni *active*, mais *passive*. Mais comme substance, elle est aussi bien active, supprime l'immédiateté présupposée et l'effet posé en elle, *réagit*, c'est-à-dire qu'elle supprime l'activité de la première substance, qui, cependant, est aussi bien cet acte de supprimer son immédiateté ou l'effet posé en elle, et par là supprime l'activité de l'autre et réagit. La causalité est ainsi passée dans le Rapport de l'*action réciproque*.

Dans l'action réciproque, bien que la causalité ne soit pas encore posée dans sa détermination vraie, le progrès à l'infini des causes et des effets est, en tant que progrès, supprimé d'une manière vraie, en tant que la progression rectiligne des causes aux effets et des effets aux causes est *recourbée* et *repliée* dans elle-même. Ce recourbement du progrès infini en un Rapport fermé sur lui-même est comme partout la réflexion simple, que dans cette répétition privée de pensée il n'y a qu'une seule et même chose, à savoir *une* cause et *une autre* ainsi que leur relation l'une à l'autre. Le développement de cette relation, l'agir réciproque, est cependant lui-même l'alternance de la *différenciation* non pas, toutefois, de causes, mais des moments en *chacun desquels, pour lui-même*, ici encore suivant l'*identité* consistant en ce que la cause est cause dans l'effet et inversement, – suivant cette inséparabilité, de même aussi l'*autre* moment est posé.

c) *L'action réciproque*

§ 155

Les déterminations maintenues ferme comme différentes dans l'action réciproque sont α) *en soi* la même chose ; l'un des côtés est cause, originaire, actif, passif, etc., comme l'autre. De même la présupposition d'un autre [côté] et l'agir efficient sur lui, l'originarité immédiate et l'être-posé par le moyen de l'échange réciproque, sont une seule et même chose. La cause admise comme *première* est, du fait de son immédiateté, *passive*, *être-posé* et *effet*. La différence des 148 causes désignées comme étant *deux*, | est par conséquent vide, et *en soi* il n'y a de présente qu'une cause une qui dans son effet se supprime comme substance tout aussi bien que c'est seulement dans cet agir efficient qu'elle se donne la subsistance-par-soi.

§ 156

[β] Mais cette unité est aussi *pour soi*, en tant que cet échange réciproque tout entier est le *poser* propre de la cause et que seul ce poser qui est le sien est son *être*. Le caractère de néant des différences n'est pas seulement en soi ou notre réflexion (paragraphe précédent), mais l'action réciproque consiste elle-même, pour ce qui est de chacune des déterminations posées, à la supprimer aussi en retour et à la renverser en l'opposée, donc à poser ce caractère de néant des moments, qui est en soi. Dans l'originarité un effet est posé, c'est-à-dire que l'originarité est supprimée ; l'action d'une cause devient réaction, etc.

§ 157

[γ] Ce pur échange réciproque avec soi-même est en cela la *nécessité dévoilée* ou *posée*. Le lien de la nécessité comme telle est l'identité en tant qu'identité encore *intérieure* et cachée, parce qu'elle est l'identité de termes qui valent comme des termes *effectifs* dont la subsistance-par-soi, pourtant, doit être précisément la nécessité. Le cours de la substance à travers la causalité et l'action réciproque est par suite seulement l'acte de *poser* que la *subsistance-par-soi* est l'infinie *relation négative à soi*, relation *négative* en général, dans laquelle la différenciation et médiation devient une originarité de termes *effectifs subsistant par eux-mêmes* l'un vis-à-vis de l'autre, – infinie *relation à soi-même*, en tant que leur subsistance-par-soi n'est précisément que leur identité.

§ 158

Cette *vérité* de la *nécessité* est par conséquent la *liberté*, et la *vérité* de la *substance* est le *concept*, – la subsistance-par-soi qui est l'acte de se repousser de soi en des termes subsistants-par-soi différents, qui est, en tant que cette répulsion, identique avec soi, et qui est ce mouvement d'échange réciproque – restant *auprès de soi-même* – *avec soi* seulement.

| § 159   149

Le *concept* est en cela la *vérité de l'être et de l'essence*, en tant que le paraître dans soi-même de la réflexion est en même temps immédiateté subsistante-par-soi, et que cet *être* d'une effectivité diverse est immédiatement seulement un paraître *dans soi-même*.

En tant que le concept s'est démontré comme la vérité de l'être et de l'essence, qui, dans lui-même, sont tous deux *retournés* comme en leur *fondement*, il s'est, *à l'inverse*, développé à partir de l'*être* comme à partir de son *fondement*. Ce côté-là de la progression peut être considéré comme un *approfondissement* en lui-même de l'être, dont l'intérieur a été dévoilé moyennant cette progression, ce côté-ci comme le surgissement *du plus parfait à partir du moins parfait*. En tant qu'un tel développement a été considéré seulement suivant le dernier côté, on en a fait un reproche à la philosophie. Le contenu consistant plus déterminé qu'ont ici les pensées superficielles de moins parfait et de plus parfait, est la différence que l'*être*, en tant qu'unité *immédiate* avec soi, entretient avec le *concept*, en tant qu'il est la *libre médiation* avec soi.

En tant que l'*être* s'est montré comme un *moment* du concept, celui-ci s'est par là démontré comme la vérité de l'être ; en tant qu'il est cette réflexion-en-soi qui est la sienne et en tant qu'il est suppression de la médiation, il est la *présupposition de l'immédiat*, – présupposition qui est identique au retour-en-soi, cette identité constituant la liberté et le concept. Si par conséquent le *moment* est appelé l'imparfait, le concept – le parfait – consiste assurément à se développer à partir de l'imparfait, car il est essentiellement cette suppression de sa présupposition. Mais c'est en même temps lui seul qui, en tant qu'il se pose, se crée la présupposition, comme cela s'est dégagé dans la causalité en général et de façon plus précise dans l'action réciproque.

Le concept est ainsi déterminé relativement à l'être et à l'essence, de façon à être l'*essence retournée à l'être en tant qu'immédiateté simple*, essence dont le paraître a par là une effectivité et dont l'effectivité est en même temps *libre paraître dans soi-même*. L'être, le concept l'a de cette manière *en soi-même*, comme sa relation simple à soi-même ou comme l'immédiateté de son unité ; l'être est une détermination si pauvre qu'elle est bien le moins qui puisse être montré dans le concept.

Le passage de la nécessité à la liberté, ou de l'effectif dans le concept, est le plus dur, parce que l'effectivité subsistante-par-soi doit être pensée comme ayant seulement sa substantialité dans le passage [en autre chose] et dans l'identité avec l'effectivité subsistante-par-soi qui lui est *autre* ; de même, le concept est lui aussi ce qu'il y a de plus dur, parce qu'il est lui-même précisément cette identité. Mais la substance effective comme telle, la | cause, qui, dans son être-pour-soi, ne veut rien laisser pénétrer en elle, est déjà soumise à la nécessité ou au destin de passer dans l'être-posé, et c'est bien plutôt cette soumission qui est ce qu'il y a de plus dur. La *pensée* de la nécessité est par contre bien plutôt la dissolution de cette dureté ; car elle est l'acte de se joindre dans l'Autre avec *soi-même*, – la *libération* qui n'est pas la fuite de l'abstraction, mais consiste à avoir, dans l'autre effectif avec lequel l'effectif est lié par la puissance de la nécessité, non pas soi en tant qu'autre, mais son propre être et poser. En tant qu'*existante pour soi* cette libération s'appelle : *Moi*, en tant que développée en la totalité qui est la sienne : *esprit libre*, en tant que sentiment : *amour*, en tant que jouissance : *félicité*. – La grande intuition de la substance spinoziste n'est qu'*en soi* la *libération* [délivrant] de l'être-pour-soi fini ; mais le concept lui-même est *pour soi* la puissance de la nécessité et la liberté *effective*.

LA THÉORIE DU CONCEPT

§ 160

Le concept est ce qui est *libre*, en tant qu'il est la *puissance substantielle qui est pour elle*, et il est la *totalité*, en tant que *chacun* des moments est le *tout* que *lui-même* est, et est posé comme unité inséparée avec lui; ainsi, il est dans son identité avec soi ce qui est *déterminé en et pour soi*.

§ 161

La progression du concept n'est plus passage ni paraître dans autre chose, mais *développement*, en tant que ce qui est différencié est immédiatement posé en même temps comme ce qui est identique entre soi et avec le tout, que la déterminité est comme un être libre du concept tout entier.

§ 162

La théorie du concept se divise en la théorie 1) du concept subjectif ou *formel*, 2) du concept en tant que déterminé à l'immédiateté, ou de l'*objectivité*, 3) de l'*Idée*, du sujet-objet, de l'unité du concept et de l'objectivité, de la vérité absolue.

La *Logique ordinaire* ne comprend en elle que les matières qui se présentent ici comme une *partie* de la *troisième* partie du tout, en outre les soi-disant lois de la pensée qui se sont présentées plus haut et, dans la Logique appliquée, quelques éléments relatifs à la connaissance, à quoi l'on joint encore des matériaux psychologiques, métaphysiques et autres empiriques, parce que ces formes de la pensée, en effet, finalement, pour elles-mêmes, ne suffisaient plus ; par là cette science a cependant perdu sa direction fixe. – Ces formes dont on a parlé d'abord, qui elles du moins appartiennent au domaine propre de la Logique, ne sont d'ailleurs prises que comme des déterminations de la pensée consciente et, à vrai dire, de celle-ci en tant qu'elle est une pensée relevant seulement de l'entendement, non pas de la raison.

152   Les déterminations logiques qui précèdent, les déterminations | de l'être et de l'essence, ne sont pas en vérité de simples déterminations-de-pensée ; dans leur passage [en autre chose], le moment dialectique, et dans leur retour en soi et leur totalité, elles se montrent comme des *concepts*. Mais elles sont (*cf.* § 84 et 112) seulement des concepts *déterminés*, des concepts en soi ou, ce qui est la même chose, *pour nous*, en tant que l'*Autre* dans lequel chaque détermination *passe* ou dans lequel elle *paraît* et par là est comme [un] relatif, n'est pas déterminé comme [un] *particulier*, ni le troisième terme auquel ils renvoient, comme [un] *singulier* ou [un] *sujet*, que l'identité de la détermination dans son opposée, sa liberté, n'est pas *posée*, parce qu'elle n'est pas *universalité*. – Ce que l'on entend habituellement par *concepts*, ce sont des *déterminations d'entendement* et même seulement des *représentations* générales ; par conséquent d'une façon générale des déterminations *finies* ; *cf.* § 62.

La Logique du concept est habituellement comprise comme une science seulement formelle, de telle sorte que ce qui lui importe, c'est *la forme* comme telle du concept, du jugement et du syllogisme, mais absolument pas si quelque chose est *vrai* ; ce qui au contraire dépendrait entièrement du seul *contenu*. Si les formes logiques du concept étaient effectivement des réceptacles morts, sans efficience et indifférents, de représentations ou de pensées, le savoir qu'on en aurait serait un *récit historique* très superflu et inutile pour la vérité. Mais en fait elles sont, à l'inverse, en tant que formes du concept, l'*esprit vivant de l'effectif*, et, de l'effectif, n'est vrai que ce qui est *vrai en vertu de ces formes, par elles* et *en elles*. Mais la vérité de ces formes pour elle-même n'a jamais jusqu'à présent été considérée et examinée, pas plus que leur connexion nécessaire.

A
LE CONCEPT SUBJECTIF

a) *Le concept comme tel*

§ 163

Le *concept* comme tel contient les moments de l'*universalité*, en tant que libre égalité à elle-même dans sa déterminité, – de la *particularité*, la déterminité dans laquelle l'universel demeure, inaltéré, égal à lui-même, et de la *singularité*, en tant qu'elle est la réflexion-en-soi des déterminités de l'universalité et de la particularité, laquelle unité négative avec soi est ce qui est *déterminé en et pour soi* et en même temps identique à soi ou universel.

| Le singulier est la même chose que l'effectif, sauf que celui-là est issu du **153** concept, par conséquent est *posé* comme [un] universel, comme l'identité négative avec soi. L'*effectif*, parce qu'il n'est encore qu'*en soi* ou *immédiatement* l'*unité* de l'essence et de l'existence, *peut* agir de façon efficiente ; mais la singularité du concept est de manière absolue *ce qui agit de façon efficiente*, et cela non plus comme la *cause*, avec l'apparence de produire comme effet un Autre, mais ce qui se produit *soi-même* comme effet. – Cependant, la singularité n'est pas à prendre au sens de singularité seulement *immédiate*, singularité selon laquelle nous parlons de choses, d'hommes singuliers ; cette déterminité de la singularité ne se présente qu'avec le jugement. Chaque moment du concept est lui-même le concept tout entier (§ 160), mais la singularité, le sujet, est le concept *posé* comme totalité.

§ 164

Le concept est ce qui est absolument *concret*, parce que l'unité négative avec soi en tant qu'être-déterminé-en-et-pour-soi, ce qui est la singularité, constitue elle-même sa relation à soi, l'universalité. Les moments du concept ne peuvent pas, dans cette mesure, être séparés ; les déterminations de la réflexion *doivent* être saisies et valoir chacune pour elle-même, séparée de la détermination opposée ; mais en tant que dans le concept leur *identité* est posée, chacun de ses moments ne peut être saisi immédiatement qu'à partir des autres et avec eux.

Universalité, particularité et singularité sont, prises abstraitement, la même chose qu'identité, différence et fondement. Mais l'universel est l'identique à soi *avec la signification expresse* qu'en lui est contenu en même temps le particulier et singulier. Ensuite, le particulier est le différencié ou la déterminité, mais avec cette signification qu'il est universel en lui-même et comme [un] singulier. De même, le singulier a la signification d'être [un] *sujet*, [une] assise fondamentale qui contient en elle le genre et l'espèce et qui est elle-même substantielle. C'est là la non-séparation *posée* des moments en leur différence (§ 160), – la *clarté* du concept, dans lequel chaque différence ne produit aucune interruption, aucun obscurcissement, mais est aussi bien transparente.

On n'entend rien dire plus couramment que ceci, à savoir que le concept est quelque chose d'*abstrait*. Ce qui est exact, pour une part, dans la mesure où c'est la pensée en général et non pas le sensible empiriquement concret qui est son élément, pour une autre part, en tant qu'il n'est pas encore l'*Idée*. Dans cette mesure, le concept subjectif est encore *formel*, non pas du tout, pourtant, comme s'il devait jamais avoir ou recevoir un autre contenu que lui-même. 154 – En tant qu'il est la forme absolue elle-même, il est | toute *déterminité*, mais comme elle est en sa vérité. Bien qu'il soit donc abstrait, il est le concret et, à vrai dire, l'absolument concret, le sujet comme tel. L'absolument concret est l'esprit (*cf.* Rem. § 159), – le concept, dans la mesure où il *existe* comme concept, se différenciant de son objectivité qui, cependant, malgré la différenciation, reste la *sienne*. Tout autre concret, si riche soit-il, n'est pas aussi intimement identique avec soi et pour cette raison n'est pas, en lui-même, aussi concret, ce qui l'est le moins étant ce que l'on entend communément par concret, une multiplicité variée liée extérieurement. – Ce que l'on nomme aussi des concepts et, à vrai dire, des concepts déterminés, par exemple : homme, maison, animal, etc., sont des déterminations simples et des représentations abstraites, – des abstractions qui du concept ne prennent que le moment de l'universalité et laissent échapper la particularité et la singularité, ainsi ne sont pas, en elles-mêmes, développées et par là font directement abstraction du concept.

§ 165

C'est seulement le moment de la *singularité* qui *pose* les moments du concept comme différences, en tant qu'elle est sa réflexion-en-soi négative, par conséquent *tout d'abord* sa libre différenciation, en tant que la *première négation*, ce par quoi est posée la *déterminité* du concept, mais comme *particularité*, c'est-à-dire que les termes différenciés, en premier lieu, n'ont l'un par rapport à l'autre que la déterminité des moments du concept et que, deuxièmement, tout aussi bien leur identité, à savoir que l'un est l'autre, est *posée*; cette particularité *posée* du concept est le *jugement*.

Les espèces ordinairement admises de concepts *clairs*, *distincts* et *adéquats* n'appartiennent pas au concept, mais à la psychologie, dans la mesure où l'on vise dans le concept clair et le concept distinct des *représentations*, dans celui-là une représentation abstraite, déterminée de façon simple, dans celui-ci une semblable représentation, mais où l'on fait ressortir encore une *marque*, c'est-à-dire une déterminité quelconque servant de signe pour la connaissance *subjective*. Rien même n'est autant la marque de l'extériorité et de la décadence de la Logique, que la catégorie en vogue de «*marque*». Le concept *adéquat* fait davantage allusion au concept et même à l'Idée, mais n'exprime encore rien d'autre que l'être formel de l'accord d'un concept ou encore d'une représentation avec leur objet, – avec une chose extérieure. – Au fondement des concepts dits *subordonnés* et *coordonnés* il y a la différence privée-de-concept de l'universel et du particulier, et leur relation de Rapport dans une réflexion extérieure. Mais, ensuite, une énumération | d'espèces de **155** concepts [comme celles de concepts] *contraires* et *contradictoires*, *affirmatifs*, *négatifs*, etc., n'est rien d'autre qu'un ramassage fait au hasard de déterminités de la pensée qui pour elles-mêmes appartiennent à la sphère de l'être ou de l'essence, où elles ont déjà été considérées, et qui n'ont rien à voir avec la déterminité du concept elle-même comme telle. – Les véritables différences du concept, le concept universel, le concept particulier et le concept singulier, constituent seules des *espèces* du concept, et encore seulement dans la mesure où elles sont maintenues les unes en dehors des autres par une réflexion extérieure. – La différenciation et détermination immanente du concept est présente dans le *jugement*, car l'acte de juger est l'acte de déterminer le concept.

b) Le jugement

§ 166

Le *jugement* est le concept dans sa particularité, en tant que *relation* différenciante de ses moments, qui sont posés comme des moments étant pour soi et en même temps identiques avec soi, mais non pas l'un avec l'autre.

Ordinairement, on pense dans le cas du jugement tout d'abord à la subsistance-par-soi des extrêmes, du sujet et du prédicat, en ce sens que celui-là serait une chose ou une détermination pour lui-même, et de même le prédicat une détermination universelle [existant] en dehors de ce sujet, par exemple dans ma tête, – qui serait ensuite réunie par moi avec celle-là, et c'est en cela qu'il y aurait jugement. Cependant, en tant que la copule, «*est*», énonce le prédicat du sujet, cette *subsomption* extérieure, subjective, est à son tour supprimée, et le jugement est pris comme une détermination de l'*ob-jet* lui-même. – La signification étymologique du *jugement* dans notre langue est plus profonde et exprime l'unité du concept comme ce qui est premier, et sa différenciation comme la division *originaire* [1], ce que le jugement est en vérité.

Le jugement abstrait est la proposition : «Le *singulier* est l'*universel*». Ce sont là les déterminations que le sujet et le prédicat ont tout d'abord l'un vis-à-vis de l'autre, en tant que les moments du concept sont pris en leur immédiate déterminité ou première abstraction. (Les propositions : «Le *particulier* est l'*universel*», et : «Le *singulier* est le *particulier*», appartiennent à la détermination progressive ultérieure du jugement). On peut regarder comme un manque d'observation digne d'étonnement, que dans les Logiques ne se trouve pas indiqué le Fait que dans *chaque* jugement est exprimée une telle proposition : «*Le singulier est l'universel*», ou de façon encore plus déterminée : «*Le sujet est le prédicat*» (par exemple : «Dieu est esprit absolu»). Certes, les 156 déterminations de singularité et universalité, de sujet et prédicat, sont | aussi différentes, mais il n'en demeure pas moins pour autant le *Fait* absolument universel, que chaque jugement les énonce comme identiques.

La copule «*est*» vient de la nature du concept, d'être, dans son aliénation, *identique* avec soi; le singulier et l'universel, en tant qu'ils sont *ses* moments,

---

1. « *Urteilen* » (jugement) = « *ur*sprüngliches *Teilen* » (division originaire).

sont des déterminités qui ne peuvent être isolées. Les déterminités réflexives antérieures ont dans leurs Rapports *aussi* la relation les unes aux autres, mais leur connexion est seulement l'*avoir*, non pas l'*être*, l'*identité posée comme telle* ou l'*universalité*. C'est pourquoi le jugement seulement est la véritable *particularité* du concept, car il est la déterminité ou différenciation de ce dernier, mais qui reste *universalité*.

§ 167

Le jugement est pris ordinairement en un sens *subjectif*, comme une *opération* et forme qui se rencontrerait simplement dans la pensée *consciente de soi*. Mais cette différence n'est pas encore présente dans le logique, le jugement est à prendre tout à fait universellement, *toutes les choses sont un jugement*, c'est-à-dire qu'elles sont des *singuliers* qui sont en eux-mêmes une *universalité* ou une nature intérieure ; ou un *universel* qui est *singularisé* ; l'universalité et la singularité se différencient en elles [1], mais sont en même temps identiques.

Cette manière de voir selon laquelle le sens du jugement serait simplement subjectif, comme si *moi, j'attribuais* un prédicat à un sujet, est contredite par l'expression bien plutôt objective du jugement : « La rose *est* rouge » ; « L'or *est* un métal », etc. ; ce n'est pas moi seulement qui leur attribue quelque chose. – Les jugements sont différents des *propositions* ; ces dernières contiennent une détermination concernant les sujets, qui n'est pas avec eux dans le rapport de l'universalité, – un état, une action singulière et des choses de ce genre ; « César est né à Rome en telle année, a pendant dix ans fait la guerre en Gaule, a franchi le Rubicon », etc., sont des propositions, non des jugements. C'est, ensuite, quelque chose de tout à fait vide que de dire que des propositions telles que, par exemple : « *J'ai bien dormi cette nuit* », ou encore : « *Présentez armes !* », *peuvent* être mises sous la forme d'un jugement. Une proposition comme : « Une voiture passe là-devant » ne serait un jugement, et, à la vérité, un jugement subjectif, qu'au cas où il pourrait être douteux si ce qui fait mouvement là-devant est une voiture, ou si c'est l'ob-jet qui se meut, et non pas plutôt le point de vue d'où nous l'observons ; où l'intérêt s'attache ainsi à

1. C'est-à-dire dans les choses.

trouver, pour [ma] représentation non encore déterminée comme il faut, la détermination.

| § 168

Le niveau où se tient le jugement est la *finité*, et la *finité* des choses consiste, à ce niveau, en ce qu'elles sont un jugement, en ce que, si leur être-là et leur nature universelle (leur corps et leur âme) sont bien réunis – autrement les choses seraient du néant –, ces moments qui sont les leurs sont toutefois aussi bien déjà divers que séparables en général.

§ 169

Dans le jugement abstrait : « *Le singulier est l'universel* », le sujet, en tant qu'il est ce qui se rapporte négativement à soi, est ce qui est immédiatement *concret*, le prédicat, par contre, ce qui est *abstrait*, indéterminé, l'*universel*. Mais comme ils sont liés par « *est* », il faut que le prédicat lui aussi contienne dans son universalité la déterminité du sujet, ainsi elle est la *particularité*, et celle-ci l'*identité posée* du sujet et du prédicat ; en tant qu'elle est ce qui est en cela indifférent à l'égard de cette différence de forme, elle est le *contenu*.

Le sujet a seulement dans le prédicat sa déterminité expresse et son contenu ; pour lui-même, il est de ce fait une simple représentation ou un nom vide. Dans les jugements : « *Dieu* est l'être le plus réel de tous, etc. », ou : « L'*absolu* est identique à soi, etc. », – *Dieu*, l'*absolu*, est un simple nom ; ce qu'*est* le sujet est dit seulement dans le prédicat. Ce qu'en tant qu'être concret il serait par ailleurs encore, ne concerne pas *ce* jugement (*cf.* § 31).

§ 170

Pour ce qui concerne la déterminité plus précise du sujet et du prédicat, *le premier*, en tant qu'il est la relation négative à soi-même (§ 163, 166 Rem.), est l'être ferme se trouvant au fondement, dans lequel le prédicat a sa subsistance et est idéel (il est *inhérent* au sujet) ; et en tant que le sujet est d'une façon générale et *immédiate* concret, le contenu déterminé du prédicat n'est qu'*une* des *multiples* déterminités du sujet, et celui-ci est plus riche et plus vaste que le prédicat.

Inversement, le *prédicat*, en tant qu'il est l'universel, est pour lui-même subsistant et indifférent au fait que ce sujet soit ou ne soit pas ; il dépasse le sujet, le *subsume* sous lui et, de son côté, est plus vaste que le sujet. Le *contenu déterminé* du prédicat (§ précédent) constitue seul l'identité des deux.

| § 171   **158**

Le sujet, le prédicat et le contenu déterminé ou l'identité sont dans le jugement tout d'abord posés en leur relation même comme *divers*, tombant les uns en dehors des autres. Mais *en soi*, c'est-à-dire suivant le concept, ils sont *identiques*, en tant que la totalité concrète du sujet consiste à être non pas une quelconque multiplicité variée indéterminée, mais uniquement *singularité*, le particulier et l'universel en une identité, et c'est précisément cette unité qu'est le prédicat (§ 170). – Dans la copule, ensuite, l'*identité* du sujet et du prédicat est bien *posée*, mais tout d'abord seulement comme « *est* » abstrait. Suivant cette *identité*, le sujet est à *poser* aussi dans la détermination du prédicat [1], et par là celui-ci aussi reçoit la détermination du premier et la copule se *remplit*. C'est là la *détermination progressive* du jugement, qui, par la copule pleine de contenu, l'amène au *syllogisme*. Tout d'abord, dans le jugement, la détermination progressive de ce dernier consiste à déterminer l'*universalité* en premier lieu abstraite, *sensible*, en *somme totale*, *genre* et *espèce*, et en *universalité-du-concept* développée.

La connaissance de la détermination progressive du jugement donne seule à ce que l'on a coutume de présenter comme *espèces* du jugement aussi bien une *connexion* qu'un *sens*. Outre que l'énumération habituelle a l'air totalement contingente, elle est quelque chose de superficiel et même d'inculte et de barbare dans l'indication des différences ; comment se différencient le

---

1. C'est-à-dire : avec la détermination du prédicat.

jugement positif, le jugement catégorique, le jugement assertorique, pour une part c'est en général saisi au petit bonheur, pour une autre part cela reste indéterminé. Les divers jugements sont à considérer comme résultant nécessairement les uns des autres et comme *une détermination progressive du concept*, car le jugement lui-même n'est rien d'autre que le concept *déterminé*.

Relativement aux deux sphères précédentes de l'*être* et de l'*essence*, les *concepts déterminés* sont, en tant que jugements, des reproductions de ces sphères, mais posées en la relation simple du concept.

α) *Jugement qualitatif*

§ 172

Le jugement immédiat est le *jugement* de l'*être-là* ; le sujet est posé en une universalité, en tant qu'elle est son prédicat, lequel est une qualité immédiate (par conséquent sensible). 1) Jugement *positif*, le 159 singulier est un particulier. Mais le singulier | *n'est pas* un particulier ; plus précisément, telle qualité singulière ne correspond pas à la nature concrète du sujet ; 2) jugement *négatif*.

C'est l'un des préjugés logiques les plus essentiels, que [de penser que] des jugements qualitatifs tels que : « La rose est rouge » ou : « n'est pas rouge » peuvent contenir de la vérité. *Exacts*, ils peuvent l'être, c'est-à-dire dans le cercle borné de la perception, de la représentation et pensée finie ; cela dépend du contenu, qui est de même un contenu fini, pour lui-même non-vrai. Mais la vérité ne repose que sur la forme, c'est-à-dire sur le concept posé et la réalité qui lui correspond ; mais une telle vérité n'est pas présente dans le jugement qualitatif.

§ 173

Dans cette négation, en tant que *première* négation, subsiste encore la *relation* du sujet au prédicat qui, par là, est comme [un terme] relativement universel dont la déterminité a été seulement niée ; (dans : « La rose *n'est pas* rouge », il est contenu qu'elle a cependant encore une couleur, – avant tout une autre, ce qui toutefois ne ferait à nouveau qu'un jugement positif). Mais le singulier *n'est pas* non plus un universel. Ainsi le jugement 3) se décompose dans lui-même *aa*) en la relation d'*identité* vide : le singulier est le singulier, – jugement *identique* ; et *bb*) en lui-même en tant qu'il est la complète inadéquation présente du sujet et du prédicat ; ce que l'on appelle le jugement *infini*.

De ce dernier sont des exemples : « L'esprit n'est pas un éléphant », « Un lion n'est pas une table », etc., – propositions qui sont exactes mais absurdes, précisément comme les propositions identiques : « Un lion est un lion », « L'esprit est l'esprit ». Ces propositions sont sans doute la vérité du jugement immédiat, dit qualitatif, mais ne sont absolument pas des jugements et ne peuvent se rencontrer que dans une pensée subjective, qui peut retenir fixement aussi une abstraction sans vérité. – Considérées objectivement, elles expriment la nature de l'*étant* ou des choses *sensibles*, à savoir qu'elles sont une décomposition en une identité *vide* et en une relation *remplie* mais qui est l'*être-autre qualitatif des termes mis en relation*, leur complète inadéquation.

β) *Le jugement de la réflexion*

§ 174

Le singulier en tant que singulier (réfléchi en soi), posé dans le jugement, a un prédicat vis-à-vis duquel le sujet, en tant que se | rappor- **160** tant à soi, demeure en même temps un *Autre*. – Dans l'*existence*, le sujet n'est plus immédiatement qualitatif mais dans le *Rapport* et la *connexion avec un Autre*, avec un monde extérieur. L'*universalité* a par là reçu la signification de cette relativité (par exemple : utile, dangereux ; pesanteur, acidité, – ensuite pulsion, etc.).

§ 175

1) Le sujet, le singulier *en tant que* singulier (dans le jugement *individuel-singulier*), est un universel. 2) Dans cette relation, il est élevé au-dessus de son individualité singulière. Cette extension est une extension extérieure, la réflexion subjective, en premier lieu la *particularité* indéterminée (dans le jugement *plural-particulier*, qui est immédiatement aussi bien négatif que positif ; – le singulier est

partagé dans lui-même, pour une part il se rapporte à lui-même, pour une autre part à autre chose). 3) Quelques-uns sont l'universel, ainsi la particularité reçoit l'extension de l'universalité ; ou encore, celle-ci, déterminée au moyen de la singularité du sujet, est la *somme totale* (la communauté, l'ordinaire universalité-de-la-*réflexion*).

§ 176

Du fait que le sujet est déterminé également comme [un] universel, l'identité de lui-même et du prédicat, ainsi que de ce fait la détermination-du-jugement elle-même en tant qu'indifférente, sont *posées*. Cette unité du *contenu* en tant qu'il est l'universalité identique à la réflexion-en-soi négative du sujet, fait de la relation-du-jugement une relation *nécessaire*.

γ) *Jugement de la nécessité*

§ 177

Le jugement de la nécessité en tant qu'elle est l'identité du contenu dans sa différence, 1) contient, pour une part, dans le prédicat, la *substance* ou *nature* du sujet, l'universel *concret*, – le *genre* ; – pour une autre part, en tant que cet universel contient en lui aussi bien la déterminité en tant que négative, la déterminité essentielle *exclusive* – l'*espèce* ; *jugement catégorique*.

161 | 2) Suivant leur substantialité les deux côtés conservent la figure d'effectivités subsistantes-par-soi dont l'identité est seulement une identité *intérieure*, ce qui fait que l'effectivité de l'un des termes est en même temps *non pas la sienne* mais l'être de l'*autre* ; – jugement *hypothétique*.

3) Lorsque, en cette aliénation du concept, l'identité intérieure est en même temps *posée*, l'universel est le genre qui en sa singularité exclusive est identique avec soi ; le jugement qui a cet universel pour ses deux côtés, une fois comme tel, l'autre fois comme le cercle de sa particularisation qui s'exclut, dont le genre est l'*ou bien – ou bien* tout

autant que l'*aussi bien que*, est le jugement *disjonctif*. L'universalité, tout d'abord en tant que genre et maintenant aussi en tant que le cercle de ses espèces, est par là déterminée et posée comme totalité.

δ) *Le jugement du concept*

§ 178

Le *jugement* du *concept* a pour contenu le concept, la totalité en une forme simple, l'universel avec sa déterminité complète. Le sujet est 1) tout d'abord un singulier qui a pour prédicat la *réflexion* de l'être-là particulier sur son universel, – la concordance ou la non-concordance de ces deux déterminations; bon, vrai, juste, etc. – jugement *assertorique*.

C'est seulement un tel acte de juger si un ob-jet, une action, etc., sont bons ou mauvais, vrais, beaux, etc., que dans la vie courante aussi l'on appelle juger; on ne va pas attribuer de faculté de juger à un homme qui, par exemple, sait faire les jugements positifs ou négatifs: « Cette rose est rouge », « Ce tableau est rouge, vert, poussiéreux », etc.

Du fait du principe du savoir immédiat et de la croyance, le jugement assertorique, qui dans la société, lorsqu'il prétend pour lui-même à une validité, passe bien plutôt pour incongru, est devenu même en philosophie la forme unique et essentielle de la doctrine. On peut lire, dans les œuvres dites philosophiques qui affirment ce principe, des centaines et des centaines d'*assurances* au sujet de la raison, du savoir, de la pensée, etc., qui, parce que l'autorité extérieure n'a plus, de fait, beaucoup de valeur, cherchent à s'accréditer par les répétitions infinies d'une seule et même chose.

| § 179   162

Le jugement assertorique, en son sujet tout d'abord immédiat, ne contient pas la relation du particulier et de l'universel, qui est exprimée dans le prédicat. Ce jugement est par suite seulement une particularité *subjective*, et l'assurance opposée lui fait face avec le même droit ou bien plutôt la même absence de droit; il est, par conséquent, 2) aussitôt seulement un jugement *problématique*. Mais 3) la particularité objective appartenant au *sujet* étant *posée*, [c'est-à-dire] sa particularité en tant qu'elle est la manière dont est constitué son être-là, alors le sujet exprime la relation de cette dernière à sa détermination, c'est-à-dire à son genre, par là ce qui (paragraphe précédent) fait le contenu du prédicat (*cette* – la singularité immédiate – *maison* – le genre –, *constituée de telle et telle façon* – la particularité –, est bonne ou mauvaise); – jugement *apodictique*. – *Toutes les choses* sont un *genre* (leur détermination et but) dans une effectivité *singulière* d'une constitution *particulière*; et leur finité consiste en ce que le particulier qui est le leur peut être ou non conforme à l'universel.

§ 180

Sujet et prédicat sont, de cette manière, eux-mêmes chacun le jugement tout entier. La constitution immédiate du sujet se montre tout d'abord comme le *fondement médiatisant* entre la singularité de l'effectif et son universalité, comme le fondement du jugement. Ce qui en réalité a été posé, c'est l'unité du sujet et du prédicat en tant qu'elle est le concept lui-même; il est le remplissement du « *est* » vide, de la copule, et, en tant que ses moments sont en même temps différents comme sujet et prédicat, il est posé comme unité de ceux-ci, comme la relation qui les médiatise, – le *syllogisme*.

c) Le syllogisme

§ 181

Le syllogisme est l'unité du concept et du jugement; – il est le concept en tant qu'il est l'identité simple en laquelle les différences-de-forme | du jugement sont retournées, et jugement pour autant qu'il est en même temps posé en sa réalité, c'est-à-dire dans la différence de ses déterminations. Le syllogisme est le *rationnel* et *tout* rationnel.

On a bien coutume ordinairement de présenter le syllogisme comme la *forme du rationnel*, mais comme une forme subjective, et sans qu'entre elle et, pris ailleurs, un contenu rationnel, par exemple un principe rationnel, une action, une idée, etc., rationnelle, une connexion qulconque ait été montrée. On parle en général beaucoup et souvent de la *raison* et on en appelle à elle, sans indiquer ce qu'est sa *déterminité*, *ce qu'*elle est, et l'on ne pense pas le moins du monde alors à l'enchaînement syllogistique. En fait, l'*enchaînement syllogistique formel* est le rationnel dans une telle manière d'être privée-de-raison, qu'il n'a rien à voir avec un contenu consistant rationnel. Mais comme un tel contenu consistant ne peut être rationnel que par la déterminité par laquelle la *pensée* est raison, il ne peut l'être que par la forme qu'est le syllogisme. – Mais celui-ci n'est rien d'autre que le *concept posé*, (tout d'abord formellement) *réel*, comme l'exprime le paragraphe. C'est pourquoi le syllogisme est le *fondement essentiel de tout ce qui est vrai*; *et la définition de l'absolu* est désormais qu'il est le syllogisme, ou, si cette détermination est exprimée comme proposition : « *Tout est un syllogisme* ». Tout est *concept*, et l'être-là de tout est la différence des moments du concept, de telle sorte que la nature *universelle* de tout se donne par le moyen de la *particularité* une réalité extérieure, et, par ce moyen, ainsi qu'en tant que réflexion-en-soi négative, fait d'elle-même un *singulier*. – Ou inversement, l'effectif est un *singulier* qui, par la *particularité*, s'élève à l'*universalité* et se fait identique à soi. – L'effectif est quelque chose qui est un, mais il est aussi bien la séparation entre eux des moments du concept, et le syllogisme est le cycle de la médiation de ses moments, par lequel il se pose comme quelque chose qui est un.

§ 182

Le syllogisme *immédiat* consiste en ce que les déterminations du concept se tiennent, en tant qu'*abstraites*, les unes vis-à-vis des autres seulement dans un *Rapport* extérieur, de telle sorte que les deux *extrêmes* sont la *singularité* et l'*universalité*, tandis que le concept, en tant qu'il est le moyen terme qui les enchaîne toutes deux ensemble, n'est pareillement que la *particularité* abstraite. En cela, les extrêmes sont posés [comme] subsistant *pour eux-mêmes indifférents* tout autant l'un à l'égard de l'autre qu'à l'égard de leur moyen terme. Ce syllogisme est par conséquent le rationnel en tant qu'il l'est d'une façon privée-de-concept, – le *syllogisme d'entendement* formel. – Le sujet y est enchaîné avec une *autre* déterminité; ou encore, l'universel subsume par cette | médiation un sujet *extérieur* à lui. Le syllogisme **164** rationnel, par contre, consiste en ce que le sujet, par la médiation, *s'enchaîne avec soi-même*. C'est ainsi d'abord et seulement qu'il est sujet, ou encore, le sujet est d'abord et seulement, en lui-même, le syllogisme de la raison.

Dans l'examen qui suit, le syllogisme de l'entendement est, suivant sa signification habituelle, courante, exprimé dans sa manière d'être subjective, qui lui appartient au sens où c'est *nous* qui faisons de tels syllogismes. En réalité il est *seulement* un enchaînement syllogistique *subjectif*; mais cela a aussi bien la signification objective, qu'il exprime seulement la *finité* des choses, mais de la manière déterminée que la *forme* a atteint ici. Dans les choses finies, la subjectivité en tant que choséité est séparable de ses propriétés, de sa particularité, [et] tout aussi séparable de son universalité, aussi bien dans la mesure où celle-ci est la simple qualité de la chose et sa connexion extérieure avec d'autres choses, que dans la mesure où elle est son genre et son concept.

α) *Syllogisme qualitatif*

§ 183

Le premier syllogisme est le *syllogisme de l'être-là* ou le *syllogisme qualitatif*, comme il a été présenté au paragraphe précédent, 1) S-P-U, à savoir qu'un sujet, en tant qu'[un] singulier, est *enchaîné*, par le moyen d'une *qualité*, avec une *déterminité universelle*.

Le fait que le sujet (le *terminus minor*) possède encore d'autres déterminations que celle de la singularité, que de même l'autre extrême (le prédicat de la conclusion, le *terminus major*) possède d'autres déterminations que celle seulement d'être un universel, on ne le prend pas ici en considération; mais seulement les formes moyennant lesquelles ils constituent le syllogisme.

§ 184

Ce syllogisme est α) tout à fait *contingent* suivant ses déterminations, en tant que le moyen terme, comme particularité abstraite, est *seulement une déterminité quelconque* du sujet qui, en tant que sujet *immédiat*, par conséquent empiriquement-concret, a plusieurs déterminités, donc peut être enchaîné avec d'*autres* universalités tout aussi *diverses*, de même qu'aussi une particularité *singulière* peut à son tour avoir en elle des déterminités diverses, que donc le sujet peut être, au moyen *du même medius terminus*, rapporté à des universels *différents*.

| L'enchaînement syllogistique formel est plus passé de mode qu'il n'est **165** arrivé qu'on ait discerné son manque de justesse et voulu justifier d'une telle manière son non-usage. Ce paragraphe et le suivant indiquent le néant de valeur d'un tel enchaînement syllogistique pour la vérité.

Suivant le côté qui a été indiqué dans le paragraphe, par de tels syllogismes ce qu'il y a de plus divers peut être, comme on le dit, *prouvé*. Il n'y a qu'à prendre le *medius terminus* à partir duquel peut être opéré le passage à la détermination voulue. Mais avec un autre *medius terminus* se laisse *prouver* quelque chose d'autre, et jusqu'à l'opposé. – Plus un ob-jet est concret, d'autant plus de côtés a-t-il qui lui appartiennent et peuvent servir de *medii termini*. Déterminer lequel parmi ces côtés est plus essentiel que l'autre, cela repose nécessairement à nouveau sur un tel enchaînement syllogistique, qui s'en tient à la déterminité singulière et peut pour elle trouver de même facilement un côté et un *point à considérer* suivant lequel on peut la faire *valoir* comme *importante* et *nécessaire*.

§ 185

β) Tout aussi contingent est ce syllogisme du fait de la forme de la *relation* qui est en lui. Suivant le concept du syllogisme, le vrai est la relation de termes différents grâce à un moyen terme qui est leur unité. Mais les relations des extrêmes au moyen terme (ce que l'on appelle les *prémisses*, la *majeure* et la *mineure*) sont, bien plutôt, des relations *immédiates*.

Cette contradiction du syllogisme s'exprime, à nouveau, par un *progrès* infini, en tant qu'exigence que les prémisses pareillement soient prouvées chacune au moyen d'un syllogisme; mais comme celui-ci a deux prémisses précisément telles, immédiates, cette exigence, et qui, en vérité, va toujours en se redoublant, se répète *à l'infini*.

§ 186

Ce qui a été ici (à cause de l'importance empirique) remarqué comme *défaut* du syllogisme auquel, dans cette forme, une justesse absolue est attribuée, doit nécessairement se supprimer de soi-même dans la détermination progressive du syllogisme. En ce lieu-ci [qui est] à l'intérieur de la sphère du concept, comme dans le jugement, la déterminité *opposée* n'est pas simplement présente *en soi*, mais elle est *posée*, et ainsi, pour la détermination progressive du syllogisme elle aussi, il n'y a qu'à accueillir ce qui à chaque fois est posé par lui-même.

166 | Par le syllogisme immédiat S-P-U, le *singulier* est médiatisé avec l'universel et, dans cette *conclusion*, posé comme [un] *universel*. Le singulier en tant que sujet, [étant] ainsi lui-même en tant qu'[un] universel, est par là maintenant l'unité des deux extrêmes et l'élément médiatisant ; ce qui donne la *deuxième figure* du syllogisme, 2) U-S-P. Celle-ci exprime la vérité de la première, à savoir que la médiation s'est opérée dans la singularité, par là est quelque chose de contingent.

§ 187

La deuxième figure enchaîne l'universel (qui se présente, au sortir de la conclusion précédente, déterminé au moyen de la singularité, [et] par là prend maintenant la place du sujet immédiat) avec le particulier. L'*universel* est ainsi, par cette conclusion, posé comme [un] particulier, donc comme ce qui médiatise les extrêmes, dont les places sont maintenant occupées par les autres termes ; la *troisième figure* du syllogisme : 3) P-U-S.

Les *figures* – comme on dit – du syllogisme (Aristote, à bon droit, n'en connaît que *trois* ; la *quatrième* est une addition superflue, et même absurde, des Modernes) sont, dans la manière dont on traite d'elles ordinairement, placées les unes à côté des autres sans que l'on ait le moins du monde pensé à montrer leur nécessité, et encore moins leur signification et leur valeur. C'est pourquoi il n'y a rien d'étonnant si plus tard les figures ont été traitées comme un formalisme vide. Mais elles ont un sens très profond, qui repose sur la nécessité selon laquelle *chaque moment*, en tant que détermination du concept, devient lui-même le *tout* et le *fondement médiatisant*. – Mais se demander quelles déterminations peuvent avoir par ailleurs les propositions, si elles peuvent être des propositions universelles, etc., ou négatives, pour amener, dans les diverses figures, une conclusion *correcte*, c'est là une recherche simplement *mécanique* qui, à cause de son aspect mécanique privé de concept et de son absence intrinsèque de signification, est à bon droit tombée dans l'oubli. – On ne peut pas le moins du monde, en faveur de l'importance d'une telle recherche et du syllogisme d'entendement en général, en appeler à *Aristote*, qui, sans doute, a décrit cette forme ainsi que d'innombrables autres formes de l'esprit et de la nature, et a recherché et indiqué leur déterminité. Dans ses *concepts* métaphysiques aussi bien que dans les *concepts* de ce qui relève de la nature et de ce qui relève de l'esprit, il fut si éloigné de vouloir faire de la forme du syllogisme d'entendement l'assise fondamentale et le critère, que l'on pourrait dire que pas même un seul de ces concepts n'aurait bien pu naître ou être maintenu s'il avait dû être assujetti aux lois de l'entendement. Dans les | nombreuses descriptions et explications qu'Aristote, suivant sa manière, **167** fournit essentiellement, ce qui prédomine toujours chez lui, c'est le concept *spéculatif*, et cet enchaînement syllogistique d'entendement dont il a été question, qu'il a le premier exposé d'une façon si déterminée, il ne le laisse pas pénétrer dans cette sphère.

§ 188

En tant que chaque moment a occupé en son parcours la place du moyen terme et des extrêmes, la *différence* déterminée des moments les uns par rapport aux autres s'est *supprimée*, et le syllogisme a tout d'abord, dans cette forme de l'absence de différence de ses moments, pour relation propre à lui, l'identité d'entendement extérieure, l'*égalité*; – le syllogisme *quantitatif* ou *mathématique*. Si deux choses sont *égales* à une troisième, elles sont égales entre elles.

§ 189

De ce fait, il s'est réalisé tout d'abord à même la *forme*, 1) que chaque moment a reçu la détermination et la place du *moyen terme*, donc, en somme, du tout, par là a perdu *en soi* l'unilatéralité de son abstraction (§ 182 et 184); que 2) la *médiation* (§ 185) a été achevée, de même seulement *en soi*, à savoir seulement comme un *cercle* de médiations se présupposant réciproquement. Dans la première figure : S-P-U, les deux prémisses : S-P et P-U sont encore non-médiatisées; celle-là est médiatisée dans la troisième figure, celle-ci dans la deuxième figure. Mais chacune de ces deux figures, pour la médiatisation de ses prémisses, présuppose aussi bien les deux autres figures en rapport avec elle.

Par suite, l'unité médiatisante du concept n'est plus à poser seulement en tant que particularité abstraite, mais en tant qu'unité *développée* de la singularité et de l'universalité, et, à vrai dire, tout d'abord en tant qu'unité *réfléchie* de ces déterminations; la *singularité*, déterminée *en même temps* comme universalité. Un tel moyen terme donne le *syllogisme de la réflexion*.

β) *Syllogisme de la réflexion*

§ 190

Le moyen terme, ainsi, tout d'abord 1) non seulement comme déterminité abstraite, *particulière*, du sujet, mais en même temps comme [étant] *tous* | les sujets *concrets singuliers* auxquels seulement, parmi d'autres, cette déterminité aussi appartient, donne le syllogisme de la *somme totale*. La majeure qui a pour sujet la déterminité particulière, le *terminus medius*, en tant que somme totale, a cependant la *conclusion* qui devrait l'avoir pour présupposition, bien plutôt elle-même pour *présupposition*. Elle repose par conséquent 2) sur l'*induction*, dont les singuliers comme tels, a, b, c, d, etc., *au complet*, constituent le moyen terme. Mais en tant que la singularité immédiate, empirique, est différente de l'universalité et pour cette raison ne peut procurer aucune complétude, l'induction repose 3) sur l'*analogie*, dont le moyen terme est un singulier, mais [pris] dans le sens de son universalité essentielle, de son genre ou déterminité essentielle. – Le premier syllogisme renvoie pour sa médiatisation au deuxième, et le deuxième au troisième; mais celui-ci exige aussi bien une universalité déterminée en elle-même, ou la singularité en tant que genre, après que les formes de relation extérieure entre la singularité et l'universalité ont été parcourues dans les figures du syllogisme de la réflexion.

Grâce au syllogisme de la somme totale, le défaut – montré au § 184 – de la forme fondamentale du syllogisme d'entendement est corrigé, mais seulement de telle manière que surgit le nouveau défaut qui consiste en ce que la majeure présuppose elle-même comme une proposition par conséquent *immédiate* ce qui devrait être une conclusion. – « Tous les hommes sont mortels, *donc* Caius est mortel », – « Tous les métaux sont des conducteurs électriques, *donc* aussi par exemple le cuivre ». Pour pouvoir énoncer ces majeures qui expriment en tant que *« tous »* les singuliers *immédiats* et doivent être essentiellement des propositions *empiriques*, il faut que déjà *auparavant* les propositions concernant le Caius singulier, le cuivre *singulier*, soient pour elles-mêmes constatées comme justes. – À bon droit, chacun est frappé non seulement par le pédantisme, mais par le formalisme vide de sens de syllogismes tels que : « Tous les hommes sont mortels, or Caius est…, etc. ».

γ) *Syllogisme de la nécessité*

§ 191

Ce syllogisme, pris suivant les déterminations simplement abstraites, a pour moyen terme l'*universel*, comme le syllogisme de la réflexion la *singularité*, – celui-ci suivant la deuxième figure, celui-là suivant la troisième (§ 187); – l'universel, posé comme déterminé en lui-même essentiellement. Tout d'abord 1) le *particulier* est, avec la signification | du *genre* ou de l'*espèce* déterminés, la détermination 169 médiatisante, – dans le syllogisme *catégorique*; 2) le *singulier* [l'est], avec la signification de l'être immédiat, de façon à être aussi bien médiatisant que médiatisé, – dans le syllogisme *hypothétique*; 3) l'*universel* médiatisant est posé aussi comme totalité de ses *particularisations* et comme un particulier *singulier*, une singularité exclusive, – dans le syllogisme *disjonctif*; – de sorte qu'un seul et même universel est dans ces déterminations comme seulement dans des formes de la différence.

§ 192

Le syllogisme a été pris suivant les différences qu'il contient, et le résultat général de leur cours est qu'il s'y produit l'auto-suppression de ces différences et de l'être-hors-de-soi du concept. Et en vérité, 1) chacun des moments s'est démontré lui-même comme la *totalité* des moments, par conséquent comme syllogisme tout entier, ils sont ainsi *en soi* identiques; et 2) la *négation* de leurs différences et de la médiation de celles-ci constitue l'*être-pour-soi*; de sorte que c'est un seul et même universel qui est dans ces formes et qu'il est, avec cela, aussi posé comme leur identité. Dans cette idéalité des moments l'enchaînement syllogistique reçoit la détermination de contenir essentiellement la *négation* des déterminités dont il est le parcours, par là d'être une médiation par la suppression de la médiation, et un enchaînement du sujet non pas avec *de l'autre*, mais avec de l'autre *supprimé, avec soi-même*.

§ 193

Cette *réalisation* du concept, dans laquelle l'universel est cette totalité *une* revenue en elle-même, dont les différences sont aussi bien cette totalité, et qui par la suppression de la médiation s'est déterminée comme unité *immédiate*, – est l'*objet*.

Aussi étrange à première vue que puisse paraître ce mouvement par lequel le sujet, le concept en général et plus précisément le syllogisme – particulièrement si l'on a devant les yeux seulement le syllogisme d'entendement et l'enchaînement syllogistique en tant qu'une opération de sa conscience –, 170 passent dans l'objet, il n'y a pas pour autant | à vouloir rendre ce passage plausible pour la représentation. On peut seulement évoquer la question de savoir si notre représentation habituelle de ce qui est appelé *objet* correspond à peu près à ce qui constitue ici la détermination de l'objet. Or, par «objet» on a coutume d'entendre non pas simplement un étant abstrait, ou une chose existante, ou quelque chose d'effectif en général, mais un [être] subsistant-par-soi concret, *complet* en lui-même; cette complétude est la *totalité du concept*. Que l'*objet* soit aussi *ob-jet* et *quelque chose d'extérieur* à autre chose, cela va se déterminer par la suite, dans la mesure où il se pose dans l'*opposition* au *subjectif*; ici, tout d'abord, en tant qu'il est ce en quoi le concept est passé en sortant de sa médiation, il est seulement objet *immédiat*, naïvement là, de même que tout aussi bien le concept n'est déterminé comme le *subjectif* que dans l'opposition à venir.

En outre, l'*objet* en général est le Tout *un* encore indéterminé dans lui-même, le monde objectif en général, Dieu, l'objet absolu. Mais l'objet a, en lui-même, aussi bien la différence, il se décompose dans lui-même en une multiplicité variée indéterminée (en tant que *monde* objectif), et chacun de ces éléments *singularisés* est aussi un objet, un être-là en lui-même concret, complet, subsistant-par-soi.

De même que l'objectivité a été comparée à l'être, à l'existence et à l'effectivité, on peut aussi comparer le passage à l'existence et à l'effectivité (car l'être est l'immédiat premier, tout à fait abstrait) au passage à l'objectivité. Le *fondement*, d'où provient l'existence, le Rapport-de-réflexion, qui se supprime en direction de l'effectivité, ne sont rien d'autre que le *concept posé* encore imparfaitement, ou bien ce n'en sont que des côtés abstraits, – le fonde-ment en est seulement l'*unité* relevant de l'essence, le Rapport seulement la relation de côtés *réels*, devant être seulement *réfléchis en soi*; – le concept est l'unité des deux, et l'objet une unité non pas seulement relevant de l'essence, mais universelle en elle-même, contenant en elle non pas seulement des différences réelles, mais celle[s]-ci en tant que totalités.

Il ressort, du reste, qu'en tous ces passages[1] il s'agit de bien plus que simplement de montrer seulement en général l'inséparabilité du concept ou de la pensée d'avec l'être. On a fait assez souvent remarquer que l'*être* n'est rien de plus que la relation simple à soi-même, et que cette détermination pauvre est contenue par ailleurs dans le concept ou encore dans la pensée. Le sens de ces passages n'est pas d'accueillir des déterminations comme elles sont *contenues* seulement (comme cela se produit aussi dans l'argumentation ontologique relative à l'être-là de Dieu, du fait de la proposition affirmant que l'être est l'*une des* réalités), mais de prendre le concept comme il *doit* être tout d'abord déterminé pour lui-même en tant que concept avec lequel cette abstraction lointaine de l'être ou aussi de l'objectivité n'a encore rien à faire, et de voir seulement en sa déterminité en tant que déterminité *du concept*, si elle passe et

---

1. C'est-à-dire les passages à l'existence, à l'effectivité …

171 qu'elle | passe dans une forme qui est différente de la déterminité telle qu'elle appartient au concept et apparaît *dans lui*.

Si le produit de ce passage, l'objet, est mis en relation avec le concept, qui suivant sa forme propre est disparu en celui-là, on peut exprimer de façon *juste* le résultat en disant qu'*en soi* concept – ou encore, si l'on veut, subjectivité – et objet sont *la même chose*. Mais il est tout aussi *juste* qu'ils sont divers ; en tant que l'une de ces affirmations est aussi juste que l'autre, par là précisément l'une n'est pas plus juste que l'autre ; une telle manière de s'exprimer est incapable de présenter ce qu'il en est véritablement. Cet *en-soi* dont on a parlé est une abstraction et [il est] encore plus unilatéral que le concept lui-même, dont l'unilatéralité en général se supprime en tant qu'il se supprime en direction de l'objet, de l'unilatéralité opposée. Ainsi, il faut que cet *en-soi* aussi se détermine, par la *négation* de soi, à l'*être-pour-soi*. Comme partout, l'identité spéculative n'est pas cette identité triviale selon laquelle concept et objet seraient en soi identiques ; – remarque qui a été assez souvent répétée, mais qui ne saurait être répétée assez souvent si l'intention devait être de mettre un terme aux méprises insipides et pleines de malveillance qui concernent cette identité ; ce qui raisonnablement n'est pourtant pas encore à espérer.

Du reste, si cette unité du concept et de l'objet est prise tout à fait en général, sans renvoyer à la forme unilatérale de son *être-en-soi*, c'est elle, comme c'est bien connu, qui est *présupposée* dans le cas de la *preuve onto-logique* de l'être-là de Dieu, et cela comme ce qui est *le plus parfait*. Chez Anselme, chez qui la pensée extrêmement remarquable de cette preuve se rencontre pour la première fois, il n'est, à vrai dire, tout d'abord question que de savoir si un contenu est seulement dans *notre pensée*. Ses propos sont en bref ceux-ci : « Certe id, quo majus cogitari nequit, non potest esse in intellectu solo. Si enim vel in solo intellectu est, potest cogitari esse *et in re* ; quod majus est. Si ergo id, quo majus cogitari non potest, est in solo intellectu, id ipsum, quo majus cogitari non potest, est, quo majus cogitari potest. Sed certe hoc esse non potest » [« Assurément, ce qui est tel qu'on ne peut penser quelque chose de plus grand que lui ne peut être dans le seul intellect. Si en effet, l'on suppose qu'il est dans le seul intellect, on peut le penser être aussi dans la chose, ce qui est être plus grand. Si donc ce qui est tel qu'on ne puisse penser quelque chose de plus grand que lui est dans le seul intellect, cela même qui est tel qu'on ne peut penser quelque chose de plus grand que lui est tel qu'on peut penser

quelque chose de plus grand que lui. Mais assurément cela ne peut être »] [1].
– Les choses *finies* sont, suivant les déterminations où nous nous tenons ici,
telles que leur objectivité n'est pas en accord avec la pensée d'elles-mêmes,
c'est-à-dire avec leur détermination universelle, leur genre et leur but.
Descartes et Spinoza, etc., ont exprimé cette unité plus objectivement, mais le
principe de la certitude immédiate ou de la croyance la prend davantage
suivant la manière subjective d'Anselme, c'est-à-dire [en posant] qu'avec la
représentation de Dieu est liée de façon inséparable, *dans notre conscience*, la
détermination de son être. Si le principe de cette croyance prend aussi les représentations des choses extérieures finies dans l'inséparabilité de la conscience
de ces représentations et de celle de leur être, parce que *dans l'intuition* elles
sont liées avec la détermination de l'existence, cela est bien correct. Mais ce
serait la plus grande | absence de pensée si l'on venait à s'imaginer que dans **172**
notre conscience l'existence est liée de la même manière avec la représentation
des choses finies qu'avec la représentation de Dieu ; on oublierait que les
choses fines sont variables et passagères, c'est-à-dire que l'existence n'est liée
avec elles que d'une façon transitoire, que cette liaison n'est pas éternelle, mais
séparable. C'est pourquoi Anselme, en négligeant une telle association qui se
présente dans le cas des choses finies, n'a qualifié à bon droit de parfait que ce
qui n'est pas simplement d'une manière subjective, mais est en même temps
d'une manière objective. Tout air distingué affecté à l'endroit de la preuve dite
ontologique et à l'endroit de cette détermination anselmienne du parfait ne sert
à rien, puisque celle-ci se trouve en tout esprit humain non prévenu, aussi bien
qu'elle revient en toute philosophie, même contre le savoir et le vouloir,
comme dans le principe de la croyance immédiate.

Mais le défaut dans l'argumentation d'Anselme, défaut que, du reste,
Descartes, Spinoza ainsi que le principe du savoir immédiat partagent avec
elle, est que cette *unité*, qui est exprimée comme ce qui est le plus parfait, ou
encore, subjectivement, comme le savoir vrai, est *présupposée*, c'est-à-dire
seulement admise comme *en soi*. À cette identité en cela abstraite, est aussitôt
opposée la *diversité* des deux déterminations, comme aussi cela s'est produit
depuis longtemps à l'encontre d'Anselme, c'est-à-dire qu'en fait on oppose
à l'infini la représentation et l'existence du *fini*, car, comme on l'a remarqué
tout à l'heure, le fini est une objectivité telle qu'elle est en même temps non

---

1. Saint Anselme, *Proslogion*, 2.

adéquate au but, son essence et concept, qu'elle est différente de lui, – ou une représentation telle, quelque chose de subjectif tel, qu'ils n'enveloppent pas l'existence. Cette objection et opposition se dissipe seulement pour autant que l'on montre le fini comme quelque chose de non-vrai, que l'on montre ces déterminations comme [étant] *pour elles-mêmes* unilatérales et du néant, et par conséquent l'identité comme une identité en laquelle elles passent elles-mêmes et dans laquelle elles sont réconciliées.

B
L'OBJET

§ 194

L'objet est [un] être immédiat du fait de l'indifférence à l'égard de la différence, en tant que celle-ci s'est supprimée en lui, et il est en lui-même totalité, et en même temps, pour autant que cette identité 173 | est seulement l'identité *étant-en-soi* des moments, il est aussi bien indifférent à l'égard de son unité immédiate ; il est une décomposition en des termes différents dont chacun est lui-même la totalité. L'objet est par conséquent l'absolue *contradiction* de la complète subsistance-par-soi du divers multiple et de la non-subsistance-par-soi tout aussi complète de celle-ci.

La définition : « *L'absolu est l'objet* » est contenue de la manière la plus déterminée dans la monade *leibnizienne*, qui doit être un objet, mais *en soi* représentante et, en vérité, la totalité de la représentation du monde ; dans son unité simple toute différence n'est que comme quelque chose d'idéel, de non-subsistant-par-soi. Rien ne vient du dehors dans la monade, elle est en elle-même le concept tout entier, seulement différenciée par le plus ou moins grand développement propre de celui-ci. De même, cette totalité simple se décompose en la pluralité absolue des différences, de telle sorte qu'elles sont des monades subsistantes-par-soi. Dans la monade des monades et l'harmonie préétablie de leurs développements internes, ces substances sont aussi bien à nouveau réduites à la non-subsistance-par-soi et à l'idéalité. La philosophie leibnizienne est ainsi la *contradiction* complètement développée.

a) Le mécanisme

§ 195

L'objet 1) dans son immédiateté est le concept seulement *en soi*, il a celui-ci tout d'abord *hors de lui*, et toute déterminité est comme une déterminité posée extérieurement. En tant qu'unité de termes différents, il est par conséquent un *composé*, un agrégat, et l'action efficiente sur autre chose demeure une relation extérieure, – *mécanisme formel*. – Les objets restent, dans cette relation et non-subsistance-par-soi, aussi bien subsistants-par-soi, opposant de la résistance, *extérieurs* les uns aux autres.

De même que la pression et le choc sont des Rapports mécaniques, de même nous savons aussi de façon mécanique, *par cœur*, dans la mesure où les mots n'ont pas de sens pour nous et restent extérieurs au sens, à la représentation, à la pensée ; ils sont aussi bien extérieurs à eux-mêmes, une succession dépourvue de sens. L'agir, la piété, etc., sont tout aussi *mécaniques* dans la mesure où ce que fait l'homme est déterminé pour lui par les lois d'un cérémonial, un directeur de conscience, etc., et où son propre esprit et vouloir n'est pas dans ses actions, où elles sont par conséquent en lui-même des actions extérieures.

| § 196

La non-subsistance-par-soi, suivant laquelle l'objet souffre *violence*, il ne l'a (paragraphe précédent) que dans la mesure où il est subsistant-par-soi, et, en tant qu'il est concept en soi posé, l'une de ces déterminations ne se supprime pas dans son autre, mais l'objet s'enchaîne, par la négation de soi, sa non-subsistance-par-soi, avec soi-même, et c'est seulement ainsi qu'il est subsistant-par-soi. L'objet [étant] ainsi en même temps dans sa différence d'avec l'extériorité et niant celle-ci dans sa subsistance-par-soi, celle-ci est [une] *unité néga-tive* avec soi, *centralité*, subjectivité, – dans laquelle il est lui-même dirigé vers l'extérieur et rapporté à lui. Celui-ci est tout aussi central en lui-même et en cela aussi bien seulement rapporté à l'autre centre, il a aussi bien sa centralité dans l'autre ; 2) mécanisme *(non-in)différent* [1] (chute, désir, instinct de sociabilité, et choses de ce genre).

§ 197

Le développement de ce Rapport forme le syllogisme consistant en ce que la négativité immanente, en tant que singularité *centrale* d'un objet (centre abstrait), se rapporte à des objets non-subsistants-par-soi comme à l'autre extrême, par un moyen terme qui réunit en lui la centralité et la non-subsistance-par-soi des objets, centre relatif ; – 3) *mécanisme absolu.*

§ 198

Le syllogisme indiqué (S-P-U) est une triplicité de syllogismes. La mauvaise *singularité* des objets *non-subsistants-par-soi*, dans lesquels le mécanisme formel a sa demeure, est, en tant que non-subsistance-par-soi, tout autant l'*universalité* extérieure. Ces objets sont par suite le moyen terme aussi entre le centre *absolu* et le centre *relatif* (la forme du syllogisme U-S-P) ; car c'est moyennant cette non-subsistance-par-soi que ces deux centres-là sont séparés et sont des extrêmes, et aussi qu'ils sont rapportés l'un à l'autre. De même la *centralité absolue,* en tant qu'elle est l'élément substantiellement universel (la pesanteur qui demeure identique) qui, en tant que la négativité pure, renferme en soi aussi bien la singularité, est l'élément médiatisant entre le *centre* 175 *relatif* et les | objets *non-subsistants-par-soi*, la forme du syllogisme P-U-S, et, à la vérité, elle est aussi bien essentiellement, suivant la singularité immanente, comme séparante que, suivant l'universalité, comme cohésion identique et être-dans-soi non troublé.

---

1. « *differenter* Mechanismus ». – Nous avons traduit « different » par « (non-in)différent », pour exprimer – par le procédé de la double négation – le sens *affirmatif,* souligné ici (comme plus loin, dans la sphère du « chimisme »), du terme « different ». La « Differenz » est la différence (« Unterschied ») en tant qu'en elle c'est le *lien* qui est essentiellement posé.

Comme le système solaire, l'État est, par exemple, dans le domaine pratique, un système de trois syllogismes. 1) Le *singulier* (la personne) s'enchaîne par sa *particularité* (les besoins physiques et spirituels, ce qui, davantage développé pour soi-même, donne la société civile[1]) avec l'*universel* (la société, le droit, la loi, le gouvernement). 2) La volonté, l'activité des individus, est l'élément médiatisant qui donne satisfaction aux besoins dans le cadre de la société, du droit, etc., comme il donne à la société, au droit, etc., remplissement et réalisation effective ; 3) mais l'universel (l'État, le gouvernement, le droit) est le moyen terme substantiel dans lequel les individus et leur satisfaction ont et conservent leur réalité, médiation et subsistance remplie. Chacune des déterminations, en tant que la médiation l'enchaîne avec l'autre extrême, s'enchaîne précisément en celui-ci avec elle-même, se produit, et cette production est conservation de soi. – C'est seulement moyennant la nature de cet enchaînement, moyennant cette triade de syllogismes faits des mêmes *termini*, qu'un tout est vraiment compris en son organisation.

§ 199

L'*immédiateté* de l'existence, que les objets ont dans le mécanisme absolu, est niée *en soi* en ce que leur subsistance-par-soi est médiatisée par leurs relations les uns aux autres, donc par leur non-subsistance-par-soi. Ainsi l'objet est à poser comme étant dans son *existence (non-in)différent* à l'égard de *son* Autre.

b) Le chimisme

§ 200

L'objet *(non-in)différent* a une *déterminité* immanente qui constitue sa nature et dans laquelle il a l'existence. Mais en tant que

---

1. « die bürgerliche Gesellschaft ». – La société civile est pour Hegel la sphère éthique de la *différence*, de l'atomisme social apparent ; son principe est l'homme dans sa *particularité* d'abord naturelle prise pour elle-même. Mais la particularité, comme différenciation, déterminité, est un être-pour-un-autre, relation des particularités les unes aux autres, monde des besoins.

totalité posée du *concept*, il est la contradiction de cette totalité qui est sienne et de la déterminité de son existence ; il est par conséquent la tendance à supprimer cette contradiction et à rendre son être-là égal au concept.

| § 201

Le processus chimique a par conséquent pour produit le [composé] *neutre* de ses extrêmes en tension, que ceux-ci sont *en soi* ; le concept, l'universel concret, s'enchaîne par la (non-in)différence des objets, la particularisation, avec la singularité, le produit, et, en celui-ci, seulement avec lui-même. Dans ce processus sont aussi bien contenus encore les autres syllogismes ; la singularité, en tant qu'activité, est pareillement élément médiatisant, de même que l'universel concret, l'essence des extrêmes en tension, qui, dans le produit, parvient à l'être-là.

§ 202

Le chimisme, en tant qu'il est le Rapport réflexif de l'objectivité avec la nature (non-in)différente des objets, a encore en même temps leur subsistance-par-soi *immédiate* pour présupposition. Le processus est le va-et-vient d'une forme à l'autre, formes qui restent en même temps encore extérieures l'une à l'autre. – Dans le produit neutre, les propriétés déterminées que les extrêmes avaient l'un vis-à-vis de l'autre sont supprimées. Il est bien conforme au concept, mais le principe *spiritualisant* de la différenciation n'existe pas en lui en tant qu'il est retombé à l'immédiateté ; c'est pourquoi le neutre est un neutre séparable. Mais le principe jugeant, qui divise le neutre en extrêmes (non-in)différents et donne à l'objet indifférent en général sa (non-in)différence et son action spiritualisante à l'égard d'un autre, ainsi que le processus en tant que séparation créant la tension, tombent en dehors du premier processus dont il a été question.

§ 203

L'*extériorité* de ces deux processus, la réduction du (non-in)différent au neutre et la différenciation de l'indifférent ou neutre, qui les fait apparaître comme subsistants-par-soi l'un vis-à-vis de l'autre, montre cependant leur finité dans le passage en des produits dans lesquels ils sont supprimés. Inversement, le processus présente l'immédiateté présupposée des objets (non-in)différents comme un néant d'immédiateté. – Du fait de cette *négation* de l'extériorité et immédiateté dans laquelle le concept en tant qu'objet était plongé, il est *libre* et posé *pour soi face à* cette extériorité et immédiateté, – en tant que *but*.

| c) *Téléologie* 177

§ 204

Le but est le concept entré dans une existence libre, [le concept] *étant pour soi*, moyennant la *négation* de l'objectivité immédiate. Il est déterminé comme *subjectif*, en tant que cette négation est tout d'abord *abstraite* et que par conséquent, pour commencer, l'objectivité n'est aussi qu'en face de lui. Mais cette déterminité de la subjectivité est *unilatérale* relativement à la totalité du concept, et cela *pour lui-même*, en tant que toute déterminité en lui s'est posée comme supprimée. Ainsi, pour lui aussi, l'objet présupposé est seulement une réalité idéelle, qui est *en soi du néant*. En tant que le concept est cette contradiction de son identité avec soi à l'égard de la négation et opposition en lui posée, il est lui-même la suppression, l'*activité* de nier l'opposition de telle manière qu'il la pose identique avec lui-même. C'est là la *réalisation* du but, dans laquelle, en se faisant l'Autre de sa subjectivité et en s'objectivant, il a supprimé la différence entre les deux, s'est enchaîné *seulement avec soi* et s'est *conservé*.

Le concept de but a été, d'un côté, qualifié de superflu, ailleurs nommé à bon droit *concept de la raison* et opposé à l'abstraitement-universel de l'entendement, en tant que cet universel ne se rapporte qu'en le *subsumant* au particulier, qu'en lui-même il n'a pas. – En outre, la différence du but en tant que *cause finale* et de la *cause* simplement *efficiente*, c'est-à-dire de ce que l'on appelle ordinairement cause, est d'une extrême importance. La cause appartient à la nécessité encore non dévoilée, à la nécessité aveugle; c'est pourquoi elle apparaît comme passant en son Autre et comme perdant en cela son originarité dans l'être-posé; c'est seulement en soi ou pour nous que la cause n'est cause que dans l'effet et y revient *en elle-même*. Le but, par contre, est posé comme devant contenir *dans lui-même* la déterminité ou ce qui là-bas apparaît encore comme être-autre, l'effet, de telle sorte que dans son activité efficiente il ne passe pas [en autre chose], mais se *conserve*, c'est-à-dire qu'il ne produit comme effet que lui-même et qu'il est à la *fin* ce qu'il était au *commencement*, dans son originarité; c'est seulement par cette conservation de soi qu'est ce qui est vraiment originaire. – Le but réclame une appréhension spéculative, en tant qu'il est le concept, qui contient lui-même dans la propre *unité* et *idéalité* de ses déterminations le *jugement* ou la négation, l'opposition du subjectif et de l'objectif, et qui en est tout autant la suppression.

Quand il s'agit du but, il ne faut pas aussitôt ou simplement penser à la
178 forme dans laquelle il est dans la conscience comme une | détermination donnée dans la représentation. Avec le concept de finalité *interne*, *Kant* a ressuscité l'Idée en général et en particulier celle de la vie. La détermination *aristotélicienne* de la vie contient déjà la finalité interne et se tient, par suite, infiniment loin au-dessus du concept de la téléologie moderne, qui n'avait en vue que la finalité *finie*, la finalité *extérieure*.

Le besoin, l'impulsion, sont les exemples les plus proches que l'on ait du but. Ils sont la contradiction *ressentie*, qui trouve place *à l'intérieur* du sujet vivant lui-même, et entrent dans l'activité de nier cette négation qu'est la subjectivité qui est encore simple subjectivité. La *satisfaction* instaure la paix entre le sujet et l'objet, en tant que l'objectif, qui dans la contradiction encore présente (le besoin) se tient *de l'autre côté*, est aussi bien supprimé, quant à cette unilatéralité qui est la sienne, par la réunion avec le subjectif. – Ceux qui parlent tant du caractère fixe et insurmontable du fini, aussi bien du subjectif que de l'objectif, ont, en chaque impulsion, l'exemple du contraire. L'impulsion est pour ainsi dire la *certitude* que le subjectif est seulement unilatéral et n'a aucune vérité, pas plus que l'objectif. L'impulsion est, ensuite, la *réalisation* de cette certitude qui est la sienne ; elle accomplit la suppression de cette opposition, du subjectif qui serait et resterait seulement un subjectif, comme de l'objectif qui de même serait et resterait seulement un objectif, et de cette finité qui est la leur.

Dans le cas de l'activité du but, on peut encore appeler l'attention sur ce fait que, dans le *syllogisme* qu'elle est et qui consiste à enchaîner le but avec lui-même par le moyen qui est celui de la réalisation, se présente essentiellement la *négation* des *termini* ; – la négation, mentionnée à l'instant même, de la subjectivité *immédiate* qui se présente dans le but en tant que tel, comme de l'objectivité *immédiate* (du moyen et des objets présupposés). C'est là la même négation que celle qui, dans l'élévation de l'esprit à Dieu, est exercée à l'encontre des choses contingentes du monde ainsi qu'à l'encontre de la subjectivité propre ; c'est le moment qui, comme on l'a mentionné dans l'*Introduction* et au § 192, est perdu de vue et abandonné dans la forme de syllogismes d'entendement qui est donnée à cette élévation dans ce que l'on appelle les preuves de l'être-là de Dieu.

§ 205

La relation téléologique est en tant qu'immédiate tout d'abord la finalité *extérieure*, et le concept est en face de l'objet comme en face d'un objet *présupposé*. Le but est, par suite fini, et cela donc, pour une part, suivant le *contenu*, pour une autre part, en ce qu'il a, en un objet à trouver-là, en tant que *matériau* de sa réalisation, une | condition 179 extérieure ; son auto-détermination est dans cette mesure seulement *formelle*. Plus précisément il est impliqué dans l'immédiateté, que la *particularité* (en tant que *détermination-de-forme* : la *subjectivité* du but), en tant que réfléchie en soi, que le *contenu* apparaît comme *différent* de la *totalité* de la forme, de la subjectivité *en soi*, du concept. Cette diversité constitue la *finité* du but *à l'intérieur de lui-même*. Le contenu est de ce fait quelque chose qui est aussi borné, contingent et donné, que l'objet est quelque chose de particulier et de trouvé-là.

§ 206

La relation téléologique est le syllogisme dans lequel le but subjectif s'enchaîne avec l'objectivité extérieure à lui par un moyen terme qui est l'unité des deux, en tant qu'il est l'*activité finalisée*, et, en tant qu'il est l'objectivité posée *immédiatement* sous le but, le *moyen*.

§ 207

1) Le but *subjectif* est le syllogisme dans lequel le concept *universel* s'enchaîne par la particularité avec la singularité, de telle sorte que celle-ci, en tant qu'elle est l'auto-détermination, *juge*, c'est-à-dire, aussi bien qu'elle particularise cet universel encore indéterminé et en fait un *contenu* déterminé, pose aussi l'*opposition* de la subjectivité et de l'objectivité, – et, en elle-même, est en même temps le retour en soi, en tant qu'elle détermine la subjectivité du concept présupposée vis-à-vis de l'objectivité, en comparaison avec la totalité enchaînée en elle-même, comme quelque chose de défectueux, et par là se tourne du même coup vers le *dehors*.

§ 208

2) Cette *activité tournée vers le dehors* se rapporte, en tant qu'elle est la *singularité* – identique, dans le but subjectif, à la particularité dans laquelle, outre le contenu, est *incluse* aussi l'*objectivité extérieure* –, en premier lieu *immédiatement* à l'objet, et s'empare de lui comme d'un *moyen*. Le concept est cette *puissance* immédiate, parce qu'il est la négativité identique à soi dans laquelle l'*être* de l'objet n'est | déterminé absolument que comme un être *idéel*. – Le *moyen terme tout entier* est alors cette puissance intérieure du concept en tant qu'*activité* avec laquelle l'*objet* en tant que *moyen* est immédiatement réuni et sous laquelle il se tient.

Dans la finalité finie le moyen terme est cet être qui est *brisé* en ces deux moments extérieurs l'un à l'autre : l'activité et l'objet qui sert de moyen. La relation du but, en tant que *puissance*, à cet objet, et l'assujettissement à lui-même de ce dernier, sont *immédiats*, – ils sont la *première prémisse* du syllogisme, – dans la mesure où, dans le concept en tant qu'il est l'idéalité qui est pour soi, l'objet est posé comme [étant] *en soi* du néant. Cette relation ou première prémisse *devient elle-même le moyen terme*, qui en même temps *est en lui-même* le syllogisme, en tant que le but, par cette relation, son activité dans laquelle il reste contenu et dominant, s'enchaîne avec l'objectivité.

§ 209

3) L'activité finalisée, avec son moyen, est encore dirigée vers le dehors, parce que le but *n*'est *pas* non plus identique à l'objet; c'est pourquoi il faut qu'il soit aussi préalablement médiatisé avec ce dernier. Le moyen est, en tant qu'objet, dans cette *deuxième prémisse*, en relation *immédiate* avec l'*autre* extrême du syllogisme, l'objectivité en tant que présupposée, les matériaux. Cette relation est la sphère du mécanisme et du chimisme maintenant *au service* du but, qui en est la vérité et le concept libre. Ce fait que le but subjectif, en tant qu'il est la puissance disposant de ces processus dans lesquels l'objectif s'use et se supprime dans le contact de ses éléments les uns avec les autres, se tient lui-même *en dehors d'eux* et est ce qui en eux *se conserve*, est la *ruse* de la raison.

§ 210

Le but réalisé est ainsi l'*unité posée* du subjectif et de l'objectif. Mais cette unité est essentiellement déterminée de telle manière que le subjectif et l'objectif sont neutralisés et supprimés seulement suivant leur *unilatéralité*, mais que l'objectif est assujetti et rendu conforme au but en tant qu'il est le concept libre et par là la puissance disposant du premier. Le but *se conserve* en face de l'objectif et en lui, parce que, outre qu'il est le subjectif *unilatéral*, le particulier, il est aussi l'universel concret, l'identité étant-en-soi des deux. Cet universel, en tant que réfléchi en soi de façon simple, est le *contenu*, | qui, à travers **181** l'ensemble des trois *termini* du syllogisme et leur mouvement, demeure *la même chose*.

§ 211

Mais, dans la finalité finie, le but accompli est, lui aussi, quelque chose d'aussi brisé en soi-même que l'étaient le moyen terme et le but initial. Il ne s'est par conséquent réalisé qu'une forme appliquée *extérieurement* aux matériaux trouvés-là, qui est, à cause du contenu-but borné, pareillement une détermination contingente. Le but atteint est par conséquent seulement un objet qui est lui aussi à son tour moyen ou matériau pour d'autres buts, et ainsi de suite *à l'infini*.

§ 212

Mais ce qui se produit *en soi* dans la réalisation du but, c'est *que la subjectivité unilatérale* et l'apparence de la subsistance-par-soi objective présente face à elle, sont supprimées. En se saisissant du moyen, le *concept* se pose comme l'essence *étant en soi* de l'objet; dans le processus mécanique et chimique, la subsistance-par-soi de l'objet s'est déjà *en soi* volatilisée, et, dans le cours qu'elle suit sous la domination du but, se supprime l'*apparence* de cette subsistance-par-soi, l'être négatif *à l'encontre du concept*. Mais le fait que le but accompli est déterminé *seulement* en tant que moyen et matériau, implique que cet objet est aussitôt déjà posé comme un objet qui est en soi du néant, seulement idéel. Par là est disparue aussi l'opposition du *contenu* et de la *forme*. En tant que le but, par la suppression des déterminations-de-forme, s'enchaîne avec lui-même, la forme est posée comme *identique* à soi, par là comme contenu, de telle sorte que le *concept*, en tant qu'il est l'*activité de la forme*, n'a que *lui-même* pour *contenu*. Par ce processus est donc *posé* en somme ce qu'était le *concept* du but, l'unité *étant en soi* du subjectif et de l'objectif, qui est maintenant *comme étant pour soi*, – *l'Idée*.

| C

182

L'IDÉE

§ 213

L'Idée est le Vrai *en et pour soi, l'unité absolue du concept et de l'objectivité.* Son contenu idéel n'est aucun autre que le concept en ses déterminations; son contenu réel est seulement l'exposition de celui-ci, qu'il se donne dans la forme d'un être-là extérieur, et, cette figure étant incluse dans son idéalité, dans sa puissance, ainsi il se conserve en elle.

La définition de l'*absolu* selon laquelle il est l'*Idée* est maintenant elle-même absolue. Toutes les définitions antérieures font retour en celle-ci. – L'Idée est la *vérité*; car la vérité consiste en ce que l'objectivité correspond au concept, – non pas en ce que des choses extérieures correspondent à mes représentations; ce ne sont là que des représentations *exactes*, que j'ai, *moi*, un *celui-ci.* Dans l'Idée il ne s'agit pas d'un celui-ci, ni de représentations, ni de choses extérieures. – Mais aussi *tout* être effectif, pour autant qu'il est un être vrai, est l'Idée et n'a sa vérité que par l'Idée et en vertu d'elle. L'être singulier est un côté quelconque de l'Idée, c'est pourquoi pour lui il est besoin encore d'autres effectivités, qui apparaissent pareillement comme subsistant pour elles-mêmes en particulier; c'est seulement en elles toutes ensemble et dans leur relation, que le concept est réalisé. Le singulier, pour lui-même, ne correspond pas à son concept; ce caractère borné de son être-là constitue sa *finité* et sa perte.

L'Idée elle-même n'est pas à prendre comme une Idée *d'un Quelque-chose quelconque,* aussi peu que le concept est à prendre simplement comme concept déterminé. L'absolu est l'Idée universelle et une qui, en tant qu'elle *juge* [1], se particularise pour donner le *système* des Idées déterminées, qui cependant n'ont pour être que de retourner dans l'Idée une, dans leur vérité. C'est par suite de ce jugement que, si l'Idée est *tout d'abord* seulement la

---

1. «als *urteilend* ». – L'Idée, en tant qu'elle est l'identité *concrète* achevée, se différencie, se particularise, se partage, se divise, et donc est *jugement*, car le jugement (« Urteil ») est pour Hegel la division originaire (« Ur-Teilung ») du concept.

substance une, universelle, son effectivité développée, vraie, consiste cependant en ce qu'elle est en tant que *sujet* et ainsi en tant qu'esprit.

L'Idée, dans la mesure où elle n'aurait pas une *existence* pour point de départ et point d'appui, est très souvent prise pour une entité logique simplement formelle. Il faut abandonner une telle façon de voir aux points de vue à l'intérieur desquels la chose existante et toutes les déterminations ultérieures qui n'ont pas encore pénétré jusqu'à l'Idée, passent encore pour ce que l'on appelle des *réalités* et [pour] de véritables *effectivités*. – Tout aussi fausse est la représentation selon laquelle l'Idée serait seulement l'*abstrait*. Elle l'est assurément, dans la mesure où tout ce qui est *non-vrai* se consume en elle ; mais, en elle-même, | elle est essentiellement *concrète*, parce qu'elle est le concept libre se déterminant lui-même et par là se déterminant à la réalité. Elle ne serait ce qui est formellement abstrait que si le concept, qui est son principe, était pris comme l'unité abstraite, non pas, ainsi qu'il est, comme le *retour négatif de soi en soi-même*, et comme la *subjectivité*.

§ 214

L'Idée peut être saisie comme la *raison* (c'est là la signification philosophique propre du mot « raison »), puis comme le *sujet-objet*, comme l'*unité de l'idéel et du réel, du fini et de l'infini, de l'âme et du corps*, comme la *possibilité qui a, en elle-même, son effectivité*, comme ce dont la *nature* ne peut être *conçue que* comme *existante*, etc. ; parce qu'en elle sont contenus tous les Rapports de l'entendement, mais dans leur *infinie* rentrée et identité en eux-mêmes.

C'est pour l'entendement un travail aisé que de présenter tout ce qui est dit de l'Idée, comme *contradictoire* en soi-même. Ce qui peut lui être aussi bien retourné, ou, bien plutôt, c'est déjà opéré dans l'Idée ; – travail qui est le travail de la raison et qui, en vérité, n'est pas aussi aisé que le sien [1]. – Si l'entendement montre que, à ce qu'il prétend, l'Idée se contredit elle-même parce que, par exemple, le subjectif est seulement subjectif, et l'objectif bien plutôt opposé à lui, que l'être est quelque chose de tout autre que le concept et, par conséquent, ne peut être épluché à partir de lui, que de même le fini est seulement fini et

---

1. C'est-à-dire celui de l'entendement.

directement le contraire de l'infini, donc ne lui est pas identique, et ainsi de suite en passant par toutes les déterminations, la Logique montre bien plutôt l'opposé, à savoir que le subjectif qui serait seulement subjectif, le fini qui serait seulement fini, l'infini qui serait seulement infini, et ainsi de suite, n'ont aucune vérité, se contredisent et passent dans leur contraire, ce par quoi ce passage et l'unité dans laquelle les extrêmes sont en tant que supprimés, en tant qu'un paraître ou que des moments, se révèlent comme leur vérité.

L'entendement qui s'applique à l'Idée est l'acte d'entendre de travers doublement, en ce sens que, *premièrement*, les *extrêmes* de l'Idée, qu'on les exprime comme on veut, en tant qu'ils sont *dans leur unité*, il les prend encore dans le sens et la détermination qu'ils ont en tant qu'ils *ne* sont *pas* dans leur unité concrète, mais sont encore des *abstractions* en dehors d'elle. Non moins méconnaît-il la *relation*, même aussi lorsqu'elle est déjà posée expressément; ainsi perd-il de vue, par exemple, jusqu'à la | nature de la *copule* dans le juge- **184** ment, elle qui énonce du singulier, du sujet, que le singulier est tout autant non pas [un] singulier, mais [un] universel. – *D'autre part*, l'entendement tient *sa* réflexion selon laquelle l'Idée identique à elle-même contient le *négatif* d'elle-même, la contradiction, pour une réflexion *extérieure*, qui ne tomberait pas dans l'Idée elle-même. En réalité, cependant, ce n'est pas là une sagesse propre à l'entendement, mais l'Idée est elle-même la dialectique qui éternellement sépare et différencie l'identique à soi du différent, le subjectif de l'objectif, le fini de l'infini, l'âme du corps, et n'est que dans cette mesure éternelle création, éternelle vitalité et éternel esprit. Tandis qu'elle est ainsi elle-même le fait de passer ou, bien plutôt, le fait de se transposer dans l'*entendement abstrait*, elle est aussi bien éternellement *raison*; elle est la dialectique qui fait entendre, à nouveau, à cet être d'entendement, à cet être divers, sa nature finie et l'apparence fausse de la subsistance-par-soi de ses productions, et qui le ramène dans l'unité. En tant que ce mouvement doublé n'est pas temporel ni, de quelque manière que ce soit, séparé et différencié – autrement, elle serait, à nouveau, seulement entendement abstrait –, elle est l'éternelle intuition d'elle-même dans l'Autre; le concept qui *a* réalisé, dans son objectivité, *lui-même*, l'objet qui est *finalité interne*, subjectivité essentielle.

Les *manières diverses* d'appréhender l'Idée, comme unité de l'idéel et du réel, du *fini* et de l'*infini*, de *l'identité* et de la *différence*, et ainsi de suite, sont plus ou moins *formelles*, en tant qu'elles désignent un degré quelconque du *concept déterminé*. Seul le concept lui-même est libre et ce qui est véritablement *universel*; dans l'Idée, par conséquent, sa *déterminité* est aussi bien seulement lui-même; une objectivité en laquelle, en tant qu'il est l'universel, il se continue, et dans laquelle il a seulement sa déterminité propre, la déterminité totale. L'Idée est le *jugement infini* dont les côtés sont chacun la totalité subsistante-par-soi, et, justement du fait que chacun s'achève en elle, il est passé tout autant dans l'autre côté. Aucun des concepts autrement déterminés n'est cette totalité achevée dans ses deux côtés, en dehors du *concept* lui-même et de l'*objectivité*.

§ 215

L'Idée est essentiellement *processus*, parce que son identité n'est l'identité absolue et libre du concept que pour autant qu'elle est la négativité absolue et, par conséquent, est dialectique. Elle est le cours consistant en ce que le concept, en tant qu'il est l'universalité qui est singularité, se détermine à l'objectivité et à l'opposition à cette dernière, 185 | et en ce que cette extériorité, qui a le concept pour substance, se reconduit, moyennant sa dialectique immanente, dans la *subjectivité*.

Parce que l'Idée *a*) est *processus*, l'expression utilisée pour l'absolu : « l'*unité* du fini et de l'infini, de la pensée et de l'être, etc. » est, comme on l'a souvent rappelé, fausse ; car l'unité exprime une identité abstraite, persistant en *repos*. Parce qu'elle est *b*) *subjectivité*, cette expression-là est tout aussi fausse, car cette unité-là exprime l'*en-soi*, le *substantiel* de l'unité véritable. L'infini apparaît ainsi comme seulement *neutralisé* avec le fini, de même le subjectif avec l'objectif, la pensée avec l'être. Mais, dans l'unité *négative* de l'Idée, l'infini a prise sur le fini, la pensée sur l'être, la subjectivité sur l'objectivité. L'unité de l'Idée est subjectivité, pensée, infinité, et par là elle est à distinguer essentiellement de l'Idée en tant que *substance*, comme cette subjectivité, pensée, infinité qui *a prise sur*, est à distinguer de la subjectivité *unilatérale*, de la pensée unilatérale, de l'infinité unilatérale à laquelle elle se rabaisse en jugeant, en déterminant.

a) La vie

§ 216

L'Idée *immédiate* est la *vie*. Le concept est, en tant qu'âme, réalisé dans un *corps* [1], de l'extériorité duquel cette âme est l'*universalité* immédiate se rapportant à soi, dont elle est aussi bien la *particularisation*, de telle sorte que le corps n'exprime pas, en lui, d'autres différences que les déterminations du concept, [et] enfin la *singularité* en tant que négativité infinie, – la dialectique de son objectivité aux éléments extérieurs les uns aux autres, [objectivité] qui est ramenée, de l'apparence de la consistance subsistante-par-soi, dans la subjectivité, de telle sorte que tous les membres sont réciproquement les uns pour les autres des *moyens* momentanés comme des buts momentanés, et que la vie, de même qu'elle est la particularisation *initiale*, se pose au *résultat* comme l'unité *négative* qui est *pour soi*, et, dans la corporéité en tant que dialectique, s'enchaîne seulement avec elle-même. – Ainsi la vie est essentiellement [un] *vivant* et, suivant son immédiateté, *ce* vivant singulier-*ci*. La finité a dans cette sphère la détermination, que, du fait de l'immédiateté de l'Idée, âme et corps sont *séparables*; c'est là ce qui constitue la nature mortelle du vivant. | Mais **186** c'est seulement dans la mesure où il est mort, que ces deux côtés de l'Idée sont des *fragments constitutifs* divers.

§ 217

Le vivant est le syllogisme dont les moments mêmes sont en eux-mêmes des systèmes et des syllogismes (§ 198, 201, 207), mais qui sont des syllogismes actifs, des processus, et dans l'unité subjective du vivant ne sont qu'un *unique* processus. Le vivant est ainsi le processus de son enchaînement avec lui-même dont le cours se déroule à travers *trois processus*.

---

1. « *Leibe* ».

§ 218

1) Le premier est le processus du vivant *à l'intérieur de* lui-même, processus dans lequel il se divise, en lui-même, et se fait de sa corporéité son objet, sa nature *inorganique*. Celle-ci, en tant qu'elle est ce qui est relativement extérieur, entre, en elle-même, dans la différence et l'opposition de ses moments, qui s'abandonnent l'un à l'autre, s'assimilent l'un l'autre, et se conservent en se produisant eux-mêmes. Mais cette activité des membres n'est que l'activité une du sujet, en laquelle leurs productions retournent, de sorte qu'en elles c'est seulement le sujet qui est produit, c'est-à-dire qu'il ne fait que se reproduire.

§ 219

2) Le *jugement* du concept progresse, cependant, en tant que libre, jusqu'à laisser aller hors de lui-même l'*objectif* comme une totalité subsistante-par-soi, et la relation négative du vivant à lui-même produit, en tant que singularité *immédiate*, la *présupposition* d'une nature inorganique lui faisant face. En tant que ce négatif de lui-même est tout autant un moment conceptuel du vivant lui-même, il est en celui-ci, l'être qui est en même temps universel concret, comme un *manque*. La dialectique par laquelle l'objet, en tant qu'il est *en soi* du néant, se supprime, est l'activité du vivant certain de lui-même qui, par là, dans *ce processus qui le met aux prises avec une nature inorganique, se conserve lui-même*, se *développe* et s'*objective*.

| § 220

3) En tant que l'individu vivant, qui dans son premier processus se comporte dans lui-même comme sujet et concept, s'assimile par son deuxième processus son objectivité extérieure et ainsi *pose dans lui-même* la déterminité réelle, il est alors *en soi genre*, universalité substantielle. La particularisation de cette dernière est la relation du sujet *à un autre sujet* [faisant partie] de son genre, et le jugement est le

Rapport du genre à ces individus déterminés ainsi l'un à l'égard de l'autre ; – la *différence des sexes*.

§ 221

Le processus du *genre* amène celui-ci à l'*être-pour-soi*. Son produit, parce que la vie est encore l'Idée immédiate, se décompose en ces deux côtés-ci, à savoir que, suivant l'*un*, l'individu vivant en général, qui était en premier lieu présupposé comme immédiat, vient au jour maintenant comme quelque chose de médiatisé et d'*engendré* ; mais que, suivant *l'autre*, la *singularité* vivante, qui à cause de son *immédiateté* première se rapporte *négativement* à l'universalité, *s'engloutit* en celle-ci en tant qu'elle est la puissance.

§ 222

Cependant, l'Idée de la vie s'est par là libérée non seulement d'*un quelconque* (particulier) celui-ci *immédiat*, mais de cette immédiateté première en général ; elle vient par là *à elle-même*, à sa *vérité* ; elle entre par là *comme genre libre pour elle-même dans l'existence*. La mort de la vitalité singulière seulement immédiate est *la venue au jour de l'esprit*.

b) La connaissance

§ 223

L'Idée existe libre *pour elle-même*, pour autant qu'elle a l'universalité pour élément de *son existence* ou que l'objectivité est elle-même comme le concept, que l'Idée a pour ob-jet elle-même. Sa subjectivité déterminée à l'universalité est [une] *pure différenciation à l'intérieur* d'elle, – [un] intuitionner, qui se | retient dans cette **188** universalité identique. Mais en tant que différenciation déterminée, elle est le *jugement* ultérieur consistant pour elle à se repousser, en tant que totalité, de soi-même, et, en vérité, tout d'abord à se *présupposer* *comme univers extérieur.* Ce sont deux jugements qui sont *en soi* identiques, mais pas encore *posés* comme identiques.

§ 224

Le rapport de ces deux Idées, qui *en soi* ou en tant que vie sont identiques, est ainsi le rapport *relatif*, ce qui constitue dans cette sphère la détermination de la *finité*. Il est le *Rapport de la réflexion*, en tant que la différenciation de l'Idée dans elle-même est seulement le *premier* jugement, que le *présupposer* n'est pas encore comme *un poser*, que pour l'Idée subjective, par conséquent, l'Idée objective est le monde immédiat *trouvé-là*, ou que l'Idée en tant que vie est dans l'apparition de l'*existence singulière*. En même temps et tout en un, dans la mesure où ce jugement est pure différenciation *à l'intérieur d'*elle-même (paragraphe précédent), elle est *pour soi* elle-même et *son autre*, ainsi elle est la *certitude* de l'identité étant *en soi* de ce monde objectif avec elle. – La raison aborde le monde avec la croyance absolue de pouvoir poser l'identité et élever sa certitude à la *vérité*, et avec l'impulsion à poser aussi comme du néant l'opposition qui est *pour elle en soi* du néant.

§ 225

Ce processus est d'une façon générale la *connaissance. En soi* est en lui supprimée dans une activité *une* l'opposition, l'unilatéralité de la subjectivité avec l'unilatéralité de l'objectivité. Mais cette suppression ne se produit tout d'abord qu'*en soi*; le processus en tant que tel est par conséquent lui-même immédiatement affecté de la finité de cette sphère et se décompose dans le mouvement *doublé*, posé comme divers, de l'impulsion – à supprimer l'unilatéralité de la *subjectivité* de l'Idée au moyen de l'accueil en soi-même, dans la représentation et pensée subjective, du monde *qui est*, et à remplir l'abstraite certitude de soi-même avec cette objectivité valant ainsi comme vraie, en tant que *contenu*, – et inversement à supprimer l'*unilatéralité* du monde objectif qui, en cela, ne vaut ici au contraire que comme une *apparence*, une collection de contingences et de figures qui sont en soi du néant, | à le déterminer par l'*intérieur* du subjectif, qui vaut ici **189** comme l'objectif en son être véritable, et à l'in-former par lui. Ce qu'on a là, c'est l'impulsion du savoir vers la vérité, la *connaissance comme telle* – l'activité *théorique* de l'Idée –, ce qu'on a ici, c'est l'impulsion du *Bien* en vue de l'accomplissement de ce dernier, – le *vouloir*, l'activité *pratique* de l'Idée.

α) *La connaissance*

§ 226

La finité générale de la connaissance, qui réside dans l'un des jugements, dans la *présupposition* de l'opposition (§ 224), à l'égard de laquelle l'agir même de la connaissance constitue la contradiction sous-jacente, se détermine de façon plus précise à même l'Idée propre de la connaissance pour faire que les moments de cette Idée reçoivent la forme de la diversité l'un par rapport à l'autre et, en étant, il est vrai, complets, viennent se fixer l'un à l'égard de l'autre dans le rapport de la réflexion, non du concept. L'assimilation de la matière comme d'un donné apparaît par suite comme l'accueil de ce dernier dans les déterminations du concept qui lui demeurent en même temps *extérieures*, lesquelles déterminations se présentent aussi bien dans leur diversité les unes par rapport aux autres. C'est la raison agissant comme *entendement*. La vérité à laquelle parvient cette connaissance n'est, par suite, pareillement, que *la vérité finie*; la vérité infinie du concept est fixée comme un terme final qui est seulement *en soi*, [comme] un *au-delà* pour la connaissance. Mais celle-ci se tient, dans son agir extérieur, sous la direction du concept, et les déterminations de ce dernier constituent le fil intérieur de la progression.

§ 227

La connaissance finie, en tant qu'elle présuppose le *différencié* comme un étant trouvé-là, lui faisant face, – les *faits* multiformes de la nature extérieure ou de la conscience –, a 1) tout d'abord pour forme de son activité l'*identité formelle* ou l'*abstraction* de l'universalité. C'est pourquoi cette activité consiste en ceci, à dissoudre le concret donné, à singulariser ses différences et à leur donner la forme d'une *universalité abstraite*; ou bien à laisser le concret comme *fondement* et, en faisant abstraction des particularités qui paraissent inessen-

190 tielles, | à dégager un universel concret, le *genre* ou la force et la loi; – *méthode analytique*.

§ 228

Cette *universalité* est 2) aussi une universalité *déterminée*; l'activité progresse ici à même les moments du concept qui, dans la *connaissance* finie, n'est pas en son infinité, est le *concept déterminé relevant de l'entendement*. L'accueil de l'ob-jet dans les formes de ce concept est la *méthode synthétique*.

§ 229

α) L'ob-jet, amené par la connaissance tout d'abord dans la forme du concept déterminé en général, d'une manière telle que par là son *genre* et sa *déterminité* générale sont posés, est la *définition*. Les matériaux et la fondation de celle-ci sont procurés au moyen de la méthode analytique (§ 227). La déterminité, pourtant, ne doit être qu'une *marque*, c'est-à-dire [un moyen] en vue de la connaissance extérieure à l'ob-jet, seulement subjective.

§ 230

β) L'indication du deuxième moment du concept, de la déterminité de l'universel en tant que *particularisation*, est la *division*, suivant une considération extérieure quelconque.

§ 231

γ) Dans la *singularité concrète*, [et] d'une manière telle que la déterminité simple dans la définition est appréhendée comme un *Rapport*, l'ob-jet est une relation synthétique de déterminations *différentes*; – un *théorème*. Leur identité, parce qu'elles sont des déterminations diverses, est une identité *médiatisée*. L'acte d'apporter les matériaux qui constituent les moyens termes est la *construction*, et la médiation même d'où surgit la nécessité de cette relation-là pour la connaissance, est la *preuve*.

D'après les indications courantes concernant les différences de la méthode synthétique et de la méthode analytique, il apparaît au total que l'on peut à volonté décider d'employer celle-ci ou celle-là. Si le concret, qui est, | suivant **191** la méthode synthétique, présenté comme *résultat*, est *présupposé*, les détermi-nations abstraites qui constituaient les *présuppositions* et les *matériaux* pour la preuve, s'en laissent tirer par analyse en tant que *conséquences*. Les *définitions* algébriques des lignes courbes sont des théorèmes dans le cours de la géomé-trie, de même le théorème de Pythagore lui aussi, pris comme définition du triangle rectangle, pourrait donner par analyse les théorèmes démontrés aupa-ravant en géométrie en vue de l'établir. Le caractère arbitraire du choix repose sur le fait que l'une et l'autre méthode partent de quelque chose qui est *présup-posé extérieurement*. Suivant la nature du concept, la démarche analytique est ce qui vient en premier, en tant qu'elle a à élever au préalable la matière empiriquement-concrète donnée, à la forme d'abstractions générales qui ensuite seulement peuvent être placées en tête comme définitions dans la méthode synthétique.

Que ces méthodes, si essentielles et au succès si brillant dans leur champ propre, soient inutilisables pour la connaissance philosophique, cela ressort de soi-même, puisqu'elles ont des présuppositions et que la connaissance s'y comporte comme entendement et comme progression à même une identité formelle. Chez *Spinoza*, qui fit usage principalement de la méthode géomé-trique, et cela pour des concepts *spéculatifs*, le formalisme de cette méthode frappe aussitôt. La philosophie *wolffienne*, qui l'a développée jusqu'à l'extrême pédantisme, est aussi suivant son contenu une métaphysique d'entendement. – L'abus que l'on a fait du formalisme de ces méthodes dans la philosophie et dans les sciences, a fait place, dans les temps modernes, à l'abus de ce que l'on nomme la *construction*. *Kant* fit se répandre la représentation selon laquelle la mathématique *construisait* ses *concepts*; ce qui ne voulait rien dire d'autre si ce n'est qu'elle *n'a pas* affaire à des concepts, mais à d'abstraites déterminations d'*intuitions sensibles*. Ainsi donc l'indication de déterminations *sensibles*, tirées de la *perception*, avec évitement du concept, et le formalisme qui suit, consistant à classer, d'ailleurs arbitrairement et comme bon il semble, des ob-jets philosophiques et scientifiques sous forme de tableau selon un schéma présupposé, c'est là ce que l'on a appelé une *construction des concepts*. Il y a bien ici, à l'arrière-plan, une obscure représentation de l'*Idée*, de l'unité *du concept et de l'objectivité*, ainsi que du fait que l'Idée est concrète. Mais ce jeu de ce que l'on nomme l'acte de construire est fort éloigné de présenter cette *unité*, qui est seulement le *concept* comme tel, et le sensiblement-concret de l'intuition est tout aussi peu un concret de la raison et de l'Idée.

Parce que, du reste, la *géométrie* a affaire à l'*intuition sensible*, mais *abstraite*, de l'espace, elle peut sans entraves fixer en lui des déterminations **192** d'entendement simples; c'est pourquoi elle possède, | seule, la méthode synthétique de la connaissance finie en sa perfection. Elle se heurte pourtant en son cours, ce qui est très remarquable, finalement à des données *incommensurables* et *irrationnelles*, où, si elle veut aller plus loin dans l'acte de déterminer, elle est *poussée au-delà* du principe propre à l'entendement. Ici aussi, comme souvent ailleurs, se présente dans la terminologie l'inversion consistant en ce que ce qui est nommé *rationnel* est ce qui relève de *l'entendement*, alors que ce qui est nommé *irrationnel* est bien plutôt un commencement et une trace de la *rationalité*. D'autres sciences, lorsque – ce qui leur arrive nécessairement et souvent, étant donné qu'elles ne se trouvent pas dans l'élément simple de l'espace et du temps – elles parviennent à la limite de leur progression d'entendement, se tirent d'affaire d'une manière aisée. Elles rompent la conséquence [avec soi] de cette progression et empruntent ce dont elles ont besoin, souvent le contraire de ce qui précède, au dehors, à la représentation, à l'opinion, à la perception, ou à quoi que ce soit d'autre. – L'inconscience où est cette connaissance finie au sujet de la nature de sa méthode et du rapport de cette dernière au contenu, ne lui permet de reconnaître ni qu'elle est conduite, dans sa progression à travers des définitions, des divisions, etc., par la nécessité des *déterminations du concept*, ni, là où elle est à sa limite, ni, lorsqu'elle l'a franchie, qu'elle se trouve dans un champ où n'ont plus de valeur les déterminations d'entendement qu'elle y utilise pourtant encore de façon grossière.

§ 232

La *nécessité* que la connaissance finie amène au jour dans la *preuve* est avant tout une nécessité extérieure, destinée seulement à l'intellection subjective. Mais dans la nécessité comme telle elle a elle-même abandonné sa présupposition et le point de départ, l'*être-trouvé-là* et l'*être-donné* de son contenu. La nécessité comme telle est en soi le concept se rapportant à soi. L'Idée subjective est ainsi en soi parvenue à l'être déterminé en et pour soi, à l'être *non-donné*, et par conséquent à cet être en tant qu'être *immanent au sujet*, et elle passe dans l'*Idée du vouloir*.

β) *Le vouloir*

§ 233

L'Idée subjective, en tant qu'elle est ce qui est déterminé en et pour soi et le *contenu* égal à lui-même, simple, est le *Bien*. Son impulsion à se | réaliser est dans un rapport d'inversion relativement à l'Idée **193** du *Vrai*, et vise bien plutôt à déterminer suivant son but à elle le monde trouvé-là. – Ce *vouloir a*, d'un côté, la certitude du caractère de *néant* de l'objet présupposé, – mais, d'un autre côté, en tant que réalité finie, il présuppose en même temps le but du Bien comme Idée seulement *subjective* et la *subsistance-par-soi* de l'objet.

§ 234

La finité de cette activité est par conséquent la *contradiction* consistant en ce que, dans les déterminations elles-mêmes contradictoires du monde objectif, le *but du Bien* est aussi bien non réalisé que réalisé, qu'il est posé comme un but inessentiel tout autant que comme un but essentiel, comme un but effectivement réel et en même temps comme but simplement possible. Cette contradiction se représente comme le *progrès infini* de la réalisation effective du Bien, qui en cela est fixé seulement comme un *devoir-être*. Mais *formelle*[1], la disparition de cette contradiction l'est en ce que l'activité supprime la subjectivité du but et avec elle l'objectivité, l'opposition qui les rend toutes deux finies, et non pas seulement l'unilatéralité de *cette* subjectivité-ci, mais l'universalité de la subjectivité en général ; une *autre* subjectivité de ce genre, c'est-à-dire un *nouvel* engendrement de l'opposition, n'est pas différente de celle qui devrait la précéder. Ce retour en soi est en même temps le *rappel à l'intérieur de* soi du *contenu*[2] qui est le *Bien* et l'identité étant en soi des deux côtés, – le rappel de la présupposition de l'attitude théorique, à savoir que l'objet est ce qui, en soi-même, est substantiel et vrai (§ 224).

§ 235

La *vérité* du Bien est par là *posée*, comme l'unité de l'Idée théorique et de l'Idée pratique, à savoir que le Bien est atteint en et pour soi, – que le monde objectif est en et pour soi l'Idée tout comme en même temps, éternellement, elle se pose comme *but* et produit son effectivité grâce à l'activité. – Cette vie revenue à elle-même à partir de la différence et finité de la connaissance, et devenue, grâce à l'activité du concept, identique avec lui, est l'*Idée spéculative ou absolue*.

194

|c) L'Idée absolue

§ 236

L'Idée, en tant qu'unité de l'Idée subjective et de l'Idée objective, est le concept de l'Idée pour lequel l'Idée comme telle est l'ob-jet,

---

1. «*formell*». Le mot «formel» a ici le sens d' «absolu».

2. «die *Erinnerung* des *Inhalts* in sich». – Le terme «Erinnerung» désigne chez Hegel l'*intériorisation* («Er-*innerung*») par laquelle un être, en se posant comme présence à soi, identité à soi, *se rappelle* à et en lui-même, en ses moments différents (dans la langue courante, «sich erinnern» signifie : «se rappeler», «se souvenir», et «die Erinnerung» signifie : «le souvenir»).

pour lequel l'objet est elle-même ; – un objet dans lequel toutes les déterminations sont venues se rassembler. Cette unité est par là la *vérité absolue et toute vérité*, l'Idée se pensant elle-même, et, à vrai dire, ici *en tant qu'*Idée pensante, en tant qu'Idée *logique*.

§ 237

Pour soi l'*Idée absolue*, parce qu'en elle il n'y a aucun passage [en autre chose] ni aucune présupposition [de quelque chose], et d'une façon générale aucune déterminité qui ne serait pas fluide et transparente, est la *forme pure* du concept, qui intuitionne *son contenu* comme elle-même. Elle est à elle-même son *contenu* pour autant qu'elle est la différenciation idéelle d'elle-même d'avec elle-même, et que l'un des [moments] différenciés est l'identité à soi, mais dans laquelle la totalité de la forme est contenue comme le système des déterminations du contenu. Ce contenu est le système *du logique*. Comme *forme*, il ne reste ici à l'Idée rien d'autre que la *méthode* de ce contenu, – le savoir déterminé de la valeur de ses moments.

§ 238

Les moments de la méthode spéculative sont α) le *commencement*, qui est l'*être* ou l'*immédiat* ; pour lui-même, par la raison simple qu'il est le commencement. Mais du point de vue de l'Idée spéculative, c'est l'*autodétermination* de celle-ci, qui, comme l'absolue négativité ou mouvement du concept, *juge* et se pose comme le négatif de soi-même. L'*être*, qui pour le commencement comme tel apparaît comme affirmation abstraite, est ainsi bien plutôt la *négation*, l'*être-posé*, l'être-médiatisé en général et l'être-*présup*posé. Mais en tant qu'il est la négation du *concept* qui, dans son être-autre, est absolument identique à soi et est la certitude de soi-même, il est le concept non encore posé comme concept, ou le concept *en soi*. – Cet être est pour cette raison, en tant qu'il est le concept encore indéterminé, c'est-à-dire déterminé seulement en soi ou immédiatement, tout autant l'*universel*.

195 | Le *commencement* est, dans le sens de l'être immédiat, emprunté à l'intuition et à la perception, – le commencement de la méthode *analytique* de la connaissance finie ; dans le sens de l'universalité, il est le commencement de la méthode *synthétique* de celle-ci. Mais comme le logique est immédiatement aussi bien un universel qu'un étant, aussi bien quelque chose que le concept se présuppose qu'immédiatement celui-ci lui-même, son commencement est un commencement aussi bien synthétique qu'analytique.

§ 239

β) La *progression* est le jugement *posé* de l'Idée. L'universel immédiat, en tant qu'il est le concept en soi, est la dialectique consistant à rabaisser, en lui-même, son immédiateté et universalité à un moment. Il est par là le *négatif* du commencement ou l'être premier, posé en sa *déterminité* ; il est *pour un*, la *relation* de termes différents, – *moment de la réflexion*.

Cette progression est tout aussi bien *analytique*, en tant que par la dialectique immanente est seulement posé ce qui est contenu dans le concept immédiat, – que *synthétique*, parce que dans ce concept cette différence n'était pas encore posée.

§ 240

La forme abstraite de la progression est dans l'être un *autre* et un *passage* dans un autre, dans l'essence un *paraître dans l'opposé*, dans le *concept* la différenciation du *singulier* d'avec l'*universalité* qui se *continue* comme telle dans ce qui est différencié d'elle, et qui est *en tant qu'identité* avec lui.

§ 241

Dans la deuxième sphère, le concept qui est tout d'abord *en* soi est parvenu au *paraître*, et ainsi est *en soi* déjà l'*Idée*. – Le développement de cette sphère devient un retour dans la première, comme celui de la première est un passage dans la deuxième ; c'est seulement grâce à ce mouvement doublé que la différence reçoit son droit, en tant que chacun des deux termes différenciés s'achève, considéré en lui-même, en la totalité et s'y manifeste activement en vue de l'unité avec l'autre. C'est seulement l'auto-suppression de l'unilatéralité des *deux termes en eux-mêmes*, qui empêche l'unité de devenir unilatérale.

| § 242

La deuxième sphère développe la relation des termes différents en l'amenant à ce qu'elle est tout d'abord, à la *contradiction* en elle-même – dans le *progrès infini* – qui γ) se résout en la *fin*, à savoir que le différent est posé comme ce qu'il est dans le concept. Il est le négatif du premier terme et, en tant qu'il est l'identité avec celui-ci, la néga-tivité de soi-même ; [et] par là l'unité dans laquelle ces deux premiers termes sont en tant qu'idéels et que moments, en tant que dépassés, c'est-à-dire en même temps en tant que conservés. Le concept qui ainsi à partir de son *être-en-soi*, moyennant sa différence et la suppres-sion de celle-ci, s'enchaîne avec lui-même, est le concept *réalisé*, c'est-à-dire le concept qui contient dans son *être-pour-soi* l'*être-posé* de ses déterminations, – l'*Idée*, pour laquelle, en même temps, en tant qu'elle est ce qui est absolument premier (dans la méthode), cette fin est seulement la *disparition* de l'*apparence* selon laquelle le commen-cement serait un immédiat et elle un résultat ; – la connaissance que l'Idée est la totalité une.

§ 243

La méthode est de cette manière non pas une forme extérieure, mais l'âme et le concept du contenu, dont elle n'est différente que pour autant que les moments du *concept* viennent aussi *en eux-mêmes* dans leur *déterminité* à apparaître comme la totalité du concept. En tant que cette déterminité ou que le contenu se reconduit avec la forme à l'Idée, celle-ci s'expose comme une totalité *systématique* qui n'est qu'une Idée *une*, [et] dont les moments particuliers sont aussi bien *en soi* cette dernière, qu'ils amènent au jour par la dialectique du concept l'*être-pour-soi* simple de l'Idée. – La science conclut de cette manière en

saisissant le concept d'elle-même comme de l'Idée pure pour laquelle
est l'Idée.

§ 244

Si l'Idée, qui est *pour soi*, est *considérée* suivant cette *unité* avec
soi qui est la sienne, elle est [un] *intuitionner*; et l'Idée intuitionnante
est *nature*. Mais, comme [un] intuitionner, l'Idée est posée, en une
détermination unilatérale de l'immédiateté ou négation, par le moyen
197 d'une réflexion extérieure. | Mais la *liberté* absolue de l'Idée consiste
en ce qu'elle ne fait pas que *passer* dans la *vie* ni que, comme connaissance finie, la laisser *paraître* dans elle-même, mais, dans l'absolue
vérité d'elle-même, se *résout*[1] à laisser librement aller *hors d'elle-
même* le moment de sa particularité ou de la première détermination
ou altérité, l'*Idée immédiate*, comme son reflet, elle-même, comme
nature.

---

1. « sich *entschliesst* ».

DEUXIÈME PARTIE

LA PHILOSOPHIE DE LA NATURE

INTRODUCTION

Des manières de considérer la nature

§ 245

Pratiquement, l'homme se rapporte à la nature comme à quelque chose d'immédiat et d'extérieur en étant lui-même comme un individu immédiatement extérieur et, par là, sensible, mais qui se comporte aussi ainsi à bon droit comme but face aux ob-jets naturels. La considération de ceux-ci suivant un tel Rapport fournit le point de vue téléologique fini (§ 205). Dans ce point de vue, se trouve la présupposition juste (§ 207-211), que la nature ne contient pas en elle-même le but final absolu; mais, lorsque cette considération part de buts particuliers, finis, pour une part elle fait de ceux-ci des présuppositions dont le contenu contingent peut, pour lui-même, aller jusqu'à être insignifiant et insipide, – pour une autre part, le Rapport de finalité exige, pour lui-même, d'être appréhendé de manière plus profonde que suivant des Rapports extérieurs et finis, – il exige la manière de considérer les choses qui est celle du concept, lequel est, suivant sa nature, en général, immanent, et, par là, est immanent à la nature comme telle.

§ 246

Ce que l'on nomme la physique s'appelait autrefois la *philosophie de la nature*, et constitue pareillement une considération théorique, et, en vérité, *pensante*, de la nature, qui, d'un côté, ne part pas de déterminations extérieures à la nature comme celles des buts dont on vient de parler, [et], de l'autre côté, est dirigée vers la connaissance de ce qu'il y a d'*universel* dans cette nature, de telle sorte qu'un tel universel soit en même temps dans lui-même *déterminé*, – [c'est-à-dire vers la connaissance] des forces, des lois, des genres, ce contenu, en outre, ne devant pas non plus être un simple agrégat, mais, disposé **200** en ordres, en classes, se | présenter comme une organisation. En tant que la philosophie de la nature est une considération *concevante*, elle a pour ob-jet le même *universel*, mais *pour lui-même*, et elle le considère dans sa *nécessité propre*, *immanente*, suivant l'auto-détermination du concept.

Du Rapport de la philosophie à ce qui est empirique, il a été question dans l'Introduction. Non seulement la philosophie doit nécessairement être en accord avec l'expérience de la nature, mais la *naissance* et *formation* de la science philosophique a la physique empirique pour présupposition et condition. Mais une chose est le cours suivi par une science en son surgissement et en ses travaux préliminaires, autre chose est la science elle-même ; dans celle-ci, ceux-là ne peuvent plus apparaître comme [la] base, laquelle doit, ici, bien plutôt, être la nécessité du concept. – Il a déjà été rappelé que, outre que l'ob-jet doit être indiqué, dans le cours de la pensée philosophique, suivant sa *détermination conceptuelle*, il faut, en sus, désigner le phénomène *empirique* qui correspond à celle-ci, et montrer de lui qu'il correspond en fait à elle. Ce qui, pourtant, relativement à la nécessité du contenu, ne consiste aucunement à en appeler à l'expérience. Encore moins admissible est-il d'en appeler à ce qui a été nommé *intuition* et qui, habituellement, n'a été rien d'autre qu'une manière, propre à la représentation et à l'activité de l'imaginaire[1] (aussi à l'imagination fantastique[2]), de procéder selon des *analogies*, qui peuvent être plus contingentes ou plus significatives, et qui impriment aux ob-jets des déterminations et des schémas de façon seulement *extérieure* (§ 231, Rem.).

---

1. « Phantasie ».
2. « Phantasterei ».

Concept de la nature

§ 247

La nature s'est produite comme l'Idée dans la forme de *l'être-autre*. Puisque l'*Idée* est ainsi en tant que le négatif d'elle-même ou est *extérieure à elle-même*, la nature n'est pas extérieure seulement de façon relative, par rapport à cette Idée (et par rapport à l'existence subjective de celle-ci, à l'esprit), mais l'*extériorité* constitue la détermination dans laquelle elle est en tant que nature.

§ 248

Dans cette extériorité, les déterminations conceptuelles ont l'apparence d'une *subsistance indifférente* et de la *singularisation isolante* | [les unes vis-à-vis des autres ; c'est pourquoi le concept est en **201** tant qu'] [un] intérieur. La nature ne montre, par suite, dans son être-là, aucune liberté, mais de la *nécessité* et de la *contingence*.

C'est pourquoi la nature, suivant cette existence déterminée par laquelle elle est précisément nature, ne doit pas être divinisée, et le Soleil, la Lune, les animaux, les plantes, etc., ne doivent pas être considérés et cités, de préférence aux actes et événements humains, comme des œuvres de Dieu. – La nature est divine *en soi*, dans l'Idée, mais, telle qu'elle *est*, son être ne correspond pas à son concept ; elle est, bien plutôt, la *contradiction non résolue*. Son caractère propre est *l'être-posé*, le négatif, à la manière dont les Anciens ont saisi la matière en général comme le *non-ens*. Ainsi, la nature a également été exprimée comme la *chute* de l'Idée à partir de et hors d'elle-même, étant donné que l'Idée, en tant qu'elle est cette figure de l'extériorité, est dans l'inadéquation d'elle-même par rapport à elle-même. – C'est seulement à la conscience qui est elle-même d'abord extérieure et, par là, immédiate, c'est-à-dire à la conscience *sensible*, que la nature apparaît comme le terme premier, l'immédiat, l'étant. – Parce qu'elle est, toutefois, même dans un tel élément de l'extériorité, [une] présentation *de l'Idée*, l'on peut bien et l'on doit bien admirer en elle la sagesse de Dieu. Mais, alors que *Vanini* disait qu'un fétu de paille suffisait à faire connaître l'être de Dieu, toute représentation de l'esprit, la plus vile de ses imaginations, le jeu de ses lubies les plus contingentes, toute parole est, pour la connaissance de l'être de Dieu, un fondement qui l'emporte en excellence sur n'importe quel ob-jet singulier de la nature. Dans la nature, non seulement le jeu des formes a sa contingence délivrée de tout lien, débridée, mais chaque figure, pour elle-même, est privée du concept d'elle-même. Le sommet auquel atteint la nature en son être-là, c'est la *vie*, mais celle-ci, en tant qu'Idée seulement naturelle, est abandonnée à la déraison de l'extériorité, et la vitalité individuelle est, à chaque moment de son existence, prise dans une implication avec une singularité qui lui est autre; alors que, par contre, dans toute extériorisation spirituelle, est contenu le moment d'une libre relation universelle à soi-même. – C'est une égale méprise que l'on commet lorsqu'on fait moins de cas du spirituel en général que des choses de la nature, lorsqu'on place les *œuvres de l'art humain* après les choses naturelles, en alléguant que, pour celles-là, il faut nécessairement emprunter le matériau au dehors, et qu'elles ne sont pas vivantes. Comme si la forme spirituelle ne contenait pas une vitalité plus haute et n'était pas plus digne de l'esprit que la forme naturelle, comme si la forme en général n'était pas plus haute que la matière, et comme si, dans tout ce qui est éthique, ce que l'on peut nommer matière n'appartenait pas non plus totalement et uniquement à l'esprit, comme si, dans la nature, le degré supérieur, le vivant, n'empruntait pas non plus sa matière au dehors! La nature – indique-t-on encore à son avantage – resterait, à travers toute la contingence de ses existences, fidèle à des lois éternelles; mais, pourtant, c'est bien aussi 202 le cas du | royaume de la conscience de soi! – ce qui est reconnu déjà dans la croyance qu'une Providence dirige les événements humains; – ou alors, les déterminations de cette Providence devraient-elles, dans le champ des événements humains, n'être que contingentes et privées de raison? – Mais, si la contingence spirituelle, le [*libre*] *arbitre*[1], progresse jusqu'au *Mal*, cela même est encore quelque chose d'infiniment plus élevé que le cours des astres, qui est conforme à des lois, ou que l'innocence de la plante, car ce qui s'égare ainsi est encore esprit.

§ 249

La nature est à considérer comme un *système* de *degrés* dont l'un provient nécessairement de l'autre et forme la vérité la plus prochaine de celui dont il résulte, toutefois, non pas de telle sorte que l'un serait

---

1. « *Willkür* ».

engendré à partir de l'autre de façon *naturelle*, mais dans l'Idée intérieure qui constitue le fondement de la nature. La *métamorphose* n'appartient qu'au concept en tant que tel, puisque seul le changement de celui-ci est un développement. Mais le concept, dans la nature, pour une part, est seulement [un] intérieur, [et], pour une autre part, existe seulement en tant qu'[un] individu vivant; c'est donc uniquement à celui-ci qu'est bornée une métamorphose *existante*.

Ce fut une représentation maladroite d'une [certaine] philosophie de la nature, chez les Anciens et aussi chez les Modernes, que de regarder le développement d'une forme et sphère naturelle, et son passage dans une forme et sphère supérieure, comme une production effective selon l'extériorité, mais que – pour la rendre *plus claire* – on rejeta dans l'*obscurité* du passé. La nature a précisément pour caractéristique l'extériorité, consistant, pour elle, à laisser les différences choir les unes en dehors des autres et surgir comme des existences indifférentes; le concept dialectique, qui conduit le développement des *degrés*, est leur intérieur. De représentations nébuleuses, au fond sensibles, comme celles selon lesquelles, en particulier, les plantes et les animaux, par exemple, seraient – comme l'on dit – *issus* de l'eau, et, ensuite, les organisations animales plus développées, *issues* des organisations animales inférieures, etc., la considération pensante doit se débarrasser.

§ 250

La *contradiction* de l'Idée, en tant que celle-ci est, comme nature, extérieure à elle-même, est, plus précisément, la contradiction entre, d'une part, la *nécessité*, engendrée par le concept, de ses formations, et leur détermination rationnelle dans la totalité organique, – et, d'autre part, leur contingence indifférente et | leur irrégularité indéter- **203** minable. La contingence et déterminabilité par le dehors a, dans la sphère de la nature, son droit. Cette contingence est la plus grande dans le règne des formations concrètes, mais qui, en tant que choses naturelles, sont en même temps seulement *immédiates*. C'est que ce qui est *immédiatement* concret est une multitude de propriétés extérieures les unes aux autres et plus ou moins indifférentes les unes à l'égard des autres, et à l'égard desquelles, précisément pour cette raison, la subjectivité simple étant pour elle-même est pareillement indifférente, ce qui fait qu'elle les abandonne à une détermination extérieure, par conséquent contingente. C'est l'*impuissance* de la nature, que de ne conserver qu'abstraitement les déterminations conceptuelles et d'exposer la réalisation du particulier à une déterminabilité extérieure.

On a glorifié la richesse infinie et la multiplicité variée des formes, et, absolument contre toute raison, la contingence qui s'immisce dans l'ordonnance extérieure des formations naturelles, comme la haute liberté de la nature, et aussi comme la divinité *d'*elle-même ou, du moins, la divinité qui est *dans* elle-même. Il faut imputer à la manière sensible de se représenter [les choses], de tenir la contingence, l'arbitraire, l'absence d'ordre, pour de la liberté et de la rationalité. – Cette impuissance, dont il a été question, de la nature, assigne des limites à la philosophie, et ce qu'il y a de plus incongru, c'est de réclamer du concept qu'il conçoive, et – comme on a dit – qu'il construise, qu'il déduise, de telles contingences ; on paraît même se faciliter d'autant plus la tâche que la formation [en question] est plus insignifiante et singularisée *. Assurément on pourra suivre des traces de la détermination conceptuelle jusqu'au cœur de ce qui est le plus particulier, mais ce dernier ne se laissera pas épuiser par elles. Les traces de cette direction qui se poursuit et de cette connexion intérieure surprendront souvent l'observateur, mais elles paraîtront particulièrement surprenantes ou, bien plutôt, incroyables, à celui qui est habitué à ne voir, dans la nature comme dans l'histoire humaine, que du contingent. Mais il faut se

---

* M. *Krug* a, un jour, en ce sens et, en même temps, dans un sens, par un autre côté, tout à fait naïf [1], exigé de la philosophie de la nature qu'elle accomplisse le tour de force de déduire *ne serait-ce que* sa plume à écrire. – On aurait éventuellement pu lui faire espérer cette prestation et – en l'occurrence – glorification de *sa* plume à écrire, s'il arrivait, un beau jour, à la science, de progresser si loin et de réussir à y voir si clair dans tout ce qui est plus important dans le Ciel et sur la Terre, dans le présent et le passé, qu'il n'y aurait plus rien à concevoir de plus important.

1. Cette naïveté de W.T. Krug dénonçant (*Lettres sur l'idéalisme le plus récent*, 1801) l'impuissance de la spéculation (schellingienne) à déduire tous les contenus de la pensée est vigoureusement critiquée par Hegel dans son article de 1802 : « Comment le sens commun comprend la philosophie » publié dans le *Journal critique de la philosophie*.

garder de prendre une telle trace pour une totalité de la détermination des formations, ce qui mènerait aux analogies dont il a été fait mention.

| Dans l'impuissance de la nature à tenir ferme le concept en sa réalisation, **204** réside la difficulté et – dans de nombreuses sphères – l'impossibilité de trouver, à partir de la considération empirique, des différences fixes pour [les] classes et [les] ordres. La nature mêle partout les limites essentielles au moyen de formations intermédiaires et mauvaises, qui constituent toujours des instances à l'encontre de toute différenciation fixe, même à l'intérieur de genres déterminés (par exemple, du genre humain), par le moyen de monstruosités que l'on doit nécessairement, d'un côté, compter dans tel ou tel genre, mais auxquelles, d'un autre côté, font défaut des déterminations qui seraient à regarder comme une caractéristique essentielle. – Pour pouvoir considérer de telles formations comme défectueuses, mauvaises, difformes, on présuppose un type fixe, mais qui ne saurait être tiré de l'expérience, car celle-ci fournit précisément aussi ce que l'on vient d'appeler des monstruosités, des difformités, des intermédiaires; ce type présupposerait bien plutôt la subsistance-par-soi et dignité de la détermination conceptuelle.

§ 251

La nature est *en soi* un tout vivant; le mouvement à travers sa gradation consiste précisément en ce que l'Idée *se pose* comme ce qu'elle est *en soi*, – ou, ce qui est la même chose, en ce qu'elle sort de son immédiateté et extériorité – qui est la *mort* – pour aller *dans elle-même*, afin, tout d'abord, d'être en tant qu'[un] *vivant*, mais, en outre, en ce qu'elle supprime aussi cette déterminité dans laquelle elle est seulement vie, et se fait naître à l'existence de l'esprit, lequel est la vérité et le but final de la nature, et constitue l'effectivité vraie de l'Idée.

Division

§ 252

L'Idée en tant que nature, est :

I. dans la détermination de l'extériorité réciproque, de la *singularisation* infinie, en dehors de laquelle est l'unité de la forme, celle-ci étant alors, par conséquent, comme une unité *idéelle*, qui est seulement *en soi* et, par conséquent, seulement *cherchée*, – [c'est là] la *matière* et son système idéel, – [la] *mécanique* ;

II. dans la détermination de la *particularité*, en sorte que la réalité est posée avec une déterminité-de-forme immanente et une différence 205 | existant à même elle, – [c'est là] un Rapport réflexif, dont l'être-dans-soi est l'*individualité* naturelle, – [la] *physique* ;

III. dans la détermination de la *subjectivité*, dans laquelle les différences réelles de la forme sont aussi bien ramenées à l'unité *idéelle*, qui s'est trouvée elle-même et est pour elle-même, – [la physique] *organique*.

LA MÉCANIQUE

§ 253

La mécanique considère :

A. L'extériorité réciproque totalement abstraite, – *espace* et *temps*.
B. L'extériorité réciproque *singularisée* et sa relation dans l'abstraction dont il vient d'être question, – *matière* et *mouvement*, – [la] mécanique *finie*.
C. Là *matière* dans la liberté de son concept étant en soi, du *mouvement libre*, [la] mécanique *absolue*.

A
Espace et temps

a) Espace

§ 254

La détermination première ou immédiate de la nature est l'abstraite *universalité de son être-hors-de-soi*, – l'indifférence non médiatisée de celui-ci, l'*espace*. L'espace est la pleine idéalité de *l'être-l'un-à-côté-de-l'autre*, parce qu'il est l'être-hors-de-soi, – et il est, sans réserve, *continu*, parce que cet être-l'un-hors-de-l'autre est encore tout à fait *abstrait* et n'a en lui-même aucune différence déterminée.

On a, depuis fort longtemps, avancé toutes sortes de choses au sujet de la nature de l'espace. Je mentionne seulement la détermination *kantienne*, selon laquelle il est, comme le temps, une forme de *l'intuition sensible*. Ailleurs aussi, il est devenu habituel de poser comme principe que l'espace ne doit être considéré que comme quelque chose de subjectif dans la représentation. Lorsqu'on fait abstraction de ce qui, dans le concept kantien, appartient à l'idéalisme subjectif et à ses déterminations, il reste cette détermination exacte, **207** que l'espace est une simple forme, c'est-à-dire | une *abstraction*, et, à vrai dire, celle que constitue l'*extériorité* immédiate. – Parler de *points spatiaux* comme s'ils constituaient l'élément positif de l'espace, est inadmissible, étant donné que, en raison de son indifférenciation, l'espace est seulement la possibilité, non pas *l'être-posé*, de l'extériorité réciproque et du négatif, et, par conséquent, est, sans réserve, continu; c'est pourquoi le point, l'être-pour-soi est, bien plutôt, la négation, et, en vérité, la négation posée dans lui-même, de l'espace. – La question concernant l'infinité de l'espace se résout également par là (§ 100, Rem.). Il est en général la pure *quantité*, non plus seulement celle-ci comme détermination logique, mais comme étant immédiate et extérieure. – La nature ne commence pas par le qualitatif, mais par le quantitatif, parce que sa détermination n'est pas, comme l'être logique, ce qui est abstraitement premier et immédiat, mais essentiellement déjà ce qui est *médiatisé* dans soi-même, un être-extérieur et un être-autre.

§ 255

L'espace a, en tant qu'il est en soi concept en général, les *différences* du concept à même lui, a) immédiatement dans son indifférence, comme les trois *dimensions* simplement *diverses*, totalement privées de détermination.

Déduire la nécessité que l'espace ait justement trois dimensions, cela ne peut être exigé de la géométrie, dans la mesure où elle n'est pas une science philosophique et où elle est autorisée à présupposer son ob-jet, l'espace, avec ses déterminations universelles. Mais on ne songe pas non plus ailleurs à exhiber cette nécessité. Elle repose sur la nature du concept, dont les déterminations, cependant, dans cette première forme de l'un-hors-de-l'autre, dans la quantité *abstraite*, ne sont absolument que superficielles, et constituent une différence complètement vide. C'est pourquoi l'on ne peut pas dire non plus comment *hauteur*, *longueur* et *largeur* se différencient entre elles, puisqu'elles *doivent* seulement être différentes, mais ne *sont* encore aucunement des différences ; que l'on appelle l'une des directions hauteur, longueur ou largeur, c'est là quelque chose de totalement indéterminé. – La *hauteur* a sa détermination plus précise à même la direction vers le centre de la Terre ; mais cette détermination plus concrète ne concerne pas la nature de l'espace [pris] pour lui-même ; – si l'on présuppose celle-là, il est encore aussi indifférent de nommer cette même direction hauteur ou profondeur, de même que, pour la longueur et la largeur, largeur que l'on appelle aussi, souvent, profondeur, rien n'est déterminé par là.

§ 256

b) Mais la différence est essentiellement une différence déterminée, qualitative. En tant que telle, elle est α) tout d'abord la *négation* de l'espace lui-même, parce que celui-ci est l'être-hors-de-soi immédiat *sans différence*, | – le *point*. β) Mais la négation est néga- **208** tion de l'*espace*, c'est-à-dire qu'elle est elle-même spatiale ; le point, en tant qu'il est essentiellement cette relation, c'est-à-dire en tant qu'il se supprime, est la *ligne*, le premier *être*-autre, c'est-à-dire *être*-spatial, du point ; γ) mais la vérité de l'être-autre est la négation de la négation. La ligne passe donc dans la *surface*, laquelle est, d'un côté, une déterminité face à la ligne et au point, et, ainsi, surface en général, mais, d'un autre côté, elle est la négation supprimée de l'espace, par conséquent une restauration de la totalité spatiale, laquelle a désormais, en elle, le moment négatif, – *superficie enclosante*, qui isole un tout spatial *singulier*.

Que la ligne ne se compose pas de points, ni la surface de lignes, cela résulte de leur concept, puisque la ligne est, bien plutôt, le point en tant qu'il est *hors de lui-même*, à savoir, en tant qu'il se *rapporte* à l'espace et se supprime, [et] que la surface est, aussi bien, la ligne supprimée, en tant qu'elle est hors d'elle-même. – On se représente ici le point comme ce qui est premier et positif, et l'on part de lui. Mais il en est aussi bien inversement, dans la mesure où l'espace, en fait, au contraire, est le positif, la surface la première négation, et la ligne la deuxième négation, laquelle, cependant, en tant que la deuxième négation, se rapportant, suivant sa vérité, à elle-même, est le point ; la nécessité du passage est la même. À la nécessité de ce passage, on ne pense pas dans l'appréhension et définition extérieure du point, de la ligne, etc. ; représenté pourtant, mais comme quelque chose de contingent, le premier mode du passage, dont il a d'abord été question, l'est dans cette manière de définir qui pose que, si le point se *meut*, naît la ligne, etc. – Les configurations ultérieures de l'espace, que considère la géométrie, sont des limitations qualitatives plus poussées d'une abstraction d'espace, de la surface, ou d'un tout spatial limité. Il s'y présente aussi des moments de nécessité, par exemple que le triangle est la première figure faite de lignes droites, que toutes les autres se ramènent nécessairement a elle ou au carré, si elles doivent être déterminées, etc. – Le principe de ces tracés [géométriques] est l'identité d'entendement, qui détermine les configurations de façon à les rendre *régulières*, et, par là, fonde les Rapports dont la connaissance, de ce fait, devient possible.

On peut faire remarquer, en passant, que ce fut une singulière idée de *Kant* que d'affirmer que la définition de la *ligne droite* – selon laquelle elle est le plus court chemin entre deux points – était une proposition synthétique, car mon *concept* de ce qui est *droit* ne contiendrait rien de ce qui est grandeur, mais seulement une qualité. En ce sens, toute définition est une proposition synthétique ; le défini, *la ligne droite*, n'est d'abord que l'intuition ou représentation, **209** et la détermination selon laquelle celle-là est le | plus court chemin entre deux points constitue seulement le *concept* (tel qu'il apparaît, en effet, dans des définitions de ce genre, voir § 229). Que le *concept* ne soit pas déjà présent dans l'*intuition*, c'est là la différence entre eux deux, qui introduit l'exigence d'une définition. Mais, que la définition dont il a été question soit analytique, cela ressort aisément, en tant que la ligne droite se réduit à la simplicité de la direction, et que la simplicité, si elle est prise en relation avec la *multitude*, donne la détermination de la multitude *la plus petite*, ici du chemin le plus court.

b) *Le temps*

§ 257

Mais la négativité qui se rapporte, en tant que point, à l'espace, et qui développe en lui ses déterminations à elle en tant que ligne et que surface, est, dans la sphère de l'être-hors-de-soi, aussi bien *pour elle-même*, tout en y posant ses déterminations en même temps comme dans la sphère de l'être-hors-de-soi, mais en y apparaissant comme indifférente à l'égard de l'être-l'un-à-côté-de-l'autre en repos. Ainsi posée pour elle-même, elle est le *temps*.

§ 258

En tant qu'il est l'unité négative de l'être-hors-de-soi, le temps est pareillement un être purement et simplement abstrait, idéel. – Il est l'être qui, en *étant*, n'est *pas*, et, en n'étant *pas*, *est*; le devenir *intuitionné*, c'est-à-dire que les différences, certes, purement et simplement *momentanées*, c'est-à-dire se supprimant immédiatement, sont déterminées comme des différences *extérieures*, c'est-à-dire, en fait, extérieures *à elles-mêmes*.

Le temps est, comme l'espace, une *forme pure* de la *sensibilité* ou de l'*intuitionner*, le sensible non sensible, – mais, de même qu'elle ne concerne pas l'espace, la différence de l'objectivité et d'une conscience, face à celle-ci, subjective, ne concerne pas non plus, en quoi que ce soit, le temps. Ces déterminations étant appliquées à l'espace et au temps, celui-là serait l'objectivité abstraite, et celui-ci, par contre, la subjectivité abstraite. Le temps est le même principe que le : « Moi = Moi » de la pure conscience de soi; mais il est celle-ci ou le concept simple encore dans son entière extériorité et abstraction, – en tant que le simple *devenir* intuitionné, le pur être-dans-soi en tant qu'il est, sans réserve, un aller-hors-de-soi.

Le temps est tout aussi *continu* que l'espace, car il est la négativité se *rapportant à elle-même* abstraitement, et, dans cette abstraction, il n'y a encore aucune différence réelle.

| *Dans* le temps – dit-on – *naît* et *disparaît* tout; si l'on fait abstraction de **210** *tout*, à savoir de ce qui remplit le temps, et, tout aussi bien, de ce qui remplit l'espace, ce qui reste, c'est le temps vide ainsi que l'espace vide, – c'est-à-dire que ces abstractions en quoi consiste l'extériorité sont alors posées et représentées comme si elles étaient pour elles-mêmes. Cependant, ce n'est pas *dans* le temps que tout naît et disparaît, mais le temps lui-même est ce *devenir*, ce

naître et disparaître, l'*abstraire sous la forme de l'être*, le *Chronos*[1] qui engendre tout et détruit les créatures qu'il a engendrées. – Le réel est bien différent du temps, mais il est tout aussi essentiellement identique à lui. Il est borné, et l'Autre complétant cette négation est *hors de lui*; la déterminité est ainsi, à même lui, *extérieure* à elle-même, et elle constitue, par conséquent, la contradiction de l'être d'un tel réel; l'abstraction en quoi consiste l'extériorité de celle-là et le non-repos de celui-ci est le temps lui-même. Le fini est passager et *temporel* pour cette raison qu'il n'est pas, en lui-même, comme le concept, la négativité totale, mais a celle-ci dans lui-même, assurément, comme son essence universelle, sans, toutefois, lui être égal, en étant *unilatéral*, [et], par conséquent, en se rapportant à cette négativité comme à la *puissance* [qui dispose] de lui-même. Mais le concept, dans son identité avec soi qui existe librement pour elle-même, Moi = Moi, est en et pour soi l'absolue négativité et liberté, – le temps, par conséquent, n'est pas la puissance [disposant] de lui, et lui-même n'est pas dans le temps ni quelque chose de temporel, mais il est, *lui*, bien plutôt, la puissance [disposant] du temps, en tant que celui-ci est seulement cette négativité en tant qu'extériorité[2]. C'est pourquoi seul l'être naturel est assujetti au temps, dans la mesure où il est fini; par contre, le vrai, l'Idée, l'esprit, est *éternel*. – Il ne faut donc pas saisir le concept de l'éternité négativement, en tant que l'abstraction [faite] du temps, de telle manière qu'elle existerait, en quelque sorte, en dehors de lui, – ni, en outre, comme si l'éternité venait *après* le temps – alors, on ferait de l'éternité le futur, un moment du temps.

§ 259

Les dimensions du temps, le *présent*, le *futur* et le *passé*, sont le *devenir* de l'extériorité en tant que tel, et sa dissolution dans les différences de l'être en tant que passage dans le néant, et du néant en tant que passage dans l'être. La disparition immédiate de celles-ci dans la *singularité* est le présent en tant que [le] *maintenant*, lequel

---

1. Hegel confond ici, certes volontairement, *Chronos* – Χρόνος – le temps, et *Saturne* – Κρόνος.
2. Faut-il rappeler la célèbre formulation de la *Phénoménologie de l'esprit* : « le *temps* est le *concept* même qui *est là* » ?

– en tant que, comme la singularité, il *exclut*, et que, en même temps, il se *continue* sans réserve dans les autres moments – est lui-même seulement cette disparition de son être dans le néant, et du néant dans son être.

Le présent *fini* est le *maintenant*, fixé comme *étant*, différencié du *négatif*, des moments abstraits que sont le passé et | le futur, comme l'unité concrète, **211** par conséquent comme ce qui est affirmatif; mais un tel être n'est lui-même que l'être abstrait, disparaissant dans le néant. – Du reste, dans la nature, où le temps est [le] *maintenant*, on ne parvient pas à la différence *subsistante* de ces dimensions dont il a été question; elles ne sont nécessaires que dans la représentation subjective, dans le *souvenir* ainsi que dans la *crainte* ou l'*espoir*. Mais le passé et futur du temps est, en tant qu'*étant* dans la *nature*, l'espace, car celui-ci est le temps nié, ainsi que l'espace supprimé est, tout d'abord, le point, et, développé pour lui-même, le temps.

À la *science de l'espace*, la *géométrie*, ne correspond aucune *science* analogue *du temps*. Les différences du temps ne comportent pas cette *indifférence* de l'être-hors-de-soi, qui constitue la déterminité immédiate de l'espace; par suite, elles ne sont pas susceptibles, comme l'est celui-ci, de se laisser configurer. Le principe du temps n'acquiert cette capacité que pour autant qu'il est paralysé, que la négativité du temps est rabaissée par l'entendement à un *Un*. – Cet Un mort, la plus grande extériorité de la pensée, peut se prêter à la combinaison extérieure, et les combinaisons de ce genre, les figures de l'*arithmétique*, peuvent, à leur tour, se prêter à la détermination relevant de l'entendement, selon l'égalité et l'inégalité, à l'identification et à la différenciation.

On pourrait encore aller jusqu'à former l'idée d'une *mathématique philosophique*, qui connaîtrait à partir de concepts cela même que l'ordinaire science mathématique dérive de déterminations présupposées, suivant la méthode de l'entendement. Mais, du moment que la mathématique est la science des déterminations de grandeur finies, qui demeurent fixement et valent en leur finité, qui ne doivent pas passer [en autre chose], elle est essentiellement une science de l'entendement; et, puisqu'elle a la capacité de l'être d'une façon parfaite, l'avantage qu'elle a sur les autres sciences de cette espèce, il faut, bien plutôt, le lui conserver et ne pas l'altérer par l'immixtion, soit du concept qui lui est hétérogène, soit de buts empiriques. La possibilité reste ici toujours ouverte, que le concept fonde une conscience plus déterminée, aussi bien au sujet des principes directeurs de l'entendement, qu'au sujet de l'ordre et de sa nécessité, dans les opérations arithmétiques tout comme dans les propositions de la géométrie.

Ce serait, en outre, prendre une peine superflue et ingrate que de vouloir utiliser, pour l'expression des *pensées*, un tel intermédiaire aussi réfractaire et inadéquat que le sont des figures spatiales et des nombres, et de faire violence à ceux-ci à cet effet. Les premières figures et les premiers nombres simples se prêtent, en raison de leur simplicité, à être utilisés, à l'abri des malentendus, comme des *symboles*, qui, cependant, constituent toujours, pour la pensée, une expression hétérogène et indigente. Les premières tentatives de la pensée pure ont | eu recours à cet expédient; le système des nombres pythagoricien en est l'exemple célèbre. Mais, lorsqu'il s'agit de concepts plus riches, de tels moyens deviennent complètement insuffisants, puisque leur composition extérieure et la contingence de la liaison, d'une façon générale, sont inadéquates à la nature du concept, et cela rend complètement incertain, quant à savoir lesquelles, parmi les multiples relations qui sont possibles à même des nombres et figures davantage composés, doivent être fixées. En outre, ce que le concept a de fluide se volatilise dans un tel intermédiaire extérieur, où chaque détermination choit dans l'extériorité réciproque indifférente. L'incertitude dont il a été question ne pourrait être levée que par l'*explication*. L'expression essentielle de la pensée est alors une telle explication, et la symbolisation dont il était question est une superfluité sans valeur.

D'autres déterminations mathématiques, telles que l'*infini*, les *Rapports qu'il implique, l'infiniment petit*, les *facteurs*, les *puissances*, etc., ont leurs concepts vrais dans la philosophie elle-même; il est maladroit de vouloir les prendre et emprunter, pour celle-ci, à la mathématique, où ils sont admis en l'absence de tout concept, et même, si souvent, de tout sens, et ils ont, bien plutôt, à attendre de la philosophie leur rectification et leur signification. – C'est seulement la paresse qui, pour s'épargner la pensée et la détermination conceptuelle, a recours à des formules qui ne sont même pas une expression immédiate de pensées, et à leurs schémas déjà tout prêts.

La science véritablement philosophique de la mathématique comme *théorie des grandeurs* serait la science des *mesures*, mais celle-ci présuppose déjà la particularité réelle des choses, laquelle n'est présente que dans la nature concrète. Mais elle serait bien, à cause de la nature *extérieure* de la grandeur, la science la plus difficile de toutes.

c) *Le lieu et le mouvement*

§ 260

L'espace est dans lui-même la contradiction de l'extériorité réciproque indifférente et de la continuité sans différence, la pure négativité de lui-même et le fait de *passer de prime abord dans le temps*. De même, le temps – puisque ses moments opposés, retenus ensemble dans [l']Un, se suppriment immédiatement – *s'écroule* immédiatement en l'indifférence, en l'extériorité réciproque non différenciée, ou en l'*espace*. Ainsi, à même celui-ci, la détermination *négative* – le point *exclusif* – n'est plus seulement en soi suivant son concept, mais *posée* et dans elle-même *concrète* moyennant la négativité totale qu'est le temps ; – le point ainsi concret est le *lieu* (§ 255-256).

| § 261   213

Le lieu – [étant] ainsi l'identité *posée* de l'espace et du temps – est tout d'abord aussi bien la *contradiction* posée que sont, chacun de ces moments [étant pris] en lui-même, l'espace et le temps. Le lieu est la *singularité* spatiale, par conséquent indifférente, et il ne l'est que comme un *maintenant spatial*, comme temps, de telle sorte que le lieu est immédiatement indifférent à l'égard de lui-même comme de *ce* lieu-ci, extérieur à lui-même, la négation de lui-même et un *autre lieu*. Une telle *disparition* et *régénération* de l'espace dans le temps, et du temps dans l'espace, à savoir que le temps se pose spatialement comme *lieu*, mais que cette spatialité indifférente est posée tout aussi immédiatement de manière *temporelle*, est le *mouvement*. – Mais ce devenir est lui-même aussi bien l'écroulement en soi-même de sa contradiction, l'unité, comme *être-là immédiatement identique*, des deux, la *matière*.

Le passage de l'idéalité à la réalité, de l'abstraction à l'être-là concret, ici : de l'espace et du temps à la réalité qui apparaît comme *matière*, est incompréhensible pour l'entendement, et s'opère donc pour lui toujours de manière extérieure et comme quelque chose de donné. La représentation courante est de considérer l'espace et le temps comme *vides*, indifférents à l'égard de ce qui les remplit, et pourtant toujours comme pleins, de les faire *remplir*, comme *vides*, du *dehors*, par la matière, et, de cette manière, de supposer les choses matérielles, d'une part, comme indifférentes à l'égard de l'espace et du temps, et, d'autre part, en même temps, comme essentiellement spatiales et temporelles.

Ce qui est dit de la matière c'est que, α) elle est *composée*, – cela se rapporte à son abstraite extériorité réciproque, à l'espace. – Dans la mesure où, dans son cas, il est fait abstraction du temps, et, d'une façon générale, de toute forme, il a été affirmé d'elle qu'elle est éternelle et invariable. Cela s'ensuit en fait, immédiatement ; mais une telle matière n'est aussi qu'une abstraction sans vérité. β) La matière est *impénétrable* et oppose de la *résistance*, elle est quelque chose de sensible au toucher, de visible, etc. Ces prédicats ne sont rien d'autre si ce n'est que la matière est, pour une part, pour la perception déterminée, d'une façon générale *pour un Autre*, mais, pour une autre part, est tout autant *pour elle-même*. Ces deux déterminations sont celles qu'elle a précisément en tant que l'*identité* de l'espace et du temps, de *l'extériorité réciproque* immédiate et de la *négativité* ou de la singularité en tant qu'elle est *pour soi*.

Le *passage de l'idéalité dans la réalité* se présente aussi, d'une manière expresse, dans les phénomènes mécaniques bien connus, à savoir que l'idéalité peut tenir la place de la réalité, et inversement ; et c'est seulement la faute de **214** l'absence-de-pensée propre à la représentation | et à l'entendement, si ceux-ci ne voient pas surgir, de cette échangeabilité des deux [moments], leur identité. – Dans le cas du *levier*, par exemple, la *distance* peut être mise à la place de la *masse*, et inversement, – et un quantum du moment idéel produit le même effet que le réel qui lui correspond. – Dans la *grandeur* du *mouvement*, la *vitesse*, qui est le Rapport quantitatif seulement de l'espace et du temps, remplace aussi bien la *masse*, et, inversement, le même effet réel se produit lorsque la masse est augmentée et celle-là diminuée à proportion. – Une tuile, [prise] pour elle-même, n'assomme pas un homme, mais elle ne produit cet effet que par la vitesse acquise, c'est-à-dire que l'homme est assommé par l'*espace* et le *temps*. – La détermination réflexive de *force* est ici ce qui, une fois fixé pour l'entendement, se tient là comme quelque chose d'ultime, et l'empêche de s'interroger plus avant sur le Rapport des déterminations de la force. Mais ceci, du moins, se présente à l'esprit, à savoir que l'*effet* de la force est quelque chose de réel, tombant sous les sens, et qu'il y a la même chose *dans la force* que dans son *extériorisation*, et que c'est précisément *cette force suivant son extériorisation réelle*, qui est obtenue moyennant le Rapport des moments idéels, [c'est-à-dire] de l'espace et du temps.

Il relève encore de cette réflexion privée de concept, de regarder les forces – ainsi qu'on les appelle – comme *implantées* en la matière, c'est-à-dire comme originairement *extérieures* à elle, en sorte que précisément cette identité du temps et de l'espace, qui se présente à l'esprit, à l'occasion de la détermination réflexive de *force*, et qui constitue, en vérité, l'*essence* de la matière, est posée comme quelque chose qui est pour elle *étranger* et *contingent*, introduit en elle du dehors.

B
MATIÈRE ET MOUVEMENT

La mécanique finie

§ 262

En vertu du moment de sa négativité, de son abstraite *singularisation*, la matière se fractionne à l'encontre de son identité avec elle-même; [c'est là] la *répulsion* de la matière. Puisque les éléments de cette diversité sont une seule et même chose, tout aussi essentielle est l'unité négative de cet être-pour-soi qui est sur le mode de l'extériorité réciproque; la matière est, par conséquent, continue, – [c'est là] son *attraction*. La matière est inséparablement les deux à la fois et une unité négative de ces moments, une | singularité, mais – en 215 tant qu'encore *différente* à l'égard de l'extériorité réciproque *immédiate* de la matière et que, pour cette raison, *non* encore *posée* elle-même comme *matérielle* – une singularité *idéelle*, un *centre*, – la *pesanteur*[1].

Entre autres mérites, Kant a aussi celui d'avoir – dans ses *Premiers principes métaphysiques de la science de la nature*, et par son essai d'une *construction*, comme on dit, de la matière – commencé de poser un *concept* de la matière, et d'avoir, avec cet essai, ressuscité le concept d'une *philosophie de la nature*. Mais, en la circonstance, il a admis les déterminations réflexives de

---

1. « *Schwere* » : pesanteur, gravité.

force attractive et de *force répulsive* comme des déterminations fixes l'une vis-à-vis de l'autre, et, en retour, en tant que la *matière* devait résulter d'elles, a présupposé celle-ci comme quelque chose de *tout achevé* [en soi-même], de telle sorte que ce qui doit être attiré et repoussé est déjà de la matière. J'ai présenté de façon plus détaillée la confusion qui règne à l'intérieur de cette exposition kantienne, dans mon *Système de la logique*, vol. I, part. 1, p. 119 *sq.* [1]. – Au demeurant, c'est seulement la matière pesante qui constitue la totalité et l'être réel à même lequel peut se rencontrer de l'attraction et de la répulsion ; elle a [en elle] les moments idéels du concept, de la singularité ou subjectivité. C'est pourquoi ils ne sont pas à prendre comme étant subsistants-par-soi ou comme étant des forces pour eux-mêmes ; la matière résulte d'eux seulement en tant qu'ils sont des moments du concept, mais elle est ce qui est présupposé pour qu'ils apparaissent en tant que phénomènes.

La *pesanteur* est à distinguer essentiellement de la simple *attraction*. Celle-ci n'est en somme que la suppression de l'extériorité réciproque et donne une simple continuité. Par contre, la pesanteur est la réduction de la particularité qui, prise dans l'extériorité réciproque, est aussi bien continue, à l'unité en tant que relation négative à soi, à la *singularité*, à la *subjectivité une* (toutefois non totalement abstraite). Mais, dans la sphère de la première *immédiateté* de la nature, la continuité qui est hors d'elle-même est encore posée comme ce qui *subsiste* ; c'est seulement dans la sphère physique que commence la réflexion-en-soi matérielle. C'est pourquoi la *singularité* est assurément présente comme détermination de l'Idée, mais ici *hors de ce qui est matériel*. La matière est, par suite, en premier lieu, de façon essentielle, elle-même *pesante* ; ce n'est pas là une propriété extérieure, aussi séparable d'elle. La pesanteur constitue la substantialité de la matière, celle-ci elle-même est le fait de tendre vers le *centre*, qui, toutefois – et c'est là l'autre détermination essentielle – tombe *en dehors d'elle*. On peut dire que la matière est *attirée* par le centre, c'est-à-dire que sa subsistance continue prise dans l'extériorité réciproque est niée ; mais, si l'on se représente le centre comme étant lui-même matériel, le fait d'attirer

---

1. *Cf.* Hegel, *Science de la logique*, I. *La logique objective*, 1ᵉʳ livre, *L'être*, Iʳᵉ section, *Détermination*, chap. 3, C. Attraction, 2. Équilibre de l'attraction et de la répulsion, Remarque sur la construction kantienne de la matière à partir de la force attractive et de la force répulsive – rééd. Wieland du texte de 1812, Göttingen, Vandenhoeck et Ruprecht, 1966, p. 119 *sq.* ; trad. P.J. Labarrière et G. Jarczyk, Paris, Aubier-Montaigne, 1972, p. 151 *sq.*

n'est que [comme] réciproque, il est en même temps le fait d'être attiré, et le centre est, à son tour, quelque chose de différent d'eux. Mais le centre n'est pas à prendre comme matériel ; car l'[être] matériel consiste précisément dans le fait de poser son centre *hors de soi*. Ce n'est pas ce centre, mais ce | fait de **216** tendre vers lui qui est immanent à la matière. La pesanteur est, pour ainsi dire, la confession de la nullité de l'être-hors-de-soi de la matière dans son être-pour-soi, de sa non-subsistance-par-soi, de sa contradiction.

On peut aussi dire que la pesanteur est *l'être-dans-soi* de la matière, en ce sens que, précisément dans la mesure où elle n'est pas encore, en elle-même, un centre, une subjectivité, elle est encore non déterminée, non développée, non ouverte, que la forme n'est pas encore matérielle.

Où doit se trouver le centre, c'est déterminé par la matière pesante dont il est le centre ; pour autant qu'elle est une masse, elle est déterminée, et par là [l'est aussi] sa tendance, qui est la position, et, de ce fait, une position déterminée, du centre.

a) La matière inerte

§ 263

Tout d'abord, comme simplement universelle et immédiate, la matière n'a qu'une différence *quantitative*, et elle est particularisée en divers quanta, – en des *masses*, qui, dans la détermination superficielle d'un tout ou d'un Un, sont des *corps*[1]. De même, immédiatement, le corps est différent de son idéalité, et il est, certes, *essentiellement* spatial et temporel, mais en tant qu'il est *dans* l'espace et *dans* le temps, et il apparaît comme leur *contenu* indifférent à l'égard de cette forme.

§ 264

Suivant la détermination spatiale, dans laquelle le temps est supprimé, le corps a une *durée* ; suivant la détermination temporelle, dans laquelle la subsistance spatiale indifférente est supprimée, il est *passager*, d'une façon générale un Un tout à fait *contingent*. Il est, en

1. « *Körper* ».

vérité, l'unité liant les deux moments dans *leur opposition*, le mouvement; mais, en tant qu'il est indifférent à l'égard de l'espace et du
temps (§ précédent), de la sorte à l'égard de leur relation (§ 261), le
mouvement, celui-ci lui est *extérieur*, de même que la négation que
lui-même opère du mouvement, le repos, – il est *inerte*.

La finité du corps – consistant, pour lui, à n'être pas conforme à son
concept – réside, dans cette sphère, en ceci, qu'il est, en tant que matière,
seulement l'unité immédiate *abstraite* de l'espace et du temps, mais sans que,
tout en un, leur unité développée, arrachée au repos, le mouvement, se trouve
posée, à même lui, comme *immanente*. – C'est dans cette détermination que le
217 corps est pris en général dans la | mécanique physique, de telle sorte que c'est
un axiome de celle-ci, que le corps n'est que par une *cause extérieure* mis en
mouvement, comme dans un *état*, et, aussi bien, en repos. La représentation n'a
alors en vue que les corps terrestres *privés d'un Soi*, auxquels s'appliquent,
assurément, de telles déterminations. Mais ce n'est là que la corporéité immédiate et, précisément par là, *abstraite* et finie. Le corps en tant que corps
signifie cette abstraction du corps. Mais la non-vérité de cette existence
abstraite est, dans le corps existant concrètement, supprimée, et cette suppression commence d'être posée déjà à même le corps privé d'un Soi. C'est de
façon inadmissible que les déterminations de l'inertie, du choc, de la pression,
de l'attraction, de la chute, etc., sont transportées de la mécanique commune,
sphère de la corporéité finie et de ce qui est, par là, le *mouvement fini*, dans la
mécanique absolue, dans laquelle, bien plutôt, la corporéité et le mouvement
existent en leur concept libre [1].

---

1. Dès sa Dissertation doctorale de 1801 : *De orbitis planetarum*, germe – pour
l'essentiel confirmé – de sa physique ultérieure, Hegel dénonçait la réduction de la mécanique céleste (appelée ici « absolue ») à la mécanique terrestre (appelée ici « commune »),
réduction consacrée, à ses yeux, par l'assimilation newtonienne de la pesanteur terrestre
et de l'attraction céleste. Le texte de 1801 s'ouvre précisément sur l'exaltation des corps
célestes, qui, « dégagés de la glèbe et assez parfaits pour porter en eux-mêmes leur centre
de gravité, s'avancent à la manière des dieux dans l'éther léger », si bien qu'« aucune
expression de la raison n'est plus sublime et plus pure, plus digne aussi de la contemplation philosophique, que ce grand vivant nommé système solaire » (Hegel, *Dissertatio
philosophica De orbitis planetarum*; trad. fr. F. de Gandt, *Les orbites des planètes*, Paris,
Vrin, 1979, p. 128-129).

b) Le choc

§ 265

Le corps inerte, mis de l'extérieur en mouvement – un mouvement qui est, précisément, de ce fait, fini –, et ainsi rapporté à un autre corps, constitue momentanément avec celui-ci un unique corps, car ils sont des masses dont la différence est seulement quantitative; le mouvement est, de cette manière, un *unique* mouvement des deux corps (communication du mouvement). Mais, tout autant, ils s'opposent de la résistance, en tant que chacun d'eux est également présupposé comme un Un immédiat. Cet *être-pour-soi* qui est le leur l'un vis-à-vis de l'autre, davantage particularisé par le quantum de la masse, est leur *pesanteur* relative, – le *poids*, en tant que la *pesanteur* d'une masse quantitativement particulière (prise extensivement: en tant qu'une multitude de parties pesantes, – prise intensivement: en tant que pression déterminée, (voir § 103, Rem.); – lequel poids, en tant qu'il est la déterminité réelle, constitue, avec la déterminité idéelle, la déterminité quantitative du mouvement – la vitesse –, une *unique* déterminité (*quantitas motus*), à l'intérieur de laquelle ces deux déterminités-là peuvent réciproquement tenir la place l'une de l'autre (*cf.* § 261, Rem.).

§ 266

Ce poids, en tant que grandeur intensive, concentrée en un point, *dans* le corps lui-même, est son *centre de gravité*, mais le corps consiste, en tant que | grave, à poser et à avoir son centre *hors de lui-* **218** *même.* Choc et résistance, tout comme le mouvement posé par eux, ont, par conséquent, une base substantielle dans un *centre* commun aux corps singuliers, situé hors d'eux, et ce mouvement suscité de l'extérieur, accidentel, qui est le leur, passe, au sein de ce centre, dans le *repos*. Ce repos est en même temps, dans la mesure où le centre est hors de la matière, seulement une *tendance* vers le centre, et – suivant le Rapport de la matière particularisée en des corps et y tendant en commun vers ce centre – une *pression* qu'ils exercent les uns sur les autres. Cette tendance, dans le Rapport selon lequel le corps est *séparé*, par un espace relativement vide, du centre de sa pesanteur, est la *chute*, le mouvement *essentiel* en lequel, selon le concept, *passe* ce mouvement accidentel dont il a été question, de même que selon l'existence, il passe dans le repos.

Pour le mouvement *extérieur*, le mouvement fini, c'est le principe de la mécanique, qu'un corps qui est en repos serait éternellement en repos, et qu'un corps qui est en mouvement continuerait éternellement de se mouvoir, *s'il n'était pas* amené d'un état dans l'autre par une cause *extérieure*. Ce qui ne signifie rien d'autre que l'expression du mouvement et du repos selon la *proposition de l'identité* (§ 115) : le mouvement *est* mouvement, et le repos *est* repos ; les deux déterminations sont, l'une par rapport à l'autre, quelque chose d'extérieur. Ce sont seulement ces abstractions du mouvement pour lui même, et du repos pour lui-même, qui suscitent la vide affirmation d'un mouvement se poursuivant *éternellement* s'il n'y avait *pas*... etc. La proposition de l'identité, qui est la base de cette affirmation, a été montrée pour elle-même, en son lieu, dans sa nullité. Une telle affirmation n'a aucun fondement *empirique* ; déjà le choc en tant que tel est conditionné par la pesanteur, c'est-à-dire par la détermination de la chute. Le *jet* montre le mouvement *accidentel* face au mouvement *essentiel* de la chute ; mais l'abstraction, le corps en tant que corps est lié de façon indissociable avec sa pesanteur, et, dans le cas du jet, cette pesanteur impose d'elle-même sa propre prise en considération. Le jet en tant que séparé, qu'*existant pour lui-même*, ne peut pas être exhibé. L'exemple, pour le mouvement censé procéder de la *vis centrifuga*, est habituellement celui de la pierre qui, dans une fronde, mue en cercle par la main, montrerait toujours la tendance à s'éloigner d'elle (Newton, *Phil. nat. princ. math.*, Defin. V) [1]. Cependant, ce qui importe, ce n'est pas qu'une telle direction

---

1. *Cf.* Newton, *Philosophiae naturalis principia mathematica*, Def. V, éd. Koyré-Cohen, Harvard, 1972, I, p. 42 : « Vis Centripeta est, qua corpora versus punctum aliquod tanquam ad Centrum undique trahuntur, impelluntur, vel utcumque tendunt » (« La force centripète est une force par laquelle les corps sont entraînés, poussés, ou, de toute façon, tendent, vers un certain point comme vers un centre »). – Il est à noter que c'est d'une définition de la force *centripète* qu'il s'agit ici chez Newton, et non pas, comme l'entend Hegel, d'une définition de la force *centrifuge*. Dans la Dissertation de 1801, Hegel dénonçait la réalisation newtonienne des résultats de la décomposition géométrique du

existe [1], mais qu'elle existe *pour elle-même, séparée de la pesanteur*, ainsi qu'on se la représente rendue pleinement subsistante par elle-même dans la *force*. Newton assure précisément au même endroit qu'une bille de plomb « in coelos abiret et motu abeundi pergeret in infinitum » [« s'en irait dans les cieux et poursuivrait à l'infini son mouvement de s'éloigner »], *si* (certes : *si*) *seulement* l'on pouvait lui communiquer la | vitesse requise. Une telle séparation du **219** mouvement extérieur et du mouvement essentiel n'appartient ni à l'expérience ni au concept, [mais] seulement à la réflexion qui abstrait. C'est une chose que de les *différencier*, ce qui est nécessaire, de même que de les figurer mathématiquement comme des lignes séparées, de les traiter comme des facteurs quantitatifs séparés, etc., c'en est une autre que de les considérer comme des existences physiquement subsistantes-par-soi * [2].

* *Newton* (*ibid.*, Déf. VIII) dit expressément : « Voces Attractionis, Impulsus vel Propensionis cujuscunque in centrum, indifferenter et pro se mutuo promiscue usurpo, has vires *non Physice* sed *Mathematice* tantum considerando. Unde *caveat* lector, ne per hujusmodi voces cogitet me *speciem* vel *modum* actionis *causamve* aut *rationem Physicam* alicubi definire, vel centris (quae sunt puncta Mathematica) vires *vere* et *Physice* tribuere ; si forte aut centra trahere, aut vires centrorum esse dixero » (« J'emploie les mots d'attraction, d'impulsion ou de propension de quoi que ce soit vers un centre, de façon indifférente et selon leur équivalence mutuelle, en considérant ces forces en un sens *non pas physique*, mais seulement *mathématique*. C'est pourquoi le lecteur doit *se garder*

mouvement astronomique, sous la forme de *forces*, une force centripète et une force centrifuge (sur ce point, on a pu regretter la confusion hégélienne de l'inertie, à laquelle le corps en mouvement curviligne devrait de se mouvoir tangentiellement à l'arc de façon rectiligne, et de la force centrifuge que, selon lui, Newton aurait opposée à la force centripète pour rendre compte de la gravitation, – *cf.* Hegel, *La théorie de la mesure*, traduction et commentaire A. Doz, Paris, PUF, 1970, p. 177 *sq.*, et *Les orbites des planètes*, *op. cit.*, p. 71 *sq.*).

1. Dans le *De orbitis planetarum*, Hegel avait déjà cité ces deux exemples newtoniens « affligeants » d'une prétendue force centrifuge : l'exemple de la pierre tournant dans une fronde, et celui de la bille de plomb qui, lancée horizontalement du sommet d'une montagne avec une vitesse suffisante, irait se perdre à l'infini dans le ciel (cf. *Les orbites des planètes*, *op. cit.*, p. 138.

2. Telle est la confusion fondamentale que Hegel dénonçait, dès sa Dissertation de 1801 sur les orbites des planètes, dans la mécanique newtonienne..

Mais on doit, aussi dans le cas d'un tel vol à l'infini de la bille de plomb, faire abstraction de la résistance de l'air, du *frottement*. Qu'un *perpetuum mobile*, si exactement calculé et prouvé soit-il suivant la théorie, passe, en son temps, lequel ne se fait pas attendre, au repos, dans ce cas on fait abstraction de la pesanteur, et le phénomène est entièrement attribué au *frottement*. C'est précisément à cet obstacle que sont attribués le ralentissement progressif du *mouvement pendulaire* et son arrêt définitif; on dit également du mouvement pendulaire qu'il continuerait sans s'interrompre *si* le frottement pouvait [en] être écarté. Cette résistance à laquelle le corps se heurte dans son mouvement accidentel appartient, assurément, au phénomène nécessaire de sa non-subsistance-par-soi. Mais, de même que le corps rencontre des obstacles l'empêchant d'atteindre le milieu du corps qui est son centre, sans que ces obstacles puissent supprimer la pression pesant sur lui, sa gravité, de même une telle résistance du frottement freine le mouvement qui fait du corps un projectile, sans que, par là, la gravité de ce corps puisse être abolie ou que le frottement puisse prendre la place de celle-ci. Le frottement est un obstacle, mais non pas le freinage *essentiel* du mouvement extérieur, accidentel. | Il reste que le mouvement fini est lié indissociablement avec la pesanteur et que, en tant qu'accidentel pour lui-même, il passe dans la direction de la détermination dernière, de la détermination substantielle de la matière, et succombe à elle.

220

de penser que, par des mots de ce genre, je définirais quelque part une *espèce* ou *modalité* d'action, ou bien une *cause* ou *raison physique*, ou encore que j'attribuerais aux centres (qui sont des points mathématiques) des forces en un sens véritable et physique, – quand bien même il m'arrivera de dire soit que les centres attirent, soit qu'il y a des forces des centres »[1]) – Mais, par l'introduction de la représentation de forces, *Newton* a expulsé les déterminations de l'effectivité physique et les a rendues *essentiellement* subsistantes-par-soi. En même temps, il a lui-même toujours parlé, dans ces représentations, d'ob-jets physiques, et, ainsi, il est bien question, aussi dans les exposés censés purement *physiques*, non métaphysiques, de ce qui est appelé le système du monde, de telles forces *subsistant par elles-mêmes les unes par rapport aux autres* et indépendantes, de leurs attractions, chocs, etc., comme d'existences physiques, et elles sont traitées sur la base de la proposition de l'identité.

1. Newton, *Phil. nat. princ. math.*, *op. cit.*, Def. VIII, I, p. 46.

c) La chute

§ 267

La chute est le mouvement *relativement libre* ; *libre* : en tant qu'il est posé moyennant le *concept* du corps, qu'il est le phénomène de la pesanteur propre de celui-ci ; il lui est donc *immanent*. Mais un tel mouvement est en même temps, dans la mesure où il n'est que la *première* négation de l'extériorité, *conditionné* ; l'*éloignement* [séparant] de la connexion avec le centre est, par conséquent, encore la détermination *extérieurement* posée, *contingente*.

Les lois du mouvement concernent la *grandeur*, et, en vérité, essentiellement celle du temps écoulé et de l'espace parcouru en celui-ci ; ce sont là des découvertes immortelles, qui font le plus grand honneur à l'analyse mise en œuvre par l'entendement. Il s'y ajoute la *preuve* non empirique de ces lois, et celle-ci a aussi été donnée par la mécanique mathématique, en sorte que, même dans la science qui se fonde sur de l'empirique, on ne se contente pas de simplement *faire voir* (montrer) empiriquement. Ce qui est présupposé, dans le cas d'une telle preuve apriorique, c'est que la vitesse, dans la chute, *est uniformément* accélérée ; mais la preuve consiste dans le changement des *moments* de la formule *mathématique* en des forces *physiques*, en une force d'*accélération* qui, à chaque moment du temps, donnerait une (la même) impulsion*, et en une force d'*inertie*, qui ferait se continuer la vitesse (plus grande) atteinte à chaque moment du temps, – déterminations | qui n'ont pas **221** la moindre confirmation empirique, de même que le concept n'a rien à voir avec elles. Plus précisément, la détermination de grandeur, qui contient ici un

---

* | On pourrait dire que cette force d'*accélération* – comme on la nomme – porte très **220** mal son nom, puisque l'effet censé résulter d'elle à chaque moment du temps est *égal* (constant), – [c'est là] le facteur *empirique* dans la grandeur de la chute, l'*unité* (les 15 pieds à la surface de la Terre). L'accélération consiste uniquement dans l'*addition*, à chaque moment du temps, de cette unité empirique. C'est, au contraire, à la force dite d'*inertie* qu'échoît, au moins de la même manière, l'*accélération*, car on lui attribue ceci, [à savoir] que son effet serait la *durée* de la *vitesse atteinte* à la fin de chaque moment du temps, c'est-à-dire que, pour sa part, elle *ajouterait* cette vitesse à cette grandeur empirique dont il a été question ; et, à vrai dire, cette vitesse serait, à la fin de chaque moment du temps, *plus grande* qu'à la fin du moment précédent.

Rapport de *puissances*, est mise sous la forme d'une *somme* de deux éléments indépendants l'un de l'autre, et, de ce fait, la détermination qualitative, liée au concept, est anéantie. De la loi censée ainsi prouvée, on tire comme *conséquence*, « que, dans le mouvement uniformément accéléré, les vitesses seraient proportionnelles aux temps »[1]. Mais, en réalité, cette proposition n'est rien d'autre que la définition toute simple du mouvement uniformément accéléré lui-même. Dans le mouvement platement uniforme, les espaces parcourus sont proportionnels aux temps ; le mouvement *accéléré* est celui dans lequel la *vitesse* devient plus grande en chacune des parties du temps successives, [et] par conséquent, le mouvement *uniformément* accéléré est celui dans lequel les vitesses sont proportionnelles aux temps écoulés ;

donc : $\dfrac{V}{t}$, c'est-à-dire $\dfrac{s}{t^2}$.

Telle est la preuve simple en sa vérité. – V est la vitesse en *général*, la vitesse encore *indéterminée* ; ainsi est-elle *en même temps* la vitesse *abstraite*, c'est-à-dire la vitesse platement uniforme. La difficulté rencontrée par une telle preuve réside en ce que V y intervient tout d'abord comme vitesse indéterminée en général, mais se présente dans la formule mathématique

comme $\dfrac{s}{t}$,

c'est-à-dire [comme] vitesse platement uniforme. Ce détour, dont il a été question, de la preuve tirée de l'exposition mathématique, satisfait au besoin suivant : prendre la vitesse comme la vitesse platement uniforme

$\dfrac{s}{t}$ et, d'elle, passer à $\dfrac{s}{t^2}$.

Dans la proposition affirmant que la vitesse est proportionnelle aux temps, la vitesse est tout d'abord énoncée en général ; ainsi est-ce avec superfluité qu'elle est posée mathématiquement

comme $\dfrac{s}{t}$,

---

1. C'est-à-dire : $v = gt$. – Le concept du mouvement uniformément accéléré, ainsi que le rapport, ici en question, de la vitesse et du temps, ont été – comme on sait – développés par Galilée dans ses *Discorsi e dimostrazioni matematiche intorno a due nove scienze* de 1638, plus precisément dans les Entretiens de la Troisième Journée.

la vitesse platement uniforme, que la force d'inertie est introduite et qu'il lui est attribué ce moment. Mais, pour autant qu'elle est proportionnelle aux temps, elle est, bien plutôt, déterminée comme la vitesse uniformément accélérée

$$\frac{s}{t^2},$$

et la première détermination

$\frac{s}{t}$ n'a ici aucune place et est exclue*.

| La loi de la *chute*, contrairement à la vitesse uniforme abstraite du **222** mécanisme mort, déterminé de l'extérieur, est une loi naturelle *libre*, c'est-

---

* *Lagrange*, dans la *Théorie des fonctions*, part. III : Application de la Théorie à la Mécanique, chapitre premier [1], suit, à sa manière, le chemin tout à fait adéquat ; il présuppose le traitement mathématique des fonctions, et, dans l'*application* à la mécanique. il *trouve* alors, dans la nature, pour : s = ft, en ft *aussi* : bt^2 ; s = ct^3 ne se présenterait | pas dans **222** la nature. Ici, à bon droit, il n'est aucunement question de vouloir établir une *preuve* de : s = bt^2, mais ce Rapport est admis comme *se trouvant* dans la nature. Dans le cas du développement de la fonction, en tant que t deviendrait t + £, cette circonstance, consistant en ce que, de la série se déroulant pour l'espace parcouru en £, seuls pourraient être utilisés les deux premiers termes, alors que les autres seraient à laisser de côté, Lagrange la résout suivant sa manière habituelle en ayant en vue l'intérêt de l'analyse. Mais il n'utilise les deux premiers termes en question en ayant en vue l'intérêt se rapportant à l'ob-jet que parce qu'ils ont seuls une détermination réelle (*ibid.*, 4, 5 : « on voit que les fonctions primes et secondes se présentent *naturellement* dans la mécanique où elles ont

---

1. Référence en francais dans le texte de Hegel : J.L. Lagrange, *Théorie des fonctions analytiques*, nouvelle édition, revue et augmentée par l'auteur, Paris, 1813 (1re éd. 1797) ; dans leur édition de l'*Encyclopédie*, F. Nicolin et O. Pöggeler soulignent (*NP*, p. 482) que le premier traducteur allemand de l'ouvrage de Lagrange, A.L. Crelle (Berlin, 1823), insistait sur ce thème, que Lagrange se référait simplement à l'observation et à l'expérience. – Ici, précisément, Hegel souligne chez Lagrange la distinction – dans le traitement des séries, et, plus particulièrement, l'utilisation de leurs puissances supérieures – entre l'« intérêt » ou point de vue « analytique », mathématique, quantitatif (non conceptuel) et l'« intérêt » ou point de vue « objectif », physique, qualitatif (conceptuel), à l'encontre de leur confusion chez Newton. Déjà, dans la *Science de la logique* de 1812, il opposait sur ce point, à l'occasion de l'examen du sens du calcul infinitésimal, la méthode de Lagrange à celle de Newton (*cf.* Hegel, *Science de la logique*, I. *L'être*, section II, *La grandeur*, chap. II, « Le quantum », C. L'infinité quantitative, 3. L'infinité du quantum, Remarque, trad. fr. P.J. Labarrière et G. Jarczyk, Paris, Aubier, 1972, p. 267 *sq.*).

à-dire qu'elle a, en elle, un côté qui se détermine à partir du *concept* du corps. En tant qu'il s'ensuit de là qu'elle doit pouvoir être dérivée de ce concept, il faut se proposer cette tâche et indiquer la voie selon laquelle la loi de Galilée – «[à savoir] que les espaces parcourus se comportent comme les *carrés* des temps écoulés» – est en connexion avec la détermination conceptuelle.

Mais cette connexion est à regarder comme résidant de façon simple en ceci, que – puisque le concept en vient ici à déterminer – les déterminations conceptuelles du temps et de l'espace deviennent *libres* l'une vis-à-vis de l'autre, c'est-à-dire que leurs *déterminations de grandeur* se comportent suivant celles-là. Or, le *temps* est le moment de la *négation*, de l'être-pour-soi, le principe de l'Un, et sa grandeur (un nombre empirique quelconque) est, dans son Rapport avec l'espace, à prendre comme l'*unité* ou comme dénominateur. L'*espace*, par contre, est *l'extériorité réciproque*, et ce d'*aucune autre grandeur* que précisément de la grandeur du temps ; car la vitesse de ce mouvement *libre* consiste en ceci : espace et temps ne sont pas *extérieurs*, pas contingents, l'un par rapport à l'autre, mais il n'y a, de tous deux, qu'une *unique* détermination. La forme – en tant qu'opposée à la forme du temps, à l'unité – qui est celle de l'extériorité réciproque de l'espace, et sans que s'immisce une
223 quelque autre déterminité, est le *carré*, – la | grandeur *venant hors d'elle-même*, se posant dans une seconde dimension et, par conséquent, s'accroissant, mais selon une déterminité qui n'est *aucune autre que la sienne propre*, – faisant d'elle-même une limite pour cette extension, et ainsi, dans son devenir-autre, se rapportant seulement à elle-même.

Telle est la preuve de la loi de la chute [des corps] à partir du *concept* de la Chose. Le Rapport de *puissances* est essentiellement un Rapport *qualitatif*, et il est le seul Rapport qui appartienne au concept. Il faut encore ajouter aussi,

une valeur et une signification déterminées»[1]). De là, il tombe bien sur les expressions newtoniennes de la vitesse abstraite, c'est-à-dire platement uniforme, qui échoit à la force d'inertie, et sur la force d'accélération, avec lesquelles s'introduisent aussi les fictions réflexives d'un espace de temps infiniment petit (le £), de son commencement et de sa fin. Mais [tout] cela n'a aucune influence sur le cheminement adéquat dont il a été question, qui ne veut pas utiliser ces déterminations pour une *preuve de la loi*, mais qui accueille celle-ci de l'expérience, comme il convient ici, et, ensuite, lui applique le traitement mathématique.

1. Cité en français par Hegel, qui d'ailleurs, a souligné le mot «naturellement». *Cf.* Lagrange, *Théorie des fonctions analytiques*, *op. cit.*, p. 317.

relativement à ce qui suit, que – parce que la *chute* contient en même temps encore de l'être-conditionné dans la liberté – le temps reste seulement une unité abstraite en tant que le nombre *immédiat*, de même que la détermination de grandeur de l'espace ne parvient qu'à la seconde dimension.

§ 268

La chute est la position seulement abstraite d'un unique *centre*, dans l'unité duquel la différence des masses et des corps particularisés se pose comme supprimée; c'est pourquoi la masse, le poids, n'ont aucune importance dans la grandeur de ce mouvement. Mais l'être-pour-soi simple du centre est, en tant que cette relation *négative* à soi-même, essentiellement *répulsion* de soi-même; – répulsion *formelle* éclatant dans les multiples centres en repos (*étoiles*); – répulsion *vivante*, en tant qu'elle les détermine suivant les *moments du concept*, et que, ces centres posés en la différence qui s'ensuit alors [pour eux], elle les met en relation de façon essentielle les uns avec les autres. Cette mise en relation est la *contradiction* de leur être-pour-soi subsistant-par-soi et du fait qu'ils sont enchaînés ensemble dans le concept, – le phéno-mène de cette contradiction de leur réalité et de leur identité est le mouvement, et, en vérité, le *mouvement absolument libre*.

C
MÉCANIQUE ABSOLUE

§ 269

La gravitation est le *concept* vrai et déterminé de la corporéité matérielle, qui est *réalisé* en l'*Idée*. La corporéité *universelle*, dans son jugement, se partage originairement, de façon essentielle, en des corps *particuliers*, et s'enchaîne syllogistiquement, pour donner le moment de la *singularité* ou subjectivité, en tant qu'elle est [un] être-là phéno-ménal, dans le *mouvement*, | lequel est, de ce fait, immédiatement un **224** système de *plusieurs corps*.

La gravitation universelle doit être reconnue, pour elle-même, comme une pensée profonde, même si cette pensée [a] attiré sur elle l'attention et la confiance surtout par la détermination quantitative qui y était liée, et si sa confirmation a été placée dans l'*expérience* explorée à partir du système solaire et en descendant jusqu'au phénomène des tubes capillaires, en sorte qu'une telle pensée, saisie dans la sphère de la réflexion, n'a guère que la signification de l'abstraction en général, et, plus concrètement, que celle de la *pesanteur* dans la détermination de grandeur de la chute, non pas la signification de l'Idée, qui a été indiquée dans le §, développée dans sa réalité. Immédiatement, la gravitation contredit la loi de l'inertie, car la matière, en vertu de celle-là, tend *d'elle-même* vers l'autre matière [1]. – Dans le *concept* de la *pesanteur* – comme il a été montré – sont contenus les deux moments mêmes de l'être-pour-soi et de la continuité supprimant l'être-pour-soi. Ces moments subissent le destin consistant, pour eux, à être saisis comme des forces particulières, correspondant à la force attractive et à la force répulsive, plus précisément comme [une] *force centripète* et [une] *force centrifuge*, qui, comme la pesanteur, *agiraient sur les corps*, et se rencontreraient indépendamment l'une de l'autre et de façon contingente dans un tiers, le corps. Par là, ce qu'il y aurait de plus profond dans la pensée de la gravité universelle est, à nouveau, réduit à néant, et concept et raison ne peuvent pénétrer dans la théorie du mouvement absolu aussi longtemps qu'y règnent les découvertes tant prisées des *forces*. – Dans le syllogisme qui contient l'*Idée* de la gravité – c'est-à-dire elle-même comme le concept qui, par la particularité des corps, s'ouvre en la réalité extérieure, et, en même temps, dans l'idéalité et réflexion-en-soi de celle-ci, dans le mouvement, se montre *enchaîné avec lui-même* –, est contenue l'identité et inséparabilité rationnelle des moments, que l'on se représente, autrement, comme subsistant par eux-mêmes. – Le mouvement comme tel n'a, en somme, purement et simplement de sens et d'existence que dans le système de *plusieurs* corps, et qui, à vrai dire, ne sont en rapport les uns avec les autres que

---

1. Le refus hégélien de considérer l'inertie comme un principe, se complaît à opposer à son affirmation (expérimentale-mécaniste) le principe (spéculatif-physique) de la gravitation. L'inertie, comme phénomène ayant son lieu dans le degré le plus extérieur de la gravitation (celui du rapport entre eux des corps privés de subsistance-par-soi), s'explique négativement, comme son aliénation extrême, à partir de la gravitation céleste, bien loin qu'on puisse vouloir rendre compte positivement par elle de ce qui est ainsi son principe.

selon [leur] diverse *détermination*. Cette détermination plus précise dans le syllogisme de la totalité, qui est lui-même un système de trois syllogismes, est indiquée dans le concept de l'objectivité, voir § 198.

§ 270

Quant à ce qui concerne les corps dans lesquels le concept de la pesanteur est réalisé en sa liberté pour lui-même, ils ont pour détermi-nations de leur nature différenciée les moments de leur concept. L'un d'eux est | ainsi le centre *universel* de l'abstraite relation à soi-même. **225** À cet extrême, fait face la *singularité immédiate*, étant hors d'elle-même, privée de centre, qui apparaît comme étant pareillement une corporéité subsistant par elle-même. Mais les corps *particuliers* sont des corps qui se trouvent aussi bien dans la détermination de l'être-hors-de-soi que, en même temps, dans celle de l'être-dans-soi, qui sont des centres pour eux-mêmes, et qui se rapportent au premier comme à leur unité essentielle.

Les corps *planétaires*, comme étant les corps immédiatement concrets, sont dans leur existence les corps les plus parfaits. On a coutume de prendre le Soleil pour ce qu'il y a de plus excellent, pour autant que l'entendement préfère l'abstrait au concret, de même qu'on va jusqu'à avoir une plus haute estime pour les étoiles fixes que pour les corps du système solaire. – La corporéité privée de centre, en tant qu'appartenant à l'extériorité, se particularise en elle-même pour donner l'opposition du corps *lunaire* et du corps *cométaire*.

Les lois du mouvement absolument libre ont été découvertes – c'est bien connu – par *Kepler*[1]; – découverte dont la gloire est immortelle. *Kepler* a *prouvé* ces lois en ce sens qu'il a trouvé, pour les données empiriques, leur

---

1. Rappelons les trois lois de Kepler, sur lesquelles Hegel va s'attarder en critiquant leur perversion newtonienne : I. Les trajectoires des planètes sont des ellipses dont le Soleil occupe l'un des foyers ; II. Les aires balayées en des temps égaux par le rayon vecteur sont égales (loi dite des aires) ; III. Le carré de la période de révolution des planètes autour du Soleil est proportionnel au cube des grands axes des ellipses. – La première et la deuxième loi (qui fut, en réalité, la première posée par Kepler) ont été énoncées dans l'*Astronomia nova* (1605-1609), la troisième l'a été dans l'*Harmonice mundi* (1618).

expression *universelle* (§ 227). Depuis lors, c'est devenu une manière de parler universelle, que *Newton* aurait le premier trouvé les preuves de telles lois. Rarement, une gloire est passée de façon plus injuste du premier auteur d'une découverte à un autre. Je fais remarquer à ce sujet ce qui suit.

1) Les mathématiciens accordent que les formules newtoniennes se laissent dériver des lois de Kepler. Mais la dérivation tout à fait immédiate est, de façon simple, la suivante.

Dans la troisième loi de Kepler, $\dfrac{A^3}{T^2}$ est la constante [1].

Si on la pose comme $\dfrac{AA^2}{T^2}$

et si, avec Newton, on appelle $\dfrac{A}{T^2}$ la gravité universelle,

on a l'expression qu'il donne de l'effet de cette gravité, ainsi qu'il l'appelle, dans le Rapport inverse du carré des distances.

2) La preuve newtonienne de la proposition selon laquelle un corps soumis à la loi de la gravitation se meut suivant une *ellipse* autour du corps central, vise une *section conique* en général, alors que la proposition principale qui devrait être prouvée consiste précisément en ceci, que la trajectoire d'un tel corps *n'est pas* un *cercle ou une autre section conique*, mais *seulement* l'*ellipse*. À l'encontre de cette preuve [prise] pour elle-même (*Princ. math.*, liv. l, sect. II, prop. l [2]), il y a, au demeurant, des observations à faire ; il se trouve aussi que l'analyse ne fait plus usage d'une telle preuve, qui est l'assise même de la théorie de Newton. Les conditions qui font de la trajectoire du corps une section conique *déterminée* sont, dans la formule analytique, des *constantes*, et **226** leur détermination est ramenée à une circonstance *empirique*, c'est-à-dire | à une situation particulière du corps à un instant déterminé, et à la force *contingente* d'un *choc* qu'il aurait reçu originellement ; en sorte que la circonstance

---

1. Dans la troisième loi de Kepler, si l'on se représente par a le demi grand axe de l'ellipse, et par T la durée d'une révolution planétaire – l'influence perturbatrice des autres planètes étant négligée –, on a : $\dfrac{4\pi^2 a^3}{T^2} = \text{cte.}$

2. Selon la proposition en question, les aires décrites par des corps en mouvement selon des trajectoires dont les rayons sont dirigés vers le centre immobile des forces, se situent dans des plans fixes et sont proportionnelles aux temps.

qui détermine la ligne courbe en une ellipse tombe en dehors de la formule qui est censée être prouvée, et qu'on ne songe même pas à prouver cette circonstance.

3) La loi newtonienne de la prétendue force de la gravité n'est établie, pareillement, qu'à partir de l'expérience, moyennant une induction.

Il n'y a rien d'autre à voir que la différence consistant en ceci, que, ce que Kepler a exprimé d'une façon simple et élevée, sous la forme de *lois du mouvement céleste*, Newton l'a changé en la forme *réflexive* de la *force de la gravité*, et, en vérité, de celle-ci telle que la loi de sa grandeur se dégage dans la chute. Si la forme newtonienne possède, pour la méthode analytique, non seulement sa commodité, mais sa nécessité, il n'y a là qu'une différence consistant dans la formulation mathématique; l'analyse s'entend depuis longtemps à dériver l'expression newtonienne et les propositions qui y sont liées de la forme des lois keplériennes (je m'en tiens, sur ce point, à l'élégant exposé qu'on trouve dans le *Traité élémentaire de mécanique* de *Francœur*, Liv. II, chap. II, n. IV [1]). – La première manière de la prétendue preuve présente en général une texture embrouillée, à partir de *lignes* de la construction simplement géométrique, auxquelles est donnée une signification physique de *forces subsistantes-par-soi*, et à partir de déterminations réflexives vides [telles que celles] de la *force d'accélération* déjà mentionnée et de la *force d'inertie*, surtout du Rapport de cela même qu'on nomme gravité à la force centripète et à la force centrifuge.

Les observations qui sont faites ici réclameraient une analyse plus détaillée que celle qui peut trouver place dans un compendium. Des propositions qui ne s'accordent pas avec ce qui est admis apparaissent comme de [simples] affirmations; et, en tant qu'elles contredisent de si hautes autorités, comme quelque chose de pire encore, à savoir comme des prétentions. Toutefois, ce qui est allégué [ici], ce ne sont pas tant des propositions que des faits nus, et la réflexion requise est seulement celle-ci, [à savoir] que les distinctions et déterminations introduites par l'analyse mathématique, et la marche qu'elle

---

1. Louis Benjamin Francœur, *Traité élémentaire de mécanique, adopté dans l'instruction publique*, 4ᵉ éd., Paris, 1807, L. II, «Dynamique», chap. II, «Du mouvement d'un point en ligne courbe», IV, «De la gravitation universelle», p. 255 *sq.* – Francœur (1773-1849), élève puis, plus tard, répétiteur à l'École polytechnique, enseigna l'algèbre supérieure à la Faculté des sciences de Paris. Il publia aussi, outre un *Cours complet de mathématiques pures*, des traités d'astronomie pratique, de géodésie, etc.

doit adopter selon sa méthode, sont à différencier entièrement de ce qui doit avoir une réalité physique. Les présuppositions, la marche et les résultats que l'analyse réclame et fournit, restent totalement en dehors des observations qui concernent la valeur *physique* et la signification *physique* de ces déterminations et de cette marche qu'on a dites. C'est là-dessus que l'attention devrait être dirigée ; il s'agit de prendre conscience de la submersion de la mécanique

227 | physique par une *métaphysique qu'on ne peut dire*, qui – à l'encontre de l'expérience et du concept – a pour seule source ces déterminations mathématiques dont il a été question.

Il est reconnu que le moment, de *contenu* significatif, que *Newton* – outre l'assise du traitement *analytique*, dont le développement, du reste, a lui-même rendu superflu, voire a condamné, beaucoup de ce qui appartenait à ses principes essentiels et à sa gloire – a ajouté à la teneur des lois keplériennes, est le principe de la *perturbation*, – principe dont il faut indiquer ici l'importance pour autant qu'il repose sur cette proposition, que ce que l'on appelle l'attraction est un effet de toutes les parties singulières des corps en tant que matériels. Il y est impliqué que la matière en général se donne son centre. Il en résulte que la masse du corps particulier est à considérer comme un moment dans la *détermination de lieu* de ce corps, et que tous les corps du système en leur ensemble se donnent leur soleil, mais aussi que même les corps singuliers forment – suivant la situation relative en laquelle ils viennent se placer les uns par rapport aux autres suivant leur mouvement universel – une relation momentanée de gravité les *uns avec les autres*, et ne se comportent pas simplement selon la relation spatiale abstraite, la distance, mais se donnent en commun un centre *particulier*, qui, toutefois, pour une part, se dissout à nouveau dans le système universel, et, à défaut, pour une autre part, au moins, lorsqu'un tel Rapport est persistant (dans les perturbations réciproques de Jupiter et de Saturne), reste soumis à ce système.

Si maintenant, à partir de là, l'on indique quelques traits fondamentaux caractérisant la manière dont les déterminations principales du mouvement libre se lient *avec le concept*, cela ne peut être, quant à son fondement, développé de façon plus détaillée et doit donc, dans l'immédiat, être abandonné à son sort. En l'occurrence, le principe est que la preuve rationnelle au sujet des déterminations quantitatives du mouvement libre ne peut reposer que sur les *déterminations conceptuelles* de l'espace et du temps, des moments dont le Rapport (toutefois non extérieur) est le mouvement. Quand donc la science en viendra-t-elle jamais à acquérir une conscience des catégories métaphysiques qu'elle utilise, et à prendre comme fondement, à leur place, le concept de la Chose !

Que, *en premier lieu*, le mouvement soit dans l'ensemble un mouvement *retournant en lui-même*, cela est impliqué dans la détermination des corps de la particularité et de la singularité en général (§ 269), consistant, pour eux, à avoir, pour une part, un centre dans eux-mêmes et une existence subsistante-par-soi, pour une autre part, en même temps, leur centre dans un autre corps. Ce sont là les déterminations conceptuelles qui sont au principe des représentations d'une *force centripète* et d'une *force centrifuge*, mais y sont renversées, en ce sens que chacune de celles-ci existerait pour elle-même en sa *subsistance-par-soi*, en dehors de l'autre, et agirait de façon indépendante, et qu'elles ne se rencontreraient l'une l'autre que de manière *extérieure* dans leurs effets, par conséquent de manière contingente. Elles sont – comme on l'a déjà rappelé – les lignes qu'il | est nécessaire de tracer pour la détermination mathématique, **228** en tant que transformées en effectivités physiques.

Ensuite, ce mouvement est *uniformément accéléré* (et – en tant que faisant retour dans lui-même – en alternance uniformément *retardé*). Dans le mouvement comme mouvement *libre*, espace et temps parviennent à se faire valoir comme ce qu'ils sont, comme des termes *divers*, dans la détermination de grandeur du mouvement (§ 267, Rem.), et à ne pas se comporter comme dans la vitesse abstraite, platement uniforme. – Dans l'*explication* – comme elle se nomme – du mouvement uniformément accéléré et retardé à partir de la *diminution et de l'augmentation alternées* de la grandeur de la force centripète et de la force centrifuge, l'*embrouillement* suscité par l'admission de telles forces subsistantes-par-soi est à son comble[1]. D'après cette explication, dans le mouvement d'une planète, de son aphélie à son périhélie, la force centrifuge est *plus petite* que la force centripète, alors que, par contre, dans le périhélie lui-même, la force centrifuge deviendrait à nouveau plus grande que la force centripète ; pour le mouvement du périhélie à l'aphélie, on fait entrer de la même manière les forces dans le Rapport opposé. On voit qu'un tel *renversement*

---

1. Hegel va développer et préciser considérablement la brève critique que le *De orbitis planetarum*, déjà, faisait de l'explication newtonienne de la variation des vitesses d'un corps en révolution elliptique par un changement dans l'équilibre des forces centripète et centrifuge, dont la réalisation physique séparée suscitait, dans cette question, le premier exemple de ses absurdes conséquences (cf. *Les orbites des planètes, op. cit.*, p. 143 *sq.*).

soudain de la prépondérance acquise d'une force en une situation où elle a le dessous par rapport à l'autre n'est rien qui soit tiré de la nature des forces. Il faudrait, au contraire, conclure qu'une prépondérance que l'une des forces aurait acquise sur l'autre ne devrait pas seulement se conserver, mais aboutir à l'annihilation complète de l'autre force, et le mouvement, ou bien, par la prépondérance de la force centripète, passer dans le repos – c'est-à-dire que la planète serait précipitée sur le corps central –, ou bien, par la prépondérance de la force centrifuge, se poursuivre en ligne droite. La conclusion simple qui est tirée est celle-ci : parce que le corps, à partir de son périhélie, s'éloigne davantage du Soleil, la force centrifuge devient à nouveau plus grande ; parce que, dans l'aphélie, il est le plus éloigné du Soleil, elle est alors la plus grande. On présuppose ce non-être métaphysique tant d'une force centrifuge que d'une force centripète subsistante-par-soi ; mais, sur ces fictions de l'entendement, aucun entendement ne doit se diriger davantage, on ne doit pas se demander comment une telle force, étant donné qu'elle subsiste par elle-même, peut *d'elle-même* se rendre et se laisser rendre tantôt plus faible que l'autre, tantôt prépondérante, et ensuite à nouveau supprimer ou se laisser ravir sa prépondérance. – Si l'on examine davantage cette augmentation et diminution alternante en elle-même sans fondement, on rencontre, à mi-distance des apsides, des points dans lesquels les forces sont *en équilibre*. Leur sortie, censée s'ensuivre, de l'équilibre, est quelque chose d'aussi immotivé que la soudaineté du renversement, dont il a été question. On trouve en général aisément que, dans le cas de ce mode d'explication, le remède apporté à un inconvénient moyennant une détermination ultérieure | entraîne de nouveaux et plus grands embrouillements. – Un embrouillement analogue se présente lorsqu'on explique le phénomène consistant en ce que, à l'équateur, le pendule oscille plus lentement. Ce phénomène est attribué à la force centrifuge censée y devenir plus grande ; on en vient tout aussi facilement à l'idée qu'on peut l'attribuer à la force accrue de la pesanteur, en tant que celle-ci retiendrait plus puissamment le pendule selon la ligne perpendiculaire du repos [1].

229

---

1. Hegel reprend ici, de façon cursive, le second exemple, fourni par la Dissertation doctorale sur les orbites des planètes, des confusions et contradictions entraînées selon lui par la réalisation des deux moments du corps en révolution planétaire sous la forme de deux forces physiques séparées.

Pour ce qui concerne la *forme* de la *trajectoire*, le *cercle* n'est à saisir que comme la trajectoire d'un mouvement *platement uniforme*. *Pensable* – comme l'on dit –, il l'est bien, qu'un mouvement *dé*croissant ou s'*ac*croissant uniformément se produise, lui aussi, selon un cercle. Mais ce caractère pensable ou cette possibilité ne signifie qu'une abstraite aptitude à être représenté, qui néglige le contenu déterminé, lequel est l'important, et, par suite, n'est pas seulement superficielle, mais fausse. Le cercle est la ligne faisant retour en elle-même, dans laquelle tous les rayons sont *égaux*; c'est-à-dire qu'il est parfaitement déterminé par le rayon ; il n'y a qu'une *unique* déterminité, et elle est la déterminité *totale*. Mais, dans le mouvement libre, où la détermination spatiale et la détermination temporelle interviennent dans [leur] *diversité*, entrent dans un Rapport qualitatif l'une avec l'autre, ce Rapport vient au jour nécessairement, à même l'[élément] *spatial* lui-même, comme une *différence* de celui-ci, laquelle requiert, de la sorte, *deux* déterminations. De ce fait, la forme de la trajectoire revenant en elle-même est essentiellement une *ellipse*. – La déterminité abstraite qui constitue le cercle apparaît aussi de telle sorte que l'arc ou l'angle qui est compris entre deux rayons est *indépendant d'eux*, est une grandeur, face à eux, pleinement empirique. Mais, dans le mouvement déterminé par le concept, l'éloignement du centre et l'arc qui est parcouru en un [certain] temps, doivent nécessairement être pris dans une *unique* déterminité, constituer un *unique tout*, – des moments du concept ne sont pas dans une [situation de] contingence l'un à l'égard de l'autre ; il en résulte une détermination spatiale à deux dimensions, le *secteur*. L'arc est, de cette manière, essentiellement fonction du rayon vecteur, et, en tant qu'il est, dans des temps égaux, inégal, il implique l'inégalité des rayons. Que la détermination spatiale, moyennant le temps, apparaisse comme une détermination à deux dimensions, comme *détermination d'une surface*, cela est lié avec ce qui a été dit plus haut (§ 267), dans le cas de la chute, sur l'exposition de la même déterminité, une fois comme temps, dans la racine, l'autre fois comme espace, dans le *carré*. Ici, pourtant, la valeur *quadratique* de l'espace, du fait du retour en elle-même de la ligne du mouvement, est limitée de façon à constituer le secteur. – Tels sont,

---

1. Hegel va maintenant s'employer à déterminer spéculativement les trois lois de Kepler.

comme l'on voit, les principes universels sur lesquels repose la loi de Kepler selon laquelle, *dans des temps égaux, sont découpés des secteurs* égaux [1].

Cette loi concerne seulement le Rapport de l'arc au rayon vecteur, et le temps y est [une] unité abstraite dans laquelle sont comparés les divers **230** | secteurs, parce qu'il est le [facteur] déterminant comme unité. Cependant, le Rapport ultérieur est celui du temps, non pas comme unité, mais comme quantum en général, comme temps de révolution, à la grandeur de la trajectoire ou, ce qui est la même chose, à l'éloignement du centre. C'est comme racine et carré que nous avons vu le temps et l'espace se rapporter l'un à l'autre dans la *chute*, le mouvement semi-libre, qui est déterminé, pour une part, assurément, par le concept, mais, pour une autre part, de façon extérieure. Mais, dans le mouvement absolu, le règne des mesures *libres*, chaque déterminité obtient sa totalité. En tant que racine, le temps est une grandeur simplement empirique, et, en tant que qualitatif, il est seulement [une] unité abstraite. Mais, en tant que *moment* de la totalité développée, il est en même temps, en elle, [une] unité déterminée, [une] totalité, pour lui-même, – il s'y produit et se rapporte *en elle à lui-même*; en tant que ce qui est dans soi-même sans dimension, il ne parvient, dans sa production, qu'à l'identité formelle avec soi, au *carré*, alors que l'espace, par contre, en tant que l'être-l'un-hors-de-l'autre positif, parvient à la dimension du concept, au *cube*. Leur réalisation conserve ainsi en même temps la différence originelle qui est la leur. C'est là la troisième loi de Kepler, le Rapport du *cube des distances* aux *carrés* des temps ; – loi qui est une si grande loi parce qu'elle expose si simplement et immédiatement la *raison de la Chose*. Par contre, la formulation newtonienne, moyennant laquelle elle est changée en une loi pour *la force* de la gravité, montre la distorsion et inversion de la *réflexion* qui s'arrête à mi-chemin.

§ 271

La substance de la matière, la gravité, développée en la *totalité* de la forme, n'a plus hors d'elle l'être-hors-de-soi de la matière. La *forme* apparaît tout d'abord, suivant ses différences, dans les déterminations idéales de l'espace, du temps et du mouvement, et, suivant son être-pour-soi, comme un *centre* déterminé *hors* de la matière qui est hors

---

1. Telle est la détermination spéculative de la deuxième loi de Kepler, dite loi des aires.

d'elle-même; mais, dans la totalité développée, un tel être-l'un-hors-de-l'autre est posé comme un être-l'un-hors-de-l'autre déterminé sans réserve par elle, et la matière n'est rien en dehors de cet être-l'un-hors-de-l'autre qui est le sien. La forme est, de cette manière, matérialisée. Si l'on considère les choses inversement, la matière. dans cette négation de son être-hors-de-soi dans la totalité, a obtenu la possession, en elle-même, du centre auparavant seulement cherché, de son Soi, de la déterminité-de-forme. Son sourd être-dans-soi abstrait, en tant que grave en général, est, en y étant ouvert, résolu en la forme; elle est *matière qualifiée*; – [c'est là la] *physique*.

LA PHYSIQUE

§ 272

La matière a de l'*individualité*, dans la mesure où elle a en elle-même l'être-pour-soi de telle sorte qu'il est, en elle, développé, et que, par là, elle *est, en elle-même, déterminée*. La matière s'arrache de cette façon à la pesanteur, elle se manifeste en se déterminant à même elle-même et, moyennant la forme qui lui est immanente, elle détermine ce qui est spatial à partir d'elle-même face à la pesanteur, à laquelle précédemment cette opération de détermination revenait comme procédant d'un centre faisant face en son altérité à la matière [et] seulement recherché par elle.

§ 273

La physique a pour contenu :

A. *L'individualité universelle, les qualités physiques immédiates libres.*

B. *L'individualité particulière, mise en relation de la forme, en tant que détermination physique, avec la pesanteur, et détermination de la pesanteur par elle.*

C. *L'individualité totale libre.*

A
PHYSIQUE DE L'INDIVIDUALITÉ UNIVERSELLE

§ 274

Les qualités physiques sont a) en tant qu'*immédiates*, les unes en dehors des autres sur le mode de la subsistance-par-soi [et] comme [constituant] les *corps célestes* désormais physiquement déterminés; b) en tant que rapportées à l'unité *individuelle* de leur totalité, – [tels sont] les *éléments physiques*; c) en tant que le *processus* qui produit l'individu qui est le leur – le *processus météorologique*.

232 | a) *Les corps physiques libres*

α) *La lumière*

§ 275

La première matière qualifiée est la matière en tant que *pure identité* d'elle-même avec elle-même, en tant qu'unité de la *réflexion-en-soi*, par conséquent la première, elle-même encore abstraite, *manifestation*. [Prise] en son *être-là* dans la nature, elle est la relation à soi en tant que *subsistante-par-soi* face aux autres déterminations de la totalité. Ce *Soi* universel existant de la matière est la lumière, – en tant qu'individualité, [il est] l'*étoile*, et celle-ci, en tant que moment d'une totalité, est le *Soleil*.

§ 276

En tant qu'elle est le *Soi* abstrait de la matière, la lumière est ce qui est *absolument léger*, et elle est, en tant que matière, [un] être-hors-de-soi *infini*, mais, en tant que pur manifester, qu'*idéalité matérielle*, [un] *être-hors-de-soi indissociable* et *simple*.

Dans l'intuition orientale, [celle] de l'identité substantielle du spirituel et du naturel, le pur être-un-Soi[1] de la conscience, la pensée identique à elle-même en tant qu'elle est l'abstraction du *vrai* et du *bien*, ne fait qu'un avec la lumière. – Lorsque la représentation que l'on a appelée *réaliste* nie que l'identité soit *présente* dans la nature, on peut la renvoyer, entre autre chose, aussi à la lumière, à ce pur manifester qui n'est rien d'autre qu'un *manifester*.

Que cette détermination-de-pensée, l'identité à soi ou le Soi tout d'abord abstrait qui est celui de la centralité [et] que la matière a maintenant en elle, – que cette idéalité simple en tant qu'elle a un être-là, soit la *lumière*, c'est là une preuve qui, comme on l'a indiqué dans l'Introduction[2], est à conduire empiriquement. Ce qui est philosophique de façon immanente est, ici comme partout, la nécessité propre de la *détermination conceptuelle*, qui est alors à exhiber comme *une quelconque* existence naturelle. – Voici seulement quelques observations sur l'existence empirique de la pure manifestation en tant que lumière. La matière pesante est *séparable* en des *masses*, parce qu'elle est de l'être-pour-soi concret et de la quantité ; mais, dans l'idéalité entièrement *abstraite* qui est celle de la lumière, il n'y a aucune différence de ce genre ; une limitation de la lumière dans son expansion infinie ne supprime pas son absolue connexion dans elle-même. La représentation de *rayons lumineux* simples discrets et de *particules lumineuses* simples discrètes, ainsi que de *faisceaux* de tels rayons et particules, dont une | lumière bornée dans sa diffu- **233** sion serait composée, relève de la barbarie des catégories présente aussi ailleurs, que *Newton*, particulièrement, a rendue dominante en physique. C'est l'expérience la plus bornée qui soit, que celle qui fait voir que la lumière se laisse aussi peu renfermer dans des sacs qu'isoler en des rayons et rassembler en des faisceaux de rayons. Le caractère non séparable de la lumière dans son expansion infinie – un être-l'un-hors-de-l'autre physique qui reste identique à lui-même –, c'est ce que l'entendement peut le moins déclarer *inconcevable*, puisque son propre principe est, bien plutôt, cette identité abstraite. – Si les astronomes en sont venus à parler de phénomènes célestes qui, au moment où nous les percevons, seraient déjà passés depuis cinq cents ans et davantage, on

---

1. « Selbstischkeit » : on peut traduire, en songeant à l'*ipseitas* scolastique, par « ipséité », mais un certain flottement sémantique de ce terme peut inciter à recourir parfois, suivant la précision du contexte, à une traduction plus littérale, comme nous le faisons ici.

2. *Cf.* ci-dessus, § 246, Rem., p. 280.

peut, d'un côté, croire qu'il y a là la transposition de phénomènes empiriques relevant de la *propagation de la lumière*, qui ont cours dans une sphère, dans une autre sphère, où ils n'ont aucune signification – toutefois, une telle détermination, appliquée à la matérialité de la lumière, n'est pas en contradiction avec son inséparabilité simple –, mais, d'un autre côté, y voir un passé devenir du présent sur le mode idéel du souvenir. Mais, de la représentation qui veut que, de *chaque point* d'une surface visible, des rayons soient émis *dans toutes les directions*, que, donc, à partir de chaque point, soit formée une *demi-sphère matérielle* de dimension infinie, la conséquence immédiate serait que toutes les demi-sphères infiniment nombreuses ainsi formées se *compénètrent*. Toutefois, au lieu que, comme ce devrait être, naisse de ce fait, entre l'œil et l'ob-jet, une masse condensée, embrouillée, et que la visibilité à expliquer produise, plutôt, en vertu de cette explication, l'invisibilité, toute cette représentation se réduit elle-même par là aussi bien à du néant que la représentation d'un corps concret qui serait composé de multiples matières en sorte que, dans les pores de l'une, se rencontreraient les autres, à l'intérieur même desquelles, inversement, les premières seraient insérées et circuleraient ; une telle compénétration omnilatérale supprime la supposition admise de la matérialité discrète des éléments censés être réels et fonde bien plutôt un Rapport entièrement idéel de ceux-ci les uns aux autres, et c'est ici celui de ce qui est éclairé et de ce qui éclaire, de ce qui est manifesté et de ce qui manifeste ainsi que de ce à quoi le manifesté se manifeste ; d'un tel Rapport, en tant qu'il est la réflexion-en-soi n'ayant en elle aucun Rapport, il faut écarter toutes les formes ultérieures de *médiation* que l'on a coutume de désigner en disant qu'elles expliquent et font comprendre : qu'il s'agisse de sphérules, d'ondes, de vibrations, etc., tout autant que de rayons, c'est-à-dire de fins bâtonnets et faisceaux.

§ 277

En tant qu'elle est l'identité physique universelle, la lumière se rapporte tout d'abord comme quelque chose de *divers* (§ 275), par 234 conséquent, ici, d'extérieur | et d'autre, à la matière qualifiée dans les autres moments du concept ; cette matière est ainsi déterminée comme le négatif de la lumière, comme quelque chose d'*obscur*. Dans la mesure où ce quelque chose d'obscur subsiste pour lui-même en étant tout autant divers relativement à la lumière, cette lumière se rapporte seulement à la surface d'un tel être ainsi tout d'abord sans transparence; cette surface est, de ce fait, manifestée, mais elle se manifeste aussi bien en son caractère indissociable (sans autre particularisation en son caractère *poli*), c'est-à-dire qu'elle paraît *à même autre chose*. Chaque terme apparaissant ainsi à même ce qui est *autre* que lui, et, par là, seul quelque chose d'autre apparaissant à même lui, une telle manifestation est, du fait qu'elle consiste en une position hors de soi, la réflexion-en-soi abstraitement infinie; moyennant celle-ci, rien ne vient encore à apparaître *en lui-même pour lui-même*. Pour que quelque chose, enfin, apparaisse, puisse devenir visible, il faut, par conséquent, que, d'une manière physique quelconque, une particularisation ultérieure (par exemple quelque chose de rugueux, de coloré, etc.) soit présente.

§ 278

La manifestation des ob-jets les uns à même les autres, en tant qu'elle est limitée par leur caractère non transparent, est une relation tenant de l'être-hors-de-soi, *spatiale*, qui n'est déterminée par rien de plus, par conséquent *directe* (rectilinéaire). En tant que ce sont des surfaces qui ont un rapport les unes avec les autres et qu'elles peuvent s'insérer dans des situations diverses, il se produit que la manifestation d'un ob-jet visible à même un autre (lequel est poli) se manifeste bien plutôt à même un troisième, etc. (l'image de l'ob-jet en question, à laquelle est assigné comme lieu le miroir, est réfléchie en une autre surface, l'œil ou un autre miroir, etc.). La manifestation ne peut, dans ces déterminations spatiales particularisées, avoir pour loi que l'*égalité*, – l'égalité de l'angle d'incidence avec l'angle de réflexion, de même que l'*unité* du plan de ces angles; il n'y a absolument rien de présent par quoi l'identité de la relation serait, de quelque manière que ce soit, altérée.

Les déterminations de ce Paragraphe, qui peuvent sembler appartenir déjà à la physique davantage déterminée, contiennent le passage de la limitation générale de la lumière par l'obscur, à [sa] limitation, plus déterminée, par les déterminations spatiales de ce dernier envisagées en leur pluralité particulière. Cette détermination est habituellement liée avec la représentation de la

lumière comme d'une *matière* ordinaire. Mais il ne s'y trouve contenu rien
235 d'autre si ce n'est que l'identité abstraite, ce | pur manifester, est, en tant
qu'*être-hors-de-soi* indissociable, pour elle-même spatiale et, par là, susceptible de limitations déterminées de façon extérieure; – cette aptitude à une
délimitation par une spatialité prise en sa pluralité particulière est une détermination nécessaire qui ne contient rien d'autre que cela et exclut toutes
les catégories matérielles comme celles de transmission, de réverbération
physique de la lumière, et d'autres du même genre.

Aux déterminations dont il s'agit dans le Paragraphe sont liés les
phénomènes qui ont conduit à la représentation grossière de ce que l'on a
appelé la polarisation, polarité, *fixe* de la lumière. Tout autant que l'angle dit
d'incidence et l'angle dit de réflexion forment, dans le cas du reflet simple, un
unique plan, tout autant, lorsqu'est introduit un *second* miroir qui propage
l'éclairement réfléchi par le premier, la situation du premier plan dont il a été
question, relativement au second plan formé par la direction de la première
réflexion et celle de la seconde, a une influence sur la situation, la clarté ou
l'assombrissement de l'ob-jet tel qu'il apparaît moyennant la seconde réflexion.
Pour que ne soit pas gâtée la clarté naturelle de l'être-clair (la lumière) réfléchi
une seconde fois, la situation normale est, par suite, nécessaire, à savoir que les
plans formés par l'ensemble des angles, respectivement d'incidence et de
réflexion, coïncident en un *unique plan*. En revanche, il suit tout aussi nécessairement qu'un assombrissement et une disparition de l'être-clair réfléchi une
seconde fois se produisent quand les deux plans se rapportent l'un à l'autre,
comme il faut le dire, *négativement*, c'est-à-dire quand ils sont perpendi-
culaires l'un à l'autre (*cf.* Goethe, *Contribution à la science de la nature*…, t. I,
1ᵉʳ cahier, p. 28 et les deux pages suivantes, ainsi que le 3ᵉ cahier, sur les
couleurs entoptiques, XVIII. XIX, p. 144 *sq.*) [1]. Que, alors (il s'agit de *Malus* [2]),

---

1. *Cf.* Goethe, *Zur Naturwissenschaft überhaupt* (*Contribution à la science de la
nature en général*), 1ᵉʳ livre, 1ᵉʳ cahier: «Elemente der entoptischen Farben» («Éléments
des couleurs entoptiques»), 1817, et 3ᵉ cahier: «Entoptische Farben» («Couleurs entoptiques»), 1820, chap. XVIII et XIX, sur les effets des miroirs. – Nous renvoyons, pour les
références aux œuvres de Goethe, à l'édition des *Œuvres complètes* de Goethe: *Sämtliche
Werke* (dorénavant cité *SW*) par Karl Richter (KR), Munich, Carl Hanser Verlag, 1989,
ici au t. 12, *Zur Naturwissenschaft* (dorénavant cité *Z.NW*), I, 1, p. 399 *sq.*, et I, 3, p. 485 *sq.*

2. Étienne-Louis Malus, physicien français, auteur de travaux sur la polarisation de
la lumière (1810-1811).

on ait conclu, de la modification provoquée par la situation dont il a été question dans la clarté du reflet, que les molécules de lumière, prises *en elles-mêmes*, c'est-à-dire jusqu'en leurs diverses faces, possèdent des efficiences physiques diverses, en quoi il se produit aussi que les *rayons lumineux*, ainsi qu'on les appelle, sont pris comme *ayant quatre côtés* – telle est la base sur laquelle, alors, en recourant aux phénomènes des couleurs entoptiques qui s'y rattachent par après, on a construit un vaste labyrinthe de la théorie la plus compliquée qui soit –, c'est là l'un des exemples les plus caractéristiques de l'édification d'une physique *conclue* à partir d'expériences. Ce qu'il y avait à conclure du premier phénomène dont on a parlé, qui sert de point de départ à la polarisation chère à Malus, c'est seulement ceci : la condition de la clarté à travers la seconde réflexion est que l'angle de réflexion posé additivement par celle-ci soit dans un *seul et même plan* avec les angles posés par la première réflexion.

| β) *Les corps de l'opposition*   236

§ 279

Ce qui est obscur, tout d'abord le négatif de la lumière, est l'opposé faisant face à l'idéalité abstraitement identique de celle-ci, – l'*opposé* en lui-même ; cet opposé a une réalité matérielle et se brise, dans lui-même, en la *dualité* 1) de la *diversité* corporelle, c'est-à-dire de l'être-pour-soi matériel, de la *rigidité*, 2) de l'*opposition* comme telle, qui, [prise] pour elle-même, en tant qu'elle n'est pas contenue par l'individualité, ne fait que s'écrouler en elle-même, est la dissolution et la *neutralité* : ce qu'on a là, c'est le corps *lunaire*, – ce qu'on a ici, c'est le corps *cométaire*.

Ces deux corps ont aussi dans le système de la gravité, en tant que *corps centraux relatifs*, la propriété spécifique qui a pour fondement le même concept que leur propriété spécifique physique, et que l'on peut faire remarquer ici de façon plus déterminée. – Ils ne tournent pas autour de leur axe. Le *corps de la rigidité*, en tant que corps de l'être-pour-soi formel, lequel est la subsistance-par-soi prise dans l'opposition et, pour cette raison, n'est pas [une] individualité, est, de ce fait, en qualité de *servant* et le *satellite* d'un autre corps, dans lequel il a son *axe*. – Le *corps* de la *dissolution*, le contraire de la rigidité, s'abandonne, en revanche, dans son comportement, *à tous les écarts*, et il représente, dans sa trajectoire excentrique comme dans son être-là physique, la contingence ; – [des corps de ce genre] se montrent comme une concrétion superficielle, qui peut bien, d'une façon tout aussi contingente, à nouveau se réduire en poussière. – La *Lune* n'a pas d'atmosphère, et, par là, lui fait défaut le processus météorologique. Elle montre seulement des hautes montagnes et des cratères, ainsi que l'inflammation de cette rigidité dans elle-même, – la configuration d'un cristal, dont *Heim*[1] (l'un des géognostes en qui l'esprit est présent !) a fait voir aussi qu'elle était la configuration originelle de la Terre simplement rigide. – La *comète* apparaît comme un processus formel, une masse vaporeuse sans repos ; aucune comète n'a montré quelque chose de rigide, un *noyau*. À l'encontre de la représentation des Anciens selon laquelle les comètes sont des météores simplement formés momentanément, les astronomes, dans les tout derniers temps, n'affectent plus des airs aussi cassants et importants qu'ils ne le faisaient autrefois. Jusqu'à maintenant, on n'a encore montré que le retour de quelques comètes ; d'autres ont été attendues d'après le calcul, mais ne sont pas venues. Devant la pensée que le système solaire est en fait un système, une totalité dans elle-même en connexion essentielle avec elle-même, il faut abandonner la manière de voir formelle selon laquelle l'apparition des comètes serait contingente à l'égard du tout du système [et] se produirait dans tous les sens. Ainsi, la pensée se laisse former, que les autres corps du système sont forcés de se *défendre* contre elles, c'est-à-dire de se comporter comme des moments organiques nécessaires, et de se conserver ; par là peuvent être mis en main de meilleurs motifs de réconfort que ceux qui **237** l'ont été jusqu'à présent face aux dangers dont les comètes | inspirent la crainte ; – des motifs de réconfort qui reposent principalement sur ceci, que les comètes ont ailleurs tant d'espace dans le vaste Ciel pour leurs trajets et, pour cette raison, ne vont *quand même bien pas* (lequel « *quand même bien pas* » est converti, de façon plus savante, en une théorie de la probabilité) rencontrer la Terre.

---

1. Johann Ludwig Heim (1741-1819) publia, en 1802, dans la *Correspondance mensuelle en vue de l'avancement de la connaissance de la Terre et du Ciel*, Gotha, une étude sur « La similitude entre la surface ancienne de la Terre et la surface présente de la Lune » (« Über die Ähnlichkeit der ehemaligen Erdoberfläche mit der gegenwärtigen des Mondes »), cf. *NP*, p. 484.

γ) *Le corps de l'individualité*

§ 280

L'opposé, revenu en lui-même, est la *Terre* ou la *planète* en général, le corps de la totalité *individuelle*, dans laquelle la rigidité est *ouverte* de façon à donner la séparation en des différences réelles, cette dissolution y étant alors maintenue rassemblée grâce au *point d'unité réfléchi en un Soi*.

De même que le mouvement de la planète, en tant que rotation autour de son axe propre et, en même temps, que mouvement autour d'un corps central, est le mouvement le plus concret et l'expression de la vitalité, de même la nature de lumière du corps central est l'identité *abstraite*, dont la vérité – tout comme celle de la pensée est dans l'Idée concrète – est dans l'individualité.

Pour ce qui concerne la série des planètes, l'astronomie n'a encore découvert au sujet de leur déterminité la plus prochaine, de leurs *distances*, aucune loi effective. De même, les essais de philosophie de la nature visant à montrer la rationalité de la série dans la constitution physique[1], et dans des analogies avec une série des métaux, peuvent à peine être considérés comme des commencements afin de trouver les points de vue qui importent. – Mais ce qui est irrationnel, c'est de mettre en l'occurrence au fondement l'idée de la contingence et, par exemple, de ne voir (avec *Laplace*[2]), dans l'idée qu'eut

---

1. Schelling avait tenté de mettre en correspondance la série des planètes et celle des métaux.

2. Laplace regrette, en effet, que Kepler, « savant doué d'une imagination vive », ait pris celle-ci pour « guide » (*Exposition du système du monde*, t. II, liv. V, chap. IV : « De l'astronomie dans l'Europe moderne », 4ᵉ éd., Paris, Courcier, 1813, p. 372). C'est ce qui l'empêcha d'appliquer les lois du mouvement elliptique aux comètes : « Égaré par une imagination ardente, il laissa échapper le fil de l'analogie, qui devait le conduire à cette grande découverte. Les comètes, suivant lui, n'étant que des météores engendrés dans l'éther, il négligea d'étudier leurs mouvements, et il s'arrêta au milieu de la carrière qu'il avait ouverte, laissant à ses successeurs une partie de la gloire qu'il pouvait encore acquérir […]. Au lieu de s'élever péniblement, par une suite d'inductions, des phénomènes particuliers à d'autres plus étendus, et de ceux-ci aux lois générales de la nature, il était plus agréable et plus facile de subordonner tous les phénomènes à des rapports de convenance et d'harmonie que l'imagination créait et modifiait à son gré. Ainsi

Kepler, de saisir l'ordonnance du système solaire suivant les lois de l'harmonie musicale, qu'un *égarement* d'une *imagination* s'abandonnant à la rêverie, et de ne pas y estimer selon sa haute valeur la croyance profonde qu'*il y a de la raison dans ce système*, – croyance qui a été l'unique fondement des éclatantes découvertes de ce grand homme. – L'application totalement maladroite et, aussi quant aux faits, complètement erronée des Rapports numériques des sons, que *Newton* a faite aux *couleurs*, a, par contre, conservé gloire et créance.

b) *Les éléments*

§ 281

238   Le corps de l'individualité a, | en lui, comme moments subordonnés, les déterminations de la totalité élémentaire, qui sont immédiatement en tant que des corps subsistant librement pour eux-mêmes ; ainsi, elles constituent les *éléments physiques* universels de ce corps.

Pour la détermination d'un élément, on a adopté, dans les temps modernes, de façon arbitraire, la *simplicité chimique*, qui n'a rien à voir avec le concept d'un élément *physique*, lequel élément est une matière réelle, non encore volatilisée en abstraction chimique.

α) *L'air*

§ 282

L'élément de la simplicité sans différence n'est plus l'identité avec soi positive, la manifestation de soi qu'est la *lumière* comme telle ; mais il est seulement [une] *universalité négative*, en tant qu'il est rabaissé au moment – privé d'un Soi – d'*un Autre*, qu'il est, par conséquent, aussi *pesant*. Cette identité est, en tant que l'universalité *négative*, la puissance insoupçonnée, mais insidieuse et rongeante, qui s'exerce sur ce qui est individuel et organique ; la fluidité passive à

Kepler expliqua la disposition du système solaire par les lois de l'harmonie musicale » (*ibid.*, p. 378 *sq.*).

l'égard de la lumière, *transparente*, mais volatilisant en elle-même tout ce qui est individuel, possédant une élasticité mécanique vers le dehors, pénétrant en tout, – l'*air*.

β) *Les éléments de l'opposition*

§ 283

Les éléments de l'opposition sont, premièrement, l'être-pour-soi, toutefois non pas l'être-pour-soi *indifférent* de la rigidité, mais l'être-pour-soi posé, dans l'individualité, comme moment, en tant qu'il est le non-repos étant-pour-soi de celle-ci, – *le feu*. – L'air est *en soi* du feu (ainsi qu'il se montre du fait de la compression), et feu, il l'est, *posé* comme universalité *négative* ou négativité se rapportant à soi. C'est le *temps*, ou l'être-un-Soi, matérialisé (la lumière en son identité avec la chaleur), – l'être absolument sans repos et consumant dans lequel l'auto-consomption du corps vient déboucher, aussi bien que, à l'inverse, il détruit ce corps en lui arrivant de l'extérieur, – une consomption d'un Autre, qui, en même temps, se consume elle-même et, de la sorte, passe dans une neutralité.

| § 284   **239**

L'autre [élément] est le neutre, l'opposition venue se rassembler en elle-même, qui, sans singularité étant-pour-elle-même, par là sans rigidité et détermination dans elle-même, [étant ainsi] un équilibre général, dissout toute déterminité posée mécaniquement en elle, reçoit seulement de l'extérieur une limitation de la configuration et va la chercher vers l'extérieur (adhésion), [et qui], sans avoir, en elle-même, l'être sans repos du processus, est purement et simplement la possibilité de ce dernier, la solubilité, ainsi que la capacité de la forme de la vapeur et de la rigidité comme d'un état en dehors du sien propre, celui de l'absence de détermination dans soi-même ; – l'*eau*.

γ) L'élément individuel

§ 285

L'élément de la différence *développée* et de la détermination *individuelle* de celle-ci est la *nature terreuse-terrestre*[1] en général, tout d'abord encore indéterminée, en tant qu'elle diffère des autres moments; mais, en tant que la totalité qui les tient ensemble, tout divers qu'ils soient, en une unité individuelle, elle est la puissance qui les enflamme en un processus et qui entretient celui-ci.

c) Le processus élémentaire

§ 286

L'identité individuelle sous laquelle les éléments différents, ainsi que leur diversité les uns par rapport aux autres et par rapport à leur unité, sont liés, est une dialectique qui constitue la vie physique de la Terre, le *processus météorologique*; les éléments, en tant que moments ne subsistant pas par eux-mêmes, ont aussi bien en lui seulement leur subsistance qu'il sont *engendrés* en son sein, *posés* comme des moments existants, après qu'ils ont été, l'instant d'avant, développés à partir de l'*en-soi* comme moments du concept.

De même que les déterminations de la mécanique commune et des corps ne subsistant pas par eux-mêmes sont appliquées à la mécanique absolue et aux corps centraux libres, de même la physique *finie* des corps individuels *singularisés* est prise pour la même chose que la libre physique subsistante-par-soi du processus terrestre. On tient pour le triomphe | de la science, de reconnaître et établir, dans le processus universel de la Terre, les mêmes déterminations qui se font voir à même les processus de la corporéité singularisée. Mais, dans le champ de ces corps singularisés, les déterminations immanentes à la libre existence du concept sont rabaissées au Rapport consistant, pour elles, à se présenter *extérieurement* les unes aux autres, à exister comme des circonstances

240

---

1. «*Erdigkeit*».

indépendantes les unes des autres ; de même, l'activité apparaît comme extérieurement conditionnée, par conséquent comme contingente, en sorte que ses produits restent des façonnements tout aussi extérieurs des entités corporelles présupposées comme subsistantes-par-soi et qui persistent telles. – On exhibe l'égalité, ou plutôt l'analogie, dont il a été question, pour autant qu'on fait abstraction des différences et conditions propres et que, ainsi, cette abstraction produit des généralités superficielles telles que l'attraction, des forces et des lois dans lesquelles manquent le particulier et les conditions déterminées. Dans le cas où des modes *concrets* des activités qui se donnent à voir, lorsqu'il s'agit de la réalité corporelle *singularisée*, sont appliqués à la sphère dans laquelle les réalités corporelles différentes ne sont que des *moments*, les circonstances extérieures requises dans la première sphère sont habituellement, dans la seconde, pour une part, laissées de côté, pour une autre part, ajoutées après avoir été forgées en vertu de l'analogie. – Ce sont là en général des applications de catégories d'un champ où les Rapports sont *finis* à une sphère à l'intérieur de laquelle ils sont *infinis*, c'est-à-dire conformes au concept.

Le défaut fondamental, lorsque l'on considère ce champ, repose sur la représentation fixe de la diversité substantielle, invariable, des éléments, une fois qu'elle est établie ferme par l'entendement à partir des processus des matériaux *singularisés*. Là aussi où, à même ceux-ci, se font voir des passages de degré supérieur, par exemple lorsque, dans le cristal, l'eau se solidifie, que la lumière, la chaleur disparaissent, etc., la réflexion se ménage un recours à travers des représentations nébuleuses et ne voulant rien dire, telles que celles de *dissolution*, de *devenir-lié*, de *devenir-latent*, et d'autres du même genre[1]. En relève essentiellement la transformation de tous les Rapports, se présentant à même les phénomènes, en *matériaux* et en *matières*, en partie *impondérables*, moyennant quoi on fait de toute existence physique le *chaos*, déjà mentionné, de matières ainsi que d'allées et venues de chacune de celles-ci dans les pores – cette fiction ! – de chacune des autres, en quoi ce n'est pas seulement le concept, mais aussi la représentation, qui s'en sont allés. Avant tout, c'est l'*expérience* elle-même qui s'en va ; on admet encore une existence empirique, alors qu'elle ne se montre plus empiriquement.

---

1. Il s'agit ici d'expressions employées dans les traités de chimie de l'époque ; mais l'objet de Hegel est présentement le processus physique pré-chimique, proprement météorologique.

§ 287

Le processus de la Terre est, par le *Soi universel* de celle-ci – l'activité
241 de la *lumière* –, par son Rapport originaire au Soleil, | continuellement
attisé, et ensuite davantage particularisé suivant la situation de la Terre
par rapport au Soleil (climats, saisons, etc.). – *L'un des moments* de ce
processus est la *division* de l'identité individuelle, la tension de son
éclatement dans les moments de l'opposition subsistante-par-soi, [la]
rigidité et [la] neutralité dépourvue d'un Soi, ce par quoi la Terre va
à sa dissolution, consistant, pour elle, à devenir, pour une part, un
cristal, une lune, – pour une autre part, un corps aqueux, une comète,
et par quoi *les moments* de l'individualité cherchent à réaliser leur
connexion avec leurs racines *subsistantes-par-soi*.

§ 288

L'autre moment du processus consiste en ce que l'être-pour-soi
vers lequel s'acheminent les côtés de l'opposition se supprime, en tant
qu'il est la négativité poussée à sa pointe extrême; – [c'est là] *la
consomption s'enflammant* de la subsistance différenciée tentée [des
moments], consomption par laquelle s'instaure leur identité essentielle et par laquelle la Terre est devenue à elle-même comme réelle *et
fertile individualité*.

Les tremblements de terre, les volcans et leurs éruptions peuvent bien être
regardés comme appartenant au processus de la *rigidité* de la négativité, qui
devient libre, de l'être-pour-soi, au processus du feu, de tels phénomènes devant
se rencontrer aussi sur la Lune. – En revanche, les nuages peuvent bien être considérés comme le début d'une corporéité *cométaire*. Mais l'*orage* est la manifestation complète de ce processus, à laquelle les autres phénomènes météorologiques se rattachent en tant que débuts ou moments et que réalisations non
venues à maturité d'un tel processus. La physique n'a, jusqu'à présent, encore
pu venir à bout ni de la formation de la pluie (nonobstant les conséquences

tirées par *Deluc* [1] des observations [faites] et que, parmi les Allemands, le subtil *Lichtenberg* [2] a opposées avec insistance aux *théories de la dissolution*), ni de l'éclair, ni, non plus, du tonnerre ; et pas davantage d'autres phénomènes météorologiques, en particulier des *atmosphérolithes*, dans lesquels le processus se poursuit même jusqu'au début d'un noyau terrestre. C'est pour l'intelligence de ces phénomènes les plus quotidiens que les choses se sont passées, en physique, jusqu'à maintenant, de la façon la moins satisfaisante.

§ 289

En tant que le *concept* de la matière – la gravité – expose séparément ses moments, tout d'abord comme des réalités subsistantes-par-soi, mais élémentaires, | la Terre est le fondement *abstrait* de 242 l'individualité. Dans son processus, elle se pose comme *unité négative* des éléments abstraits qui sont extérieurs les uns aux autres, par là comme individualité *réelle*.

B
PHYSIQUE DE L'INDIVIDUALITÉ PARTICULIÈRE

§ 290

Les déterminités auparavant élémentaires étant maintenant soumises à l'unité individuelle, celle-ci est la forme immanente qui

1. Jean-André Deluc, physicien et géologue suisse, publia en 1772 ses *Recherches sur les modifications de l'atmosphère*, ouvrage traduit en allemand en 1776-1778, puis, en 1786, les *Nouvelles idées sur la météorologie*, dont une traduction allemande parut en 1787-1788. – Dans ce dernier ouvrage, Deluc s'en prend aux physiciens qui voient dans l'évaporation une dissolution de l'eau par l'air.

2. Georg Christoph Lichtenberg (1742-1799), dans un texte de lui, publié en 1800, et dans lequel il défendait l'usage de l'hygromètre et la théorie de la pluie proposée par Deluc, rejetait l'idée d'une dissolution de l'eau ou de la vapeur dans l'air et considérait, avec Deluc, que l'humidité de l'air provenait simplement d'une vapeur libre seulement mêlée à l'air de façon mécanique. – Il assura les dernières éditions des *Principes de la théorie de la nature* de J.C.P. Erxleben (1744-1777).

détermine pour elle-même la matière *face* à sa pesanteur. La pesanteur, en tant que recherche du point d'unité, ne porte aucun préjudice à l'*extériorité réciproque* de la matière, c'est-à-dire que l'espace – et ceci suivant un quantum – est la mesure des particularisations, des différences de la matière pesante, des masses ; les déterminations des éléments physiques ne sont pas encore *dans elles-mêmes* un *être-pour-soi concret*, [et] par conséquent, pas encore opposées à l'être-pour-soi recherché de la matière pesante. Maintenant, du fait de son individualité *posée*, la matière est, dans son extériorité réciproque elle-même, une centralisation allant contre cette extériorité réciproque qui est la sienne et contre la *recherche* de l'individualité par une telle extériorité, – elle affirme sa différence à l'encontre de la centralisation idéelle de la pesanteur, elle est une détermination immanente de la *spatialité matérielle* autre que celle qui s'opère moyennant la pesanteur et suivant la direction de celle-ci. Cette partie de la physique est la *mécanique individualisante*, en tant que la matière est déterminée par la forme immanente, et cela quant à [son] être spatial. Ce qui donne tout d'abord un *Rapport* entre les deux moments que sont la déterminité spatiale comme telle et la matière attenante à elle.

§ 291

Cette détermination-de-forme qui individualise est tout d'abord *en soi* ou immédiate, de la sorte non encore posée comme totalité. C'est pourquoi les moments particuliers de la forme viennent à l'existence en tant qu'indifférents et qu'extérieurs les uns aux autres, et la relation-de-forme est en tant qu'un *Rapport* de termes divers. C'est 243 la corporéité dans | des déterminations finies, consistant dans le fait d'être conditionné par de l'extérieur et de se disloquer en de multiples corps particularisés. La différence vient ainsi à apparaître, pour une part dans la *comparaison* de divers corps les uns avec les autres, pour une autre part dans leur *relation plus réelle*, mais qui, toutefois, demeure *mécanique*. La manifestation subsistante-par-soi de la forme, qui ne réclame aucune comparaison ni la stimulation, appartient seulement à la figure.

Comme l'est partout la sphère de la finité et de la conditionnalité, de même ici la sphère de l'individualité conditionnée est l'ob-jet qui est le plus difficile à séparer de tout le reste de l'ensemble lié du concret et à tenir ferme pour lui-même, – d'autant plus que la *finité* du contenu de cette sphère fait contraste et est en contradiction avec l'unité spéculative du concept, laquelle, en même temps, ne peut être que ce qui détermine.

§ 292

La déterminité qui affecte la pesanteur est a) une déterminité abstraitement *simple* et, par là, en tant qu'un Rapport purement quantitatif à même cette pesanteur, – la *pesanteur spécifique*; – [elle est] b) un mode spécifique de la *relation* de *parties* matérielles, – la *cohésion*. [Elle est] c) cette relation des parties matérielles [prise] pour elle-même, en tant *qu'idéalité existante*, et cela α) en tant que la suppression seulement *idéelle* – le *son*, [et] β) en tant que suppression *réelle* de la cohésion – la *chaleur*.

a) La pesanteur spécifique

§ 293

La spécification *simple*, abstraite, est la *pesanteur spécifique* ou *densité* de la matière, un Rapport du *poids* de la masse au *volume*, moyennant lequel l'être matériel, en tant qu'il est un Soi, s'arrache au Rapport abstrait au corps central, à la pesanteur universelle, cesse d'être le remplissement uniforme de l'espace, et oppose à l'extériorité réciproque abstraite un être-dans-soi spécifique.

On explique la densité diverse de la matière en admettant des *pores*, – la condensation, par la fiction, d'intervalles vides dont on parle comme de quelque chose de *donné*, mais que la physique ne fait pas voir, bien qu'elle prétende s'appuyer sur l'expérience et l'observation. – Un exemple | de spéci- **244** fication *existante* de la pesanteur est le phénomène consistant en ce qu'une barre de fer oscillant en équilibre sur son point d'appui, lorsqu'elle est *magnétisée*, perd son équilibre et se montre désormais plus pesante en l'un de ses pôles qu'en l'autre. Ici, l'une des parties est imprégnée de telle sorte que, sans changer de volume, elle devient plus pesante ; la matière, dont la masse n'a pas été augmentée, est, par conséquent, devenue *spécifiquement* plus pesante. – Les propositions que la physique présuppose à travers sa manière de se représenter la densité sont [les suivantes, à savoir] 1) que des quantités numériques égales de parties matérielles d'égale grandeur ont une pesanteur égale, – qu'en l'occurrence 2) la mesure de la quantité numérique des parties est le quantum du poids, mais 3) aussi l'espace, en sorte que ce qui a le même quantum de poids occupe aussi un espace égal ; que si, par conséquent, 4) des poids égaux apparaissent pourtant dans un volume divers, on conserve, en admettant les pores, l'égalité de l'espace qui serait matériellement *rempli*. – La fiction des pores, dans la quatrième proposition, est rendue nécessaire par les trois premières propositions, qui ne reposent pas sur l'expérience, mais sont fondées seulement sur la proposition de l'identité d'entendement, [et] par suite sont des fictions formelles, aprioriques, comme les pores. – *Kant*, déjà, a opposé, à la détermination quantitative de la *valeur numérique*, l'*intensité*, et a posé, à la place de *davantage* de parties dans un même volume, la même quantité numérique [de celles-ci], mais d'un *degré* renforcé de *remplissement de l'espace*, et, par là, il a donné le départ à ce qu'on a appelé une *physique dynamique* [1]. – La détermination du quantum *intensif* aurait, au moins, autant de droit que celle du quantum *extensif*, cette dernière catégorie étant ce à quoi s'est bornée la représentation habituelle, dont il a été question, de la densité. Mais la détermination *intensive* de la grandeur a ici cet avantage, qu'elle renvoie à la mesure et indique tout d'abord un *être-dans-soi* qui, en sa détermination conceptuelle, est une *déterminité-de-forme immanente* qui n'apparaît comme quantum en général que dans la *comparaison*. Mais les différences de cet être-dans-soi, comme être-dans-soi extensif ou comme être-dans-soi intensif – et la physique dynamique ne va pas plus loin – n'expriment aucune réalité (§ 103, Rem.).

§ 294

La densité n'est d'abord qu'[une] déterminité *simple* de la matière pesante ; mais, en tant que la matière reste l'extériorité réciproque

---

1. *Cf.* Kant, *Critique de la raison pure*, Analytique des principes, Anticipation de la perception, 2ᵉ éd., B, 215-218 ; et *Premiers principes métaphysiques de la science de la nature*, Dynamique, Remarque générale.

essentielle, la détermination-de-forme est, en outre, un mode spécifique de la relation spatiale que ses [éléments] multiples ont les uns avec les autres, – la *cohésion*.

| b) La cohésion

§ 295

Dans la *cohésion*, la forme immanente pose un autre mode de la juxtaposition spatiale des parties matérielles que celui qui est déterminé par la direction de la pesanteur. Ce mode par là spécifique du tenir-ensemble de ce qui est matériel est d'abord seulement posé à même le divers en général, il n'a pas encore fait retour à une totalité fermée en elle-même (une figure) ; il ne vient, par conséquent, à apparaître que face à des masses pareillement diverses, et diverses à travers leur cohérence, et c'est pourquoi il se montre comme un *mode* caractéristique *de résistance* dans le comportement mécanique à l'égard d'*autres* masses.

§ 296

Cette unité de forme de l'extériorité réciproque variée est, en elle-même, variée. α) Sa *première* déterminité est le tenir-ensemble totalement indéterminé, dans cette mesure une cohésion de ce qui, dans soi-même, est sans cohésion, par conséquent l'*adhésion* avec autre chose. β) La cohérence de la matière *avec elle-même* est tout d'abord la cohésion simplement *quantitative*, – la cohésion commune, la vigueur du tenir-ensemble face au poids, – mais, en allant plus loin, la cohérence *qualitative*, le caractère propre suivant lequel quelque chose plie et, précisément par là, se montre subsistant-par-soi dans sa forme face à la pression et au choc d'une force contraignante extérieure. Suivant le mode déterminé des formes spatiales, la géométrie faisant intérieurement œuvre mécanique produit la propriété caractéristique qui consiste dans l'affirmation d'une *dimension* déterminée dans le tenir-ensemble : la punctiformité – le fait d'être cassant –, la *linéarité* – la rigidité en général et, de façon plus précise, la ténacité –, la *capacité de s'aplatir en surface* – la ductilité, la malléabilité.

§ 297

γ) L'être corporel face à la force contraignante duquel un être corporel, dans le fait même de [lui] céder, affirme en même temps son caractère propre, est un *autre individu corporel*. Cependant, en tant que cohérent, le corps est aussi, en lui-même, de la matérialité extérieure à soi dans elle-même, dont les parties, tandis que le tout subit 246 la contrainte d'une force, exercent les *unes sur les autres* | une force contraignante et cèdent les unes aux autres, mais, en tant qu'elles sont aussi bien subsistantes-par-soi, suppriment la négation subie et se restaurent. Le fait de céder et, en cédant, de se conserver soi-même suivant son caractère propre face *au dehors*, est, par conséquent, immédiatement lié au fait de céder et de se conserver soi-même ainsi *au-dedans* de soi relativement à soi-même, – l'*élasticité*.

§ 298

Ici, vient à l'*existence* l'*idéalité* que les parties matérielles, en tant qu'elles sont de la matière, *ne font que chercher*, le point d'unité *étant pour lui-même* dans lequel, en tant qu'attirées effectivement, elles seraient des parties seulement niées. Ce point d'unité, dans la mesure où elles sont seulement pesantes, est tout d'abord *en dehors* d'elles et, de la sorte, encore seulement *en soi*; dans la négation indiquée, qu'elles subissent, cette idéalité est désormais posée. Mais elle est encore conditionnée, l'un seulement des côtés du Rapport dont l'autre côté est la subsistance des parties *extérieures les unes aux autres*, en sorte que la négation de celles-ci passe dans leur restauration. L'élasticité est, pour cette raison, seulement une altération de la pesanteur spécifique, laquelle se restaure.

Lorsque, ici et ailleurs, il est question de *parties* matérielles, il n'y a pas à entendre [par elles] des atomes, ni des molécules, c'est-à-dire des parties qui subsistent pour elles-mêmes séparément, mais des parties seulement

différenciées de façon quantitative ou contingente, de telle sorte que leur continuité ne peut, par essence, être séparée de leur être-différencié ; l'élasticité est
l'existence de la dialectique de ces moments eux-mêmes. Le *lieu* de l'être
matériel est sa *subsistance indifférente* déterminée, par conséquent l'*idéalité*
de cette subsistance est la *continuité* posée comme unité *réelle*, c'est-à-dire le
fait que deux parties matérielles *subsistant* auparavant l'une en dehors de l'autre,
que l'on a donc à se représenter comme se trouvant dans des lieux divers, se
trouvent maintenant dans un *seul et même* lieu. C'est là la *contradiction*, et
elle existe ici matériellement. C'est la même contradiction que celle qui est au
fondement de la dialectique zénonienne du mouvement, sauf que, dans le cas
du mouvement, elle concerne des lieux abstraits, mais ici des lieux *matériels*,
des parties matérielles. Dans le mouvement, l'espace se pose temporellement
et le temps spatialement (§ 260) ; le mouvement tombe dans l'antinomie de
Zénon, qui est insoluble si les lieux sont *isolés* comme des points spatiaux et les
moments du temps comme des points temporels, et la solution de l'antinomie,
c'est-à-dire le mouvement, n'est à saisir que comme telle qu'espace et temps
sont dans eux-mêmes continus et que le corps qui se meut, en même temps, est
et *n'est pas* dans le *même* lieu, c'est-à-dire est en même temps dans un *autre*
lieu, et que, tout aussi bien, le même point temporel, en même temps, est et
n'est pas, c'est-à-dire est en même temps un *autre* point. Ainsi, dans l'élas-
ticité, la partie matérielle, | l'atome, la molécule, est en même temps posée **247**
comme occupant de façon affirmative son espace, comme *subsistante*, et, tout
aussi bien, comme non subsistante, – comme étant, en tant que quantum, tout
en un, comme grandeur extensive et comme grandeur seulement intensive.
– Face à l'insertion en une unité des parties matérielles dans l'élasticité, on a
recours, pour ce qu'on nomme une explication, également à la fiction souvent
mentionnée des *pores*. S'il est vrai qu'on accorde d'ordinaire *in abstracto*
que la matière est passagère, non pas absolue, on se hérisse pourtant, dès qu'il
s'agit de l'application, si elle vient à être saisie *en fait* comme négative, si la
négation vient à être posée à *même elle*. Les pores sont bien le négatif – car, on
n'y peut rien, il faut parvenir à cette détermination –, mais ils sont le négatif
seulement *à côté* de la matière, le négatif *non pas de la matière elle-même*,
mais [qui est] *là où elle n'est pas* ; de telle sorte que, en fait, la matière n'est
admise que comme affirmative, comme *absolument subsistante-par-soi, éternelle*. Cette erreur est introduite par l'erreur générale de l'entendement, selon
laquelle le métaphysique ne serait qu'une chose de pensée, *à côté* de, c'est-
à-dire *en dehors* de l'effectivité ; ainsi, *à côté* de la croyance en la non-absoluité

de la matière, il y a *aussi* la croyance en l'absoluité de celle-ci ; la première se rencontre en dehors de la science, lorsqu'elle se rencontre ; tandis que la seconde a cours essentiellement dans la science.

§ 299

L'idéalité qui est, en l'occurrence, posée, est une altération qui est une double négation. La négation de la subsistance (les unes hors des autres) des parties matérielles est aussi bien niée, en tant qu'il y a la restauration de leur extériorité réciproque et de leur cohésion ; cette idéalité est une idéalité *une* en tant qu'alternance des déterminations qui se suppriment les unes les autres, le tremblement intérieur du corps dans lui-même, – *le son*.

c) *Le son*

§ 300

La *simplicité* spécifique de la déterminité que le corps a dans la densité et dans le principe de sa cohésion, cette *forme* tout d'abord *intérieure*, une fois qu'elle est passée par son immersion dans l'extériorité réciproque matérielle, devient *libre* dans la *négation* de la subsistance pour soi de cette extériorité réciproque appartenant au corps. C'est là le passage de la dimension matérielle de l'*espace* dans une dimension matérielle du *temps*. Pour autant que cette forme est 248 ainsi *dans le* | *tremblement*, c'est-à-dire moyennant ce qui est momentanément aussi bien la négation des parties que la négation de cette négation d'elles-mêmes, négations qui, liées l'une à l'autre, sont éveillées l'une par l'autre, et que, ainsi, en tant qu'une oscillation de la subsistance et de la négation de la pesanteur spécifique et de la cohésion, elle est, à même l'être matériel, en tant que son *idéalité*, la forme simple se trouve *exister pour elle-même* et accède à la phénoménalité comme cette modalité mécanique de l'âme.

La pureté ou l'impureté du son proprement dit, ses différences d'avec le simple éclat sonore (produit par un coup frappé sur un corps solide), le simple bruit, etc., sont liées à ceci, à savoir si le corps pénétré de tremblement est en lui-même homogène, mais ensuite encore à la cohésion spécifique, à la détermination qui est par ailleurs la sienne quant à la dimension spatiale, [c'est-à-dire] à ceci, à savoir s'il est une ligne matérielle, une surface matérielle et, si c'est ensuite le cas, une ligne et une surface délimitée ou un corps solide. – L'eau dépourvue de cohésion ne rend pas de son, et son mouvement, en tant que frottement simplement *externe* de ses parties absolument déplaçables, ne donne qu'un bruissement. La continuité du verre existante en toute la raideur cassante de celui-ci sonne, [et] davantage encore la continuité sans raideur cassante intérieure du métal sonne de part en part dans elle-même, etc.

La *communicabilité* du son, sa propagation pour ainsi dire *insonore*, qui se passe de la répétition et du retour du tremblement, à travers tous les corps, aussi diversement déterminés soient-ils quant à la raideur cassante, etc. (elle est meilleure à travers des corps solides qu'à travers l'air ; elle s'étend à travers la terre à plusieurs milles de distance ; elle va, à travers les métaux, suivant les calculs, dix fois plus vite qu'à travers l'air), montre l'idéalité les traversant librement, qui ne réclame en tout que leur matérialité *abstraite*, sans les déterminations spécifiques de leur densité, de leur cohésion, et de leurs autres conformations, et qui insère leurs parties dans la négation, dans le tremblement ; cette opération même d'idéalisation, c'est cela seulement qu'est la communication.

L'aspect *qualitatif* du son en général, comme du son s'articulant lui-même, du son tonal, dépend de la densité, de la cohésion et du mode davantage spécifié de cohésion du corps sonore, parce que l'idéalité ou la subjectivité qu'est la vibration, en tant que négation de ces qualités spécifiques dont il vient d'être question, les a pour contenu et déterminité ; de ce fait, ce tremblement et le son lui-même en tirent leur spécification, et les instruments ont leur son et timbre [1] propre.

§ 301

À même le tremblement, il faut distinguer la *vibration*, en tant que changement de lieu *extérieur*, à savoir un changement du Rapport spatial à d'*autres* corps, vibration qui est un mouvement proprement

1. En français dans le texte.

249 dit ordinaire. | Mais, tout en étant distinguée, elle est même temps identique au mouvement interne précédemment déterminé, qui est la subjectivité devenant libre, l'apparition du son en tant que tel.

L'existence de cette idéalité ne comporte, du fait de son universalité abstraite, que des différences *quantitatives*. C'est pourquoi, dans le royaume du sonore et des sons, la différence plus poussée que ceux-ci ont les uns à l'égard des autres, leur harmonie et disharmonie, repose sur des *Rapports numériques* et sur leur accord plus simple ou plus compliqué et éloigné.

La vibration des cordes, des colonnes d'air, des barres, etc., est un passage alternant de la ligne droite à l'arc et, en vérité, à des [arcs] opposés; avec ce changement de lieu extérieur, ainsi seulement apparent, par rapport à d'autres corps, est immédiatement lié le changement intérieur, le changement alternant de la pesanteur spécifique et de la cohésion; le côté de la ligne matérielle qui doit se trouver face au centre de l'arc de vibration a été raccourci, mais le côté extérieur allongé, donc la pesanteur spécifique et la cohésion du premier ont été diminuées, celles du second augmentées, et cela même simultanément.

Eu égard au pouvoir de la détermination quantitative dans ce champ idéel, il faut rappeler les phénomènes montrant comment une telle détermination, inscrite au moyen d'interruptions mécaniques dans une ligne, une surface plane, vibrante, se communique *elle-même* à la communication, à la vibration de la ligne, de la surface plane, tout entière, par-delà le point d'interruption mécanique, et y forme des nœuds de vibration, ce qui a été offert à l'intuition par les présentations qu'en a données *Chladni* [1]. – À cela se rattachent de même

1. Le physicien allemand Ernst-Florens-Friedrich Chladni (1756-1827), après des études juridiques à Leipzig, s'intéressa à la nature et, stimulé par les recherches de Lichtenberg, proposa une explication cosmique, et non pas tellurique, des météores. Mais il se rendit célèbre surtout par son exploration scientifique nouvelle, proprement physique, de la musique. Expérimentateur et technicien (il inventa l'euphone et le clavicylindre), il publia en 1787 ses *Entdeckungen über die Theorie des Klanges* (*Découvertes sur la théorie du son*), puis en 1802 son traité *Die Akustik.*, qu'il traduisit lui-même en français : *Traité d'acoustique*, Paris, Courcier, 1809. – Sur le thème ici évoqué de la formation des «nœuds de vibration», voir ce *Traité d'acoustique*, part. 1, «Des rapports numériques des vibrations», sect. 2 «Des vibrations des cordes» et 3, «Des vibrations d'une membrane tendue», § 36 à 45, p. 51-61, et § 46-47, p. 62-65.

les phénomènes montrant comment des sons harmoniques sont suscités dans des cordes voisines auxquelles sont donnés certains Rapports de grandeur avec celle qui émet des sons; [et], avant toutes les autres, les expériences, auxquelles *Tartini* [1] a, le premier, rendu attentif, de sons qui naissent d'autres sonorités émises simultanément [et] telles que, eu égard aux vibrations, elles se trouvent réciproquement avec de tels sons dans des Rapports numériques déterminés, des sons qui diffèrent d'elles et ne sont produits que moyennant ces Rapports.

§ 302

Le son est l'*alternance* de l'extériorité réciproque spécifique des parties matérielles et de l'être-nié de cette extériorité; – il est une *idéalité* seulement *abstraite* ou, pour ainsi dire, seulement idéelle de cet être spécifique. Mais cette alternance est par là elle-même immédiatement la | négation de la subsistance matérielle spécifique; **250** une telle négation est, de ce fait, une *idéalité réelle* de la pesanteur spécifique et de la cohésion, – [la] *chaleur*.

L'échauffement des corps qui résonnent, comme de ceux sur lesquels on frappe des coups [et] de ceux aussi qui sont frottés les uns contre les autres, est le phénomène de la chaleur qui naît, suivant le concept, avec le son.

d) La chaleur

§ 303

La chaleur est la restauration de soi de la matière en son absence de forme, en sa fluidité, le triomphe de son homogénéité abstraite sur les déterminités spécifiques; sa *continuité* abstraite, étant seulement *en soi*, en tant que négation de la négation, est ici *posée* en tant qu'activité. Formellement, c'est-à-dire relativement à la détermination spatiale en général, la chaleur apparaît par conséquent *dilatante*, comme

---

1. Le musicien italien Giuseppe Tartini (1692-1770) publia en 1754 son *Trattato di Musica secondo la vera scienza dell'armonia*.

supprimant la limitation qu'est la *spécification* de l'occupation *indifférente* de l'espace.

§ 304

Cette négation réelle du caractère propre du corps est, par conséquent, l'état qui consiste, pour lui, à ne pas s'appartenir à lui-même de façon affirmative dans son être-là; cette existence qui est la sienne est ainsi bien plutôt la communauté avec d'*autres* corps et la *communication* à eux, – [la] chaleur *extérieure*. La passivité que l'être corporel offre à celle-ci repose sur la continuité de l'être matériel présente *en soi* dans la pesanteur spécifique et la cohésion, et, du fait de cette idéalité originaire, la modulation de la pesanteur spécifique et de la cohésion ne peut être en rien, pour la communication dont il vient d'être question, pour la position de la communauté, une limite effective.

Quelque chose qui est sans cohérence, comme de la laine, et quelque chose qui est sans cohérence *en soi* (c'est-à-dire cassant en sa rigidité, comme du verre) sont de plus mauvais conducteurs de la chaleur que les métaux, dont le caractère propre est de posséder en eux-mêmes une continuité compacte, ininterrompue. L'air, l'eau sont de mauvais conducteurs de la chaleur à cause de l'absence de cohésion qui est la leur, d'une façon générale en tant qu'ils sont des matières encore incorporelles. – La communicabilité suivant laquelle la 251 | chaleur [est] séparable du corps dans lequel elle est tout d'abord présente, et apparaît, de ce fait, comme quelque chose de subsistant-par-soi face à lui, de même que comme quelque chose qui vient à lui de l'*extérieur*, ensuite les déterminations mécaniques ultérieures liées à cette communicabilité, qui peuvent être rangées parmi la *diffusion* (par exemple la répercussion moyennant des miroirs concaves), et de même les déterminations quantitatives qui surviennent avec la chaleur, ce sont elles principalement qui ont conduit à la représentation de la chaleur comme de quelque chose d'existant en sa subsistance-par-soi, d'une *matière calorique*. Mais on aura pour le moins quelque scrupule à nommer la chaleur un *corps* ou même seulement un être corporel; en quoi il est déjà impliqué que le *phénomène* d'un *être-là particulier* est aussitôt capable de diverses catégories. Ainsi, même la particularité bornée qui apparaît dans le cas de la chaleur et la possibilité [pour celle-ci] d'être distinguée des corps où elle se rencontre ne sont pas suffisantes pour qu'on puisse lui appliquer la catégorie de matière, la matière étant dans elle-même essentiellement totalité au point d'être au moins *pesante*. Ce phénomène, dont on vient de parler, de la particularité ne se rencontre principalement que dans la modalité *extérieure* selon laquelle la chaleur apparaît dans la *communication* relativement aux corps présents. – Les expériences de *Rumford* sur l'échauffement des corps par frottement, dans le cas du forage des canons par exemple [1], auraient pu depuis longtemps totalement écarter la représentation d'une existence particulière, subsistante-par-soi, de la chaleur; ici, celle-ci est, à l'encontre de tous les subterfuges, exhibée purement en sa production, et sa nature l'est comme *mode d'un état*. L'abstraite représentation de la matière contient, pour elle-même, la détermination de la *continuité*, qui est la possibilité de la communication et, en tant qu'activité, l'effectivité de celle-ci, et, activité, cette continuité qui est en soi le devient en tant qu'elle est la négation à l'égard de la forme – de la pesanteur spécifique et de la cohésion –, de même que, ultérieurement, à l'égard de la figure.

§ 305

La communication de la chaleur à différents corps implique, pour elle-même, seulement la continuation abstraite de cette détermination à travers une matérialité indéterminée, et, dans cette mesure, la chaleur n'est pas capable de dimensions qualitatives telles dans elles-mêmes, mais seulement de l'abstraite opposition du positif et du négatif, ainsi que du quantum et du degré, tout comme d'un équilibre abstrait, d'être comme une température égale des corps parmi lesquels le degré se répartit. Mais, puisque la chaleur est une variation de la pesanteur spécifique et de la cohésion, elle est en même temps liée à

---

1. L'expérience cruciale exploitée par Rumford, celle du forage des canons (à l'arsenal de Leipzig), établit qu'une quantité de chaleur n'était pas indestructible comme une matière, mais pouvait être produite ou détruite, ce qui infirmait la théorie traditionnelle du calorique. *Cf.* Benjamin (Count of) Rumford, « An Inquiry concerning the source of the heat which is excited by friction », dans *Philosophical Transactions of the Royal Society of London*, 1798.

ces déterminations, et la température externe, communiquée, est, pour la déterminité de son existence, conditionnée par la pesanteur spécifique et la cohésion particulière du corps auquel elle est communiquée; – [c'est là la] *capacité calorifique spécifique*.

La capacité calorifique spécifique, liée à la catégorie de *matière* et de *matériau*, a conduit à la représentation d'un *calorique latent, non observable*, 252 *adhérent*. En tant qu'elle est quelque chose de *non | perceptible*, une telle détermination n'est pas autorisée par l'*observation* et l'*expérience*, et, en tant qu'inférée, elle repose sur la *présupposition d'une subsistance-par-soi matérielle* de la chaleur (*cf.* Rem. § 286). Cette supposition sert, à sa manière, à rendre irréfutable *empiriquement* la subsistance-par-soi de la chaleur comme d'une matière, précisément pour autant que la supposition n'est elle-même rien d'empirique. Si l'on constate la disparition de la chaleur ou son apparition là où, auparavant, elle n'était pas présente, on explique la première en disant que la chaleur ne fait que se cacher ou qu'elle se *contraint* à l'imperceptibilité, la seconde en disant qu'elle se dégage de la simple imperceptibilité; la métaphysique de la subsistance-par-soi est *opposée à cette expérience* dont on vient de parler, voire présupposée *a priori* à l'expérience.

Ce qui importe pour la détermination qui a été donnée ici au sujet de la chaleur, c'est qu'il soit confirmé *empiriquement* que la détermination pour elle-même nécessaire en vertu du concept, à savoir celle de la *variation* de la pesanteur spécifique et de la cohésion, se montre dans le phénomène comme la *chaleur*. Le *lien étroit*, tout d'abord, des deux, se fait connaître facilement dans les productions multiformes de la chaleur (et dans les modes tout aussi multiformes de sa disparition), là où il s'agit de fermentations, des autres processus chimiques, des cristallisations et de leurs dissolutions, dans le cas des phénomènes mécaniques internes, liés à d'autres, eux extérieurs, qui ont déjà été mentionnés et se produisent dans les ébranlements, [ou] lorsqu'on tinte les cloches, qu'on bat le métal, [ou] dans les frottements, etc. Le frottement de deux morceaux de bois, ou lorsqu'on bat le briquet comme à l'accoutumée, rassemble momentanément en un *unique* point l'extériorité réciproque matérielle de l'un des corps moyennant le mouvement avec pression exercée de l'autre, – c'est là une négation de la subsistance spatiale des parties matérielles, négation dont l'issue est l'échauffement et l'inflammation du corps ou une étincelle qui s'en détache. – La difficulté, qui se présente ensuite, consiste à saisir la liaison de la chaleur avec la pesanteur spécifique et la cohésion comme l'idéalité *existante* de l'être matériel, – en sus [comme] une existence du négatif, qui, elle-même, contient la déterminité de ce qui est nié, qui, en outre, a la déterminité d'un quantum et, en tant qu'idéalité de quelque chose de subsistant, est son être-hors-de-soi et sa position de soi dans autre chose, la communication. – Il s'agit ici, comme partout dans la philosophie de la nature, seulement de mettre à la place des catégories de l'entendement les Rapports-de-pensée [relevant] du concept spéculatif, et de saisir et déterminer d'après ces Rapports le phénomène.

§ 306

La chaleur, comme température en général, est tout d'abord la dissolution encore abstraite, et conditionnée suivant son existence et déterminité, | de la matérialité spécifiée. Mais, en tant qu'elle **253** s'accomplit, qu'elle est réalisée en fait, la consomption de ce qui caractérise proprement l'être corporel gagne l'existence de l'idéalité physique pure, de la négation devenant libre de l'être matériel, et surgit comme *lumière*, toutefois en tant que *flamme*, en tant que négation de la matière liée à la matière. Tout comme le *feu* se développait en premier lieu (§ 283) à partir de *l'en-soi*, il est ici *posé* qu'il s'engendre, en tant qu'extérieurement conditionné, à partir des moments existants du concept, à l'intérieur de la sphère de l'existence conditionnée. – Il se consume ensuite ainsi comme quelque chose de fini en même temps que les conditions dont il est la consomption.

§ 307

Le développement de la matière réelle, c'est-à-dire contenant à même elle la *forme*, passe ainsi, en sa totalité, dans la pure idéalité de ses déterminations, dans l'être-un-Soi abstraitement identique à soi, qui, dans cette sphère de l'individualité *extérieure*, devient lui-même (en tant que flamme) extérieur et ainsi disparaît. Le *caractère conditionné* de cette sphère consiste en ceci, que la *forme* était une *spécification* de la matière pesante, et que l'individualité comme totalité était encore seulement *en soi*. Dans la chaleur, est posé le moment de la *dissolution* réelle de l'*immédiateté* et de l'indifférence tout d'abord présente [des éléments] de l'être matériel spécifié les uns à l'égard des autres. C'est pourquoi la forme est maintenant, *en tant que totalité*, immanente à l'être matériel en tant qu'il est sans résistance en face d'elle. – L'être-un-Soi, en tant qu'il est la forme infinie se rapportant à soi, est comme tel entré dans l'existence ; il se conserve dans l'extériorité soumise à lui, et il est en tant que la *totalité* déterminant librement cet être matériel, – [c'est là] la *libre individualité.*

C

Physique de l'individualité totale

§ 308

La matière est premièrement *en soi* la totalité du concept en tant que matière *grave* ; de la sorte, elle n'est pas, en elle-même, formée ; le concept, posé, à même elle, en ses déterminations particulières, 254 montre tout d'abord | l'individualité finie, qui se décompose en ses particularités. La totalité du concept étant maintenant *posée*, le centre de gravité n'est plus en tant que la *subjectivité* recherchée par la matière, mais il lui est immanent comme l'idéalité de ces déterminations de forme en premier lieu immédiates et conditionnées dont il a été question, lesquelles sont désormais en tant que moments développés du dedans au dehors. L'individualité matérielle, ainsi identique à elle-même en son développement, est infinie *pour elle-même*, mais en même temps *conditionnée* ; elle n'est la totalité subjective encore qu'*immédiatement* ; c'est pourquoi, tout en étant pour elle-même infinie, elle contient le Rapport à quelque chose *d'autre* ; et c'est seulement dans le processus qu'elle parvient au point où cette extériorité et conditionnalité est posée comme se supprimant ; de la sorte, elle devient une totalité existante de l'être-pour-soi matériel, laquelle est alors *en soi de la vie* et, dans le concept, passe en celle-ci.

§ 309

L'individualité totale est :

a) immédiatement, une *figure*[1] en tant que telle, et le principe abstrait de cette figure en tant qu'il apparaît dans une libre existence, – [c'est là] le *magnétisme* ;

b) elle se détermine en *différence*, celle des formes particulières de la totalité corporelle ; cette particularisation poussée à l'extrême est l'*électricité*.

c) La *réalité* de cette particularisation est le corps *chimiquement* (non-in)différent, et la *relation* qui le constitue, – l'individualité qui a des corps pour ses moments, en tant qu'elle se réalise comme totalité, le *processus chimique*.

a) La figure

§ 310

Le corps, en tant qu'individualité totale, est *immédiat*, il est une totalité *en repos*, par conséquent une forme de la coexistence spatiale de ce qui est matériel, et donc, à son tour, pour commencer, du *mécanisme*. La figure est, par conséquent, un mécanisme matériel de l'individualité qui détermine maintenant de façon inconditionnée et libre, – le corps dont la *limitation extérieure dans l'espace*, et non pas seulement le mode spécifique de cohésion interne, est déterminée par la forme *immanente* et *développée*. De cette manière, la forme est | mani- **255** festée *de par elle-même*, et elle ne se fait pas voir d'abord seulement comme une caractéristique de la *résistance* à une puissance *étrangère*.

§ 311

La figure α) *immédiate*, c'est-à-dire la figure posée comme étant, dans elle-même, *sans forme*, est, d'un côté, l'extrême constitué par

1. « *Gestalt* ».

la texture *ponctuée* de la raideur cassante, d'un autre côté, l'extrême constitué par la fluidité qui se condense *sphériquement*; – [c'est là] la figure comme absence interne de figure.

§ 312

β) Ce qui est cassant en sa raideur, en tant que totalité qui est *en soi* de l'individualité donnant forme, s'ouvre en la différence du concept. Le point passe tout d'abord dans la ligne, et la forme, à même celle-ci, s'oppose [à elle-même] en des extrêmes qui, en tant que moments, n'ont pas de subsistance-par-soi propre et ne sont maintenus que par leur relation : celle-ci, en tant qu'elle apparaît, est leur moyen terme et le point d'indifférence de l'opposition. Ce syllogisme constitue le *principe* de la *configuration* en sa déterminité développée, et il est, dans ce sens strict encore abstrait, le *magnétisme*.

Le magnétisme est l'une des déterminations qui devaient nécessairement se présenter de préférence, lorsque le *concept* se présuma dans la nature déterminée et forma l'Idée d'une *philosophie de la nature*[1]. Car l'aimant présente d'une manière naïve simple la nature du concept, et, en vérité, de celui-ci en la forme développée qui est la sienne comme syllogisme (§ 181). Les pôles sont les bouts sensiblement existants d'une ligne réelle (celle d'un bâton ou encore celle qui se trouve dans un corps davantage étendu selon toutes les dimensions). Cependant, en tant que pôles, ils ne possèdent pas la réalité sensible, mécanique, mais une réalité idéelle; ils sont tout bonnement inséparables. Le point d'indifférence, dans lequel ils ont leur substance, est l'unité dans laquelle ils sont en tant que déterminations du concept, de sorte qu'ils n'ont de sens et

---

1. Herder fait bien du magnétisme l'image la plus belle du principe régissant le monde; Goethe voit dans l'aimant un «phénomène originaire» (Urphänomen) qui symbolise la grande loi de la polarité; Schelling, surtout, subordonne toutes les fonctions dynamiques de l'univers à cette identité dans la dualité, à cette duplicité dans l'unité, qu'est le magnétisme, un magnétisme qui est donc partout dans la nature, même s'il est assez rare comme phénomène spécifique; *cf.* par exemple, le texte de 1799, *Erster Entwurf eines Systems der Naturphilosophie* (*Première esquisse d'un système de la philosophie de la nature*), dans *Schellings Werke*, M. Schröter (éd.), Munich, Beck'sche Verlagsbuchhandlung, 1927, rééd. 1965, II, p. 249 *sq.*

d'existence que dans cette unité, et la polarité est la relation seulement de tels moments. Le magnétisme n'a, en dehors de la détermination posée par là, pas d'autre propriété particulière. Que l'aiguille aimantée, en sa singularité, se dirige vers le *nord* et, par là, tout en un, vers le *sud*, c'est là un phénomène du *magnétisme terrestre* universel. – Mais le fait que tous les corps sont magnétiques, on peut l'entendre de travers dans son double sens ; le sens correct est que toute figure réelle, non pas simplement la figure cassante, contient ce principe de la détermination ; tandis que le sens incorrect est que tous les corps offrent, en eux-mêmes, aussi le phénomène de ce principe, tel que celui-ci *existe* dans son *abstraction* stricte, c'est-à-dire en tant que magnétisme. | Vouloir faire voir une forme conceptuelle comme présente dans la nature au **256** sens où elle devrait *exister universellement* dans la déterminité qui est la sienne en tant qu'elle est une abstraction, ce serait une pensée non philosophique. La nature est, bien plutôt, l'Idée dans l'élément de l'être-l'un-hors-de-l'autre, en sorte qu'elle-même, tout comme l'entendement, fixe *en leur dispersion* les moments du concept et les expose ainsi dans la réalité, mais que, dans les choses supérieures, elle réunit en un Un les différentes formes du concept pour en faire la concrétion suprême (voir la Remarque du Paragraphe suivant).

§ 313

Dans la mesure où cette forme se rapportant à soi existe tout d'abord dans cette détermination *abstraite* qui consiste, pour elle, à être une identité des différences *subsistantes*, donc n'est pas encore devenue dans la figure totale un produit et n'[y] est pas paralysée, elle est en tant qu'*activité* et, à vrai dire, dans la sphère de la figure, l'activité immanente du libre *mécanisme*, à savoir celle de déterminer les Rapports de lieux.

Il faut ici dire un mot au sujet de l'*identité* – tellement reconnue dans le temps présent et même devenue fondamentale en physique – entre magnétisme, électricité et chimisme. L'*opposition* propre à la forme dans l'être matériel individualisé progresse, elle aussi, jusqu'à se déterminer de façon à être une opposition plus réelle, l'opposition *électrique*, et l'opposition encore plus réelle qu'est l'opposition *chimique*. Au fond de toutes ces formes particulières, se trouve une seule et même totalité universelle de la forme en tant qu'elle constitue leur substance. De plus, électricité et chimisme sont, en tant que processus, des activités procédant de l'opposition plus réelle, davantage déterminée physiquement ; mais, en outre, ces processus contiennent avant tout des variations dans les Rapports de la spatialité matérielle. Suivant le côté consistant en ce que cette activité concrète est en même temps une détermination produisant du mécanisme, elle est une activité *en soi* magnétique. Pour autant qu'elle peut, comme telle, s'offrir tel un *phénomène* aussi à l'intérieur de ces processus plus concrets, on en a trouvé les conditions empiriques dans les derniers temps. C'est pourquoi il faut considérer comme un progrès essentiel de la science empirique, d'avoir reconnu l'identité de ces phénomènes dans la représentation de ce qu'on nomme électro-chimisme ou, éventuellement, encore : magnéto-électro-chimisme, ou de quelque autre façon. Mais les formes *particulières* en lesquelles existe la forme universelle, ainsi que leurs *manifestations phénoménales particulières*, sont de même tout aussi essentiellement à *distinguer les unes des autres*. La dénomination de magnétisme est, pour cette raison, à réserver pour la forme expresse et son phénomène, en tant que, dans la sphère de la figure comme telle, ils se rapportent seulement à la *détermination selon l'espace*, de même que la dénomination 257 d'électricité doit l'être pareillement pour | les déterminations phénoménales désignées expressément par elle. Antérieurement, magnétisme, électricité et chimisme ont été considérés totalement à part les uns des autres, sans connexion les uns avec les autres, chacun comme une force subsistant par elle-même. La philosophie a saisi l'Idée de leur *identité*, *mais* en *réservant* expressément leur *différence* ; dans les toutes dernières manières de se représenter les choses en physique, il semble qu'on ait opéré le saut vers le terme extrême constitué par l'*identité* de ces phénomènes, et qu'on soit dans la nécessité de se dire qu'ils sont et comment ils sont en même temps à distinguer. La difficulté réside dans le besoin de réunir les deux démarches ; elle n'a sa solution que dans la nature du concept, mais non pas dans l'identité qui confond les dénominations dans un magnéto-électro-chimisme.

§ 314

L'activité de la forme n'est aucune autre que celle du concept en général, qui consiste à poser ce qui est *identique* comme *différent* et ce qui est *différent* comme *identique*, donc ici, dans la sphère de la spatialité matérielle, à poser ce qui est identique dans l'espace comme différent, c'est-à-dire à l'éloigner de soi (*repousser*), et à poser ce qui est différent dans l'espace comme identique, c'est-à-dire à le rapprocher et à l'amener au contact (*attirer*). Cette activité, puisqu'elle existe dans un être matériel, mais encore de façon *abstraite* (et c'est seulement en tant que telle qu'elle est du magnétisme), anime seulement quelque chose de *linéaire* (§ 256). Dans quelque chose de tel, les deux déterminations de la forme ne peuvent venir au jour que scindées à même sa différence, c'est-à-dire aux deux bouts, et leur différence active, magnétique, consiste seulement en ceci que l'un des bouts (l'un des *pôles*) pose identique à lui-même *cela même* – un troisième terme – que l'autre bout (l'autre *pôle*), éloigne de soi.

La loi du magnétisme est énoncée en ces termes, [à savoir] que des pôles *homonymes* se repoussent et que ceux qui sont *hétéronymes* s'attirent, que les pôles homonymes sont *ennemis* tandis que les pôles hétéronymes sont *amis*. Pour l'homonymie, il n'est toutefois donné aucune autre détermination si ce n'est que sont des pôles homonymes ceux qui sont tous deux attirés ou tous deux repoussés de la même manière par un tiers. Mais ce tiers n'a aussi bien sa détermination que dans le fait, ou bien de repousser ou bien d'attirer ces homonymes en question ou, de façon générale, quelque chose d'autre. Toutes ces déterminations ne sont absolument que *relatives*, sans existence sensible diverse, indifférente ; on a fait remarquer ci-dessus (§ 312, Rem.) que quelque chose de tel que le nord et le sud ne contient aucune détermination originaire, première ou immédiate de ce genre. | L'*amitié* de l'*hétéronyme* et l'*inimitié* de **258** l'*homonyme* ne sont ainsi pas du tout un phénomène subséquent ou encore particulier survenant à même un magnétisme présupposé, un magnétisme déjà déterminé en son caractère propre, mais elles n'expriment rien d'autre que la nature du magnétisme lui-même, et par là la nature du concept lorsqu'il est posé, dans cette sphère, comme activité.

§ 315

γ) L'activité, une fois passée en son produit, est la *figure*, et, de façon déterminée, en tant que cristal. Dans cette totalité, les pôles magnétiques qui diffèrent entre eux sont réduits à une neutralité ; la linéarité abstraite de l'activité déterminant des lieux est réalisée en la surface et superficie du corps tout entier ; plus précisément, d'un côté, la punctiformité cassante est étendue en une forme développée, tandis que, par contre, l'extension formelle de la sphère est réduite en une limitation. C'est l'œuvre de la forme *une* que de cristalliser (en limitant la sphère) le corps face à l'extérieur et (en configurant la punctiformité) sa continuité intérieure *tout au travers* d'elle-même (traversée des feuillets, figure à noyau).

b) *La particularisation du corps individuel*

§ 316

La configuration, l'individualisation – déterminant l'espace – du *mécanisme*, passe dans la *particularisation physique*. Le corps individuel est *en soi* la totalité *physique* ; celle-ci, à même lui, est *dans la différence*, mais elle est à poser suivant lui tel qu'il est déterminé et maintenu dans l'individualité. Le corps, en tant qu'il est le *sujet* de ces déterminations, les contient comme des *propriétés* ou des *prédicats* ; mais de telle sorte qu'en même temps elles se rapportent à leurs éléments universels libres de tout lien et sont des processus les impliquant avec ces éléments. C'est [là] leur particularisation immédiate, non encore *posée* (une telle position est le processus *chimique*), suivant laquelle elles ne sont pas encore ramenées dans l'individualité, [mais] seulement des Rapports aux éléments dont il vient d'être question, non pas la totalité réelle du processus. Leur différenciation les unes à l'égard des autres est celle de leurs éléments, dont la déterminité logique a été montrée dans leur sphère (§ 282 *sq.*).

259 | Dans le cas de l'ancienne, universelle, pensée selon laquelle tout corps serait constitué des quatre éléments, ou de la pensée, plus récente, de *Paracelse*, selon laquelle il serait composé de mercure ou de liqueur, de soufre ou d'huile, et de sel, ainsi que dans le cas de nombreuses pensées de cette sorte, il y a, *en premier lieu*, que la réfutation a été facile, pour autant que l'on a voulu entendre sous ces termes-là les matières empiriques singulières qui sont tout d'abord désignées par de tels termes. Mais il ne faut pas méconnaître qu'ils devaient renfermer et exprimer, beaucoup plus essentiellement, les déterminations du concept ; il faut, par conséquent, bien plutôt, admirer comment la pensée a, de vive force, reconnu et fixé, dans de telles existences sensibles particulières, seulement sa propre détermination et la signification universelle.

Pour une autre part, une telle appréhension et détermination – puisqu'elle a pour source la raison, qui ne se laisse pas fourvoyer par les jeux sensibles du phénomène et son être embrouillé, et qui ne se laisse pas du tout non plus mettre aux oubliettes – est élevée loin au-dessus de la simple recherche et de l'énumération chaotique des *propriétés* des corps. Dans cette recherche, on attache du mérite et de la gloire au fait d'avoir déniché ne serait-ce encore que quelque chose de *particulier*, au lieu de ramener le particulier si multiforme à l'universel et au concept, et de reconnaître en lui ce dernier.

α) *Rapport à la lumière*

§ 317

Dans la corporéité configurée, la première détermination est l'être-un-Soi *identique à soi* de celle-ci, l'abstraite auto-manifestation d'elle-même en tant qu'individualité indéterminée, simple – *la lumière*. Cependant, la figure, en tant que telle, ne produit pas une telle lumière, mais cette propriété (§ précédent) est un *Rapport* à la lumière ; 1) le corps est, en tant que cristal *pur*, dans la pleine *homogénéité* de son individualisation intérieure existant de façon neutre, *transparent*, et il constitue un *milieu* pour la lumière.

Ce qui, en relation à la transparence, est l'intérieure absence de cohésion de l'air, est, dans le corps concret, l'*homogénéité* de la figure cohérente et cristallisée dans elle-même. – Le corps individuel, pris en son indétermination, est, assurément, aussi bien transparent qu'opaque, diaphane, etc. Mais la transparence est sa toute première *détermination* en tant que cristal, un cristal dont l'homogénéité physique n'est pas encore davantage particularisée et approfondie dans elle-même.

| § 318   260

2) La première, la plus simple déterminité que possède le milieu physique est sa pesanteur spécifique, dont la valeur propre vient à manifestation pour elle-même dans la comparaison, [et] de même aussi, en relation avec la transparence, seulement dans la *comparaison* de la densité diverse d'un autre milieu. Ce qui, lorsqu'il s'agit de la

transparence de deux milieux, fait agir l'un (celui qui est le plus éloigné de l'œil) dans l'autre (pour faciliter la présentation et la représentation, qu'on prenne celui-là comme de l'eau, et celui-ci comme de l'air!), c'est seulement la *densité*, en tant qu'elle détermine qualitativement le lieu : le volume de l'eau, avec l'image qui s'y trouve contenue, est, pour cette raison, vu dans l'air transparent de la même façon que si le même volume de l'air en lequel celui-là est posé avait la densité spécifique plus grande, celle de l'eau, donc était contracté en un espace d'autant plus petit, – ce qu'on appelle la *réfraction*.

L'expression *réfraction* de la lumière est, de prime abord, une expression sensible et adéquate dans la mesure où, par exemple, on voit brisé [fracturé], comme c'est bien connu, un bâton maintenu dans l'eau ; cette expression s'emploie aussi naturellement pour la transcription géométrique du phénomène. Mais c'est quelque chose de tout autre que la réfraction de la lumière et de ce que l'on appelle des rayons lumineux, dans une signification *physique*, – un phénomène qui est beaucoup plus difficile à comprendre qu'il ne le semble à première vue. Sans compter ce qu'a par ailleurs d'inadmissible la représentation habituelle, la confusion en laquelle elle doit nécessairement sombrer saute facilement aux yeux dans la transcription des rayons lumineux qui, de façon admise, s'irradient en une demi-sphère à partir d'un point. Il faut, eu égard à la théorie par laquelle on a coutume d'expliquer le phénomène, rappeler l'expérience essentielle qui montre que le fond *plan* d'un récipient rempli d'eau apparaît *plan*, par conséquent *entièrement et uniformément relevé*, – circonstance qui contredit totalement la théorie, mais, ainsi que cela se produit habituellement dans de tels cas, est, pour cette raison, ignorée ou passée sous silence dans les traités. – Ce qui importe, c'est qu'un milieu unique est seul à être sans réserve quelque chose de transparent en général, et que c'est seulement le *Rapport* de deux milieux de pesanteur spécifique diverse qui devient le facteur agissant pour une particularisation de la visibilité, – détermination qui, en même temps, ne fait que déterminer le lieu, c'est-à-dire qui est posée par la densité totalement abstraite. Cependant, un *Rapport* des milieux, en tant qu'efficient, n'a pas sa place dans la juxtaposition indifférente, mais uniquement là où 261 *l'un d'eux* se trouve posé *dans l'autre*, à savoir ici seulement | en tant que quelque chose de visible, comme *espace visuel*. Cet autre milieu est, pour ainsi dire, infecté par la densité *immatérielle* de celui qui est posé en lui, de sorte qu'il montre en lui l'espace visuel propre à l'image selon la limitation que lui-même (le milieu) subit, et qu'il limite par là un tel espace. La propriété purement mécanique, non physiquement réelle, mais *idéelle* de la densité, [à savoir] d'être seulement déterminante de l'espace, se présente ici expressément, elle semble ainsi agir efficiemment à l'*extérieur* de l'être matériel auquel elle appartient, parce qu'elle agit de façon efficiente seulement sur le lieu de ce qui est visible ; sans une telle idéalité, le Rapport ne se laisse pas saisir.

§ 319

Cette comparaison tout d'abord *extérieure*, avec, l'accompagnant, la position dans une unité de diverses densités déterminant la visibilité, qui existent dans des milieux *divers* (air, eau, puis verre, etc.), est, dans la nature des *cristaux*, une comparaison *intérieure*. Ces cristaux sont, *d'une part*, transparents en général, mais, *d'autre part*, ils possèdent dans leur individualisation *intérieure* (figure nucléaire) une forme qui s'*écarte* de l'égalité formelle* dont relève cette transparence universelle dont il a été question. Une telle forme est aussi une figure en tant que figure nucléaire, mais aussi bien une forme idéelle, subjective, qui agit efficiemment, tout comme la pesanteur spécifique, en déterminant le lieu, et, par conséquent, détermine aussi la visibilité, en tant que manifestation spatiale opérant de manière spécifique, différemment de la première transparence abstraite, – *double réfraction des rayons*.

La catégorie de *force* pourrait ici être utilisée à juste titre, en tant que la forme rhomboïdale (la plus courante parmi celles qui s'écartent en elles-

---

* Le cubique en général est ici désigné sous l'expression de l'égalité formelle. Comme détermination ici suffisante des cristaux qui montrent ce qu'on appelle la double réfraction des rayons, [et ce] eu égard à leur configuration interne, je cite celle que j'emprunte à Biot, *Physique*, III, chap. 4, p. 325 : « Ce phénomène se produit dans tous les cristaux transparents dont la forme primitive n'est ni un cube ni un octaèdre régulier » [1].

1. Jean-Baptiste Biot, *Traité de physique expérimentale et mathématique*, 4 volumes, Paris, Déterville, 1816, III, p. 325. Biot (1774-1862), professeur de physique et d'astronomie à la Faculté des sciences de Paris, se fit connaître, notamment, par sa découverte de la « polarisation mobile » de la lumière.

mêmes de cette égalité formelle de la figure dont on a parlé) individualise intérieurement *de part en part* le cristal, mais que, lorsque celui-ci n'est pas, de façon contingente, fragmenté en lamelles, elle ne vient pas à l'*existence* en tant que figure et n'interrompt ni ne perturbe le moins du monde l'homogénéité et la transparence parfaite de ce cristal, se contentant d'exercer son efficience en tant que déterminité *immatérielle*.

262 | Relativement au passage d'un Rapport posé tout d'abord sur un mode extérieur à la forme qu'il revêt à titre de déterminité intérieurement efficiente ou de force, je ne puis rien citer de plus pertinent que la façon dont *Goethe* exprime la relation du dispositif extérieur constitué par deux miroirs orientés l'un vers l'autre, au phénomène des couleurs entoptiques qui est produit à l'*intérieur* du cube de verre lorsqu'il est placé entre eux. Dans *Contribution à la science de la nature*, t. 1, cahier 3, XXII, p. 148, il est dit « des corps cristallisés transparents naturels » que « nous nous exprimons ainsi à leur sujet de telle sorte que la nature serait allée construire *au plus intime* de tels corps un *dispositif de miroirs semblable* à celui que nous avons réalisé avec des moyens *extérieurs, physico-mécaniques* »[1] – cf. *ibid.*, page précédente (ce que j'ai dit au sujet de cet aperçu, *Goethe* lui a fait bon accueil, comme on peut le lire dans le cahier 4 de *Contribution à la science de la nature*, p. 294[2]). – Il s'agit, ainsi qu'il a été dit, dans le cas de ce rapprochement de l'extérieur et de l'intérieur, non pas de réfraction, comme dans le Paragraphe, mais d'un double réfléchissement *extérieur* et du phénomène qui lui correspond dans l'intérieur. Il faut faire cette autre distinction – lorsqu'il est dit, au même endroit, p. 147, qu'« on avait pu faire observer de façon fort nette, dans le cas du spath calcaire rhombifère, que la traversée diverse des *feuillets* et les *réfléchissements s'opérant*

---

1. Goethe, *Z.NW*, I, 3, Couleurs entoptiques, XXII, *SW*, KR, 12, p. 488.

2. Cf. *ibid.*, I, 4, Chromatique, 21 : « La plus récente encourageante marque de sympathie », p. 589-591. Ce texte de Goethe est la publication, sous forme un peu abrégée, de la lettre que lui avait écrite Hegel le 24 février 1821 pour le remercier de l'envoi d'un exemplaire du 3e cahier du premier livre de sa *Contribution à la science de la nature*. Dans cette lettre (*Correspondance*, trad. fr. J. Carrère, Paris, Gallimard, 1963, II, p. 218-221), Hegel loue, à propos, certes de la théorie des couleurs entoptiques, mais, plus généralement, aussi, de la conception du « phénomène originaire », le grand sens spirituel, véritablement scientifique, de Goethe, en dénonçant, une fois de plus, la « très mauvaise métaphysique » de Newton et des physiciens qui le suivent. Goethe répondit à Hegel par une très aimable lettre datée du 13 avril 1821 (*ibid.*, p. 226).

pour cette raison en réaction les uns aux autres, étaient la cause la plus prochaine du phénomène »[1] – que, dans le Paragraphe, il est question de la *force* ou *efficience* pour ainsi dire rhomboïdale, non pas d'un effet de lamelles existantes (cf. *Contribution à la science de la nature*, t. 1, cahier 1, p. 25)[2].

§ 320

3) La progression faisant de cet immatériel *être-pour-soi* (la force) de la forme un *être-là intérieur* supprime la nature neutre de la cristallisation, et ce qui entre en scène, c'est la détermination de la punctiformité immanente, de la *rigidité cassante* (et ensuite de la cohésion), tandis qu'on a une transparence encore complète, mais *formelle* (du verre à la rigidité cassante, par exemple). Ce moment de la rigidité cassante introduit une *diversité* par rapport à la manifestation *identique à soi*, à la lumière et à l'éclairement; il est donc un commencement intérieur ou un *principe* de l'*obscurcissement*, pas encore quelque chose d'obscur qui existerait, mais il agit *efficiemment* en tant qu'obscurcissant (du verre à la rigidité cassante, bien qu'il soit parfaitement transparent, est la condition bien connue des couleurs entoptiques).

L'obscurcissement ne demeure pas simplement un principe, mais, en sa progression qui, | face à la neutralité simple, indéterminée, de la **263** figure, le fait sortir des aspects troubles causés selon un registre extérieur et quantitatif et des degrés moindres de transparence, il atteint à l'*extrême* unilatéral *abstrait* [qui est celui] de la massivité compacte, de la cohésion passive (la métallité). De la sorte, alors, quelque chose d'*obscur existant* aussi pour lui-même et quelque chose de *clair* présent *pour* lui-même, posés, moyennant la transparence, en même temps en une unité concrète et individualisée, donnent le phénomène de la *couleur*.

1. Goethe, Z.*NW*, I, 3, Couleurs entoptiques, XXII, *SW*, KR, 12, p. 487.

2. Cf. *ibid.*, I, 1, *Contribution à la théorie des couleurs*, Des images doubles du spath calcaire rhombifère, p. 402.

À la lumière en tant que telle est immédiatement opposée l'obscurité abstraite (§ 277). Mais l'obscur ne devient réel qu'en tant que corporéité physique individualisée, et la marche qu'on a présentée de l'obscurcissement est cette *individualisation* du clair, c'est-à-dire ici du transparent, à savoir de la manifestation passive dans la sphère de la figure, en direction de l'*être-dans-soi* de la matière individuelle ; le transparent est le neutre homogène en son existence ; l'obscur est ce qui est dans soi-même individualisé en un être-pour-soi, qui, toutefois, n'existe pas dans une punctiformité, mais n'est que comme *force* s'exerçant à l'encontre du clair et, pour cette raison, peut aussi bien exister dans une parfaite homogénéité. – La *métallité*, c'est bien connu, est le principe matériel de toute coloration – ou [encore] la *matière colorante* universelle, si l'on veut s'exprimer de la sorte. Ce qui, du métal, est ici pris en compte, c'est seulement sa pesanteur spécifique élevée, et c'est seulement en cette particularisation prépondérante que la matière spécifique vient se reprendre elle-même à l'encontre de la neutralité intérieure ouverte de la figure transparente et se hausse au rang d'un extrême ; dans ce qui est d'ordre chimique, la métallité est ensuite aussi bien une base unilatérale, indifférente.

Dans la présentation qui a été faite de la marche de l'obscurcissement, il importait de ne pas seulement indiquer abstraitement les moments, mais de désigner les modalités empiriques sous lesquelles ils apparaissent. Il ressort de soi-même que chacune des deux tâches comporte ses difficultés ; mais ce qui, pour la physique, suscite des difficultés encore plus grandes, c'est le mélange des déterminations ou des propriétés qui appartiennent à des sphères tout à fait diverses. Aussi essentiel est-il, pour les phénomènes universels tels que la chaleur, la couleur, etc., de découvrir la déterminité spécifique simple parmi [toutes] les conditions et circonstances, si diverses soient-elles, aussi essentiel il l'est, de l'autre côté, de maintenir ferme les *différences* sous lesquelles se montrent de tels phénomènes. Ce que c'est que la couleur, la chaleur, etc., on ne peut, dans la physique empirique, le demander au concept, mais on doit nécessairement le demander aux *modalités de leur venue à l'existence*. Mais celles-ci sont extrêmement diverses. Or, la manie de trouver seulement des lois universelles fait, à cette fin, négliger des différences essentielles et, suivant un point de vue *abstrait*, mettre de manière chaotique sur une seule et même ligne 264 ce qu'il y a de plus hétérogène (ainsi, dans la chimie, par exemple, | des gaz, des sulfures, des métaux, etc.). Ainsi, le fait de ne pas considérer les modes de l'agir efficient en leur particularisation suivant les divers milieux et cercles dans lesquels ils se produisent, a nécessairement été préjudiciable au désir même de trouver des lois et déterminations universelles. C'est selon un tel chaos que se trouvent placées les unes à côté des autres ces circonstances au sein desquelles vient au jour le phénomène de la couleur, et l'on a coutume de placer des expériences qui appartiennent au cercle le plus spécial de circonstances en face des conditions universelles simples dans lesquelles – [ce sont] les phénomènes originaires – la nature de la couleur s'offre au sens non prévenu. À une telle confusion, qui, tout en donnant l'apparence d'une expérience affinée et profonde, procède en fait avec une superficialité grossière, il ne peut être remédié que par la prise en considération des différences dans les modalités de la venue à l'existence, qu'il faut, à cet effet, connaître et maintenir à part les unes des autres dans leur déterminité.

Tout d'abord, il faut se persuader, comme de la détermination fondamentale, de ce que le *blocage* de l'éclairement est en connexion avec la pesanteur spécifique et la cohésion. Ces déterminations sont, face à l'identité abstraite de la manifestation pure (la lumière en tant que telle) les caractéristiques propres et les particularisations de la corporéité ; c'est à partir d'elles que celle-ci fait retour ultérieurement dans elle-même, dans l'obscur ; ce sont les déterminations qui constituent immédiatement la progression de l'individualité conditionnée à l'individualité libre (§ 307) et qui apparaissent ici dans la relation de la première à la dernière. Les couleurs *entoptiques* ont de l'intérêt en ceci que le principe de l'obscurcissement est ici la rigidité cassante en tant que *punctiformité* immatérielle (agissante seulement comme force), laquelle existe d'une manière *extérieure* dans la pulvérisation d'un cristal transparent et produit le manque de transparence, de même que, par exemple, aussi l'effervescence d'un liquide transparent, etc. La *pression* d'une lentille, pression qui engendre les couleurs entoptiques, est une altération extérieurement mécanique qui concerne simplement la pesanteur spécifique, en quoi l'on ne rencontre pas de division en lamelles et des blocages *existants* de ce genre. – Dans le cas de l'*échauffement* des métaux (altération de la pesanteur spécifique), « naissent à leur surface des couleurs se succédant fugitivement les unes aux autres, qui peuvent être [elles-mêmes] fixées à volonté » (Goethe, *Théorie des couleurs*, I, p. 191 [1]). – Mais dans la détermination *chimique* entre en scène,

---

1. Goethe, *Zur Farbenlehre* (*Contribution à la théorie des couleurs*, dorénavant cité *Z.FL*), liv. I, part. 1, dialectique, 2. Couleurs physiques, sect. XXXIII, Couleurs époptiques, 471, *SW*, KR, 10, p. 155.

à travers l'acidité, un tout autre principe de l'éclairement du sombre, de la manifestation de soi plus immanente, de l'inflammation. De la considération des couleurs pour elles-mêmes, il faut de prime abord exclure l'empêchement, obscurcissement, éclairement chimiquement déterminé; car le corps chimique, de même que l'œil (dans le cas des phénomènes chromatiques subjectifs, physiologiques), est quelque chose de *concret* qui contient en lui beaucoup d'autres déterminations encore, en sorte que celles qui se rapportent à la couleur ne se laissent pas mettre en évidence, de façon déterminée, pour elles-

265 mêmes, et montrer à part, mais que | la connaissance de la couleur abstraite est, bien plutôt, présupposée, afin que, à même le concret, soit dégagé ce qui s'y rapporte.

Ce qui a été dit se rapporte à l'obscurcissement *intérieur*, dans la mesure où celui-ci appartient à la *nature* du corps; relativement à la couleur, il y a de l'intérêt à en établir l'existence, dans la mesure où l'effet de trouble produit par lui ne peut être posé suivant un mode existant extérieurement pour lui-même et, par là, ne peut être ainsi exhibé. Cependant, une production extérieure du trouble, elle non plus, n'est pas un affaiblissement de la lumière, par exemple du fait de l'éloignement, mais un milieu qui agit dans une existence *extérieure* en y produisant du trouble est un milieu moins transparent, seulement diaphane en général; un milieu totalement transparent (l'air en sa qualité d'élément est sans le concret, un concret tel qu'il s'en trouve déjà un dans la nature neutre de l'eau non individualisée), comme de l'eau ou du verre pur, présente un commencement de trouble, trouble qui vient à l'existence du fait de l'épaississement du milieu, particulièrement dans l'augmentation des strates (c'est-à-dire des délimitations interruptrices). Le plus réputé des milieux produisant de façon extérieure du trouble est le prisme, dont l'efficience productrice de trouble repose dans les deux circonstances que voici : en premier lieu, dans la délimitation extérieure du prisme en tant que telle, à ses bords, deuxièmement dans sa figure prismatique, l'inégalité des diamètres de son profil, [pris] de la largeur totale de son côté jusqu'à l'arête opposée. Ce qu'il y a d'incompréhensible dans les théories concernant la couleur réside, entre autre, dans le fait qu'elles laissent échapper la propriété qui est celle du *prisme*, d'agir en suscitant du trouble et, particulièrement, en suscitant inégalement du trouble suivant l'épaisseur inégale des diamètres des diverses parties traversées par la lumière.

Mais l'obscurcissement en général est seulement l'*une* des circonstances, la clarté étant l'autre; la couleur réclame une détermination plus précise dans

leur relation. La lumière éclaire, le jour *repousse* l'obscurité ; l'assombrissement, en tant que simple mélange du clair avec l'obscur [déjà] présent, donne
généralement un *gris*. Mais la couleur est une liaison des deux déterminations
telle que, en étant maintenues à part l'une de l'autre, elles sont tout autant
posées comme ne faisant qu'un ; elles sont séparées et, tout aussi bien, l'un des
termes paraît dans l'autre ; [c'est là] une liaison qui est, par conséquent, à
nommer une individualisation, – un Rapport comme celui à propos duquel il a
été montré, dans le cas de ce qu'on nomme la réfraction, qu'une détermination
est efficiente dans l'autre, tout en ayant pour elle-même un être-là. C'est la
manière propre au concept en général, lequel, en tant que concret, contient les
moments en même temps comme différenciés et dans leur idéalité, leur unité.
Cette détermination se trouve exprimée, dans l'exposé de *Goethe*, selon la
manière sensible qui lui est propre, – [à savoir] que, dans le cas du prisme, le
clair est *attiré par-dessus* l'obscur, ou inversement[1], de telle sorte que le clair
agit encore, en tant que clair, sur le mode de la subsistance par soi, au sein de ce
qu'il traverse, aussi bien qu'il est troublé, que, lui (dans le cas du prisme), [et]
abstraction faite du dérangement commun, reste à sa place aussi bien qu'il est
en même temps dérangé. Là où le clair ou l'obscur, ou encore, bien plutôt,
| l'éclairant et obscurcissant (les deux termes sont relatifs) existe pour lui- **266**
même dans les *milieux troubles*, le milieu trouble, placé devant un arrière-fond
obscur, [et] de cette manière agissant en tant qu'éclairant – et inversement –,
conserve sa manifestation phénoménale propre et, en même temps, l'un des
termes est dans l'autre négativement, tous deux étant posés comme identiques.
C'est ainsi qu'il faut saisir la différence de la couleur d'avec le simple gris
(bien que, par exemple, une ombre simplement grise, non colorée, se rencontre
peut-être plus rarement qu'on ne se l'imagine de prime abord), – elle est la
même différence que celle qui, à l'intérieur du carré des couleurs, différencie le
vert du rouge, celui-là étant le *mélange* de l'opposition, du bleu et du jaune,
celui-ci l'individualité de cette opposition.

D'après la théorie bien connue de *Newton*, la couleur blanche, c'est-à-dire
incolore, est constituée de *cinq* ou de *sept* couleurs, car cela, [cette] théorie

---

1. *Cf.* Goethe, *Z.FL*, liv. I, part. 1, didactique, 2. Couleurs physiques, sect. XIII,
Conditions de l'apparition des couleurs, *SW*, KR, 10, p. 80 *sq.* (à vrai dire, Goethe
n'emploie pas l'expression « über… herziehen » – « attirer par-dessus… », mais celle de
« über… wegschieben » – « repousser par-dessus… » (voir XIII, 203, p. 81).

elle-même ne le sait pas exactement[1]. – On *ne* saurait s'exprimer d'une façon *suffisamment forte* :

– sur, en premier lieu, le caractère *barbare* de la représentation faisant que l'on a eu recours aussi dans le cas de la lumière à la pire forme de la réflexion, celle de la *composition*, et selon laquelle le *clair* serait ici, même lui, constitué de sept *obscurités*, de même que l'on pourrait faire consister l'eau claire en sept espèces de terre ;

– ainsi que sur le caractère *maladroit* et *incorrect* de la manière newtonienne d'observer et d'expérimenter, [et] tout autant au sujet de son *insipidité*, voire même, comme l'a montré *Goethe*[2], au sujet de sa malhonnêteté, – l'une des incorrections les plus frappantes et, en même temps, les plus simples, consiste à assurer, à tort, qu'une partie *monocolore* du spectre, produite moyennant un prisme, viendrait, si on la faisait passer par un second prisme, à apparaître aussi derechef seulement monocolore (Newton, *Optique*, liv. I, part. 1, prop. V, *in fine*)[3] ;

– ensuite sur la façon, également mauvaise, de s'y prendre pour *conclure syllogistiquement*, *tirer des conséquences* et *prouver* à partir de ces données empiriques impures qu'on a évoquées ; Newton ne se contenta pas d'utiliser le prisme, mais la circonstance ne lui échappa pas, elle non plus, que, pour qu'il y eût production de couleurs au moyen d'un tel prisme, il était requis une frontière [faite] de clair et d'obscur (*Optique*, liv. II, 2ᵉ partie, p. 230, éd. latine, Londres, 1719)[4], bien qu'il pût méconnaître l'obscur comme facteur capable de produire du trouble. Cette *condition* de la couleur n'est, somme toute, mentionnée par lui que lorsqu'il s'agit d'un phénomène tout à fait spécial (et il ne le fait même aussi dans ce cas que de façon maladroite), en passant, et alors

1. *Cf.* Newton, *Traité d'optique*, liv. II, part. I, Observation XIV, trad. fr. P. Coste, Paris, 1722, réimp. Paris, Gauthier-Villars, 1955, p. 240 et 241 (les cinq couleurs citées sont : rouge, jaune, vert, bleu, violet ; les sept couleurs citées sont les mêmes, plus l'orangé et l'indigo).

2. *Cf.* Goethe, *Z.FL*, liv. I, part. 2, polémique contre Newton, 1, 2, 645, *SW*, KR, 10, p. 460 : « Il est impossible de traiter un phénomène si clair et simple d'une façon plus tordue et malhonnête ; mais, à vrai dire, voulût-il en avoir le droit, il eût dû s'écrier, totalement ou à moitié conscient, avec Maître Renart : "Mais je vois bien qu'il me faut mentir, et au-delà de toute mesure !" ».

3. *Cf.* Newton, *Traité d'optique*, *op. cit.*, liv. I, part. I, prop. V, p. 81.

4. Cf. *ibid.*, p. 273.

que la théorie est depuis longtemps toute prête. Aussi, une telle mention ne sert aux défenseurs de [cette] théorie qu'à pouvoir dire que la condition en question n'a pas été inconnue de Newton, mais non pas à la placer en tant que *condition*, avec la lumière, à la cime de toute considération des couleurs. Bien au contraire, cette circonstance, que de l'obscur est présent partout où il y a phénomène de couleur, est passée sous silence dans les traités, de même que l'expérience tout à fait simple que, si l'on regarde à travers le prisme une paroi toute blanche (ou, d'une façon générale, unicolore), on ne voit *aucune* couleur | ([et], dans le cas où il s'agit d'une couleur unie, aucune autre couleur que **267** précisément la couleur de la paroi), tandis que, dès qu'un clou est fiché dans la paroi, qu'une quelconque inégalité y est imprimée, aussitôt et seulement alors, ainsi que seulement à cet endroit, des couleurs viennent à apparaître. Parmi les incongruités de l'exposition de la théorie, il faut donc aussi compter celle-ci, [à savoir] que tant d'expériences qui [la] démentent sont passées sous silence ;

– en outre, enfin, particulièrement sur l'absence de pensée avec laquelle une multitude de conséquences immédiates d'une telle théorie (par exemple l'impossibilité de télescopes achromatiques) ont été abandonnées alors que la théorie elle-même est affirmée ;

– mais, en dernier lieu, sur l'aveuglement du *préjugé* selon lequel cette théorie reposerait sur quelque chose de *mathématique*, comme si les opérations de *mesure*, elles-mêmes partiellement fausses et unilatérales, méritaient seules le nom de mathématiques, et comme si les déterminations quantitatives introduites dans les conséquences tirées fournissaient un quelconque fondement pour la théorie et la nature de la Chose elle-même !

Une des raisons principales faisant que la manière aussi claire que *profonde*, et même *savante*, dont *Goethe* a illuminé ces ténèbres au sein de la lumière ne s'est pas ménagé un accueil plus actif est, sans aucun doute, celle-ci, [à savoir] que l'absence de pensée et la niaiserie que l'on devrait avouer sont par trop grandes – Au lieu que ces représentations sans rime ni raison se soient raréfiées, il s'est produit, dans les derniers temps, au moment des découvertes de *Malus*, qu'elles ont encore – à travers [le thème de] la *polarisation* de la lumière et, tout à fait, [celui de] la *quadrangularité* des rayons solaires[1],

1. Dans l'édition Michelet de la *Philosophie de la nature* de l'*Encyclopédie*, en note de bas de page, est présentée l'Addition suivante de Hegel (*G 9*, p. 332, note 1) : « Si l'on dispose suivant un angle, à l'oblique, deux miroirs dont l'un n'est que faiblement miroir, du verre transparent, et que l'on fasse tourner le miroir du dessous, on a une première fois

à travers [ceux d']un *mouvement de rotation à gauche* de sphérules lumineuses rouges et [d']un *mouvement de rotation à droite* de sphérules lumineuses bleues[1], et surtout à travers la reprise des «*Fit*» newtoniens[2], des *accès de facile transmission* et des *accès de facile réflexion*[3] – été développées en un galimatias métaphysique amplifié. – En partie, de telles représentations ont pris leur origine ici aussi dans l'application de formules différentielles aux phénomènes de couleur, en tant que les significations valables que les termes de ces formules possèdent en mécanique ont été transférées de façon inadmissible à des déterminations relevant d'un tout autre champ.

β) *La différence à même la corporéité particularisée*

§ 321

Le principe de l'un des termes de la différence (l'être-pour-soi) est le feu (§ 283), toutefois pas encore comme processus chimique réel (§ 316), ni non plus [comme] la rigidité cassante mécanique, mais

une image de la lumière, mais qui disparaît ensuite dans le cas de l'angle droit. En tant que, en continuant toujours de le faire tourner de 90 degrés, on voit la lumière selon deux côtés, mais pas selon les deux autres, le professeur Mayer en a tiré, avec le sens qu'on a à Göttingen, une quadrangularité des rayons solaires.

1. Hegel évoque ici un passage de Jean-Baptiste Biot, *Traité de physique expérimentale et mathématique*, 4 tomes, Paris, 1816, t. IV, là où il est question d'expériences sur des plaques de cristal de roche, qui sont taillées perpendiculairement à l'axe de cristallisation : ces expériences auraient prouvé le lien entre la rotation des particules lumineuses et la marche des couleurs dans l'ordre des anneaux (*cf.* p. 521 *sq.*).

2. *Cf.* Newton, *Traité d'optique*, *op. cit.*, liv. II, part. III, Définition (en vue de la treizième proposition), p. 331 : «Les retours de la disposition d'un rayon quelconque à être réfléchi [*Accessus sive reversiones dispositionis istius, qua fit ut quilibet radius facilius reflectatur*, soit, littéralement : «Les accès ou retours de cette disposition par laquelle il advient qu'un rayon quelconque est plus facilement réfléchi»], c'est ce que j'appellerai ses *accès de facile réflexion*, comme j'appellerai les retours de sa disposition à être transmis [*reversiones autem dispositionis istius, qua fit ut idem facilius transmittatur*] ses *accès de facile transmission*, et le retour suivant, je le nommerai *l'intervalle de ses accès*».

3. *Cf.* J.B. Biot, *Traité de physique expérimentale et mathématique*, *op. cit.*, t. IV, p. 88 *sq.* : «Sur les accès de facile transmission et de facile réflexion».

[existant] dans la particularité physique, l'inflammabilité en soi, laquelle, en même temps prise dans la différence à l'égard de l'extérieur, est le Rapport | au négatif [existant] dans une universalité **268** élémentale, à l'air, à ce qui consume sans qu'il y paraisse (§ 282), le processus de cet air à même l'être corporel; [c'est là] l'individualité spécifique en tant que processus théorétique *simple*, la volatilisation sans qu'il y paraisse du corps à même l'air – l'*odeur*.

La propriété de l'odeur des corps, en tant que matière existant pour elle-même (§ 126), la *substance odorante*, est de l'huile, l'huile qui brûle en tant que flamme. En tant que simple propriété, l'exhalaison odorante existe, par exemple, dans l'odeur rebutante du métal.

§ 322

L'autre moment de l'opposition, la *neutralité* (§ 284), s'individualise en la neutralité physique déterminée de la salinité et de ses déterminations, acidité, etc., – pour donner le *goût*, propriété qui reste en même temps un Rapport à l'*élément*, à l'abstraite neutralité de l'eau, dans laquelle le corps est *soluble* en tant que seulement neutre. Inversement, la neutralité abstraite qui est contenue en lui est séparable des parties constitutives physiques de sa neutralité concrète et représentable comme eau de cristallisation, eau qui, toutefois, existe dans un neutre encore non dissous, non pas, en vérité, comme eau (§ 286, Rem.).

γ) *La totalité dans l'individualité particulière ; l'électricité*

§ 323

Les corps se trouvent, suivant leur particularité déterminée, en relation avec les *éléments*, mais, en tant que des touts configurés, ils entrent aussi en rapport les uns avec les autres à titre d'individualités *physiques*. Suivant leur particularité qui ne s'engage pas encore dans le processus chimique, ils sont des êtres *subsistants-par-soi* et ils se *conservent* dans leur indifférence les uns à l'égard des autres, tout entiers [pris] dans le Rapport mécanique. De même que, dans celui-ci, ils font connaître leur Soi, dans un mouvement idéel, comme une oscillation *dans soi-même* en tant que son, de même ils montrent maintenant, dans une tension *physique* de la particularité, les uns face aux autres, la *réalité* du Soi qui est le leur, bien qu'il s'agisse en même temps encore d'une réalité abstraite, en tant que leur *lumière*, mais une lumière comportant en elle-même une *(non-in)différence*[1], – [c'est là le] Rapport *électrique*.

| § 324

Le contact mécanique pose la (non-in)différence physique de l'un des corps dans l'autre ; cette (non-in)différence, parce qu'ils demeurent en même temps mécaniquement subsistants-par-soi les uns face aux autres, est une *tension* d'opposition. C'est pourquoi, dans celle-ci, n'entre pas la nature physique du corps, prise en sa déterminité concrète, mais c'est seulement en tant que réalité du Soi *abstrait*, en tant que *lumière* et, en vérité, une lumière opposée, que l'individualité se manifeste et se confie au processus. – La suppression de la division – l'autre moment de ce processus superficiel – a pour produit une lumière indifférenciée, qui, en tant qu'incorporelle, disparaît immédiatement, et, en dehors de ce phénomène physique abstrait, n'a principalement pour effet que l'effet mécanique de l'ébranlement.

Ce qui constitue la difficulté dans le cas du *concept* de l'électricité, c'est, d'une part, la détermination fondamentale de l'inertie, aussi bien physique que mécanique, de l'être individuel du corps dans ce processus. La tension électrique est, pour cette raison, attribuée à quelque chose d'autre, à une matière à laquelle appartiendrait la lumière, cette lumière qui se présente abstraitement pour elle-même, différente de la réalité concrète du corps, laquelle demeure

---

1. *Cf.* ci-dessus, note 1, p. 250.

dans sa subsistance-par-soi. D'autre part, la difficulté est la difficulté universelle du concept en général, [celle] d'appréhender la lumière dans la connexion où elle est prise en tant que *moment* de la totalité, et cela, ici, non plus en sa liberté comme lumière solaire, mais comme moment du corps particulier, en tant qu'elle serait *en soi* comme le pur Soi de celui-ci et qu'elle viendrait à l'existence en étant engendrée à partir de l'immanence propre à lui. De même que la première lumière, celle du Soleil (§ 275), ne se produit qu'à partir du concept comme tel, de même, ici (ainsi qu'au § 306), il se produit une *naissance* de la lumière, mais d'une lumière différenciée, à partir d'une existence, du concept existant comme corps particulier.

Comme c'est bien connu, l'ancienne différence – liée à une existence sensible déterminée – entre *électricité vitreuse* et *électricité résineuse* a été, par l'empirie achevée, idéalisée en la *différence procédant de la pensée*, qui est celle de l'électricité *positive* et de l'électricité *négative*, – [c'est là] un remarquable exemple montrant comment l'empirie, qui veut tout d'abord saisir et fixer l'universel dans une forme *sensible*, supprime le sensible même qu'elle comporte. – Si, dans les derniers temps, il a été beaucoup question de la *polarisation de la lumière*, cette expression aurait été à plus juste titre réservée pour l'électricité que pour les phénomènes étudiés par *Malus*, où ce sont des milieux transparents, des surfaces reflétantes et leurs diverses situations les unes par rapport aux autres, ainsi que beaucoup d'autres | circonstances, qui suscitent **270** une différence *extérieure* à même le *paraître* de la lumière, mais non pas une différence à même cette lumière elle-même. – Les conditions sous lesquelles se manifestent l'électricité positive et l'électricité négative, par exemple : l'aspect plus poli ou plus mat de la surface, un souffle, etc., prouvent le caractère *superficiel* du processus électrique et combien peu s'y implique la nature physique concrète du corps. De même, la faible coloration des deux lumières électriques, l'odeur, le goût, ne montrent que le *commencement* d'une corporéité à même le Soi abstrait de la lumière, dans lequel se maintient le processus qui, tout en étant physique, n'est pourtant pas un processus concret. La négativité qu'est la suppression de la tension d'opposition est principalement une *secousse* ; – le Soi qui, sortant de sa scission, se pose identique à lui-même, reste aussi, en tant qu'une telle totalisation, dans la sphère extérieure du *mécanisme*. C'est à peine si la lumière, en tant qu'*étincelle de la décharge*, comporte un début de sa matérialisation en *chaleur*, et l'*allumage* qui peut jaillir de ladite décharge est (Berthollet, *Statique chimique*, part. 1, sect. III, note XI) plus un *effet* direct de l'ébranlement que la conséquence d'une réalisation de la lumière en du feu[1]. – Dans la mesure où les deux électricités sont maintenues séparées l'une de l'autre à même des corps divers, intervient, comme dans le cas du magnétisme (§ 314), la détermination du concept, [à savoir] que l'activité consiste à poser [comme] identique ce qui est opposé et à opposer ce qui est identique. Elle est, d'un côté, une activité mécanisante en tant qu'attraction et répulsion *spatiale*, lequel côté, dans la mesure où il peut être isolé pour le phénomène, fonde la connexion avec le phénomène du magnétisme en tant que tel ; de l'autre côté, elle est physique dans les phénomènes pleins d'intérêt de la communication électrique comme telle ou conduction, et comme distribution.

§ 325

Mais la *particularisation* du corps individuel n'en reste pas à la diversité inerte et à l'auto-activité des réalités diverses, d'où la pure ipséité abstraite, le principe de lumière, émerge en s'extériorisant en un processus, en une tension d'opposés et en leur suppression dans l'indifférence qui est la leur. Puisque les propriétés particulières sont seulement la réalité de ce concept simple, le corps propre de leur âme, de la *lumiè*re, et que le complexe des propriétés, le corps particulier, n'est pas véritablement subsistant-par-soi, la corporéité *tout entière* s'engage dans la tension et dans le processus qui est en même temps le 271 devenir du corps individuel. La figure, qui, tout d'abord, | procédait seulement du concept, par conséquent était posée seulement *en soi*, procède maintenant aussi du processus existant et elle se présente comme ce qui est posé à partir de l'existence, – [c'est là] le *processus chimique*.

---

1. *Cf.* Claude-Louis Berthollet, *Essai de statique chimique*, part. 1, *De l'action chimique en général*, sect. III, « Du calorique », note XI, Paris, Firmin Didot, An XI, 1803, p. 260-264, où sont évoquées les expériences de Charles et Gay-Lussac montrant la différence entre l'action du fluide électrique et celle du calorique.

c) *Le processus chimique*

§ 326

L'individualité, dans sa totalité développée, est telle que ses moments sont déterminés de façon à être eux-mêmes des totalités individuelles, des corps particuliers totaux qui, en même temps, sont seulement comme moments en relation de (non-in)différence les uns à l'égard des autres. Une telle relation, en tant qu'elle est l'identité de corps non identiques, subsistants-par-soi, est la contradiction, – par conséquent essentiellement un *processus*, qui a, conformément au concept, la détermination de poser le différencié en une identité, de l'indifférencier, et de différencier l'identique, de l'animer du principe spiritualisant [1] et de le scinder.

§ 327

Tout d'abord, il y a à mettre de côté le processus *formel*, qui est une liaison de termes simplement *divers*, non pas opposés. Ils n'ont besoin d'aucun tiers existant dans lequel, en tant que moyen terme d'eux-mêmes, ils ne feraient *en soi* qu'un, – ce qui [leur] est commun ou leur genre constitue déjà la déterminité de leur existence l'un relativement à l'autre ; leur liaison ou séparation a le mode de l'immédiateté, et des propriétés de leur existence se conservent. De telles liaisons de corps chimiquement non animés les uns à l'égard des autres par le principe spiritualisant sont l'amalgamation et autre fusion de métaux, le mélange

---

1. « begeisten ». – Hegel emploie assez souvent le terme « begeisten », peu usité à son époque. « Begeisten », c'est rendre spirituel, spiritualiser, certes, mais cette traduction immédiate peut surprendre lorsque le terme est appliqué dans le champ de la nature, qui n'est l'esprit qu'un soi, alors que l'esprit n'est vraiment tel que pour soi. Le terme « animer » serait lui-même moins surprenant, mais il peut être jugé inadéquat : l'âme n'identifie que ce qu'il commence par séparer, il est la négativité infinie se posant comme réconciliation. C'est pourquoi nous avons cru pouvoir traduire en recourant généralement, lorsqu'il s'agit de la manifestation naturelle de l'esprit, à la périphrase rapportant celle-ci à l'action du principe spiritualisant, le principe absolu.

d'acides les uns avec les autres et d'eux-mêmes, de l'alcool, etc., avec de l'eau, ainsi que d'autres choses encore du même genre.

§ 328

Mais le processus *réel* se rapporte en même temps à la (non-in)différence chimique (§ 200 *sq.*), en tant qu'en même temps la totalité concrète entière du corps s'engage en lui (§ 325). – Les corps qui
272 entrent dans le processus réel sont médiatisés dans un tiers, | différent d'eux, qui est l'unité *abstraite*, n'étant encore qu'*en soi*, de tels extrêmes, laquelle unité est amenée à l'existence par le processus. Ce qui constitue ce tiers, ce sont par suite seulement des éléments, et, en vérité, eux-mêmes divers en tant qu'ils le sont, pour une part, de la réunion – la neutralité en général, – l'*eau* –, pour une autre part, de la différenciation et séparation – l'*air*. En tant que, dans la nature, les différents moments du concept se font voir aussi dans une existence particulière, l'agir scindant et l'agir neutralisant du processus sont, eux aussi, chacun en lui-même, tout autant quelque chose de doublé, suivant le côté concret et suivant le côté abstrait. L'agir *scindant* est, une fois, une décomposition de la corporéité neutre en des parties constitutives corporelles, l'autre fois, une différenciation des éléments physiques abstraits dans les quatre moments chimiques, par là encore plus abstraits, de l'azote, de l'oxygène, de l'hydrogène et du carbone, qui, ensemble, constituent la totalité du concept et sont déterminés suivant les moments de celui-ci. Il suit de là que les éléments chimiques ont 1) l'abstraction de l'indifférence – l'*azote*, et 2) les deux termes de l'opposition, [celui] de la (non in)différence qui est pour elle-même – l'*oxygène*, ce qui brûle, et [celui] de l'indifférence qui appartient à l'opposition – l'*hydrogène*, ce qui peut brûler, 3) l'abstraction de leur élément individuel – le *carbone*.

De même, l'agir unifiant est une neutralisation, une fois, de corporéités concrètes, l'autre fois, de ces éléments chimiques abstraits dont il vient d'être question. Aussi diverses, en outre, que soient la détermination concrète et la détermination abstraite du processus, aussi unifiées sont-elles en même temps toutes deux, car les éléments physiques sont, en tant que le moyen terme des extrêmes, ce dont les (non-in)différences animent, par le principe spiritualisant, les corporéités concrètes indifférentes [les unes aux autres], c'est-à-dire font obtenir à celles-ci l'existence de leur (non-in)différence chimique, qui tend avec insistance à la neutralisation et passe en elle.

§ 329

Le processus est, à la vérité, *abstraitement*, ce fait d'être l'identité de la partition originaire [qu'est l'acte de juger] et de la position en une unité de ce qui est différencié par le jugement, et, en son cours, il est une totalité qui fait retour en elle-même. Mais sa *finitude* consiste en ce que la subsistance-par-soi corporelle revient aussi à ses moments ; elle implique par là le fait qu'il a pour *présupposition* des corporéités *immédiates* | qui, pourtant, ne sont tout aussi bien que ses produits. 273 Suivant cette immédiateté, elles apparaissent comme subsistant en dehors du processus, et celui-ci comme entrant en contact avec elles. De plus, pour cette raison, les *moments* du *cours* suivi par le processus tombent eux-mêmes, en tant qu'immédiats et divers, les uns hors des autres, et le cours [en question], en tant que totalité réelle, devient un cercle de *processus particuliers*, dont chacun a l'autre pour présupposition, mais, pour lui-même, prend son commencement au dehors et s'éteint dans son produit particulier, sans continuer de se poser de par lui-même dans le processus qui est le moment ultérieur de la totalité, et sans passer en lui de façon immanente. Le corps se présente dans l'un de ces processus comme condition, dans un autre comme produit, et, qu'il ait cette situation dans tel processus particulier, c'est ce qui constitue sa caractéristique chimique ; c'est sur ces situations au sein des processus particuliers que peut seulement se fonder une division [entre eux] des corps.

Les deux côtés du cours [en question] sont 1) celui qui conduit du corps indifférent, moyennant son animation par le principe spiritualisant, à la neutralité, et 2) celui qui ramène de cette réunion à la scission en des corps indifférents.

α) *La réunion*

§ 330

1) *Le galvanisme*

Ce qui fait le *commencement* du processus et, par là, le *premier* processus particulier, c'est la corporéité *immédiate* suivant la forme, indifférente, qui maintient réunies en la détermination *simple* de la pesanteur spécifique les différentes propriétés, encore non développées, – [c'est là] la *métallité*. Les métaux, seulement *divers*, non animés par le principe spiritualisant les uns à l'égard des autres, sont des stimulateurs du processus, pour autant qu'ils se communiquent les uns aux autres, à travers cette unité compacte dont il vient d'être question (cette fluidité qui est *en soi*, cette capacité de conduction de chaleur et d'électricité), leur déterminité et (non-in)différence immanente ; en tant qu'ils sont en même temps subsistants-par-soi, ils entrent par là les uns à l'égard des autres dans une tension qui est ainsi encore *électrique*. Mais, à même le milieu neutre, par conséquent séparable [en lui-même], de l'eau, en liaison avec l'air, la (non-in)différence peut se réaliser. Du fait de la neutralité, par conséquent de la différenciabilité ouverte de l'eau (pure ou élevée par du sel, etc.,
274 à une capacité d'efficience plus concrète), | survient une activité réelle (non simplement électrique) du métal et de sa (non-in)différence, en tension, qui vise l'eau ; par là, le processus *électrique* passe dans le processus *chimique*. Sa production est une *oxydation* en général et une désoxydation ou hydrogénation du métal (si elle va jusque là), du moins une formation de gaz hydrogène, de même, pareillement, de gaz oxygène, c'est-à-dire une position des (non-in)différences, en lesquelles le neutre a été divisé, aussi dans une existence abstraite, pour elles-mêmes (§ 328), tout comme en même temps, dans l'*oxyde* (ou l'*hydrate*), leur réunion avec la base vient à l'existence ; – [c'est là] la *deuxième espèce* de corporéité.

Suivant cette exposition du processus, pour autant qu'il est présent en sa *première* étape, la différenciation de l'électricité d'avec le moment chimique du processus en général et ici, en particulier, de lui-même en tant que galvanique, tout comme leur connexion, sont une Chose claire. Mais la physique s'obstine à ne voir dans le galvanisme comme *processus* que de l'électricité, en sorte que la différence des extrêmes et du moyen terme du syllogisme est récapitulée en une simple différence de *conducteurs* secs et de *conducteurs* humides, et ces deux espèces en général le sont sous la détermination de *conducteurs*. – Il n'est pas nécessaire de prendre ici en considération des modifications plus précises, à savoir que les extrêmes peuvent être aussi des fluides (non-in)différents et le moyen terme un métal, – que, pour une part, la forme de l'électricité (comme c'est indiqué dans le Paragraphe) est maintenue ferme, que, pour une autre part, une fois, elle peut être rendue prépondérante, tandis que, l'autre fois, l'efficience chimique peut être renforcée, que – face à la subsistance-par-soi des métaux, qui ont besoin d'eau ainsi que de choses neutres plus concrètes ou d'une opposition chimique déjà prête d'acides ou d'un produit caustique, pour se différencier afin de passer à l'état de *chaux* – les *métalloïdes* sont si peu subsistants-par-soi que, dans leur Rapport à l'air, ils bondissent aussitôt vers leur différenciation et deviennent des *terres*, etc. Ces particularités, et beaucoup d'autres, ne changent rien, mais en viennent, bien plutôt, à troubler la considération du phénomène originaire du processus galvanique, auquel nous voulons laisser cette première dénomination bien méritée. Ce qui a porté un coup mortel à la considération claire et simple de ce processus, aussitôt découverte la figure chimique simple de celui-ci dans la pile de Volta, c'est le vice fondamental de la représentation de *conducteurs humides*. Avec elle, l'appréhension, l'intuition empirique simple, de l'*activité* qui est *posée* dans l'eau comme moyen terme et manifestée *à même* cette eau et *à partir* d'elle, a été mise de côté et abandonnée. Au lieu de quelque chose d'actif, l'eau est prise comme un inerte *conducteur*. À quoi se trouve alors lié le fait que l'électricité est pareillement regardée comme quelque chose de tout prêt qui ne ferait que circuler à travers l'eau ainsi qu'à travers les métaux, que par conséquent, les métaux ne sont bien, eux aussi, pris dans cette mesure que comme des *conducteurs* et, face à l'eau, comme des conducteurs de la première *classe*. | Mais le Rapport concernant l'*activité*, déjà depuis le plus simple, à savoir **275** le Rapport de l'eau à un seul métal, jusqu'aux complications multiformes qui interviennent moyennant les modifications des conditions, se trouve établi *empiriquement* dans l'écrit de M. *Pohl*: *Le processus de la chaîne galvanique* [1], avec, en même temps, l'accompagnement de toute l'énergie de l'intuition et du concept de l'activité vivante de la nature. C'est peut-être seulement cette exigence plus haute adressée au sens rationnel, de saisir le cours du processus galvanique et du processus chimique en général comme une totalité de l'activité naturelle, qui a contribué à faire que, jusqu'à maintenant, l'exigence plus humble n'a guère été remplie, à savoir celle de porter attention aux données *factuelles* empiriquement établies. – De l'insigne ignorance des expériences situées dans ce champ relève le fait que, en faveur de la représentation selon laquelle l'eau serait *composée* d'oxygène et d'hydrogène, l'apparaître de l'un de ces composants à l'un des pôles de la pile, [et] de l'autre au pôle opposé de celle-ci, dans le cercle actif de laquelle l'eau est placée, est présenté comme une *décomposition* de cette eau; cela, de telle sorte que, du pôle où l'oxygène se dégage, l'hydrogène, comme l'autre partie, éliminée par celui-là, de l'eau, et, de la même façon, du pôle où se dégage l'hydrogène, l'oxygène se retireraient pour se *rendre*, à la dérobée, en traversant le moyen terme existant encore comme eau et en se traversant respectivement l'un l'autre, sur le côté opposé. Ce qu'une telle représentation a en elle-même d'inadmissible n'est pas seulement laissé hors de toute attention, mais on ignore que, dans le cas d'une séparation de l'être matériel des deux portions de l'eau – séparation qui est, toutefois, mise en œuvre de telle sorte qu'une liaison, cependant seulement conductrice (moyennant un métal), demeure encore –, le dégagement du gaz oxygène à l'un des pôles et du gaz hydrogène à l'autre pôle *s'ensuit* de la *même manière* selon des conditions impliquant que, aussi de façon totalement extérieure, cette traversée à la dérobée, infondée, des gaz ou molécules, suivant leur côté homonyme, est impossible; de même que, aussi bien, est passée sous silence l'expérience montrant que, si un acide et un alcali, appliqués aux pôles opposés correspondants, se neutralisent tous deux, – occurrence où l'on se représente aussi bien que, pour la neutralisation de l'alcali, une portion d'acide se retirerait du côté situé à l'opposé pour se rendre sur le côté de l'alcali, tout comme, aussi bien, pour la neutralisation de l'acide,

---

1. Georg Friedrich Pohl (1788-1849) publia en 1826 son ouvrage *Der Prozess der galvanischen Kette*, dans lequel il critiquait l'utilisation – notamment par Volta – de la notion de conduction électrique pour expliquer le processus galvanique, qui, selon Hegel, excède le rapport – encore d'entendement – de l'électricité par son appartenance à la totalisation plus rationnelle que constitue le processus chimique.

une portion d'alcali se rendrait sur le côté de cet acide en se retirant du côté situé à l'opposé, – que, s'ils sont liés par une teinture de tournesol, on ne perçoit dans ce milieu sensible aucune trace d'un effet et, par là, d'une présence de l'acide censé passer à travers lui.

On peut encore indiquer en sus que la considération de l'eau comme simple *conducteur* de l'électricité – avec l'expérience de l'effet plus faible de la pile avec un tel moyen terme qu'avec d'autres moyens termes, | plus **276** concrets – a produit cette conséquence originale que (Biot, *Traité de physique*, t. II, p. 506) « l'*eau pure*, qui transmet une électricité forte, telle que celle que nous excitons par nos machines ordinaires, devient *presqu'isolante* pour les faibles forces de l'appareil électromoteur [c'est là le nom de la pile de Volta dans cette théorie] » [1]. – À la témérité qu'il y a à faire de l'eau un isolant de l'électricité, peut seul conduire l'entêtement de la théorie, qui ne se laisse pas elle-même ébranler par une telle conséquence.

Cependant, au centre de la théorie, [lequel est] l'*identification* de l'électricité et du chimisme, il arrive à celle-là de reculer d'effroi, pour ainsi dire, devant la différence si frappante des deux, mais elle se tranquillise alors en se disant que cette différence est inexplicable ; à coup sûr, si l'identification est présupposée, on fait précisément par là de la différence une différence inexplicable. Déjà l'assimilation de la déterminité chimique des corps les uns à l'égard des autres avec l'électricité, positive et négative, devrait se montrer, pour elle-même, aussitôt superficielle et insuffisante ; face au Rapport chimique, tout lié qu'il soit à des conditions extérieures, par exemple de température, et, par ailleurs, tout relatif qu'il soit, le Rapport électrique est parfaitement fugitif, mobile, susceptible d'être inversé par la circonstance la plus légère. Si, en outre, les corps relevant de l'un des côtés, par exemple les acides, sont exacte-ment différenciés les uns à l'égard des autres par leurs Rapports quantitatifs et qualitatifs de saturation à une potasse, par contre l'opposition simplement électrique, quand bien même elle serait quelque chose de davantage fixé, n'offre absolument rien d'une telle sorte de déterminabilité. Mais, bien que le cours visible tout entier de la variation corporelle réelle ne soit pas, dans le

1. J.B. Biot, *Traité de physique expérimentale et mathématique, op. cit.*, t. II, p. 506 : « Ainsi l'eau pure, qui transmet une électricité forte, telle que celle que nous excitons par nos machines ordinaires, devient presque isolante pour les faibles forces répulsives que fournit l'appareil électromoteur ». – Hegel cite, en français, avec quelques variations vers la fin de la citation.

processus chimique, pris en considération, et qu'on se précipite vers son produit, la diversité de celui-ci par rapport au produit du processus électrique est trop frappante pour qu'on puisse réprimer un étonnement la concernant dans le cas de l'identification précédente des deux formes. Je veux m'en tenir à l'expression de cet étonnement tel qu'il est naïvement exposé par *Berzelius* dans son *Essai sur la théorie des proport. chim., etc.*, Paris, 1819. À la page 73, il y est dit ceci : « Il s'élève pourtant ici une question qui *ne peut être résolue par aucun phénomène* analogue *de la décharge* électro-*chimique* [la liaison chimique est, par amour de l'électricité, appelée décharge][1], [...] ils restent dans cette combinaison *avec une force*, qui est supérieure à toutes celles qui peuvent produire une séparation mécanique. Les phénomènes électriques *ordinaires* [...] *ne nous éclairent pas* sur la cause de *l'union permanente* des corps avec une si grande force, après que l'état d'opposition électrique est détruit »[2]. Le changement, survenant dans le processus chimique, de la pesanteur spécifique, de la cohésion, de la figure, de la couleur, etc., mais, de plus, des propriétés acides, caustiques, potassiques, etc., est mis de côté | et tout est englouti dans l'abstraction de l'électricité. Que l'on ne reproche donc plus à la philosophie l'abstraction qu'elle fait du particulier et ses généralités vides, si toutes les propriétés ci-dessus évoquées de la corporéité peuvent être oubliées au profit [du couple] de l'électricité positive et de l'électricité négative ! Une manière de faire antérieure en philosophie de la nature, qui a élevé à la puissance ou, plutôt, volatilisé et dissous le système et le processus de la reproduction animale dans le magnétisme, [et] le système vasculaire dans

277

---

1. Incise de Hegel.

2. Jöns Jakob Berzelius, *Essai sur la théorie des proportions chimiques et sur l'influence chimique de l'électricité*, trad. fr. Fresnel, Paris, 1819, p. 73 : « Il s'élève cependant ici une question qui ne peut être résolue par aucun phénomène analogue de la décharge électrique ordinaire. Après que les corps se sont combinés par l'effet d'une décharge électro-chimique, et en produisant le phénomène du feu, ils restent dans cette combinaison avec une force qui, comme nous l'avons dit, est supérieure à toutes celles qui peuvent produire une séparation mécanique. Les phénomènes électriques ordinaires expliquent bien l'action des corps à plus ou moins de distance, leur attraction avant l'union, et le feu que cette union produit ; mais ils ne nous éclairent pas sur la cause de l'union permanente des corps avec une si grande force, après que l'état d'opposition électrique est détruit ». – Hegel cite en français.

l'électricité[1], n'a pas opéré une schématisation plus superficielle que ne l'est en sa nature cette réduction, dont il vient d'être question, de l'opposition corporelle concrète; c'est à bon droit que, dans le premier cas, une telle démarche consistant à tirer au plus court avec le concret et, pour ce qui est du caractère propre [des choses], à passer par-dessus lui et à le laisser échapper au sein de l'abstraction, a été récusée; pourquoi ne l'a-t-on pas récusée aussi dans ce dont il s'agit ici?

Mais une circonstance encore, quant à la difficulté qu'il y a à différencier le processus concret du schéma abstrait, a été laissée en reste, à savoir la *force de la connexion* des matériaux combinés par le processus chimique en des oxydes, sels, etc. Cette force, assurément, fait, pour elle-même, un très grand contraste avec le résultat de la décharge simplement électrique, à la suite de laquelle les corps excités à l'électricité positive et à l'électricité négative sont restés précisément dans le même état et, chacun pour lui-même, aussi peu liés qu'ils l'étaient auparavant et au moment du frottement, l'étincelle étant, elle, disparue. Cette étincelle est le résultat proprement dit du processus électrique, voilà pourquoi c'est avec un tel résultat que serait à comparer le résultat du processus chimique, quant à cette circonstance qui doit faire la difficulté de l'égalité affirmée des deux processus. Si cette difficulté ne devait pas se laisser aplanir par ceci qu'on admettrait que, dans l'étincelle de décharge, la liaison de l'électricité positive et de l'électricité négative serait de la même force que ne serait-ce que la connexion d'un acide et d'un dérivé de la potasse dans le sel. Mais l'étincelle est disparue, et, de la sorte, elle ne se laisse plus comparer; mais, surtout, il saute de façon trop manifeste aux yeux, qu'un sel, un oxyde sont encore, dans le résultat du processus, quelque chose qui va bien au-delà de cette étincelle électrique en question; au demeurant, on présente, de façon pareillement inadmissible, comme une telle étincelle la formation de lumière et de chaleur qui apparaît dans le processus chimique. Berzelius s'exprime [ainsi] sur la difficulté indiquée: « Est-ce l'effet d'une force *particulière* inhérente aux atomes, comme la polarisation électrique [c'est-à-dire: le chimique ne serait-il pas encore, dans ce qui est corporel, quelque chose de divers par

1. Allusion probable aux analogies que Schelling affirme entre les déterminations de la vie et celle de la nature inorganique. Par exemple, la *Première esquisse d'un système de la philosophie de la nature*, de 1799, met en parallèle la force de reproduction et le chimisme, l'irritabilité et l'électricité, la sensibilité et le magnétisme (cf. *Erster Entwurf eines Systems der Naturphilosophie*, dans *SW*, II, p. 7 et 207-220).

rapport à l'électricité – c'est sûr et évident! –], ou est-ce une propriété électrique qui *n'est pas sensible* dans les phénomènes *ordinaires*?»[1], c'est-à-dire,
comme plus haut, dans les phénomènes proprement électriques; à cette
dernière question, il faut répondre de façon aussi simple par l'affirmative, à
savoir [en disant] que, dans l'électricité proprement dite, le facteur chimique
278 *n'est pas* présent et, pour cette raison, *n'est pas perceptible*, que le | facteur
chimique n'est perceptible que dans le processus chimique. Mais Berzelius
rétorque ceci, pour ce qui est du premier cas, celui de la possibilité de la
diversité entre la détermination électrique et la détermination chimique du
corps : «la permanence de la combinaison *ne devait pas être soumise* à
l'influence de l'électricité», ce qui signifie que deux propriétés d'un corps,
parce qu'elles sont diverses, ne peuvent avoir *la moindre relation* l'une avec
l'autre, ni la pesanteur spécifique du métal avec son oxydation, ni non plus
l'éclat métallique, la couleur, avec son oxydation, sa neutralisation, etc. Mais,
tout au contraire, c'est l'expérience la plus triviale, que les propriétés des corps
sont soumises par essence à l'*influence* de l'activité et modification d'autres
propriétés; c'est la sèche abstraction opérée par l'entendement, dans le cas
d'une *diversité* de propriétés appartenant déjà, qui plus est, au même corps, qui
fait exiger une *complète séparation* et *subsistance-par-soi* de telles propriétés.
– Sur l'autre cas, à savoir que l'électricité aurait pourtant le pouvoir de
dissoudre les solides combinaisons chimiques, bien que ce pouvoir ne soit pas
perceptible dans l'électricité *ordinaire*, Berzélius rétorque en ces termes : «le
rétablissement de la polarité électrique devrait détruire même la plus forte
combinaison chimique», – et cela, il l'affirme en utilisant cet exemple spécial,
qu'une pile de Volta (appelée ici une *batterie électrique*) de seulement 8 ou
10 paires de disques d'argent et de zinc de la grandeur d'une pièce de 5 francs
est capable de décomposer la potasse à l'aide du mercure, c'est-à-dire de
conserver son radical dans un amalgame. L'électricité *ordinaire* faisait difficulté, elle qui *ne* montrait *pas* ce pouvoir dont on vient de parler, à la différence
de l'action d'une pile galvanique. Alors, on substitue à l'électricité ordinaire
l'action d'une telle pile, avec ce tour de langage tout simple qui consiste à
l'appeler une batterie électrique, de même que, tout à l'heure, le nom de la
théorie avancé pour elle était : appareil électromoteur. Mais un tel tour est par

---

1. Berzelius, *Essai sur la théorie des proportions chimiques*, *op. cit.*, p. 73 – Hegel
cite en français.

trop transparent et on en prend trop à son aise avec la preuve en présupposant carrément ici, à nouveau, en vue de [lever] la difficulté qui faisait obstacle à l'identification de l'électricité et du chimisme, que la pile galvanique est seulement un appareil électrique et son activité seulement une stimulation d'électricité.

§ 331

2) *Le processus du feu*

En tant que l'activité qui, dans le processus précédent, ne faisait qu'*être en soi* dans la déterminité (non-in)différente des métaux mis en relation, est posée pour elle-même comme existante, elle est le *feu*, par lequel ce qui | est en soi inflammable (comme du soufre) – *la troisième* **279** *espèce* de corporéité – est *enflammé*, [et] d'une façon générale ce qui se trouve pris dans une (non-in)différence encore indifférente, émoussée (comme dans un état neutre), animé par le principe spiritualisant en l'*opposition chimique* de l'*acide* et du *potassique* (caustique), – opposition qui n'est pas tant celle d'une espèce propre de corporéité réelle, en tant qu'ils ne peuvent pas exister pour eux-mêmes, que celle, seulement, de l'*être-posé* des moments corporels de la *troisième* forme.

§ 332

3) *Neutralisation, processus de l'eau*

Ce qui est ainsi (non-in)différent est sans réserve opposé à son Autre, et c'est là sa qualité, en sorte qu'il n'est essentiellement que dans sa relation à cet Autre, que sa corporéité dans une existence subsistant-par-soi, séparée, n'est, par suite, qu'un état qui lui est imposé de vive force, et que, dans son unilatéralité, il est, en lui-même, le processus (même si c'est seulement avec l'air, au contact duquel l'acide et la potasse caustique s'émoussent, c'est-à-dire se réduisent à une neutralité formelle) qui consiste à se poser identique au négatif de soi-même. Le produit est le *neutre* concret, le *sel* – le *quatrième* corps, et cela comme corps réel.

§ 333

4) *Le processus dans sa totalité*

Des corps neutres de ce genre, en entrant à leur tour en relation l'un avec l'autre, forment le processus chimique *pleinement réel*, puisqu'il a pour côtés de tels corps réels. Pour se médiatiser, ils ont besoin de l'eau, en tant qu'elle est le milieu abstrait de la neutralité. Mais les deux corps, en tant que neutres pour eux-mêmes, ne sont dans aucune (non-in)différence l'un à l'égard de l'autre. Ce qui fait son entrée ici, c'est la *particularisation* de la neutralité universelle, et, avec elle, aussi bien celle des (non-in)différences des corps chimiquement animés par le principe spiritualisant les uns à l'égard des autres, – *l'affinité élective*, comme on l'appelle, – formation d'autres neutralités particulières par séparation de celles qui sont déjà présentes.

Le pas le plus important en direction de la simplification des particularités **280** dans les affinités électives a été fait avec la loi, découverte par *Richter* | et *Guiton Morveau*, selon laquelle des combinaisons neutres ne tolèrent *aucune variation* quant à l'*état de saturation*, si le mélange qui les constitue provient de la dissolution et si les acides échangent leurs bases les unes contre les autres[1]. S'y rattache l'échelle des quantités d'acides et d'alcalis suivant laquelle chaque acide singulier a, pour sa saturation, un Rapport particulier à chaque corps alcalin, et si, maintenant, pour un acide [pris] dans un quantum déterminé, la série des alcalis est établie suivant les quantités dans lesquelles ils saturent le même quantum de cet acide-là, *pour tout autre acide* les *alcalis* gardent entre eux *le même Rapport* pour sa saturation que pour celle du premier, et seule l'unité quantitative des acides selon laquelle ils se lient avec

---

1. Jeremias Benjamin Richter (1762-1807), qui travailla dans l'Administration des Mines et Fonderies à Berlin, publia des ouvrages sur la chimie et la stoechiométrie dans la dernière décennie du siècle, ainsi les *Anfangsgründe der Stoechyometrie oder Messkunst chemischer Elemente* (*Principes de stoechiométrie ou mesure des éléments chimiques*), 1792-1794. L.B. Guyton de Morveau (1737-1816), chimiste (et révolutionnaire) français, fit paraître en 1777 (traduction allemande quelques années plus tard) ses *Éléments de chimie théorique et pratique, rédigés dans un nouvel ordre, d'après des découvertes modernes*.

cette série constante dont on vient de parler, est diverse. De la même manière, les acides ont un Rapport constant entre eux face à tout corps potassique divers.

Du reste, l'affinité élective n'est elle-même qu'une relation *abstraite* de l'acide à la base. Le corps chimique en général, et particulièrement le corps neutre, est en même temps un corps physique concret d'une pesanteur spécifique, cohésion, température, etc., déterminée. Ces propriétés proprement physiques ainsi que leurs variations dans le processus (§ 328) entrent en rapport avec les moments chimiques de celui-ci, elles rendent plus difficiles, empêchent, ou elles facilitent, elles modifient leur action efficiente. *Berthollet*, dans son célèbre ouvrage : *Statique chimique*, a, en reconnaissant parfaitement les séries de l'affinité, regroupé et examiné les circonstances qui suscitent une variation dans les résultats de l'action chimique, résultats qui, souvent, ne sont déterminés que suivant la condition unilatérale de l'affinité élective. Il dit que, « cette superficialité qui échoit à la science du fait de ces explications, on la regarde principalement comme si elle exprimait des progrès »[1].

β) *Scission*

§ 334

Dans la dissolution du neutre, commence le retour en arrière vers les corps chimiques particuliers, jusqu'aux corps indifférents, à travers une série [faite], d'un côté, de processus ayant [chacun] un caractère

---

1. Traduction de la traduction allemande, chez Hegel, de la fin du texte suivant de Berthollet : « Dès que l'on a reconnu les propriétés générales auxquelles doivent aboutir tous les effets de l'action chimique, on s'est hâté d'établir, comme lois constantes et déterminées, les conditions de l'affinité qui ont paru satisfaire à toutes les explications ; et réciproquement on déduit de ces lois toutes les explications, et c'est dans la superficie que la science acquiert par là que l'on fait principalement consister ses progrès » (Berthollet, *Essai de statique chimique, op. cit.*, I, Introduction, p. 9). – En traduisant « superficie » par « Oberflächlichkeit » (superficialité), et non pas par « Oberfläche » (superficie, surface), Hegel peut sembler évaluer de façon qualitative le progrès quantitatif, en extension, reconnu, selon Berthollet, à la connaissance proprement scientifique ; au prix, il est vrai, d'un faux sens objectif qu'on hésitera peut-être à absoudre en considérant subjectivement qu'un simple progrès en extension ou en superficie de la science n'est vraiment qu'un progrès bien superficiel !

propre ; mais, d'un autre côté, d'une manière générale, chaque scission de ce genre est elle-même liée inséparablement à une réunion et, tout aussi bien, les processus qui ont été cités comme appartenant au cours de la réunion contiennent immédiatement, en même temps, l'autre moment, celui de la scission. Pour la *place propre* qu'occupe chaque **281** | forme particulière du processus, et, par là, pour ce qu'il y a de spécifique parmi les produits, il faut considérer les processus [en tant qu'émanant] d'agents *concrets* et, de même, dans [leurs] produits *concrets*. Des processus abstraits, où les agents sont abstraits (par exemple de la simple eau dans son action efficiente sur le métal, ou, qui plus est, des gaz, etc.) contiennent bien *en soi* la totalité du processus, mais n'exposent pas les moments de celui-ci d'une façon explicite.

Dans la chimie empirique, ce qui importe principalement, c'est la *particularité* des *matières élémentaires* et des *produits*, qui sont regroupés suivant des déterminations abstraites superficielles, en sorte que, par là, aucun ordre ne s'introduit dans leur particularité. Dans un tel regroupement, les métaux, l'oxygène, l'hydrogène, etc., (autrefois des terres, maintenant) les métalloïdes, le soufre, le phosphore apparaissent, en tant que corps chimiques *simples*, les uns à côté des autres, sur une même ligne. Aussitôt, la si grande diversité physique de ces corps ne peut que susciter de la répulsion à l'encontre d'une telle coordination ; mais tout aussi diverse se montre également leur origine chimique, le processus dont ils procèdent. Et, de façon pareillement chaotique, des processus plus abstraits et des processus plus réels sont mis sur un même rang. Si une forme scientifique doit pénétrer dans tout cela, chaque produit est à déterminer suivant le degré du processus concret, complètement développé, dont il procède essentiellement et qui [ce degré] lui donne sa signification propre ; et, pour cela, il est tout aussi essentiel de distinguer les degrés de l'abstraction ou de la réalité du processus. Sans compter que les substances *animales* et *végétales* appartiennent à un tout autre ordre ; leur nature ne peut tellement pas être comprise à partir du processus chimique qu'elle est, bien plutôt, détruite en lui et qu'on saisit [alors] seulement le chemin *de sa mort*. Ces substances devraient pourtant servir le plus à contrecarrer la métaphysique qui est dominante dans la chimie comme dans la physique, c'est-à-dire les pensées ou, bien plutôt, les représentations incultes de l'*invariabilité des matières élémentaires* à travers toutes les circonstances, de même que les catégories énonçant les corps comme *composés* de telles matières élémentaires et *consistant* en elles. Nous voyons accordé généralement que les matières chimiques élémentaires perdent, dans [leur] combinaison, les *propriétés* qu'elles montrent dans [leur] séparation, et pourtant avoir cours la représentation suivant laquelle elles seraient, *sans* les propriétés, les mêmes choses qu'elles sont *avec* celles-ci, et, de même, ne seraient pas d'abord et seulement, en tant que choses *avec* ces propriétés, des produits du processus. Le corps encore indifférent, le métal, a sa détermination affirmative sur un mode physique tel que ses propriétés apparaissent, en lui, comme des propriétés *immédiates*. Cependant, les *corps* davantage déterminés ne peuvent être présupposés tels que l'on verrait ensuite comment ils se comportent dans le processus, mais ils ont leur première, essentielle, détermination seulement d'après leur place | dans le processus chimique. Ce qui va au-delà, c'est la particularité empi- **282** rique, tout à fait spéciale, relative au comportement des corps à l'égard de tous les autres corps particuliers ; pour qu'on en ait connaissance, il faut que chacun [d'eux] parcoure la même litanie du comportement vis-à-vis de tous les agents. – Ce qui est le plus choquant à cet égard, c'est de voir les quatre éléments chimiques (oxygène, etc.) cités, comme des *matières élémentaires*, sur la même ligne que l'or, l'argent, etc., le soufre, etc., comme s'ils avaient une existence subsistante-par-soi telle que celle qu'ont l'or, le soufre, etc., ou comme si l'oxygène avait une existence telle que celle qu'a le carbone. De leur place dans le processus se dégage leur subordination et abstraction, qui fait qu'ils diffèrent totalement des métaux, des sels, par leur genre, et qu'ils ne se situent aucunement sur la même ligne que de tels corps concrets ; cette place est analysée au § 328. C'est à même le moyen terme *abstrait*, qui est *brisé dans lui-même* (*cf.* § 204, Remarque), par conséquent auquel appartiennent *deux* éléments – l'eau et l'air –, et qui est abandonné comme moyen, que les termes extrêmes réels du syllogisme se donnent l'*existence* de leur (non-in)différence originaire, qui n'est encore qu'*en soi*. Ce moment de la (non-in)différence, ainsi amené *pour lui-même* à l'être-là, constitue l'élément chimique comme moment complètement abstrait ; au lieu d'être des matières élémentaires fondamentales, des bases substantielles, ainsi qu'on s'en donne de prime abord la représentation en utilisant l'expression « élément », de telles matières sont, bien plutôt, les pointes les plus extrêmes de la (non-in)différence.

Il faut, en l'occurrence, comme d'une manière générale, prendre le processus chimique dans sa totalité accomplie. Isoler des sections particulières, des processus formels et abstraits, conduit à la représentation abstraite du processus chimique en général comme étant simplement l'*influence* d'une matière élémentaire sur une autre, auquel cas ce qu'il y a d'autre, en sa multiplicité, qui vient à se produire (comme, aussi, partout, l'abstraite neutralisation, formation d'eau, et l'abstraite scission, production de gaz) apparaît comme étant presque de l'accessoire ou une conséquence contingente, ou du moins seulement lié de façon extérieure, [et] n'est pas considéré comme un moment essentiel dans le Rapport du tout. Mais une analyse complète du processus chimique en sa totalité exigerait de façon plus précise qu'il soit, en tant que syllogisme réel, en même temps explicité comme la *triade* de syllogismes s'intriquant de la manière la plus intime les uns dans les autres, – des syllogismes qui ne sont pas seulement une liaison en général de leurs termes, mais, en tant qu'activités, des négations des déterminations de ces termes (*cf.* § 198), et qui auraient à présenter en leur connexion la réunion et la scission liées dans un unique processus.

§ 335

Le processus chimique est, en vérité, en un sens général, la *vie*; le corps individuel est, dans son immédiateté, | aussi bien *supprimé* que *produit*, ce qui fait que le concept ne reste plus [une] nécessité intérieure, mais accède au *phénomène*. Mais c'est du fait de l'immédiateté des réalités corporelles qui entrent dans le processus chimique que le concept est affecté de la séparation en général; de ce fait, ses moments apparaissent comme des *conditions* extérieures, – ce qui se scinde se disloque en des produits indifférents les uns à l'égard des autres, le feu et l'action du principe spiritualisant s'éteignent dans le [corps] neutre et ne se rallument pas dans lui-même; le *commencement* et le *terme* du processus sont divers l'un par rapport à l'autre; – c'est là ce qui constitue la finitude du processus, finitude qui le tient à l'écart de la vie et l'en différencie.

Des phénomènes chimiques – par exemple le fait que, dans le processus, un oxyde est rabaissé à un degré inférieur d'oxydation, degré tel qu'il peut s'y combiner avec l'acide qui agit sur lui, et que, par contre, une partie est plus fortement oxydée – ont amené la chimie à utiliser, en les expliquant, la détermination de la *finalité*, d'une auto-détermination initiale du concept à partir de lui-même dans sa réalisation, en sorte que celle-ci n'est pas déterminée uniquement par les conditions *extérieurement* présentes.

§ 336

Mais le processus chimique consiste lui-même en ceci : quant à ces présuppositions immédiates dont on a parlé, la base de son extériorité et de sa finitude, les poser comme niées, – quant aux propriétés des corps, qui apparaissent comme des résultats d'un degré particulier du processus, les changer lorsqu'on est à un autre degré, – et rabaisser de telles conditions en des produits. Ce qui, en lui, est ainsi *posé* de façon générale, c'est la *relativité* des substances et propriétés immédiates. L'être corporel subsistant-par-soi dans son indifférence est par là seulement posé comme *moment* de l'individualité, et le concept est dans *la réalité qui lui correspond*; [c'est là] l'*unité concrète* avec soi se produisant, *tout en un*, à partir de la particularisation des corporéités différentes, cette unité qui est l'activité de nier cette forme unilatérale – qui est la sienne – de la relation à soi, de se *diviser* et de se particulariser dans les moments du concept, et tout aussi bien de se reconduire en cette unité qu'on a dite, – de la sorte, le processus infini, s'allumant et s'entretenant lui-même, – l'*organisme*.

PHYSIQUE ORGANIQUE

§ 337

La totalité réelle du corps – en tant qu'elle est le processus infini, [à savoir] que l'individualité se détermine de façon à être la particularité ou finité, et qu'elle nie aussi bien celle-ci et fait retour dans elle-même, que, à la fin du processus, elle se rétablit en qualité de commencement – est par là une élévation en l'idéalité première de la nature, mais de telle sorte qu'elle est devenue une idéalité *accomplie* et qui est essentiellement, en tant qu'unité *négative* se rapportant à soi, celle *d'un Soi* et *subjective*. L'Idée est en cela parvenue à l'existence, tout d'abord à l'existence immédiate, à la *vie*. Celle-ci est :

A. comme *figure*, l'image universelle de la vie, – l'organisme *géologique* ;
B. comme subjectivité particulière, formelle, l'organisme *végétal* ;
C. comme subjectivité singulière concrète, l'organisme *animal*.

L'Idée n'a de vérité et d'effectivité qu'autant qu'elle est, en elle, comme Idée *subjective* (§ 215) ; la vie en tant qu'Idée seulement *immédiate* est, de ce fait, hors d'elle-même, non-vie, seulement le cadavre du processus de la vie, l'organisme comme *totalité* de la nature mécanique et physique, existant comme non vivante.

Différente d'une telle vie, la vitalité subjective, le vivant, commence dans la nature *végétale* ; [c'est là] l'individu, mais encore, en tant qu'il est hors de soi, se disloquant en ses membres, qui sont eux-mêmes des individus.

Seul l'organisme *animal* est développé en des différences de la configuration qui n'existent essentiellement que comme ses membres, ce par quoi il est en tant que *sujet*. La vitalité, en tant que naturelle, se désagrège, il est vrai, en la multiplicité indéterminée de vivants, mais qui, en eux-mêmes, sont des organismes subjectifs, et c'est seulement dans l'Idée qu'ils sont une *unique* vie, un unique système organique de cette vie.

285

| A
LA NATURE GÉOLOGIQUE

§ 338

Le premier organisme, dans la mesure, déjà, où il est tout d'abord déterminé en tant qu'organisme immédiat ou étant *en soi*, n'existe pas en tant qu'un *vivant*; la vie est, en tant que sujet et processus, essentiellement une activité se *médiatisant* avec elle-même. Considéré à partir de la vie subjective, le premier moment de la *particularisation* consiste à faire de soi sa *présupposition*, à se donner ainsi le mode de l'*immédiateté*, et, dans celle-ci, à placer *en face de* soi la condition et la subsistance extérieure de soi-même. Le *rappel à soi* de l'Idée naturelle dans elle-même en vue de la vitalité subjective et, plus encore, spirituelle, est le *jugement* [la partageant originairement] en elle-même et en cette immédiateté sans processus dont on vient de parler. Cette totalité immédiate que se présuppose à elle-même la totalité *subjective* est seulement la *figure* de l'organisme, – le *corps terrestre* en tant qu'il est le *système universel* des corps individuels.

§ 339

C'est pourquoi les membres de cet organisme qui est seulement en soi ne contiennent pas en eux-mêmes le processus de la vie et constituent un *système* extérieur, dont les formations présentent le déploiement d'une Idée se trouvant au fondement, mais dont le *processus de formation* est un processus *passé*. – Les puissances de ce processus que la nature, au-delà de la Terre, laisse derrière elle comme des réalités subsistantes-par-soi, sont la connexion et la situation de la Terre dans le système solaire, sa vie solaire, lunaire et cométaire, l'inclinaison de son axe sur la trajectoire et l'axe magnétique. En relation plus étroite avec ces axes et leur polarisation se trouvent la répartition de la mer et de la terre ferme, l'expansion compacte de celle-ci au nord, la division et la contraction en pointes des parties vers le sud, la séparation, qui vient s'ajouter, en un ancien monde et en un nouveau monde, et la répartition ensuite, de celui-là, en continents qui, par leur caractère physique, organique et anthropologique, diffèrent entre eux et du nouveau monde, | auquel s'attache un caractère encore **286** plus jeune et moins mûr ; – les chaînes de montagnes, etc.

§ 340

L'organisation physique ne commence pas, en tant qu'immédiate, avec la forme simple, enveloppée, du germe, mais avec un point de départ brisé en son dédoublement dans le principe *granitique* concret, le noyau montagneux présentant la triade des moments déjà développée en elle-même[1], et dans le *calcaire*, la différence réduite à la *neutralité*. L'élaboration des moments du *premier* principe en des configurations comporte une gradation dans laquelle les formations

---

1. Il s'agit des trois parties constitutives du granit : le quartz, le mica et le feldspath. Dans ses leçons orales, Hegel explicite le sens de cette «trinité» de la terre, qui se développe à travers les trois moments de l'identité à soi punctiforme (le quartz), de la différenciation se faisant opposition (le mica) et de l'identification neutralisant la différence (le feldspath).

ultérieures sont, *pour une part*, des formations de transition dans lesquelles le principe granitique demeure la base, à ceci près qu'il est en lui-même plus inégal et plus difforme, – *pour une autre part*, un éclatement de ses moments en une (non-in)différence plus déterminée et en des moments minéraux plus abstraits, d'une façon générale : les métaux et les objets de l'oryctognosie, jusqu'à ce que le développement se perde en des gisements constitués de façon mécanique et en des alluvions dépourvues de configuration immanente. Avec cela, *pour une part*, le développement de l'*autre* principe, le principe neutre, se poursuit sur le côté, en tant que transformation plus faible, – *pour une autre part*, les deux principes s'engrènent l'un dans l'autre en des formations concrescentes, jusqu'au mélange extérieur.

§ 341

Ce cristal de la vie, l'organisme – gisant de façon morte – de la Terre, lui qui a son *concept* dans la connexion sidérale, hors de lui-même, mais son processus propre comme un passé *présupposé*, est le *sujet immédiat* du processus météorologique ; moyennant un tel processus, ce sujet, en tant que la totalité étant *en soi* de la vie, est fertilisé de façon à devenir, non plus seulement configuration individuelle (voir § 287), mais *vitalité*. – La terre ferme et, particulièrement, la mer, de la sorte en tant que possibilité réelle de la vie, bourgeonnent à l'infini, à chaque point, en une vitalité *ponctuelle* et *passagère* – lichens, infusoires, multitudes incommensurables de points de vie phosphorescents, dans la mer. Mais la *generatio aequivoca*, en tant 287 qu'elle | a hors d'elle cet organisme objectif dont il vient d'être question, est précisément ceci, à savoir qu'elle est bornée à un tel agir organisateur ponctuel, qui ne se développe pas de lui-même en une articulation déterminée ni ne se reproduit lui-même (*ex ovo*).

§ 342

Cette séparation de l'organisme universel, extérieur à lui-même, et de cette subjectivité seulement ponctuelle, passagère, se supprime, en vertu de l'identité, qui est en soi, de son concept, en l'*existence* de cette identité, en l'*organisme plein de vie*, en la subjectivité se donnant, en elle-même, une articulation; une telle subjectivité exclut d'elle-même l'organisme qui est seulement *en soi*, la nature physique universelle et individuelle, et vient faire face à celle-ci, mais, en même temps, elle a, en ces puissances, la condition de son existence, la stimulation ainsi que le matériau de son processus.

B
LA NATURE VÉGÉTALE

§ 343

La *subjectivité* suivant laquelle l'être organique est en tant qu'être *singulier*, se développe en un organisme *objectif*, la *figure*, en tant qu'un corps propre s'articulant en des parties qui sont *différentes les unes des autres*. Dans la plante – la vitalité subjective qui *n'est encore qu'immédiate* –, l'organisme objectif et la subjectivité qui est la sienne sont encore immédiatement identiques; ce qui fait que le processus de l'articulation et de la conservation de soi du sujet végétal consiste, pour celui-ci, à venir à l'extérieur de lui-même et à se briser en plusieurs individus, pour lesquels l'individu total un [en lui-même] est plus le simple sol qu'une unité subjective de membres; la partie – le bouton, la branche, etc. – est aussi la plante tout entière. En outre, pour cette raison, la *(non-in)différence des parties organiques* est seulement une *métamorphose* superficielle, et l'une des parties peut aisément aller s'engager dans la fonction de l'autre.

| § 344   288

Le processus de la configuration et de la reproduction de l'individu *singulier* coïncide, de cette manière, avec le processus du genre, et il est une production qui se pérennise de nouveaux individus.

L'universalité réfléchie-en-un-Soi – l'Un subjectif de l'individualité – ne se sépare pas de la particularisation réelle, mais elle est seulement plongée en elle. La plante, en tant que subjectivité qui n'est pas encore pour soi face à son organisme qui est *en soi* (§ 342), ne se détermine pas son lieu à partir d'elle-même, n'a aucun mouvement de changement de place, et elle n'est pas non plus pour elle-même face à la particularisation et *individualisation* physique de celui-là, ce qui fait qu'elle n'a pas d'intussusception qui s'interrompt, mais une nutrition en flux continu, et qu'elle ne se rapporte pas à de l'inorganique individualisé, mais aux éléments universels. De chaleur animale ainsi que du sentiment, elle est encore moins capable, puisqu'elle n'est pas le processus de reconduire ses membres, qui sont davantage de simples parties et même des individus, à l'unité négative, simple.

§ 345

Mais, en tant qu'être organique, la plante s'articule essentiellement aussi en une différenciation réalisée de formations abstraites (cellules, fibres et choses de ce genre) et de formations plus concrètes, qui, toutefois demeurent dans leur homogénéité originelle. La *figure* de la plante, en tant qu'elle n'est pas encore libérée, à partir de l'individualité, de façon à être une subjectivité, demeure aussi proche des formes géométriques et de la régularité cristalline, de même que les produits de son processus sont encore proches des produits chimiques.

La *Métamorphose* des plantes de *Goethe* [1] a constitué le commencement d'une pensée rationnelle sur la nature de la plante, en arrachant la représentation à la quête en peine de simples singularités pour la diriger vers la

---

1. *Cf.* Goethe, *Versuch die Metamorphose der Pflanzen zu erklären* (*Essai d'explication de la métamorphose des plantes*), Gotha, 1790, rééd. « La métamorphose des plantes », dans *Zur Naturwissenschaft überhaupt, besonders zur Morphologie* (*Contribution à la science de la nature en général, particulièrement à la morphologie*), I, 1, Stuttgart-Tübingen, 1817, p. 1-60.

connaissance de l'*unité* de la vie. L'*identité* des organes est prédominante dans la catégorie de la métamorphose ; mais la (non-in)différence déterminée et la fonction propre des membres, moyennant lesquelles le processus de la vie est posé, sont cependant l'autre côté nécessaire, à ajouter à cette unité substantielle dont il vient d'être question. La *physiologie* de la plante apparaît nécessairement comme plus obscure que celle du corps animal, parce qu'elle est plus simple, que l'assimilation parcourt moins de médiations et que le changement survient comme *infection immédiate*. – De même que | dans tout processus de **289** la vie, naturel et spirituel, la chose principale est, dans l'assimilation comme dans la sécrétion, le changement *substantiel*, c'est-à-dire la transmutation *immédiate* d'un matériau extérieur ou particulier en général dans un autre ; il survient un point où la poursuite de la médiation, que ce soit sur un mode chimique ou sur le mode d'une *gradualité* mécanique, est interrompue et devient impossible. Ce point est partout et insistant, et c'est la non-connaissance ou, bien plutôt, la non-reconnaissance de cette identification simple ainsi que de la division simple, qui rend impossible une physiologie du vivant. D'intéressants éclaircissements sur la physiologie de la plante sont fournis par l'ouvrage de mon collègue, le Professeur *C.H. Schultz* (*La nature de la plante vivante*, ou : *La plante et le règne des plantes*, 2 vol.) [1], que je dois d'autant plus citer ici qu'y sont puisés quelques-uns des éléments spéciaux relatifs au processus vital de la plante, qui sont indiqués dans les paragraphes suivants.

§ 346

Le processus qu'est la vitalité doit nécessairement, tout autant qu'il est un processus un, se disjoindre en la triade des processus [suivants] (§ 217-220). a) Le *processus de configuration*, le processus *interne* de la *relation* de la plante *à elle-même*, est, selon la nature

---

1. Carl Heinrich Schultz, *Die Natur der lebendigen Pflanze, Erweiterung und Bereicherung der Entdeckungen des Kreislaufs im Zusammenhang mit dem ganzen Pflanzenleben, nach einer neuen Methode dargestellt* (*La nature de la plante vivante. Elargissement et enrichissement des découvertes au sujet de la circulation, en corrélation avec la totalité de la vie végétale, exposé suivant une méthode nouvelle*), *NLP*, t. I (la deuxième page de titre de l'ouvrage indique « Die Pflanze und das Pflanzenreich » (« La plante et le règne végétal »)), Berlin, G. Reimer, 1823, et t. II, Stuttgart, J.G. Cotta, 1828.

simple de l'être végétatif, lui-même aussitôt une relation à de l'extérieur et une aliénation. D'un côté, il est le processus *substantiel*, la transmutation *immédiate*, pour une part, des apports nutritifs en la nature spécifique de l'espèce végétale, pour une autre part, de l'humeur intérieurement transformée (du *suc vital*) en des produits formés. D'un autre côté, en tant que *médiation* avec soi, α) le processus commence avec la division – en même temps dirigée vers le *dehors* – en racine et feuille, et la division intérieure abstraite du tissu cellulaire général en fibres ligneuses et en *vaisseaux vitaux*, celles-là, pareillement, orientant leurs rapports vers le dehors, ceux-ci contenant la *circulation intérieure*. La *conservation* qui, de la sorte, se médiatise avec elle-même, est β) *croissance* en tant que production de formations nouvelles, division en l'*abstraite* relation à soi-même, en ce qui est le *durcissement* du bois (jusqu'à la pétrification dans le tabaschir et des végétaux du même genre), ainsi que des autres parties, et en l'écorce (la feuille permanente). γ) Le recueillement de la conservation de soi en l'unité n'est pas un enchaînement de l'individu avec lui-même, mais la production d'un nouvel individu végétal, le *bourgeon*.

b) Le processus de configuration est immédiatement lié au deuxième, le processus *se spécifiant vers le dehors*. La semence ne germe que stimulée de l'extérieur, et la division de l'agir configurant en racine et feuille est elle-même une division en la direction vers la terre et l'eau et en la direction vers la lumière et l'air, en la succion de l'eau et en l'assimilation de celle-ci en tant qu'une telle assimilation est médiatisée par la feuille et l'écorce comme par la lumière et l'air. Le retour en soi dans lequel l'assimilation se clôt n'a pas le *Soi* dans une universalité subjective intérieure faisant face à l'extériorité, il n'a pas un sentiment de soi, pour résultat. La plante est, bien plutôt, arrachée à elle-même en étant tirée vers le dehors par la lumière en tant que celle-ci est son Soi extérieur à elle-même, elle fait grimper ses vrilles à la rencontre de cette lumière, se ramifiant en une pluralité d'individus. *Dans elle-même*, elle se donne, en les lui empruntant, l'incitation qui enflamme et la corroboration spécifiques, la qualité aromatique, le caractère spirituel de l'odeur, du goût, l'éclat et la profondeur de la couleur, la compacité et la vigueur de la figure.

§ 348

c) Mais la plante fait aussi éclore sa lumière à partir d'elle-même, comme *son propre* Soi, dans la *fleur*, dans laquelle, tout d'abord, la couleur neutre, verte, est déterminée de façon à être une couleur spécifique. Le *processus générique*, en tant qu'il est le Rapport du Soi individuel au Soi, *freine*, en tant que retour en soi-même, la croissance en tant qu'elle est l'éclosion bourgeonnante démesurée, pour elle-même, de bouton à bouton. Cependant, la plante ne parvient pas au Rapport des individus comme tels, mais seulement à une différence dont les termes ne sont pas en même temps, en eux-mêmes, les individus totaux, ne déterminent pas l'individualité totale, [et] qui, de ce fait, ne va pas non plus au-delà d'un début et d'une annonce du processus du genre. Le *germe* est à regarder ici comme le seul et même individu dont la vitalité parcourt ce processus et, par un retour en soi, s'est aussi bien conservée qu'elle a prospéré jusqu'à la maturité d'une semence; mais ce parcours est, au total, du superflu, puisque le processus de configuration et celui d'assimilation sont déjà eux-mêmes une reproduction, une production de nouveaux individus.

| § 349   291

Mais ce qui, dans le concept, a été posé, c'est que le processus présente l'individualité venue se rassembler avec elle-même et qu'il montre les parties, qui sont tout d'abord en tant que des individus, aussi comme des moments qui appartiennent à la médiation et qui, en elle, ne font que passer, et par conséquent la *singularité immédiate* et l'*extériorité réciproque* de la vie végétale comme supprimées. Ce moment de la détermination négative fonde le passage dans l'organisme véritable, dans lequel la configuration extérieure s'accorde avec le concept, en ce sens que les parties sont essentiellement des membres et que la subjectivité existe comme la subjectivité une, pénétrante, du tout.

C
L'ORGANISME ANIMAL

§ 350

L'individualité organique existe en tant que *subjectivité*, dans la mesure où l'extériorité propre de la figure est *idéalisée* en des membres, où l'organisme, dans son processus dirigé vers le dehors, conserve dans lui-même l'unité qui est celle d'un Soi. C'est là la nature *animale*, laquelle est, dans l'effectivité et l'extériorité de la singularité immédiate, aussi bien, à leur encontre, un Soi *réfléchi en lui-même* de la *singularité*, une universalité *subjective* qui est *dans elle-même* (§ 163).

§ 351

L'animal a un *automouvement* contingent, parce que sa subjectivité – de même que la lumière est l'idéalité arrachée à la pesanteur – est un libre temps qui, dégagé qu'il est alors de l'extériorité réelle, se *détermine* lui-même à partir de lui-même, selon un hasard intérieur, à occuper *tel ou tel lieu*. Il s'y rattache le fait que l'animal a de la *voix*, dans la mesure où sa *subjectivité*, en tant qu'idéalité *effective* (âme), est la maîtrise s'exerçant sur l'abstraite idéalité du temps et de l'espace, et qu'il présente son automouvement comme un libre frémissement *dans soi-même*; – il a de la *chaleur* animale, en tant que *processus* de *dissolution* continué de la cohésion et de la consistance subsistante-par-soi des parties dans la conservation continuée de la figure; – en 292 outre, | de l'*intussusception interrompue*, en tant que comportement s'individualisant en rapport avec une nature inorganique individuelle, – mais, surtout, du *sentiment*, en tant que l'individualité qui, dans la déterminité, est à elle-même immédiatement *universelle*, reste chez elle et se conserve *simple*; [c'est là] l'idéalité *existante* de l'être-déterminé.

§ 352

L'organisme animal est, en tant qu'universalité vivante, le concept, lequel se donne son cours à travers ses trois déterminations, en tant qu'elles sont des syllogismes dont chacun est *en soi* la même *totalité* de l'unité substantielle et, en même temps, suivant la détermination-de-forme, le *passage* dans les autres, de telle sorte que la totalité se fait *résulter*, comme existante, de ce processus; c'est seulement comme cet être se reproduisant, non pas comme être étant, que le vivant *est* et *se conserve*; il n'est qu'en tant qu'il se fait ce qu'il est; il est un but se présentant à l'avance, qui n'est lui-même que le résultat. – C'est pourquoi l'organisme est à considérer a) comme l'Idée individuelle qui, dans son processus, ne se rapporte qu'*à elle-même* et, à l'intérieur d'elle-même, s'enchaîne avec elle-même, – la *figure*; b) comme une Idée qui se rapporte à son *Autre*, à sa nature inorganique, et qui pose celle-ci dans elle-même en la rendant idéelle, – l'*assimilation*; c) [comme] l'Idée en tant qu'elle se rapporte à l'Autre qui est lui-même un individu vivant, et par là, dans cet Autre, à elle-même, – le *processus du genre*.

a) La figure

§ 353

Figure, le sujet animal l'est, en tant qu'un tout, *seulement en relation à soi-même*. En lui-même, il présente le *concept* dans ses *déterminations* développées et qui, dans lui, sont existantes. Ces déterminations, bien qu'elles soient, dans elles-mêmes en tant que c'est dans la subjectivité, concrètes, sont 1) en tant que les éléments simples de ce sujet animal. Celui-ci est par conséquent α) son *être-dans-soi-universel*, simple, dans son extériorité, ce qui fait que la

déterminité effective est *immédiatement* accueillie, en tant que particularité, dans l'*universel*, et que ce dernier est, en elle, une identité
indivise du sujet avec lui-même, – [telle est la] *sensibilité* ; – β) [il est]
293 *particularité*, en tant qu'excitabilité à partir du dehors et | que réaction
provenant du sujet réceptif [et dirigée], en sens contraire, vers le
dehors, – [telle est l']*irritabilité* ; – γ) [il est] l'unité de ces moments, le
retour *négatif* à soi-même à partir du Rapport de l'extériorité et, par là,
génération et position de lui-même comme d'un [être] *singulier*,
– [telle est la] *reproduction* ; [celle-ci est] la réalité et l'assise des
premiers moments.

§ 354

Ces trois moments du *concept* 2) ne sont pas seulement en soi des
éléments concrets, mais ils ont leur réalité dans trois systèmes : le
système des nerfs, le *système du sang* et le *système de la digestion*, dont
chacun, en tant que totalité, se différencie dans lui-même suivant les
mêmes déterminations conceptuelles.

a) Le système de la *sensibilité* se détermine ainsi α) de façon à être
l'extrême de l'*abstraite* relation d'elle-même à elle-même, qui est par
là un passage en l'*immédiateté*, en l'être inorganique et en l'absence
de sensation, mais pas un état consistant à y être passé, – [c'est là le]
système *osseux*, qui, à l'égard de l'*intérieur*, fait fonction d'enveloppe
et, en direction du *dehors*, constitue le ferme appui de l'intérieur face
à l'extérieur ; β) de façon à être le moment de l'*irritabilité*, le système
du cerveau et du déploiement dispersant de celui-ci dans les nerfs,
lesquels, aussi bien, sont, vers le dedans, les nerfs sensitifs, vers le
dehors, les nerfs moteurs ; γ) de façon à être le système relevant de la
reproduction, le nerf sympathique avec les ganglions, auxquels
n'échoit qu'un sentiment de soi sourd, indéterminé et sans volonté.

b) L'*irritabilité* est tout autant une excitabilité par de l'être autre et
une réaction de conservation de soi face à cet être autre que, inversement, une active conservation de soi et, en celle-ci, un abandon de
soi à ce qui est autre. Son système est α) *abstraite (sensible)* irritabilité, le changement *simple* de la réceptivité en réactivité, – [c'est là le]

muscle en général, lequel, obtenant auprès de la charpente osseuse le point d'appui extérieur (une relation à soi immédiate en vue de sa scission), se différencie tout d'abord en muscle d'extension et en muscle de flexion, et ensuite, en outre, se façonne pour être le système propre des extrémités. β) L'irritabilité – en tant que, pour elle-même et dans la différence qui l'oppose à d'autres choses, elle se rapporte concrètement à elle-même et se maintient *dans elle-même* – est l'activité au-dedans d'elle-même, l'action de *pulsation*, l'automouvement vivant, dont l'être matériel est seulement un *fluide*, | le *sang* 294 vivant, – et qui ne peut être qu'une circulation ; celle-ci, tout d'abord spécifiée en la *particularité* dont elle provient, est, en elle-même, une circulation doublée et, en cela, dirigée en même temps vers le *dehors*, – en tant qu'elle est le système pulmonaire et le système de la veine porte, le sang s'*attisant*, dans le premier de ces systèmes, au-dedans de lui-même, et, dans l'autre, le second, face à ce qui est autre. γ) L'activité de *pulsation*, en tant que totalité irritable s'enchaînant avec elle-même, est la circulation qui, à partir de son centre, le *cœur*, [et] à travers la différence des artères et des veines, fait retour en elle-même, circulation qui est aussi bien un processus *immanent* qu'un abandon universel de soi à la *reproduction* des autres membres, afin qu'ils empruntent leur nourriture au sang.

c) Le système digestif est, en tant que système glandulaire, avec la peau et le tissu cellulaire, la reproduction *immédiate*, végétative, tandis qu'il est, dans le système des viscères proprement dit, la *reproduction* médiatisante.

§ 355

3) Mais, pour la figure, les différences des éléments et de leurs systèmes se réunissent aussi bien en une compénétration concrète universelle, de telle sorte que chaque formation de la figure les contient liés [entre eux] à même elle, tout autant que cette figure elle-même α) se divise (*insectum*) de façon à donner *les centres des trois systèmes* : tête, thorax et abdomen, en rapport avec lesquels les extrémités constituent, en vue du mouvement et de la préhension

mécaniques, le moment de la singularité qui se pose dans sa différence en se dirigeant *vers le dehors*. β) La figure se différencie, suivant la différence abstraite, pour donner les *deux directions, vers le dedan*s et *vers le dehors*. À chacune [de celles-ci] est donné en partage, à partir de chacun des systèmes, l'un de [ses] côtés, l'un d'eux étant celui qui est dirigé vers le dedans, l'autre celui qui est dirigé vers le dehors; parmi ces côtés, le second, en tant qu'il est le côté impliquant la *différence*, exhibe, en lui-même, cette différence à travers la dualité symétrique de ses organes et membres (vie organique et vie animale selon *Bichat*[1]). γ) Le tout, en tant que figure achevée en l'individu subsistant-par-soi, est, dans cette universalité se rapportant à elle-même, en même temps *particularisé* à même elle en vue du Rapport des sexes, tourné vers le dehors en vue d'un Rapport avec un autre individu. La figure indique à même elle, alors qu'elle est fermée dans elle-même, ses deux directions vers le dehors.

295   **| § 356**

4) Elle est, en tant que vivante, essentiellement processus, et, en vérité, elle est, en tant que telle, le processus *abstrait*, le *processus de configuration* [qui se déroule] à *l'intérieur d'elle-même*, dans lequel l'organisme fait de ses propres membres sa nature inorganique, des moyens, se nourrit de lui-même et se produit lui-même, c'est-à-dire produit précisément cette totalité de l'articulation elle-même, en sorte que chaque membre [est] réciproquement but et moyen, se conserve à partir des autres et face à eux; – [tel est] le processus qui a pour résultat le sentiment de soi simple immédiat.

---

1. Xavier Bichat, dans ses *Recherches physiologiques sur la vie et la mort* (Paris, 1800), distingue la vie *organique* comme succession interne de processus d'assimilation et d'excrétion, et la vie *animale*, comme relation extériorisante de communication perceptive et motrice avec le monde; la première est commune à tous les êtres organisés, végétaux aussi bien qu'animaux, tandis que la seconde est propre aux animaux (*cf.* part. 1, art. 1, 3ᵉ éd. Paris, An XIII, 1805, réimp. Paris, Gauthier-Villars, 1955, p. 3).

b) L'assimilation

§ 357

Mais le sentiment de soi de la *singularité* a aussi bien immédiatement le sens d'*exclure* et de se tendre à l'encontre d'une nature inorganique comme à l'encontre de sa condition et de son matériau *extérieurs*. En tant que

α) l'organisation animale est, dans cette relation extérieure, *immédiatement* réfléchie en elle-même, un tel comportement idéel est le processus *théorétique*, la sensibilité en tant que processus extérieur, et, en vérité, en tant que *sentiment déterminé*, lequel se différencie en la *pluri-sensorialité* de la nature inorganique.

§ 358

Les sens et les processus théorétiques sont, par conséquent, 1) le sens de la sphère mécanique – de la *pesanteur*, de la cohésion et de sa variation, de la chaleur –, le sentiment en tant que tel qu'est le *toucher*[1], – 2) les sens de l'*opposition*, [celui] de l'*élément aérien* particularisé et [celui] de la *neutralité* pareillement réalisée de l'eau concrète et des modes opposés de la dissolution de la *neutralité* concrète – l'*odorat* et le *goût*. 3) Le sens de l'*idéalité* est également un sens double, dans la mesure où, en elle, en tant que relation à soi abstraite, la particularisation, qui ne peut lui faire défaut, se décompose en deux déterminations indifférentes : α) le sens de l'idéalité comme manifestation de l'*extérieur* pour de l'extérieur – le sens de la *lumière* en général et, plus précisément, de la lumière devenant déterminée dans l'extériorité concrète, de la *couleur*, et β) | le sens de la 296 manifestation de l'*intériorité* qui se fait connaître comme telle dans son extériorisation, – du *son*, – la *vue* et l'*ouïe*.

---

1. « *das Gefühl* als solches » : le mot allemand « Gefühl » a le double sens, général : de sentiment et, particulier : de toucher.

Ce qui est indiqué ici, c'est la manière dont la *triplicité* des moments du concept passe dans une *quintuplicité* quant au nombre ; la raison plus générale faisant que ce passage a lieu ici est la suivante : l'organisme animal est la réduction de la nature inorganique, aux éléments rendus extérieurs les uns aux autres, en l'unité infinie de la *subjectivité*, mais il est en même temps, dans celle-ci, la totalité développée d'elle-même, dont les moments, parce qu'elle est une subjectivité encore *naturelle*, existent en étant particularisés [1].

§ 359

β) Le *processus réel* ou le Rapport *pratique* à la nature inorganique commence avec la division dans soi-même, le sentiment de l'extériorité en tant qu'elle est la *négation* du sujet, lequel est en même temps la relation positive à soi-même et la *certitude* de celle-ci à l'encontre de cette négation de lui-même, – avec le sentiment du *manque* et la *tendance* à le supprimer, manque où la condition d'un *être-excité* par l'extérieur, tout comme la négation s'y trouvant posée du sujet, apparaît sous la modalité d'un *objet* à l'égard duquel ce sujet est en tension.

Seul un vivant ressent un *manque* ; car seul il est, dans la nature, le *concept*, lequel est l'unité de *lui-même* et de *son opposé déterminé*. Là où il y a une *borne*, elle n'est une négation que *pour un tiers*, pour une comparaison extérieure. Mais *manque*, elle l'est pour autant que, dans un être *un*, est présent aussi bien le fait *d'être au-delà*, [et] que la *contradiction* comme telle est immanente et posée en lui. Un être qui est capable d'avoir et de *supporter* dans lui-même la contradiction de lui-même est le *sujet* ; c'est là ce qui constitue son *infinité*. – Même lorsqu'on parle de raison *finie*, celle-ci prouve qu'elle est

---

1. La nature réalisant, ob-jectivant, opposant, différenciant les moments du sens ou du concept, le sens du deuxième moment de celui-ci – le moment de la particularité ou différence, laquelle implique deux termes qui ne peuvent être originairement que l'identité (1) opposée à la différence et la différence opposée à l'identité parce qu'elle est opposée à elle-même comme différence de deux termes (2 et 3) – se réalise ou extériorise en trois moments, naturels. La triplicité des moments logiques se réalise donc comme quintuplicité des moments naturels, le deuxième de ceux-là se réalisant lui-même en trois de ceux-ci.

infinie précisément en se déterminant comme *finie*; car la négation n'est finitude, manque, que pour l'être qui est *l'être-supprimé* d'elle-même, la relation *infinie* à soi-même (*cf.* § 60, Rem.). – L'absence-de-pensée en reste à l'abstraction de la *borne*, et, dans la vie, où le *concept* lui-même entre dans *l'existence*, elle ne l'appréhende pas davantage, mais elle s'en tient aux déterminations de la représentation, telle que celles de *tendance, instinct, besoin*, etc., sans se demander ce que ces déterminations elles-mêmes sont bien à l'intérieur d'elles; l'analyse de la représentation qu'on en a fera voir qu'elles sont des négations, posées comme étant contenues dans l'affirmation du sujet même.

Que, pour l'organisme, la détermination de *l'être-excité* par des *puissances*[1] *extérieures* ait remplacé *l'influence de causes extérieures*, | c'est **297** là un pas important dans la représentation vraie de celui-là. L'idéalisme commence en ceci, qu'absolument rien ne peut avoir avec le vivant une relation positive dont la possibilité ne serait pas ce vivant en et pour lui-même, c'est-à-dire qui ne serait pas déterminée par le concept, par conséquent purement et simplement immanente au sujet. Mais aussi peu philosophique qu'une quelconque mixture scientifique de déterminations réflexives est l'introduction, dans la *théorie de l'excitation*[2], de Rapports formels et matériels tels que ceux qui ont longtemps eu cours comme philosophiques; par exemple l'antithèse totalement abstraite de la *réceptivité* et de la *faculté d'agir*, qui sont censées être, en tant que facteurs, dans un Rapport de grandeur inverse l'une avec l'autre, moyennant quoi toute différence à saisir dans l'organisme est précipitée dans le *formalisme* d'une diversité simplement *quantitative* : *élévation* et *diminution, renforcement* et *affaiblissement*, c'est-à-dire dans la plus grande *absence-de-pensée* possible[3]. Une théorie de la médecine qui est bâtie

---

1. « *Potenzen* ».

2. « *Erregungstheorie* » – Il s'agit de la théorie des «puissances excitantes» développée par le médecin écossais John Brown dans ses *Elementa medicinae* (1780), republiés ensuite en anglais par l'auteur, et traduits à plusieurs reprises en allemand dès les dernières années du siècle.

3. Le reproche de formalisme du quantitatif, à propos de la théorie de la nature vivante, vise, ici aussi, en particulier Schelling. Celui-ci, par exemple dans sa *Première esquisse d'un système de la philosophie de la nature* (1799), avait proposé une constitution a priori – absente dans l'empirisme de Brown – de l'excitabilité («Erregbarkeit») caractéristique de la vie, dans laquelle il présentait la détermination réciproque, en

sur ces sèches déterminations d'entendement est achevée avec une demi-
douzaine de propositions, et ce n'est pas un miracle si elle a trouvé une rapide
diffusion et beaucoup d'adeptes. Ce qui a donné occasion à ce fourvoiement
résidait dans cette erreur fondamentale, à savoir que, après que l'absolu avait
été déterminé comme l'indifférence absolue du subjectif et de l'objectif, toute
détermination ne devait alors être qu'une différence *quantitative*. La forme
absolue, le *concept*, et la vitalité n'ont, bien plutôt, pour âme, que la (non-
in)différence qualitative, qui se supprime en elle-même, la dialectique de
l'opposition absolue. Dans la mesure où cette négativité infinie vraie n'est pas
reconnue, on peut s'imaginer ne pas pouvoir maintenir ferme l'identité absolue
de la vie, comme lorsque, chez Spinoza, les attributs et les modes se présentent
dans un entendement *extérieur*, sans faire de la différence quelque chose de
simplement extérieur relevant de la réflexion; en quoi il manque à la vie le
point saillant de ce qui constitue le Soi, le principe de l'automouvement, de la
division de soi-même dans soi en général.

Il faut, en outre, tenir pour pleinement étrangère à la philosophie et
grossièrement sensible la démarche qui irait bien jusqu'à mettre, à la place de
déterminations conceptuelles, le *carbone* et l'*azote*, l'oxygène et l'hydrogène,
et qui déterminerait alors plus précisément la différence intensive dont il a été
question à l'instant en en faisant celle du *plus* ou du *moins* de tel matériau et de
tel autre, tout en déterminant le Rapport efficient et positif de l'excitation extérieure comme une *addition* d'un matériau manquant. Dans une *asthénie* par
exemple, une fièvre nerveuse, l'*azote* aurait, dans l'organisme, la prépondérance, parce que le cerveau – et l'élément nerveux en général – serait l'azote
élevé à l'une de ses puissances, en tant que l'analyse *chimique* le fait apparaître
comme *composant principal* de ces formations organiques; l'adjonction du
carbone serait par là indiquée pour rétablir l'équilibre de ces *substances*, la
298 santé. Les remèdes qui se | sont montrés empiriquement efficaces contre la
fièvre nerveuse sont regardés, précisément pour cette raison, comme appartenant au côté du *carbone*, et l'on donne une telle association et opinion superficielle pour une *construction* et une *démonstration*[1]. Ce qu'il s'y trouve de
grossier consiste en ceci, que le *caput mortuum* extérieur, le matériau mort en

celle-ci, de la réceptivité et de l'activité de l'organisme comme une détermination d'opposés,
de sorte que l'un des facteurs augmentait quand l'autre diminuait (cf. *Schellings Werke*,
op. cit., III, p. 43 *sq.*).
1. Toute cette critique vise Schelling et les schellingiens.

lequel la chimie a fait mourir une deuxième fois une vie [déjà] morte, est pris pour l'*essence* d'un organe vivant, et même pour son *concept*.

L'ignorance et le mépris du concept fondent d'une manière générale le formalisme commode, qui consiste à utiliser, à la place des déterminations conceptuelles, des matériaux sensibles tels que les substances chimiques, ensuite des Rapports qui appartiennent à la sphère de la nature inorganique, comme la polarité nord-sud du magnétisme, ou encore la différence du magnétisme lui-même et de l'électricité, – et à comprendre et développer l'univers naturel d'une façon telle que, à ses sphères et différences, est accroché extérieurement un schéma tout apprêté fait d'un tel matériau. Dans ce domaine, une grande variété de formes est possible, puisqu'il reste dépendant du bon vouloir, d'adopter pour le schéma les déterminations telles qu'elles apparaissent, par exemple, dans la sphère *chimique*, l'oxygène, l'hydrogène, etc., et de les transporter sur le magnétisme, le mécanisme, la végétation, l'animalité, etc., ou bien de prendre le magnétisme, l'électricité, le masculin et le féminin, la contraction et l'expansion, etc., d'une façon générale de se saisir d'oppositions appartenant à chacune des autres sphères et de les utiliser ensuite dans le reste de celles-ci.

§ 360

Le besoin est un besoin *déterminé*, et sa *déterminité* est un moment de son concept universel, toutefois particularisé d'une manière infiniment multiforme. La tendance est l'activité de supprimer le manque d'une telle déterminité, c'est-à-dire la *forme* de celle-ci, qui est d'être tout d'abord seulement quelque chose de *subjectif*. En tant que le contenu de la déterminité est originaire, qu'il se *conserve* dans l'activité et ne fait qu'être réalisé par elle, il est un *but* (§ 204), et la tendance, en tant qu'elle se rencontre dans ce qui n'est qu'un vivant, est l'*instinct*. Ce manque formel dont il a été question est la *stimulation* intérieure, dont la déterminité spécifique suivant le contenu apparaît en même temps comme une relation de l'animal aux individualisations particulières des sphères de la nature.

Le caractère mystérieux qui est censé constituer la difficulté qu'il y a à saisir l'instinct, réside seulement en ceci, que le but ne peut être appréhendé que comme le *concept* intérieur, que, par suite, des explications et des mises en

rapport relevant simplement de l'entendement se montrent bientôt comme ne
299 convenant pas à l'instinct. | La détermination fondamentale qu'*Aristote* a
saisie du vivant, en disant qu'il est à considérer comme agissant suivant le but,
a été presque perdue dans les temps modernes, jusqu'à ce que *Kant* ressuscite à
sa manière ce concept dans la finalité *interne*, en disant que le vivant était à
considérer comme *but à soi-même*. Ce qui fait surtout difficulté sur ce point,
c'est que la relation de finalité est habituellement représentée comme une
relation *extérieure*, et que règne l'opinion selon laquelle le but *n'*existerait *que*
de manière *consciente*. L'instinct est l'activité finalisée œuvrant de façon
inconsciente.

§ 361

Tandis que le besoin est une connexion avec le mécanisme
universel et les puissances abstraites de la nature, l'instinct est seulement en tant que stimulation *interne*, ne relevant pas même de la
sympathie (comme [cela se passe] dans le sommeil et la veille, dans les
migrations climatiques et autres, etc.). Mais, en tant que Rapport de
l'animal à *sa* nature inorganique, *singularisée*, il est d'une façon générale *déterminé*, et [si l'on prend les choses] suivant une particularité
plus poussée, c'est seulement une sphère bornée de la nature inorganique universelle qui est la sienne. L'instinct est, face à cette nature, un
comportement *pratique*, une stimulation interne liée avec l'apparence
d'une stimulation externe, et son activité est une *assimilation*, pour
une part, *formelle*, [et], pour une autre part, *réelle*, de la nature
inorganique.

§ 362

Dans la mesure où il est dirigé vers une assimilation formelle, il
façonne en y logeant sa détermination les choses extérieures, il leur
donne, comme au matériau, une *forme extérieure* adaptée au but, et
laisse *subsister* l'objectivité de ces choses (comme dans la construction de nids et autres gîtes). Mais, processus *réel*, il l'est pour autant
qu'il singularise en les isolant les choses inorganiques ou qu'il se

rapporte à celles qui sont déjà singularisées de façon isolante, et que, en les consommant, en anéantissant leurs qualités propres, il les assimile, – [c'est là] le processus [mettant aux prises] avec l'*air* (processus de la respiration et processus de la peau), avec l'*eau* (soif), et avec la *terre* individualisée, à savoir avec des formations particulières de celle-ci (faim). La vie – le sujet de ces moments de la totalité – se met dans une tension entre elle-même en tant que concept et les moments en tant que constituant une réalité extérieure à elle, et elle est le | conflit **300** persistant dans lequel elle surmonte cette extériorité. Parce que l'animal, qui se comporte ici comme un être immédiatement singulier, n'a un tel pouvoir que dans le singulier, suivant toutes les déterminations de la singularité (ce lieu-ci, ce temps-ci, etc.), cette réalisation de lui-même n'est pas conforme à son concept, et il revient constamment de la satisfaction dans l'état du besoin.

§ 363

Le fait de se *rendre maître mécaniquement* de l'objet extérieur est le commencement ; l'*assimilation* elle-même est le renversement de l'extériorité en l'unité propre à un Soi ; puisque l'animal est un sujet, une négativité simple, elle ne peut être ni de nature mécanique ni de nature chimique, étant donné que, dans les processus d'une telle nature, aussi bien les matériaux que les conditions et l'activité *demeurent* [des facteurs] *extérieurs* les uns par rapport aux autres et manquent de l'unité vivante absolue.

§ 364

L'assimilation est, premièrement, parce que le vivant est la puissance *universelle* [disposant] de sa nature extérieure, opposée à lui, la réunion *immédiate* de ce qui est accueilli dans l'intérieur avec l'animalité, – une infection par celle-ci et une *transformation simple* (§ 345, Rem., § 346). Deuxièmement, en tant que *médiation*, l'assimilation est [une] *digestion*, – [une] opposition du sujet à ce qui est extérieur et, suivant la différence plus poussée, comme processus de l'*eau* animale (du suc gastrique et du suc pancréatique, de la lymphe animale en général) et processus du *feu* animal (de la *bile*, dans laquelle l'*être ayant fait retour en soi* de l'organisme est déterminé, à partir de sa concentration – qu'il a dans la rate – de façon à être un *être-pour-soi* et une consommation active), – des processus, mais qui sont aussi bien des infections particularisées.

§ 365

Le fait de s'*engager* ainsi [dans un lien] avec l'extérieur – la stimulation et le processus même – a, *face à l'universalité* et à la relation *simple* du vivant à lui-même, pareillement la détermination 301 | de l'*extériorité*; cet engagement lui-même constitue ainsi proprement l'objet et le négatif faisant face à la subjectivité de l'organisme, [et] que celui-ci a à à vaincre et à digérer. Ce renversement de la perspective est le principe de la réflexion de l'organisme en lui-même; le retour en soi est la négation de son activité dirigée vers le dehors. Ce retour en soi a cette double détermination, que, d'une part, l'organisme a rejeté de lui-même son activité mise en conflit avec l'extériorité de l'objet, [et] que, d'autre part, devenu, en tant qu'immédiatement identique avec cette activité, *pour lui-même*, il s'est, dans ce moyen, reproduit. Le processus se dirigeant vers le dehors est ainsi transformé en ce qui est le premier processus, formel, de la reproduction simple à partir de soi-même, en l'enchaînement de lui-même avec lui-même.

Le moment principal dans la digestion est l'action efficiente *immédiate* de la vie en tant qu'elle est la *puissance* [disposant] de son objet inorganique, objet qu'elle ne se présuppose comme excitation qui la stimule que dans la mesure où elle est *en soi* identique avec lui, mais en même temps l'idéalité et l'être-pour-soi de lui-même. Cette action efficiente est [une] *infection* et [une] transformation immédiate; à elle correspond le fait, exhibé dans l'exposition de l'activité finalisée, de se rendre maître *immédiatement* de l'objet (§ 208).

– Les expériences de *Spallanzani* [1] et d'autres [savants], ainsi que la physiologie moderne, ont prouvé aussi de façon empirique, et fait voir en sa conformité au concept, cette immédiateté avec laquelle le vivant, en tant qu'*universel*, *sans autre médiation*, par son simple contact avec les aliments et le simple accueil de ceux-ci dans sa chaleur et dans sa sphère en général, *se continue en eux*, – [et ce] à l'encontre de la représentation d'une *excrétion* et *sécrétion* simplement mécanique – pure fiction – de parties déjà toutes prêtes, utilisables, tout comme à l'encontre de celle d'un processus *chimique*. Mais les recherches sur les actions *médiatisantes* n'ont pas dégagé de moments *plus déterminés* de cette transformation (ainsi que, par exemple, dans le cas de substances végétales, se présente une série de *fermentations*). Au contraire, il a été montré, par exemple, que, déjà, de l'estomac, beaucoup de choses passent dans la masse des sucs sans avoir à parcourir les autres stades de la médiation, que le suc pancréatique n'est rien de plus que de la salive, et qu'on pourrait bien se passer de pancréas, etc. L'ultime produit, le chyle, que le *canal thoracique* recueille et *déverse* dans le sang, est cette même lymphe qui est excrétée par tous les viscères et organes singuliers, qui est récoltée en tous lieux, par la peau et le système lymphatique, dans le processus immédiat de la transformation, et qui est, en tous lieux, déjà élaborée. Les organisations animales inférieures, qui ne sont d'ailleurs rien d'autre qu'une lymphe coagulée en un point ou petit tube dermique – un canal intestinal simple –, | ne vont pas au-delà de cette trans- **302** formation immédiate. Le processus digestif *médiatisé*, dans les organisations animales supérieures, est, eu égard à son *produit caractéristique*, un *superflu* du même genre que, dans le cas de [certaines] plantes, leur production séminale médiatisée par ce que l'on appelle la différence sexuelle. Particulièrement chez les enfants, chez lesquels l'augmentation de la matière est pourtant le plus manifeste, les *faeces* montrent fréquemment la plus grande partie des aliments inchangée, mélangée surtout à des substances *animales*, à la *bile*, au phosphore, et à des substances de ce genre, et, comme l'action efficiente principale

1. Le naturaliste italien Lazzaro Spallanzani, mort à Paris en 1799, se signala par des travaux portant notamment sur la circulation sanguine, sur la digestion et sur la génération, ainsi que sur les animaux microscopiques. Hegel évoque ici ses « *Expériences sur la digestion de l'homme et de différentes espèces d'animaux, publiées – avec des considérations par Jean Senebier* » – à Genève en 1783, texte traduit un peu plus tard en allemand.

de l'organisme, celle de vaincre et d'éliminer ses propres productions – Le syllogisme de l'organisme n'est pas le syllogisme de la *finalité extérieure*, pour la raison suivante : il ne s'en tient pas à diriger son activité et sa forme contre l'objet extérieur, mais il se donne pour objet ce processus même, qui, à cause de son extériorité, est sur le point de devenir mécanique et chimique. Ce comportement a été exposé (§ 209) comme la deuxième prémisse dans le syllogisme universel de l'activité finalisée. L'organisme est une coïncidence réalisée de lui-même avec lui-même dans son processus extérieur, il ne prend et n'obtient de lui-même rien d'autre que le chyle, cette animalisation universelle de lui-même dont il a été question, et il est ainsi, en tant que concept vivant qui est pour lui-même, tout autant une activité de disjonction telle qu'il élimine de lui-même ce processus, qu'il fait abstraction de sa *colère* contre l'objet, de cette subjectivité unilatérale, et par là devient *pour soi* ce qu'il est en soi – [une] identité subjective, non pas neutre, de son concept et de sa réalité –, qu'il trouve ainsi le terme et le produit de son activité comme ce qu'il est déjà dès le commencement et originairement. De ce fait, la *satisfaction* est *rationnelle* ; le processus qui s'engage dans la (non-in)différence extérieure se renverse dans le processus de l'organisme [ayant affaire] avec lui-même, et le résultat n'est pas la simple production d'un moyen, mais celle du but, l'enchaînement avec soi.

§ 366

Moyennant le processus [mettant aux prises] avec la nature extérieure, l'animal donne à la certitude de lui-même, à son concept subjectif, la vérité, l'objectivité, en tant qu'[il est un] individu *singulier*. Cette *production* de lui-même est ainsi [une] conservation de soi ou [une] *reproduction*, mais, ensuite, *en soi*, la subjectivité, devenue produit, est en même temps supprimée comme *immédiate* ; le concept, ainsi venu se joindre avec lui-même, est déterminé en tant qu'*universel concret*, que *genre*, lequel genre entre dans un Rapport et dans un processus [mettant aux prises] avec la singularité de la subjectivité.

| c) *Le processus du genre*   **303**

§ 367

Le genre est dans une unité *étant-en-soi*, simple, avec la singularité du sujet dont il est la substance concrète. Mais l'universel est un jugement, pour devenir, à partir de cette sienne division qui l'affecte lui-même, une *unité qui est pour elle-même*, afin de se donner une existence en tant qu'universalité *subjective*. Ce processus de l'enchaînement du genre avec lui-même contient, tout comme la négation de son universalité seulement intérieure, la négation de la singularité seulement immédiate dans laquelle le vivant est en tant que vivant encore naturel; la négation, exhibée dans le processus précédent (Paragraphe précédent), de cette singularité est seulement la première négation, seulement la négation immédiate. Dans ce processus du genre, l'être qui n'est que vivant ne fait que disparaître, car, en tant que tel, il ne s'élève pas au-dessus de la naturalité. Mais les moments du processus du genre, étant donné qu'ils ont pour base l'universel non encore subjectif, non pas encore un unique sujet, tombent les uns en dehors des autres et existent comme une pluralité de processus particuliers qui ont pour issue des modalités de la *mort* du vivant.

α) *Le genre et les espèces*

§ 368

Dans son universalité qui est en soi, le genre se *particularise* tout d'abord en des *espèces* en général. Les *différentes formations* et *différents ordres du monde animal* ont à leur fondement le *type* universel, déterminé par le concept, de l'*animal*, type que la nature présente, pour une part, dans les divers *degrés du développement* qu'il comporte, depuis l'organisation la plus simple jusqu'à la plus achevée, dans laquelle elle est un instrument de l'esprit, – pour une autre part, sous les diverses *circonstances* et *conditions* de la *nature élémentaire*. Développée jusqu'à la singularité, l'espèce à laquelle appartient l'animal se différencie en et par elle-même des autres espèces, et elle est, par la négation de celles-ci, *pour elle-même*. Tandis qu'elle rabaisse ainsi, en se comportant en ennemie, les autres espèces au rang d'une nature inorganique, la *mort violente* est le destin naturel des individus.

304 | En *zoologie*, comme dans les sciences de la nature en général, il s'est, pour cette raison, agi davantage de découvrir, pour la connaissance subjective, des *marques distinctives* sûres et simples des classes, des ordres, etc. C'est seulement depuis que l'on a moins eu en vue, dans le cas de la connaissance des animaux, ce but consistant à élaborer des systèmes dits artificiels, qu'une perspective plus vaste s'est ouverte, qui fait viser la *nature objective* des formations elle-même ; parmi les sciences empiriques, il est difficile d'en trouver une qui ait atteint, dans les temps modernes, un aussi grand accroissement – non pas prioritairement quant à la masse d'observations, car aucune science n'en a été privée, mais suivant le côté consistant en ce que son matériau s'est élaboré en direction du concept – que la zoologie l'a fait grâce à sa science auxiliaire, *l'anatomie comparée*. De même que la considération pleine de sens de la nature (celle des naturalistes français surtout) a admis la division des plantes en monocotylédones et dicotylédones, de même elle a admis la différence frappante que constitue dans le monde animal l'absence ou la présence des *vertèbres* ; la division fondamentale des animaux a été, de cette manière, ramenée, pour l'essentiel, à celle, que déjà, *Aristote* avait vue. Plus précisément, on a, ensuite, pour une part, touchant les formations singulières, fait de l'*habitus*, en tant qu'il est une connexion déterminant la construction de *toutes les parties*, la chose principale, en sorte que le grand fondateur de l'anatomie comparée, *Cuvier*, pouvait se vanter de pouvoir connaître, à partir d'un os pris isolément, la nature essentielle de l'animal tout entier[1]. Pour une autre part, on a poursuivi le type universel de l'animal à travers les diverses formations, quelque imparfaites et disparates qu'elles apparaissent, et, dans l'ébauche à peine commençante de même que dans le mélange des organes et des fonctions, leur signification a été reconnue et, précisément par là, élevée, au-dessus de et

---

1. Dans le *Discours sur les révolutions de la surface du globe, et sur les changements qu'elles ont produits dans le règne animal*, introduction au recueil *Recherches sur les ossements fossiles des quadrupèdes* (1812), Georges Cuvier écrit que l'on peut, en faisant appel à l'analogie et à la comparaison, déterminer, à partir d'une extrémité d'os conservée en bon état, la classe, l'ordre, le genre et l'espèce à laquelle elle appartient.

hors de la particularité, dans l'universalité d'un tel type[1]. – Un côté principal de cette considération est de connaître comment la nature conforme et ajuste cet organisme à l'élément particulier dans lequel elle le jette, au climat, au milieu nutritif, d'une façon générale au monde dans lequel il naît (qui peut être aussi un genre singulier de plante ou encore d'animal). Mais, pour la détermination spécifique, c'est un instinct juste qui a fait choisir d'emprunter les déterminations différenciantes aussi aux dents, aux griffes et choses de ce genre, – *aux armes*, car elles sont ce par quoi l'animal lui-même se pose et conserve face aux autres comme un être qui est pour lui-même, c'est-à-dire se différencie lui-même.

L'*immédiateté* de l'Idée de la vie consiste en ceci, que le concept n'*existe* pas comme tel dans la *vie*, que, par conséquent, son être-là se soumet [alors] aux multiples conditions et circonstances de la nature extérieure et peut apparaître dans les formes les plus misérables ; la *fertilité* de la Terre fait croître la vie *en tous lieux* et de toutes les manières. | Le monde animal est, ou peu s'en **305** faut, encore moins capable que les autres sphères de la nature, de présenter un système rationnel d'organisation qui soit en lui-même indépendant, de tenir ferme aux *formes* qui seraient déterminées par le concept, et de les empêcher, face à l'imperfection et au mélange des conditions, de se confondre [entre elles], de se gâter et de passer [en d'autres]. – Cette faiblesse du concept dans la nature en général[2] ne soumet pas seulement la formation des individus à des contingences extérieures – l'animal développé (et l'homme en tout premier lieu) est exposé à des monstruosités –, mais elle soumet aussi entièrement les genres aux variations de la vie universelle extérieure de la nature, dont l'animal vit, en y étant accordé, l'alternance (*cf.* Rem. § 392), ce qui fait qu'il n'est qu'une alternance de santé et de maladie. Le contexte de la contingence extérieure ne contient presque que de l'étranger ; c'est continuellement qu'il exerce une violence et fait peser une menace de dangers sur le sentiment de l'animal, qui est un sentiment d'*incertitude*, d'*anxiété* et de *malheur*.

1. Allusion à la théorie goethéenne du « type », désignation usuelle, chez Goethe, dans le règne organique, du « phénomène pur » ou du « phénomène originaire » (Urphänomen), Idée visible principielle, archétype idéal-réel permettant de rendre compte des multiples formes phénoménales, notamment vivantes.

2. Il s'agit de la faiblesse du concept *en tant qu'imparfaitement réalisé dans la nature*, même animale, *non pas en tant que concept*.

β) *Le Rapport des sexes*

§ 369

Cette première division du genre en espèces et sa détermination poursuivie en direction de l'être-pour-soi exclusif immédiat de la singularité sont seulement un comportement négatif et hostile face à d'autres genres. Mais le genre est aussi bien une relation essentiellement affirmative de la singularité à elle-même dans elle-même; de sorte que, en tant qu'il est, en son activité d'exclure, un individu faisant face à un autre individu, il se continue en cet *Autre* et se sent lui-même dans cet *Autre*. Un tel Rapport est un *processus* qui commence avec le *besoin*, en tant que l'individu, comme être *singulier*, n'est pas adéquat au genre immanent [à lui], et que, en même temps, il est la relation à soi d'identité de ce genre dans une unique unité; l'individu a ainsi le *sentiment* de ce manque. C'est pourquoi le genre est, en lui, en tant que tension à l'encontre de l'inadéquation de son effectivité singulière, l'impulsion de cet individu à obtenir, dans l'Autre appartenant à son genre, son sentiment de soi, à se donner son intégrité moyennant l'union avec cet Autre, et, par cette médiation, à conjoindre le genre avec lui-même et l'amener à l'existence, – [c'est là] l'*accouplement*.

§ 370

Le produit est *l'identité négative* des singularités (non-in)différentes, il est, en tant que *genre devenu*, une vie asexuée. | Mais, suivant le côté *naturel*, il est seulement *en soi* ce genre; différent des êtres singuliers dont la (non-in)différence est, en lui, disparue, il est lui-même un être immédiatement *singulier*, qui a la détermination de se développer en la même individualité naturelle, en l'égale (non-in)différence et caducité. Ce processus de la propagation [du genre] débouche dans la mauvaise infinité du progrès. Le genre se conserve seulement moyennant la disparition des individus qui, dans le processus de l'accouplement, ont rempli leur destination, et, pour autant qu'ils n'en ont pas de plus haute, vont, par là, à la mort.

γ) *La maladie de l'individu*

§ 371

Dans les deux Rapports qui ont été considérés, se déroule le processus de la médiation de soi du genre avec lui-même moyennant sa division en des individus et la suppression de sa différence. Mais, en tant que le genre revêt en outre (§ 357) la figure d'une universalité extérieure, de la nature inorganique faisant face à l'individu, il se fait exister à même celui-ci d'une manière abstraite négative. L'organisme singulier peut, dans ce Rapport, dont il a été question, de l'extériorité de son être-là, aussi ne pas correspondre à son genre, tout autant que, dans ce dernier, se conserver en faisant retour en soi-même (§ 366). – Il se trouve dans l'état de *maladie*, pour autant que l'un de ses systèmes ou organes, *stimulé* dans le conflit avec la puissance inorganique, se fixe pour lui-même et persiste dans son activité particulière face à l'activité du tout, dont la fluidité et le processus traversant tous les moments sont, de ce fait, empêchés.

§ 372

Le phénomène caractéristique qui est celui de la maladie est, par conséquent, que l'identité du processus organique total s'expose comme cours *successif* du mouvement de la vie à travers ses moments différents : la sensibilité, l'irritabilité et la reproduction, c'est-à-dire comme *fièvre*, laquelle fièvre est, toutefois, en tant que cours de la *totalité* à l'encontre de l'activité *singularisée de façon isolante*, tout autant la tentative et le début de la *guérison*.

| § 373   307

Le remède excite l'organisme à supprimer l'excitation *particulière* dans laquelle l'activité formelle du *tout* est fixée, et à restaurer la fluidité de l'organe ou système particulier dans le tout. C'est là l'effet produit par le remède pour autant qu'il est un excitant, mais quelque chose de difficile à assimiler et à surmonter, et que de ce fait, est présenté à l'organisme quelque chose d'extérieur contre lequel il est contraint de mobiliser sa force. Se dirigeant contre quelque chose d'extérieur, il se dégage de l'être-borné devenu identique à lui, dans lequel il était pris, et contre lequel il ne peut pas réagir pour autant que cet être-borné n'est pas pour lui comme objet.

Le point de vue principal selon lequel les médicaments doivent être considérés est qu'ils sont quelque chose *qui ne peut être digéré*. Mais la détermination de non-digestibilité est relative, non pas toutefois dans le sens indéterminé suivant lequel on ne désigne comme facilement digestible que ce que des constitutions plus faibles peuvent tolérer ; quelque chose de ce genre est, pour l'individualité plus forte, bien plutôt non digestible. La *relativité* immanente, celle du *concept*, [relativité] qui a dans la vie son effectivité, est de nature qualitative et consiste – si on l'exprime d'un point de vue quantitatif, pour autant que celui-ci a cours ici – dans une *homogénéité* d'autant plus intense que les opposés ont en eux-mêmes plus de *subsistance-par-soi*. Pour les formations animales inférieures, qui ne sont parvenues à aucune *(non-in)différence dans elles-mêmes*, seul le *neutre* sans individualité, l'eau, est, comme pour la plante, le digestible ; pour les enfants, le digestible est, pour une part, la lymphe animale entièrement *homogène*, le lait maternel, quelque chose qui est déjà digéré ou, bien plutôt, seulement transformé de façon immédiate et générale en de l'animalité, et, dans celle-ci elle-même, non davantage différencié ; – [il consiste], pour une autre part, [dans] celles des substances (non-in)différentes qui ont encore le moins mûri pour s'individualiser. Des substances de cette sorte sont, au contraire, non digestibles pour les natures dont la force s'est accrue. Pour celles-ci, par contre, des substances animales, en tant que ce qui est individualisé, ou les sucs végétaux que la lumière a fait mûrir en un Soi plus fort et qu'on appelle pour cette raison *spiritueux*, sont quelque chose de plus digestible que, par exemple, les productions végétales qui se trouvent encore simplement dans la couleur neutre et plus près du chimisme en son sens caractéristique. Du fait qu'elles sont plus intensément un Soi, les premières substances constituent une opposition d'autant plus forte ; mais, précisément par là, elles sont des excitants plus homogènes. – Les médicaments sont, dans cette mesure, des excitants *négatifs*, des poisons ; quelque chose de stimulant et en même temps de non digestible est offert à l'organisme qui, dans la maladie, s'est rendu étranger à lui-même, comme quelque chose d'étranger *extérieur* à
308 lui, contre quoi il lui faut se concentrer et entrer dans un procès à travers | lequel

il puisse parvenir à nouveau au sentiment de soi et à sa subjectivité. Autant le *brownianisme* [1] fut un formalisme vide lorsqu'il était censé être le système tout entier de la médecine et lorsque la détermination des maladies fut réduite à la sthénie et asthénie, ainsi que, éventuellement encore, à l'asthénie directe et asthénie indirecte, et l'efficacité des remèdes au fait de renforcer et affaiblir, et lorsque ces différences furent réduites à du carbone et à de l'azote, avec de l'oxygène et de l'hydrogène, ou à un moment magnétique, électrique et chimique, et à des formules du même genre censées le faire entrer dans la philosophie de la nature, – autant a-t-il bien contribué à élargir la vision s'attachant à ce qui est simplement particulier et spécifique aussi bien dans les maladies que dans les remèdes, et à [faire] reconnaître, bien plutôt, dans les premières et dans les seconds, l'*universel* comme l'essentiel. Grâce à son opposition à la méthode antérieure, affirmant dans l'ensemble davantage *ce qui produit de l'asthénie*, il a aussi été montré que l'organisme ne réagit pas au traitement opposé dont il est l'objet d'une manière semblablement opposée, mais souvent d'une manière qui est, du moins dans les résultats finals, égale [à elle-même] et, par conséquent, *universelle*, et que son *identité simple* avec lui-même se prouve comme l'activité substantielle et vraiment efficiente face à une implication particularisée de certains de ses systèmes dans des excitations spécifiques. Autant les déterminations exposées dans le [présent] Paragraphe et sa Remarque sont générales et, par suite, en comparaison avec les phénomènes morbides si multiformes, insuffisantes, autant c'est seulement la ferme assise du concept qui peut aussi bien servir de guide à travers le particulier que, en outre, rendre intelligible ce qui se présente, à l'attitude habituelle plongée dans les données extérieures de ce qui est spécifique, comme extravagant et bizarre, aussi bien dans les phénomènes morbides que dans les manières de guérir.

§ 374

Dans la maladie, l'animal est imbriqué avec une puissance inorganique et fixé dans l'un de ses systèmes ou organes particuliers à l'encontre de l'unité de sa vitalité. Son organisme est, en tant qu'un être-là, d'une [certaine] force quantitative, et, à dire vrai, capable de

---

1. *Cf.* ci-dessus, § 359, Rem., note 2, p. 407.

surmonter sa scission, mais, tout autant, de succomber à elle et d'avoir en elle une modalité de sa mort. Somme toute, le fait que soit surmontée et que soit passagère une inadéquation singulière ne supprime pas l'inadéquation universelle que l'individu comporte en ceci, que son Idée est l'Idée *immédiate*, que, comme animal, elle se tient *à l'intérieur de la nature*, et que la subjectivité de cet animal est seulement *en soi* le concept, mais non pas *pour elle-même*. C'est pourquoi 309 l'universalité intérieure reste, face à la singularité naturelle | du vivant, la puissance *négative* dont il subit la violence et qui le fait périr, parce que son être-là en tant que tel n'a pas lui-même en lui cette universalité, par conséquent n'est pas la réalité correspondant à elle.

δ) *La mort de l'individu, qui meurt de lui-même*

§ 375

L'universalité suivant laquelle l'animal, en tant que singulier, est une existence *finie* se montre, en lui, comme la puissance abstraite à l'issue du processus lui-même abstrait qui se déroule à l'intérieur de lui (§ 356). L'inadéquation de l'animal à l'universalité est sa *maladie originelle* et le *germe* inné *de la mort*. La suppression de cette inadéquation est elle-même l'exécution de ce destin. L'individu supprime une telle inadéquation en tant qu'il insère dans l'universalité, pour l'y former, sa singularité, mais en même temps, dans la mesure où elle est abstraite et immédiate, il n'atteint qu'une *objectivité abstraite* dans laquelle son activité s'est émoussée, ossifiée, et [où] la vie est devenue une *habitude* sans processus, en sorte qu'il se met à mort ainsi de lui-même.

§ 376

Mais cette identité atteinte avec l'universel est la suppression de *l'opposition formelle*, [celle] de la singularité *immédiate* et de l'*universalité* de l'individualité, et c'est là seulement l'un des côtés et, en vérité, le côté abstrait, la *mort de l'être naturel*. Cependant, la subjectivité est, dans l'Idée de la vie, le concept, si bien qu'elle est *en soi l'être-dans-soi* absolu de l'*effectivité* et l'universalité concrète; moyennant la suppression produite au jour de l'*immédiateté* de sa réalité, elle est venue se joindre avec elle-même; l'ultime *être-hors-de-soi* de la nature est supprimé, et le concept qui n'est, dans elle, qu'*en soi*, est par là devenu *pour soi*. – La nature est, de ce fait, passée en sa vérité, en la subjectivité du concept, [subjectivité] dont l'*objectivité* elle-même est l'immédiateté supprimée de la singularité, *l'universalité concrète*, de telle sorte qu'est posé le concept qui a la réalité qui lui correspond, qui a le concept pour *être-là* de lui-même, – [c'est là] l'*esprit*.

TROISIÈME PARTIE

LA PHILOSOPHIE DE L'ESPRIT

LIVRE DEUXIÈME

LA PHILOSOPHIE DE L'ESPRIT

INTRODUCTION

§ 377

La connaissance de l'esprit est la plus concrète, par conséquent la plus haute et la plus difficile. « *Connais-toi toi-même!* » : ce commandement absolu n'a, ni en lui-même, ni là où il se présente historiquement en tant qu'exprimé, la signification seulement d'une *connaissance de soi* selon les aptitudes, le caractère, les inclinations et les faiblesses *particularisant* l'individu, mais la signification de la connaissance de ce qu'il y a de vrai dans l'homme, ainsi que de ce qu'il y a de vrai en et pour soi, – de l'*essence* elle-même en tant qu'esprit. La philosophie de l'esprit a tout aussi peu la signification de ce que l'on appelle la *connaissance des hommes*, laquelle se met en peine d'explorer, chez d'autres hommes, pareillement, les *particularités*, passions, faiblesses, ce que l'on appelle les replis du cœur humain, – connaissance qui, pour une part, n'a de sens que sous la présupposition de la connaissance de l'*universel*, de l'homme et, par là, essentiellement de l'esprit, [et,] pour une autre part, s'occupe des existences contingentes, insignifiantes, *non vraies*, du spirituel, mais ne pénètre pas jusqu'au *substantiel*, jusqu'à l'esprit lui-même.

§ 378

De la *pneumatologie* ou de ce que l'on appelle la *psychologie rationnelle*, en tant qu'abstraite métaphysique d'entendement, on a déjà fait mention dans l'Introduction. La *psychologie empirique* a pour ob-jet l'esprit *concret*, et, depuis que, après la renaissance des sciences, l'observation et l'expérience sont devenues la base principale de la connaissance du concret, elle a été pratiquée de la même manière, de telle sorte que, pour une part, cet [élément] métaphysique qu'on a évoqué a été maintenu en dehors de cette science empirique et n'est parvenu en lui-même à aucune détermination et teneur concrète, [et que,] pour une autre part, la science empirique s'en est tenue à l'habituelle métaphysique d'entendement avec ses forces, ses diverses activités, etc., et on a banni la considération spéculative. – C'est pourquoi les livres d'*Aristote sur l'âme*, avec ses traités sur des aspects et états particuliers de l'âme, sont encore toujours l'œuvre la plus remarquable ou [même] unique, présentant un intérêt spéculatif, sur cet ob-jet. Le but essentiel d'une philosophie de l'esprit ne peut être que celui de réintroduire le concept dans la connaissance de l'esprit, [et] par là de rouvrir aussi le sens de ces livres aristotéliciens.

312 |

§ 379

Le sentiment de soi de l'unité *vivante* de l'esprit se pose de lui-même face à l'éclatement de celui-ci dans les diverses *facultés*, *forces*, représentées comme subsistantes-par-soi les unes vis-à-vis des autres, ou – ce qui revient au même – dans les diverses activités représentées de la même manière. Mais, plus encore, les oppositions, qui se présentent aussitôt, de la *liberté* de l'esprit et de l'*être-déterminé* de celui-ci, ensuite de la libre activité efficiente de l'âme dans sa différence d'avec la corporéité[1] extérieure à elle, ainsi que, derechef, la connexion intime des deux [opposés], conduisent au besoin de *concevoir* [ce qu'il en est] ici. En particulier, les phénomènes du *magnétisme animal* ont, dans les temps modernes, amené à l'intuition, aussi dans l'expérience, *l'unité substantielle* de l'âme et la puissance

---

1. « Leiblichkeit ». Hegel ne distingue guère, quand il en est question dans la Philosophie de l'esprit, à propos de l'âme, entre « Körper » et « Leib », « Körperlichkeit » et « Leiblichkeit ».

de son idéalité, ce par quoi toutes les fixes différences d'entendement sont dérangées, et une considération spéculative montrée de façon plus immédiate comme nécessaire pour la solution des contradictions.

§ 380

La nature *concrète* de l'esprit comporte, pour l'examen, cette difficulté spécifique, que les déterminations et degrés particuliers du développement de son concept ne restent pas, en même temps, comme des existences particulières, en arrière et face à ses figurations plus profondes, ainsi que c'est le cas dans la nature extérieure, | où la 313 matière et le mouvement ont leur libre existence comme système solaire, où les déterminations des *sens* existent aussi, en allant vers l'arrière, comme propriétés des *corps*, et, de façon encore plus libre, comme éléments, etc. … Les déterminations et degrés de l'esprit, par contre, ne sont essentiellement que comme des moments, des états, des déterminations à même les degrés supérieurs du développement. Il se produit, de ce fait, que, à même une détermination inférieure, plus abstraite, le supérieur se montre déjà empiriquement présent, comme l'est, par exemple, dans la sensation, tout ce qu'il y a de supérieur dans l'esprit, en tant que contenu ou déterminité. C'est pourquoi, d'une façon superficielle, un tel contenu, ce qui est [d'ordre] religieux, éthique, etc., peut sembler avoir essentiellement sa place, et même sa racine, dans la sensation, qui n'est qu'une forme abstraite, et ses déterminations peuvent sembler devoir être considérées comme des espèces particulières de la sensation. Mais en même temps, en tant que des degrés inférieurs sont considérés, il devient nécessaire, pour les faire apercevoir suivant leur existence empirique, de renvoyer à des degrés supérieurs à même lesquels ils ne sont présents que comme formes, et, de cette manière, d'anticiper un contenu qui s'offre seulement plus tard dans le développement (par exemple, dans le cas de l'éveil naturel, la conscience –, dans le cas du dérangement de l'esprit[1], l'entendement, etc.).

Concept de l'esprit

§ 381

Pour nous, l'esprit a dans la *nature* sa *présupposition*, dont il est la vérité, et, par là, le [principe] *absolument premier*. Dans cette vérité, la nature est disparue, et l'esprit s'est produit comme l'Idée parvenue à son être-pour-soi, dont l'*objet*, aussi bien que le *sujet*, *est le concept*. Cette identité est *absolue négativité*, parce que, si, dans la nature, le concept a son objectivité extérieure accomplie, cette sienne extériorisation séparant d'avec soi est supprimée, et il est, en celle-ci, devenu pour lui-même identique à lui-même. Il n'est, par conséquent, cette identité qu'en tant qu'acte de faire retour à lui-même à partir de la nature.

§ 382

L'*essence* de l'esprit est, pour cette raison, de façon formelle, la *liberté*, l'absolue négativité du concept comme identité avec soi. 314 Suivant | cette détermination formelle, il *peut* faire abstraction de tout extérieur et de sa propre extériorité, de son être-là lui-même; il peut supporter la négation de son immédiateté individuelle, la *douleur* infinie, c'est-à-dire, dans cette négativité, se conserver de manière affirmative et être identique pour lui-même. Cette possibilité est son universalité étant-pour-soi abstraite, [prise] au-dedans d'elle-même.

---

1. « Verrücktheit ». – C'est là le terme allemand qui correspond au terme français « aliénation (mentale) »; nous retenons cependant la traduction littérale (Hegel lui-même insiste parfois sur le sens originel de « verrücken »: « déranger »): *dérangement de l'esprit*. *De l'esprit*: puisque, aussi bien, le moment – abstrait – de l'âme par là désigné n'est réalisé comme tel pour lui-même que par l'abstraction de soi qu'opère l'*esprit* en sa réalisation concrète; c'est bien le dérangement de l'*esprit* qui fait *être* ce moment de l'âme.

§ 383

Cette universalité est aussi son *être-là*. En tant qu'il est pour lui-même, l'universel se *particularise* et il est en cela identité avec soi. Par suite, la détermination de l'esprit est la *manifestation*[1]. Il n'est pas une quelconque déterminité ou un quelconque contenu dont l'extériorisation et extériorité ne serait qu'une forme différente d'eux-mêmes; de telle sorte qu'il ne révèle pas *quelque chose*, mais sa déterminité et son contenu sont une telle révélation même. C'est pourquoi sa possibilité est immédiatement une *effectivité* infinie, absolue.

§ 384

La *révélation* – qui est, en tant que l'Idée *abstraite*, passage immédiat, *devenir* de la nature – est, en tant que révélation de l'esprit, lequel est libre, *position* de la nature comme de *son* monde; une position qui, comme réflexion, est en même temps *présupposition* du monde comme d'une nature subsistante-par-soi. La révélation dans le concept est [la] création du monde comme de l'être de l'esprit, dans lequel celui-ci se donne l'*affirmation* et *vérité* de sa liberté.

L'absolu est esprit – c'est là la définition la plus haute de l'absolu. – Trouver cette définition et concevoir son sens et contenu, telle fut – peut-on-dire – la tendance absolue de toute culture et philosophie, [et] c'est sur ce point que se sont concentrées toute religion et toute science; c'est à partir de cette concentration uniquement que l'histoire mondiale peut être conçue. – Le mot « esprit » et la *représentation* de l'esprit ont été trouvés de bonne heure, et le contenu de la religion chrétienne consiste à faire connaître Dieu comme esprit. Ce qui est ici *donné* à la représentation, et qui est *en soi* l'essence, le saisir dans son élément propre, le concept, c'est la tâche de la philosophie, tâche qui n'est

---

1. « *Manifestation* ». – La « manifestation » ou « révélation » (« Offenbarung ») est l'objectivation de l'Idée logique, qui ainsi *est* esprit, mais l'Idée logique n'*est* rien d'autre que son *acte* de s'objectiver librement, d'abord comme nature. C'est pourquoi, en tous les degrés de sa manifestation, l'esprit n'est rien d'autre que cette manifestation, qui est ainsi manifestation d'elle-même.

pas résolue de manière vraie et immanente tant que le concept et la liberté ne sont pas son ob-jet et son âme.

315 | *Division*

§ 385

Le développement de l'esprit consiste en ceci, qu'il est :

1) Dans la forme de la *relation à soi-même*, que, à l'intérieur de lui-même, lui advient la totalité *idéelle* de l'Idée, cad. que ce qui est son concept devient pour lui et que son être lui est ceci, [à savoir] d'être chez soi, c'est-à-dire libre –, *esprit subjectif*;

2) Dans la forme de la *réalité* comme d'un *monde* à produire et produit par lui, dans lequel la liberté est en tant que nécessité présente, – *esprit objectif*;

3) Dans une *unité*, *étant en et pour soi* et se produisant éternellement, de l'objectivité de l'esprit et de son idéalité ou de son concept, l'esprit en sa vérité absolue, – l'*esprit absolu*.

§ 386

Les deux premières parties de la *théorie de l'esprit* embrassent l'esprit *fini*. L'esprit est l'Idée infinie, et la finité a ici la signification qui est la sienne, celle d'être l'inadéquation du concept et de la réalité, avec la détermination consistant en ce qu'elle est, pour l'esprit, le paraître à l'intérieur de lui-même. C'est là une apparence que l'esprit, *en soi*, se donne comme une borne, afin que, *pour soi*, par la suppression de celle-ci, il ait et sache la liberté comme *son* essence, c'est-à-dire soit absolument *manifesté*. Les divers degrés de cette activité, dans lesquels, en tant qu'ils sont l'apparence, l'esprit fini a pour destination de séjourner, et qu'il a pour destination de parcourir, sont des degrés de sa libération. Dans la vérité absolue de celle-ci, c'est, pour lui, une seule et même chose que de *trouver déjà là* un monde comme un monde présupposé, de l'*engendrer* comme quelque chose de posé par lui, et de se libérer de ce monde et dans ce monde; c'est là une vérité dont la forme infinie est ce en direction de quoi, comme en direction du savoir de cette vérité, l'apparence opère sa purification.

La détermination de la *finité* est surtout fixée par l'*entendement* lorsqu'il s'agit de l'*esprit* et de la *raison*; alors on ne considère pas seulement comme une chose qui regarde l'entendement, mais aussi comme une affaire morale et religieuse, de maintenir ferme le *point de vue* de la | finité comme un point de **316** vue *ultime*, tout autant que, par contre, on considère comme une présomption de la pensée, voire même comme un dérangement de celle-ci, de vouloir aller au-delà d'un tel point de vue. – Mais c'est, bien plutôt, la plus fâcheuse des vertus qu'une telle *modestie* de la pensée, qui fait du *fini* quelque chose d'absolument fixe, un *absolu*; et c'est la connaissance la plus dénuée de profondeur que celle qui s'en tient à ce qui n'a pas son fondement en soi-même. La détermination de la *finité* a été élucidée et discutée depuis longtemps en son lieu, dans la Logique. Celle-ci, ensuite, pour ce qui est des formes-de-pensée davantage déterminées, mais encore toujours simples, de la finité – tout comme le reste de la philosophie, pour ce qui est des formes concrètes de cette finité – ne consiste qu'à montrer que le fini n'*est* pas, c'est-à-dire n'est pas le vrai, mais est purement et simplement le fait de *passer* [*en autre chose*] et d'aller *au-delà de* soi. – Ce fini des sphères précédentes est la dialectique par laquelle il a sa disparition moyennant un *autre* et dans un autre. Par contre, l'esprit – le concept et ce qui est *en soi* éternel – est ceci même, à savoir que c'est en lui-même qu'il accomplit cet anéantissement de ce qui est du néant, qu'il rend vain ce qui est vain. – La modestie dont il a été fait mention consiste à maintenir ferme cet être vain, le fini, contre le vrai, et, pour cette raison, elle est elle-même ce qui est vain. Cette vanité se produira, dans le développement de l'esprit lui-même, comme son enfoncement extrême en sa subjectivité et comme sa contradiction la plus intime – et, par là, comme le point où s'opère son tournant –, comme le *Mal*.

L'ESPRIT SUBJECTIF

§ 387

L'esprit qui se développe au sein de son idéalité est l'esprit en tant que *connaissant*. Cependant, la connaissance n'est pas ici simplement appréhendée telle qu'elle est quand elle est la déterminité de l'Idée en tant qu'Idée logique (§ 223), mais telle qu'elle est quand l'esprit *concret* se détermine à être elle-même.

L'esprit subjectif est :

A. *En soi* ou *immédiat*; ainsi, il est l'*âme*[1] ou l'*esprit-nature*[2], – l'ob-jet de l'*anthropologie*.

B. *Pour soi* ou *médiatisé*, encore en tant que réflexion identique en soi-même et en autre chose; l'esprit dans le *Rapport* ou la particularisation; *conscience*, – l'ob-jet de la *phénoménologie* de l'esprit.

C. *L'esprit se déterminant en lui-même*, en tant que *sujet* pour lui-même, l'ob-jet de la *psychologie*.

Dans l'*âme*, *s'éveille* la *conscience*; la conscience *se pose comme [une] raison*, qui s'est immédiatement éveillée en la raison qui se sait, laquelle se libère, par son activité, de façon à être l'objectivité, la conscience de son concept.

---

1. « die *Seele* ».
2. « der *Naturgeist* ».

De même que, dans le concept en général, la déterminité, qui se présente à son niveau, est une *progression* du *développement*, de même, aussi, au niveau de l'esprit, chaque déterminité en laquelle celui-ci se montre est un moment du développement et, dans la détermination progressive, ponctue la marche en avant vers le *terme de sa visée*, [à savoir] de se faire et de devenir *pour lui-même* ce qu'il est *en soi*. Chaque degré est, à l'intérieur de lui-même, ce processus, et le produit d'un degré consiste en ce qu'est *pour l'*esprit (c'est-à-dire pour la forme qu'il a dans ce degré) ce qu'il était, au début de ce même degré, *en soi* ou, de ce fait, seulement *pour nous*. – La manière de considérer [les choses] psychologique, par ailleurs habituelle, indique, sur le mode du récit, ce qu'*est* l'esprit ou l'âme, ce qui *arrive* à celle-ci, ce qu'elle *fait*; de telle sorte que l'âme est présupposée comme sujet tout achevé, où des déterminations de ce genre viennent au jour seulement comme des *extériorisations* à partir desquelles on doit connaître ce | qu'elle *est* –, quelles sortes de facultés et forces elle possède en elle; sans qu'on ait conscience de ce que l'*extériorisation* de ce qu'elle *est* pose cela même, quant au concept, *pour elle*, ce par quoi elle a gagné une détermination plus haute. – De la progression qui est ici à considérer, il faut distinguer – et c'en est exclu – ce qu'est la culture et éducation. Cette sphère-ci se rapporte *seulement* aux sujets *singuliers* comme tels, [à savoir] que l'esprit universel soit amené en eux à l'existence. Dans la vision philosophique de l'esprit en tant que tel, il est considéré en lui-même en tant que se cultivant et éduquant dans son concept, et ses extériorisations le sont comme les moments de son acte de se produire en vue de lui-même, de s'enchaîner avec lui-même, ce par quoi seulement il est esprit effectif.

318

A

ANTHROPOLOGIE

L'âme

§ 388

L'esprit est *devenu* en tant que la vérité de la nature. Outre que, dans l'Idée en général, ce résultat a la signification de la vérité et, bien plutôt, de ce qui est premier par rapport à ce qui précède, le devenir ou passage [en autre chose] a, dans le concept, la signification plus déterminée du *libre jugement*. L'esprit devenu a, par conséquent, ce sens que la nature, en elle-même, se supprime comme ce qui est sans vérité, et que l'esprit se présuppose ainsi comme cette universalité qui n'est plus *hors de soi* dans une singularité corporelle, mais *simple* en sa concrétion et totalité, universalité dans laquelle il est *âme*, pas encore esprit.

§ 389

L'âme n'est pas seulement pour elle-même immatérielle, mais elle est l'immatérialité universelle de la nature, la vie idéelle simple de celle-ci. Elle est la *substance*, ainsi la base absolue de toute particularisation et singularisation de l'esprit, de telle sorte qu'il a en elle tout matériau de sa détermination et qu'elle reste l'idéalité pénétrante, identique, de celle-ci. Mais, dans cette détermination encore abstraite, elle est seulement le *sommeil* de l'esprit ; – le | νοῦς *passif* d'Aristote, **319** qui, suivant la *possibilité*, est tout [1].

La question de l'immatérialité de l'âme ne peut plus avoir d'intérêt que si l'on se représente, d'un côté, la matière comme quelque chose de *vrai*, et, de l'autre, l'esprit comme une *chose*. Mais, dans les temps modernes, la matière s'est raréfiée même dans les mains des physiciens ; ils sont parvenus à des éléments *impondérables*, comme la chaleur, la lumière, etc., au nombre desquels ils pourraient aisément compter aussi l'espace et le temps. Ces impondérables, qui ont perdu la propriété – caractéristique de la matière – de la pesanteur, dans un certain sens aussi la capacité d'opposer de la résistance, ont pourtant encore, par ailleurs, un être-là sensible, un être-extérieur-à-soi, tandis qu'à la *matière vitale*, que l'on peut aussi trouver comprise parmi de tels êtres, ne manque pas seulement la pesanteur, mais aussi tout autre être-là suivant lequel elle se laisserait encore compter comme quelque chose de *matériel*. En réalité, dans l'Idée de la vie, l'être-extérieur-à-soi de la nature est déjà *en soi* supprimé, et le concept, la substance de la vie, est en tant que subjectivité, toutefois seulement de telle sorte que l'existence ou objectivité échoit encore, en même temps, à cet être-extérieur-à-soi qu'on a dit. Mais, dans l'esprit, en

1. *Cf.* Aristote, *De l'Âme*, III, 4-8.

tant qu'il est le concept dont l'existence n'est pas la singularité immédiate, mais l'absolue négativité, la liberté, de telle sorte que l'objet ou la réalité du concept est le concept lui-même, l'être-extérieur-à-soi, qui constitue la détermination fondamentale de la matière, est totalement volatilisé en l'idéalité subjective du concept, en l'universalité. L'esprit est la vérité existante de la matière, [à savoir] que la matière elle-même n'a aucune vérité.

Une question se rattachant à la première est celle de la *communauté de l'âme et du corps*. Cette communauté fut admise comme un *Fait*, et il s'agissait seulement de savoir comment elle était à *concevoir*. On peut tenir pour la réponse habituelle, que cette communauté est un mystère *inconcevable*. Car, en fait, si les deux [réalités] sont présupposées comme des [réalités] *absolument subsistantes-par-soi* l'une en face de l'autre, elles sont tout aussi impénétrables l'une à l'autre que, ainsi qu'il a été admis, chaque matière est impénétrable pour une autre et qu'elle ne peut se trouver que dans le non-être réciproquement offert, les pores, de l'autre ; ainsi qu'Épicure a bien assigné aux dieux leur séjour dans les pores, mais, de façon conséquente, ne leur a imposé aucune communauté avec le monde. – On ne peut regarder comme ayant la même signification que cette réponse celle qu'ont donnée tous les philosophes depuis que ce Rapport est devenu une question. *Descartes, Malebranche, Spinoza, Leibniz* ont, tous ensemble, désigné *Dieu* comme cette relation, et cela en ce sens que la finité de l'âme et la matière ne sont que des déterminations idéelles l'une vis-à-vis de l'autre et n'ont aucune vérité, | de telle sorte que Dieu, chez ces philosophes, n'est pas simplement – comme c'est souvent le cas – un autre mot pour cette inconcevabilité dont on vient de parler, mais est, bien plutôt, saisi comme l'*identité*, seule vraie, de celles-là. Cette *identité* est, toutefois, tantôt trop abstraite, comme l'identité spinoziste, tantôt, comme la monade des monades leibnizienne, certes aussi identité qui *crée*, mais seulement en tant qu'elle *juge*, de telle sorte que l'on parvient à une différence de l'âme et de ce qui est corporel, matériel, tandis que l'identité est seulement comme *copule* du jugement, [et] ne progresse pas de façon à être le développement et le système du syllogisme absolu.

§ 390

L'âme est, tout d'abord,

a) dans sa *déterminité naturelle* immédiate, – l'âme qui, seulement, *est*, l'âme *naturelle* ;

b) elle entre, en tant qu'*individuelle*, dans le Rapport avec cet être immédiat qui est le sien, et elle est, dans les déterminités de celui-ci, abstraitement *pour elle-même* – âme *qui ressent* ;[1]

c) cet être est, en tant que sa corporéité, intégré de façon formatrice en elle, et elle est, en lui, comme son âme *effective*.

a) L'âme naturelle

§ 391

L'*âme universelle* ne doit pas être fixée comme *âme du monde*, en quelque sorte comme un sujet, car elle est seulement la *substance* universelle, qui n'a sa vérité effective que comme *singularité*, subjectivité. Elle se montre ainsi comme âme singulière, mais immédiatement seulement comme âme dans l'élément de l'*être*, [et] qui a, en elle, des déterminités naturelles. Celles-ci ont, pour ainsi dire, *en arrière* de leur idéalité, une *libre* existence, c'est-à-dire qu'elles sont, pour la conscience, des ob-jets naturels, mais auxquels l'âme comme telle ne se rapporte pas comme à des ob-jets naturels extérieurs. Elle a, bien plutôt, en elle-même, ces déterminations comme des *qualités naturelles*.

α) *Qualités naturelles*

§ 392

L'esprit 1) dans sa substance – l'âme naturelle –, vit en y étant accordé la vie planétaire universelle, la différence des | climats, **321** l'alternance des saisons, des moments de la journée, etc., – une vie naturelle qui, en lui, ne parvient, pour une part, qu'à de troubles humeurs.

---

1. Nous traduisons par « âme *qui ressent* » l'expression allemande « *fühlende* Seele ».

Dans les temps modernes, il est devenu beaucoup question d'une vie *cosmique*, *sidérale*, *tellurique*, de l'homme. L'animal vit essentiellement dans cette sympathie; son caractère spécifique ainsi que ses développements parti-culiers sont en connexion avec une telle vie, dans de nombreux cas totalement, toujours plus ou moins. Chez l'homme, de telles connexions perdent d'autant plus en importance qu'il est plus cultivé et que son état tout entier est, par là, davantage établi sur une assise spirituelle libre. L'histoire mondiale est aussi peu en connexion avec des révolutions dans le système solaire que les destins des [individus] singuliers le sont avec les positions des planètes. – La diffé-rence des climats contient une déterminité plus ferme et plus puissante. Mais, aux saisons, aux moments de la journée, ne correspondent que des humeurs plus faibles, qui ne peuvent surtout se faire voir que dans des états morbides, auxquels appartient aussi le dérangement de l'esprit, dans la dépression de la vie consciente de soi. – Au milieu de la superstition des peuples et des égarements de l'entendement faible, on trouve, chez des peuples qui ont moins progressé dans la liberté spirituelle et, pour cette raison, vivent encore davantage en union avec la nature, aussi *quelques* connexions effectives et, se fondant sur celles-ci, des prévisions, qui semblent prodigieuses, de situations avec les événements qui s'y rattachent. Mais, avec l'approfondissement de la saisie de soi de la liberté de l'esprit, disparaissent aussi ces dispositions peu nombreuses et peu importantes qui se fondent sur la vie en accord avec la nature. L'animal, comme la plante, leur reste, par contre, assujetti.

§ 393

La vie planétaire universelle de l'esprit-nature 2) se particularise dans les différences concrètes de la Terre et se décompose dans les *esprits-nature particuliers*, qui au total, expriment la nature des continents géographiques, et constituent la *diversité des races*.

L'opposition de la polarité terrestre – du fait de laquelle la terre, vers le nord, est plus compacte et a la prépondérance sur la mer, tandis que, du côté de l'hémisphère sud, elle va se disperser en des pointes séparées – introduit en même temps dans la différence des continents une modification que *Treviranus* (*Biologie*, 2e Part.) a montrée pour ce qui est des plantes et des animaux.

| § 394   322

Cette différence se développe pour passer dans les particularités que l'on peut appeler des *esprits locaux*, et qui se manifestent dans la manière extérieure de vivre et de s'occuper, la conformation et disposition corporelle, mais, plus encore, dans la tendance et aptitude intérieure du caractère intellectuel et éthique des peuples.

Aussi loin que l'histoire des peuples remonte, elle montre la constance de ce type [caractéristique] des nations particulières.

§ 395

L'âme est 3) singularisée en *sujet individuel*. Mais cette subjectivité n'entre en considération ici que comme singularisation de la *déterminité naturelle*. Elle est en tant que le *mode* de l'être divers du tempérament, du talent, du caractère, de la physionomie, et des autres dispositions et idiosyncrasies distinguant des familles ou les individus singularisés.

β) *Changements naturels*

§ 396

En l'âme, en tant qu'elle est déterminée comme [un] *individu*, les différences sont en tant que *changements* à même celui-ci, le sujet un qui persiste en elles, et en tant que *moments* de son développement. Puisqu'elles sont des différences, tout en un, physiques et spirituelles, il faudrait, pour leur détermination ou description plus concrète, anticiper la notion de l'esprit formé.

Elles sont, 1) le *cours* naturel *des âges de la vie*, depuis l'*enfant*, l'esprit enveloppé en lui-même, – en passant par l'opposition développée, la tension d'une universalité elle-même encore subjective (idéaux, imaginations, devoir-être, espoirs, etc.) face à la singularité immédiate, c'est-à-dire face au monde présent, non conforme à de tels idéaux, etc., et à la situation où se trouve, dans son être-là, vis-à-vis de ce monde, l'individu qui, de l'autre côté, est encore privé de subsistance-par-soi et, en lui-même, inachevé (le *jeune homme*), – pour arriver au Rapport vrai, à la *reconnaissance* de la nécessité et rationalité *objective* du monde déjà présent, achevé, [et] tel que, de 323 son œuvre s'accomplissant en et pour elle-même, | l'individu retire, pour son activité, une confirmation et une part, moyennant quoi il *est quelque chose*, il a une présence effective et une valeur objective (*l'homme* [*fait*]), – jusqu'à ce que s'accomplisse l'unité avec cette objectivité, laquelle unité, en tant que réelle, passe dans l'inactivité d'une habitude émoussante, [et,] en tant qu'idéelle, se libère des intérêts et intrications bornés du présent extérieur – (le *vieillard*).

§ 397

2) Le moment de l'opposition réelle de l'individu à l'égard de lui-même, de telle sorte qu'il *se* cherche et trouve dans un *autre* individu; – le *Rapport des sexes*, [qui est] une différence naturelle entre, *d'un côté*, la subjectivité qui demeure bien unie avec elle-même dans la sensation de la vie éthique, de l'amour, etc., [qui] ne progresse pas jusqu'à l'extrême de l'universel dans des buts, dans l'État, la science, l'art, etc., et, *de l'autre côté*, l'activité, qui se tend en elle-même jusqu'à l'opposition d'intérêts universels, objectifs, à l'existence présente, celle propre à l'[individu] et celle du monde extérieur, et qui réalise effectivement ces intérêts, dans cette existence, en une unité qui n'est qu'à avoir d'abord été produite. Le Rapport des sexes acquiert dans la *famille* sa signification et détermination spirituelle et éthique.

§ 398

3) La différenciation de l'individualité, en tant qu'elle *est pour elle-même*, à l'égard d'elle-même en tant que, seulement, elle *est*, c'est, comme *jugement* immédiat, l'*éveil* de l'âme, lequel vient faire face à sa vie naturelle enfermée en elle-même tout d'abord comme [une] déterminité naturelle, et comme [un] *état* face à un autre état, le *sommeil*. – L'éveil n'*est* pas différent du sommeil seulement *pour nous*

ou extérieurement; lui-même est le *jugement* de l'âme individuelle, dont l'être-pour-soi est, pour elle, la relation de cette sienne détermination à son être, la différenciation d'elle-même d'avec son universalité encore indifférenciée. C'est dans l'état de veille qu'a son lieu, d'une façon générale, toute *activité* consciente de soi et rationnelle de la différenciation étant pour soi de l'esprit. – Le sommeil fortifie cette activité, non pas en tant qu'il repose de celle-ci d'une façon simplement négative, mais en tant qu'il fait revenir – du monde des *déterminités*, de la dispersion et fixation au sein des singularités – dans | l'essence universelle de la subjectivité, essence qui est la substance **324** de ces déterminités-là et la puissance absolue [disposant] d'elles.

De la différence du sommeil et de la veille, on fait habituellement l'une des *questions-attrape* – comme on pourrait les appeler – posées à la philosophie (même Napoléon, lors d'une visite à l'Université de Pavie, adressa cette question à la classe d'idéologie). La déterminité indiquée dans le paragraphe est abstraite, dans la mesure où elle concerne avant tout l'éveil comme éveil naturel, dans lequel l'éveil spirituel est, certes, implicitement contenu, mais non encore posé comme *être-là*. Si l'on devait parler plus concrètement de cette différence, qui, dans sa détermination fondamentale, reste la même, il faudrait que l'être-pour-soi de l'âme individuelle soit pris, de façon déjà déterminée, comme [le] Moi de la conscience et comme esprit doué d'entendement. La difficulté que l'on suscite à l'entreprise de différenciation de ces deux états, dont il a été question, ne naît proprement que pour autant que l'on considère en plus le rêve dans le sommeil, et que l'on détermine ensuite les représentations de la conscience éveillée, présente à elle-même, elles aussi seulement comme des *représentations*, ce que seraient pareillement les rêves. Dans cette détermination superficielle de «*représentations*», les deux états, assurément, s'accordent, c'est-à-dire que l'on ferme ainsi les yeux sur leur différence; et chaque fois qu'est indiquée une différence de la conscience éveillée, on revient à la remarque triviale, que celle-ci ne contient cependant aussi que des représentations. – Mais l'*être-pour-soi* de l'âme éveillée, appréhendé *concrètement*, est *conscience* et *entendement*, et le monde de la conscience d'entendement est tout à fait quelque chose d'autre qu'un tableau de simples représentations et images. Ces dernières, en tant que telles, sont liées surtout extérieurement, suivant les prétendues lois de la prétendue *association des idées*, sur un mode étranger à l'entendement, même si, ici et là, peuvent s'y mêler aussi des catégories. Mais, dans la veille, l'homme se comporte essentiellement comme [un] Moi concret, comme [un] entendement; grâce à celui-ci, l'intuition lui fait face comme une totalité concrète de déterminations, dans laquelle chaque maillon, chaque point, occupe sa place, déterminée en même temps par et avec toutes les autres. Ainsi, le contenu reçoit sa vérification, non pas de la simple représentation et différenciation subjective de lui-même, comme quelque chose d'extérieur, d'avec la personne, mais de la connexion concrète dans laquelle chaque partie se trouve avec toutes les autres parties de ce complexe. La veille est la conscience concrète de cette confirmation réciproque de chaque moment singulier de son contenu par tous les autres moments du tableau intuitionné. Cette conscience n'a pas alors besoin d'être développée distinctement, mais une telle déterminité englobante est contenue et présente dans le sentiment de soi concret. – Pour connaître la

325 différence du rêve et de la veille, on | n'a qu'à avoir devant les yeux, d'une façon générale, la différence kantienne entre l'*objectivité* de la représentation (son être-déterminé par des catégories) et sa *subjectivité*; en même temps, il faut qu'on sache ce qui vient d'être souligné, [à savoir] que ce qui est effectivement présent dans l'esprit n'a pas pour autant à être posé dans sa conscience d'une manière explicite, pas plus que l'élévation à Dieu de l'esprit qui vient à en avoir le sentiment n'a à faire face à la conscience sous la forme des preuves de l'être-là de Dieu, quoique, comme on l'a analysé précédemment, ces preuves n'expriment absolument que la teneur et le contenu d'un tel sentiment.

γ) *Sensation*

§ 399

Dormir et être éveillé sont tout d'abord, il est vrai, non pas de simples changements, mais des états qui *alternent* (progrès à l'infini). Dans ce Rapport formel, négatif, qui est le leur, est tout autant présent le Rapport *affirmatif*. Dans l'être-pour-soi de l'âme éveillée, l'être est contenu, comme moment idéel; ainsi, les déterminités-de-contenu de sa nature dormante, qui, comme dans leur substance, sont *en soi* dans cette nature, l'âme éveillée les *trouve dans elle-même*[1], et, à la vérité, pour elle-même. En tant que déterminité, un tel être particulier est différent de l'identité avec soi de l'être-pour-soi, et, en même temps, contenu de façon simple dans la simplicité de celui-ci, – [c'est là la] *sensation.*

§ 400

La sensation est la forme du sourd tissage de l'esprit dans son individualité sans conscience et sans entendement, dans laquelle *toute* déterminité est encore *immédiate*, est posée non développée suivant son contenu comme suivant l'opposition de quelque chose d'objectif au sujet, est en tant qu'appartenant à la réalité *propre* à lui en ce qu'elle a de naturel, de *plus particulier*. Le contenu du sentir est précisément par là *borné* et passager, parce qu'il appartient à l'être naturel, immédiat, donc à l'être qualitatif et fini.

Tout est dans la sensation, et, si l'on veut, tout ce qui se présente dans la conscience spirituelle et dans la raison a sa *source* et son *origine* en celle-là ; car source et origine ne signifient rien d'autre que la première manière d'être la plus immédiate en laquelle quelque chose | apparaît. Il ne suffirait pas que des **326** principes, la religion, etc., soient seulement dans la tête ; il faut qu'ils soient dans le cœur, dans la *sensation*. En fait, ce qu'on a ainsi dans la tête est dans la conscience en général, et le contenu lui est *ob-jectif* de telle sorte que, tout autant qu'il se trouve posé en moi, dans le Moi abstrait, en général, il peut aussi être tenu éloigné de moi suivant ma subjectivité concrète ; dans la sensation, par contre, un tel contenu est une déterminité de mon être-pour-soi tout entier, quelque sourd qu'il soit dans une telle forme ; ce contenu est donc posé comme ce que j'ai *de plus propre*. Ce que l'on a en propre est ce qui n'est pas séparé du Moi concret effectif, et cette unité immédiate de l'âme avec sa substance et le contenu déterminé de celle-ci est précisément un tel être-non-séparé, pour

---

1. Hegel définit ainsi la *sensation* (« *Empfindung* »), le *sentir* (« empfinden »), par le fait de *trouver* (« *finden* ») *dans soi-même* (« *in sich selbst* »), *en tirant de* (« *emp* ») soi-même, de son être propre.

autant qu'il n'est pas déterminé de façon à être le Moi de la conscience, [et] encore moins la liberté d'une spiritualité rationnelle. Que, d'ailleurs, la volonté, le for intérieur [1], le caractère, possèdent encore une tout autre intensité et fermeté de l'*être-mien-en-propre* que la sensation en général et le complexe de celle-ci, le *cœur*, c'est ce qui se trouve aussi dans les représentations habituelles. – Il est, certes, juste de dire que, avant tout, le *cœur* doit être *bon*. Mais, que la sensation et le cœur ne soient pas la forme par laquelle quelque chose serait *justifié* comme religieux, éthique, vrai, juste selon le droit, etc., et que, en appeler au cœur et à la sensation, ce soit ou bien seulement ne rien dire ou bien, plutôt, dire quelque chose de mauvais, cela ne devrait pas, pour soi-même, avoir à être rappelé. Il ne peut y avoir aucune expérience plus triviale que celle-ci, [à savoir] qu'il y a pour le moins également des sensations et des cœurs méchants, mauvais, impies, bas, etc. ; et même, que des cœurs seulement un tel contenu procède, cela se trouve exprimé dans ces paroles : « Du *cœur* proviennent mauvaises pensées, meurtre, adultère, fornication, outrage, etc. » [2]. En des temps où une théologie et une philosophie scientifiques font du cœur et de la sensation le critère du Bien, de l'éthique et du religieux, il est nécessaire de renvoyer à cette triviale expérience-là, tout autant qu'il est nécessaire aussi de nos jours de rappeler que la *pensée* est ce que l'homme a *de plus propre* [et] par quoi il se différencie de la bête, tandis qu'il a en commun avec celle-ci le sentir.

§ 401

Ce que l'âme en tant que sentir trouve en elle est, d'une part, l'immédiateté naturelle, en tant que rendue en elle idéelle et appropriée à elle. D'autre part, inversement, ce qui appartient originairement à l'être-pour-soi – c'est-à-dire tel que, davantage approfondi en lui-même, il est le Moi de la conscience et l'esprit libre – est déterminé en *corporéité* naturelle et ainsi senti. Suivant cela, se différencient 327 | [deux sphères :] une sphère du sentir qui est tout d'abord une détermination de la corporéité (de l'œil, etc., en général de chaque partie corporelle), détermination qui devient une sensation en étant rendue

1. « Gewissen ».
2. Matthieu, XV, 19.

intérieure dans l'être-pour-soi de l'âme, *rappelée à elle-même par intériorisation*, – et une autre sphère, celle des déterminités nées dans l'esprit, lui appartenant, qui, pour être en tant que trouvées, pour être senties, sont *traduites corporellement*[1]. Ainsi, la déterminité se trouve posée dans le sujet comme dans l'âme. De même que la spécification plus poussée du sentir évoqué d'abord est donnée par avance dans le système des sens, de même se systématisent nécessairement aussi les déterminités du sentir qui viennent de l'intérieur et dont la traduction corporelle, en tant qu'elle se trouve posée dans la naturalité vivante concrètement développée, se réalise, suivant le contenu *particulier* de la détermination spirituelle, dans un système ou organe *particulier* du corps.

Le sentir en général est le sain vivre-accordé de l'esprit individuel dans sa corporéité. Les sens sont le système simple de la corporéité spécifiée; a) l'*idéalité* physique se décompose en deux, parce que, en elle en tant qu'idéalité immédiate, pas encore subjective, la différence apparaît comme *diversité*: *les* sens de la *lumière* déterminée (*cf.* § 317 *sq.*) et du *son* (§ 300); b) la réalité différenciée est aussitôt pour elle-même une réalité dédoublée: les sens de l'odorat et du goût (§ 321-322); c) le sens de la réalité compacte, de la matière pesante, de la chaleur (§ 303), de la figure (§ 310). Autour du centre de l'individualité sentante, ces spécifications s'ordonnent de façon plus simple que dans le développement de la corporéité naturelle.

Le *système* du sentir intérieur, dans sa *particularisation* qui se traduit corporellement, mériterait d'être développé et traité dans une science propre, – *une physiologie psychique*. Quelque chose [relevant] d'une relation de cette espèce est contenu déjà dans la sensation de la conformité ou non-conformité d'une sensation immédiate à l'*intérieur* sensible déterminé pour lui-même, – l'*agréable* ou *désagréable*, de même aussi que dans la comparaison *déterminée* au sein de la position comme *symboles* des sensations, par exemple de couleurs, de sons, d'odeurs, etc. Mais le côté le plus intéressant d'une

---

1. «*verleiblicht*». Pour traduire «Verleiblichung» – et dans le souci constant de respecter l'effort hégélien pour faire parler la philosophie dans la langue coutumière –, nous avons recours à l'expression française, traditionnellement employée dans ce sens, de «traduction corporelle».

physiologie psychique consisterait à considérer, non pas la simple sympathie, mais, de façon plus déterminée, la *traduction corporelle* que se donnent des déterminations spirituelles, particulièrement en tant qu'*affects*. Il y aurait à concevoir la connexion moyennant laquelle la colère et le courage sont sentis dans la poitrine, dans le sang, dans le système de l'irritabilité, tout comme la réflexion, l'occupation spirituelle le sont dans la tête, le centre du système de la sensibilité. Il y aurait à acquérir une intelligence plus profonde que cela n'a **328** été le cas jusqu'à maintenant, | des connexions les plus connues en vertu desquelles se forment, à partir de l'âme, les pleurs, la voix en général, plus précisément la parole, le rire, le soupir, et ensuite encore de nombreuses autres particularisations qui touchent au pathognomonique et au physiognomonique. Les viscères et organes sont considérés, en physiologie, comme des moments seulement de l'organisme animal, mais ils forment en même temps un système de la traduction corporelle du spirituel et reçoivent de ce fait une tout autre interprétation.

§ 402

Les sensations sont, en raison de leur immédiateté et de l'être-trouvé, des déterminations *singulières* et *passagères*, des variations dans la substantialité de l'âme, posées dans son être-pour-soi identique à cette substantialité. Mais cet être-pour-soi n'est pas simplement un moment formel du sentir; l'âme est en soi une totalité réfléchie de ce sentir – [un] sentir de la substantialité totale, qu'elle est *en soi, dans elle-même, – âme qui ressent.*

Pour sensation et sentiment, l'usage de la langue ne fournit pas précisément une différence discriminante; toutefois, on ne vient pas à dire: sensation du droit, sensation de soi, etc., mais: sentiment du droit, sentiment de soi; avec la sensation est liée la sensibilité [à quelque chose]; c'est pourquoi l'on peut considérer que la sensation fait davantage ressortir le côté de la passivité, du *trouver*, c'est-à-dire de l'immédiateté de la déterminité dans le sentir, tandis que le sentiment vise en même temps davantage l'être-un-Soi qui y est impliqué.

b) *L'âme qui ressent*

§ 403

L'individu ressentant est l'*idéalité simple*, la subjectivité, du sentir. Il s'agit, pour lui, de *poser* sa substantialité, la plénitude qui est seulement *en soi*, comme subjectivité, de prendre possession de lui-même, et de devenir pour lui-même comme la puissance [disposant] de lui-même. L'âme, en tant qu'âme ressentante, est une individualité, non plus simplement naturelle, mais intérieure; cet être-pour-soi de l'âme, qui n'est encore que formel dans la totalité seulement substantielle, est à rendre subsistant-par-soi et à libérer.

| Nulle part autant que dans le cas de l'âme et, plus encore, de l'esprit, c'est **329** la détermination de l'*idéalité* qui est à fixer, pour la compréhension, de la manière la plus essentielle, [à savoir] que l'idéalité est *négation* du réel, mais que celui-ci est en même temps *conservé*, virtuellement retenu, bien qu'il n'existe pas. C'est la détermination que nous avons bien devant nous quand il est question des représentations, de la mémoire, etc. ... Chaque individu est une richesse infinie de déterminations du sentir, de représentations, de connaissances, de pensées, etc.; mais je n'en suis pas moins pour autant, *moi*, quelque chose de tout à fait *simple*, – un puits sans détermination, dans lequel tout cela est conservé sans exister. C'est seulement quand, *moi*, je me rappelle *une* représentation, que je l'extrais de cet intérieur pour l'amener à l'existence, devant la conscience. Il arrive, dans des maladies, que reviennent au jour des représentations, des connaissances, que l'on dit oubliées depuis de nombreuses années, parce qu'elles n'avaient pas, pendant un si long temps, été amenées à la conscience. Nous n'étions plus en leur possession; il se peut que nous n'accédions pas non plus, du fait d'une telle reproduction survenue dans la maladie, à leur possession dans l'avenir, et pourtant elles étaient en nous et demeurent encore en nous dans l'avenir. Ainsi, l'homme ne peut jamais savoir combien de connaissances il a *en lui-même*, en fait, bien qu'il les ait oubliées; – elles n'appartiennent pas à son effectivité, pas à sa subjectivité comme telle, mais seulement à son être étant en soi. Cette *intériorité simple* est et reste l'individualité dans toute déterminité et médiation de la conscience, qui est posée plus tard en elle. Ici, cette *simplicité* de l'âme est à fixer tout d'abord comme celle de l'âme ressentante, dans laquelle est contenue la corporéité, et à l'encontre de la représentation de cette corporéité qui est, pour la conscience et

l'entendement, une matérialité dont les éléments sont extérieurs les uns aux autres et qui est extérieure à l'âme. Pas plus que la *diversité variée* des multiples *représentations* ne fonde une extériorité réciproque et une multiplicité réelle dans le *Moi*, pas davantage l'extériorité réciproque réelle [des éléments] de la corporéité n'a de vérité pour l'âme ressentante ; en tant qu'elle sent, elle est déterminée *immédiatement*, donc naturelle et corporelle, mais l'extériorité réciproque et la diversité variée sensible que comporte cet être corporel ne valent pas plus pour l'âme que pour le concept comme quelque chose de réel, et, pour cette raison, comme une borne ; l'âme est le concept *existant*, l'existence du spéculatif. C'est pourquoi elle est, dans l'[être] corporel, l'unité simple *omniprésente* ; de même que, pour la représentation, le corps est une représentation *une*, et [que] l'[être] infiniment varié de sa composition matérielle et de son organisation est pénétré de part en part pour être amené à la *simplicité* d'un concept déterminé, de même la corporéité et, avec elle, tout ce qui, appartenant à sa sphère, se disperse selon l'extériorité réciproque, sont réduits, dans l'âme ressentante, en l'*idéalité*, en la *vérité* de la diversité variée naturelle. L'âme est *en soi* la totalité de la nature ; en tant qu'âme individuelle, elle est [une] monade ; elle est elle-même la totalité posée de son monde 330 *particulier*, en sorte que celui-ci | est inclus en elle, est son remplissement, tel que, dans sa relation à lui, elle ne se rapporte qu'à elle-même.

§ 404

En tant qu'*individuelle*, l'âme est *exclusive* en général et elle pose la différence *dans elle-même*. Ce qui est différencié par elle n'est pas encore un objet extérieur, comme dans la conscience, mais ce sont les déterminations de sa totalité sentante. Elle est, dans ce jugement, sujet en général, son objet est sa *substance*, qui est en même temps son prédicat. Cette substance n'est pas le contenu de sa vie naturelle, mais le contenu en tant qu'il est celui de l'âme individuelle, remplie de sensation ; mais, puisque cette âme est, en cela, en même temps une âme *particulière*, le contenu est son monde particulier, pour autant que celui-ci est inclus de manière implicite dans l'idéalité du sujet.

Ce degré de l'esprit est, pour lui-même, le degré de son obscurité, en tant que les déterminations de ce degré ne se développent pas en contenu conscient et relevant de l'entendement ; il est, dans cette mesure, d'une façon générale, formel. Il n'acquiert un intérêt propre que dans la mesure où il est *en tant que forme* et, par là, apparaît comme un *état* (§ 380), dans lequel le développement de l'âme, déjà parvenu, en sa détermination ultérieure, à la conscience et à l'entendement, peut à nouveau s'abîmer. La forme plus vraie de l'esprit, en existant dans une forme plus subordonnée, plus abstraite, renferme une inadéquation qui est la *maladie*. Dans cette sphère, il faut considérer les configurations abstraites de l'âme une fois pour elles-mêmes, une autre fois les considérer aussi comme les états maladifs de l'esprit, pour cette raison que ceux-ci ne peuvent être compris qu'à partir seulement de celles-là.

α) *L'âme qui ressent, en son immédiateté*

§ 405

1) L'individualité en tant qu'elle ressent est tout d'abord, certes, un individu monadique, mais qui, en tant qu'*immédiat*, n'est pas encore en tant que *lui-même*, n'est pas un sujet réfléchi en lui-même, et, de ce fait, est *passif.* Par conséquent, son individualité *en tant qu'elle est un Soi* est un sujet différent de lui, qui peut aussi être en tant qu'un autre individu dont l'être-un-Soi fait trembler le premier comme une substance qui est seulement un prédicat non subsistant-par-soi, et le détermine d'une manière qui exclut en général | toute 331 résistance ; ce sujet peut ainsi être appelé son *génie.*

Tel est, dans une existence immédiate, le Rapport où est pris l'enfant dans le sein de sa mère. – un Rapport qui n'est ni simplement corporel ni simplement spirituel, mais *psychique*, – un Rapport [relevant] de l'âme. Ce sont deux individus, et pourtant dans une unité d'âme encore indivise ; l'un n'est pas encore un *Soi*, pas encore impénétrable, mais quelque chose qui n'oppose pas de résistance ; l'autre est le sujet du premier, le Soi *singulier* des deux. – La mère est le *génie* de l'enfant, car, par génie, on a coutume d'entendre la totalité étant-un-Soi de l'esprit, dans la mesure où elle existe *pour elle-même* et constitue la substantialité subjective d'un Autre, lequel est seulement posé extérieurement comme un individu ; ce dernier a seulement un être-pour-soi formel. Ce qui est substantiel dans le génie est la totalité globale de l'être-là, de la vie, du caractère, non pas comme simple possibilité ou capacité ou en-soi, mais comme activité efficiente et manifestation active, comme subjectivité concrète.

Si l'on s'en tient à l'[être] spatial et matériel suivant lequel l'enfant existe comme embryon dans ses téguments, etc., particuliers, sa connexion avec la mère étant médiatisée par le cordon ombilical, le placenta, etc., c'est seulement l'existence anatomique et physiologique extérieure qui est prise en considération d'un point de vue sensible et réfléchissant; pour l'essentiel, le Rapport psychique, cette extériorité réciproque et cet être-médiatisé sensibles et matériels dont il vient d'être question n'ont aucune vérité. Dans le cas de cette connexion, il ne faut pas avoir sous les yeux simplement les communications – plongeant dans l'étonnement – de déterminations qui se fixent dans l'enfant sous l'effet de violentes émotions, lésions, etc., de la mère, mais tout le *jugement* psychique de la substance en lequel la nature féminine peut, dans elle-même, se briser en deux, comme le font, dans le domaine végétal, les monocotylédones, et dans lequel l'enfant n'a pas reçu par *communication*, mais a accueilli originairement en lui, aussi bien les dispositions à la maladie que les autres dispositions concernant la configuration, la manière de sentir, le caractère, le talent, les idiosyncrasies, etc.

De ce Rapport *magique*, se rencontrent ailleurs, dans la sphère de la vie consciente en sa présence à soi, des exemples et traces sporadiques, ainsi éventuellement entre des amis, en particulier entre des amies faibles nerveusement (c'est là un Rapport qui peut se développer pour donner les phénomènes de magnétisme), entre des époux, des membres d'une même famille.

La totalité-de-sentiment a pour son Soi une subjectivité distincte d'elle, qui, dans la forme citée de l'existence immédiate d'une telle vie [au sein] du sentiment, est aussi un autre individu par rapport à cette vie. Mais la totalité-de-sentiment est déterminée de façon à élever son être-pour-soi, à partir d'elle-même, dans une seule et même individualité, à la subjectivité; | celle-ci est la conscience en sa présence à soi, relevant de l'entendement, rationnelle, alors immanente à la totalité-de-sentiment. Pour cette conscience, cette vie [au sein] du sentiment, dont on vient de parler, est le matériau substantiel étant seulement en soi, dont le génie rationnel, conscient de soi, déterminant, est devenu la subjectivité en sa présence à soi. Cependant, un tel noyau de l'être-selon-le-sentiment ne contient pas seulement le naturel, le tempérament, etc., pour eux-mêmes inconscients, mais il reçoit aussi (dans l'habitude – voir ci-dessous)[1] en sa simplicité enveloppante tous les liens ultérieurs et tous les Rapports,

---

1. *Cf.* ci-dessous, § 410, Rem., p. 464 *sq.*

destins, principes essentiels ultérieurs, – d'une manière générale tout ce qui appartient au caractère, et à l'élaboration de quoi l'activité consciente de soi a pris la part la plus importante ; l'être-selon-le-sentiment est ainsi une âme en elle-même pleinement déterminée. La totalité de l'individu, dans cette manière d'être compacte, est différente du déploiement existant de sa conscience, de la représentation du monde, des intérêts, penchants, etc., développés, de cette conscience. Face à celle-ci – à cette extériorité réciproque médiatisée –, celle-là – cette forme intensive de l'individualité – a été appelée le *génie*, lequel donne la détermination ultime dans l'apparence [faite] de médiations, d'intentions, de raisons d'être, dans lesquelles la conscience développée se meut de côté et d'autre. Cette individualité concentrée se manifeste aussi dans cette manière d'être que l'on appelle le *cœur* ou *l'âme*[1]. On dit d'un homme qu'il n'a pas d'âme, dans la mesure où il considère les choses et agit avec une conscience qui a de la présence à soi, selon ses buts déterminés, qu'ils soient de grands buts substantiels ou des intérêts mesquins et injustes ; un homme qui est tout âme signifie davantage, [à savoir] un homme qui laisse faire son individualité relevant du sentiment, toute bornée qu'elle soit, et qui, dans les particularités qu'elle comporte, se trouve présent avec cette individualité tout entière, en étant rempli par elles complètement. – Mais on peut dire d'une telle disposition consistant à être tout âme, qu'elle est moins le génie lui-même que le « Indulgere genio »[2].

§ 406

2) La vie [au sein] du sentiment, en tant que *forme*, *état* de l'homme conscient de soi, cultivé, présent à soi, est une maladie dans laquelle l'individu se rapporte *de façon non médiatisée* au contenu concret de lui-même, et a sa conscience présente à soi de lui-même et

---

1. « *Gemüt* ».
2. *Cf.* Perse, *Satires*, V, 151 :
     « Indulge genio, carpamus dulcia, nostrum est
     Quod vivis, cinis et Manes et fabula fies »
     (« Satisfais ton génie ! cueillons les douceurs ! il te faut
     Vivre – cendre, Mânes et fable tu deviendras »).

de la connexion du monde établie par l'entendement, comme un état qui en diffère, – *somnambulisme magnétique* et états apparentés à lui.

Dans cette exposition encyclopédique, on ne peut fournir ce qui serait à fournir pour la preuve de la détermination donnée de l'état remarquable qui est principalement provoqué par le magnétisme animal, à savoir que les expé-
333 riences | correspondent. Pour cela, il faudrait, en tout premier lieu, ramener sous les points de vue universels qu'ils impliquent les phénomènes en eux-mêmes si variés et tellement divers les uns par rapports aux autres. Si l'élément factuel pouvait sembler avoir avant tout besoin de la vérification, une telle vérification serait pourtant à son tour superflue pour ceux à cause desquels il y en aurait besoin, parce qu'il se rendent la tâche de considérer les choses extrê-mement facile par ceci que, les récits, quelque infiniment nombreux qu'ils soient et quelque grandement attestés qu'ils soient par la culture, le carac-tère, etc., des témoins, ils les déclarent tout bonnement de l'illusion et de la tromperie, et ils sont si fermes dans leur entendement *a priori* que, non seule-ment toute attestation est sans pouvoir contre celui-ci, mais qu'ils ont aussi déjà nié ce qu'ils ont vu de leurs propres yeux. Pour, dans ce champ, croire et, plus encore, concevoir, même ce que l'on voit de ses propres yeux, la condition fondamentale est de n'être pas pris dans les catégories de l'entendement. – Que les moments principaux qui importent soient indiqués ici !

a) À l'être *concret* d'un individu appartient l'ensemble de ses intérêts fondamentaux, des Rapports empiriques, essentiels et particularisés, dans lesquels il se trouve à l'égard d'autres hommes et avec le monde en général. Cette totalité constitue *son* effectivité de telle sorte qu'elle lui est *immanente* et qu'elle a été appelée tout à l'heure son *génie*. Celui-ci n'est pas l'esprit libre voulant et pensant ; la forme propre au sentiment, dans laquelle s'abîme l'indi-vidu tel que nous le considérons ici, est bien plutôt, [de sa part,] le renoncement à son existence en tant que spiritualité étant chez soi. La conséquence la plus prochaine à tirer de la détermination produite est, relativement au *contenu*, que, dans le somnambulisme, ne se présente à la conscience que le cercle du monde déterminé de façon individuelle, des intérêts particularisés et des Rapports bornés. Des connaissances scientifiques ou des concepts philosophiques et des vérités universelles exigent un autre terrain, la pensée développée en conscience libre à partir de la torpeur de la vie prise dans le ressentir ; il est insensé d'attendre de l'état somnambulique des révélations sur des Idées.

b) L'homme qui a le sens et l'entendement sains a savoir de cette sienne effectivité, qui constitue le remplissement concret de son individualité, sur le mode de la conscience de soi, de l'entendement ; il la sait, à l'état de veille, dans la forme de la connexion de lui-même avec les déterminations qu'elle a en tant qu'un monde extérieur différent de lui, et il a savoir d'un tel monde comme d'une multiplicité variée qui a aussi bien *dans elle-même une connexion de l'ordre de l'entendement*. Dans ses représentations, ses plans subjectifs, il a aussi bien devant les yeux cette connexion – qui relève de l'entendement – de son monde, ainsi que la *médiation* de ses représentations et buts avec les existences objectives en elles-mêmes de part en part médiatisées | (*cf.* § 398, **334** Rem.). – Alors, ce monde qui est en dehors de lui a en lui ses fils, de telle sorte que ce que lui-même est effectivement *pour lui-même* consiste en *ceux-là* ; de telle sorte qu'il peut aussi dépérir en lui-même dès que ces extériorités disparaissent, s'il n'est pas, de façon expresse, en lui-même subsistant-par-soi et indépendant d'elles grâce à [la] religion, à [la] raison subjective et [au] caractère. Dans ce cas, il est moins capable de la forme de cet état dont il est ici question. – En guise de phénomène de cette identité qu'on a dite, on peut rappeler l'effet que la mort de parents aimés, d'amis, etc., peut avoir sur ceux qu'ils laissent derrière eux, le fait que, avec l'un, l'autre meurt ou dépérit (de même, *Caton*, lui aussi, ne pouvait plus vivre après la ruine de la République romaine, son effectivité intérieure n'allait pas plus loin ni plus haut que celle-ci) –, le mal du pays, etc. ...

c) Mais en tant que le remplissement de la conscience – son monde extérieur et son Rapport à celui-ci – est enveloppé, et que l'âme est ainsi plongée dans le sommeil (dans le sommeil magnétique, la catalepsie, d'autres maladies, par exemple du développement féminin, l'approche de la mort, etc.), cette *effectivité immanente* de l'individu, dont il a été question, demeure la même totalité substantielle en tant qu'une *vie [au sein] du sentiment*, qui est en elle-même une vision, un savoir. Parce que c'est la conscience développée, parvenue à maturité, cultivée, qui est retombée dans un tel état du sentiment, elle conserve, assurément, avec son contenu, le [moment] formel de son être-pour-soi, un intuitionner et savoir *formel*, mais qui ne progresse pas jusqu'au jugement de la conscience moyennant lequel son contenu est comme objectivité extérieure pour la conscience, lorsqu'elle est en bonne santé et éveillée. Ainsi, l'individu est la monade qui sait dans elle-même son effectivité, l'intuition de soi du génie. Ce qui est donc caractéristique dans ce savoir, c'est que le même contenu qui, comme effectivité de l'ordre de l'entendement, est objectif pour la conscience en bonne santé – [et] tel que celle-ci en sa présence à soi a besoin, pour le savoir, de la *médiation* relevant de l'entendement, prise en toute son extension réelle –, peut être, dans cette immanence, *immédiatement* su d'elle, offert à sa *vision*. Un tel intuitionner est un acte de *clairvoyance*, pour autant qu'il est [un] savoir dans la substantialité indivise du génie et qu'il se trouve dans l'*essence* de la connexion, qu'il n'est donc pas lié aux séries des conditions médiatisantes, extérieures les unes aux autres, que la conscience en sa présence à soi a à parcourir, et eu égard auxquelles elle est bornée suivant sa propre singularité extérieure. Mais cet acte de clairvoyance, parce que, dans ce qu'il a de trouble, le contenu n'est pas déployé comme une connexion de l'ordre de l'entendement, est *abandonné* à toute *contingence* propre du sentiment, de l'imagination, etc., outre que des représentations *étrangères* (voir ci-dessous [1]) pénètrent dans sa vision. C'est pourquoi on ne peut établir s'il y a plus de ce dont les clairvoyants ont une vision juste ou de ce en quoi ils s'illusionnent. – Mais il est absurde de tenir la vision relevant de cet | état pour une élévation de l'esprit et pour un état plus vrai, capable en lui-même de connaissances *universelles* *.

d) Une détermination essentielle, dans cette vie [au sein] du sentiment, à laquelle fait défaut la personnalité de l'entendement et de la volonté, est celle-ci, à savoir qu'une telle vie est un *état* de *passivité*, tout comme celui de

---

* *Platon* a mieux connu le Rapport de la *prophétie* en général au savoir de la conscience en sa présence à soi, que beaucoup de Modernes, qui s'imaginèrent légèrement avoir, dans les représentations platoniciennes de l'*enthousiasme*, une [instance faisant] autorité pour leur croyance en la nature élevée des révélations de la vision somnambulique. Dans le *Timée* (éd. Steph., III, p. 71 *sq.* [2]), *Platon* dit que, afin que la partie *irrationnelle* de l'âme devienne elle aussi, en quelque façon, participante à la vérité, Dieu a créé le *foie* et lui a donné la *manteia*, le pouvoir d'avoir des visions. Que Dieu a accordé à la *déraison* humaine un tel pouvoir de prédire, une preuve suffisante en est, ajoute-t-il, qu'aucun homme de sens rassis ne devient participant à une véritable vision, alors que cela se produit, soit que l'entendement soit enchaîné dans le sommeil, soit qu'il soit transporté hors de lui-même par la *maladie* ou par un enthousiasme. « À juste titre, on a déjà dit, il y a longtemps : faire et connaître soi-même et ce qui est à soi, cela n'appartient qu'à l'homme de sens rassis » [3]. *Platon* fait remarquer très justement aussi bien ce qu'il y a de corporel dans un tel regard voyant et un tel savoir, que la possibilité de la vérité des visions, mais le caractère subordonné qui les soumet à la conscience rationnelle.

1. *Cf.* alinéa *d)* de la présente Remarque.
2. *Cf.* Platon, *Timée*, 71a-72d.
3. *Cf.* Platon, *Timée*, 72a – la citation est approximative.

l'enfant dans le sein maternel. C'est pourquoi le sujet malade passe et se tient, suivant cet état, *sous la puissance d'un autre sujet*, le magnétiseur, en sorte que, dans cette connexion psychique des deux, l'individu privé d'un Soi, qui n'est pas effectif en tant que personne, a pour conscience subjective la conscience de l'individu de sens rassis qu'est celui-là, que cet autre est son âme présente, subjective, son génie, qui peut aussi le remplir de contenu. Que l'individu somnambule sente dans lui-même des saveurs, des odeurs, qui sont présentes dans celui avec lequel il est en rapport, qu'il ait savoir d'autres intuitions actuelles et représentations intérieures de ce dernier, mais comme étant les siennes, cela montre cette *identité substantielle* dans laquelle l'âme – en tant qu'elle est, aussi comme concrète, véritablement immatérielle – peut être avec une autre âme. Dans cette identité substantielle, la subjectivité de la conscience n'est qu'une unique subjectivité, et l'individualité du malade est, certes, un être-pour-soi, mais un être-pour-soi vide, pour lui-même non présent, non effectif; c'est pourquoi ce Soi formel a les contenus qui le remplissent à même les sensations, les représentations de l'autre, il voit, il sent les odeurs, les goûts, il lit, il entend aussi, dans l'autre. Il faut encore faire remarquer, à cet égard, que le somnambule vient, de cette manière, se placer dans un Rapport le reliant à | deux génies et à un double contenu, le sien et celui **336** du magnétiseur. Quelles sont alors les sensations ou visions que cet apercevoir formel reçoit de son propre intérieur et quelles sont celles qu'il reçoit de la représentation de celui avec lequel il est en rapport, c'est indéterminé. Cette incertitude peut être la source de nombreuses illusions, elle fonde aussi, entre autres, la diversité nécessaire qui s'est fait jour parmi les vues des somnambules issus de divers pays et en rapport avec des personnes diversement cultivées, en ce qui concerne les états pathologiques et leurs modes de guérison, les remèdes, également les catégories scientifiques et spirituelles, etc. …

e) De même que, dans cette substantialité ressentante, l'opposition à ce qui est extérieurement objectif n'est pas présente, de même, *à l'intérieur* de lui-même, le sujet est dans cette union avec soi dans laquelle les particularités du ressentir sont disparues, de telle sorte que, tandis que l'activité des organes des sens est assoupie, le sentiment commun se détermine alors aux fonctions particulières, et on voit, on entend, etc., avec les doigts – particulièrement avec l'épigastre, l'estomac, etc. …

Concevoir signifie, pour la réflexion d'entendement, connaître la série des *médiations* entre un phénomène et un autre être-là avec lequel il est en connexion, discerner ce que l'on appelle le cours naturel [des choses], c'est-à-dire suivant des lois et des Rapports d'entendement (par exemple ceux de la causalité, du fondement, etc.). La vie [au sein] du sentiment, même lorsqu'elle conserve encore le savoir seulement formel, comme dans les états pathologiques mentionnés, est précisément cette forme de l'*immédiateté*, dans laquelle les différences du subjectif et de l'objectif, d'une personnalité dotée d'entendement et d'un monde extérieur auquel elle fait face, ainsi que ces Rapports relevant de la finité qu'on a cités entre eux, ne sont pas présents. La conception de cette connexion étrangère au Rapport et, pourtant, parfaitement remplie, se rend elle-même impossible en présupposant des personnalités subsistantes-par-soi les unes vis-à-vis des autres et vis-à-vis du contenu en tant qu'il est un monde objectif, et en présupposant l'absoluité de l'extériorité réciproque spatiale et matérielle en général.

β) *Sentiment de soi*

§ 407

1) En tant qu'individualité, la totalité ressentante consiste essentiellement en ceci, [à savoir :] se différencier dans elle-même et s'éveiller au *jugement au-dedans de soi*, suivant lequel elle a des sentiments particuliers et, comme *sujet*, est en relation avec ces déterminations qui sont les siennes. Le | sujet en tant que tel les pose *dans lui-même* comme *ses* sentiments. Il est plongé dans cette *particularité* des sensations et, en même temps, du fait de l'idéalité du particulier, il s'y enchaîne avec lui-même comme un Un subjectif. Il est, de cette manière, *sentiment de soi* – et en même temps il n'est tel que dans le *sentiment particulier*.

§ 408

2) En raison de l'*immédiateté* dans laquelle le sentiment de soi est encore déterminé, c'est-à-dire en raison du moment de la corporéité, qui y est encore non séparée de la spiritualité, et en tant que, aussi, le sentiment lui-même est un sentiment particulier, par là une traduction corporelle particularisée, le sujet pourtant formé en conscience d'entendement est encore susceptible de la *maladie* consistant en ce

qu'il reste avec persistance dans une *particularité* de son sentiment de soi, qu'il ne peut élaborer en une idéalité et surmonter. Le *Soi* rempli [qui est celui] de la conscience d'entendement est le sujet en tant que conscience en elle-même conséquente [avec soi], s'ordonnant et se maintenant suivant sa position individuelle et la connexion avec le monde extérieur, tout aussi ordonné à l'intérieur de lui-même. Mais, demeurant pris dans une déterminité particulière, il n'assigne pas à un tel contenu la place requise par l'entendement et la subordination qui lui revient dans le système-du-monde individuel qu'est un sujet. Le sujet se trouve, de cette manière, dans la *contradiction* de sa totalité systématisée dans sa conscience, et de la déterminité particulière qui, en celle-ci, n'est pas fluide et n'est pas coordonnée et subordonnée, – [c'est là] le *dérangement de l'esprit*.

Lorsque l'on considère le dérangement de l'esprit, on a également à anticiper la conscience formée, dotée d'entendement, lequel sujet est en même temps le Soi *naturel* du *sentiment de soi*. Dans cette détermination, il est susceptible de tomber dans la contradiction de sa subjectivité libre pour elle-même et d'une particularité qui n'y devient pas idéelle et demeure fixe dans le sentiment de soi. L'esprit est libre et, pour cette raison, pour lui-même non susceptible de cette maladie. Il a été considéré par une ancienne métaphysique comme *âme*, comme *chose*, et c'est seulement comme chose, c'est-à-dire comme quelque chose de *naturel* et d'*étant*, qu'il est susceptible du dérangement, de la finité qui se maintient fixe en lui. C'est pourquoi le dérangement de l'esprit est une maladie du psychique, de façon indivise du corporel et du spirituel ; le commencement peut sembler procéder davantage de l'un des côtés ou de l'autre, et de même la guérison.

| En tant qu'il est dans son sens sain et rassis, le sujet a la conscience **338** présente de la totalité ordonnée de son monde individuel, dans le système duquel il *subsume* tout contenu *particulier*, qui vient s'offrir, de la sensation, de la représentation, du désir, de l'inclination, etc., et le range à la place qui lui revient suivant l'entendement ; il est le *génie régnant* sur ces particularités. Il est la différence, comme dans le cas de la veille et du rêve, mais, ici, le rêve tombe à l'intérieur de la veille elle-même, de telle sorte qu'il appartient au sentiment de soi effectif. L'erreur, ainsi que ce qui est du même genre, est un contenu accueilli de façon conséquente en cette connexion objective qu'on a dite. Mais il est, dans le concret, souvent difficile de dire où elle commence de

devenir du délire. Ainsi, une passion violente, mais, quant à son contenu, insignifiante, [par exemple] de haine, etc., peut, face à la présence à soi et tenue en soi-même supérieure à présupposer, apparaître comme un être-hors-de-soi du délire. Mais celui-ci renferme essentiellement la *contradiction opposant* un sentiment devenu corporel, *étant*, à la totalité des médiations qu'est la conscience concrète. L'esprit déterminé comme seulement *étant*, dans la mesure où un tel être est, dans sa conscience, non dissous, est *malade*. – Le contenu qui, dans cette naturalité qui est la sienne, devient libre, ce sont les déterminations égoïstes du cœur, la vanité, l'orgueil et les autres passions, ainsi que les imaginations, les espoirs, l'amour et la haine du sujet. Cet [élément] terrestre devient libre en tant que se relâche la puissance de la présence à soi et de l'universel, des principes théoriques ou moraux, sur l'élément naturel, [puissance] par laquelle celui-ci est d'ordinaire maintenu assujetti et recouvert; car, en soi présent, un tel Mal l'est dans le cœur, parce que celui-ci est, en tant qu'immédiat, naturel et livré à soi. C'est le mauvais génie de l'homme qui devient dominant dans le dérangement de l'esprit, mais en opposition et en contradiction avec l'[élément] meilleur et relevant de l'entendement, qui est en même temps dans l'homme, de telle sorte que cet état est un délabrement et un désastre de l'esprit dans lui-même. – C'est pourquoi aussi le traitement *psychique* vrai retient ferme le point de vue selon lequel le dérangement de l'esprit n'est pas [une] *perte* abstraite de la raison, ni suivant le côté de l'intelligence, ni suivant celui de la volonté et de sa responsabilité, mais seulement [un] dérangement de l'esprit, seulement une contradiction dans la raison encore présente, de même que la maladie physique n'est pas une perte totale de la santé (une telle perte serait la mort), mais une contradiction en elle. Ce traitement humain, c'est-à-dire tout aussi bienveillant que rationnel – *Pinel* mérite la plus haute reconnaissance pour les mérites qu'il s'est acquis à son sujet –, présuppose le malade comme un être rationnel et a là le point d'appui ferme par lequel il peut le saisir suivant ce côté, de même que, suivant la corporéité, il l'a dans la vitalité, qui, comme telle, contient encore en elle de la santé.

| γ) *L'habitude*

§ 409

Le sentiment de soi, enfoncé dans la particularité des sentiments (de sensations simples, comme des désirs, tendances, passions, et des satisfactions qu'ils reçoivent), est non différencié d'eux. Mais le Soi est en soi [une] relation simple de l'idéalité à elle-même, une universalité formelle, et celle-ci est [la] vérité de cet [élément] particulier ; c'est comme une telle universalité que le Soi, dans cette vie [au sein] du sentiment, est à poser ; ainsi, il est l'universalité *étant pour soi* qui se différencie de la particularité. Cette universalité n'est pas la vérité, riche en teneur, des sensations, désirs, etc., déterminés, car leur contenu n'entre pas encore ici en considération. Dans cette détermination, la particularité est tout aussi formelle, et elle est seulement l'*être particulier* ou l'immédiateté de l'âme face à son être-pour-soi lui-même formel, abstrait. Cet être particulier de l'âme est le moment de sa *corporéité*, avec laquelle elle brise ici, dont elle se différencie en tant que son être *simple*, en étant comme substantialité idéelle, subjective, de cette corporéité, de même que, dans son concept étant en soi (§ 389), elle était seulement la substance de celle-ci, comme telle.

Cet être-pour-soi abstrait de l'âme en sa corporéité n'est pas encore un Moi, pas encore l'existence de l'universel qui est pour l'universel. Il est la corporéité ramenée à sa pure *idéalité*, [et] qui, ainsi, convient à l'âme comme telle ; c'est-à-dire que, de même qu'espace et temps, en tant que l'extériorité réciproque abstraite, donc en tant qu'espace vide et temps vide, ne sont que des formes subjectives, un pur intuitionner, de même cet *être* pur évoqué ci-dessus, qui – en tant qu'en lui la particularité de la corporéité, c'est-à-dire la corporéité immédiate, a été comme telle supprimée – est l'être-pour-soi, est le tout pur intuitionner sans conscience, mais la base de la conscience vers laquelle il se dirige dans lui-même, en tant qu'il a supprimé dans lui-même la corporéité dont il est la substance subjective et qui est encore pour lui et comme borne, et qu'il est ainsi posé pour lui-même comme sujet.

§ 410

Que l'âme fasse ainsi d'elle-même l'être universel abstrait, et réduise ce qu'il y a de particulier dans les sentiments (aussi dans la conscience) à être, à même elle, une détermination de l'ordre d'un simple *étant*, c'est là l'*habitude*. | De cette manière, l'âme a *en sa* **340** *possession* le contenu et le contient en elle de telle sorte que, dans de telles déterminations, elle n'est pas comme sentante, ne se tient pas en rapport avec elles en se différenciant d'elles, et n'est pas non plus plongée en elles, mais les a en elle-même et se meut en elles sans en avoir de sensation ni de conscience. Elle est *libre* d'elles dans la mesure où elle ne s'intéresse pas à elles et ne s'en occupe pas ; en tant qu'elle existe dans ces formes comme dans sa possession, elle est en même temps ouverte pour l'activité et occupation ultérieure, celle de la sensation comme celle de la conscience de l'esprit en général.

Cette intégration formatrice [1] de l'[élément] particulier ou corporel des déterminations relevant du sentiment dans l'*être* de l'âme apparaît comme leur *répétition*, et l'engendrement de l'habitude comme un *exercice*. Car un tel être, en tant qu'universalité abstraite en relation avec l'[élément] particulier en sa naturalité, qui est posé dans cette forme, est l'universalité réflexive (§ 175), – un seul et même être en tant que [l']être extérieurement multiple du sentir, réduit à son unité, cette unité abstraite en tant que *posée*.

L'habitude est, comme la mémoire, un point cardinal dans l'organisation de l'esprit ; l'habitude est le mécanisme du sentiment de soi, comme la mémoire est le mécanisme de l'intelligence. Les qualités et changements *naturels* de l'âge, du sommeil et de la veille, sont immédiatement naturels ; l'habitude est la déterminité faite être naturel, mécanique, du sentiment, aussi de l'intelligence, de la volonté, etc., pour autant qu'elles appartiennent au sentiment de soi. L'habitude a été appelée à bon droit une seconde nature, – *nature* : car elle est un être immédiat de l'âme, – *seconde* nature : car elle est une immédiateté *posée* par l'âme, une intégration et pénétration formatrice de la corporéité qui appartient aux déterminations relevant du sentiment en tant que telles et aux déterminités relevant de la représentation et de la volonté, en tant que traduites corporellement (§ 401).

---

1. « Dieses Sich-einbilden ». – L'âme *s'insère* (« *ein* ») comme telle dans le corps – l'élément de l'extériorité – et donc y extériorise, différencie, *forme* (« *bildet* ») son intériorité, identité à soi ou universalité toujours prédominante, en intériorisant, identifiant à soi ou universalisant l'extériorité corporelle, dont la forme naturelle immédiate est ainsi médiatisée en nature formée, en cette seconde nature qu'est l'habitude.

Dans l'habitude, l'homme est dans le mode d'être d'une existence naturelle, et, pour cette raison, en elle il n'est pas libre ; mais il y est libre pour autant qu'il rabaisse la déterminité naturelle de la sensation, par l'habitude, à *son* simple être, qu'il n'est plus dans une différence et, de ce fait, n'est plus pris dans un intérêt, une occupation, et dans une dépendance à l'égard de cette déterminité. La non-liberté dans l'habitude est, pour une part, seulement *formelle*, en tant qu'elle n'a sa place que dans l'être de l'âme, – pour une autre part, seulement *relative*, pour autant qu'elle n'a lieu à proprement parler que dans le cas de *mauvaises* habitudes, ou pour autant qu'à l'habitude en général est opposé un autre but ; l'habitude du droit en général, de ce qui est éthique, a le contenu de la liberté. – La détermination essentielle est la *libération* que | l'homme acquiert, par l'habitude, à l'égard des sensations en tant qu'il en est **341** affecté. Les formes différentes de l'habitude peuvent être déterminées ainsi. 1) La sensation *immédiate*, en tant que niée, en tant que posée [comme] indifférente. L'*endurcissement* contre des sensations extérieures (le grand froid, la chaleur, la fatigue des membres, etc., le bon goût, etc.), de même que l'endurcissement de l'âme face à l'infortune, sont une force en ce sens que, en tant que le grand froid, etc., l'infortune, sont, certes, ressentis par l'homme, une telle affection est rabaissée seulement à une extériorité et immédiateté ; l'être *universel* de l'âme s'y conserve en tant qu'*abstrait* pour lui-même, et le sentiment de soi en tant que tel, la conscience, la réflexion, quelque autre fin et activité, n'y sont plus mêlés. 2) [L']indifférence à l'égard de la *satisfaction* ; les désirs, les tendances sont émoussés par l'*habitude* de leur satisfaction ; c'est là la libération rationnelle d'avec eux ; le renoncement et la violence monastiques n'en libèrent pas et ne sont pas non plus rationnels suivant le contenu ; – on entend en l'occurrence que les tendances sont tenues, suivant leur nature, comme des déterminités finies et qu'elles sont, ainsi que leur satisfaction, subordonnées comme des moments dans la rationalité de la volonté. – 3) Dans l'habitude comme *savoir-faire*, l'être abstrait de l'âme ne doit pas seulement être tenu ferme pour lui-même, mais se faire valoir comme un but subjectif *dans* la corporéité, celle-ci devant lui être soumise et totalement perméable. Face à une telle détermination intérieure de l'âme subjective, la corporéité est déterminée comme un être *extérieur immédiat* et comme une *borne* ; – [c'est là] la fracture plus déterminée de l'âme, comme être-pour-soi simple, dans elle-même, à l'encontre de sa première naturalité et immédiateté ; par là, l'âme n'est plus dans [son] identité immédiate première, mais il lui faut, en tant qu'extérieure, y être préalablement ramenée. La traduction corporelle des sensations déterminées est, en outre, elle-même une traduction corporelle déterminée (§ 401), et la corporéité immédiate est une *possibilité particulière* (un côté particulier de son être-différencié à même elle, un organe particulier de son système organique) pour un but déterminé. L'insertion formatrice d'un tel but en elle consiste en ceci que l'idéalité étant *en soi* de l'[élément] matériel en général et de la corporéité déterminée a été *posée* comme idéalité, afin que l'âme *existe* en elle comme substance suivant la déterminité de sa représentation et volonté. Alors, dans le savoir-faire, la corporéité est rendue perméable et constituée en instrument d'une manière telle que, comme la représentation (par exemple une suite de notes) est en moi, le corps l'a aussi sans résistance, et de façon fluide, extériorisée correctement.

La forme de l'habitude embrasse toutes les sortes et tous les degrés de l'activité de l'esprit; la détermination la plus extérieure, la détermination spatiale de l'individu, [à savoir] qu'il se tient *debout*, sa volonté en a fait une habitude, c'est une position *immédiate, inconsciente*, qui | reste toujours l'affaire de sa volonté persistante; l'homme se tient debout seulement parce que et pour autant qu'il [le] veut, et seulement aussi longtemps qu'il le veut sans conscience. De même, le fait de *voir*, et ainsi de suite, est l'habitude concrète qui, de façon *immédiate*, réunit en un unique acte simple les multiples déterminations de la sensation, de la conscience, de l'intuition, de l'entendement, etc. … La *pensée* entièrement libre, active au sein du pur élément d'elle-même, a besoin, pareillement, de l'habitude et de l'aisance due à la familiarité, de cette forme de l'*immédiateté* grâce à laquelle elle est une propriété non entravée, pénétrée [de part en part], du *Soi singulier* qui est le mien. C'est seulement grâce à cette habitude que, moi, *j'existe* pour moi en tant que pensant. Même cette immédiateté de l'être-chez-soi pensant contient de la corporéité (le manque d'habitude et la longue prolongation du penser font mal à la tête), l'habitude diminue cette sensation en faisant de la détermination naturelle une immédiateté de l'âme. – Mais l'habitude développée et mise en œuvre dans la sphère de l'esprit comme tel est le *rappel en et à soi*[1] et la *mémoire*[2], et elle est à considérer plus loin.

1. « *Erinnerung* ».
2. « *Gedächtnis* ».

De l'habitude, on a coutume de parler en la rabaissant, et de la prendre pour quelque chose de non-vivant, de contingent et de particularisé. Un contenu entièrement contingent est, assurément, capable de [revêtir] la forme de l'habitude, comme tout autre contenu, et c'est l'habitude de la vie qui entraîne la mort ou, si on prend la chose tout à fait abstraitement, est la mort même. Mais, en même temps, elle est ce que l'*existence* de toute spiritualité dans le sujet individuel a de plus essentiel, afin que le sujet soit en tant qu'immédiateté *concrète*, en tant qu'idéalité de l'ordre de l'*âme*, afin que le contenu, religieux, moral, etc., lui *appartienne* comme à *ce Soi-ci*, comme à *cette* âme-ci, qu'il ne soit en lui ni simplement *en soi* (comme disposition), ni comme sensation ou représentation passagère, ni comme intériorité abstraite, coupée de l'agir et de l'effectivité, mais dans son être. – Dans des manières scientifiques de considérer l'âme et l'esprit, on a coutume de passer sous silence l'habitude, soit en tant qu'elle serait quelque chose de méprisable, soit aussi, bien plutôt, parce qu'elle appartient aux déterminations les plus difficiles.

c) *L'âme effective*

§ 411

L'âme est, dans sa corporéité complètement façonnée et qu'elle s'est appropriée, pour elle-même en tant que sujet *singulier*, et la corporéité est ainsi l'*extériorité* en tant que prédicat dans lequel le sujet ne se rapporte qu'à lui-même. Cette extériorité ne représente pas elle-même, mais l'âme, et elle est le *signe* de celle-ci. L'âme | est, en **343** tant que cette identité de l'intérieur avec l'extérieur qui lui est soumis, *effective*; elle a, à même sa corporéité, sa libre figure, dans laquelle elle *se* sent et *se* donne à sentir, [et] qui a, en tant que l'œuvre d'art de l'âme, une expression pathognomonique et physiognomonique *humaine*.

À l'expression humaine appartiennent, par exemple, la station droite en général, la formation, en particulier, de la main, comme de l'outil absolu, de la bouche, le rire, les pleurs, etc., et le son spirituel répandu sur le tout, qui fait connaître immédiatement le corps comme extériorité d'une nature plus haute.

Ce son est une modification si légère, indéterminée et ineffable, parce que la figure est, suivant son extériorité, quelque chose d'immédiat et de naturel, et, pour cette raison, ne peut être qu'un *signe* indéterminé et tout imparfait pour l'esprit, et n'est pas capable de le représenter tel qu'il est pour lui-même en tant qu'[un] *universel*. Pour l'animal, la figure humaine est le mode le plus haut selon lequel l'esprit lui apparaît. Mais, pour l'esprit, elle est seulement la *première* apparition de lui-même, et le *langage* est d'emblée son expression parfaite. La figure est, certes, son existence la plus prochaine, mais en même temps, dans sa déterminité physiognomonique et pathognomonique, quelque chose de *contingent* pour lui ; vouloir élever la physiognomonie et, plus encore, la cranioscopie, au rang de *sciences*, ce fut l'une des idées les plus vides, encore plus vide que [celle d']une *signatura rerum*, quand on devait connaître à partir de la figure des plantes leur puissance curative.

§ 412

En soi, la matière n'a aucune vérité dans l'âme ; en tant qu'elle est pour elle-même, celle-ci se sépare de son être immédiat et le place en face d'elle comme [une] corporéité qui ne peut opposer la moindre résistance à l'insertion formatrice de l'âme en elle. L'âme, qui s'est opposé son être, l'a supprimé et l'a déterminé comme le sien, a perdu la signification de l'*âme*, de l'*immédiateté* de l'esprit. L'âme effective, dans l'*habitude* du sentir et de son sentiment de soi *concret*, est en soi l'*idéalité* étant pour soi de ses déterminités, qui, au sein de leur extériorité, est *rappelée dans et à* elle-même, et relation infinie à elle-même. Cet être-pour-soi de la libre universalité est l'éveil supérieur de l'âme au *Moi*, à l'universalité abstraite pour autant qu'elle est *pour* l'universalité abstraite, laquelle est ainsi *pensée* et *sujet* pour soi, et, à 344 la vérité, de façon déterminée, sujet [qui l'est] de son | jugement, dans lequel il exclut de lui-même la totalité naturelle de ses déterminations comme un objet, un monde *extérieur à lui*, et s'y rapporte de telle sorte qu'il est, dans ce monde, immédiatement réfléchi en lui-même, – la *conscience*.

B
LA PHÉNOMÉNOLOGIE DE L'ESPRIT
La conscience

§ 413

La conscience constitue le degré de la réflexion ou du *Rapport* de l'esprit, de lui-même comme *phénomène* [*apparition*]. Le Moi est la relation infinie de l'esprit à lui-même, mais comme relation *subjective*, comme *certitude de soi-même*; l'identité immédiate de l'âme naturelle est élevée à cette identité idéelle pure avec soi, le contenu de celle-là est, pour cette réflexion étant pour soi, *ob-jet*. La liberté abstraite pure, pour elle-même, laisse aller[1] hors d'elle-même sa déterminité, la vie naturelle de l'âme, comme tout aussi libre, comme [un] *objet subsistant-par-soi*; et c'est de celui-ci comme [objet] *extérieur à lui* que le Moi a tout d'abord savoir, et, ainsi, il est conscience. Le Moi, en tant que cette négativité absolue, est en soi l'identité dans l'être-autre; le Moi est lui-même et il a prise sur l'objet en tant que celui-ci est un objet *en soi* supprimé, il est l'*un* des côtés du Rapport et le *tout* du Rapport; – la *lumière* qui manifeste elle-même et encore autre chose.

§ 414

L'identité de l'esprit avec lui-même, telle qu'elle est tout d'abord posée en tant que Moi, est seulement son identité abstraite, formelle. Étant, en tant qu'âme, dans la forme d'[une] universalité *substantielle*, il est maintenant la réflexion-en-soi subjective, en relation avec cette substantialité comme avec son négatif, avec ce qui, pour lui, est un au-delà et quelque chose d'obscur. La conscience est donc, comme le Rapport en général, la *contradiction* de la subsistance-par-soi des deux côtés [du Rapport], et de leur identité, dans laquelle ils sont

---

1. « entlässt ». C'est là une concrétisation partielle, abstraite, du sens absolu de l'Idée logique créatrice de la nature (*cf.* § 246, note 4, p. 276).

345 supprimés. L'esprit est, en tant que Moi, *essence*, mais, | en tant que la réalité est, dans la sphère de l'essence, comme étant immédiatement et, en même temps, comme posée idéellement, il est, en tant que conscience, seulement l'*apparaître* de l'esprit.

§ 415

Étant donné que le Moi, *pour lui-même*, n'est que comme identité formelle, le mouvement *dialectique* du concept – la détermination progressive de la conscience – n'est pas pour lui comme *son* activité, mais il est *en soi*, et, pour lui, changement de l'objet. C'est pourquoi la conscience apparaît diversement déterminée selon la diversité de l'ob-jet donné, et sa formation progressive apparaît comme un changement des déterminations de son objet. Le Moi, le sujet de la conscience, est [un] penser; la détermination logique progressive de l'objet est *ce qu'il y a d'identique dans le sujet et l'objet*, leur connexion absolue, ce d'après quoi l'objet est, pour le sujet, ce qui est sien.

La philosophie kantienne peut être considérée de la façon la plus déterminée comme la philosophie qui a appréhendé l'esprit en tant que conscience, et qui ne contient absolument que des déterminations de la phénoménologie, non de la philosophie, de l'esprit. Elle considère le *Moi* comme relation à une réalité située au-delà, qui s'appelle, dans sa détermination abstraite, la chose-en-soi, et elle ne saisit que selon cette finité aussi bien l'intelligence que la volonté. Si, dans le concept de la faculté de juger *réfléchissante*, elle en vient bien à l'*Idée* de l'esprit, à la subjectivo-objectivité[1], à un *entendement intuitif*, etc., de même, aussi, qu'à l'Idée de la nature, une telle Idée est elle-même, à son tour, rabaissée à un phénomène, c'est-à-dire à une maxime subjective (voir § 58, Introd.). C'est pourquoi l'on peut regarder comme témoignant d'un sens exact de cette philosophie le fait qu'elle ait été appréhendée par *Reinhold* comme une théorie de la *conscience*, sous le nom de *faculté de représentation*[2]. La philosophie *fichtéenne* a le même point de vue, et le Non-Moi n'est déterminé que comme *ob-jet* du Moi, qu'à l'intérieur de la

---

1. « die Subject-Objektivität ».
2. *Cf.* K.L. Reinhold (note 1, p. 97).

conscience; il demeure comme choc infini, c'est-à-dire comme *chose-en-soi*. Ces deux philosophies montrent, par conséquent, qu'elles ne sont pas parvenues au *concept* ni à l'*esprit* tel qu'il *est en et pour soi*, mais seulement tel qu'il est en relation avec un Autre.

Relativement au *spinozisme*, il est, par contre, à faire remarquer que l'esprit, dans le jugement par lequel il se constitue, face à la déterminité, comme *Moi*, comme libre subjectivité, sort de la substance, et que la philosophie, en tant que, pour elle, ce jugement est [une] détermination absolue de l'esprit, sort du spinozisme.

| § 416   346

Le terme visé par l'esprit en tant que conscience, c'est de rendre ce phénomène qui est le sien identique à son essence, d'élever la *certitude de soi-même à la vérité*. L'*existence* qu'il a dans la conscience a sa finité en ceci qu'elle est la relation à soi formelle, seulement certitude; parce que l'objet est déterminé seulement de façon abstraite comme ce qui est *sien*, ou parce que l'esprit est, dans cet objet, seulement réfléchi en lui-même en tant que Moi abstrait, cette existence a encore un contenu qui n'est pas[, pour l'esprit,] comme le sien.

§ 417

Les degrés de cette élévation de la certitude à la vérité sont [les suivants, à savoir] que l'esprit est :

a) la *conscience* en général, laquelle a un ob-jet comme tel ;

b) La *conscience de soi*, pour laquelle le *Moi* est l'ob-jet ;

c) l'unité de la conscience et de la conscience de soi, [à savoir] que l'esprit intuitionne le contenu de l'ob-jet comme lui-même et lui-même comme déterminé en et pour soi; [c'est là la] *raison*, le *concept de l'esprit*.

a) *La conscience comme telle*

α) *La conscience sensible*

§ 418

La conscience est, tout d'abord, la conscience *immédiate*, sa relation à l'ob-jet est donc la certitude simple non médiatisée de celui-ci; l'ob-jet lui-même est, par suite, tout aussi bien déterminé comme ob-jet immédiat, comme ob-jet *étant* et réfléchi en lui-même, en outre comme ob-jet immédiatement *singulier*; – [c'est là la] conscience *sensible*.

La conscience en tant que Rapport contient seulement les catégories appartenant au Moi abstrait ou à la pensée formelle, qui, pour elle, sont des déterminations de l'objet (§ 415). C'est pourquoi la conscience sensible n'a un savoir de celui-ci que comme d'un *étant*, d'un *Quelque-chose*, d'une *chose existante*, d'un [être] *singulier*, etc. … Elle apparaît comme la plus riche en contenu, mais elle est la plus pauvre en pensées. Ce riche remplissement-là est constitué par les déterminations relevant du sentiment; elles sont le *matériau* de la conscience (§ 414), | l'[élément] substantiel et qualitatif que l'âme, dans la sphère anthropologique, *est* et trouve *dans elle-même*. La réflexion de l'âme en elle-même, le Moi, sépare de soi ce matériau et lui donne tout d'abord la détermination de l'*être*. La singularité spatiale et temporelle, l'*ici* et le *maintenant*, comme, dans la *Phénoménologie de l'esprit*, j'ai déterminé l'ob-jet de la conscience [1], appartient, à proprement parler, à l'*intuitionner*. L'objet n'est ici à prendre, tout d'abord, que suivant le Rapport qu'il a avec la *conscience*, à savoir d'être un être *extérieur* à elle, de ne pas être encore déterminé comme [un être] en lui-même extérieur ou comme un être-extérieur-à-soi.

347

---

1. Il s'agit du thème bien connu du chapitre premier de la *Phénoménologie de l'esprit* : « La certitude sensible ».

§ 419

Le *sensible*, en tant que Quelque-chose, devient un *Autre*; la réflexion du *Quelque-chose* en lui-même, la *chose*, a de *multiples* propriétés, et, en tant qu'[être] singulier, elle a, dans son immédiateté, des *prédicats variés*. Le *singulier multiple* de l'être-sensible devient, par suite, un [être] *ample*, – une diversité variée de *relations*, de *déterminations-de-réflexion* et de *généralités*. – Ce sont là des déterminations logiques, posées par ce qui pense, c'est-à-dire, ici, par le Moi, Mais, *pour celui-ci*, en tant qu'il apparaît, c'est l'ob-jet qui s'est changé ainsi. La conscience sensible est, dans cette détermination de l'ob-jet, [un] *percevoir*.

β) *Le percevoir*

§ 420

La conscience qui est allée au-delà de l'être-sensible veut *prendre* l'ob-jet en sa *vérité*[1], non comme simplement immédiat, mais comme médiatisé, réfléchi en lui-même et universel. L'ob-jet est, par conséquent, une liaison de déterminations-de-pensée sensibles et de déterminations-de-pensée allant plus loin concernant des Rapports et liens concrets. Par là, l'identité de la conscience avec l'ob-jet n'est plus l'identité abstraite de la *certitude*, mais l'identité *déterminée*, un *savoir*[2].

Le degré plus précis de la conscience où la philosophie kantienne appréhende l'esprit est le *percevoir*, qui constitue en général le point de vue de notre *conscience ordinaire* et, plus ou moins, des *sciences*. On part de certitudes sensibles appartenant à des aperceptions ou observations singulières, | qui doivent être élevées à la vérité par ceci qu'on les considère dans leur **348** relation, qu'on réfléchit sur elles, que, d'une façon générale, elles deviennent

1. *Percevoir* («wahrnehmen»), c'est *prendre* («nehmen») selon le *vrai* («wahr»).
2. Le *savoir* («Wissen»), c'est la *certitude* («Gewissheit») *déterminée* («bestimmte»).

en même temps, suivant des catégories déterminées, quelque chose de nécessaire et d'universel, des *expériences*.

§ 421

Cette liaison du singulier et de l'universel est un mélange, parce que le singulier est un être se trouvant au *fondement* et persiste ferme face à l'universel auquel il est, en même temps, rapporté. Elle est donc la contradiction multilatérale, – d'une façon générale, des choses *singulières* de l'aperception sensible, qui doivent constituer *le fondement* de l'expérience universelle, et de l'*universalité*, qui doit, bien plutôt, être l'essence et le fondement, – de la *singularité* qui constitue, prise en son contenu concret, la *subsistance-par-soi*, et des *propriétés* variées, qui, bien plutôt, libres de ce lien négatif et les unes des autres, sont des *matières universelles* subsistantes-par-soi (v. § 123 *sq.*), etc. C'est ici, à proprement parler, que la contradiction du fini à travers toutes les formes des sphères logiques se produit de la façon la plus concrète, dans la mesure où le Quelque-chose est déterminé comme *objet* (§ 194 *sq.*).

γ) *L'entendement*

§ 422

La *vérité* prochaine du percevoir est que l'ob-jet est, bien plutôt, [un] phénomène, et que sa réflexion-en-soi est un *intérieur* et universel qui est, à l'opposé, pour lui-même. La conscience de cet ob-jet est l'*entendement*. Cet *intérieur-là* est, d'un côté, la *variété supprimée* du sensible et, de cette manière, l'identité abstraite, mais, d'un autre côté, il contient, pour cette raison, aussi la variété, mais comme *différence intérieure simple* qui, dans le changement du phénomène, reste identique à elle-même. Cette différence simple est le règne *des lois* du phénomène, sa copie universelle en repos.

§ 423

La loi, [qui est,] tout d'abord, le Rapport de déterminations universelles, permanentes, a, en tant que sa différence est la différence intérieure, | sa nécessité en elle-même ; l'une des déterminations, en **349** tant qu'elle n'est pas différente extérieurement de l'autre, se trouve elle-même immédiatement dans l'autre. Mais la différence intérieure est de cette manière – ce qu'elle est en sa vérité – la différence en elle-même, ou *la différence qui n'en est pas une*. – Dans cette détermination-de-forme, en somme, la conscience, qui, comme telle, contient la *subsistance-par-soi* du sujet et de l'objet l'un vis-à-vis de l'autre, est *en soi* disparue ; le Moi, en tant qu'il juge, a un ob-jet qui n'est pas différent de lui, – [qui est] *lui-même* ; – [c'est là la] *conscience de soi*.

b) La conscience de soi

§ 424

La vérité de la conscience est la *conscience de soi*, et celle-ci est le fondement de celle-là, de telle sorte que, dans l'existence, toute conscience d'un autre ob-jet est conscience de soi ; moi, j'ai savoir de l'ob-jet comme de ce qui est mien (il est ma représentation), j'ai donc, moi, en lui, savoir de moi. L'expression de la conscience de soi est : Moi = Moi ; – *liberté abstraite*, idéalité pure. Ainsi, la conscience de soi est sans réalité ; car elle-même, qui est ob-jet d'elle-même, n'est pas un tel ob-jet, puisque aucune différence d'elle-même d'avec elle-même n'est présente.

§ 425

La conscience de soi abstraite est la *première* négation de la conscience, elle est, par conséquent, encore affectée d'un objet extérieur, formellement parlant : de la négation d'elle-même ; elle est ainsi, en même temps, le degré précédent, conscience, et elle est la contradiction d'elle-même comme conscience de soi et d'elle-même comme conscience. En tant que cette dernière et la négation en général sont, dans le : Moi = Moi, déjà supprimées en soi, elle est, en tant que cette certitude de soi-même face à l'objet, l'*impulsion* à poser ce qu'elle est en soi, – c'est-à-dire à donner, à l'abstrait savoir de soi, [un] contenu et [une] objectivité, et, inversement, à se libérer de son être-sensible, à supprimer l'objectivité donnée et à la poser dans une identité avec elle-même; ces deux choses n'en font qu'une seule; – l'identification de sa conscience et de sa conscience de soi.

350 | α) *Le désir*

§ 426

La conscience de soi dans son immédiateté est [un] *singulier* et [un] *désir*, – la contradiction de son abstraction qui doit être objective, ou de son immédiateté qui a la figure d'un objet extérieur et doit être subjective. Pour la certitude de soi-même issue de la suppression de la conscience, l'objet, et, pour la relation de la conscience de soi à l'objet, l'abstraite idéalité de cette conscience de soi, sont déterminés aussi bien comme quelque chose qui est du néant.

§ 427

C'est pourquoi la conscience de soi est à elle-même *en soi* dans l'ob-jet, qui, sous ce rapport, convient à l'impulsion. Dans la négation des deux moments unilatéraux, en tant qu'elle est la propre activité du Moi, cette identité devient *pour* celui-ci. L'ob-jet ne peut opposer aucune résistance à cette activité, en tant qu'il est en soi et pour la conscience de soi ce qui est privé d'un Soi; la dialectique qui est sa nature, [à savoir] de se supprimer, existe ici en tant que cette activité du Moi. L'objet donné est en cela tout autant posé tel du subjectif, que la subjectivité se sépare par extériorisation de son unilatéralité et devient à elle-même objective.

§ 428

Le produit de ce processus est que le Moi se joint à lui-même et qu'il est, par ce moyen, *pour lui-même* satisfait, un [être] effectif. Selon le côté extérieur, il reste, dans ce retour [à soi], déterminé tout d'abord comme un *singulier*, et il s'est conservé comme tel, parce qu'il ne se rapporte que négativement à l'objet privé d'un Soi, celui-ci étant, dans cette mesure, seulement consommé. Le désir est ainsi, dans sa satisfaction, en général, *destructeur*, comme il est, selon son contenu, *égoïste*, et, puisque la satisfaction n'est donnée que dans le singulier alors que celui-ci est passager, dans la satisfaction s'engendre à nouveau le désir.

| § 429   351

Mais le sentiment de soi qui advient au Moi dans la satisfaction ne reste pas, selon le côté intérieur ou *en soi*, dans l'*être-pour-soi* abstrait ou seulement dans sa singularité ; mais, en tant qu'il est la négation de l'*immédiateté* et de la singularité, le résultat contient la détermination de l'*universalité*, et de l'*identité* de la conscience de soi avec son ob-jet. Le jugement ou la division de cette conscience de soi est la conscience d'un objet *libre*, dans lequel le Moi a le savoir de lui-même comme Moi, mais qui est encore hors de lui.

β) *La conscience de soi qui reconnaît*

§ 430

Il y a une conscience de soi pour une autre conscience de soi, tout d'abord de façon *immédiate*, en tant qu'un autre est pour un *autre*. Moi, j'intuitionne en lui en tant qu'un Moi immédiatement moi-même, mais aussi en lui un autre objet qui a un être-là immédiat, qui, en tant qu'un Moi, est absolument subsistant-par-soi vis-à-vis de moi ; la suppression de la *singularité* de la conscience de soi fut la première suppression ; la conscience de soi est, par là, déterminée seulement comme *particulière*. Cette contradiction engendre l'impulsion à se *montrer* comme un Soi libre, et à être *là* comme tel pour l'autre, – le processus de la *reconnaissance*.

§ 431

Ce processus est un *combat* ; car moi, je ne peux pas me savoir dans l'autre comme moi-même, pour autant que l'autre est, pour moi, un autre être-là immédiat ; je suis, pour cette raison, dirigé vers la suppression de cette immédiateté qui est la sienne. Tout autant, je ne peux pas, moi, être reconnu en tant qu'[un] immédiat, mais seulement dans la mesure où, moi, je supprime en moi-même l'immédiateté et par là donne un être-là à ma liberté. Mais cette immédiateté est, en même temps, la corporéité de la conscience de soi, dans laquelle celle-ci a, comme dans son signe et son instrument, son propre *sentiment de soi* et son être *pour d'autres* [consciences de soi], ainsi que la relation qui la médiatise avec elles.

352

| § 432

Le combat de la reconnaissance est donc un combat où il y va de la vie et de la mort ; chacune des deux consciences de soi met *en danger* la vie de l'autre et s'y expose elle-même, – mais seulement en tant que c'est : *en danger* ; car, tout autant, chacune est dirigée vers la conservation de sa vie, en tant que celle-ci est l'être-là de sa liberté. La mort de l'une, qui résout la contradiction suivant l'un des côtés, moyennant la négation abstraite, par suite grossière, de l'immédiateté, est ainsi, suivant le côté essentiel – l'être-là de la reconnaissance, qui est par là en même temps supprimée – une contradiction nouvelle, et qui dépasse la première.

§ 433

En tant que la vie est aussi essentielle que la liberté, le combat se termine tout d'abord, en tant que négation *unilatérale*, avec l'inégalité consistant en ce que l'une des consciences de soi combattantes préfère la vie, se conserve comme conscience de soi singulière, mais renonce à son être-reconnu, tandis que l'autre tient ferme à sa relation à soi-même et est reconnue par la première en tant que celle-ci est la conscience de soi soumise ; – [tel est] le *Rapport* de la *maîtrise* et de la *servitude*.

Le combat de la reconnaissance et la soumission à un maître sont le *phénomène* au sein duquel a surgi la vie en commun des hommes, comme un commencement des États. La *violence* qui, dans ce phénomène, est [le] fondement, n'est pas pour autant [le] fondement du *droit*, bien que ce soit le moment *nécessaire* et *justifié* dans le passage de l'*état* de la conscience de soi enfoncée dans le désir et la singularité à l'état de la conscience de soi universelle. C'est là le commencement extérieur, ou le *commencement dans le phénomène*, des États, non leur *principe substantiel*.

§ 434

Ce Rapport est, d'un côté, puisque le moyen de la maîtrise, l'esclave, doit être également conservé en sa vie, *communauté* du besoin et du soin pris à le satisfaire. À la place de la destruction grossière de l'objet immédiat viennent l'acquisition, la conservation et le façonnement de cet objet comme du [facteur] médiatisant où s'enchaînent les deux extrêmes de la | subsistance-par-soi et de la non- **353** subsistance-par-soi ; – la forme de l'universalité dans la satisfaction du besoin est un moyen *durable*, et une prévoyance qui prend en considération et assure l'avenir.

§ 435

Deuxièmement, [pris] suivant la différence, le maître a dans l'esclave et le service de cet esclave l'intuition de la valeur de son être-pour-soi *singulier* ; et cela moyennant la suppression de l'être-pour-soi immédiat, laquelle, cependant, tombe dans un autre. – Mais celui-ci, l'esclave, dans le service du maître, s'use, à force de travail, la volonté, comme volonté singulière et volonté propre à lui, il supprime l'immédiateté intérieure du désir et il produit, dans cette aliénation et la crainte du maître, le commencement de la sagesse, – le passage à la *conscience de soi universelle*.

γ) *La conscience de soi universelle*

§ 436

La conscience de soi universelle est le savoir affirmatif de soi-même dans l'autre Soi, chacun des Soi ayant, comme libre singularité, une *absolue subsistance-par-soi*, tandis que, grâce à la négation de son immédiateté, de son désir, il ne se différencie pas de l'autre, est un Soi universel, est objectif, et a l'universalité réelle comme réciprocité autant qu'il se sait reconnu dans l'autre qui est libre, et il sait cela dans la mesure où il reconnaît l'autre et le sait libre.

Cet apparaître alterné universel de la conscience de soi – le concept, qui se sait, dans son objectivité, comme subjectivité identique avec soi, et, pour cette raison, [comme] universel – est la forme de la conscience de la *substance* de toute spiritualité essentielle, de la famille, de la patrie, de l'État; ainsi que de toutes les vertus, – de l'amour, de l'amitié, de la bravoure, de l'honneur, de la gloire. – Mais cet *apparaître* du substantiel peut aussi être séparé du substantiel et maintenu ferme pour lui-même en un honneur sans teneur, en une vaine gloire, etc.

§ 437

Cette unité de la conscience et de la conscience de soi contient tout d'abord les singuliers comme paraissant les uns dans les autres. 354 Mais leur | différence est, dans cette identité, la diversité entièrement indéterminée, ou, bien plutôt, une différence qui n'en est pas une. Leur vérité est, par suite, l'universalité et objectivité – étant en et pour soi – de la conscience se soi, – la *raison*.

La raison, en tant que l'*Idée* (§ 213), apparaît ici dans la détermination consistant en ce que l'opposition du concept et de la réalité en général, dont elle est l'unité, a ici pris la forme plus précise du concept existant pour lui-même, de la conscience, et de l'objet présent extérieurement face à elle.

c) La raison

§ 438

La vérité étant-en-et-pour-soi qu'est la raison est l'*identité* simple de la *subjectivité* du concept et de son *objectivité* et universalité. C'est pourquoi l'universalité de la raison a tout autant la signification de l'*objet* seulement donné dans la conscience comme telle, mais maintenant lui-même *universel*, pénétrant et saisissant le Moi, que celle du pur *Moi*, de la forme pure qui a prise sur l'objet et le saisit en elle-même.

§ 439

La conscience de soi qui est ainsi la certitude que ses déterminations sont tout autant ob-jectives, des déterminations de l'essence des choses, que ses propres pensées, est la raison, qui, en tant que cette identité, n'est pas seulement l'absolue *substance*, mais la *vérité* en tant que savoir. Car elle a ici pour *déterminité* propre, pour forme immanente, le concept pur existant pour lui-même, le Moi, la certitude de soi-même comme universalité infinie. La vérité qui sait est l'*esprit*.

| C

PSYCHOLOGIE
L'esprit

§ 440

L'*esprit* s'est déterminé comme la vérité de l'âme et de la conscience, – de cette totalité-là, immédiate [et] simple, et de ce savoir-ci, qui, maintenant, n'étant pas, en tant que forme infinie, borné par ce contenu-là, ne se tient pas dans le Rapport avec lui comme ob-jet, mais est [un] savoir de la totalité substantielle, ni subjective ni objective. L'esprit ne prend donc son commencement que dans son être propre, et ne se rapporte qu'à ses propres déterminations.

La *psychologie* considère, par conséquent, les facultés, ou les modes d'activité généraux, de l'*esprit comme tel*, – intuitionner, se représenter, se rappeler, etc., les désirs, etc., – pour une part sans le contenu qui, suivant le *phénomène*, se trouve dans la représentation empirique, et aussi dans la pensée, comme dans le désir et la volonté, pour une autre part sans les [deux] formes selon lesquelles il est, dans l'âme, comme détermination naturelle, [et,] dans la conscience elle-même, comme un ob-jet existant pour soi de celle-ci. Ce n'est pourtant pas là une abstraction arbitraire; l'esprit est lui-même ceci, [à savoir d']être élevé au-dessus de la nature et de la déterminité naturelle, comme au-dessus de l'intrication avec un ob-jet extérieur, c'est-à-dire au-dessus de l'[élément] matériel en général; ainsi que son concept s'est produit. Il n'a maintenant qu'à accomplir ceci, [à savoir :] réaliser ce concept de sa liberté, c'est-à-dire seulement supprimer la *forme* de l'immédiateté, avec laquelle on commence encore une fois. Le contenu qui est élevé à des intuitions, ce sont *ses* sensations, – de même que ce sont ses intuitions qui sont changées en représentations, – et ainsi de suite [ses] représentations qui le sont en pensées, etc.

§ 441

L'âme est *finie* pour autant qu'elle est déterminée immédiatement ou de nature; la conscience [l'est] pour autant qu'elle a un ob-jet; l'esprit, pour autant qu'il a dans son savoir, en vérité, non plus un ob-jet, mais une déterminité, c'est-à-dire du fait de son immédiateté et, ce qui est la même chose, du fait qu'il est subjectif ou en tant que le concept. Et, quant à ce qui est déterminé comme son concept et à ce qui l'est comme sa réalité, c'est indifférent. | Si l'on pose la *raison* objective, absolument infinie, comme son *concept*, alors la réalité est le *savoir* ou l'*intelligence*; ou, si le *savoir* est pris comme le concept, alors sa réalité est cette *raison*, et la réalisation du savoir consiste à s'approprier celle-ci. La finitude de l'esprit consiste donc plus précisément en ceci, que le savoir n'a pas saisi l'être-en-et-pour-soi de sa raison, – ou, tout autant, en ce que celle-ci ne s'est pas élevée à sa pleine manifestation dans le savoir. La raison n'est en même temps la raison infinie que pour autant qu'elle est la liberté absolue, que, par conséquent, elle se *présuppose* elle-même à son savoir, et, par là, se rend finie, et est le mouvement éternel de supprimer cette immédiateté, de se concevoir elle-même, et d'être savoir de la raison.

§ 442

La progression de l'esprit est [un] *développement*, pour autant que son existence, le *savoir*, a dans soi-même l'être-déterminé en et pour soi, c'est-à-dire le rationnel, pour teneur et but, qu'ainsi l'activité de la transposition n'est purement que le passage formel dans la manifestation et, en cela, retour en soi-même. Pour autant que le savoir, entaché de sa première déterminité, n'est d'abord qu'*abstrait* ou *formel*, le terme visé par l'esprit, c'est de *produire* le remplissement objectif et, par là, en même temps, la liberté de son savoir.

Il n'y a pas, en l'occurrence, à penser au développement de l'individu – développement lié à son développement *anthropologique* – suivant lequel les facultés et forces sont considérées comme entrant en scène et s'extériorisant dans l'existence les unes à la suite des autres, – progression à la connaissance de laquelle on a attaché pendant un temps (ce fut le cas de la philosophie de Condillac) une grande valeur, comme si une telle émergence présumée *naturelle* devait établir la *naissance* de ces facultés et les *expliquer*. On ne peut pas méconnaître ici la tendance à rendre concevables les modes d'activité *multiformes* de l'esprit dans le contexte de son *unité*, et à montrer une connexion [relevant] de la nécessité. Mais les catégories alors employées sont en général d'une espèce indigente. La détermination prédominante est surtout celle-ci, [à savoir] que le sensible est pris, assurément, à bon droit, comme ce qui est premier, comme assise initiale, mais que, à partir de ce point de départ, les déterminations ultérieures apparaissent en émergeant seulement de manière *affirmative*, et que ce qu'il y a de *négatif* dans l'activité de l'esprit – moyennant quoi ce matériau-là est spiritualisé et supprimé en tant qu'[être] sensible – | est méconnu et négligé. Le sensible n'est pas, dans cette position 357 qu'on a évoquée, simplement ce qui est empiriquement premier, mais il subsiste de telle sorte qu'il serait l'assise véritablement substantielle.

De même, si les activités de l'esprit sont considérées seulement comme des *extériorisations*, des forces en général, éventuellement avec la détermination de l'*utilité*, c'est-à-dire comme disposées par finalité pour quelque autre intérêt de l'intelligence ou de l'âme, aucun *but final* n'est présent. Un tel but ne peut être que le concept lui-même, et l'activité du concept ne peut avoir pour but que lui-même, [à savoir] de supprimer la forme de l'immédiateté ou de la subjectivité, de s'atteindre et saisir, de se libérer *en vue de soi-même*. De cette manière, les prétendues facultés de l'esprit sont, en leur distinction, à considérer seulement comme des degrés de cette libération. Et c'est cela seul qu'il faut tenir pour la manière *rationnelle* de considérer l'esprit et ses diverses activités.

§ 443

De même que la conscience a pour ob-jet le degré précédent, – l'âme naturelle (§ 413), de même l'esprit a, ou, bien plutôt, constitue, la conscience comme son ob-jet ; – c'est-à-dire que, tandis que la conscience est seulement *en soi* l'identité du Moi avec son Autre (§ 415), l'esprit la pose *pour soi*, en sorte que, maintenant, *lui*, la sache, cette unité *concrète*. Les productions de l'esprit sont conformes à la détermination de la raison, [à savoir] que le contenu soit aussi bien le contenu *étant en soi* que, suivant la liberté, le *sien*. Ainsi, en tant qu'il est *déterminé* dans son commencement, une telle déterminité est la déterminité doublée, – celle de l'*étant* et celle du *sien* ; suivant celle-là, il a à trouver dans lui-même quelque chose comme *étant*, suivant celle-ci, à le poser seulement comme le *sien*. Le chemin de l'esprit, c'est donc d'être :

a) *théorique*, – d'avoir affaire avec le rationnel en tant que sa déterminité immédiate, et de le poser alors comme le *sien*, – ou de libérer le savoir de la présupposition et, par là, de son abstraction, et de rendre subjective la déterminité. En tant que le savoir est, dans lui-même, déterminé en et pour soi – la déterminité étant posée comme la *sienne* –, que, par conséquent, il est en tant que libre intelligence, il est :

b) *volonté*, *esprit pratique*, lequel, tout d'abord, est pareillement formel, a un contenu comme [étant] *seulement* le *sien*, veut de façon immédiate, et libère alors sa détermination volitive de la subjectivité

qu'elle comporte comme de la forme unilatérale de son contenu, de
telle sorte qu'il :

| c) devient à soi-même en tant qu'*esprit libre*, esprit dans lequel 358
cette unilatéralité doublée dont il a été question est supprimée.

§ 444

L'esprit théorique aussi bien que l'esprit pratique sont encore dans
la sphère de l'*esprit subjectif* en général. Ils ne sont pas à différencier comme passif et actif. L'esprit subjectif est productif, mais ses
productions sont formelles. Vers l'*intérieur*, la production de l'esprit
théorique est seulement son monde idéel et l'acquisition de l'abstraite
auto-détermination dans soi-même. L'esprit pratique n'a, il est vrai,
affaire qu'avec des auto-déterminations, avec son matériau propre,
mais qui est également encore formel, et, par là, avec un contenu
borné, pour lequel il acquiert la forme de l'universalité. – Vers l'*extérieur*, en tant que l'esprit subjectif est [une] unité de l'âme et de la
conscience, par là aussi [une] réalité dans l'élément de l'*être*, à la
fois anthropologique et conforme à la conscience, ses produits sont,
dans l'esprit théorique, le *mot*, et, dans l'esprit pratique – pas encore
l'action et opération – [la] *jouissance*.

La psychologie appartient, comme la logique, à ces sciences qui, dans les
temps modernes, ont encore tiré le moins profit de la culture plus universelle de
l'esprit et du concept plus profond de la raison, et elle se trouve encore toujours
dans le pire des états. Certes, du fait du tournant opéré par la philosophie
kantienne, on a accordé une importance plus grande à la psychologie, en allant
jusqu'à dire qu'elle *devait constituer* – et cela en son état *empirique* – l'assise
de la métaphysique, en tant que celle-ci ne consistait en rien d'autre qu'à
appréhender *empiriquement* et à disséquer les *faits*[1] de la *conscience* humaine,
et cela en tant que *faits*, tels qu'ils sont *donnés*. Avec cette position de la
psychologie, où elle est mélangée à des formes venant du point de vue de la
conscience, et à l'anthropologie, rien n'a changé pour son état lui-même, mais

---

1. « *Tatsachen* ».

il s'est seulement ajouté ceci, [à savoir] que, aussi pour la métaphysique et la philosophie en général, comme pour l'esprit en tant que tel, on a renoncé à la *connaissance de la nécessité de ce qui est en et pour soi*, au *concept* et à la *vérité*.

359 | *a*) *L'esprit théorique*

§ 445

L'intelligence se *trouve déterminée*; c'est là son apparence, d'où elle part, en son immédiateté; mais, en tant que *savoir*, elle consiste en ceci, à poser ce qui est trouvé comme ce qui lui appartient en propre. Son activité a affaire avec la forme vide consistant à *trouver* la raison, et son but consiste en ce que son concept soit *pour elle*, c'est-à-dire à être raison *pour soi*, ce qui fait qu'en même temps le *contenu* devient rationnel pour elle. Cette activité, c'est celle de *connaître*. Le savoir formel de la certitude s'élève, puisque la raison est concrète, au savoir déterminé et conforme au concept. Le cours de cette élévation est lui-même rationnel, et un passage nécessaire, déterminé par le concept, d'une détermination de l'activité intelligente (de ce que l'on appelle une *faculté* de l'esprit) dans l'autre. La réfutation de l'apparence – à savoir de trouver le rationnel – qui est le connaître, part de la certitude, c'est-à-dire de la croyance de l'intelligence en sa capacité de savoir de façon rationnelle, en la possibilité [pour elle] de pouvoir s'approprier la raison, qu'elle est en soi ainsi que le contenu.

La distinction de l'*intelligence* et de la volonté a souvent ce sens incorrect, que toutes deux sont prises comme des existences fixes séparées l'une de l'autre, de telle sorte que la volonté pourrait être sans l'intelligence, ou l'activité de l'intelligence, privée de volonté. La possibilité que – comme l'on dit – l'*entendement* puisse être formé sans le cœur, et le *cœur* sans l'*entendement*, – qu'il y ait aussi, de manière unilatérale, des cœurs sans entendement et des entendements sans cœur, – montre, tout au plus, seulement ceci, [à savoir] qu'il se rencontre de mauvaises existences, en elles-mêmes privées de vérité; mais ce n'est pas la philosophie qui doit prendre de telles non-vérités de l'être-là et de la représentation pour la vérité, la mauvaise réalité pour la nature de la Chose. Une multitude d'autres formes qui sont utilisées à propos de l'intelligence, [à savoir] qu'elle *recevrait* des *impressions* de l'extérieur, qu'elle les *accueillerait*, que les représentations naîtraient moyennant des *influences* de choses extérieures en tant que celles-ci seraient les causes, etc., appartiennent à un point de vue catégoriel qui n'est pas le point de vue de l'esprit et de la manière philosophique de considérer [les choses].

   Une forme-de-la-réflexion en vogue est celle des *forces* et des *facultés* de l'*âme*, de l'intelligence ou de l'esprit. La *faculté* est, comme la *force*, la *déterminité fixée* d'un contenu, représentée comme réflexion-en-soi. La *force* (§ 136) est, il est vrai, l'*infinité* de la forme, | de l'intérieur et de l'extérieur, **360** mais sa finité essentielle contient l'*indifférence* du *contenu* à l'égard de la forme (*ibid.*, Rem.). En cela réside l'irrationnel qui, par cette forme-de-la-réflexion et la considération de l'esprit comme une multitude de *forces*, est introduit en lui tout comme aussi dans la nature. Ce qui peut, en son activité, être *différencié*, est fixé comme une *déterminité subsistante-par-soi*, et, de cette manière, l'on fait de l'esprit une *collection* ossifiée, mécanique. Que, au lieu de : facultés et forces, on emploie l'expression : *activités*, cela ne fait absolument aucune différence. En *isolant* les activités, on fait de même de l'esprit seulement un agrégat, et l'on considère leur Rapport comme une relation extérieure, contingente.

   L'agir de l'intelligence en tant qu'esprit théorique a été nommé le *connaître*, – non pas dans ce sens que, *entre autres choses*, elle connaît aussi, mais, en outre, aussi intuitionne, se représente, se rappelle, imagine, etc. Une telle position se rattache, tout d'abord, à la démarche – qu'on vient de critiquer – qui isole les activités de l'esprit, – mais, de plus, s'y rattache aussi la grande question de l'époque moderne, [celle de savoir] si une connaissance vraie, c'est-à-dire la connaissance de la vérité, est possible ; de sorte que, si nous discernons qu'elle n'est pas possible, nous avons à renoncer à l'effort qui y tend. Les nombreux côtés, principes, catégories, avec lesquels une réflexion extérieure gonfle le champ de cette question, trouvent en leur lieu la mise au point qui en finit avec eux ; plus l'entendement se comporte ici de façon extérieure, plus un ob-jet simple lui devient diffus. Ici, c'est la place du concept simple du connaître, lequel concept s'oppose au point de vue tout à fait universel impliqué par cette question-là, c'est-à-dire au point de vue qui consiste à mettre en question la *possibilité* de la connaissance vraie en général, et à donner pour une possibilité et un choix arbitraire, de s'employer à la connaissance ou bien de s'en abstenir. Le concept du connaître s'est produit comme l'intelligence elle-même, comme la certitude de la raison ; or, l'effectivité de l'intelligence est le connaître lui-même. Il s'ensuit qu'il est déplacé de parler de l'intelligence et, pourtant, en même temps, de la possibilité ou du choix arbitraire du connaître. Mais, vrai, le connaître l'est précisément pour autant qu'elle le réalise effectivement, c'est-à-dire qu'elle en pose le concept *pour soi*. Cette détermination formelle a son sens concret en cela même en quoi le connaître a le sien. Les moments de l'activité réalisante de ce connaître sont ceux d'intuitionner, de se représenter, de se souvenir, etc.; ces activités n'ont aucun autre sens immanent; leur but est uniquement le concept du connaître (v. Rem., § 445). C'est seulement quand elles sont isolées que l'on se représente, pour une part, qu'elles [peuvent] être utiles à quelque chose d'autre qu'au connaître, pour une autre part, qu'elles [peuvent] procurer la satisfaction du connaître pour elles-mêmes, et l'on vante alors les délices de l'intuitionner,

361 du souvenir, de l'activité de l'imaginaire[1], etc. Même | isolés, c'est-à-dire privés d'esprit, l'intuitionner, l'activité de l'imaginaire, etc., peuvent, sans doute, procurer de la satisfaction; présenter ce qui, dans la nature physique, est la détermination fondamentale, l'être-extérieur-à-soi, présenter les moments de la raison immanente les uns extérieurement aux autres, – c'est là une chose qui, pour une part, est, dans l'intelligence, au pouvoir du choix arbitraire, [et] qui, pour une autre part, lui arrive dans la mesure où elle est elle-même seulement naturelle, inculte. Mais, la *satisfaction vraie* – on l'accorde –, seules peuvent la procurer une intuition pénétrée d'entendement et d'esprit, une représentation rationnelle, des productions de l'activité de l'imaginaire qui sont pénétrées de raison, qui présentent des Idées, etc., c'est-à-dire une intuition, une représentation, qui *connaissent*. Le *vrai* qui est attribué à une telle satisfaction réside en ce que l'intuition, la représentation, etc., sont présentes, non pas isolément, mais seulement comme moments de la totalité, du connaître lui-même.

α) *Intuition*

§ 446

L'esprit, qui, en tant qu'*âme*, est déterminé de façon *naturelle*, – en tant que *conscience*, est dans le Rapport avec cette déterminité

---

1. « des Phantasierens ».

comme avec un objet *extérieur*, – mais, en tant qu'intelligence, 1) *se trouve lui-même* ainsi déterminé, – est son sourd tissage dans *lui-même*, où il est à lui-même comme sa *propre matière* et a tout le *matériau* de son savoir. En raison de l'*immédiateté* dans laquelle il est ainsi tout d'abord, il n'est tel absolument que comme un esprit *singulier* et – en un sens *commun* – *subjectif*, et il apparaît ainsi comme esprit ressentant.

Le sentiment s'est bien déjà présenté précédemment (§ 399 *sq.*) comme un mode d'existence de l'âme, mais, tandis que le *trouver* ou l'immédiateté y a essentiellement la détermination de l'être naturel ou de la corporéité, il n'a ici que celle, *abstraite*, de l'immédiateté en général.

§ 447

La *forme* du sentiment est qu'il est, certes, une affection *déterminée*, mais que cette *déterminité* est simple. C'est pourquoi un sentiment, même quand son contenu est le plus solide et le plus vrai, a la forme d'une particularité contingente, – sans compter que le contenu peut être aussi bien le plus indigent et le moins vrai.

Que l'esprit ait dans le sentiment le *matériau* de ses représentations, c'est une présupposition très universelle, mais, de la façon plus habituelle, dans le sens opposé à celui que cette proposition a ici. | Face à la simplicité du **362** sentiment, on a, bien plutôt, l'habitude de présupposer le *jugement* en général, la différenciation de la conscience en un sujet et un objet, comme ce qu'il y a d'originaire ; – ainsi, la déterminité de la sensation est dérivée d'un *ob-jet* extérieur ou intérieur *subsistant-par-soi*. Ici, dans la vérité de l'esprit, ce point de vue de la conscience, qui est opposé à son idéalisme, s'est effondré, et le matériau du sentiment est, bien plutôt, déjà posé en tant qu'immanent à l'esprit. Relativement au contenu, c'est un préjugé courant, qu'*il y a plus dans le sentiment que dans la pensée* ; c'est ce qui est décrété particulièrement dans le cas des sentiments moraux et religieux. Le matériau qu'est à soi-même l'esprit en tant que ressentant s'est produit ici comme l'être-déterminé-en-et-pour-soi de la raison ; c'est pourquoi tout contenu rationnel, et, plus précisément, même tout contenu spirituel, entre dans le sentiment. Mais la forme de la singularité réfléchie en un Soi, que l'esprit a dans le sentiment, est la plus inférieure et la plus mauvaise, dans laquelle il n'est pas comme être libre, comme universalité infinie, – dans laquelle sa teneur et son contenu sont, bien plutôt, comme quelque chose de contingent, de subjectif, de particularisé. C'est une sensation *cultivée*, vraie, que la sensation d'un esprit cultivé, qui s'est acquis la conscience de distinctions déterminées, de Rapports essentiels, de déterminations vraies, etc., et chez lequel c'est ce matériau rectifié qui entre dans le sentiment, c'est-à-dire reçoit cette forme. Le sentiment est la forme immédiate, la plus présente en quelque sorte, dans laquelle le sujet se rapporte à un contenu donné ; face à celui-ci, il réagit, en premier lieu, avec son sentiment de soi particulier, qui peut bien être plus solide et plus ample qu'un point de vue unilatéral de l'entendement, et, cependant, tout autant, aussi borné et mauvais ; mais, en tout cas, il est la forme de ce qui est particularisé et subjectif. Lorsqu'un homme, à propos de quelque chose, en appelle, non pas à la nature et au concept de la Chose [elle-même], ou, du moins, à des raisons, à l'universalité d'entendement, mais à son *sentiment*, il n'y a rien d'autre à faire que de le laisser là où il est, parce qu'il se refuse, ce faisant, à la communauté de la rationalité, qu'il s'enferme dans sa subjectivité isolée, – la *particularité propre*.

§ 448

2) Dans la division de ce trouver immédiat, l'un des moments est la direction abstraite *identique* de l'esprit dans le sentiment, comme dans toutes ses autres déterminations ultérieures, l'*attention*, sans laquelle rien n'est pour lui ; – l'active *intériorisation rappelant à soi*, le moment du *sien*, mais en tant que c'est l'auto-détermination encore *formelle* de l'intelligence. L'autre moment consiste en ce qu'elle pose, face à cette intériorité qui est la sienne, la déterminité [relevant] du sentiment 363 | comme un *étant*, mais en tant qu'un *négatif*, en tant que l'abstrait être-autre de soi-même. L'intelligence détermine par là le contenu de la sensation comme [un] *étant-hors-de-soi*, – elle l'éjecte dans l'*espace* et le *temps*, et ce sont là les *formes* dans lesquelles elle est intuitionnante. Suivant la conscience, le matériau est seulement son ob-jet, [un] Autre relatif ; mais il reçoit de l'esprit la détermination rationnelle, d'être l'*autre de soi-même* (*cf.* § 247-254).

§ 449

3) L'intelligence – en tant qu'elle est cette unité concrète des deux moments, et cela, [avec la détermination d'être] immédiatement, dans ce matériau dont l'être est l'extériorité, rappelée par intériorisation en et à elle-même, et, dans cette intériorisation la rappelant en et à elle-même, plongée dans l'être-hors-de-soi – est [l']*intuition*.

§ 450

Sur et contre cet être-hors-de-soi qui lui est propre, l'intelligence dirige aussi bien essentiellement son attention, et elle est l'éveil à elle-même dans cette immédiateté qui est la sienne, – son *intériorisation la rappelant en et à elle-même* dans celle-ci ; – ainsi, l'intuition est cette concrétion du matériau et d'elle-même, ce qui est *sien* ; en sorte qu'elle n'a plus besoin de cette immédiateté du contenu, et du fait de le trouver.

β) *La représentation*

§ 451

La représentation est, en tant qu'intuition rappelée à elle-même par intériorisation, le milieu entre le se-trouver-déterminé immédiat de l'intelligence et celle-ci en sa liberté, la pensée. La représentation est, pour l'intelligence, ce qui est *sien*, encore lié à [une] subjectivité unilatérale, en tant que ce sien est encore conditionné par l'immédiateté, qu'il n'est pas, en lui-même, l'*être*. Le chemin de l'intelligence dans les représentations consiste autant à rendre intérieure l'immédiateté, à se poser *intuitionnante* dans *elle-même*, qu'à supprimer la subjectivité de l'intériorité et à se séparer d'avec elle-même dans elle-même par extériorisation, ainsi qu'à être dans elle-même au sein de sa *propre extériorité*. Mais, en tant que l'acte de se représenter part de | l'intuition et de son matériau *trouvé*, cette activité est encore **364** affectée de cette différence, et ses productions sont, en elle, encore des *synthèses*, qui ne deviennent que dans la pensée l'immanence concrète du concept.

1) *Le rappel à soi par intériorisation*

§ 452

En tant que, tout d'abord, elle rappelle à soi par intériorisation l'intuition, l'intelligence pose le *contenu* du *sentiment* dans son intériorité, dans son *propre espace* et son *propre temps*. Ainsi, ce contenu est-il 1° *image*, il est libéré de sa première immédiateté et de sa singularité abstraite faisant face à autre chose, en tant qu'il est accueilli dans l'universalité du Moi en général. L'image n'a plus la déterminité complète qu'a l'intuition, et elle est arbitraire et contingente, d'une façon générale isolée du lieu extérieur, du temps et du contexte immédiat dans lequel elle se trouvait.

§ 453

2° L'image, pour elle-même, est passagère, et l'intelligence elle-même constitue, en tant qu'attention, le temps et aussi l'espace, le « quand » et le « où » de l'image. Cependant, l'intelligence n'est pas seulement la conscience et l'être-là, mais, comme telle, le sujet et l'*en-soi* de ses déterminations; rappelée en et à l'intelligence, l'image est *conservée* sans plus avoir d'existence, *inconsciemment*.

Saisir l'intelligence comme ce puits nocturne dans lequel un monde d'images et de représentations infiniment nombreuses est conservé, sans qu'elles soient dans la conscience, c'est, d'un côté, l'exigence universelle, en général, de saisir le concept en tant que concret, comme, par exemple, de saisir le germe d'une manière telle qu'il contienne *affirmativement*, en [une] possibilité *virtuelle*, toutes les *déterminités* qui ne viennent à l'*existence* que dans le développement de l'arbre. C'est l'incapacité de saisir cet universel en lui-même concret et restant pourtant *simple*, qui a fait croire à la conservation des représentations particulières dans des *fibres* et *places* particulières; ce qui est divers n'aurait par essence qu'une existence spatiale aussi singularisée. – Mais le germe, au sortir des déterminités existantes, ne parvient que dans autre chose – le germe du fruit – au *retour* en sa simplicité, de nouveau à l'existence de l'être-en-soi. Mais l'intelligence est, comme telle, la libre | *existence* de l'être-en-soi qui, dans son développement, se rappelle à lui-même en s'intériorisant.

Il faut donc, d'un autre côté, saisir l'intelligence comme ce puits *où la conscience est absente*, c'est-à-dire comme l'universel *existant* dans lequel ce qui est divers n'est pas encore posé en tant que discret. Et, à dire vrai, cet *en-soi* est la première forme de l'universalité qui s'offre en tant l'activité représentante.

§ 454

3° Une telle image conservée abstraitement a besoin, pour son être-là, d'une intuition ayant un être-là; en son sens propre de rappel à soi par intériorisation, ce que l'on nomme souvenir est la mise en relation de l'image avec une intuition, et ce en tant que *subsomption* de l'intuition singulière immédiate sous l'universel formel, sous la *représentation* qui est le même contenu; de telle sorte que l'intelligence est, dans la sensation déterminée et l'intuition de celle-ci, intérieure à soi, et qu'elle la *reconnaît* comme ce qui est *déjà sien*, de même qu'elle sait, en même temps, son image tout d'abord seulement intérieure, désormais aussi comme image immédiate de l'intuition et comme trouvant sa *confirmation* à même une telle intuition. – L'image, qui, dans le puits de l'intelligence, était seulement sa propriété, est, avec la détermination de l'extériorité, maintenant aussi en sa possession. Elle est, par là, posée en même temps [comme] pouvant être différenciée de l'intuition et séparée de la nuit simple dans laquelle elle est tout d'abord enfoncée. L'intelligence est ainsi la puissance consistant à pouvoir extérioriser sa propriété et à n'avoir plus besoin, pour l'existence de celle-ci en elle, de l'intuition extérieure. Cette synthèse de l'image intérieure avec l'être-là rappelé à soi par intériorisation, est la *représentation* proprement dite; en tant que l'intérieur a, maintenant, aussi, en lui, la détermination de pouvoir être *placé* devant l'intelligence, d'avoir en elle un être-là.

2) *L'imagination*

§ 455

1° L'intelligence active dans cette possession est l'*imagination reproductrice*, le *surgissement* des images hors de l'intériorité propre du Moi, qui est désormais la puissance [disposant] d'elles. La *relation* des images qui s'offre en premier est celle de leur espace et temps extérieur immédiat conservé avec elles. Mais l'image a seulement

366 dans le sujet où elle est conservée | l'individualité en laquelle les déterminations de son contenu sont nouées ensemble, – sa concrétion immédiate, c'est-à-dire tout d'abord seulement spatiale et temporelle, qu'elle a comme un *Un* dans l'intuitionner, est, par contre, dissoute. Le contenu reproduit, en tant qu'appartenant à l'unité identique à soi de l'intelligence, et dégagé du puits universel de celle-ci, a une représentation *universelle* comme ce qui opère la *mise en relation par association* des images, des représentations plus abstraites ou plus concrètes suivant les circonstances diverses.

Les *lois* – comme l'on dit – *de l'association des idées* ont suscité un grand intérêt, particulièrement dans la floraison – coïncidant avec le déclin de la philosophie – de la psychologie empirique. D'abord, ce ne sont pas des *Idées* qui sont associées. Ensuite, ces modes de mise en relation ne sont pas des lois, déjà précisément pour cette raison qu'il y a *tant* de lois sur la même Chose, ce qui laisse place, bien plutôt, à l'arbitraire et à la contingence, au contraire d'une loi; il est contingent que ce qui relie soit quelque chose d'imagé ou une catégorie de l'entendement, [comme] égalité et inégalité, raison et conséquence, etc. La progression au fil des images et représentations suivant l'imagination associante est, d'une façon générale, le jeu d'une activité représentante privée de pensée, dans laquelle la détermination de l'intelligence est encore une universalité formelle en général, le contenu, par contre, celui qui est donné dans les images. – Image et représentation sont – dans la mesure où l'on fait abstraction de la détermination-de-forme plus précise qui a été indiquée – différentes pour autant que la première est la représentation, du point de vue sensible, plus concrète; la représentation – que le contenu en soit quelque chose d'imagé, ou un concept et une Idée – a en général le caractère d'être quelque chose qui, tout en appartenant à l'intelligence, est, cependant, pour elle, suivant son contenu, un donné et un immédiat. L'*être*, le *se-trouver-déterminé* de l'intelligence est encore attaché à la représentation, et l'universalité que ce matériau-là reçoit moyennant l'acte de se représenter est encore l'universalité abstraite. La représentation est le moyen terme dans le syllogisme de l'élévation de l'intelligence; la liaison des *deux significations de la relation à soi* – à savoir l'être et l'universalité – qui sont déterminées dans la conscience comme objet et sujet. L'intelligence complète *ce qui est trouvé* par la signification de l'universalité, et ce qui lui est propre, l'intérieur, par celle de l'être, mais posé par elle. Sur la différence des représentations et des pensées, cf. *Int.*, § 20, Rem.

L'abstraction qui a lieu dans l'activité représentante [et] par laquelle sont produites des représentations universelles – et les représentations comme telles ont déjà, en elles, la forme de l'universalité – est habituellement exprimée comme une *superposition* de nombreuses images *semblables*, et c'est de cette manière qu'elle deviendrait compréhensible. | Afin qu'une telle *superposition* 367 ne soit pas entièrement le *hasard*, ce qui est sans concept, il faudrait admettre une *force d'attraction* des images semblables, ou quelque chose de ce genre, qui serait en même temps la puissance négative capable d'éliminer ce qu'elles ont encore d'inégal en les faisant se raboter les unes les autres. Cette force est, en fait, l'intelligence elle-même, le Moi identique à lui-même, qui, moyennant son rappel à soi par intériorisation, leur donne immédiatement de l'universalité, et *subsume* l'intuition singulière sous l'image déjà rendue intérieure (§ 453).

§ 456

L'association des représentations, elle aussi, est donc à saisir comme *subsomption* des représentations singulières sous une représentation *universelle* qui constitue leur connexion. Cependant, l'intelligence n'est pas, en elle-même, seulement [une] forme universelle, mais son intériorité est une subjectivité *déterminée dans elle-même, concrète*, d'une teneur propre qui provient d'un intérêt, d'un concept étant-en-soi ou d'une Idée, pour autant qu'on peut parler par anticipation d'un tel contenu. L'intelligence est la puissance disposant de la provision des images et représentations qui lui appartiennent, et, ainsi, 2° une activité qui combine et subsume librement cette provision sous le contenu qu'elle a en propre. Ainsi est-elle, dans une telle provision, rappelée en et à elle-même de façon *déterminée*, et elle en opère l'intégration formatrice dans ce contenu qui est le sien, – *activité de l'imaginaire*, imagination *symbolisante, allégorisante*, ou *créant des fictions*. Ces formations imagées plus ou moins concrètes, individualisées, sont encore des synthèses, pour autant que le matériau dans lequel la teneur subjective se donne un être-là [relevant] de la représentation, provient de ce qui, dans l'intuition, est trouvé.

§ 457

L'intelligence, dans l'activité de l'imaginaire, est dans elle-même achevée en auto-intuition, au point que sa teneur empruntée à elle-même a une existence sous forme d'image. Cette formation imagée qui procède de son acte d'auto-intuition est subjective, le moment de l'*étant* fait encore défaut. Mais, dans l'unité, que celle-là réalise, de la teneur intérieure et du matériau, l'intelligence, tout autant, a, *en soi*, fait retour à l'identique relation à soi-même en tant qu'immédiateté. De même que, en tant que raison, elle procède de l'acte de s'approprier l'immédiat qu'elle trouve dans elle-même (§ 445, *cf.* § 455, Rem.), c'est-à-dire de le déterminer comme [un] *universel*, de même son agir en tant que raison (§ 438) consiste, à partir du point maintenant atteint,
368 | à déterminer comme de l'*étant* ce qui, dans elle-même, s'est achevé en auto-intuition concrète, c'est-à-dire à se faire elle-même *être*, *Chose*. Active dans cette détermination, elle est *extériorisation* d'elle-même, productrice d'*intuition*, – 3° *activité de l'imaginaire créant des signes*.

L'activité de l'imaginaire est le centre dans lequel l'universel et l'être, ce qu'on a en propre et ce qui est trouvé, l'intérieur et l'extérieur, sont façonnés en une unité parfaite. Les synthèses précédentes, [celles] de l'intuition, du rappel en et à soi, etc., sont des réunions des mêmes moments ; mais ce sont des synthèses ; c'est seulement dans l'activité de l'imaginaire que l'intelligence est, non pas comme le puits indéterminé et l'universel, mais comme [une] singularité, c'est-à-dire comme [une] subjectivité concrète, dans laquelle la relation à soi est déterminée de façon à être aussi bien un être qu'une univer-salité. Les formations [procédant] de l'activité de l'imaginaire sont partout reconnues comme de telles réunions de ce qui est propre et intérieur à l'esprit, et de ce qui est *donné à l'intuition* ; leur contenu davantage déterminé appar-tient à d'autres domaines. Ici, cette élaboration intérieure n'est à saisir que suivant ces moments abstraits dont il a été question. En tant qu'elle est l'acti-vité opérant cette réunion, l'activité de l'imaginaire est raison, mais seulement la raison *formelle*, pour autant que la *teneur* de l'activité de l'imaginaire est, comme telle, indifférente, tandis que la raison, comme telle, détermine aussi le *contenu* pour en faire une *vérité*.

Ce qu'il faut encore souligner particulièrement, c'est que, en tant que l'activité de l'imaginaire amène à l'image et à l'intuition la teneur intérieure – et ce qui est exprimé là, c'est qu'elle la détermine comme *étant* –, il ne faut pas trouver non plus choquante l'expression, que l'intelligence se fait *être*, se fait *Chose*; car sa teneur, c'est elle-même, et aussi bien la détermination qu'elle donne à cette teneur. L'image produite par l'activité de l'imaginaire n'est intuitive que subjectivement; dans le *signe*, cette activité ajoute ce qui rend proprement intuitif; dans la mémoire *mécanique*, elle achève cette forme de l'*être* en elle.

§ 458

Dans cette unité – procédant de l'intelligence – d'une *représentation subsistante-par-soi* et d'une *intuition*, la matière de cette dernière est bien, tout d'abord, une [réalité] reçue, quelque chose d'immédiat ou de donné (par exemple la couleur de la cocarde, etc.). Mais, dans cette identité, l'*intuition* ne vaut pas comme positive et [comme] représentant elle-même, mais [comme] représentant *autre chose*. Elle est une image qui a reçu en elle, comme [son] âme, une représentation *subsistante-par-soi* de l'intelligence, sa *signification*. Cette intuition est le *signe*.

| Le *signe* est une quelconque intuition immédiate, mais qui représente un **369** tout autre contenu que celui qu'elle a pour elle-même; – [il est] la *Pyramide* en laquelle est transférée et conservée une âme étrangère. Le *signe* est différent du *symbole*, d'une intuition dont la déterminité *propre* est, suivant son essence et son concept, plus ou moins le contenu qu'elle exprime en tant que symbole; dans le cas du signe en tant que tel, par contre, le contenu propre de l'intuition et celui dont elle est le signe ne se concernent en rien l'un l'autre. En tant que *signifiante*, l'intelligence fait preuve, par conséquent, d'un arbitre et d'une maîtrise plus libres dans l'usage de l'intuition qu'elle ne le fait en tant que symbolisante.

Habituellement, le *signe* et le *langage* sont glissés quelque part, comme *appendice*, dans la psychologie ou encore dans la logique, sans qu'on ait songé à leur nécessité et connexion dans le système de l'activité de l'intelligence. La véritable place du signe est celle qui a été montrée : l'intelligence – qui, comme intuitionnante, engendre la forme du temps et de l'espace, mais apparaît comme accueillant le contenu sensible et se formant des représentations à partir de ce matériau – donne maintenant, en le tirant d'elle-même, à ses représentations subsistantes-par-soi, un être-là déterminé, elle *utilise comme sa chose* l'espace et le temps remplis, l'intuition, elle anéantit ce que cette intuition contient immédiatement et en propre, et lui donne un autre contenu pour signification et âme. – Cette activité créatrice de signes peut être appelée spécialement la mémoire *productrice* (la Mnémosyne tout d'abord abstraite), en tant que la mémoire, qui est, dans la vie courante, souvent confondue avec le rappel en et à soi, aussi avec la représentation et l'imagination, et prise comme ayant le même sens qu'eux, n'a affaire absolument qu'avec des signes.

§ 459

L'intuition – en tant qu'elle est immédiatement, tout d'abord, quelque chose de donné et de spatial – reçoit, dans la mesure où elle est employée comme un signe, la détermination essentielle, d'être seulement comme intuition supprimée. L'intelligence est cette négativité qui est la sienne; ainsi, la figure plus vraie de l'intuition, qui est un signe, est un être-là dans le *temps*, – le fait, pour l'être-là, de disparaître en étant, et, suivant la déterminité extérieure ultérieure, psychique, de cet être-là, un *être-posé* par l'intelligence issu de sa naturalité propre (anthropologique), – le *son*, l'extériorisation accomplie de l'intériorité qui se fait connaître. Le son s'articulant davantage pour les représentations déterminées, la *parole* et son système, le *langage*, donnent aux sensations, intuitions et représentations, un second être-là, plus élevé que | leur être-là immédiat, en général une existence qui vaut dans le *royaume de la représentation*.

370

Le langage n'est pris ici en considération que suivant la déterminité qui le caractérise en tant qu'il est le produit de l'intelligence, à savoir de manifester les représentations de celle-ci dans un élément extérieur. Si l'on devait traiter du langage de manière concrète, on aurait, pour ce qui concerne ses *matériaux* (l'élément lexicologique), à rappeler le point de vue anthropologique, plus précisément le point de vue psycho-physiologique (§ 401), et, pour ce qui concerne la *forme* (la grammaire), à anticiper celui de l'entendement. Pour ce

qui concerne les *matériaux élémentaires* du langage, d'un côté la représentation d'une simple contingence s'est perdue, d'un autre côté le principe de
l'imitation a été borné à son domaine étroit, [celui] des ob-jets qui résonnent.
Pourtant, on entend encore vanter la langue allemande pour sa richesse, à cause
des nombreux termes particuliers qu'elle possède pour désigner des sons
particuliers, par exemple « Rauschen » [mugir], « Sausen » [siffler], « Knarren »
[craquer], etc. ; on en a rassemblé peut-être plus de cent ; l'humeur du moment
en crée de nouveaux si cela lui plaît. Une telle surabondance dans ce qui est
sensible et insignifiant n'est pas à compter parmi ce qui doit constituer la
richesse d'une langue cultivée. Le [moment] proprement élémentaire lui-
même ne repose pas tant sur une symbolique se rapportant à des objets extérieurs que sur une symbolique intérieure, à savoir [celle] de l'articulation
anthropologique en tant qu'elle est, en quelque sorte, un *geste* de l'extériorisation parlante corporelle. On a ainsi cherché, pour chaque voyelle et chaque
consonne, comme pour leurs éléments plus abstraits (mouvement des lèvres,
mouvement du palais, de la langue) et ensuite pour leurs combinaisons, la
signification caractéristique. Mais ces sourds commencements inconscients
sont modifiés par des [moments] ultérieurs – aussi bien circonstances extérieures que besoins culturels – au point de devenir inapparents et insignifiants,
– essentiellement par ceci qu'ils sont eux-mêmes, en tant qu'intuitions
sensibles, rabaissés à des signes, et que leur signification originelle propre est
ainsi gâtée et effacée. – Mais l'[être] *formel* du langage est l'œuvre de l'entendement, qui opère en celui-ci l'insertion formatrice de ses catégories ; cet
instinct logique produit ce qui constitue l'[élément] grammatical du langage.
L'étude de langues restées comme à l'origine, que l'on a commencé d'apprendre
à connaître de façon approfondie seulement dans les temps modernes, a montré,
sur ce point, qu'elles contiennent une grammaire très élaborée dans le détail et
expriment des différences qui manquent ou ont été effacées dans les langues de
peuples plus cultivés. Il semble que la langue des peuples les plus cultivés a la
plus imparfaite grammaire, et que la même langue a, dans un état de moindre
culture du peuple qui la parle, une grammaire plus parfaite que dans l'état de
plus haute culture (*cf.* W. v. Humboldt, écrit *Sur le duel*, I, 10, 11[1]).

1. W. v. Humboldt, *Über den Dualis*, communication à l'Académie des sciences de
Berlin, le 16 avril 1827, publiée dans les *Abhandlungen der hist.-phil. Klasse der Kgl.
Akademie der Wisenschaften zu Berlin* (*Dissertations de la Section d'Hist. et Phil. de
l'Académie royale des Sciences de Berlin*), année 1827, Berlin, 1830.

371 | À l'occasion de la langue parlée, en tant que la langue originelle, on peut faire mention aussi de la *langue écrite*, toutefois ici seulement en passant ; cette langue est simplement un développement ultérieur dans le domaine de la *particularisation* de la langue, développement qui s'opère grâce au concours d'une activité extérieurement pratique. La langue écrite progresse en direction du champ de l'intuitionner spatial immédiat, dans lequel elle prend et produit les signes (§ 454). De façon plus précise, l'*écriture hiéroglyphique* désigne les *représentations* par des figures spatiales, alors que, par contre, l'écriture en lettres désigne des *sons*, qui sont eux-mêmes déjà des signes. Cette dernière écriture se compose, par suite, de signes des signes, – et cela de telle sorte qu'elle résout les signes concrets de la langue orale, les paroles, en leurs éléments simples, et désigne ces éléments. – *Leibniz* s'est laissé entraîner par son entendement à tenir pour très souhaitable une langue écrite complète formée de manière hiéroglyphique – chose qui se rencontre bien, sur un mode partiel, aussi dans le cas de l'écriture en lettres (comme dans nos signes des nombres, des planètes, des éléments chimiques, etc.) –, en tant que langue écrite universelle en vue du commerce des peuples et, particulièrement, des savants. Mais on peut estimer que le commerce des peuples (ce qui fut peut-être le cas chez les Phéniciens, et ce qui se produit présentement à Canton – voir le *Voyage* de Macartney, de Staunton [1]) a, bien plutôt, occasionné le besoin de l'écriture en lettres et la naissance de celle-ci. En outre, on ne peut pas songer à une langue hiéroglyphique *tout achevée* en son ampleur ; des ob-jets sensibles sont susceptibles, certes, de signes persistant fixement, mais, pour des signes de ce qui est d'ordre spirituel, la progression de la culture intellectuelle, le développement logique en sa marche en avant, suscitent des manières de voir changées sur leurs Rapports intérieurs et par là sur leur nature, de telle sorte que par là aussi apparaîtrait une autre détermination hiéroglyphique. Chose qui se produit bien déjà dans le cas d'ob-jets sensibles, [à savoir] que leurs signes dans la langue parlée, leurs noms, sont souvent changés, comme, par exemple, dans le cas des signes en chimie, aussi en minéralogie. Depuis qu'on a oublié ce que sont des noms en tant que tels – à savoir des *réalités extérieures dépourvues de sens* pour elles-mêmes, qui n'ont une signification que comme *signes* –,

---

1. C'est de 1797 à 1799 que parurent, à Berlin, les trois volumes de la traduction du Journal de voyage – édité par Staunton – dans lequel le diplomate Macartney relatait la mission (1792-1794) accomplie par lui en Chine sur l'ordre du roi Georges III.

depuis qu'on exige, au lieu de noms proprement dits, l'expression d'une sorte de définition, et qu'on va même fréquemment aussi jusqu'à former celle-ci à son tour de façon arbitraire et contingente, – la dénomination, c'est-à-dire seulement la composition à partir de signes de leur [1] détermination générique ou d'autres propriétés qui doivent être caractéristiques, change selon la vue diverse que l'on prend du genre ou encore d'une propriété qui doit être spécifique. – C'est seulement à la minutie statique de la culture chinoise de l'esprit qu'est appropriée la langue écrite hiéroglyphique du peuple chinois; cette sorte de langue écrite ne peut, en outre, être le partage que de cette partie moindre d'un peuple, qui se maintient en la possession exclusive d'une culture de l'esprit. – L'élaboration de la langue parlée est liée de la façon la plus étroite avec l'habitude de | l'écriture en lettres, moyennant laquelle seule la langue **372** parlée obtient la déterminité et la pureté de son articulation. L'imperfection de la langue parlée chinoise est bien connue; une foule de ses paroles ont plusieurs significations tout à fait diverses – même jusqu'à dix, voire vingt –, de telle sorte que, dans le parler, la différence n'est rendue perceptible que par l'accentuation, l'intensité, le parler à voix basse ou le crier. Des Européens, qui commencent de parler chinois, sont précipités – avant qu'ils se soient approprié ces absurdes finesses de l'accentuation – dans les plus burlesques malentendus. La perfection consiste, ici, dans le contraire du «parler sans accent» [2], qui est réclamé à bon droit, en Europe, pour un parler cultivé. À cause de la langue écrite hiéroglyphique, la langue parlée chinoise manque de la déterminité objective qui est obtenue dans l'articulation grâce à l'écriture en lettres.

L'écriture en lettres est en et pour soi la plus intelligente; en elle, le *mot* – le mode, propre à l'intelligence, le plus digne d'extérioriser ses représentations – est amené à la conscience, est constitué en ob-jet de la réflexion. Dans cette occupation à laquelle l'intelligence se livre avec lui, il est analysé, c'est-à-dire que cet acte de signifier est réduit à ses quelques éléments simples (les gestes primitifs de l'articulation); ils sont le [moment] sensible de la parole, amené à la forme de l'universalité, [et] qui acquiert, dans cette manière [d'être] élémentaire, en même temps une pleine déterminité et pureté. L'écriture en lettres conserve aussi l'avantage de la langue parlée, pour autant qu'en elle, comme

1. C'est-à-dire celle des ob-jets sensibles dont il était question dans la phrase précédente.

2. En français dans le texte de Hegel.

en cette dernière, les représentations ont des noms en propre; le nom est le signe simple pour la représentation proprement dite, c'est-à-dire *simple*, non résolue en ses déterminations et composée à partir de celles-ci. La langue hiéroglyphique ne naît pas de l'analyse immédiate des signes sensibles, comme l'écriture en lettres, mais de l'analyse préalable des représentations; d'où surgit aisément l'idée que toutes les représentations pourraient être ramenées à leurs éléments – aux déterminations logiques simples –, de telle sorte que, à partir des signes élémentaires choisis pour ces éléments (comme, dans le cas du chinois «koua», le trait droit simple et le trait brisé en deux parties), la langue hiéroglyphique serait engendrée moyennant leur composition. Cette circonstance de la désignation analytique des représentations dans le cas de l'écriture hiéroglyphique, qui a entraîné *Leibniz* à la tenir pour bien supérieure à l'écriture en lettres, c'est bien plutôt elle qui contredit le besoin fondamental de la langue en général, la dénomination, [à savoir] d'avoir, pour la représentation immédiate, qui – si riche que puisse être son contenu en ce qu'il comprend – est simple pour l'esprit dans le nom, aussi un signe immédiat

373 simple, qui, en tant qu'un être [pris] pour lui-même, | ne donne rien à penser, [et] n'a que la détermination de signifier et représenter sensiblement comme telle la représentation simple. Non seulement l'intelligence qui se *représente* [les choses] fait ceci, [à savoir] qu'elle séjourne aussi bien auprès de la simplicité des représentations, que, également, elle les recompose à partir des moments plus abstraits en lesquels elles ont été analysées, mais aussi la *pensée* résume le contenu concret, à partir de l'analyse dans laquelle celui-ci est devenu une liaison de multiples déterminations, en la forme d'une pensée simple. Pour toutes deux, il est besoin d'avoir aussi de tels signes simples eu égard à la signification, qui, constitués de plusieurs lettres ou syllabes, et aussi décomposés en celles-ci, ne présentent pourtant pas une liaison de plusieurs représentations. – Ce qui a été indiqué constitue la détermination fondamentale pour décider de la valeur de ces langues écrites. Ensuite, il se dégage aussi que, dans le cas de l'écriture hiéroglyphique, les relations de représentations spirituelles concrètes sont nécessairement emmêlées et embrouillées; et que, en outre, leur analyse, dont les premiers produits sont de même, à leur tour, à analyser, apparaît possible en toutes ses variétés et tous ses écarts. Chaque écart présenté dans l'analyse produirait une autre formation de la dénomination écrite, ainsi que, dans les temps modernes, suivant la remarque qui a été faite à l'instant, [et qui s'applique] jusque dans le domaine sensible,

l'acide chlorhydrique a changé son nom de multiple manière. Une écriture hiéroglyphique exigerait une philosophie aussi statique en sa minutie que l'est la culture chinoise en général.

Il résulte aussi de ce qui a été dit, qu'apprendre à lire et à écrire une écriture en lettres est à considérer comme un moyen de culture infini, insuffisamment apprécié, en tant qu'il conduit l'esprit de ce qui est sensiblement concret à l'attention à ce qui est plus formel – au mot sonore et à ses éléments abstraits –, et qu'il fait quelque chose d'essentiel de la fondation et purification du sol de l'intériorité dans le sujet. – L'habitude acquise efface aussi plus tard la caractéristique de l'écriture en lettres, [à savoir] d'apparaître, au service de la vue, comme un détour par l'audibilité pour atteindre les représentations, et elle en fait pour nous une écriture hiéroglyphique, de telle sorte que, quand nous l'employons, nous n'avons plus besoin d'avoir devant nous en notre conscience la médiation des sons ; par contre, des gens qui ont peu l'habitude de la lecture prononcent à haute voix ce qu'ils lisent, pour le comprendre dans sa résonance. Outre que, quand nous possédons cette pratique courante qui a transformé en hiéroglyphes l'écriture en lettres, subsiste l'aptitude à l'abstraction acquise grâce au premier exercice qu'on a dit, la lecture hiéroglyphique est, pour elle-même, une lecture sourde et une écriture muette. Certes, l'audible ou temporel et le visible ou spatial ont, tout d'abord, chacun leur propre base, | d'égale **374** valeur ; mais, dans le cas de l'écriture en lettres, il y a une seule base, et cela selon ce juste Rapport, que la langue visible se rapporte à la langue sonore seulement comme un signe ; l'intelligence s'extériorise immédiatement et inconditionnellement par la parole. – La médiatisation des représentations par l'être moins sensible des sons se montre, de plus, pour le passage suivant de la *représentation* à la *pensée* – pour la *mémoire* –, en son essentialité propre.

§ 460

Le nom, comme liaison de l'intuition produite par l'intelligence, et de sa signification, est, tout d'abord, une production passagère *singulière*, et la liaison de la représentation, en tant qu'un intérieur, avec l'intuition, en tant qu'un extérieur, est elle-même *extérieure*. Le rappel en et à soi de cette extériorité est la *mémoire*.

3) *Mémoire*

§ 461

L'intelligence parcourt, en tant que mémoire, face à l'intuition du mot, les mêmes activités du rappel en et à soi, qu'elle le fait, en tant que représentation en général, face à la première intuition immédiate (*cf.* § 451 *sq.*). – 1° Faisant de cette liaison dont il a été question, qui est le signe, son bien propre, elle élève, par ce rappel en et à soi, la liaison *singulière* à une liaison *universelle*, c'est-à-dire permanente, dans laquelle le nom et la signification sont liés objectivement par elle, et elle fait de l'intuition, qu'est tout d'abord le nom, une *représentation*, de telle sorte que le contenu – la signification – et le signe sont identifiés, sont une seule et même représentation, et que l'activité de la représentation est, dans son intériorité, concrète, est le contenu en tant que l'être-là de celui-ci ; – [c'est là] la mémoire *retenant* les noms.

§ 462

Le *nom* est ainsi la *Chose*, telle qu'elle est présente et a validité dans le *royaume de la représentation*. La mémoire 2° *reproductrice* a 375 et reconnaît dans le nom la *Chose*, et, avec la | Chose, le nom, sans intuition ni image. Le nom, comme *existence* du contenu dans l'intelligence, est l'*extériorité* de celle-ci elle-même en elle, et le *rappel à soi par intériorisation* du nom, en tant que celui-ci est l'intuition produite par elle, est en même temps l'*extériorisation séparant d'avec soi* dans laquelle elle se pose à l'intérieur d'elle-même. L'association des noms particuliers est impliquée dans la signification des déterminations de l'intelligence sentante, représentante ou pensante, déterminations dont celle-ci parcourt en elle-même les séries en tant que sentante, etc.

Dans le cas du nom « lion », nous n'avons besoin ni de l'intuition d'un tel animal, ni, non plus, même de l'image, mais le nom, en tant que nous le *comprenons*, est la représentation simple sans image. C'est dans le nom que nous *pensons*.

La *mnémotechnique* des Anciens, à nouveau ranimée il y a quelque temps, et, à nouveau, comme c'est justice, oubliée, consiste à transformer les noms en

images, et, par là, à rabaisser, à nouveau, la mémoire à l'imagination. Le lieu
où se déploie la *force* de la mémoire est occupé par un tableau permanent,
solidement fixé, d'une série d'images à laquelle est alors rattaché le texte à
apprendre par cœur, la suite de ses représentations. Avec toute l'hétérogénéité
du contenu de ces représentations-ci et de ces images permanentes-là, de même
aussi qu'en raison de la rapidité avec laquelle ce rattachement doit s'opérer, ce
dernier ne peut s'opérer autrement que moyennant des connexions insipides,
niaises, tout à fait contingentes. Non seulement l'esprit est mis à la torture de se
tourmenter avec un outil qui n'est pas du tout ajusté, mais ce qui est appris par
cœur d'une telle manière est, précisément pour cette raison, à nouveau, vite
oublié, tandis que, par ailleurs, le même tableau est utilisé pour l'apprentissage
par cœur de toute autre série de représentations, et que, par suite, celles qui y
ont été auparavant rattachées sont, à leur tour, effacées. Ce qui s'est imprimé de
façon mnémotechnique n'est pas, comme ce qui est conservé dans la mémoire,
proféré *par cœur* [– *en étant tourné extérieurement* –], c'est-à-dire proprement
en sortant du *dedans* [1], du puits profond du Moi, et ainsi récité, mais il est, pour
ainsi dire, lu sur le tableau de l'imagination. La mnémotechnique est liée avec
les préjugés ordinaires que l'on a au sujet de la mémoire par rapport à l'imagination, et selon lesquels celle-ci serait une activité plus haute, plus spirituelle,
que la mémoire. Bien plutôt, la mémoire n'a plus affaire avec l'*image*, qui est
tirée de l'être-déterminé immédiat, non spirituel, de l'intelligence, – de l'intuition, mais avec un être-là qui est le produit de l'intelligence elle-même, – avec
un tel être *tourné extérieurement* qui reste enfermé dans l'intérieur de l'intelligence et qui n'est qu'*au dedans d'elle-même* le côté tourné extérieurement,
existant, qu'elle comporte.

| § 463   376

3° Pour autant que la connexion des noms réside dans la
signification, la liaison de celle-ci avec l'être en tant que nom est
encore une synthèse, et l'intelligence, dans cette extériorité qui est la

---

1. Ce qui est « auswendig » – « par cœur » –, c'est bien ce qui est « tourné vers
l'extérieur » (« nach aussen zugewendet »), ce qui est « tourné extérieurement » (aussi en
ce sens que, en lui, il a une tournure extérieure, mécanique …), pour autant qu'il sort et
procède de l'intérieur, du cœur.

sienne, n'est pas encore retournée en elle-même en sa simplicité. Mais l'intelligence est l'universel, la vérité simple de ses aliénations particulières, et son appropriation menée à bonne fin est la suppression de cette différence, qui vient d'être évoquée, de la signification et du nom ; ce suprême rappel à soi par intériorisation de l'activité représentante est la suprême extériorisation séparant d'avec soi de l'intelligence, dans laquelle celle-ci se pose comme l'*être*, l'espace universel des noms en tant que tels, c'est-à-dire de mots dépourvus de sens. Le Moi, qui est cet être abstrait, est, en tant que subjectivité, en même temps la puissance [disposant] des divers noms, le *lien* vide qui fixe solidement en lui-même et maintient dans un ordre fixe leurs séries. Pour autant qu'ils sont seulement comme *étant*, et que l'intelligence est, dans elle-même, ici elle-même cet être qui est le leur, elle est cette puissance en tant que *subjectivité totalement abstraite*, – la *mémoire*, qui, à cause de l'extériorité totale dans laquelle les termes de telles séries sont les uns à l'égard des autres, et parce qu'elle est elle-même cette réalité – toute subjective qu'elle soit – extérieure, est appelée *mécanique* (§ 195).

Comme c'est bien connu, on ne sait vraiment un texte par cœur que lorsqu'on ne pense pas du tout au sens en prononçant les mots ; la récitation de ce qui est ainsi su par cœur devient, pour cette raison, d'elle-même, sans accent. L'accent correct qui est introduit vise le sens ; mais la signification, la représentation, qui est évoquée, perturbe la connexion mécanique, et, par suite, embrouille aisément la récitation. La faculté de retenir par cœur des séries de mots dans la connexion desquels il n'y a aucun entendement, ou qui sont déjà, pour eux-mêmes, dépourvus de sens (une série de noms propres), est un si grand sujet d'étonnement pour cette raison que l'esprit est essentiellement ceci, [à savoir] d'être *auprès de soi-même*, tandis qu'ici il est en tant qu'aliéné *dans lui-même*, [et] que son activité est en tant qu'un mécanisme. Mais l'esprit n'est *chez lui* que comme *unité* de la *subjectivité* et de l'*objectivité* ; or, ici – après que, dans l'intuition, il est tout d'abord en tant qu'[un] extérieur, de telle sorte qu'il *trouve* les déterminations, et, dans la représentation, rappelle à lui-même en l'intériorisant *cet être trouvé* et en fait ce qui est sien –, il se fait, comme mémoire, dans lui-même quelque chose d'extérieur, de telle sorte que ce qui est sien apparaît comme quelque chose qu'il trouve. L'un des moments de la pensée – l'*objectivité* – est ici posé, comme qualité de l'intelligence elle-même, dans celle-ci. – On a vite fait de saisir la mémoire comme une activité mécanique, comme une activité de ce qui est privé de sens, en quoi elle vient à être justifiée seulement par | son utilité, peut-être par son caractère indispen- 377 sable pour d'autres fins et activités de l'esprit. Mais, par là, on laisse échapper sa signification propre, qu'elle a dans l'esprit.

§ 464

L'étant, comme *nom*, a besoin d'un *Autre*, de la *signification* de l'intelligence représentante, pour être la Chose, l'objectivité véritable. L'intelligence est, en tant que mémoire mécanique, tout en un, cette objectivité extérieure elle-même qu'on a évoquée, et la *signification*. Elle est ainsi *posée* comme l'*existence* de cette identité, c'est-à-dire qu'elle est active *pour elle-même*, en tant que cette identité qu'elle est *en soi* en tant que raison. La *mémoire* est, de cette manière, le passage dans l'activité de la *pensée*, laquelle n'a plus de *signification*, c'est-à-dire est telle que, de son objectivité, ne diffère plus ce qu'elle a de subjectif, de même que cette intériorité est, en elle-même, [quelque chose d']*étant*.

Déjà notre langue donne à la *mémoire* – dont c'est devenu un préjugé de parler avec mépris – le statut élevé de l'immédiate parenté avec la pensée[1]. – Ce n'est pas par hasard que la jeunesse a une meilleure mémoire que les vieillards, et sa mémoire n'est pas seulement exercée pour l'utilité ; mais elle a une bonne mémoire parce qu'elle ne se comporte pas encore en réfléchissant, et sa mémoire est exercée intentionnellement ou non intentionnellement afin d'aplanir le sol de son intériorité en l'être pur, en l'espace pur dans lequel la Chose – le contenu étant-en-soi – puisse se développer et s'expliciter sans avoir à s'opposer à une intériorité subjective. Un profond talent est habituellement lié, dans la jeunesse, avec une bonne mémoire. Mais de telles indications empiriques ne servent en rien à faire connaître ce que la mémoire est en elle-même. C'est l'un des points jusqu'ici entièrement négligés, et, en fait, l'un des

---

1. Hegel souligne ici la parenté des termes allemands : « Gedächtnis » (mémoire) et « Gedanke » (pensée).

points les plus difficiles dans la théorie de l'esprit, que de saisir, dans la systématisation de l'intelligence, la situation et la signification de la mémoire, et de concevoir sa connexion organique avec la pensée. La mémoire, en tant que telle, est elle-même le mode seulement extérieur, le moment unilatéral, de l'*existence* de la pensée ; le passage est, pour nous ou en soi, l'identité de la raison et du mode de l'existence ; identité qui fait que la raison existe alors dans le sujet, comme son activité ; ainsi elle est [la] *pensée* [1].

378 | γ) *La pensée*

§ 465

L'intelligence, en son être, *reconnaît* ; – *elle connaît* une intuition pour autant que celle-ci est déjà la sienne (§ 454) ; – puis, dans le nom, la Chose (§ 462) ; – or, pour elle, *son* universel est dans la signification double de l'universel en tant que tel et de l'universel en tant que quelque chose d'immédiat ou d'étant, par conséquent comme l'universel véritable, qui est l'unité dans laquelle il a prise sur son autre, l'être. Ainsi, l'intelligence est, *pour elle-même, en elle-même*, connaissante ; – *en elle-même* : elle est l'*universel* ; *son* produit, la *pensée* [2], est la Chose ; identité simple du subjectif et de l'objectif ; – *pour elle-même* : elle sait que ce qui est *pensé est*, et que ce qui *est* n'*est* que pour autant qu'il est [une] pensée (*cf.* § 5, 21) ; *penser*, pour l'intelligence, c'est *avoir des pensées* ; elles sont en tant que le contenu et l'ob-jet de l'intelligence.

§ 466

Mais la connaissance pensante est, pareillement, tout d'abord *formelle* ; l'universalité et son être sont la subjectivité simple de l'intelligence. Les pensées, ainsi, ne sont pas déterminées en et pour

1. « *Denken* ».
2. « *Gedanke* ».

soi, et les représentations rappelées en et à soi pour constituer la pensée sont, dans cette mesure, encore le contenu donné.

§ 467

À même ce contenu, c'est 1) un *entendement* formel identique qui élabore les représentations rappelées en et à soi en des genres, espèces, lois, forces, etc., d'une façon générale en des catégories, avec ce sens que le matériau n'aurait que dans ces formes-de-pensée la vérité de son être. En tant que négativité dans elle-même, infinie, la pensée est 2) essentiellement une *séparation*, – un *jugement*, qui, cependant, ne résout plus le concept en l'opposition précédente de l'universalité et de l'être, mais le différencie suivant les liaisons caractéristiques de lui-même comme concept, et 3) la pensée supprime la détermination-de-forme et pose en même temps l'identité des différences; – [c'est là] la *raison formelle*, l'*entendement enchaînant syllogistiquement*. – L'intelligence *connaît* en tant que pensante, et, à la vérité, | 1) si **379** l'entendement *explique* le singulier *à partir de ses* universalités (les catégories), il s'appelle *conceptualisant*; 2) il l'*explique comme* un universel (genre, espèce) dans le *jugement*; dans ces formes, le *contenu* apparaît comme donné; mais, 3) dans le *syllogisme*, l'entendement *détermine* à partir de lui-même un *contenu* en supprimant cette différence-de-forme. Dans le discernement de la nécessité, la dernière immédiateté qui s'attache encore à la pensée formelle est disparue.

Dans la *Logique*, la pensée est telle qu'elle n'est encore qu'*en soi*, et la raison se développe dans cet élément sans opposition. – Dans la *conscience*, la pensée survient pareillement comme un degré (voir § 437, Rem.). – *Ici*, la raison est en tant que la vérité de l'opposition telle qu'elle s'était déterminée à l'intérieur de l'esprit lui-même. – La pensée reparaît toujours dans ces diverses parties de la science, parce que ces parties ne sont diverses que par l'élément et la forme de l'opposition, tandis que la pensée est ce centre un et le même dans lequel les oppositions retournent comme dans leur vérité.

§ 468

L'intelligence, qui, en tant que théorique, s'approprie la déterminité immédiate, est, après l'achèvement de la *prise de possession*, alors dans sa *propriété* ; par l'ultime négation de l'immédiateté, il est en soi posé que, *pour elle*, le contenu est déterminé par elle. La pensée, en tant qu'elle est le concept libre, est, dès lors, libre aussi suivant le *contenu*. L'intelligence, se sachant comme ce qui détermine le contenu, qui est tout autant le sien qu'il est déterminé comme étant, est [la] *volonté*.

b) *L'esprit pratique*

§ 469

L'esprit, en tant que volonté, se sait comme se résolvant en lui-même et se remplissant à partir de lui-même. Cet *être-pour-soi* rempli, ou cette singularité remplie, constitue le côté de l'existence ou de la *réalité*, qui appartient à l'*Idée* de l'esprit ; en tant que volonté, l'esprit entre dans l'effectivité, [alors que,] en tant que savoir, il est sur le sol de l'universalité du concept. – En tant qu'elle se donne à elle-même le contenu, la volonté est *chez soi*, *libre* en général ; c'est là son concept 380 déterminé. – Sa finitude | consiste dans son *formalisme*, [à savoir] que son *être-rempli par soi* n'est tout d'abord que la déterminité *abstraite*, la *sienne* en général, mais non encore identifiée à la *raison* développée. La détermination de la volonté étant *en soi* consiste à amener la liberté à l'existence dans la volonté formelle, et, par conséquent, le but de cette dernière consiste à se remplir de son concept, c'est-à-dire à faire de la liberté sa déterminité, son contenu et but, de même que son être-là. Ce concept, la liberté, n'est essentiellement qu'en tant que [la] pensée ; le chemin de la volonté, [à savoir] de se faire esprit *objectif*, consiste à s'élever à la volonté pensante, – à se donner le contenu qu'elle ne peut avoir que comme volonté qui se pense.

La liberté *vraie* est, en tant que vie éthique, ce fait que la volonté n'a pas pour but des intérêts subjectifs, c'est-à-dire égoïstes, mais un contenu universel ; cependant, un tel contenu n'est que dans la pensée et par la pensée ; il n'est rien de moins qu'absurde de vouloir exclure la pensée de la vie éthique, de la vie religieuse, de la vie du droit, etc.

§ 470

L'esprit pratique contient tout d'abord, en tant que volonté formelle ou immédiate, un double *devoir-être*, – 1) dans l'opposition de la déterminité posée à partir de lui à l'être-déterminé *immédiat* qui réapparaît de ce fait, à son *être-là*, et *état*, ce qui, dans la conscience, se développe, en même temps, en un Rapport d'opposition à des objets extérieurs. 2) Cette première auto-détermination qu'on vient d'évoquer n'est pas, tout d'abord, en tant qu'elle-même immédiate, élevée en l'universalité du penser, laquelle, par conséquent, constitue suivant la forme, aussi bien qu'elle peut constituer suivant le contenu, *en soi* le *devoir-être* par rapport à une telle auto-détermination ; – [c'est là] une opposition qui n'est d'abord que pour nous.

α) *Le sentiment pratique*

§ 471

L'esprit pratique a son auto-détermination en lui d'abord d'une manière immédiate, par là *formellement*, de telle sorte qu'il *se trouve* comme étant, dans *sa nature* intérieure, une *singularité* déterminée. Il est ainsi *sentiment pratique*. En celui-ci, il a bien – puisqu'il est | une **381** subjectivité qui, *en soi*, est dans une identité simple avec la *raison* – le contenu de la raison, mais comme [un] contenu *immédiatement singulier*, par là aussi comme [un] contenu *naturel*, *contingent* et *subjectif*, qui se détermine à partir de la particularité du besoin, de l'opinion, etc., et à partir de la subjectivité se posant pour elle-même face à l'universel, aussi bien qu'il peut en soi être adéquat à la raison.

Lorsqu'on en appelle au *sentiment* du droit et de la moralité, comme de la religion, que l'homme aurait en lui-même, – à ses penchants bienveillants, etc., – à son *cœur* en général, c'est-à-dire au sujet, pour autant qu'en lui sont réunis

tous les divers sentiments pratiques, cet appel a ce sens juste, 1) que ces déterminations sont ses déterminations *immanentes propres*, 2) et ensuite, pour
autant que le sentiment est opposé à l'*entendement*, qu'il *peut* être, face aux
abstractions unilatérales de celui-ci, la *totalité*. Mais le sentiment *peut* aussi
bien être *unilatéral*, inessentiel, mauvais. Le *rationnel*, qui est, en tant qu'un
pensé, dans la figure de la rationalité, est le même contenu que celui du sentiment pratique *bon*, mais dans son universalité et nécessité, dans son objectivité
et vérité.

C'est pourquoi il est, d'une part, *insensé* de s'imaginer que, dans le
passage du sentiment au droit et au devoir, il y aurait perte de contenu et
d'excellence ; c'est ce passage seulement qui amène le sentiment à sa vérité.
Aussi insensé est-il de tenir l'intelligence pour inutile, voire même préjudi-
ciable, au sentiment, au cœur et à la volonté ; la vérité et – ce qui est la même
chose – la rationalité effective du cœur et de la volonté ne peuvent avoir leur
lieu que dans l'*universalité* de l'intelligence, non pas dans la singularité du
sentiment en tant que tel. Si les sentiments sont d'une espèce vraie, ils le sont
par leur déterminité, c'est-à-dire par leur contenu, et celui-ci n'est vrai
qu'autant qu'il est dans lui-même universel, c'est-à-dire qu'il a pour source
l'esprit pensant. La difficulté consiste, pour l'entendement, en ceci, [à savoir]
de se défaire de la séparation, une fois qu'elle a été faite par lui de façon arbitraire, entre les facultés de l'âme : le sentiment [et] l'esprit pensant, et d'en
venir à la représentation que, dans l'homme, il n'y a qu'une raison une dans
le sentiment, le vouloir et la pensée. En liaison avec cela, une difficulté se
rencontre en ceci, que les Idées qui appartiennent seulement à l'esprit pensant :
Dieu, le droit, la vie éthique, peuvent aussi être *senties*. Mais le sentiment n'est
rien d'autre que la forme de la singularité immédiate distinctive du sujet, en
laquelle peut être posé ce contenu-là, comme tout autre contenu objectif auquel
la conscience attribue aussi de l'ob-jectivité.

D'autre part, il est *suspect*, et, assurément, bien plus que cela, de s'attacher
fixement au sentiment et au cœur, à l'encontre de la rationalité pensée, du droit,
382 | du devoir, de la loi, parce que ce qu'il y a de *plus* en ceux-là qu'en ceux-ci,
c'est seulement la subjectivité particulière, le vain et l'arbitraire. – Pour la
même raison, il est déplacé, quand on considère scientifiquement les sentiments,
de s'engager dans plus que dans leur *forme*, et de considérer leur contenu,
puisque celui-ci, en tant que pensé, est, bien plutôt, constitué par les auto-
déterminations de l'esprit en leur universalité et nécessité, les droits et les
devoirs. Pour la considération distinctive des sentiments pratiques ainsi que

des penchants, il ne resterait que ceux qui sont égoïstes, mauvais et méchants ; car eux seuls appartiennent à la singularité se fixant à l'encontre de l'universel ; leur contenu est le contraire de celui des droits et des devoirs, mais, justement de ce fait, ils n'obtiennent qu'en opposition à ceux-ci leur déterminité plus précise.

§ 472

Le sentiment pratique contient le *devoir-être*, son auto-détermination en tant qu'étant *en soi*, *rapportée* à une singularité dans l'élément de l'*être*, qui ne saurait avoir de validité que dans sa conformité à celle-là. Puisque, aux deux [moments], dans cette immédiateté, fait encore défaut une détermination objective, cette relation du *besoin* à l'être-là est le *sentiment*, entièrement subjectif et superficiel, de l'*agréable* ou *désagréable*.

Plaisir, joie, douleur, etc., honte, repentir, satisfaction, etc., sont, pour une part, seulement des modifications du sentiment pratique formel en général, mais, pour une autre part, ils sont divers par leur contenu, qui constitue la déterminité du devoir-être.

La célèbre question de l'*origine du mal* dans le monde surgit, du moins dans la mesure où par le mal on entend tout d'abord seulement le désagrément et la *douleur*, à ce niveau du pratique formel. Le mal n'est rien d'autre que la non-conformité de l'*être* au *devoir-être*. Ce devoir-être a des significations multiples et – puisque les *buts* contingents ont pareillement la forme du devoir-être – infiniment multiples. Eu égard à ces buts, le mal est seulement le droit qui est exercé à même la vanité et la nullité de l'opinion par laquelle on se les imagine. Eux-mêmes sont déjà le mal. – La finitude de la vie et de l'esprit tombe dans leur *jugement*, dans lequel ils ont l'Autre séparé d'eux en même temps en eux comme leur négatif, [et] ainsi sont en tant que la contradiction qui s'appelle le mal. Dans ce qui est mort, il n'y a aucun mal ni aucune douleur, parce que le concept, dans la nature inorganique, ne vient pas faire face à son être-là et, dans la différence, ne reste pas en même temps le sujet de celle-ci. Dans la vie déjà, et, plus encore, dans l'esprit, cette différenciation immanente est présente, et, de ce fait, surgit | un *devoir-être* ; et cette négativité, cette **383** subjectivité, le Moi, la liberté, sont les principes du mal et de l'épreuve de la douleur. – Jacob *Böhme* a saisi la *Moïté* comme la *peine* et le *tourment*, et comme la *source* [1] de la nature et de l'esprit.

β) *Les tendances et le [libre] arbitre*

§ 473

Le *devoir-être* pratique est [un] jugement *réel*. La conformité *immédiate*, seulement *trouvée là*, de la déterminité *qui est*, au besoin, est, pour l'*auto*-détermination de la volonté, une négation, et elle ne lui est pas conforme. Pour que la volonté, c'est-à-dire l'unité étant *en soi* de l'universalité et de la déterminité, se satisfasse, c'est-à-dire soit *pour elle-même*, la *conformité* de sa détermination intérieure et de l'être-là *doit* être posée par elle. La volonté est, suivant la forme du contenu, tout d'abord [une] volonté encore *naturelle*, [elle est alors] immédiatement identique à sa déterminité : *tendance* et *inclination*, [et,] pour autant que la totalité de l'esprit pratique se met dans l'une, singulière, des *multiples* déterminations *bornées* posées avec l'opposition en général : *passion*.

§ 474

Les inclinations et les passions ont pour contenu les mêmes déterminations que les sentiments pratiques, et, pareillement, d'un côté, ont pour base la nature rationnelle de l'esprit, mais, d'un autre côté, en tant qu'appartenant à la volonté encore subjective, singulière, sont affectées de contingence, et se révèlent, en tant que particulières, se rapporter à l'individu, comme les unes aux autres, de façon extérieure, et, par là, suivant une nécessité privée de liberté.

---

1. «*Quelle*». – Dans ses cours sur l'histoire de la philosophie, Hegel – qui loue le génie spéculatif de Jacob Böhme (*cf.* aussi la Préface de la deuxième édition de l'*Encyclopédie*) – apprécie le «bon jeu de mots» (*Vorlesungen über die Geschichte der Philosophie*, G 19, p. 307) par lequel le «philosophus teutonicus» dérive «Quelle» – «source» – de «Qual» – «tourment» –, la négativité, différenciation, séparation d'où est issu le mal étant réalisée dans le principe du «Moi» (cf. *ibid.*, p. 312 *sq.*).

La *passion* contient ceci dans sa détermination, [à savoir] qu'elle est bornée à une *particularité* de la détermination du vouloir, dans laquelle la subjectivité tout entière de l'individu s'immerge, quelle que puisse être, par ailleurs, la teneur de cette détermination. Mais, à cause de cet être formel, la passion n'est ni bonne ni mauvaise ; cette forme exprime seulement ceci, [à savoir] qu'un sujet a mis tout l'intérêt vivant de son esprit, de son talent, de son caractère, de sa jouissance, dans un contenu. Rien de grand n'a été accompli sans passion ni ne | peut être accompli sans elle [1]. C'est seulement une moralité **384** morte, voire trop souvent hypocrite, qui se déchaîne contre la forme en tant que telle de la passion.

Mais, au sujet des inclinations, on pose immédiatement la question de savoir lesquelles sont *bonnes* et lesquelles sont *mauvaises*, [et] de même jusqu'à quel *degré* les bonnes restent bonnes, et, puisqu'elles sont des réalités particulières les unes vis-à-vis des autres et qu'il y en a beaucoup, comment – étant donné qu'elles se trouvent bien dans un seul et même sujet et qu'elles ne peuvent certainement pas, suivant l'expérience, être toutes satisfaites – elles doivent au moins se borner les unes face aux autres. Il en est tout d'abord de ces multiples tendances et inclinations comme des facultés de l'âme, dont l'esprit théorique doit être la collection ; – une collection qui est, dès lors, augmentée de la *foule* des tendances. La rationalité *formelle* de la tendance et de l'inclination consiste seulement dans leur tendance générale à ne pas être en tant que du subjectif, mais à supprimer la subjectivité moyennant l'activité du sujet lui-même, à être réalisées. Leur rationalité véritable ne peut pas se dégager dans une considération [relevant] de la réflexion *extérieure*, qui présuppose des déterminations naturelles *subsistantes-par-soi* et des tendances *immédiates*, et manque, par là, du principe et but final un pour celles-ci. Mais c'est la réflexion immanente de l'esprit lui-même, que d'aller au-delà de leur *particularité* comme de leur *immédiateté* naturelle, et de donner à leur contenu [une] rationalité et objectivité dans laquelle elles sont en tant que Rapports *nécessaires*, *droits* et *devoirs*. C'est bien cette objectivation qui fait voir leur teneur de même que leur Rapport les unes aux autres, d'une manière générale leur vérité ; ainsi que *Platon* a montré qu'il ne pouvait présenter avec un sens vrai ce

---

1. Hegel reprendra ce thème célèbre dans ses cours sur la philosophie de l'histoire, en y affirmant aussi « que *rien de grand* n'a été accompli dans le monde sans passion » (Hegel, *Die Vernunft in der Geschichte*, éd. Hoffmeister, Hambourg, F. Meiner, 1955, p. 85).

qu'était la *justice* en et pour soi, aussi dans la mesure où il saisissait sous le *droit de l'esprit* la nature tout entière de celui-ci, que dans la figure *objective* de la justice, c'est-à-dire dans la construction de l'*État*, en tant qu'il est la vie *éthique*.

Savoir ce que sont donc les inclinations *bonnes*, rationnelles, et leur subordination, se transforme en la présentation des Rapports que produit l'esprit en se développant comme esprit *objectif*, – un développement dans lequel le *contenu* de l'auto-détermination perd sa contingence et son arbitraire. C'est pourquoi le traitement des tendances, inclinations et passions, suivant leur teneur vraie, est essentiellement la *théorie* des *devoirs* relevant du droit, de la morale et de l'éthique.

§ 475

Le *sujet* est l'*activité* de la satisfaction des tendances, de la rationalité formelle, à savoir de la transposition [faisant passer] de la subjectivité du contenu, qui, dans cette mesure, *est* but, en l'objectivité 385 | dans laquelle le sujet s'enchaîne avec lui-même. Le fait que – dans la mesure où le contenu de la tendance, en tant que Chose, est différencié de cette activité qui est celle du sujet – la Chose qui s'est réalisée contienne le moment de la singularité subjective et de son activité, c'est là l'*intérêt*. C'est pourquoi rien ne s'accomplit sans intérêt.

Une action est un but du sujet, et, de même, elle est son activité qui réalise ce but ; c'est seulement pour autant que le sujet est [présent] de cette manière dans l'action la moins égoïste, c'est-à-dire par son intérêt, qu'il y a un agir en général. – D'une part, on développe, face aux tendances et aux passions, la rêverie insipide d'un heureux sort naturel, grâce auquel les besoins trouveraient leur satisfaction, sans que le sujet ait à déployer son activité pour produire l'adéquation de l'existence immédiate et de ses déterminations intérieures. D'autre part, il leur est opposé d'une manière tout à fait générale le devoir pour le devoir, la moralité. Mais tendance et passion ne sont rien d'autre que la vitalité du sujet, suivant laquelle il est lui-même [présent] dans son but et la réalisation de celui-ci. L'[aspect] éthique concerne le contenu, qui est comme tel l'*universel*, un [être] inactif, et a dans le sujet ce qui le réalise activement ; ce fait qu'il est immanent à un tel sujet, c'est là l'intérêt et, quand il revendique toute la subjectivité efficiente, la passion.

§ 476

La volonté, en tant que pensante et en soi libre, se différencie elle-même de la *particularité* des tendances et se place, en tant que subjectivité simple de la pensée, au-dessus de leur contenu multiforme; ainsi, elle est volonté *réfléchissante*.

§ 477

De cette manière, une telle particularité de la tendance n'est plus immédiate, mais elle n'est [, pour le vouloir,] la *sienne* qu'en tant qu'il s'enchaîne avec elle et se donne par là une singularité et effectivité déterminée. Le vouloir est situé au point de vue où il *choisit* entre des inclinations, et il est [*libre*] *arbitre*.

§ 478

La volonté est, comme [libre] arbitre, libre *pour elle-même*, en tant qu'elle est réfléchie en elle-même comme la négativité de son auto-détermination seulement immédiate. | Toutefois, pour autant que le 386 contenu dans lequel cette universalité formelle qui est la sienne se *résout* à l'effectivité n'est encore aucun autre que celui des tendances et inclinations, elle n'est *effective* que comme volonté *subjective* et *contingente*. En tant qu'elle est la *contradiction* consistant à se réaliser effectivement dans une particularité qui est en même temps pour elle une nullité, et à avoir en cette particularité une satisfaction d'où elle s'est en même temps retirée, la volonté est tout d'abord le *processus* de l'écartement et de la suppression d'une inclination ou d'une jouissance par une autre, et de la satisfaction, qui, tout autant, n'en est pas une, par une autre, *à l'infini*. Mais la vérité des satisfactions *particulières* est la satisfaction *universelle*, que la volonté pensante se donne comme but en tant que *félicité*.

γ) *La félicité*

§ 479

Dans cette représentation, produite par la pensée réfléchissante, d'une satisfaction universelle, les tendances sont posées, suivant leur particularité, comme *négatives*, et doivent être sacrifiées, pour une part l'une à l'autre en vue de ce but dont il a été question, pour une autre part directement à celui-ci, entièrement ou en partie. Leur limitation les unes par les autres est, d'une part, un mélange de détermination qualitative et de détermination quantitative ; d'autre part, puisque la félicité a le contenu *affirmatif* uniquement dans les tendances, la décision réside en celles-ci, et c'est le sentiment et bon plaisir subjectif qui doit [nécessairement] faire pencher la balance quant à ce en quoi il place la félicité.

§ 480

La félicité est l'*universalité* du contenu seulement représentée, abstraite, qui *doit* seulement être. Mais la vérité de la déterminité *particulière*, qui *est* tout autant qu'elle est *supprimée*, et de la *singularité abstraite*, du [libre] arbitre qui, dans la félicité, se donne un but tout autant qu'il ne s'en donne pas, est la déterminité *universelle* du vouloir en lui-même, c'est-à-dire son auto-détermination elle-même, la *liberté*. Le [libre] arbitre est, de cette manière, la volonté seulement en tant que la pure subjectivité, qui est, en même temps, pure et 387 concrète, pour autant qu'elle a | pour contenu et but seulement cette déterminité infinie dont on vient de parler, la liberté elle-même. Dans cette vérité de son auto-détermination, où concept et ob-jet sont identiques, la volonté est [une] *volonté effectivement libre*.

c) L'esprit libre

§ 481

La volonté libre effective est l'unité de l'esprit théorique et de l'esprit pratique ; *volonté libre* qui est *pour elle-même comme volonté libre*, en tant que le formalisme, la contingence et l'être-borné du contenu pratique précédent se sont supprimés. Moyennant la suppression de la médiation qui y était contenue, une telle volonté est la *singularité immédiate* posée par soi, mais qui, tout autant, est purifiée en la détermination *universelle*, en la liberté même. Cette détermination *universelle*, la volonté ne l'a comme son ob-jet et but qu'en tant qu'elle se *pense*, qu'elle sait ce concept qui est le sien, qu'elle est *volonté* en tant que libre *intelligence*.

§ 482

L'esprit, qui se sait comme libre et se veut comme cet ob-jet sien, c'est-à-dire qui a son essence pour détermination et pour but, est, tout d'abord, *d'une manière générale*, la volonté rationnelle, ou *en soi* l'Idée, [et,] de ce fait, seulement le *concept* de l'esprit absolu. En tant qu'Idée *abstraite*, l'Idée n'est, à son tour, existante, que dans la volonté *immédiate*, elle est le côté de l'*être-là* de la raison, la volonté *singulière* en tant que savoir de cette détermination sienne qu'on a dite, qui constitue son contenu et but, et dont cette volonté n'est que l'activité formelle. L'Idée apparaît ainsi seulement dans la volonté qui est une volonté finie, mais qui est l'*activité* de développer celle-là et de poser son contenu se déployant, comme [un] être-là qui, en tant qu'être-là de l'Idée, est [l']*effectivité*, – [tel est l']*esprit objectif*.

D'aucune Idée, on ne sait aussi universellement qu'elle est indéterminée, équivoque et susceptible [d'être l'objet] des plus grands malentendus, et, pour cette raison, effectivement assujettie à eux, que de l'Idée de la *liberté*, et aucune n'est courante avec aussi peu de conscience [d'elle-même]. En tant que l'esprit libre est l'esprit *effectif*, les malentendus à son sujet ont tellement les conséquences pratiques les plus inouïes que rien | d'autre – une fois que les **388** individus et les peuples ont saisi dans leur représentation le concept abstrait de la liberté étant pour soi – ne possède cette force irrépressible, précisément parce qu'elle est l'essence propre de l'esprit, et cela en tant que son effectivité elle-même. Des continents entiers, l'Afrique et l'Orient, n'ont jamais eu cette Idée et ne l'ont pas encore ; les Grecs et les Romains, Platon et Aristote, également les Stoïciens, ne l'ont pas eue ; ils savaient seulement, au contraire, que l'homme est effectivement libre par la naissance (en tant que citoyen athénien, spartiate, etc.) ou par la force du caractère, la culture, par la philosophie (le sage est libre aussi en tant qu'esclave et dans les chaînes). Cette Idée est venue dans le monde par le christianisme, suivant lequel l'individu *comme tel* a une valeur *infinie*, en tant qu'il est ob-jet et but de l'amour de Dieu, qu'il est destiné à avoir avec Dieu en tant qu'esprit son Rapport absolu, à voir cet esprit habiter en lui, c'est-à-dire que l'homme est destiné *en soi* à la plus haute liberté. Si, dans la religion en tant que telle, l'homme sait le Rapport à l'esprit absolu comme son essence, il a, en outre, dans la présence, l'esprit divin aussi comme entrant dans la sphère de l'*existence mondaine*, comme la substance de l'État, de la famille, etc. Ces Rapports-ci sont élaborés par cet esprit-là et constitués en conformité avec lui, tout autant que la disposition intérieure de la vie éthique devient, grâce à une telle existence, immanente à l'[individu] singulier, et que lui-même est alors, dans cette sphère de l'existence particulière, du sentiment et vouloir présent, *effectivement libre*.

Si le savoir de l'Idée – c'est-à-dire du savoir qu'ont les hommes que leur essence, leur but et ob-jet, est la liberté – est spéculatif, cette Idée elle-même est, en tant que telle, l'effectivité des hommes, non pas l'Idée qu'ils en *ont*, mais celle qu'ils *sont*. Le christianisme a, chez ses adeptes, constitué en leur effectivité le fait, par exemple, de ne pas être esclaves ; si l'on faisait d'eux des esclaves, si la décision au sujet de leur propriété était attribuée au bon plaisir, non à des lois et à des tribunaux, ils trouveraient lésée la substance de leur être-là. Un tel vouloir de la liberté n'est plus une tendance qui exige sa satisfaction, mais le caractère – la conscience spirituelle devenue un *être* délivré de la tendance. – Mais cette liberté, qui a le contenu et le but de la liberté, n'est elle-même, tout d'abord, qu'[un] concept, un principe de l'esprit et du cœur, et elle est destinée à se développer en ob-jectivité, en effectivité du droit, de l'éthique et de la religion, ainsi que de la science.

L'ESPRIT OBJECTIF

§ 483

L'esprit objectif est l'Idée absolue, mais qui est seulement *en soi*; en tant qu'il est, par là, sur le terrain de la finité, sa rationalité effective conserve, en elle, le côté d'[un] apparaître extérieur. La volonté libre a immédiatement, en elle, tout d'abord les différences consistant en ce que la liberté est sa destination et fin *intérieure* et se rapporte à une objectivité *extérieure* trouvée là, laquelle se scinde pour donner l'[élément] anthropologique des besoins particuliers, – les choses naturelles extérieures, qui sont pour la conscience, – et le Rapport de volontés singulières à des volontés singulières, qui sont une conscience de soi d'elles-mêmes comme diverses et particularisées; – ce côté constitue le matériau extérieur pour l'être-là de la volonté.

§ 484

Mais l'activité finalisée de cette volonté consiste à réaliser son concept, la liberté, dans le côté extérieurement objectif, afin que celui-ci soit en tant qu'un monde déterminé par une telle volonté, de sorte qu'elle soit en lui auprès d'elle-même, enchaînée avec elle-même, que le concept soit, par là, achevé en l'Idée. La liberté, configurée en l'effectivité d'un monde, reçoit la *forme de la nécessité*, dont la connexion substantielle est le système des déterminations de la liberté, et dont la connexion phénoménale est, en tant que la *puissance*, l'*être-reconnu* [de celles-ci], c'est-à-dire leur validité dans la conscience.

§ 485

Cette unité de la volonté rationnelle avec la volonté singulière, laquelle est l'élément immédiat et propre de la manifestation active de la première, constitue l'effectivité simple de la liberté. Comme elle-
390 même et son contenu appartiennent à la pensée | et sont ce qui est en soi *universel*, le contenu a sa déterminité vraie seulement dans la forme de l'universalité. Lorsque, dans celle-ci, il est *posé* pour la conscience de l'intelligence avec la détermination d'être une puissance qui se fait valoir, il est la *loi*; – lorsque le contenu est libéré de l'impureté et de la contingence qu'il a dans le sentiment pratique ainsi que dans la tendance, et qu'il est également, non plus dans la forme de ceux-ci, mais dans son universalité, intégré de façon formatrice à la volonté subjective comme son habitude, sa disposition intérieure et son caractère, il est en tant que *coutume éthique*[1].

§ 486

Cette réalité en général, en tant qu'*être-là* de la volonté libre, est le *droit*, qui n'est pas à prendre seulement comme le droit juridique borné, mais, en un sens compréhensif, comme l'être-là de *toutes* les déterminations de la liberté. Ces déterminations, relativement à la volonté *subjective*, dans laquelle elles doivent avoir et peuvent seulement avoir, en tant qu'universelles, leur être-là, sont ses *devoirs*, de même que, comme habitude et disposition intérieure en elle, elles sont [une] *coutume éthique*. Cela même qui est un droit est aussi un devoir, et ce qui est un devoir est aussi un droit. Car un être-là n'est un droit que sur le fondement de la libre volonté substantielle; c'est le même contenu qui, en relation avec la volonté se différenciant comme

---

1. «*Sitte*».

subjective et singulière, est [un] devoir. C'est le même contenu que la conscience subjective reconnaît comme devoir et qu'elle amène, en elle, à l'être-là. La finité de la volonté objective est, dans cette mesure, l'apparence de la différence des droits et des devoirs.

Dans le champ du phénomène, droit et devoir sont, tout d'abord, des *corrélats*, de telle sorte qu'à un droit de mon côté correspond un devoir en quelqu'un d'autre. Cependant, suivant le concept, mon droit à une Chose n'est pas simplement [une] possession, mais, comme possession d'une *personne*, il est [une] *propriété* : une possession de droit, et c'est un *devoir* que de posséder des Choses comme [une] *propriété*, c'est-à-dire d'être comme [une] personne ; ce qui, posé dans le Rapport du phénomène, de la relation à une autre personne, se développe en devoir de l'*autre*, de respecter *mon* droit. Le devoir *moral* en général est en moi, comme sujet libre, en même temps un droit de ma volonté subjective, de la disposition de mon âme. Mais, dans la sphère morale, se présente la différence qui oppose une détermination du vouloir seulement intérieure (disposition de l'âme, intention), qui a son être-là seulement en moi et n'est qu'un devoir subjectif, à son effectivité, – [et] par là aussi une contingence et | imperfection qui constitue l'unilatéralité du point de vue simplement **391** moral. Dans la sphère éthique, les deux [moments] sont parvenus à leur vérité, à leur unité absolue, bien que ce soit aussi – en tant que c'est dans le mode de la nécessité – par *médiation* que devoir et droit retournent l'un dans l'autre et s'enchaînent l'un avec l'autre. – Les *droits* du père de famille sur les membres de la famille sont des *devoirs* envers eux, tout autant que le *devoir* d'obéissance des enfants est leur *droit* d'être éduqués de façon à être des hommes libres. La juridiction pénale du gouvernement, ses droits d'administration, etc., sont en même temps des devoirs qu'il a de punir, d'administrer, etc., de même que les prestations des citoyens en matière d'impôts, de services de guerre, etc., sont des devoirs et, tout autant, leur droit à la protection de leur propriété privée et de la vie substantielle universelle dans laquelle ils ont leur racine ; tous les buts de la société et de l'État sont les buts propres des [individus] privés ; mais la voie de la médiation par laquelle leurs devoirs leur reviennent comme exercice et jouissance de droits suscite le phénomène de la diversité auquel aboutit le mode selon lequel, dans l'échange, la *valeur* reçoit des figures multiformes, bien qu'elle soit la même en soi. Mais ce qui vaut essentiellement, c'est que celui qui n'a pas de droits n'a pas de devoirs, et inversement.

Division

§ 487

La volonté libre est :

A) elle-même tout d'abord *immédiate*, et, par suite, comme volonté *singulière*, – la *personne*; l'être-là que celle-ci donne à sa liberté est la *propriété*. Le *droit* comme tel est le droit *formel*, *abstrait*;

B) réfléchie en elle-même, de telle sorte qu'elle a son être-là à l'intérieur d'elle-même, et, de ce fait, est déterminée en même temps comme volonté *particularisée*, – [c'est là] le droit de la volonté *subjective*, la *moralité*[1];

C) la volonté *substantielle* en tant que l'effectivité – conforme au concept de la volonté – dans le sujet et la totalité de la nécessité, – [c'est là] la *vie éthique*[2], dans la famille, la société civile et l'État.

Comme j'ai développé cette partie de la philosophie dans mes « Linéaments du droit » (Berlin, 1821), je peux m'exprimer ici plus brièvement qu'en ce qui concerne les autres parties.

392

| A
LE DROIT

a) *Propriété*

§ 488

L'esprit, dans l'immédiateté de sa liberté qui est pour elle-même, est un [individu] *singulier*, mais qui sait sa singularité comme volonté

---

1. « *Moralität* ».
2. « *Sittlichkeit* ».

absolument libre; il est [une] *personne*, le se-savoir de cette liberté, lequel savoir, en tant qu'il est dans lui-même *abstrait* et *vide*, n'a pas encore en lui-même sa particularité et son remplissement, mais en une *Chose* extérieure. Celle-ci est, par rapport à la subjectivité de l'intelligence et de l'arbitre, comme un être sans volonté dépourvu de droit, et cette subjectivité fait d'elle son accident, la sphère extérieure de sa liberté, – une *possession*.

§ 489

Le prédicat pour lui-même simplement pratique du *Mien*, que la Chose reçoit, du fait du jugement de la possession, tout d'abord dans la mainmise extérieure sur elle, a cependant ici la signification, que, moi, je mets en elle ma volonté personnelle. Moyennant cette détermination, la possession est [une] *propriété*, possession qui, comme possession, est [un] *moyen*, mais, comme être-là de la personnalité, [un] *but*.

§ 490

Dans la propriété, la personne est jointe avec elle-même. Mais la Chose est une Chose abstraitement extérieure, et, moi, je suis en elle abstraitement extérieur. Le retour concret de moi en moi dans l'extériorité consiste en ceci : moi, l'infinie relation de moi à moi, je suis, en tant que personne, la répulsion de moi à l'égard de moi-même, et j'ai dans l'*être d'autres personnes*, de ma relation à elles, et de l'être-reconnu par elles qui est ainsi réciproque, l'être-là de ma personnalité.

§ 491

La Chose est le *moyen terme* par lequel s'enchaînent ensemble les extrêmes que sont les personnes qui, dans le savoir de leur identité en tant que libres, sont en même temps | subsistantes-par-soi les unes vis-à-vis des autres. Ma volonté a pour elles son *être-là connaissable déterminé* dans la Chose, moyennant la prise de possession corporelle

immédiate, ou moyennant l'activité qui donne forme, ou encore
moyennant la simple désignation de cette Chose.

§ 492

Le côté contingent inhérent à la propriété est que je place ma
volonté dans *cette* Chose-ci ; dans cette mesure, ma volonté est [libre]
arbitre, de telle sorte que je peux aussi bien l'y placer ou ne pas l'y
placer, et l'en retirer ou ne pas l'en retirer. Mais, dans la mesure où ma
volonté réside dans une Chose, je peux seul moi-même l'en retirer, et
cette Chose peut seulement avec ma volonté passer dans [les mains
d']un autre, dont elle ne devient de même la propriété qu'avec sa
volonté ; – [c'est là le] *contrat*.

b) Contrat

§ 493

Les deux volontés et leur accord dans le contrat sont, en tant
qu'[un] *intérieur*, différents de sa réalisation, de l'*exécution*. L'extériorisation relativement idéelle, dans la *stipulation*, contient le dessai-
sissement d'une propriété de la part de l'une des volontés, son passage
et son accueil dans l'autre volonté. Le contrat est en et pour soi *valide*
et ne le devient pas seulement d'abord moyennant l'exécution par
l'une ou par l'autre des volontés, ce qui inclurait en soi une *régression
infinie* ou une division infinie de la Chose, du travail et du temps.
L'extériorisation dans la stipulation est complète et exhaustive.
L'intériorité de la volonté qui se dessaisit de la propriété et de la
volonté qui la reçoit est dans le royaume de la représentation, et la
parole est, dans celui-ci, *acte* et *Chose* (§ 462), et l'acte *pleinement
valable*, puisque la volonté n'entre pas ici en considération comme
volonté morale (quant à savoir si l'*intention* est sérieuse ou si elle veut
tromper), mais, bien plutôt, est seulement volonté dirigée sur une
Chose extérieure.

§ 494

De même que, dans la stipulation, l'être *substantiel* du contrat se différencie de l'exécution en tant qu'elle est l'extériorisation réelle, qui est rabaissée au rang de conséquence, | de même, par là, dans la **394** Chose ou l'exécution, est posée la différence de sa constitution spécifique immédiate par rapport à ce qu'elle a de *substantiel*, à la *valeur*, dans laquelle cet être qualitatif-là se change en déterminité quantitative ; une propriété devient ainsi comparable avec une autre et peut être égalée à quelque chose qui est qualitativement tout à fait hétérogène. Ainsi est-elle posée en général comme Chose abstraite, *universelle*.

§ 495

Le contrat, en tant qu'il est un accord né du [libre] arbitre et portant sur une Chose contingente, contient en même temps l'être-posé de la volonté accidentelle ; celle-ci est tout aussi bien non conforme au droit et produit ainsi [un] *non-droit* ; du fait de celui-ci, cependant, le droit, qui est en et pour soi, n'est pas supprimé, mais il naît seulement un *Rapport du droit au non-droit*.

c) *Le droit contre le non-droit*

§ 496

Le droit, comme *être-là* de la liberté dans l'*extérieur*, tombe dans une *pluralité* de *relations* à cet extérieur et aux autres personnes (§ 491, 493). De ce fait, il y a 1) plusieurs *titres de droit*, parmi lesquels, en tant que la propriété est exclusivement individuelle aussi bien suivant le côté de la personne que suivant celui de la Chose, un seul est ce qu'est le *droit*, mais qui, parce qu'ils se font *face les uns aux autres*, sont posés tous ensemble comme l'*apparence* du droit, en face de laquelle celui-ci est alors déterminé comme le *droit en soi*.

§ 497

En tant que, face à cette apparence, le *droit en soi* un, encore dans une unité immédiate avec les divers titres de droit, est posé, voulu et *reconnu* comme affirmatif, la diversité réside seulement en ce que **395** *cette* Chose-ci | est subsumée sous le droit par la volonté *particulière* de *ces* personnes-*ci*; – [c'est là] le *non-droit ingénu*. – Ce non-droit est un *jugement négatif* simple, qui exprime le *litige civil*, pour la conciliation duquel est exigé un *tiers* jugement, qui, en tant que le jugement du *droit en soi*, n'a pas d'intérêt à la Chose et est la puissance de se donner un être-là face à cette apparence dont il a été question.

§ 498

2) Mais, si l'apparence du droit est voulue comme telle *face* au droit-en-soi par la volonté particulière, qui, en cela, devient *mauvaise*, la *reconnaissance* extérieure du droit est séparée de sa *valeur*, et seule celle-là est respectée tandis que ce droit est lésé. Cela donne le non-droit de la *tromperie*; – [c'est là] le jugement infini en tant qu'identique (§ 173), – la relation formelle conservée, avec abandon de la teneur.

§ 499

3) Dans la mesure, enfin, où la volonté particulière s'oppose au droit-en-soi dans la négation aussi bien de celui-ci lui-même que de sa reconnaissance ou de son apparence, ([c'est là] le jugement négativement infini – § 173 –, dans lequel aussi bien le genre que la déterminité particulière, ici la reconnaissance phénoménale, sont niés) – elle est la volonté *violente du Mal*, qui commet un *crime*.

§ 500

Une telle action, en tant qu'atteinte au droit, est en et pour soi du néant. Comme volonté et être pensant, celui qui agit pose en elle une loi, mais qui est formelle et seulement reconnue par lui, un universel qui vaut *pour lui* et sous lequel il s'est en même temps subsumé lui-même par son action. L'exposition du néant de cette action, la réalisation, tout en un, de cette loi formelle et du droit-en-soi, tout d'abord par une volonté singulière *subjective*, est la *vengeance*, qui, parce qu'elle procède de l'intérêt d'une personnalité *immédiate, particularisée*, est en même temps seulement [une] nouvelle atteinte, | *et ainsi* **396** *de suite à l'infini*. Ce progrès [à l'infini] se supprime également dans un tiers jugement, qui est libre de tout intérêt, dans la *peine*.

§ 501

Le se-faire-valoir du droit-en-soi est médiatisé α) par le fait qu'une volonté particulière – le juge – est conforme au droit et a [en elle] l'intérêt qui la pousse à se diriger contre le crime – ce qui est tout d'abord contingent dans la vengeance –, et β) par la puissance (tout d'abord également contingente) de mettre à exécution la négation de la négation du droit posée par le criminel. Cette négation du droit a dans la volonté du criminel son existence ; la vengeance ou la peine vise, par conséquent, 1) la *personne* ou la *propriété* du criminel, et 2) exerce une *contrainte* sur celui-ci. La contrainte trouve place dans cette sphère du droit en général, déjà à l'encontre de la Chose dans la mainmise sur elle et l'affirmation de cette mainmise contre la mainmise d'un autre, puisque, dans cette sphère, la volonté a son être-là immédiatement dans une *Chose extérieure* (comme telle ou comme la corporéité), et qu'on ne peut se saisir d'elle qu'en celle-ci. – Mais la contrainte n'est pas davantage que *possible*, dans la mesure où je peux, moi, en tant que libre, me retirer de toute existence, voire même du champ de toutes les existences, de la vie. Elle n'est conforme au droit qu'en tant qu'elle est la suppression d'une première contrainte, immédiate.

§ 502

Il s'est développé une différence du droit et de la volonté subjective. La réalité du droit, que la volonté personnelle se donne, tout d'abord, d'une manière immédiate, se montre médiatisée par la volonté subjective, – le moment qui donne un être-là au droit-en-soi, ou bien se sépare de lui et s'oppose à lui. Inversement, la volonté subjective est, dans cette abstraction d'être la puissance disposant du droit, pour soi quelque chose qui tient du néant; elle n'a essentiellement de vérité et de réalité qu'en étant, dans elle-même, comme l'être-là de la volonté rationnelle, – [c'est là la] *moralité*.

L'expression de *droit naturel*[1], qui a été courante pour la doctrine philosophique du droit, renferme l'ambiguïté suivante, [à savoir] si c'est le droit en tant qu'il est un droit présent sur un *mode naturel immédiat* qui est visé, 397 ou si c'est le droit | tel qu'il se détermine par la nature de la Chose, c'est-à-dire par le *concept*. Le premier sens est celui qui était autrefois ordinairement visé; de telle sorte qu'on élabora en même temps la fiction d'un *état de nature*[2], dans lequel le droit naturel devrait valoir, alors que, au contraire, l'état constitué par la société et l'État exigerait et entraînerait, bien plutôt, une limitation de la liberté et un sacrifice de droits naturels. Mais, en réalité, le droit et toutes ses déterminations se fondent uniquement sur la *libre personnalité*, – une *détermination par soi* qui est, bien plutôt, le contraire de la *détermination par la nature*. C'est pourquoi le droit de la nature est l'être-là de la force et le se-faire-valoir de la violence, et un état de nature est un état de violence et de non-droit dont on ne peut rien dire de plus vrai si ce n'est qu'*il faut sortir de lui*. La société, par contre, est bien plutôt l'état dans lequel seul le droit a son effectivité; ce qui est à limiter et à sacrifier, c'est précisément l'arbitraire et la violence de l'état de nature.

B

LA MORALITÉ

§ 503

L'individu libre, qui, dans le droit (immédiat), est seulement [une] *personne*, est maintenant déterminé comme [un] *sujet*, – [un] vouloir

---

1. «*Naturrecht*».
2. «*Naturzustand*».

réfléchi en soi, de telle sorte que la déterminité du vouloir, en général, soit, en tant qu'[un] être-là dans lui, comme la *sienne*, différente de l'être-là de la liberté dans une Chose extérieure. Du fait que la déterminité de la volonté est ainsi posée *dans l'intérieur*, la volonté est en même temps comme une volonté *particulière*, et [alors] se présentent ses particularisations ultérieures et leurs relations les unes aux autres. La déterminité de la volonté est, pour une part, en tant que la déterminité qui est *en soi* – [celle] de la raison de la volonté, ce qui est en soi conforme au droit (et à l'éthique), – pour une autre part, en tant que l'être-là présent dans l'extériorisation de fait, se déployant en elle et entrant en rapport avec elle. La volonté subjective est libre *moralement*, dans la mesure où ces déterminations sont intérieurement *posées comme les siennes* et voulues par elle. Son extériorisation de fait, avec cette liberté, est [une] *action*[1], dans l'extériorité de laquelle elle ne reconnaît comme le sien et ne se laisse imputer que ce qu'elle en a su et voulu en elle-même.

| C'est principalement cette liberté *subjective* ou *morale* qui s'appelle **398** liberté au sens européen du terme. En vertu du droit de cette liberté, l'homme doit en général posséder en propre une notion de la différence du Bien et du Mal, les déterminations éthiques comme les déterminations religieuses ne doivent pas requérir son obéissance seulement comme des lois et prescriptions extérieures d'une autorité, mais avoir dans son cœur, sa disposition intérieure, son for intérieur, son discernement, etc., leur approbation, leur reconnaissance ou même leur fondation. La subjectivité du vouloir dans lui-même est [un] but pour soi-même, un moment absolument essentiel.

Le *moral* doit être pris dans le sens plus large suivant lequel il ne signifie pas simplement ce qui est moralement *bon*. Le « moral »[2], dans la langue française, est opposé au « physique »[3] et signifie ce qui est spirituel, intellectuel, en général. Mais le moral a ici la signification d'une déterminité du vouloir, pour autant qu'elle est dans l'*intérieur* du vouloir en général, et il

1. « *Handlung* ».
2. En français dans le texte.
3. *Ibid.*

comprend par suite en lui le propos et l'intention, ainsi que ce qui est moralement mauvais.

a) Le propos

§ 504

Pour autant que l'action concerne immédiatement l'*être-là*, le «*mien*» est formel dans la mesure où l'être-là extérieur est aussi *subsistant-par-soi* vis-à-vis du sujet. Cette extériorité peut pervertir l'action de celui-ci et amener au jour autre chose que ce qui s'est trouvé résider dans cette action. Bien que tout changement, en tant que changement *tel* qu'il est posé moyennant l'activité du sujet, soit le *fait* du sujet, celui-ci ne le reconnaît pas pour autant comme son *action*, mais [il reconnaît] seulement ce qui, dans le fait, résidait en son *savoir* et *vouloir*, ce qui était son *propos*, comme ce qui est *sien*, – comme sa *faute*.

b) L'intention et le bien propre [1]

§ 505

L'action a 1) suivant son *contenu* empiriquement concret, une multiplicité variée de côtés et liens *particuliers*; le sujet doit, quant à la forme, avoir su et voulu l'action suivant sa détermination *essentielle*, qui comprend en elle ces singularités; – [c'est là] le *droit* de l'*intention*. 399 | – Le propos concerne seulement l'être-là immédiat, mais l'intention concerne le sens substantiel et le but de cet être-là. 2) Le sujet a, de même, le droit que la *particularité* du contenu dans l'action, suivant la matière, ne soit pas une particularité extérieure à lui, mais la propre particularité du sujet, qu'elle contienne ses besoins, intérêts et buts, qui, rassemblés pareillement en un unique but (§ 479), constituent son *bien propre*; – [c'est là] le *droit du bien propre*. La félicité n'est

---

1. «das *Wohl*». *Cf.* ci-dessus, note 1, p. 55.

différente du bien propre que par ceci qu'elle est représentée comme un être-là immédiat en général, tandis que lui-même est représenté comme justifié relativement à la moralité.

§ 506

Mais l'essentialité de l'intention est, tout d'abord, la forme abstraite de l'universalité, et, à même l'action empiriquement concrète, la réflexion peut poser en cette forme tel ou tel côté particulier et en faire par là, en tant qu'essentiel, l'intention, ou borner à lui l'intention, ce par quoi l'essentialité visée de l'intention et l'essentialité véritable de l'action peuvent être dans la plus grande contradiction (comme une bonne intention dans le cas d'un crime). – De même, le bien propre est abstrait et peut être placé en ceci ou cela ; il est, en tant qu'appartenant à *ce* sujet-*ci*, en général quelque chose de particulier.

c) *Le Bien et le Mal* [1]

§ 507

La vérité de ces particularités et le [sens] concret de leur formalisme, c'est le contenu de la *volonté universelle, étant en et pour soi*, la loi et la substance de toute déterminité, *le Bien en et pour soi*, par suite le but final absolu du monde et le *devoir* pour le sujet, lequel *doit* avoir le *discernement* du *Bien*, faire de celui-ci son *intention* et le produire par son activité.

§ 508

Mais le *Bien* est, certes, l'universel en lui-même déterminé de la volonté, et il inclut ainsi en lui la particularité ; | dans la mesure, **400** toutefois, où celle-ci est tout d'abord elle-même encore abstraite, aucun principe de la détermination n'est présent : l'acte de déterminer

---

1. « Das Gute und das Böse ». – *Cf.* ci-dessus, note 1, p. 55.

s'opère aussi en dehors de cette universalité dont il a été question, et, en tant que c'est un acte de déterminer la volonté libre étant *pour elle-même* face au Bien, surgit ici la contradiction la plus profonde. α) En raison de la détermination indéterminée du Bien, il y a en général *maints aspects* du Bien et *plusieurs sortes de devoirs*, dont la diversité est dialectique dans leur rapport les uns aux autres, et les amène en *collision*. En même temps, ils *doivent* être en accord à cause de l'unité du Bien, et en même temps chacun est, bien qu'il soit un devoir particulier, absolu en tant que devoir et que Bien. Le sujet *doit* être la dialectique qui décide [en faveur d']une combinaison de [certains de ces] devoirs en excluant les autres, et par là en supprimant cette validité absolue.

§ 509

β) Pour le sujet, qui, dans l'être-là de sa liberté, est essentiellement en tant qu'un [être] *particulier*, son *intérêt* et son *bien propre* doivent être, en raison de cet être-là de sa liberté, [un] but essentiel et, par conséquent, [un] devoir. Mais, en même temps, dans le but du *Bien*, lequel est l'être non particulier, mais seulement universel, de la volonté, l'intérêt particulier ne *doit* pas être un moment. À cause de cette subsistance-par-soi des deux déterminations, c'est pareillement une contingence si elles s'harmonisent. Mais elles *doivent* s'harmoniser, parce que, en général, le sujet en tant qu'[être] singulier et en tant qu'[être] universel est *en soi* une identité une.

γ) Cependant, le sujet n'est pas seulement dans son être-là quelque chose de particulier en général, mais c'est aussi une forme de son être-là que d'être une *abstraite* certitude de soi-même, une abstraite réflexion-en-soi de la liberté. Ainsi, il est différent de la raison de la volonté, et capable de se faire de l'universel lui-même quelque chose de particulier et par là une apparence. Le Bien est ainsi posé comme quelque chose de contingent pour le sujet, qui peut, en conséquence, se décider pour quelque chose d'opposé au Bien, être *mauvais*.

§ 510

δ) L'objectivité extérieure, pareillement après le surgissement de la différence de la volonté subjective (§ 503), constitue pour elle-même, face aux déterminations intérieures de la volonté, l'autre | extrême **401** subsistant-par-soi, un monde propre. C'est, par suite, une contingence, si elle s'accorde avec les buts subjectifs, si le *Bien* se réalise en elle, et si le *Mal*, le but qui est en et pour soi du néant, est en elle du néant, – ensuite, si le sujet trouve en elle son bien propre, et, plus précisément, si le sujet *bon* devient en elle *heureux*, et le sujet *mauvais malheureux*. Mais, en même temps, le monde *doit* laisser accomplir en lui-même l'essentiel, l'action bonne, comme procurer au sujet *bon* la satisfaction de son intérêt particulier, mais la refuser au sujet *mauvais*, de même qu'il doit réduire le Mal lui-même à néant.

§ 511

La contradiction omnilatérale qu'exprime ce *devoir-être* multiforme – l'être absolu qui, pourtant, en même temps, n'est pas – contient l'analyse la plus abstraite de l'esprit dans lui-même, son plus profond aller-dans-soi. La relation, les unes aux autres, des déterminations qui se contredisent, est seulement l'abstraite certitude de soi-même, et, pour cette *infinité* de la subjectivité, la volonté universelle, le Bien, le droit et le devoir, sont tout aussi bien qu'ils ne sont pas, c'est elle qui se sait comme ce qui choisit et qui décide. Cette pure certitude de soi-même s'installant à sa cime apparaît dans les deux formes, passant immédiatement l'une dans l'autre, du *for intérieur* et du *Mal*. Celui-là est la volonté du *Bien*, lequel, cependant, dans cette subjectivité pure, est le *non-objectif*, non-universel, l'indicible, et ce sur quoi le sujet se sait décidant en sa *singularité*. Mais le *Mal* est ce même savoir de sa singularité en tant que de ce qui décide, dans la mesure où elle ne reste pas dans cette abstraction, mais se donne, face au Bien, le contenu d'un intérêt subjectif.

§ 512

Cette cime suprême du *phénomène* de la volonté, qui s'est volatilisée jusqu'à être cette absolue vanité, – un être-bon non objectif, mais certain purement et simplement de soi-même, et une certitude de soi-même dans la nullité de l'universel –, s'écroule immédiatement en soi-même. Le *Mal*, en tant que la réflexion en soi la plus intérieure **402** de la subjectivité face à l'objectif | et universel, lequel n'est pour elle qu'apparence, est la même chose que le *bon sentiment* du Bien *abstrait*, qui réserve à la subjectivité la détermination de celui-ci, – le *paraître* totalement abstrait, l'immédiat renversement et anéantissement de soi-même. Le résultat – la vérité de ce paraître – est, suivant son côté négatif, la nullité absolue de ce vouloir qui est *pour soi* face au Bien, ainsi que du Bien qui doit être seulement abstrait ; suivant le côté affirmatif dans le concept, ce paraître, se résolvant ainsi dans lui-même, est la même universalité simple du vouloir qu'est le Bien. La subjectivité, dans cette *identité* d'elle-même avec lui, est seulement la forme infinie, la manifestation active et le développement de ce Bien ; par là, on abandonne le point de vue du simple *Rapport* des deux moments l'un à l'égard de l'autre, et du *devoir-être*, et l'on passe à la *vie éthique*.

C
LA VIE ÉTHIQUE

§ 513

La *vie éthique* est l'achèvement de l'esprit objectif, la vérité de l'esprit subjectif et de l'esprit objectif eux-mêmes. L'unilatéralité de l'esprit objectif, c'est d'avoir sa liberté, pour une part *immédiatement* dans la réalité, par conséquent dans l'extérieur, dans la Chose, pour une autre part dans le Bien en tant qu'un universel abstrait ; l'unila-téralité de l'esprit subjectif, c'est de se déterminer par lui-même, pareillement, de façon abstraite à l'égard de l'universel, dans sa singularité intérieure. Une fois ces unilatéralités supprimées, la *liberté subjective* est en tant que la volonté rationnelle en et pour soi *universelle*, qui a, dans la conscience de la subjectivité singulière, son savoir de soi et la disposition intérieure, de même qu'elle a en même temps sa manifestation active et son *effectivité* universelle immédiate comme *coutume éthique*, – [c'est là] la *liberté* consciente de soi devenue *nature*.

§ 514

La *substance* qui se sait *libre*, dans laquelle le *devoir-être* absolu est tout autant de l'*être*, a comme esprit d'un *peuple* [une] effectivité. La division abstraite de cet esprit est la | singularisation en des **403** *personnes*, de la subsistance-par-soi desquelles il est la puissance et nécessité intérieure. Mais la personne, en tant qu'intelligence pensante, sait la substance comme son essence propre, elle cesse, dans cette disposition intérieure, d'être un accident de celle-là ; elle l'intuitionne, en tant que son but final absolu dans l'effectivité, comme [un] *en-deçà* atteint, aussi bien qu'elle *produit* un tel but par son *activité*, mais comme quelque chose qui, bien plutôt, *est* absolument ; ainsi elle accomplit, sans la réflexion qui choisit, son devoir en tant que ce qui est *sien* et en tant que quelque chose qui *est*, et, dans cette nécessité, elle a elle-même et sa liberté effective.

§ 515

Parce que la substance est l'unité absolue de la singularité et de l'universalité de la liberté, l'*effectivité* et *activité* de chaque [individu] *singulier*, consistant à être *pour soi* et à prendre soin de soi, est conditionnée par le tout présupposé, dans la connexion duquel seulement elle existe, aussi bien qu'elle est également un passage dans un produit universel. – La *disposition intérieure* des individus est le *savoir* de la substance et de l'identité de tous leurs intérêts avec le tout, et le fait que les autres [individus] singuliers n'ont réciproquement savoir d'eux-mêmes et effectivité que dans cette identité est la *confiance*, – la disposition intérieure vraie, éthique.

§ 516

Les relations de l'[individu] singulier dans les Rapports en lesquels la substance se particularise constituent ses *devoirs éthiques*. La personnalité éthique, c'est-à-dire la subjectivité qui est pénétrée par la vie substantielle, est [la] *vertu*. En relation avec une immédiateté extérieure, avec un *destin*, la vertu consiste à se rapporter à l'*être* comme à quelque chose de non négatif, et, par là, à reposer calmement en soi-même ; – en relation avec l'objectivité substantielle, le tout de l'effectivité éthique, elle est, en tant que confiance, agir intentionnel pour celle-là et capacité de se sacrifier pour elle ; – en relation avec la contingence des Rapports avec d'autres, elle est, en premier lieu, justice, et, ensuite, penchant bienveillant ; et, dans cette sphère, et en se rapportant à son existence et corporéité propre, l'individualité exprime son caractère, son tempérament, etc., particulier, comme des *vertus*.

404

| § 517

La substance éthique est :

a) en tant qu'esprit immédiat ou *naturel*, – la *famille* ;

b) la totalité relative des rapports relatifs des individus les uns aux autres, en tant que personnes subsistantes-par-soi, dans une universalité formelle, – la *société civile* ;

c) la substance consciente de soi, en tant que l'esprit développé en une effectivité organique, – la *constitution de l'État*.

a) La famille

§ 518

L'esprit éthique, en tant qu'il est dans son immédiateté, contient le moment *naturel* consistant en ce que l'individu a, dans son universalité naturelle, dans le *genre*, son être-là substantiel, – le Rapport des sexes, mais élevé dans une détermination spirituelle; – l'union de l'amour et de la disposition intérieure de la confiance; – l'esprit, en tant que famille, est esprit *sentant*.

§ 519

1) La différence des sexes naturels apparaît aussi bien, en même temps, comme une différence de la détermination intellectuelle et éthique. Ces personnalités se lient, suivant leur singularité exclusive, en *une unique personne*; l'intimité subjective, déterminée en unité substantielle, fait de cette réunion un Rapport *éthique*, – le *mariage*. L'intimité substantielle fait du mariage un lien indivisé des personnes, – un mariage *monogamique*; la réunion corporelle est [une] conséquence du lien noué éthiquement. La conséquence suivante est la communauté des intérêts personnels et particuliers.

§ 520

2) La *propriété* de la famille en tant que formant une seule et même personne revêt, moyennant la communauté dans laquelle se trouvent, relativement à elle, pareillement, les divers individus qui constituent la famille, | un intérêt *éthique*, comme l'acquisition, le travail et la **405** prévoyance.

§ 521

La vie éthique liée avec la procréation naturelle des enfants, posée tout d'abord, en tant qu'originelle (§ 519), dans la conclusion du mariage, se réalise dans la deuxième naissance des enfants, la naissance spirituelle, – dans l'éducation qui fait d'eux des personnes subsistantes-par-soi.

§ 522

3) Par cette subsistance-par-soi, les enfants sortent de la vitalité concrète de la famille à laquelle ils appartiennent originellement, ils

sont devenus *pour eux-mêmes*, mais déterminés à fonder une nouvelle famille effective du même genre. À la dissolution, le mariage s'achemine essentiellement par le moment *naturel* qui est contenu en lui, la mort des époux; mais l'intimité, elle aussi, en tant que la substantialité seulement sentante, est en soi soumise au hasard et à la caducité. Suivant cette contingence ainsi présente, les membres de la famille s'engagent les uns à l'égard des autres dans le Rapport de personnes, et c'est par là seulement que des déterminations relevant du *droit*, chose qui est en soi étrangère à ce lien, entrent en celui-ci.

b) *La société civile*

§ 523

La substance qui, en tant qu'esprit, se particularise abstraitement en de multiples *personnes* (la famille n'est qu'une seule et même personne), en des familles ou des [individus] singuliers, qui sont dans une liberté subsistante-par-soi, et, en tant qu'[êtres] *particuliers*, pour soi, perd tout d'abord sa détermination éthique, en tant que ces personnes, comme telles, n'ont pas dans leur conscience et pour but l'unité absolue, mais leur particularité propre et leur être-pour-soi, – [c'est là] le système de l'atomistique. La substance, de cette manière, devient seulement une connexion universelle, médiatisante, d'extrêmes subsistants-par-soi et de leurs intérêts particuliers; la totalité, développée dans elle-même, de cette connexion, est l'État en tant que société civile, ou en tant qu'*État extérieur*.

406 | α) *Le système des besoins*

§ 524

1) La particularité des personnes comprend tout d'abord en elle leurs besoins. La possibilité de la satisfaction de ceux-ci est ici posée dans la connexion sociale, qui est la *fortune* universelle, dont ils obtiennent tous leur satisfaction. La prise de possession *immédiate*

(§ 488) d'ob-jets extérieurs, en tant que moyens en vue de cette satisfaction, n'a plus lieu, ou à peine, dans la situation en laquelle ce niveau de la médiation est réalisé; les ob-jets sont [une] propriété. Leur acquisition est conditionnée et médiatisée, d'une part, par la volonté des possesseurs, qui, comme particulière, a pour but la satisfaction des besoins diversement déterminés, ainsi que, d'autre part, par la production, qui se renouvelle toujours, de moyens échangeables, grâce à [un] *travail propre*; cette médiatisation de la satisfaction par le travail de tous constitue la fortune universelle.

§ 525

2) Dans la particularité des besoins, l'universalité paraît tout d'abord d'une manière telle que l'entendement y opère des différences, et, par là, les multiplie eux-mêmes à l'infini ainsi que les moyens pour ces différences, et qu'il les rend les uns et les autres de plus en plus abstraits; cette singularisation du contenu par abstraction donne la *division du travail*. L'habitude de cette abstraction dans la jouissance, la connaissance, le savoir et la conduite, constitue la *culture*[1] dans cette sphère – d'une façon générale, la *culture formelle*.

§ 526

Le travail, par là, en même temps, plus abstrait, conduit, d'un côté, par son uniformité, à la facilitation du travail et à l'augmentation de la production, d'un autre côté à la limitation à un seul savoir-faire et, par là, à la dépendance plus inconditionnée à l'égard de la connexion sociale. Le savoir-faire lui-même devient, de cette manière, mécanique, et reçoit | la capacité de laisser la machine prendre la place du travail **407** humain.

---

1. « *Bildung* ».

§ 527

3) Mais la division concrète de la fortune universelle – laquelle est, de même, une tâche universelle – dans les masses particulières déterminées suivant les moments du concept, qui forment une base-de-subsistance spécifique et, en connexion avec celle-ci, des modes correspondants du travail, des besoins et des moyens de les satisfaire, ensuite des buts et des intérêts ainsi que de la formation et habitude spirituelle, fait la *différence des états* [1]. – Les individus se répartissent celle-ci selon le talent naturel, selon le savoir-faire, le [libre] arbitre et le hasard. Appartenant à une telle sphère déterminée, fixe, ils ont leur existence effective, qui, en tant qu'existence, est essentiellement une existence particulière, et, en elle, ils ont leur *vie éthique* en tant que *droiture*, leur être-reconnu et leur *honneur*.

Là où une société civile, et, par là, un État, sont présents, apparaissent les états en leur différence ; car la substance universelle n'*existe* en tant que vivante que dans la mesure où elle se *particularise* organiquement ; l'histoire des constitutions est l'histoire du développement de ces états, des Rapports de droit des individus à ces états ainsi que de ces états les uns aux autres et à leur centre.

§ 528

L'état *substantiel*, *naturel*, a, dans le fonds et sol fertile, une fortune naturelle et fixe, son activité reçoit sa direction et son contenu par le moyen de déterminations naturelles, et sa vie éthique se fonde sur la foi et la confiance. Le *deuxième* état, l'état *réfléchi*, est assigné à la fortune de la société, à l'élément placé dans la médiation, la représentation, et dans un ensemble des contingences, et l'individu est assigné à son savoir-faire, talent, entendement et zèle subjectif. Le *troisième* état, l'état *pensant*, a pour tâche de s'occuper des intérêts universels ; il a, comme le deuxième état, une subsistance médiatisée

---

1. « *Stände* » : états, états sociaux

par le savoir-faire propre, et, comme le premier, une subsistance assurée, au contraire, par le tout de la société.

|β) *L'administration de la justice*   **408**

§ 529

Le principe de la particularité contingente, développé en [un] système médiatisé par le besoin naturel et le libre arbitre, en des Rapports universels d'un tel système, et en un cours d'une nécessité extérieure, a en lui, en tant que la détermination pour elle-même fixe de la liberté, tout d'abord *le droit formel.* 1) La réalisation effective qui revient au droit dans cette sphère de la conscience d'entendement, c'est qu'il soit, en tant que l'universel fixe, amené à la conscience, *su* et *posé*, dans sa déterminité, comme ce qui a validité, – [c'est là] la *loi*[1].

Le *positif* des lois concerne seulement leur forme, d'être, en général, en tant que *valables* et *sues*, avec quoi est donnée en même temps la possibilité qu'elles soient sues de *tous* d'une manière extérieure habituelle. Le contenu peut être, en l'occurrence, en soi rationnel, ou bien irrationnel et, par là, injuste. Mais, en tant que le droit, comme compris dans l'être-là déterminé, est un droit développé, et que son contenu, pour acquérir la déterminité, s'analyse, une telle analyse, à cause de la finitude du matériau, tombe dans le progrès de la mauvaise infinité; la déterminité *conclusive*, qui est absolument essentielle et coupe court à ce progrès de l'ineffectivité, ne peut être obtenue, dans cette sphère du fini, que d'une manière liée à de la contingence et de l'arbitraire; si ce qui est juste, ce serait 3 années, 10 thalers, etc., ou seulement 2 ans 1/2, 2 ans 3/4, 2 ans 4/5, etc., et ainsi de suite à l'infini, cela ne se laisse décider d'aucune manière par le moyen du concept, et, de fait, ce qui est plus important, c'est qu'une décision soit prise. Ainsi, de lui-même, mais, en vérité, seulement au *terme de l'acte de déterminer*, à même le côté de l'être-là extérieur, le positif entre en scène dans le droit comme de la contingence et de l'arbitraire. C'est ce qui arrive et est arrivé depuis toujours de soi-même dans toutes les législations; il faut seulement en avoir une conscience déterminée, contre la fin supposée et

---

1. Hegel souligne le rapport entre la loi (« Gesetz ») et ce qui est posé (« gesetzt »).

le bavardage selon lesquels, suivant *tous* les côtés, la loi peut et doit être déterminée par la raison ou l'entendement ayant le sens du droit, par des motifs relevant purement de la raison et de l'entendement. C'est l'idée vide de la *perfection*, [qui se manifeste dans le fait] de diriger une telle attente et une telle exigence vers la sphère du fini.

Ceux pour lesquels les *lois* sont même un mal et quelque chose de sacrilège, et qui tiennent le gouverner et l'être-gouverné par amour naturel, par droit divin ou nobiliaire héréditaire, moyennant foi et confiance, pour l'état de choses authentique, mais la domination des lois pour l'état de choses corrompu **409** et contraire au droit, ceux-là passent sans la voir sur cette circonstance, | que les astres, etc., comme aussi les bêtes, sont gouvernés suivant des lois, et en vérité le sont bien – des lois, mais qui, dans ces ob-jets, sont seulement intérieures, non *pour elles-mêmes*, non comme des lois *posées* –, mais que l'homme a pour être, de *savoir* sa loi, et que, pour cette raison, il ne peut véritablement obéir qu'à une telle loi qui est sue, de même que sa loi ne peut être que comme loi *sue* une loi conforme au droit, mais qu'autrement, déjà suivant le contenu essentiel, elle doit nécessairement être de la contingence et de l'arbitraire, ou, du moins, en être mêlée ou souillée.

La même exigence vide de la perfection est utilisée pour le contraire de ce dont il a été question ci-dessus, à savoir pour l'idée de l'impossibilité ou de l'impraticabilité d'un code. Il se présente aussi l'autre défaut de pensée, consistant à mettre dans une seule et même classe les déterminations essentielles et universelles ainsi que le détail particulier. Le matériau fini est progressivement déterminable suivant le mauvais infini ; cependant, cette progression n'est pas, comme elle est représentée, par exemple, dans l'espace, un engendrement de déterminations – [par exemple] spatiales – de la même qualité que les précédentes, mais un progrès dans quelque chose de plus spécial et de toujours plus spécial, moyennant la sagacité de l'entendement analysant qui découvre de nouvelles différenciations, qui rendent nécessaires de nouvelles décisions. Si les déterminations de cette sorte reçoivent pareillement le nom de *nouvelles* décisions ou de *nouvelles lois*, alors, au fur et à mesure que se poursuit ce développement, décroissent l'*intérêt* et la *teneur* de ces déterminations. Elles tombent *à l'intérieur* des lois substantielles, universelles, déjà existantes, comme des améliorations apportées à un sol, des portes, etc., le font à l'intérieur de la maison et sont bien quelque chose de *nouveau*, mais non une maison. Si la législation d'un état sans culture a commencé par des déterminations *singulières* et augmenté celles-ci, suivant leur nature, continuellement, alors, dans la progression de cette multitude, naît, à l'opposé, le besoin d'un code *plus simple*, c'est-à-dire du rassemblement d'une telle multitude de singularités dans leurs déterminations *universelles*, qu'il convient à l'entendement et à la culture d'un peuple de trouver et de savoir exprimer ; – comme en Angleterre cette saisie des singularités dans des formes universelles qui, en réalité, méritent seules le nom de lois, a été commencée, ces derniers temps, suivant quelques côtés, par le ministre *Peel*[1], qui s'est par là acquis la reconnaissance, et même l'admiration, de ses concitoyens.

§ 530

2) La forme positive des lois, d'être *exprimées* et *promulguées* comme lois, est une condition du *lien extérieur d'obligation* envers elles, en tant qu'elles ne concernent, comme lois du | droit strict, que **410** la volonté abstraite (c'est-à-dire elle-même en soi extérieure), non la volonté morale ou éthique. La subjectivité à laquelle cette volonté, suivant ce côté, a droit, est, ici, seulement, que les lois soient bien connues. Cet être-là subjectif est – comme être-là de ce qui est en et pour soi dans cette sphère, du droit – en même temps un être-là extérieurement *objectif*, comme validité et nécessité universelle.

Ce qui relève du droit dans la propriété et les actions privées dont elle est l'objet reçoit – suivant la détermination, que ce qui relève du droit soit quelque chose de posé, de reconnu et, par là, de valable –, moyennant les *formalités*, sa *garantie universelle*.

§ 531

3) La *nécessité* à laquelle l'être-là objectif se détermine, ce qui relève du droit l'obtient dans l'*administration de la justice*. Le droit-en-soi doit se présenter au *tribunal*, au droit individualisé, comme *démontré*, en quoi le droit-en-soi peut être différent du droit démontrable. Le tribunal connaît et agit dans l'intérêt du droit comme tel,

---

1. Sir Robert Peel (1788-1850), ministre tory de l'Intérieur de 1821 à 1827, procéda alors à une réforme de la loi pénale anglaise.

enlève à l'existence de celui-ci la contingence dont il est affecté, et, en particulier, change cette existence, telle qu'elle est en tant que vengeance, en [une] *peine* (§ 500).

La comparaison des deux espèces ou, plutôt, des deux moments de la conviction du juge, au sujet de la matérialité des faits d'une action relativement à celui qui en est inculpé, [à savoir pour autant qu'elle se fait] à partir des simples circonstances et des témoignages d'autres [personnes] – uniquement –, ou à partir de l'adjonction, exigée en plus, de l'aveu de l'inculpé, – constitue le point principal dans la question de ce que l'on appelle les *cours d'assises*. C'est une détermination essentielle, que les deux parties constitutives d'une connaissance judiciaire – le jugement sur la *matérialité des faits*, et le jugement comme *application* de la loi à ceux-ci –, parce qu'elles sont en soi des côtés divers, soient aussi mises en œuvre en tant que *fonctions diverses*. Par la susdite institution, elles sont départies à des collèges qualifiés même diversement, dont l'un, de façon expresse, ne doit pas être composé d'individus appartenant à la branche des juges officiels. Le fait de pousser cette différence des fonctions jusqu'à une telle séparation dans les tribunaux repose, cependant, plus sur des considérations extra-essentielles ; la chose principale reste seulement l'exercice séparé de ces côtés en soi divers. – Mais ce qui est plus important, c'est si, de l'aveu de celui qui est accusé d'un crime, on doit faire ou non la condition d'une sentence pénale. L'institution | de la cour d'assises fait abstraction de

411 cette condition. Ce qui importe, c'est que la certitude, de façon pleine et entière dans ce champ, est inséparable de la *vérité* ; mais l'aveu est à regarder comme la cime extrême de la *confirmation en soi-même de la certitude*, laquelle, suivant sa nature, est subjective ; c'est pourquoi la décision ultime dépend de celui-là ; par ce point, l'inculpé a donc un droit absolu quant à ce qui clôt la preuve et arrête la conviction des juges. – Incomplet est ce moment, parce qu'il n'est qu'un moment ; mais encore plus incomplet est l'autre moment, pris aussi abstraitement, [celui de] la preuve établie à partir de simples circonstances et témoignages ; et les jurés sont essentiellement des juges, et ils prononcent un jugement. Pour autant qu'ils sont renvoyés à de telles preuves objectives, mais qu'en même temps est admise la certitude incomplète, pour autant qu'elle est seulement *en eux*, la cour d'assises comporte le mélange et la confusion (appartenant à des temps proprement barbares) de preuves objectives et d'une conviction subjective – comme on dit – morale. Il est facile de présenter des peines *extraordinaires* comme quelque chose qui est sans rime ni raison, et, bien plutôt, il est trop plat de se scandaliser du simple nom. Suivant la Chose,

cette détermination contient la différence de l'établissement objectif de la preuve, accompagné ou non accompagné du moment de cette absolue confirmation en soi-même de la certitude, qui réside dans l'aveu.

§ 532

L'administration de la justice a la détermination de manifester activement, pour en faire une nécessité, seulement le côté abstrait de la liberté de la personne dans la société civile. Mais cette manifestation active repose, tout d'abord, sur la subjectivité particularisée du juge, l'unité nécessaire de celle-ci elle-même avec le droit-en-soi n'étant pas encore présente ici. Inversement, la nécessité aveugle du système des besoins n'est pas encore élevée dans la conscience de l'universel et manifestée activement à partir d'elle.

γ) *La police et la corporation*

§ 533

L'administration de la justice exclut d'elle-même ce qui, dans les actions et les intérêts, appartient seulement à la particularité, et elle abandonne à la contingence aussi bien l'advenir de crimes que la considération du bonheur. Dans la société civile, la satisfaction du besoin, et, à la vérité, en même temps, | en tant que c'est celui de 412 l'homme, d'une manière universelle assurée, c'est-à-dire la *garantie* de cette satisfaction, est le *but*. Mais, dans le mécanisme de la nécessité de la société, la contingence de cette satisfaction est présente de la manière la plus variée, aussi bien eu égard à la variabilité des besoins eux-mêmes, auxquels l'opinion et le bon plaisir subjectif ont une grande part, que du fait des localités, des connexions d'un peuple avec d'autres, du fait des erreurs et illusions qui peuvent être introduites dans des parties singulières du mécanisme d'ensemble et sont capables de plonger celui-ci dans le désordre, comme aussi particulièrement du fait de la capacité conditionnée de l'[individu] singulier, de tirer profit pour lui-même de cette fortune universelle dont il a été question. Le cours de cette nécessité-là abandonne aussi en même temps les particularités par lesquelles il est produit, il ne contient pas pour soi le *but* affirmatif de la garantie de la satisfaction des [individus] singuliers, mais peut, eu égard à cette satisfaction, aussi bien lui être conforme que non, et les [individus] singuliers sont ici pour eux-mêmes le but moralement justifié.

§ 534

La conscience du but essentiel, la connaissance du mode d'action des puissances et des ingrédients variables dont est composée cette nécessité dont il a été question, ainsi que la fixation du but, évoqué alors, en elle et contre elle, ont, *d'une part*, avec le concret de la société civile, le Rapport d'une universalité *extérieure*; cet ordre est, en tant que puissance active, l'État extérieur, qui – dans la mesure où celui-là s'enracine dans l'être supérieur, l'État substantiel – apparaît comme *police* de l'État. *D'autre part*, le but d'une universalité *substantielle* et la manifestation active de celle-ci restent, dans cette sphère de la particularité, bornés à la tâche [qui est celle] de branches et d'intérêts particuliers; – [c'est là] la *corporation*, dans laquelle le citoyen particulier trouve, en tant qu'homme privé, la garantie de ses ressources, tout autant qu'en elle il sort de son intérêt privé singulier et a une activité consciente pour but relativement universel, de même qu'il a dans les devoirs relevant du droit et de l'état social sa vie éthique.

413 |*c*) *L'État*

§ 535

L'État est la substance éthique *consciente de soi* – la réunion du principe de la famille et [de celui] de la société civile; la même unité qui, dans la famille, est en tant que sentiment de l'amour, est l'essence de l'État, laquelle, cependant, reçoit en même temps, moyennant le deuxième principe de la volonté qui sait et par elle-même agit, la *forme* d'[une] universalité *sue*: celle-ci, ainsi que ses déterminations se développant dans le savoir, constituent le contenu et le but absolu de la subjectivité qui sait, c'est-à-dire que celle-ci veut pour lui-même un tel rationnel.

§ 536

L'État est α) tout d'abord sa configuration intérieure en tant que développement se rapportant à soi – [c'est là] le *droit politique intérieur ou la constitution*; il est β) [un] individu particulier, ainsi dans un Rapport avec d'autres individus particuliers, – [c'est là] le *droit politique extérieur*; γ) mais ces esprits particuliers sont seulement des moments dans le développement de l'Idée universelle de l'esprit [saisi] dans son effectivité, – [c'est là] l'*histoire mondiale*.

α) *Droit politique intérieur*

§ 537

L'État est, en son essence, l'universel en et pour soi, le rationnel de la volonté, mais – en tant qu'ayant savoir de soi et se manifestant activement – absolument subjectivité, et – en tant qu'effectivité – un individu un. Son *œuvre* en général consiste, relativement à l'extrême de la singularité en tant qu'elle est la foule des individus, dans la double tâche – *d'une part*, de conserver ceux-ci comme personnes, par conséquent de faire du *droit* une effectivité nécessaire, et ensuite de promouvoir leur *bien propre*, dont chacun, tout d'abord, prend soin pour lui-même, mais qui comporte absolument un côté universel, de protéger la famille et guider la société civile, – mais, *d'autre part*, de les ramener les deux, ainsi que toute la disposition intérieure et activité de l'[individu] singulier, en tant que celui-ci s'efforce d'être pour lui-même un centre, dans la vie de la substance universelle, et, en ce sens, | en tant que libre puissance, de porter atteinte à ces **414** sphères subordonnées à elle, et de les conserver dans une immanence substantielle.

§ 538

Les *lois* expriment les déterminations-de-contenu de la liberté objective. *Premièrement,* pour le sujet immédiat, son arbitre subsistant-par-soi et son intérêt particulier, elles sont des bornes. Mais elles sont, *deuxièmement,* [un] *but final* absolu et l'*œuvre* universelle, [et] ainsi elles sont produites moyennant les fonctions des divers *états* qui, à partir de leur particularisation générale, se singularisent davantage, et moyennant toute activité et préoccupation privée des [individus] singuliers, – et, *troisièmement,* elles sont la substance de leur vouloir, en cela libre, et de leur disposition intérieure, et, ainsi, sont exposées comme *coutume éthique* ayant validité.

§ 539

L'État, en tant qu'esprit vivant, n'est absolument que comme un tout organisé, différencié dans les activités efficientes particulières qui, procédant du concept un (encore que non su comme concept) de la volonté rationnelle, produisent continuellement celui-ci comme leur résultat. La *constitution* est cette articulation de la *puissance étatique.* Elle contient les déterminations suivant lesquelles la volonté rationnelle, pour autant qu'elle est, dans les individus, seulement *en soi* la volonté universelle, pour une part peut accéder à la conscience et à l'intelligence d'elle-même et être *trouvée*, pour une autre part peut être, moyennant l'activité efficiente du gouvernement et de ses branches particulières, posée dans l'effectivité et y être conservée, et peut être protégée aussi bien contre leur subjectivité contingente [1] que contre celle des [individus] singuliers. Elle est la *justice* existante, en tant que l'effectivité de la *liberté* dans le développement de toutes ses déterminations rationnelles.

---

1. C'est-à-dire l'individualité contingente du gouvernement et de ses branches particulières.

Liberté et *égalité* sont les catégories simples en lesquelles on a fréquemment récapitulé ce qui devait former la détermination fondamentale ainsi que le but et résultat ultime de la constitution. Autant cela est vrai, autant il y a, dans ces déterminations, avant tout ce défaut, qu'elles sont totalement abstraites ; fixées dans cette forme de l'abstraction, ce sont elles qui empêchent de se réaliser ou qui détruisent le concret, c'est-à-dire une articulation de l'État, c'est-à-dire une *constitution* et un gouvernement en général. | Avec l'État, **415** apparaissent [une] inégalité, la différence des pouvoirs gouvernants et des gouvernés, les autorités, les magistratures, les directions, etc. Le principe conséquent de l'égalité rejette toutes les différences et ne laisse ainsi subsister aucune espèce de contexte étatique. – Assurément, ces déterminations qu'on a dites sont les assises de cette sphère, mais, en tant que les détermination les plus abstraites, elles sont aussi les plus superficielles et, précisément pour cette raison, facilement les plus courantes ; c'est pourquoi il est intéressant de les considérer encore d'un peu plus près. Pour ce qui concerne, tout d'abord, l'*égalité*, la proposition courante selon laquelle *tous les hommes sont égaux par nature* renferme le malentendu consistant à confondre le naturel avec le concept ; il faut dire que, *par nature*, les hommes sont, bien plutôt, seulement *inégaux*. Mais le *concept* de la liberté, ainsi qu'il existe tout d'abord en tant que tel, sans autre détermination ni développement, est la subjectivité abstraite en tant que *personne* qui est capable de propriété, § 488 ; cette unique détermination abstraite de la personnalité constitue l'*égalité* effective des hommes. Mais que cette égalité soit présente, que ce soit *l'homme* – et non pas, comme en Grèce, à Rome, etc., seulement *quelques* hommes – que l'on reconnaisse comme personne et fasse valoir par la loi, c'est là quelque chose qui est si peu par *nature* que c'est, bien plutôt, seulement un produit et un résultat de la conscience du plus profond principe de l'esprit, et de l'universalité et élaboration culturelle de cette conscience. – L'affirmation que les citoyens sont *égaux devant la loi* renferme une haute vérité, mais qui, exprimée ainsi, est une tautologie ; car on exprime, par là, seulement l'état *légal* en général, [à savoir] que les lois règnent. Mais, eu égard au concret, les citoyens, en dehors de la personnalité, ne sont égaux devant la loi qu'en ce en quoi ils sont égaux par ailleurs *en dehors de cette loi*. C'est seulement l'*égalité* – *présente de façon contingente par ailleurs*, de quelque manière que ce soit – de la fortune, de l'âge, de la force physique, du talent, du savoir-faire, etc., ou encore des crimes, etc., qui peut et doit justifier dans le concret leur traitement égal devant la loi, eu égard aux impôts, aux obligations militaires, à l'accès aux emplois publics, etc. – à la sanction pénale, etc. Les lois elles-mêmes, sauf pour autant qu'elles concernent cette étroite sphère de la personnalité dont il a été question, présupposent l'inégalité des situations et déterminent les autorisations et les obligations conformes au droit inégales qui en résultent.

Pour ce qui concerne la *liberté*, elle est prise immédiatement, pour une part, dans le sens *négatif* qui la fait s'opposer à l'arbitre étranger et au traitement hors de toute loi, pour une autre part, dans le sens *affirmatif* de la liberté *subjective*; mais, à cette liberté, une grande latitude est accordée, aussi bien quant à l'arbitre et activité propre [qu'on exerce] pour ses buts particuliers qu'en ce qui concerne la revendication du discernement propre ainsi que de l'intérêt actif et de la participation aux affaires universelles. Autrefois, les droits légalement déterminés, aussi bien les droits privés que les droits publics d'une nation, d'une ville, etc., ont été appelés leurs *libertés*. En fait, toute loi vraie est une liberté, car elle contient une détermination rationnelle de l'esprit objectif, par conséquent un contenu de la liberté. À l'encontre de cela, il n'est rien devenu de plus courant que la représentation selon laquelle chacun devrait [nécessairement] *limiter* sa liberté en relation avec la liberté des autres, et selon laquelle l'*État* serait le contexte de cette limitation réciproque, et les lois les limitations. Dans de telles représentations, la liberté n'est appréhendée que comme un bon plaisir et arbitre contingent. – Il a aussi été dit que les peuples modernes étaient capables seulement de l'*égalité*, ou plus de celle-ci que de la *liberté*, et cela, sans aucun doute, pour cette seule raison que, s'agissant d'une détermination admise de la liberté (principalement de la participation de tous aux affaires et actions de l'État), on ne pouvait cependant réussir à la réaliser dans l'effectivité, en tant que celle-ci est plus rationnelle et, en même temps, plus puissante que des préoccupations abstraites. – Il faut dire, au contraire, que précisément le haut développement et perfectionnement des États modernes produit dans l'effectivité la suprême *inégalité* concrète des individus, et, par contre, grâce à la rationalité plus profonde des lois et l'affermissement de l'état légal, réalise une liberté d'autant plus grande et plus fondée, et peut l'admettre et tolérer. Déjà la différenciation superficielle qui réside dans l'existence des deux mots « liberté » et « égalité » suggère que la première tend à l'inégalité; mais, inversement, les concepts courants de la liberté reconduisent, pourtant, seulement à l'égalité. Mais, plus la liberté, comme sécurité de la propriété, comme possibilité de développer et faire valoir, etc., ses talents et ses bonnes qualités propres, est affermie, plus elle apparaît comme *allant de soi*; la conscience et l'appréciation de la liberté se tournent alors surtout vers le sens *subjectif* qu'elle revêt. Mais celle-ci elle-même – [à savoir] la liberté de l'activité qui s'essaie de tous les côtés et qui se dépense selon le plaisir propre pour des intérêts spirituels particuliers et pour des intérêts spirituels universels, l'indépendance de la particularité individuelle, de même que la liberté intérieure dans laquelle le sujet a des principes, une intellection et conviction propre, et, en conséquence, acquiert une subsistance-par-soi morale – pour une part, renferme, pour elle-même, l'élaboration formatrice extrême de la particularité de ce en quoi les hommes sont inégaux et se rendent encore plus inégaux par cette formation, – pour une autre part, elle ne croît que sous la condition de cette liberté objective dont il a été question, et elle n'a crû et n'a pu croître jusqu'à cette hauteur que dans les États modernes. Si, avec cette élaboration formatrice de la particularité, la multitude de besoins et la difficulté de les satisfaire, la ratiocination et la prétention de savoir mieux que les autres, ainsi que leur vanité insatisfaite, grandissent de façon indéterminable, cela incombe | à la particularité abandonnée [à elle-même], à laquelle toute latitude **417** est laissée de se créer dans cette sphère toutes les combinaisons possibles et de s'en arranger. Cette sphère est alors, il est vrai, en même temps, le champ des limitations, parce que la liberté est prise dans la naturalité, le bon plaisir et l'arbitraire, et a donc à se limiter, et cela, sans aucun doute, aussi suivant la naturalité, le bon plaisir et l'arbitraire des autres, mais principalement et essentiellement suivant la liberté rationnelle.

Mais, pour ce qui concerne la liberté *politique*, c'est-à-dire la liberté au sens d'une participation formelle du vouloir et de l'intérêt actif, aussi des individus qui se donnent comme destination principale les fins et tâches particulières de la société civile, aux affaires publiques de l'État, il est devenu, en partie, usuel, de nommer «constitution» seulement le côté de l'État qui concerne une telle participation de ces individus-là aux affaires universelles, et de regarder un État où elle n'a pas lieu dans les formes, comme un État sans constitution. Au sujet de cette acception [du terme], il y a avant tout seulement à dire qu'il faut entendre par constitution la détermination des droits, c'est-à-dire des *libertés* en général, et l'organisation de leur réalisation effective, et que la liberté politique ne peut, en tout cas, en former qu'une partie; il en sera question dans les paragraphes suivants.

§ 540

La *garantie* d'une constitution, c'est-à-dire la nécessité que les lois soient rationnelles et que leur réalisation effective soit assurée, réside dans l'esprit de l'ensemble du peuple, c'est-à-dire dans la déterminité selon laquelle celui-ci a la conscience de soi de sa raison (la religion est cette conscience en sa substantialité absolue), – et, ensuite, en même temps dans l'*organisation effective*, conforme à cette conscience de soi, en tant que *développement* d'un tel principe. La constitution présuppose une telle conscience de l'esprit, et, inversement, l'esprit présuppose la constitution, car l'esprit effectif n'a lui-même la conscience déterminée de ses principes que dans la mesure où ceux-ci sont présents pour lui comme existants.

La question [de savoir] à qui, à quelle autorité, et organisée de quelle manière, revient le pouvoir de *faire une constitution*, est la même que celle [de savoir] qui aurait à faire l'esprit d'un peuple. Si l'on sépare la représentation d'une constitution de celle de l'esprit, comme si celui-ci existait bien ou avait bien existé sans posséder une constitution conforme à lui, | une telle opinion prouve seulement la superficialité de la pensée que l'on se fait sur le lien de l'esprit, de sa conscience de lui-même, et de son effectivité. Ce que l'on nomme ainsi *faire* une constitution, ne s'est – en raison de cette inséparabilité – jamais rencontré dans l'histoire, aussi peu que l'entreprise consistant à *faire* un code de lois ; une constitution s'est *seulement développée* à partir de l'esprit en [parfaite] identité avec le propre développement de celui-ci, et a en même temps que lui parcouru les degrés de la formation et les changements nécessaires en vertu du concept. C'est par l'esprit immanent et l'histoire – et, en vérité, l'histoire est seulement l'histoire *de cet esprit* – que les constitutions ont été faites et sont faites.

§ 541

La totalité vivante, la conservation, c'est-à-dire la production continuée de l'État en général et de sa constitution, c'est le *gouvernement*. L'organisation nécessaire naturellement est la naissance de la *famille* et des *états* de la société civile. Le gouvernement est la partie *universelle* de la constitution, c'est-à-dire la partie qui a la conservation de ces parties-là pour but intentionnel, mais, en même temps, prend [en charge] et met en œuvre les buts universels du tout qui se situent au-dessus de la destination de la famille et de la société civile. L'organisation du gouvernement est, pareillement, sa différenciation en des pouvoirs, tels que leurs caractères propres sont déterminés par le concept, mais qu'ils se compénètrent, dans la subjectivité de celui-ci, en une unité *effective*.

Puisque les catégories du concept qui se présentent en tout premier lieu sont celles de l'*universalité* et de la *singularité*, et que leur Rapport est celui de la *subsomption* de la singularité sous l'universalité, il est arrivé que, dans l'État, un pouvoir *législatif* et un pouvoir *exécutif* aient été différenciés, mais de telle sorte que celui-là *existât pour lui-même* comme le pouvoir absolument suprême, et que le dernier se divisât à son tour en pouvoir *gouvernemental* ou administratif et en pouvoir *judiciaire*, suivant que les lois fussent appliquées à des affaires universelles ou à des affaires privées. On a regardé comme le Rapport essentiel la *division* de ces pouvoirs, au sens de leur *indépendance* les uns à l'égard des autres dans l'existence, mais avec le lien, qu'on a mentionné, de la subsomption des pouvoirs du singulier sous le pouvoir de l'universel. On ne peut méconnaître, dans ces déterminations, les éléments du concept, mais ils sont liés par l'entendement en un Rapport irrationnel, | au lieu que ce soit **419** pour former l'enchaînement de soi avec soi-même de l'esprit vivant. Que les affaires ressortissant aux intérêts universels de l'État soient, dans leur différence nécessaire, aussi organisées de façon à être *séparées les unes des autres*, cette division est l'un des moments absolus de la profondeur et de l'effectivité de la liberté ; car celle-ci n'a de profondeur qu'autant qu'elle est développée en ses différences et parvenue à leur existence. Mais, faire de la tâche de la législation (et en plein accord avec la représentation selon laquelle, à un certain moment, une constitution et les lois fondamentales – dans une situation où l'on place un développement déjà présent des différences – seraient d'abord à faire) un pouvoir subsistant-par-soi et, à la vérité, le *premier* pouvoir, avec la détermination plus précise que tous y participent, et faire du pouvoir gouvernemental un pouvoir dépendant de celui-là, de simple exécution, – cela présuppose l'absence de la connaissance que l'Idée vraie, et, par là, l'effectivité vivante et spirituelle, sont le concept s'enchaînant avec lui-même et, par là, la *subjectivité*, qui contient en elle l'universalité comme seulement l'un de ses moments. L'individualité est la *détermination pénétrante* première et suprême dans l'organisation de l'État. C'est seulement par le pouvoir gouvernemental, et pour autant qu'il comprend en lui-même les tâches particulières, dont fait partie aussi la tâche, elle-même particulière, *pour soi abstraite*, de la législation, que l'État est *un*. – Aussi essentiel que partout, et seul vrai, est le Rapport rationnel du logique face au Rapport extérieur de l'entendement, lequel ne parvient qu'à la subsomption du singulier et du particulier sous l'universel. Ce qui désorganise l'unité du logico-rationnel désorganise tout autant l'effectivité.

§ 542

Dans le gouvernement comme totalité organique, 1) la *subjectivité*, en tant que l'unité *infinie* – dans le développement du concept – de celui-ci *avec lui-même*, la volonté étatique qui tient tout, qui arrête tout, la cime suprême de l'État ainsi que l'unité pénétrant tout, c'est le pouvoir gouvernemental *du prince*. Dans la forme achevée de l'État, dans laquelle tous les moments du concept ont obtenu leur libre existence, cette subjectivité n'est pas ce que l'on appelle une *personne morale*, ou l'arrêt d'une décision *procédant d'une majorité* – formes dans lesquelles l'unité de la volonté qui décide n'a pas une existence effective –, mais, en tant qu'individualité effective, la volonté d'un unique individu qui décide ; – [c'est là la] *monarchie*. C'est pourquoi la constitution monarchique est la constitution de la raison *développée* ; 420 | toutes les autres constitutions appartiennent à des degrés inférieurs du développement et de la réalisation de la raison.

La réunion de tous les pouvoirs étatiques concrets en une existence une, comme dans l'état patriarcal, ou comme dans la constitution démocratique, [celle de] la participation de tous à toutes les affaires, contredit, pour elle-même, le principe de la *division* des pouvoirs, c'est-à-dire de la liberté développée des moments de l'Idée. Mais, tout autant, la division des moments, leur élaboration poursuivie jusqu'à faire [de chacun d'eux] une libre totalité, doit être reconduite dans une *unité idéelle*, c'est-à-dire dans une *subjectivité*. La différenciation cultivée, la réalisation de l'Idée, implique essentiellement que cette subjectivité se soit bien développée, comme moment *réel*, en une existence *effective*, et cette *effectivité* est seulement l'individualité du monarque – la subjectivité, présente dans une unique personne, de l'acte abstrait, ultime, de décider. À toutes ces formes, dont il a été question, d'une décision et volonté *commune*, qui doit provenir, et être dégagée par dénombrement, sur un mode démocratique ou sur un mode aristocratique, de l'atomistique des volontés singulières, est attachée l'ineffectivité d'un *abstrait*. Ce qui seul importe, ce sont les deux déterminations, de la nécessité d'*un moment du concept*, et de la forme de son *effectivité*. En vérité, seule la nature du concept spéculatif peut se faire entendre sur ce point. Cette subjectivité évoquée ci-dessus, en tant qu'elle est le moment de la décision abstraite en général, se développe jusqu'à cette détermination consistant, pour une part, en ce que le nom du monarque apparaît comme le lien extérieur et la sanction sous laquelle en général tout se fait dans le gouvernement, pour une autre part, en ce qu'elle a en elle, en tant que la relation à soi simple, la détermination de l'*immédiateté* et, par là, de la *nature*, et que, ainsi, la détermination des individus pour la dignité du pouvoir princier est fixée par l'*hérédité*.

§ 543

2) Dans le pouvoir gouvernemental *particulier*, pour une part se font voir la *division* de la tâche étatique en ses branches par ailleurs déterminées, le pouvoir législatif, l'administration de la justice ou pouvoir judiciaire, le pouvoir de l'administration et de la police, etc., et, avec elle, la *répartition* de ces pouvoirs entre des autorités particulières qui, renvoyées aux lois pour leurs affaires, se trouvent, en outre, et pour cette raison, aussi bien en possession d'une indépendance de leur activité efficiente qu'en même temps soumises à un contrôle supérieur; – pour une autre part, se présente la participation, à la tâche étatique, de *plusieurs* qui, ensemble, constituent l'état universel (§ 528), pour autant qu'ils érigent en détermination essentielle de leur vie particulière une prise en charge | des buts universels, à **421** laquelle on peut participer individuellement, à cette autre condition qu'on y soit formé et techniquement apte.

§ 544

3) L'autorité compétente au niveau des *états* concerne une participation de tous ceux qui appartiennent à la société civile en général et sont, dans cette mesure, des personnes privées, au pouvoir

gouvernemental et, en vérité, à la législation, c'est-à-dire à ce qu'il y a d'*universel* dans les intérêts qui ne concernent pas l'intervention et l'action de l'État en tant qu'individu (comme la guerre et la paix), et, par conséquent, pour eux-mêmes, n'appartiennent pas seulement à la nature du pouvoir princier. En vertu de cette participation, la liberté et l'imagination subjectives, ainsi que l'opinion universelle où elles s'expriment, se montrent dans une efficience existante et jouissent de la satisfaction de valoir quelque chose.

La distribution des constitutions en *démocratie*, *aristocratie* et *monarchie* indique encore toujours de la manière la plus déterminée leur différence relativement à la puissance étatique. Il faut, en même temps, les regarder comme des configurations nécessaires dans le cours du développement, donc dans l'histoire de l'État. C'est pourquoi il est superficiel et insensé de les représenter comme l'ob-jet d'un *choix*. Les formes pures de leur nécessité sont en connexion, d'une part, avec des formes de leur dégénérescence : ochlocratie, etc., pour une autre part, avec des configurations transitoires antérieures ; ces deux [sortes de] formes ne doivent pas être confondues avec les configurations vraies évoquées ci-dessus. Ainsi, il peut advenir, en raison de l'analogie consistant en ce que la volonté d'un seul et même individu se tient à la tête de l'État, que le despotisme oriental soit compris sous la dénomination vague de monarchie, de même, aussi, que la monarchie féodale, à laquelle même la dénomination en vogue de monarchie constitutionnelle ne peut être refusée. La vraie différence de ces formes d'avec la monarchie véritable repose sur la teneur des *principes de droit en vigueur*, qui ont dans la puissance étatique leur effectivité et garantie. Ces principes sont les principes, développés dans les sphères précédentes, de la liberté de la propriété et, dans tous les cas, de la liberté personnelle, de la société civile, de son industrie et des communes, ainsi que de l'activité efficiente réglée, dépendante des lois, des autorités particulières.

La question qui a été le plus souvent discutée est [celle de savoir] en quel sens il faut prendre la participation des *personnes privées* aux affaires de l'État. Car c'est en tant que *personnes privées* qu'il faut tout d'abord prendre les 422 membres | des assemblées des états, qu'ils valent comme individus pour eux-mêmes ou comme des représentants de *nombreux* individus ou du *peuple*. On a, en effet, l'habitude d'appeler *peuple* l'agrégat des personnes privées ; mais, en tant que tel, cet agrégat est le « *vulgus* », non le « *populus* » ; et, sous ce rapport, c'est l'unique but de l'État, qu'un peuple *ne* vienne *pas* à exister, à exercer un pouvoir et à agir *comme un tel agrégat*. Un tel état d'un peuple est un état où se trouvent niées la justice, la vie éthique, la raison en général ; le peuple serait, dans cet état, seulement en tant qu'une puissance sans forme, sauvage, aveugle, comme celle de la mer agitée, élémentaire, laquelle, cependant, ne se détruit pas elle-même comme le ferait le peuple en tant qu'élément spirituel. On a souvent pu entendre représenter un tel état comme celui de la vraie liberté. Pour qu'il y ait un sens à s'engager dans la question de la participation des personnes privées aux affaires universelles, il faut que soit présupposé, non pas ce qui est irrationnel, mais déjà un peuple organisé, c'est-à-dire dans lequel est présent un pouvoir gouvernemental. – Mais l'intérêt d'une telle participation n'est à placer ni dans l'avantage d'un discernement particulier, en général, que les personnes privées détiendraient sur les fonctionnaires publics – c'est nécessairement le contraire qui a lieu –, ni dans l'avantage de la volonté bonne pour le plus grand bien universel, – les membres de la société civile sont, bien plutôt, en tant que tels, ceux qui font de leur intérêt particulier, et – comme c'est surtout le cas dans l'état de la féodalité – de celui de leur corporation privilégiée, leur détermination la plus prochaine. Ainsi que, de l'*Angleterre*, dont la constitution est regardée comme la plus libre pour cette raison que les personnes privées participent de façon prépondérante aux affaires de l'État, l'expérience montre que ce pays, en matière de législation civile et pénale, de droit et de liberté de la propriété, d'institutions en faveur de l'art et de la science, etc., est le plus en retard sur les autres États cultivés d'Europe, et que la liberté objective, c'est-à-dire le droit rationnel, y est, bien plutôt, *sacrifiée* à la liberté formelle et à l'intérêt privé particulier (et cela, jusque dans les institutions et possessions qui doivent être consacrées à la religion). – L'intérêt d'une participation des personnes privées aux affaires publiques est à placer, pour une part, dans le sentiment plus concret et, par suite, plus pressant, de besoins universels, mais, de façon essentielle, dans le droit que l'esprit de la communauté accède aussi à la manifestation d'une volonté *extérieurement universelle* dans une activité efficiente ordonnée et expresse pour la Chose publique, que, moyennant cette satisfaction, il soit tout autant vivifié pour lui-même qu'il contribue à vivifier les autorités administratives, auxquelles il est ainsi rappelé, dans une conscience présente, que, autant qu'elles ont à exiger des devoirs, autant elles ont, essentiellement, devant elles, des droits. | Les bourgeois **423** forment, dans l'État, la multitude hors de proportion la plus grande, et une multitude d'individus qui sont reconnus comme personnes. C'est pourquoi la raison voulante expose son exigence en eux en tant qu'[ils sont] une pluralité d'[êtres] libres ou son universalité-de-réflexion, à laquelle l'effectivité qui lui revient est procurée dans une participation à la puissance étatique. Mais on a déjà fait ressortir, comme un moment de la société civile (§ 527, 534), [le fait] que les [individus] singuliers s'élèvent de l'universalité extérieure en l'universalité substantielle, à savoir [de façon à être] en tant que genre *particulier*, – [tels sont] *les états*; et ce n'est pas dans la forme inorganique d'[individus] singuliers en tant que tels (selon le mode *démocratique* de l'élection), mais en tant que des moments organiques, en tant que des états, qu'ils accèdent à cette participation dont il a été question; une puissance ou activité dans l'État ne doit jamais apparaître et s'exercer sous une figure informe, inorganique, c'est-à-dire en procédant du principe de la pluralité et de la multitude.

Des assemblées des états ont déjà été à tort désignées comme le *pouvoir législatif*, eu égard au fait qu'elles ne constituent qu'une seule des branches de ce pouvoir, à laquelle les autorités gouvernementales particulières ont une part essentielle, le pouvoir princier y détenant la part absolue de la décision finale. D'ailleurs, et de plus, dans un État civilisé, la législation peut être seulement une élaboration continuée des lois existantes, et des lois dites nouvelles peuvent être seulement des [déterminations] extrêmes du détail et des particularités (*cf.* § 529, Rem.), dont le contenu a, par la pratique des cours de justice, déjà été préparé ou même préalablement décidé. – Ce que l'on appelle la *loi de finances*, pour autant qu'elle se présente à la co-détermination des états, est essentiellement une *affaire de gouvernement*; elle ne s'appelle qu'improprement une *loi*, dans ce sens universel qu'elle embrasse un vaste champ, voire le champ tout entier, des moyens extérieurs du gouvernement. Les finances concernent, même si c'est le complexe qu'ils forment, pourtant, quant à leur nature, seulement les besoins variables *particuliers*, s'engendrant toujours à nouveau. Si la partie constitutive principale de ce dont on a besoin était regardée comme permanente – comme elle l'est bien aussi –, la détermination la concernant aurait davantage la nature d'une loi, mais [qui], pour être une loi, devrait être faite une fois pour toutes et ne pas être à faire toujours à nouveau, annuellement ou au bout de quelques années. La partie variable selon le temps et les circonstances concerne, en réalité, la plus petite part du total, et la détermination portant sur elle a d'autant moins le caractère d'une loi; et, pourtant, ce n'est et ce ne peut être que cette petite partie variable qui est sujette à discussion et peut être soumise à une détermination variable, annuelle, laquelle porte, de ce fait, faussement, le nom pompeux *d'approbation du budget*, c'est-à-dire du *tout* des finances. Une loi à faire une fois par an et tous les ans apparaît, avec évidence, comme inadéquate, même au sens commun, en tant que celui-ci différencie ce qui est en | et pour soi universel en tant que contenu d'une loi **424** véritable, d'avec une universalité-de-réflexion, qui rassemble de façon seulement extérieure quelque chose qui est, par sa nature, multiple. Le nom de *loi*, pour la fixation annuelle du besoin financier, sert seulement, dans le cas de la séparation présupposée du pouvoir législatif d'avec le pouvoir gouvernemental, à entretenir l'illusion que cette séparation a lieu effectivement, et à masquer [le fait] que le pouvoir législatif est, en réalité, aux prises avec une affaire proprement de gouvernement, lorsqu'il décide des finances. – Mais l'intérêt qui est placé dans la capacité de consentir toujours à nouveau à l'Acte de finances, à savoir que l'assemblée des états possède en elle un *moyen de pression* face au gouvernement, et, par là, une garantie contre la négation du droit et la violence, – cet intérêt, d'un côté, est une apparence superficielle, en tant que les dispositions financières nécessaires pour la *subsistance* de l'État ne peuvent pas être conditionnées par d'autres circonstances quelles qu'elles soient, et que la subsistance de l'État ne peut pas non plus être mise en question annuellement ; pas plus que le gouvernement ne pourrait accorder et ordonner l'organisation de l'administration de la justice, par exemple, à chaque fois, que pour un temps limité, afin de se ménager un moyen de pression à l'encontre des personnes privées dans la menace de suspendre l'activité d'une telle institution, et dans la crainte du surgissement d'un état de brigandage. Mais, d'un autre côté, des représentations d'un Rapport pour lequel il pourrait être utile et nécessaire d'avoir en mains un moyen de pression, pour une part reposent sur la représentation fausse d'un Rapport contractuel entre le gouvernement et le peuple, pour une autre part présupposent la possibilité d'une telle divergence d'esprit entre les deux qu'elle ne permet plus de penser à une constitution et à un gouvernement. Si l'on se représente la possibilité vide de *recourir* à un tel moyen de pression, comme venue à l'existence, un tel recours serait, bien plutôt, une dislocation et dissolution de l'État, dans laquelle il ne se trouverait plus aucun gouvernement, mais seulement des partis, et à laquelle ne remédieraient que la violence et l'oppression d'un parti par l'autre. – Se représenter l'organisation de l'État comme une simple constitution d'entendement, c'est-à-dire comme le mécanisme d'un équilibre de puissances extérieures les unes aux autres dans leur [être] intérieur, cela va contre l'idée fondamentale de ce qu'est un État.

§ 545

L'État a enfin ce côté, d'être l'effectivité immédiate d'un peuple *singulier* et déterminé *naturellement*. En tant qu'individu singulier, il est *exclusif* à l'égard d'*autres* individus du même genre. Dans le 425 *Rapport* qu'ils ont les uns avec les autres, | l'arbitraire et la contingence ont leur lieu, parce que l'*universel* du droit, en raison de la totalité autonome [qu'est chacune] de ces personnes, *doit* seulement être entre eux, n'y est pas *effectif*. Cette indépendance fait du différend entre eux un Rapport de violence, un *état* de *guerre*, pour lequel l'état universel se détermine en vue du but particulier de la conservation de la subsistance-par-soi de l'État face à d'autres, de manière à être l'*état de la bravoure*.

§ 546

Cette situation montre la substance de l'État, en son individualité progressant en direction de la négativité abstraite, comme la puissance dans laquelle la subsistance-par-soi particulière des [individus] singuliers et la situation de leur immersion dans l'être-là extérieur de la possession et dans la vie naturelle s'éprouvent comme du *néant*, et qui médiatise la conservation de la substance universelle par le *sacrifice* – s'opérant dans la disposition intérieure qu'elle implique – de cet être-là naturel et particulier, par le fait de rendre vain ce qui est vain face à elle.

β) *Le droit politique extérieur*

§ 547

Par l'état de guerre, est mise en jeu la subsistance-par-soi de l'État et, suivant un seul et même côté, opérée la reconnaissance réciproque des libres individus que sont les peuples (§ 430), et, par des *accords de paix* qui sont censés durer éternellement, sont fixées aussi bien cette reconnaissance universelle que les autorisations particulières que les peuples se donnent les uns vis-à-vis des autres. Le *droit politique extérieur* repose, pour une part, sur ces traités positifs – mais il ne contient dans cette mesure que des droits auxquels fait défaut l'effectivité véritable (§ 545) –; pour une autre part, [il repose] sur ce que l'on appelle le *droit des gens*, dont le principe universel est l'*être-reconnu* présupposé des États et, par conséquent, borne leurs actions – autrement libres de tout lien – les uns à l'égard des autres, de telle façon que subsiste la possibilité de la paix, – tout comme il différencie de l'État les individus en tant que personnes privées, – et, d'une façon générale, repose sur les *mœurs*.

| γ) *L'histoire mondiale*   426

§ 548

L'esprit-du-peuple déterminé, puisqu'il est effectif et que sa liberté est en tant que nature, a [en lui], suivant ce côté naturel, le moment d'une déterminité géographique et climatique; il est dans le *temps*, et, suivant le contenu, il a essentiellement un principe *particulier*, de même qu'il lui faut parcourir un développement, par là déterminé, de sa conscience et de son effectivité; – il a une *histoire*, à l'intérieur de lui-même. En tant qu'il est [un] esprit borné, sa subsistance-par-soi est quelque chose de subordonné; il passe dans l'*histoire mondiale universelle*, dont les événements sont représentés par la dialectique des esprits-des-peuples particuliers, par le *tribunal du monde*.

§ 549

Ce mouvement est le chemin de la libération de la substance spirituelle, l'acte par lequel le but final absolu du monde s'accomplit en celui-ci, par lequel l'esprit qui n'est d'abord qu'*en soi* s'élève à la conscience et à la conscience de soi, et, par là, à la révélation et effectivité de son essence étant en et pour soi, et par lequel il devient à lui-même aussi esprit extérieurement *universel*, esprit du monde. En tant que ce développement est dans le temps et dans l'être-là, et, par là, en tant qu'histoire, ses moments et degrés singuliers sont les esprits-des-peuples; chacun [de ceux-ci], en tant qu'esprit singulier et naturel dans une déterminité qualitative, est déterminé à n'occuper qu'*un seul degré* et à n'accomplir qu'une seule tâche de l'acte total.

Que la présupposition d'un *but* étant en et pour soi, et des déterminations se développant à partir de lui suivant le concept, soit faite dans le cas de l'histoire, c'est là ce que l'on a nommé une considération *a priori* de celle-ci, et l'on a fait reproche à la philosophie d'écrire l'histoire *a priori* ; sur ce point, et sur l'historiographie en général, il faut faire observer de façon plus précise ce qui suit. – Qu'au fondement de l'histoire et, en vérité, essentiellement de l'histoire mondiale, il y ait en et pour soi un but final, et que celui-ci ait été réalisé et soit réalisé effectivement en elle – [c'est là] le plan de la Providence –, que, d'une façon générale, il y ait de la *raison* dans l'histoire, cela doit être établi pour soi-même philosophiquement et, par là, comme [étant] en et pour soi nécessaire. Ce qui, seul, peut mériter le blâme, c'est de présupposer des **427** représentations ou pensées arbitraires, et de | vouloir trouver et représenter conformes à elles les événements et les actes. Mais, aujourd'hui, se sont surtout rendus coupables d'une telle manière apriorique de procéder des gens qui prétendent vouloir être de purs historiens et, en même temps, se déclarent, à l'occasion, expressément contre le fait de philosopher, pour une part en général, pour une autre part en histoire ; la philosophie est pour eux une voisine importune, en tant qu'elle est opposée à l'arbitraire et aux idées qui passent par la tête. Une telle manière d'écrire l'histoire *a priori* s'est fait jour parfois d'un côté où l'on devait le moins s'y attendre, du côté, principalement, de la philologie, et davantage en Allemagne qu'en France et en Angleterre, où l'historiographie s'est épurée en se donnant un caractère plus ferme et plus mûr. Forger des fictions, comme celle d'un état originel et du peuple originel vivant en lui, qui se serait trouvé en possession de la vraie connaissance de Dieu et de toutes les sciences, comme la fiction de peuples de prêtres, et celle, de façon plus spéciale, par exemple, d'une épopée romaine qui aurait été la source des informations, valant comme historiques, au sujet de la plus ancienne histoire de Rome, etc., c'est là ce qui a pris la place des inventions – propres à la perspective pragmatique – de motivations et connexions psychologiques, et, à ce qu'il semble, on regarde, dans un vaste cercle, comme l'exigence d'une historiographie puisant aux sources, *savante* et *riche d'esprit*, de couver des représentations creuses de ce genre et, à partir d'un ramassis savant de circonstances extérieures lointaines, nonobstant l'histoire la plus attestée, de les combiner hardiment.

Si nous écartons ce traitement subjectif de l'histoire, l'exigence proprement opposée, [à savoir] que l'histoire ne soit pas considérée suivant un *but objectif*, a, au total, le même sens que l'exigence, qui semble encore plus justifiée, que l'historien procède avec *impartialité*. On a coutume d'adresser cette exigence particulièrement à l'*histoire de la philosophie*, en tant qu'en celle-ci ne doit se montrer aucune inclination en faveur d'une représentation et opinion, tout comme un juge ne doit avoir d'intérêt particulier pour aucune des deux parties en conflit. Dans le cas d'un juge, il est en même temps admis qu'il remplirait sa charge de façon stupide et mauvaise s'il n'avait pas un intérêt, voire l'intérêt exclusif, pour le droit, s'il n'avait pas celui-ci pour but, et pour but unique, et s'il s'abstenait de juger. Cette exigence qui s'adresse au juge, on peut l'appeler *partialité* pour le droit, et l'on sait très bien ici différencier une telle partialité d'une partialité *subjective*. Mais, dans le cas de l'impartialité exigée de l'historien, cette différence est effacée à travers le bavardage prosaïque et satisfait de soi, et l'on rejette les deux sortes d'intérêts, lorsqu'on réclame que l'historien n'apporte avec lui aucune fin et manière de voir déterminée suivant laquelle il sélectionnerait, disposerait et apprécierait les événements, | mais qu'il les rapporte exactement dans le mode d'être contingent selon lequel il **428** les trouve là, dans leur particularité privée de relation et de pensée. Tout ce qu'on accorde, c'est qu'un historien doit [nécessairement] avoir un *ob-jet*, par exemple Rome, son destin, ou la ruine de la grandeur de l'Empire romain. Il suffit d'un peu de réflexion pour discerner que c'est là le but présupposé qui est au fondement des événements eux-mêmes comme du jugement détermi-nant lesquels d'entre eux ont une importance, c'est-à-dire une relation plus prochaine ou plus lointaine avec lui. Une histoire sans un tel but et sans un tel jugement ne serait qu'une suite, sans grand sens, de la représentation, pas même un conte pour enfant, car même les enfants réclament, dans les récits, un intérêt, c'est-à-dire un but pour le moins donné à pressentir, et la mise en relation avec lui des événements et des actions. Dans l'être-là d'un *peuple*, le but substantiel est d'être un État et de se conserver comme tel; un peuple non formé en État (une *nation* en tant que telle) n'a proprement aucune histoire, ainsi que les peuples ont existé avant de se former en États, et que d'autres existent encore maintenant en tant que nations sauvages. Ce qui arrive à un peuple et se déroule à l'intérieur de lui a dans sa relation à l'État sa signification essentielle; les simples particularités des individus sont au plus loin de cet ob-jet qui relève de l'histoire. Si l'esprit universel d'un temps en général s'imprime dans le caractère des individus qui se distinguent au cours d'une époque, et si leurs particularités sont les milieux plus éloignés et plus troubles dans lesquels celui-là joue encore en des couleurs amorties, si même, souvent, des singularités d'un petit événement, d'un mot, n'expriment pas une particularité subjective, mais, sur un mode intuitif et avec une brièveté qui frappent, un temps, un peuple, une culture, de telle sorte que le choix de telles singularités est l'affaire seulement d'un historien d'esprit éminent, – par contre, la masse des autres singularités est une masse superflue, par la récollection fidèle de laquelle les ob-jets dignes de l'histoire sont étouffés et obscurcis ; la caractéristique essentielle de l'esprit et de son temps est toujours contenue dans les grands événements. C'est un sens juste qui a conduit à reléguer de telles descriptions du particulier et le recueil de ses traits dans le *roman* (tels les célèbres romans de Walter Scott et d'autres du même genre) ; il faut tenir pour du bon goût de lier les tableaux de la vitalité particulière, inessentielle, à un matériau inessentiel tel que le roman l'emprunte aux événements privés et aux passions subjectives. Mais, dans l'intérêt de ce que l'on dénomme [alors] *vérité*, entretisser les petitesses individuelles du temps et des personnes avec la représentation des intérêts universels, cela ne va pas seulement contre le jugement et le goût, mais contre le concept de la *vérité objective* : selon le sens de

429 celle-ci, | pour l'esprit, seul le substantiel – mais non l'absence de teneur affectant des existences et contingences extérieures – est le vrai, et il est parfaitement indifférent que de telles insignifiances soient attestées de façon formelle ou, au contraire, comme dans le roman, forgées de façon caractéristique et rattachées à tel ou tel nom, à telles ou telles circonstances. – L'intérêt de la *biographie*, pour la mentionner à ce propos, semble être directement à l'opposé d'un but universel, mais elle a elle-même pour arrière-fond le monde historique avec lequel l'individu est entremêlé ; même ce qui est subjectif en son origine, ce qui relève de l'humour, etc., renvoie à une telle teneur et rehausse par là son intérêt ; mais ce qui relève seulement de la sentimentalité a un autre sol et intérêt que l'histoire.

L'exigence de l'*impartialité* adressée à *l'histoire de la philosophie*, [et] de même – peut-on ajouter – à l'*histoire de la religion*, pour une part en général, pour une autre part en tant qu'histoire de l'Église, renferme habituellement, plus précisément, l'exclusion encore plus expresse de la présupposition d'un but objectif. De même que, tout à l'heure, l'État a été désigné comme la Chose, lui à qui le jugement aurait à rapporter les événements dans l'histoire politique, de même, ici, la *vérité* devrait être l'ob-jet, elle à qui seraient à rapporter les actes et événements singuliers de l'esprit. Mais on fait, bien plutôt, la présup-position opposée, [à savoir] que de telles histoires auraient pour contenu seulement des buts subjectifs, c'est-à-dire seulement des opinions et représen-tations, non pas l'ob-jet étant en et pour soi, la vérité, et cela pour cette raison simple qu'il n'y aurait aucune vérité. Suivant cette supposition, l'intérêt pour la vérité n'apparaît, pareillement, que comme une partialité au sens habituel [du terme], c'est-à-dire pour des opinions et représentations qui, [étant] d'une égale absence de teneur, valent, en leur ensemble, comme indifférentes. La vérité historique elle-même a, par là, le sens seulement de *justesse*, d'exposé exact de l'extérieur, sans autre jugement que sur cette justesse elle-même, ce qui autorise simplement des jugements qualitatifs et quantitatifs, aucunement des jugements de la nécessité et du concept (*cf.* Rem. des § 172 et 178). Mais, en réalité, si, dans l'histoire politique, Rome ou l'Empire allemand, etc., sont un ob-jet effectif et vrai, et le but auquel les phénomènes sont à rapporter et suivant lequel ils sont à apprécier, encore bien plus, dans l'histoire universelle, l'esprit universel lui-même, la conscience qu'il a de lui-même et de son essence, est un ob-jet, un contenu, vrai et effectif, et un but auquel, en et pour lui-même, servent tous les autres phénomènes, de telle sorte que c'est unique-ment par le Rapport à lui, c'est-à-dire par le jugement dans lequel ils sont subsumés sous lui, et lui, inhérent à eux, qu'ils ont leur valeur ainsi que jusqu'à leur existence. Que, dans la marche de l'esprit (et c'est l'esprit qui ne plane pas seulement *sur* l'histoire comme sur les eaux, | mais qui tisse sa trame en elle et **430** y est seul le principe moteur), la liberté, c'est-à-dire le développement déter-miné par le concept de l'esprit, soit le principe déterminant, et que seul le concept de l'esprit soit à lui-même le but final, c'est-à-dire la vérité, puisque l'esprit est conscience, ou – en d'autres termes – qu'il y ait de la *raison* dans l'histoire, cela, pour une part, sera au moins une croyance plausible, mais, pour une autre part, c'est une connaissance de la philosophie.

§ 550

Cette libération de l'esprit, dans laquelle il vise à venir à lui-même et à réaliser effectivement sa vérité, et la tâche qui consiste à la prendre en charge, constituent le *droit* suprême et absolu. La conscience de soi d'un peuple particulier est [le] porteur du degré de développement à chaque fois atteint de l'esprit universel dans son être-là, et l'effectivité objective en laquelle cet esprit place sa volonté. Face à cette volonté absolue, la volonté des autres esprits-des-peuples particuliers est sans droit, ce peuple-là est le peuple qui domine le monde; mais, tout aussi bien, l'esprit progresse au-delà de la propriété qui est à chaque fois la sienne comme au-delà d'un degré particulier, et il l'abandonne alors au sort et au tribunal qu'il constitue pour elle.

§ 551

En tant qu'une telle tâche prenant en charge l'effectivité apparaît comme action et, par là, comme une œuvre d'[individus] *singuliers*, ceux-ci sont, eu égard au contenu substantiel de leur travail, des *instruments*, et leur subjectivité, qui est ce qu'ils ont en propre, est la forme vide de l'activité. Ce que, par conséquent, ils ont obtenu pour eux-mêmes moyennant la part individuelle qu'ils ont prise à la tâche substantielle, préparée et déterminée indépendamment d'eux, c'est une universalité formelle de [l'ordre d'une] représentation subjective, – la *gloire*, qui est leur rémunération.

§ 552

L'esprit-du-peuple renferme une nécessité relevant de la nature et il se tient dans un être-là extérieur (§ 483); la substance éthique infinie en elle-même est, pour elle-même, une substance éthique particulière et bornée (§ 549 et 550), et son côté subjectif est affecté de contingence, coutume éthique inconsciente, et conscience de son contenu comme d'un contenu présent dans le temps, et [pris] dans un Rapport 431 qui l'oppose à une nature et un monde extérieurs. | Mais c'est l'esprit *pensant* dans la vie éthique qui supprime dans lui-même la finitude qu'il a, en tant qu'esprit-d'un-peuple, dans son État et les intérêts temporels de celui-ci, dans le système des lois et des mœurs, et qui s'élève au savoir de lui-même en son essentialité, un savoir qui a, toutefois, lui-même, l'être-borné immanent de l'esprit-du-peuple. Mais l'esprit pensant de l'histoire du monde, en tant qu'il s'est en même temps dépouillé, en les rabotant, de ces déterminations bornées

– dont il a été question – des esprits-des-peuples particuliers et de sa propre réalité mondaine, saisit son universalité concrète et s'élève au *savoir de l'esprit absolu* comme de la vérité éternellement effective dans laquelle la raison qui sait est libre pour elle-même, et dans laquelle la nécessité, la nature et l'histoire ne sont que pour servir la révélation de cet esprit, et des vases d'honneur à sa gloire.

De ce qu'il y a de formel dans l'élévation de l'esprit à Dieu, il a été parlé dans l'Introduction à la Logique (*cf.*, en particulier, § 51, Rem.). – Eu égard au point de départ de cette élévation, Kant a, dans l'ensemble, saisi le plus juste, pour autant qu'il considère la croyance en Dieu en ce qu'elle procède de la *raison pratique*. Car le point de départ contient implicitement le *contenu* ou le matériau qui constitue le contenu du concept de Dieu. Mais le matériau concret vrai n'est ni l'*être* (comme dans la preuve cosmologique), ni seulement l'*activité finalisée* (comme dans la preuve physico-théologique), mais l'*esprit*, dont la détermination absolue est la raison efficiente, c'est-à-dire le concept lui-même qui se détermine et réalise, – la liberté. Que l'élévation, s'opérant dans cette détermination, de l'esprit subjectif à Dieu soit, en retour, dans l'exposé kantien, rabaissée à un *postulat*, à un simple *devoir-être*, c'est là le travers, discuté antérieurement, qui consiste, pour ce qui est de l'opposition de la finité, dont la suppression en direction de la vérité est cette élévation-là elle-même, à la restaurer immédiatement comme vraie et valable.

Il a été montré antérieurement (§ 192; *cf.* § 204, Rem.) de la *médiation* qu'est l'élévation à Dieu, que le moment de la *négation*, en tant que, par celle-ci, le contenu essentiel du point de départ est purifié de sa finité et, de ce fait, émerge en sa liberté, est principalement à considérer. Ce moment abstrait en [sa] forme logique a, désormais, obtenu sa signification la plus concrète. Le fini dont on part ici est la conscience de soi éthique réelle; la *négation* par laquelle elle élève son esprit à sa vérité est l'opération, accomplie *effectivement* dans le monde éthique, qui purifie son savoir de l'opinion subjective et libère sa volonté de l'égoïsme du désir. La religion véritable et la religiosité véritable ne proviennent que de la | vie éthique et sont la vie éthique pensante, **432** c'est-à-dire devenant consciente de la libre universalité de son essence concrète. C'est seulement grâce à elle et à partir d'elle que l'Idée de Dieu est sue comme esprit libre; en dehors de l'esprit éthique, il est donc vain de chercher une véritable religion et religiosité.

Mais cette provenance se donne en même temps elle-même, comme partout dans le [domaine] spéculatif, cette signification, que ce qui est posé tout d'abord comme ce qui suit [autre chose] et [en] est provenu est, bien plutôt, le *prius* absolu de ce par quoi il apparaît comme médiatisé, et ici, dans l'esprit, est su aussi comme sa vérité.

C'est ainsi ici le lieu d'examiner de plus près le *Rapport de l'État et de la religion*, et d'élucider, à cette occasion, des catégories qui sont en vogue sur ce sujet. La conséquence immédiate de ce qui précède est que la vie éthique est l'État reconduit à son intérieur substantiel, que le second est le développement et la réalisation effective de la première, mais que la substantialité de la vie éthique elle-même et de l'État est la religion. L'État repose, d'après ce Rapport, sur la disposition d'esprit éthique, et celle-ci sur la disposition d'esprit religieuse. En tant que la religion est la conscience de la *vérité absolue*, ce qui doit valoir, dans le monde de la volonté libre, comme droit et justice, comme devoir et loi, c'est-à-dire comme *vrai*, ne peut valoir que pour autant qu'il a *part* à cette vérité qu'on a dite, est *subsumé sous elle* et *résulte d'elle*. Mais, pour que la vie éthique vraie soit une suite de la religion, il est requis que la religion ait le *contenu* vrai, c'est-à-dire que l'Idée de *Dieu* sue en elle soit la vraie. La vie éthique est l'esprit divin en tant qu'inhérent à la conscience de soi en sa présence effective comme présence d'un peuple et des individus qui en font partie ; cette conscience de soi, allant de son effectivité empirique dans elle-même, et amenant sa vérité à la conscience, a dans sa *croyance* et dans ce par quoi elle est for intérieur seulement ce qu'elle a dans la *certitude*[1] d'elle-même, dans son effectivité spirituelle. Les deux [aspects] sont inséparables ; il ne peut y avoir deux sortes de for intérieur, l'un religieux, et l'autre éthique, différent du premier suivant la teneur et le contenu. Mais, suivant la forme, c'est-à-dire pour la pensée et le savoir – et la religion ainsi que la vie éthique appartiennent à l'intelligence et sont une pensée et un savoir –, c'est au contenu religieux, en tant qu'il est la vérité pure étant en et pour soi, donc suprême, qu'il

---

1. Hegel exploite ici la parenté des deux termes allemands : « Gewissheit » – certitude, – et « Gewissen », que nous avions traduit, dans la première édition de cette traduction, selon un usage assez courant, par « conscience morale ». Nous l'avons traduit depuis (cf. *Phénoménologie de l'esprit*, Paris, Vrin, 2006, note 2, p. 386) par « for intérieur », expression qui désigne bien d'origine le tribunal intérieur, en renonçant à rendre en français l'identité étymologique exploitée par Hegel, que, d'ailleurs, l'expression de « conscience morale » ne rendait pas davantage.

appartient de sanctionner la vie éthique qui a son lieu dans l'effectivité empirique ; ainsi, la religion est, pour la conscience de soi, la base de la vie éthique et de l'État. Cela a été l'immense erreur de notre époque, que de vouloir regarder ces [aspects] inséparables comme séparables l'un de l'autre, voire même comme indifférents l'un à l'égard de l'autre. Ainsi, l'on a considéré le Rapport de la religion à l'État comme si celui-ci existait pour lui-même déjà par ailleurs et en vertu d'une quelconque puissance et force, comme si le [facteur] religieux, en tant que ce qu'il y a | de subjectif dans les individus, n'avait éventuel- **433** lement à s'ajouter à lui, comme quelque chose de souhaitable, qu'en vue de son affermissement, ou même était indifférent, et comme si la vie éthique de l'État – c'est-à-dire un droit et une constitution rationnels – se tenait ferme, pour elle-même, sur son propre fondement. Dans le contexte de l'inséparabilité indiquée des deux côtés, il est intéressant de faire remarquer la séparation qui apparaît du côté de la religion. Elle concerne tout d'abord la *forme*, c'est-à-dire le Rapport de la conscience de soi au contenu de la vérité. En tant que celui-ci est la substance comme esprit immanent de la conscience de soi dans son effectivité, cette conscience de soi a la certitude d'elle-même dans ce contenu et elle est libre en lui. Mais le Rapport de la non-liberté peut, suivant la forme, se rencontrer, bien que le contenu étant *en soi* de la religion soit l'esprit absolu. Cette grande différence, pour citer ce qui est plus déterminé, se trouve à l'intérieur de la religion chrétienne elle-même : dans celle-ci, ce n'est pas l'élément naturel qui forme le contenu de Dieu, [et] un tel élément n'entre pas non plus comme moment dans la teneur de celui-ci, mais le contenu, c'est Dieu qui est su en *esprit* et en *vérité*. Et pourtant, dans la religion catholique, cet esprit est, dans l'effectivité, placé de façon rigide en face de l'esprit conscient de soi. Tout d'abord, dans l'hostie, Dieu est présenté à l'adoration religieuse comme une *chose extérieure* (alors que, par contre, dans l'Église luthérienne, l'hostie comme telle est consacrée, et élevée vers Dieu devenant présent en elle, d'abord et seulement dans la *jouissance*, c'est-à-dire dans l'anéantissement de son extériorité, et dans la *foi*, c'est-à-dire dans l'esprit en même temps certain de soi en sa liberté). De ce premier et suprême Rapport d'extériorité, découlent tous les autres Rapports extérieurs, par là non-libres, non-spirituels et superstitieux ; [il y a] notamment un *laïcat* qui reçoit le *savoir* de la vérité divine, ainsi que la direction de la *volonté* et du for intérieur, de l'extérieur et d'un autre état, qui, lui-même, n'accède pas à la possession de ce savoir-là uniquement d'une manière spirituelle, mais a besoin pour cela essentiellement d'une consécration extérieure. [Il y a] en plus la manière de prier qui, pour une part, ne consiste pour elle-même qu'à remuer les lèvres, pour une autre part, est sans esprit en ce que le sujet renonce à s'adresser directement à Dieu et prie d'autres [que lui] de prier, – la dévotion s'adressant à des images miraculeuses, voire même à des ossements, et l'attente de miracles par leur intermédiaire, – d'une façon générale la justice au moyen d'œuvres extérieures, un mérite qui doit être acquis par les actions et qui, même, doit pouvoir être transféré à d'autres, etc. – tout cela lie l'esprit sous un *être-hors-de-soi* par lequel son concept est, au plus intime de lui-même, méconnu et renversé, et la justice, la vie éthique et le for intérieur, la responsabilité et le devoir, corrompus en leur racine.

434   À un tel principe et à ce développement de la non-liberté de | l'esprit dans le [domaine] religieux, correspondent seulement une législation et constitution de la non-liberté dans le droit et la vie éthique, et une situation de négation du droit et de la vie éthique dans l'État effectif. C'est d'une façon conséquente que la religion catholique a été si hautement louée et est encore souvent louée comme celle qui, seule, permet d'assurer la solidité des gouvernements, – en réalité de gouvernements liés à des institutions qui se fondent sur la non-liberté de l'esprit, qui doit être libre dans le domaine du droit et de la vie éthique, c'est-à-dire sur des institutions du non-droit et un état de corruption et barbarie éthique. Mais ces gouvernements ne savent pas qu'ils ont dans le fanatisme la puissance redoutable qui ne se dresse pas contre eux en ennemie tant que et à la seule condition qu'ils restent pris dans l'esclavage du non-droit et de l'immoralité. Mais, dans l'esprit, est encore présente une autre puissance ; face à cet être-hors-de-soi et cet être-déchiré dont on a parlé, la conscience se recueille en son effectivité intérieure libre ; dans l'esprit des gouvernements et des peuples s'éveille la *sagesse du monde*, c'est-à-dire la sagesse au sujet de ce qui, dans l'effectivité, est en et pour soi conforme au droit et à la raison. C'est à bon droit qu'on a nommé *sagesse du monde* la production de la pensée et, de façon plus déterminée, la philosophie, car la pensée rend présente la vérité de l'esprit, introduit celui-ci dans le monde, et le libère ainsi dans son effectivité et en lui-même.

Par là, le contenu se donne une tout autre figure. La non-liberté de la *forme*, c'est-à-dire du savoir et de la subjectivité, a, pour le contenu éthique, cette conséquence, que la conscience de soi y est représentée comme non immanente, qu'il est représenté comme dérobé à elle, de telle sorte qu'il ne serait vrai que comme négatif face à l'effectivité de cette conscience. Dans cette non-vérité, la teneur éthique est dite quelque chose de *saint*. Mais, du fait que l'esprit divin s'introduit dans l'effectivité, que l'effectivité est libérée en direction de lui, ce qui doit être, dans le monde, de la *sainteté*, est refoulé par la *vie éthique*. Au lieu du vœu de chasteté, c'est désormais seulement le *mariage* qui vaut comme ce qui est éthique, et, par là, comme ce qu'il y a de plus haut dans ce côté de l'homme, la *famille* ; au lieu du vœu de pauvreté (auquel corres-pond, en tant qu'il s'empêtre dans la contradiction, le mérite de faire don de son avoir aux pauvres, c'est-à-dire l'enrichissement de ceux-ci), valent l'*activité* de l'acquisition par soi-même moyennant entendement et application, et la *droiture* dans un tel commerce et usage de la fortune, – la vie éthique dans la société civile ; au lieu du vœu d'obéissance, vaut l'*obéissance* envers la *loi* et les institutions politiques légales, qui est elle-même la véritable liberté, parce que l'État est la raison propre, la raison qui se réalise effectivement, – la *vie éthique* dans l'*État*. C'est alors seulement que le droit et la moralité peuvent être présents. Il ne suffit pas qu'il soit prescrit | dans la religion : « *Donnez à* **435** *César ce qui est à César et à Dieu ce qui est à Dieu !* » ; car il s'agit précisément de déterminer ce qui est à César, c'est-à-dire ce qui appartient au gouverne-ment dans le monde ; et l'on connaît trop bien tout ce que le gouvernement relevant du monde s'est aussi arrogé en plein arbitraire, comme l'a fait, de son côté, le gouvernement spirituel. L'esprit divin doit [nécessairement] pénétrer de façon immanente ce qui relève du monde ; ainsi la sagesse y est concrète et la justification qu'il reçoit y est déterminée en lui-même. Mais cette immanence concrète dont on vient de parler, ce sont les configurations indiquées de la vie éthique, la vie éthique du mariage face à la sainteté de l'état du célibat, la vie éthique de l'activité relative à la fortune et à l'acquisition face à la sainteté de la pauvreté et de son oisiveté, la vie éthique de l'obéissance vouée au droit de l'État face à la sainteté de l'obéissance en dehors du devoir et du droit, de l'esclavage du for intérieur. Avec le besoin du droit et de la vie éthique ainsi que du discernement de la libre nature de l'esprit, surgit la dissension les oppo-sant à la religion de la non-liberté. Il ne servirait à rien que les lois et l'ordre public soient transformés dans le sens d'une organisation rationnelle du droit, si le principe de la non-liberté n'est pas abandonné dans la religion. Les deux choses sont incompatibles l'une avec l'autre ; c'est une représentation insensée que de vouloir assigner à l'ordre public et à la religion un domaine séparé, en s'imaginant que leur diversité se comporterait de façon paisible dans le Rapport de ses termes l'un à l'égard de l'autre, et ne déboucherait pas sur la contradiction et le conflit. Des principes de la liberté selon le droit ne peuvent être qu'abstraits et superficiels, et des institutions politiques dérivées d'eux sont, pour elles-mêmes, nécessairement intenables, quand la sagesse impliquée

dans ces principes méconnaît la religion au point de ne pas savoir que les principes de la raison de l'effectivité ont leur confirmation ultime et suprême dans le for intérieur religieux, dans la subsomption sous la conscience de la vérité absolue. Si, de quelque façon que cela eût pu se produire, pour ainsi dire *a priori*, était venue à l'existence une législation qui eût pour base les principes de la raison, mais en contradiction avec la religion du pays ayant pour base des principes de la non-liberté spirituelle, [il faudrait dire que] la mise en œuvre de la législation a son lieu dans les *individus* du gouvernement comme tel et de l'administration tout entière se ramifiant à travers toutes les classes; c'est seulement une représentation abstraite, vide, que de se faire miroiter la possibilité que les individus n'agissent que suivant le sens ou la lettre de la législation, et non pas suivant l'esprit de leur religion, dans laquelle résident leur for intérieur le plus intime et leur obligation suprême. Les lois apparaissent, dans cette opposition à ce qui est tenu pour saint par la religion, comme quelque chose qui est fait par des hommes; même si elles étaient sanctionnées et [bien] établies extérieurement, elles ne pourraient offrir une résistance durable à la contradiction et aux attaques dont elles seraient l'objet de la part de l'esprit
436 religieux. Ainsi, de telles lois échoueraient | même si leur contenu était le vrai, en heurtant le for intérieur dont l'esprit diffère de l'esprit des lois et ne sanctionne pas celui-ci. Il faut regarder seulement comme une sottise des temps modernes, de changer un système d'une éthique corrompue, la constitution politique et la législation liées à elle, sans modifier la religion, d'avoir fait une Révolution sans une Réforme, de s'imaginer que, avec une ancienne religion et ses entités saintes, une constitution politique qui lui serait opposée pourrait avoir en elle-même repos et harmonie, et que, par des garanties extérieures – par exemple ce que l'on appelle les Chambres, et le pouvoir qui leur serait donné, de déterminer l'Acte de finances (*cf.* § 544, Rem.), etc. –, on pourrait ménager aux lois une stabilité. Il faut regarder comme rien de plus qu'un [simple] expédient, de vouloir séparer les droits et les lois de la religion, dans l'impuissance où l'on se trouve de descendre dans les profondeurs de l'esprit religieux et de l'élever lui-même à sa vérité. Ces garanties qu'on a évoquées sont des étais vermoulus, face au for intérieur des sujets qui doivent mettre en œuvre les lois, et, parmi celles-ci, il faut compter les garanties elles-mêmes; c'est, bien plutôt, la contradiction suprême, la plus sacrilège, que de vouloir lier le for intérieur religieux – pour lequel la législation relevant du monde est quelque chose qui n'a rien de sacré – à cette législation, et de l'assujettir à elle.

Chez *Platon*, se fit jour de façon plus déterminée la connaissance de la scission qui avait surgi, à son époque, entre la religion existante et la constitution politique, d'une part, et, d'autre part, les exigences plus profondes que la liberté prenant alors conscience de son intériorité adressait à la religion et à la situation politique. *Platon* en vient à cette pensée, qu'une constitution et vie politique vraie serait fondée plus profondément sur l'Idée, sur les principes en et pour soi universels et vrais de la justice éternelle. Savoir et connaître ceux-ci est, assurément, la destination et la tâche de la *philosophie*. À partir de ce point de vue, *Platon* aboutit au passage fameux, ou mal famé, dans lequel il fait exprimer très emphatiquement, par *Socrate*, ce thème, qu'il faut que la *philosophie* et la *puissance étatique* coïncident, que l'Idée soit la régente, si l'infortune des peuples doit voir sa fin[1]. *Platon* a eu ici la représentation déterminée, que l'Idée, qui, en vérité, est *en soi* la pensée libre qui se détermine, ne pouvait aussi parvenir à la conscience que dans la forme de la pensée, – en tant qu'un contenu consistant qui, pour être vrai, doit [nécessairement] être élaboré en l'universalité, et, dans celle-ci, en sa forme la plus abstraite, être amené à la conscience.

Pour comparer, de façon que ce soit complètement déterminé, le point de vue où se tient Platon, avec la perspective suivant laquelle l'État est considéré ici dans sa relation avec la religion, il faut rappeler les différences conceptuelles qui importent ici essentiellement. La | première consiste en ce que, dans **437** les choses naturelles, la substance de celles-ci – le *genre* – est distincte de leur existence, dans laquelle elle existe comme *sujet*; mais cette existence subjective du genre est, en outre, distincte de celle que le genre, ou, d'une façon générale, l'universel, dégagé *comme tel* pour lui-même, reçoit dans l'être *qui se représente*, qui pense. Cette individualité plus avancée, le sol de la *libre* existence de la substance universelle, est le *Soi* de l'esprit pensant. La teneur des choses naturelles n'obtient pas par elle-même la forme de l'universalité et essentialité, et leur individualité n'est pas elle-même la *forme*, qui est seulement la pensée subjective pour elle-même, et qui donne à cette teneur universelle une existence pour elle-même seulement dans la philosophie. La *teneur humaine*, au contraire, est l'esprit libre lui-même, et vient à l'existence dans sa conscience de soi. Cette teneur absolue – l'esprit concret en lui-même – consiste précisément à avoir soi-même pour contenu la forme, la pensée; parvenant à la

---

1. *Cf.* Platon, *République*, V, 473 c-e.

hauteur de la conscience pensante de cette détermination, *Aristote* s'est hissé, dans son concept de l'entéléchie de la pensée, laquelle est νόησις τῆς νοήσεως [1], au-dessus de l'Idée platonicienne (le *genre*, le *substantiel*). Mais la pensée contient, d'une façon générale, et cela du fait de la détermination indiquée, aussi bien l'*être-pour-soi* immédiat de la *subjectivité* que l'universalité, et l'Idée véritable de l'esprit concret en lui-même est aussi bien essentiellement dans l'une des déterminations de cet esprit, [celle] de la conscience subjective, que dans l'autre, l'universalité, et elle est, dans l'une comme dans l'autre, le même contenu substantiel. Mais, à *cette* forme-là, appartiennent le sentiment, l'intuition, la représentation, et il est, bien plutôt, nécessaire que la conscience de l'Idée absolue soit, quant au temps, saisie tout d'abord dans cette figure, et que, dans son effectivité immédiate, elle soit là comme religion avant d'être là comme philosophie. La philosophie ne se développe d'abord, à son tour, que sur la base de la religion, ainsi que la philosophie grecque est plus tard venue que la religion grecque, et n'a précisément atteint à son achèvement qu'à saisir et concevoir dans son essentialité totale et déterminée le principe de l'esprit qui se manifeste tout d'abord dans la religion. Mais la philosophie grecque ne pouvait s'instaurer qu'en opposition à sa religion, et l'unité de la pensée ainsi que la substantialité de l'Idée ne pouvaient se comporter qu'en ennemies face au polythéisme issu de la verve imaginative, aux facéties enjouées et frivoles d'une telle fiction. La *forme* en sa vérité infinie, la *subjectivité* de l'esprit, ne se fit jour d'abord que comme [une] libre *pensée* subjective qui n'était pas encore identique à la *substantialité* elle-même, celle-ci, de ce fait, n'étant pas encore saisie comme *esprit absolu*. Ainsi, la religion ne put d'abord apparaître purifiée que par la pensée pure, étant pour soi, par la philo-

438 sophie, tandis que la *forme immanente au substantiel*, | qui était combattue par celle-ci, était cette imagination s'adonnant à la fiction, dont on vient de parler. L'*État*, qui se développe de la même manière, mais plus tôt que la philosophie, à partir de la religion, expose, dans l'effectivité, comme *corruption*, l'*unilatéralité* que son Idée *en soi* vraie a en elle. Platon, qui, en commun avec tous ses contemporains pensants, reconnaissait cette corruption de la démocratie et la défectuosité même de son principe, fit ressortir le substantiel, mais ne put pas insérer de façon formatrice dans son Idée de l'État la forme infinie de la

---

1. *Cf.* Aristote, *Métaphysique*, Λ, 9, 1074 b 34 : la pensée de l'intelligence suprême est « pensée de la pensée ».

subjectivité, qui était encore cachée à son esprit ; c'est pourquoi son État est, en lui-même, *sans la liberté subjective* (§ 503, Rem., 513, etc.). La vérité qui devait habiter l'État, le constituer et régner sur lui, il ne la saisit, pour cette raison, que sous la forme de la vérité *pensée*, de la philosophie, et c'est ainsi qu'il prononça cette sentence qu'on a évoquée, [à savoir] que, aussi longtemps que les philosophes ne gouverneraient pas dans les États ou que ceux qu'on nommait présentement rois et souverains ne philosopheraient pas de manière approfondie et englobante, aussi longtemps il n'adviendrait à l'État aucune libération de [ses] maux, ni non plus au genre humain, – aussi longtemps l'Idée de sa constitution politique ne pourrait pas s'épanouir en une possibilité et voir la lumière du Soleil. Il ne fut pas accordé à Platon de pouvoir s'avancer jusqu'au point de dire que, aussi longtemps que la religion vraie ne s'est pas fait jour dans le monde et n'est pas devenue dominante dans les États, aussi longtemps le principe vrai de l'État n'est pas entré dans l'effectivité. Mais, tout aussi longtemps, ce principe n'a pas pu non plus entrer dans la pensée, ni l'Idée vraie de l'État être saisie par celle-ci, – l'Idée de la vie éthique substantielle, avec laquelle est identique la liberté de la conscience de soi étant pour soi. C'est seulement dans le principe de l'esprit sachant son essence, de l'esprit *en soi* absolument libre, et ayant son effectivité dans l'activité de sa libération, qu'est présente l'absolue possibilité et nécessité que la puissance étatique, la religion et les principes de la philosophie coïncident, que s'accomplisse la réconciliation de l'effectivité en général avec l'esprit, de l'État avec le for inté-rieur religieux, et, de même, avec le savoir philosophique. En tant que la subjec-tivité étant pour soi est absolument identique avec l'universalité substantielle, la religion en tant que telle, de même que l'État en tant que tel, en tant que formes dans lesquelles existe le principe, contiennent en leur sein la vérité absolue, de telle sorte que celle-ci, en tant qu'elle est comme philosophie, n'est elle-même que dans l'une de ses formes. Mais, en tant que la religion, elle aussi, dans le développement d'elle-même, développe les différences contenues dans l'Idée (§ 566 *sq.*), l'être-là peut, voire doit [nécessairement], apparaître dans son premier mode immédiat, c'est-à-dire lui-même unilatéral, et, l'exis-tence de la religion, être corrompue en extériorité sensible et, par là, plus avant, en oppression de la liberté de l'esprit et en renversement de la vie politique. Mais le principe | contient l'élasticité infinie de la forme absolue, consistant à **439** vaincre cette corruption de ses déterminations-de-forme et, à travers elles, du contenu, et à opérer la réconciliation de l'esprit dans lui-même. Ainsi, fina-lement, le principe du for intérieur religieux et celui du for intérieur éthique deviennent un seul et même principe, dans le for intérieur protestant, – [c'est là] l'esprit libre qui se sait en sa rationalité et vérité. La constitution et la législation, ainsi que leurs mises en œuvre, ont pour contenu le principe et le développement de la vie éthique, qui procède et ne peut procéder que de la vérité de la religion, vérité instituée en principe originaire d'elle-même [1], et par là seulement effective en tant que telle. La vie éthique de l'État et la spiritualité religieuse de l'État sont ainsi pour elles-mêmes les solides garanties réciproques.

---

1. C'est-à-dire : de la vie éthique.

L'ESPRIT ABSOLU

§ 553

Le *concept* de l'esprit a sa *réalité* dans l'esprit. Que celle-ci soit dans l'identité avec celui-là, en tant que [c'est là] le *savoir* de l'Idée absolue, cela implique le côté nécessaire [suivant], [à savoir] que l'intelligence *en soi* libre soit, dans son effectivité, libérée en direction de son concept, pour être la *figure* digne de ce dernier. L'esprit subjectif et l'esprit objectif sont à regarder comme le chemin sur lequel se façonne ce côté de la *réalité* ou de l'existence.

§ 554

L'esprit absolu est une *identité* qui est tout aussi bien éternellement en elle-même qu'elle retourne et est retournée en elle-même ; [il est] la *substance* une et universelle en tant que spirituelle, le jugement la partageant originairement *en elle-même* et *en un savoir*[1], *pour lequel* elle est en tant que telle. La *religion*, ainsi que cette sphère suprême peut être désignée en son ensemble, est à considérer tout autant comme partant du sujet et se trouvant en lui, que comme partant objectivement de l'esprit absolu, qui est comme esprit dans sa communauté.

---

1. Rappelons que le jugement (« *Urteil* ») est le partage (« *Teilen* ») originaire (« *Ur* »).

Que, ici, et que, d'une façon générale, la croyance ne soit pas opposée au savoir, mais que, bien plutôt, le croire soit un savoir, et celui-là seulement une forme particulière de celui-ci, on l'a déjà fait remarquer plus haut (§ 63, Rem.). – Que, de nos jours, on sache si peu de Dieu et qu'on s'arrête à son essence objective, mais qu'on parle d'autant plus de religion, c'est-à-dire du séjour de Dieu dans le côté subjectif, et que l'on exige la religion, non la vérité en tant que telle, cela renferme pour le moins cette détermination juste, que Dieu, en tant qu'esprit, doit être appréhendé dans sa communauté.

§ 555

La conscience subjective de l'esprit absolu est essentiellement dans elle-même [un] processus, dont l'unité immédiate et substan-**441** tielle est | la *croyance* dans le témoignage de l'esprit, en tant que [c'est là] la *certitude* de la vérité objective. La croyance, qui contient en même temps cette unité immédiate et l'unité en tant que le Rapport de ces déterminations différentes qu'on a dites, est, dans le *recueillement*, le *culte* implicite ou explicite, passée dans le processus consistant à supprimer l'opposition en une libération spirituelle, à *confirmer*, par cette médiation, la première certitude dont il était question ci-dessus, et à gagner la détermination concrète de cette certitude, c'est-à-dire la réconciliation, l'effectivité de l'esprit.

A
L'ART

§ 556

La figure de ce savoir est, en tant qu'*immédiate* ([c'est là] le moment de la finitude de l'art), d'une part, un se-décomposer en une œuvre [relevant] d'un être-là extérieur commun, en [ce qui est] le sujet produisant cette œuvre et en [ce qui est] le sujet l'intuitionnant et la vénérant ; d'autre part, elle est l'*intuition* et représentation concrète de l'esprit *en soi* absolu comme de l'*idéal*[1], – de la figure concrète née de l'esprit subjectif, dans laquelle l'immédiateté naturelle est seulement un *signe* de l'Idée, est transfigurée en expression de celle-ci par l'esprit imaginant, de telle sorte que la figure ne montre par ailleurs rien d'autre en elle ; – [c'est là] la figure de la *beauté*.

§ 557

L'extériorité sensible attachée au beau, la *forme* de l'*immédiateté* comme telle, est en même temps *déterminité-du-contenu*, et le dieu, avec sa détermination spirituelle, a en même temps en lui encore la détermination d'un élément ou être-là naturel. – Il contient l'*unité*, comme on dit, de la nature et de l'esprit, c'est-à-dire l'unité *immédiate*, la forme de l'intuition ; – non, par conséquent, l'unité spirituelle, dans laquelle l'[être] naturel serait posé seulement comme [être] idéel supprimé, et le contenu spirituel seulement en relation avec soi-même ; ce n'est pas l'esprit absolu qui | entre dans une telle conscience. **442** Suivant le côté subjectif, la communauté est bien une communauté éthique, parce qu'elle sait son essence comme essence spirituelle, et que sa conscience de soi et effectivité est en cela élevée à la liberté substantielle. Mais, affectée d'immédiateté, la liberté du sujet est seulement coutume éthique, sans l'infinie réflexion en soi, sans l'intériorité subjective du for intérieur ; c'est d'après cela que sont aussi déterminés, dans un développement ultérieur, la dévotion et le culte de la religion de l'art du beau[2].

---

1. « als des *Ideals* ». – Hegel reprend – comme, d'ailleurs, il le fait souvent –, mais en la concrétisant, la définition kantienne de l'*Idéal*. Selon Kant, l'Idéal est « l'Idée, non simplement *in concreto*, mais *in individuo*, cad. comme une chose singulière, déterminable, ou même déterminée, par l'Idée » (Kant, *Kritik der reinen Vernunft*, Elementarlehre, II, 2, « Die transzendentale Dialektik », éd. Schmidt, Hambourg, F. Meiner, 1956, p. 549). – Pour Hegel, l'Idéal est bien aussi, *mutatis mutandis*, l'Idée sous une forme déterminée, la détermination s'achevant dans l'intuition singulière.

2. Nous traduisons « schöne Kunst » par « art du beau ».

§ 558

L'art n'a pas seulement besoin, en vue des intuitions qui sont à produire par lui, d'un matériau extérieur donné, auquel appartiennent aussi les images et représentations subjectives, mais, pour l'expression de la teneur spirituelle, aussi des formes données de la nature, quant à leur signification, que l'art doit [nécessairement] pressentir et avoir en sa possession (*cf.* § 411). Parmi les configurations, l'humaine est la plus haute et la vraie, parce que c'est seulement en elle que l'esprit peut avoir sa corporéité et, par là, son expression intuitionnable.

On règle par là le cas du principe de l'*imitation de la nature* dans l'art, au sujet de laquelle aucune entente n'est possible avec une opposition aussi abstraite, tant que l'[être] naturel est pris seulement en son extériorité, non pas comme forme naturelle riche de sens, caractéristique, signifiant l'esprit.

§ 559

L'esprit absolu ne peut pas être explicité dans une telle singularité de l'activité de configurer; l'esprit de l'art du beau est, pour cette raison, un esprit-d'un-peuple borné, dont l'universalité étant en soi, en tant qu'il y a progression vers la détermination plus poussée de sa richesse, se décompose en une pluralité de divinités indéterminée. Avec l'être-borné essentiel du contenu, la beauté en général devient seulement une pénétration de l'intuition ou de l'image par le spirituel, – quelque chose de formel, de telle sorte que le contenu de la pensée ou la représentation, tout comme le matériau que la pensée utilise pour sa mise en forme imagée, peuvent être de l'espèce la plus diverse et même la plus inessentielle, et l'œuvre pourtant quelque chose de beau et une œuvre d'art.

| § 560

L'unilatéralité de l'*immédiateté* attachée à l'idéal contient (§ 556) l'unilatéralité opposée, [à savoir] qu'il est quelque chose de *fait* par l'artiste. Le sujet est ce qu'il y a de *formel* dans l'activité, et l'*œuvre d'art* n'est expression du dieu que quand aucun signe de *particularité* subjective ne s'y trouve, et quand, au contraire, la teneur essentielle de l'esprit qui l'habite s'y est fait concevoir et naître sans aucune immixtion et sans être souillée par la contingence d'une telle immixtion. Mais, en tant que la liberté ne fait que progresser jusqu'à la pensée, l'activité remplie de cette teneur immanente, l'*inspiration* de l'artiste, est comme une puissance étrangère en lui, en tant qu'un pathos *sans liberté*; l'activité *productrice* a, attachée à elle-même, la forme d'une immédiateté *naturelle*, appartient au *génie* en tant que ce *sujet particulier*-ci – et elle est, en même temps, un travail opérant avec un entendement technique et des extériorités mécaniques. C'est pourquoi l'œuvre d'art est tout autant une œuvre du libre arbitre, et l'artiste le maître du dieu.

§ 561

Dans un tel être-rempli, la *réconciliation* apparaît à tel point comme commencement qu'elle serait immédiatement accomplie dans la conscience de soi subjective, qui est ainsi en elle-même sûre et sereine, sans la profondeur et sans la conscience de son opposition à l'essence étant en et pour soi. Au-delà de l'achèvement – s'opérant dans une telle réconciliation – de la *beauté* dans l'art *classique*, se trouve l'art de la *sublimité*, l'art *symbolique*, où la configuration adéquate à l'Idée n'est pas encore trouvée, où, bien plutôt, la pensée est présentée comme allant au-delà de la figure et luttant avec elle en tant qu'un comportement négatif à l'égard de cette figure, en laquelle elle s'efforce en même temps de s'insérer en la formant. La signification – le contenu – montre précisément par là qu'elle n'a pas encore atteint la forme infinie, qu'elle n'est pas encore sue et consciente de soi comme esprit libre. Le contenu est seulement en tant que le dieu abstrait de la pensée pure ou qu'une tendance vers lui, qui, sans relâche et sans réconciliation, se jette de côté et d'autre dans toutes les configurations, en ne pouvant trouver le terme qu'elle vise.

| § 562

Mais l'autre mode de l'inadéquation de l'Idée et de la configuration est que la forme infinie, la subjectivité, n'est pas, comme dans cet extrême dont il a été question, seulement une personnalité superficielle, mais ce qu'il y a de plus intérieur, et que le dieu n'est pas su comme cherchant seulement sa figure en se satisfaisant dans une figure extérieure, mais [comme] trouvant seulement lui-même dans lui-même, par là [comme] se donnant dans le spirituel uniquement sa figure adéquate. Ainsi, l'art – *romantique* – renonce à le montrer en tant que tel dans la figure extérieure et au moyen de la beauté ; il le présente comme ne faisant que condescendre à se manifester phénoménalement, et présente le divin comme intimité [à soi] dans l'extériorité, [comme] se soustrayant à celle-ci elle-même, qui, par suite, peut bien ici apparaître dans une contingence par rapport à sa signification.

La philosophie de la religion a à reconnaître la nécessité logique dans la progression des déterminations de l'essence sue comme l'absolu, déterminations auxquelles correspond, tout d'abord, le mode du culte, de même que, ensuite, la conscience de soi relevant du monde, la conscience de ce qui est la plus haute détermination en l'homme, et, par là, la nature de la vie éthique d'un peuple, le principe de son droit, de sa liberté effective et de sa constitution, comme de son art et de sa science, correspondent au principe qui constitue la substance d'une religion. Que tous ces moments de l'effectivité d'un peuple constituent une unique totalité systématique, et qu'un unique esprit les crée et, du dedans, les forme, ce discernement est au fondement du discernement ultérieur, que l'histoire des religions coïncide avec l'histoire du monde.

Au sujet de la connexion étroite de l'art avec les religions, il faut faire cette remarque plus précise, que l'art du *beau* ne peut appartenir qu'aux religions dans lesquelles est principe la *spiritualité concrète* devenue libre en elle-même, mais non encore absolue. Dans les religions où l'Idée n'est pas encore devenue manifeste et sue en sa libre déterminité, se fait bien jour le besoin de l'art, pour amener à la conscience, dans l'intuition et l'activité de l'imaginaire, la représentation de l'*essence*, – qui plus est, l'art est même le seul organe dans lequel le contenu abstrait, en lui-même sans clarté, fait du mélange d'éléments naturels et spirituels, peut chercher à se faire accéder à la conscience. Mais cet art est défectueux ; parce qu'il a une teneur si défectueuse, la forme l'est aussi ;

car cette teneur est telle du fait qu'elle n'a pas la forme [comme] immanente en elle-même. La présentation conserve un côté d'absence de goût et d'esprit, parce que l'intérieur lui-même est encore affecté d'absence d'esprit, | par **445** conséquent n'a pas la puissance de pénétrer librement l'extérieur pour lui faire acquérir signification et figure. L'art du *beau*, par contre, a pour condition la conscience de soi de l'esprit libre, par là la conscience de la non-subsistance-par-soi de l'être sensible et simplement naturel face à l'esprit libre, il réduit totalement cet être à une simple expression de celui-ci; c'est la forme intérieure qui n'extériorise qu'elle-même. – À cela se rattache la considération ultérieure, plus élevée, selon laquelle l'apparition de l'art indique le déclin d'une religion encore liée à une extériorité sensible. En même temps, en semblant donner à la religion la suprême transfiguration, expression et splendeur, l'art l'a hissée au-dessus de son être-borné. Dans la divinité sublime dont l'expression est atteinte par l'œuvre d'art, le génie de l'artiste et des spectateurs est, avec son esprit propre et sa sensation propre, chez soi, satisfait et libéré; l'intuition et conscience de l'esprit libre est procurée et atteinte. L'art du beau a, de son côté, effectué la même chose que la philosophie, – purifier l'esprit de la non-liberté. Cette religion évoquée ci-dessus, dans laquelle le besoin de l'art du beau s'engendre tout d'abord et précisément pour cette raison, a dans son principe un au-delà privé de pensée et sensible; les images vénérées *avec dévotion* sont les idoles sans beauté, en tant que talismans faiseurs de miracles, qui visent une objectivité sise dans l'au-delà dépourvue d'esprit, et des ossements rendent le même service, ou même un meilleur service, que de telles images. Mais l'art du beau est seulement un degré de la libération, non la libération suprême elle-même. – L'objectivité vraie, qui n'est que dans l'élément de la *pensée*, l'élément dans lequel seul l'esprit pur est pour l'esprit, [et] la libération en même temps accompagnée de la vénération, manque aussi dans le beau d'espèce sensible de l'œuvre d'art, plus encore dans cet être-sensible extérieur, dépourvu de beauté, qu'on a évoqué ci-dessus.

§ 563

L'art du beau (comme sa religion caractéristique) a son avenir dans la religion vraie. La teneur bornée de l'Idée passe, en et pour soi, dans l'universalité identique à la forme infinie, – l'intuition, le savoir immédiat lié à du sensible, passe dans le savoir se médiatisant dans lui-même, dans un être-là qui est lui-même le savoir, dans l'*acte de révéler*; de telle sorte que le contenu de l'Idée a pour principe la détermination de la libre intelligence et que, en tant qu'*esprit* absolu, il *est pour l'esprit*.

| B
LA RELIGION RÉVÉLÉE

§ 564

Dans le concept de la religion vraie, c'est-à-dire de celle dont le contenu est l'esprit absolu, il est impliqué essentiellement qu'elle soit *révélée* et, à la vérité, révélée *par Dieu*. Car, en tant que le savoir, le principe par lequel la substance est esprit, est, comme la forme infinie étant pour soi, le savoir s'auto-*déterminant*, il est sans réserve l'acte de *manifester*, – l'esprit n'est esprit que dans la mesure où il est *pour* l'esprit, et, dans la religion absolue, c'est l'esprit absolu qui manifeste, non plus des moments abstraits de lui-même, mais lui-même.

À l'ancienne représentation de la *Nemesis*, suivant laquelle le divin et son activité efficiente dans le monde ont été saisis, par l'entendement encore abstrait, seulement comme une puissance *égalisante* qui briserait ce qu'il y a de haut et de grand, *Platon* et *Aristote* opposèrent que Dieu n'est pas *jaloux*[1]. On peut l'opposer pareillement aux nouvelles assurances selon lesquelles l'homme ne pourrait connaître Dieu ; – ces assurances, car ces affirmations ne sont rien de plus, sont d'autant plus inconséquentes lorsqu'elles sont énoncées à l'intérieur d'une religion qui s'appelle expressément la religion *révélée*, de telle sorte qu'elle serait, bien plutôt, suivant de telles assurances, la religion dans laquelle, de Dieu, *rien* ne serait *manifeste*, dans laquelle il *ne* se serait *pas* révélé et où ceux qu'elle aurait pour adeptes seraient « les païens, qui ne savent

---

1. *Cf.* Platon, *Phèdre*, 247 a (« l'envie n'approche point du chœur des dieux… ») ; *Timée*, 29 e (« celui qui a formé le devenir et l'univers… exempt d'envie… ») ; – Aristote, *Métaphysique*, A, 2, 983 a 2 (« il n'est pas admissible que la divinité soit jalouse… »).

rien de Dieu » [1]. Si, dans la religion, on prend au sérieux le mot « Dieu » en général, il est permis et nécessaire de faire commencer la détermination aussi par Dieu, le contenu et principe de la religion, et, si on lui refuse l'acte de se révéler, il ne resterait plus, quant à un contenu de lui-même, qu'à lui attribuer de la *jalousie*. Mais si, absolument, le mot « *esprit* » doit avoir un sens, celui-ci contient la révélation de soi.

Si l'on réfléchit à la difficulté de la connaissance de Dieu comme esprit, connaissance qui ne [peut] plus se contenter des représentations simples de la foi, mais qui progresse jusqu'à la pensée, d'abord jusqu'à l'entendement réfléchissant, tout en devant progresser jusqu'à la pensée concevante, il n'y a guère à s'étonner que tant de gens, particulièrement les théologiens, en tant qu'ils sont plus directement appelés à s'occuper de ces idées, aient été amenés à s'en arranger plus facilement, et qu'ils aient accepté si volontiers ce qui leur était commandé à cet effet ; | la plus grande de toutes les facilités est le résultat **447** indiqué, [à savoir] que l'homme ne saurait rien de Dieu. Ce que Dieu est en tant qu'esprit, pour le saisir dans la pensée de façon correcte et déterminée, il est requis une spéculation approfondie. S'y trouvent contenues tout d'abord ces propositions : Dieu n'est Dieu que dans la mesure où il se sait lui-même ; son savoir de soi est, en outre, sa conscience de soi dans l'homme, et le savoir que l'homme a de Dieu, savoir qui progresse en direction du savoir de soi de l'homme *en* Dieu. – Voir l'élucidation approfondie de ces propositions dans l'écrit d'où elles sont tirées : *Aphorismes sur le savoir et le non-savoir*, de C.F.G. ..., 1, Berlin, 1829 [2].

---

1. *Cf.* Paul, *1ʳᵉ Épître aux Thessaloniciens*, IV, 5-6.

2. Carl Friedrich Göschel, *Aphorismen über Nichtwissen und absolutes Wissen im Verhältnisse zur christlichen Glaubenserkenntnis. Ein Beitrag zum Verständnisse der Philosophie unserer Zeit* (Aphoriemes sur le non-savoir et le savoir absolu, en relation avec la confession de foi chrétienne. Contribution à l'intelligence de la philosophie de notre temps), Berlin, 1829 ; – Hegel publia une recension de ce texte dans les *Jahrbücher für wissenschaftliche Kritik* (Annales pour une critique scientifique), 1829 (*cf.* Hegel, *Berliner Schriften, op. cit.*, p. 295-329). Il répondit à la lettre par laquelle Göschel le remerciait de son article (*Lettre* du 11-10-1829, dans *Correspondance, op. cit.*, III, p. 241-243) par des paroles exaltant leur commune conception spéculative du rapport de la religion et de la philosophie (cf. *Lettre* du 13-12-1830, *ibid.*, p. 275-277).

§ 565

L'esprit absolu, dans la suppression de l'immédiateté et de la réalité sensible de la figure et du savoir, est, suivant le contenu, l'esprit étant en et pour soi de la nature et de l'esprit, tandis qu'il est, suivant la forme, tout d'abord pour le savoir subjectif de la *représentation*. Celle-ci, d'une part, donne aux moments du contenu de l'esprit absolu une subsistance-par-soi, et fait d'eux, les uns à l'égard des autres, des présuppositions, et des phénomènes qui *se suivent les uns les autres*, ainsi qu'une connexion de l'*advenir* suivant des *déterminations-de-la-réflexion finies* ; d'autre part, une telle forme d'un mode fini de la représentation est aussi supprimée dans la croyance en l'esprit un et dans la dévotion du culte.

§ 566

Dans cet acte de séparer, la *forme* se dissocie du *contenu*, et, dans celle-là, les moments différenciés du concept se dissocient pour former des *sphères particulières* ou des éléments particuliers, en chacun desquels le contenu absolu s'expose, α) en tant que contenu éternel, demeurant chez soi dans sa manifestation, β) en tant que différenciation de l'essence éternelle d'avec sa manifestation, laquelle, du fait de cette différence, devient le monde phénoménal, dans lequel entre le contenu, γ) en tant qu'infini retour [en soi] et réconciliation du monde, séparé par son extériorisation, avec l'essence éternelle, que l'acte par lequel celui-ci revient, du phénomène, dans l'unité de sa plénitude.

§ 567

α) Dans le moment de l'*universalité*, la sphère de la *pensée* pure ou
448 l'élément abstrait de l'*essence*, | c'est donc l'esprit absolu qui est tout d'abord l'[être] *présupposé*, ne restant pas, toutefois, fermé en lui-même, mais étant comme *puissance substantielle* dans la détermination réflexive de la causalité, *créateur* du Ciel et de la Terre, et qui, pourtant, dans cette sphère éternelle, n'engendre bien plutôt que

lui-même comme son *Fils*, reste dans une identité originaire avec cet [être] différencié, tout aussi bien que cette détermination – consistant à être ce qui est différencié de l'essence universelle – se supprime éternellement, et que c'est essentiellement par cette médiation de la médiation qui se supprime que la première substance est en tant que subjectivité et *singularité concrète*, – l'*esprit*.

§ 568

β) Mais, dans le moment de la *particularité* du jugement, cette essence éternelle concrète est le présupposé, et son mouvement est la création du *phénomène*, le brisement du moment éternel de la médiation, du Fils unique, en l'opposition subsistante-par-soi, [celle] d'un côté, du Ciel et de la Terre, de la nature élémentaire et concrète, de l'autre, de l'esprit en tant qu'il se tient dans un *Rapport* avec elle, par conséquent de l'esprit *fini*; celui-ci, en tant que l'extrême de la négativité qui est dans elle-même, se donne la subsistance-par-soi du Mal, et il est un tel extrême par sa relation à une nature [lui] faisant face et par sa propre naturalité ainsi posée, [et,] dans celle-ci, en tant que pensant, il se tient, en même temps, tourné vers l'éternel, mais dans une relation extérieure avec lui.

§ 569

γ) Dans le moment de la *singularité* en tant que telle, c'est-à-dire de la subjectivité et du concept même – en tant que l'opposition de l'universalité et de la particularité, qui a fait retour en son *fondement identique* –, il se présente 1) comme *présupposition*, la substance *universelle* qui, à partir de son abstraction, s'est réalisée effectivement en une conscience de soi *singulière*, puis celle-ci en tant qu'*immédiatement identique* à l'essence – ce *Fils*, évoqué ci-dessus, de la sphère éternelle, qui s'est engagé dans la temporalité –, [et,] en elle, le Mal comme *en soi* supprimé, – mais, en outre, cette existence immédiate et, par là, sensible, de l'[être] absolument concret, qui se pose dans le [partage originaire du] jugement et se meurt en la douleur de la *négativité*, dans laquelle il est, en tant que subjectivité infinie, identique à lui-même, [et] telle que c'est comme *retour absolu* [en soi-même] à partir d'elle et comme unité universelle de l'essentialité universelle et de l'essentialité singulière qu'il est devenu *pour lui-même*, – l'Idée de l'esprit en tant qu'éternel, mais *vivant* et présent dans le monde.

§ 570

2) Cette totalité objective est la *présupposition*, qui est en soi, pour l'immédiateté *finie* du sujet singulier, ce qui fait qu'elle est pour lui, tout d'abord, quelque chose d'*autre* et d'*intuitionné*, mais l'intuition de la vérité qui est *en soi*; du fait d'un tel témoignage de l'esprit en lui, [et] en raison de sa nature immédiate, il se détermine tout d'abord pour lui-même comme ce qui est du néant et comme le Mal; et, ensuite, selon l'exemple de sa vérité, moyennant la croyance en l'unité, accomplie *en soi* dans celle-ci, de l'essentialité universelle et de l'essentialité singulière, il est aussi le mouvement de se déposséder de sa déterminité-de-nature immédiate ainsi que de [sa] volonté propre, et de s'enchaîner, dans la douleur de la négativité, avec cet exemple-là et son *en-soi*, et, ainsi, de se connaître comme réuni avec l'essence; 3) cette essence, par cette médiation, se produit comme habitant dans la conscience de soi, et elle est la présence effective de l'esprit étant en et pour soi comme de l'esprit universel.

§ 571

Ces trois syllogismes, qui constituent le syllogisme un de la médiation absolue de l'esprit avec lui-même, sont la révélation de celui-ci, une révélation qui en explicite la vie dans le cycle de figures concrètes de la représentation. À partir de leur émergence séparée et de leur succession temporelle et extérieure, le déploiement de la médiation se recueille, dans son résultat – l'enchaînement de l'esprit avec lui-même –, non seulement en la simplicité de la foi et de la dévotion du sentiment, mais aussi en la *pensée*, dans la simplicité immanente de laquelle le déploiement a aussi bien son expansion, mais sue comme une connexion indivisible, en lui-même, de l'esprit

universel, | simple et éternel. Dans cette forme de la vérité, la vérité est **450**
l'ob-jet de la *philosophie*.

Si le résultat, l'esprit étant *pour soi*, dans lequel toute médiation s'est
supprimée, est pris dans un sens seulement *formel*, dépourvu de contenu, de
telle sorte que l'esprit n'est pas su en même temps comme étant *en soi* et se
déployant objectivement, une telle subjectivité infinie est la conscience de soi
seulement formelle, se sachant en elle-même comme absolue, l'*ironie*, qui sait
faire pour elle de toute teneur objective un néant, une teneur *vaine*, qui, par
conséquent, est elle-même l'absence de teneur et la vanité qui se donne pour
détermination, à partir d'elle-même, et de ce fait, un contenu contingent et
arbitraire, qui en reste maîtresse, n'est pas liée par lui, et, avec l'assurance de se
tenir à la cime de la religion et de la philosophie, retombe, bien plutôt, dans le
creux arbitraire. C'est seulement en tant que la forme pure infinie, la manifestation de soi qui est auprès d'elle-même, se défait de l'unilatéralité du subjectif,
dans laquelle elle est la vanité de la pensée, qu'elle est la pensée libre qui a sa
détermination infinie en même temps comme contenu absolu, étant en et pour
soi, et qui a celui-ci comme objet, un objet dans lequel elle est, tout aussi bien,
libre. La pensée est, dans cette mesure, elle-même seulement l'[élément]
formel du contenu absolu.

C
LA PHILOSOPHIE

§ 572

La science est l'unité de l'art et de la religion, pour autant que le
mode d'intuition, extérieur quant à la forme, du premier, l'opération
subjective par laquelle il produit le contenu substantiel et le brise en de
nombreuses figures subsistantes-par-soi, sont, dans la *totalité* de la
seconde, ainsi que la dissociation se déployant et la médiatisation du
déployé opérées par elle au sein de la représentation, non seulement
retenus en un tout, mais aussi réunis en l'*intuition* spirituelle simple, et
puis, en celle-ci, élevés à la *pensée consciente de soi*. Ce savoir est, par
là, le *concept*, connu par la pensée, de l'art et de la religion, dans lequel

ce qui est divers dans le contenu est connu comme nécessaire, et ce nécessaire, comme libre.

451 | § 573

En conséquence, la philosophie se détermine de façon à être une connaissance de la nécessité du *contenu* de la représentation absolue, tout comme de la nécessité des deux *formes, d'un côté*, de l'intuition immédiate, avec sa poésie, et de la représentation *présupposante*, de la *révélation* objective et extérieure, *de l'autre côté*, d'abord, de l'aller-dans-soi subjectif, puis du mouvement subjectif vers le dehors et de l'identification de la *foi* avec la présupposition. Une telle connaissance est, de la sorte, la *reconnaissance* de ce contenu et de sa forme, ainsi qu'une *libération* d'avec l'unilatéralité des formes et l'élévation de celles-ci en la forme absolue, qui se détermine elle-même de façon à être le contenu, et reste identique à lui, et, en cela, est la connaissance de cette nécessité-là qui est en et pour soi. Ce mouvement, qui est la philosophie, se trouve déjà accompli, en tant qu'elle saisit, en conclusion, son propre concept, c'est-à-dire ne fait que *ramener son regard en arrière* sur son savoir.

Il pourrait sembler que c'est ici le lieu de traiter, dans une analyse déterminée, du *Rapport de la philosophie à la religion*. La seule chose qui importe, c'est la différence des formes de la pensée spéculative d'avec les formes de la représentation et de l'entendement réfléchissant. Mais c'est tout le cours de la philosophie et, en particulier, de la Logique, qui, non seulement a fait connaître cette différence, mais aussi l'a jugée, ou, bien plutôt, a laissé la nature d'une telle différence se développer et se juger à travers ces catégories elles-mêmes. C'est seulement sur le fondement de cette connaissance des formes que se laisse acquérir la conviction vraie dont il s'agissait, [à savoir] que le contenu de la philosophie et celui de la religion sont le même contenu, abstraction étant faite du contenu, plus vaste, de la nature extérieure et de l'esprit fini, [de] ce qui ne tombe pas dans la sphère de la religion. Mais la religion est la vérité pour *tous les hommes*, la foi repose sur le *témoignage de l'esprit*, qui, comme témoignant, est l'esprit dans l'homme. Ce témoignage, qui est en soi substantiel, se saisit, pour autant qu'il est poussé à s'expliciter, tout d'abord en cette culture qui est celle, par ailleurs, de sa conscience et de son entendement liés au monde; de ce fait, la vérité échoit en partage aux déterminations et Rapports de la finitude en général. Cela n'empêche pas que l'esprit, même dans l'emploi de représentations sensibles et des catégories finies de la pensée, maintienne ferme à leur encontre son contenu, qui, en tant que religieux, est essentiellement spéculatif, qu'il leur fasse violence et soit *inconséquent* à leur égard. Par cette inconséquence, il corrige | ce qu'elles ont **452** de défectueux; c'est pourquoi rien n'est plus facile à l'entendement que de voir des contradictions dans l'exposition de la foi, et de ménager ainsi des triomphes à son principe, l'*identité* formelle. Si l'esprit s'abandonne à cette réflexion finie qui s'est appelée raison et philosophie (rationalisme), il rend fini le contenu religieux, et, en réalité, l'anéantit. C'est, alors, le plein droit de la religion, de se défendre contre une telle raison et philosophie, et de se déclarer son ennemie. Mais il en est autrement, quand elle prend position contre la raison concevante ainsi que contre la philosophie en général et, de façon déterminée, contre une philosophie dont le contenu est spéculatif et, par là, religieux. Une telle opposition repose sur le manque de discernement quant à la nature de la différence indiquée et de la valeur des formes spirituelles en général et, en particulier, des formes-de-pensée, ainsi que, de la façon la plus déterminée, sur le manque de discernement quant à la différence qui existe entre ces formes-là et le contenu, lequel peut être le même dans les deux. C'est en raison de la forme que la philosophie a essuyé des reproches et des accusations de la part du côté religieux, et, inversement, à cause de son contenu spéculatif, qu'elle en a essuyés de la part d'une soi-disant philosophie tout comme d'une piété sans contenu; pour celui-là elle aurait en elle *trop peu* de Dieu, pour celles-ci elle en aurait *trop*.

L'accusation d'*athéisme*, que l'on a souvent dirigée autrefois contre la philosophie, – à savoir qu'il y aurait *trop peu* de Dieu en elle, est devenue rare, mais d'autant plus répandue est l'accusation de panthéisme – [à savoir] que la philosophie aurait en elle *trop* de Dieu –, à tel point que cela ne passe pas tant pour une accusation que pour un *Fait* prouvé, ou même qui n'a besoin d'aucune preuve, pour un *Fait* nu; en particulier, la piété qui, en ses grands airs pieux, se croit, pour le reste, dispensée de prouver, s'abandonne – en accord avec la vide philosophie d'entendement, à laquelle elle veut être tellement opposée, bien que, en réalité, elle repose entièrement sur cette culture – à l'assurance, comme s'il s'agissait seulement, en quelque sorte, de mentionner une Chose bien connue, que la philosophie est la doctrine du tout-un ou le panthéisme. Il faut dire que cela a été plus à l'honneur de la piété et de la théologie elle-même, d'accuser un système philosophique, par exemple le

spinozisme, d'athéisme, plutôt que de panthéisme, bien que la première accusation apparaisse, au premier regard, plus dure et plus haineuse (*cf.* § 71, Rem.).
L'accusation d'athéisme présuppose bien une représentation déterminée d'un
Dieu *riche en contenu*, et naît alors de ce que la représentation ne retrouve pas
dans les concepts philosophiques les formes caractéristiques auxquelles elle
est liée. La philosophie peut bien, en effet, connaître ses formes propres dans
les catégories du mode de représentation religieux, de même que, par là, son
453 contenu propre, dans le contenu religieux, et | rendre justice à celui-ci, mais
l'inverse n'est pas possible, puisque le mode de représentation religieux ne
s'applique pas à lui-même la critique de la pensée et ne se conçoit pas, ce qui
fait qu'il est, dans son immédiateté, exclusif. L'accusation de panthéisme
dirigée – au lieu de celle d'athéisme – contre la philosophie se rencontre
surtout dans la culture moderne, dans la nouvelle piété et la nouvelle théologie,
pour laquelle la philosophie a *trop* de Dieu en elle, à tel point que, à ce qu'elle
assure, Dieu serait même tout et que tout serait Dieu. Car cette nouvelle
théologie, qui fait de la religion seulement un sentiment subjectif, et qui nie la
connaissance de la nature de Dieu, ne garde par là pour elle rien de plus qu'un
Dieu *en général*, sans déterminations objectives. Sans intérêt propre pour le
concept concret, rempli, de Dieu, elle ne considère un tel concept que comme
un intérêt que d'*autres* ont eu un jour, et, par conséquent, traite ce qui
appartient à la théorie de la nature concrète de Dieu, comme étant simplement
quelque chose d'*historique*. On peut trouver le Dieu indéterminé dans toutes
les religions ; chaque espèce de piété (§ 72) – la piété indienne envers des
singes, des vaches, etc., ou envers le Dalaï-Lama, la piété égyptienne envers le
bœuf, etc. – est toujours [une] vénération d'un ob-jet qui, avec toutes ses déterminations absurdes, contient aussi l'abstraction du genre, *du Dieu en général*.
Si un tel Dieu suffit à cette manière de voir qu'on a dite, pour qu'elle trouve
Dieu en tout ce qui est appelé religion, elle doit [nécessairement] trouver un tel
Dieu, du moins, reconnu aussi dans la philosophie, et elle ne peut plus, bien sûr,
accuser celle-ci d'athéisme. L'adoucissement du reproche d'athéisme en celui
de panthéisme a, par conséquent, sa raison d'être seulement dans la superficialité de la représentation en laquelle cette douceur a fait se raréfier et se
vider son Dieu. En tant que, alors, une telle représentation tient ferme à son
universalité abstraite, *en dehors* de laquelle tombe toute déterminité, la déter

minité est, par ailleurs, seulement le non-divin, l'existence mondaine des choses, qui, de ce fait, persiste dans une *substantialité ferme non troublée*. Avec une telle présupposition, [et] aussi dans le cas de l'*universalité étant en et pour soi* qui est affirmée de Dieu en philosophie, et dans laquelle l'être des choses extérieures n'a aucune vérité, on en reste, après comme avant, à ceci, [à savoir] que *les choses appartenant au monde* conservent *bien leur être*, et que ce sont elles qui constituent ce qu'il y a de déterminé à même l'universalité divine. Ainsi, on fait, de l'universalité dont il a été question ci-dessus, celle que l'on appelle l'universalité *panthéistique*, – [à savoir] que *tout* – c'est-à-dire les choses empiriques sans distinction, celles que l'on estime plus élevées, comme celles qui sont communes – *est*, possède de la substantialité, et que cet être des choses appartenant au monde est Dieu. – C'est seulement l'absence de pensée qu'on a en propre, ainsi qu'une falsification des concepts résultant d'elle, qui engendre la représentation et l'assurance qu'on a du panthéisme.

Mais si ceux qui donnent une philosophie quelconque pour | du panthéisme **454** ne sont pas capables et n'ont pas la volonté de discerner cela – car ce qu'ils ne veulent pas, c'est précisément le discernement portant sur des concepts –, ils n'auraient avant tout qu'à constater comme un *Fait*, qu'*un philosophe quelconque* ou *un homme quelconque* a effectivement attribué à *toutes* les choses une réalité étant en et pour soi, une substantialité, et les a regardées comme étant Dieu, qu'une telle représentation est venue dans la tête d'un homme quelconque, à la seule exception d'eux-mêmes. Ce Fait, je veux encore le mettre en lumière dans cette considération exotérique ; ce qui ne peut s'opérer autrement qu'en plaçant les Faits eux-mêmes devant les yeux. Si nous voulons prendre ce que l'on appelle le panthéisme dans sa figure poétique, la plus sublime ou – si l'on veut – la plus crasse, on n'a pour cela qu'à aller voir, c'est bien connu, chez les poètes *orientaux*, et les présentations les plus amples se trouvent chez les Indiens. Parmi la richesse qui nous est offerte à cet égard, je choisis dans la *Bhagavadgîtâ* dont nous disposons de la façon la plus authentique, et parmi ses tirades développées et répétées à satiété, quelques-unes des passages les plus parlants. Dans la dixième Leçon (chez Schlegel, p. 162[1]), *Krishna* dit de lui-même :

---

1. A.W. von Schlegel avait publié en 1823, à Bonn, une étude critique avec traduction latine du célèbre «chant divin» de la *Bhagavadgîtâ* : *Bhagavad-Gita, id est Thespesion melos, sive almi Krishnae et Arjunae colloquium de rebus divinis*

Je suis le souffle qui habite dans le corps des vivants ; je suis le commencement, le milieu des vivants, et pareillement leur fin. – Je suis, parmi les astres, le Soleil qui répand ses rayons ; parmi les signes planétaires, la Lune. Parmi les Livres Saints, le Livre des Hymnes ; parmi les sens, le sens, l'entendement des vivants, etc. Parmi les Roudras, je suis Çiva ; le Meru parmi les cimes des montagnes ; parmi les montagnes, l'Himalaya, etc. ; parmi les animaux, le lion, etc. ; parmi les lettres, je suis le A ; parmi les saisons, je suis le printemps, etc. Je suis la semence de toutes choses ; il n'y a rien qui soit sans moi, etc.

Même dans ces descriptions tout à fait sensibles, *Krishna* (et l'on ne doit pas croire que, en dehors de *Krishna*, il y aurait ici encore, par ailleurs, Dieu ou un dieu ; comme il le disait à l'instant, il serait Çiva, aussi Indra ; de même il est dit de lui, par la suite – 11ᵉ Leçon, p. 15 –, que Brahma aussi serait en lui) se donne seulement pour ce qu'il y a de *plus excellent* en tout ce qui est, mais non pas pour *tout ce qui est* ; partout, la différence est faite entre des existences extérieures, inessentielles, et une existence *essentielle* au milieu d'elles, qui est lui-même. Même lorsqu'il est dit, au commencement du passage, qu'il est le commencement, le milieu et la fin des vivants, cette totalité est différente des vivants eux-mêmes en tant qu'existences singulières. On ne peut donc pas encore nommer du *panthéisme* même une telle description qui donne une vaste extension à la divinité en son existence ; on devrait, bien plutôt, dire que le monde empirique infiniment multiforme, le *tout-ce-qui-est*, est réduit à une multitude plus bornée d'existences essentielles, à un *polythéisme*. Mais il est impliqué déjà dans le texte cité, que même ces substantialités, elles aussi, de 455 ce qui existe extérieurement, | ne conservent pas la subsistance-par-soi, qui pourrait les faire nommer des dieux, que même Çiva, Indra, etc., se dissolvent dans l'unique Krishna.

(*Bhagavadgîtâ, c'est-à-dire chant divin ou entretien du bienfaisant Krishna et d'Arjuna sur les choses divines*).

Dans une recension qu'il fit de l'étude de W. von Humboldt sur la *Bhagavadgîtâ*, et parue en 1826, Hegel évoque la traduction de Schlegel. Il renvoie, d'ailleurs, expressément, dans cette recension, à la présente Remarque du § 573 de l'*Encyclopédie*, édition de 1827 (*Über die unter dem Namen Bhagavad-Gita bekannte Episode des Mahâbhârata, von Wilhelm von Humboldt*, dans *Jahrbücher für wissenschaftliche Kritik* (*Sur l'épisode du Mahâbhârata, bien connu sous le nom de Bhagavad-Gita, par Wilhelm von Humboldt*, dans *Annales pour la critique scientifique*, 1827, *Berliner Schriften, op. cit.*, p. 141).

C'est à cette réduction que l'on parvient expressément dans la description suivante (7e Leçon, p. 7 sq.). *Krishna* parle ainsi : « Je suis l'*origine* du monde tout entier et sa *dissolution*. Il n'y a rien de plus excellent que moi. À moi est suspendu l'univers, comme le sont à un cordon les rangées de perles. Je suis le goût dans les eaux, l'éclat dans le Soleil et la Lune, le nom mystique dans tous les Livres Saints, etc., la vie dans tous les vivants, etc., l'entendement de ceux qui entendent, la vigueur des forts, etc. ». – Il ajoute ensuite que, trompé par la *Mâyâ* (Schlegel : Magia) – qui, elle aussi, n'est rien de subsistant-par-soi, mais seulement ce qui est à lui –, par les qualités caractéristiques, le monde ne le connaît pas, lui, *qui est plus haut, qui est immuable*, que cette Mâyâ est difficile à percer ; mais que ceux qui ont part à lui l'ont vaincue, etc. – La représentation se récapitule ensuite dans l'expression simple [que voici] : « au terme de multiples régénérations, dit Krishna, celui qui est doté de la science s'avance vers moi ; Vasudiva (c'est-à-dire Krishna) est le *tout*, celui qui a cette conviction, ce grand esprit, est difficile à trouver. D'autres se tournent vers d'autres dieux ; je les récompense selon leur croyance, mais la récompense de tels esprits au faible discernement est bornée. Les insensés me tiennent pour *visible*, – *moi*, l'*invisible*, l'*impérissable* ! etc. ». – *Ce tout*, comme lequel Krishna s'exprime, est aussi peu le *tout-ce-qui-est*, que le sont l'*Un* éléatique et la *substance* spinoziste. Ce tout-ce-qui-est, la multiplicité sensible infiniment multiple du fini, est, bien plutôt, dans toutes ces représentations, déterminé comme l'*accidentel*, qui n'est pas en et pour soi, mais a sa vérité à même la substance, l'Un, qui, différent de cet accidentel, est seul le divin et Dieu. La religion indienne s'avance, d'ailleurs, jusqu'à la représentation du *Brahma*, de la pure unité de la pensée dans elle-même, où disparaissent tout ce qui est empirique dans le monde, comme aussi ces substantialités les plus prochaines, évoquées ci-dessus, qui s'appellent des dieux. C'est pourquoi *Colebroke* et beaucoup d'autres ont déterminé la religion indienne, en ce qu'elle a d'essentiel, comme [un] *monothéisme* [1]. Que cette détermination n'est pas incorrecte, cela ressort des quelques passages cités. Mais cette unité de Dieu, et, à la vérité, du Dieu spirituel, est si peu concrète en elle-même, pour ainsi dire si dépourvue de

1. *Cf.* H.T. Colebroke, *On the Vedas or Sacred Writings of the Hindus* (*Des Védas ou Écritures sacrées des Hindous*), dans *Asiatic Researches*, 8, 1805, p. 369-476 (cf. *NP*, p. 495). – Hegel renvoie souvent à l'étude de Colebroke dans sa recension du texte de W. v. Humboldt sur la *Bhagadvagîtâ*, en particulier quant au « monothéisme » de la religion indienne (*cf.* art. cit. note précédente, *Berliner Schriften*, p. 141).

force, que la religion indienne est l'immense embrouillement consistant en ce qu'elle est tout autant le plus insensé des polythéismes. Mais l'idolâtrie de l'Indien misérable, en tant qu'il adore le singe ou quoi que ce soit d'autre, n'est toujours encore pas cette représentation misérable, évoquée ci-dessus, du panthéisme, selon laquelle *tout ce qui est* serait Dieu, et Dieu *tout ce qui est*. Le monothéisme indien, du reste, est lui-même un exemple du peu que l'on fait **456** avec le simple monothéisme, quand l'Idée | de Dieu n'est pas *déterminée* profondément en elle-même. Car cette unité évoquée ci-dessus, pour autant qu'elle est abstraite en elle-même et, par là, vide, suscite bien elle-même le fait d'avoir *en dehors d'*elle [comme] subsistant-par-soi le concret en général, en tant qu'une multitude, soit de dieux, soit de singularités empiriques appartenant au monde. Quant à ce panthéisme dont il a été question, on pourrait même encore l'appeler, de façon conséquente, suivant la représentation superficielle de lui-même, un monothéisme, car, si suivant cette représentation, Dieu est identique au monde, il ne saurait donc y avoir, dans ce panthéisme, puisqu'il n'y a qu'un monde, aussi qu'un Dieu. Il faut bien en venir à prédiquer du monde l'identité numérique vide, mais cette détermination abstraite ne présente en sus aucun intérêt particulier, – bien plutôt, cette unité numérique consiste précisément à être, dans son *contenu*, la multiplicité et variété infinie des finités. Mais c'est cette illusion attachée à l'unité vide, qui, seule, rend possible et suscite la mauvaise représentation d'un panthéisme. C'est seulement la représentation brumeuse du monde comme une *chose une*, comme le *tout*, que l'on pourrait éventuellement regarder comme susceptible d'être liée à Dieu ; cela seulement rendit pensable qu'on ait pu croire que Dieu était le monde ; car, si le monde était pris tel qu'il est, en tant que tout ce qui est, en tant que la multitude sans fin des existences empiriques, on n'aurait assurément pas pu tenir même seulement comme possible qu'il y ait eu un panthéisme qui eût affirmé d'un tel contenu qu'il était Dieu.

Si l'on veut, pour revenir encore une fois sur ce qui est de l'ordre du fait, voir la conscience de l'Un, non pas suivant la dissociation indienne en, d'une part, l'unité sans détermination de la pensée abstraite, d'autre part, son application lassante, devenant même une litanie, au particulier, mais dans la plus belle pureté et sublimité, on doit aller voir chez les Mahométans. Lorsque, par exemple, chez l'excellent *Djelal ed-Din Roumi*, est mise en relief, en particulier, l'unité de l'âme avec l'Un, [et] aussi cette unité en tant qu'amour, une telle unité spirituelle est une *élévation* au-dessus de ce qui est fini et commun, une transfiguration du naturel et du spirituel, dans laquelle précisément ce qu'il y a d'extérieur, de passager, dans l'être naturel immédiat ainsi que dans l'être spirituel empirique, mondain, est éliminé et absorbé*.

* Je ne puis me retenir, en vue d'une représentation plus précise, de citer ici quelques passages qui peuvent bien, en même temps, donner une représentation de l'art admirable de la traduction de M. *Rückert*, à laquelle ils sont empruntés [1] :

III. – Je regardai en haut, et je vis, dans tous les espaces, un seul être,

En bas, et je vis, dans toute l'écume des vagues, un seul être.

| Je regardai dans le cœur, c'était une mer, un espace des mondes,   457

Rempli de mille rêves ; je vis dans tous les rêves un seul être.

Air, feu, terre et eau sont fondus en un seul être,

Dans ta crainte que n'ose pas se hisser vers toi un seul être.

Des cœurs de toute vie entre Terre et Ciel,

Qu'à battre d'adoration pour toi ne tarde pas un seul être !

V. – Bien que le Soleil ne soit qu'un faible éclat de ton éclat,

Pourtant ma lumière et la tienne, originairement, ne font qu'un.

Bien que le Ciel tournant sur son cercle soit poussière à tes pieds,

Pourtant, il n'y a qu'un seul être, et mon être et le tien ne font qu'un.

Poussière devient le Ciel, Ciel devient la poussière,

Et tout reste un, et ton être et le mien, en lui, ne font qu'un.

Comment donc des paroles de vie qui vont par le Ciel

Viennent-elles se reposer dans l'espace resserré du coffret du cœur ?

Comment donc les rayons du Soleil, pour épanouir leur clarté,

S'abritent-ils dans les parois rugueuses de la pierre précieuse ?

Comment donc manger de la terre bourbeuse et boire de l'eau fangeuse

Permet-il que s'élabore la transfiguration de la roseraie ?

Comment donc ce que le muet coquillage suça comme une goutelette

Est-il devenu, comme éclat de la perle, le ravissement de la splendeur solaire ?

Ô cœur, que tu vogues au milieu des flots, que tu brûles dans les brasiers,

Flot et brasier sont une seule et même eau ; sois donc ce que *tu as de pur* !

IX. – Je te dis comment d'argile l'homme est formé :

C'est que Dieu insuffle dans l'argile l'haleine de l'*amour*.

1. *Cf.* F. Rückert, *Mewlana Dschelaleddin Rumi*, dans *Taschenbuch für Damen auf das Jahr 1821* (*Almanach des dames pour l'an 1821*), Tübingen, Cotta, p. 211-248. – Hegel ne cite pas intégralement les poèmes, mais des couples de vers, soulignant certains mots, modifiant la ponctuation, voire changeant légèrement l'original. – Dans ses *Leçons sur l'esthétique*, Hegel vante les traductions de F. Rückert (*Vorlesungen über die Aesthetik*, éd. Glockner, III – G 14 –, p. 401), ainsi que sa veine poétique, qu'il compare même à celle de Goethe dans le *Divan occidental-oriental* (*ibid.*, II, G 13, p. 239).

457 | Je m'abstiens de multiplier les exemples des représentations religieuses et poétiques que l'on est habitué à nommer panthéistes. Au sujet des philosophies auxquelles on a précisément donné ce nom, par exemple la philosophie

458 éléatique ou la philosophie spinoziste, on a déjà rappelé antérieurement | (§ 50, Rem.) qu'elles identifient si peu Dieu avec le monde et le font si peu fini que, dans ces philosophies, ce *tout-ce-qui-est* n'a, bien plutôt, aucune vérité, et que l'on devrait, avec plus de justesse, les désigner comme des *monothéismes* et, en

> Je te dis pourquoi les Cieux toujours décrivent leurs orbes :
> C'est que le trône de Dieu les remplit du reflet de l'*amour*.
> Je te dis pourquoi soufflent les vents du matin :
> Pour sans cesse à leur fraîcheur ouvrir en ses pétales la roseraie de l'*amour*.
> Je te dis pourquoi la nuit revêt son voile :
> Pour initier le monde à la tente nuptiale de l'*amour*.
> Je peux te dire toutes les énigmes de la Création :
> Car de toutes les énigmes l'unique solution est l'*amour*.

458

> | XV. – La mort met bien un terme à la misère de la vie,
> La vie pourtant frémit devant la mort,
> Ainsi devant l'amour frémit un cœur,
> Comme s'il était menacé par la mort.
> *Car là où l'amour s'éveille, meurt*
> *Le Moi, le sombre despote.*
> Toi, laisse mourir celui-ci dans la nuit
> Et respire librement dans l'aurore matinale !

Qui, dans cette poésie s'élançant au-dessus de ce qui est extérieur et sensible, reconnaîtra la représentation prosaïque qu'on se fait de ce qu'on appelle le panthéisme, et qui replonge bien plutôt le divin dans ce qui est extérieur et sensible ? Les riches communications que, dans son écrit : *Florilège de la mystique orientale*, M. *Tholuk* nous donne des poèmes de *Djelal ed-Din* et d'autres, sont faites précisément dans la perspective dont il est ici question [1]. Dans l'Introduction, M. Tholuk prouve combien profondément son âme a saisi la mystique ; il y détermine aussi de façon plus précise le caractère de la mystique orientale et, face à elle, celui de la mystique occidentale et chrétienne. Quelque diverses qu'elles soient, elles ont en commun la détermination d'être de la mystique. La liaison de la mystique avec ce que l'on appelle le panthéisme – dit-il, p. 33 – contient

1. *Cf.* F.A.C Tholuk, *Blütensammlung aus der Morgenländischen Mystik, nebst einer Einleitung über Mystik überhaupt und Morgenländische insbesondere* (*Florilège de la mystique orientale, avec une Introduction sur la mystique en général et la mystique orientale en particulier*), *op. cit.* – voir ci-dessus, Préface de la deuxième édition, p. 55 *sq.*

relation avec la représentation du monde, comme des *acosmismes*. Avec le plus d'exactitude, elles seraient déterminées comme les systèmes qui saisissent l'absolu seulement comme la *substance*. Des modes de représentation orientaux, en particulier mahométans, on peut davantage dire que l'absolu [y] apparaît comme le *genre sans réserve universel*, qui habite les espèces, les existences, mais de telle sorte qu'à celles-ci ne revient aucune réalité effective. | Le défaut de **459** l'ensemble de ces modes de représentation et systèmes est de ne pas progresser jusqu'à la détermination de la substance comme *sujet* et comme *esprit*.

Ces modes de représentation et ces systèmes procèdent de l'unique et commun besoin de toutes les philosophies ainsi que de toutes les religions, [celui] de se faire une représentation de Dieu, et, ensuite, du *Rapport* de celui-ci et du monde. Dans la philosophie, il est reconnu de façon plus précise que, à partir de la représentation de la nature de Dieu, se détermine le Rapport de celui-ci au monde. L'entendement réfléchissant commence par rejeter les modes de représentation et les systèmes relevant de l'âme, de l'activité de l'imaginaire, et de la spéculation, qui expriment la connexion de Dieu et du monde, et, pour qu'on ait Dieu de façon pure dans la croyance ou la conscience, il est séparé, en tant qu'essence, du phénomène, comme le [Dieu] infini, du fini. Mais, suivant cette séparation, se présentent aussi la conviction de la *relation* du phénomène avec l'essence, du fini avec le [Dieu] infini, et ainsi de suite, et, avec elle, la question, désormais de style réfléchissant, qui porte sur la nature de cette relation. C'est dans la forme de la réflexion sur elle que gît toute la difficulté de la Chose. C'est cette relation qui est appelée l'*inconcevable* par ceux – évoqués ci-dessus – qui ne veulent rien savoir de Dieu. Au terme de la philosophie, ce n'est plus le lieu, [et] pas du tout non plus dans une considération exotérique, de perdre un mot sur ce que signifie *concevoir*. Mais, étant donné qu'avec l'appréhension de cette relation sont liées l'appréhension de la

---

la vitalité intérieure de l'âme et de l'esprit, qui consiste essentiellement à anéantir ce tout-ce-qui-est extérieur évoqué ci-dessus, qui est habituellement attribué au panthéisme. Par ailleurs, M. Tholuk s'en tient à l'habituelle représentation sans clarté du panthéisme ; une discussion plus approfondie de cette représentation n'avait, tout d'abord, pour le point de vue, relevant du sentiment, de l'auteur, aucun intérêt ; mais on le voit lui-même saisi d'un étonnant enthousiasme sous l'effet d'une mystique qu'on peut appeler, suivant l'expression habituelle, toute panthéiste. Là, toutefois, où il s'engage dans le philosopher (p. 12 *sq.*), il ne dépasse pas le point de vue habituel de la métaphysique d'entendement et ses catégories non critiques.

science en général et toutes les accusations dirigées contre celle-ci, on peut bien encore rappeler à ce sujet que – en tant que la philosophie a, assurément, affaire avec l'*unité* en général, toutefois non pas avec l'unité abstraite, avec la simple identité et l'absolu vide, mais avec l'unité *concrète* (le *concept*), et que, en tout son cours, elle n'a affaire absolument qu'avec celle-ci – chaque degré de la progression est une *détermination caractéristique* de cette *unité* concrète, et que le plus profond et la dernière des déterminations de l'unité est celle de l'esprit absolu. Or, de ceux qui veulent juger de la philosophie et s'exprimer à son sujet, il faudrait exiger qu'ils s'engagent dans ces *déterminations* de l'*unité* et qu'ils se mettent en peine pour en acquérir la notion, pour le moins qu'ils aillent jusqu'à savoir qu'il y a une *grande multitude* de ces déterminations et qu'il y a entre elles une grande diversité. Mais ils se montrent en avoir si peu la notion et en être, plus encore, si peu en peine que, bien plutôt, dès qu'ils entendent parler d'*unité* – et la *relation* contient d'emblée de l'*unité* –, ils s'en tiennent à l'*unité* totalement abstraite, *indéterminée*, et font abstraction de ce en quoi seul se dépose tout ce qui a de l'intérêt, à savoir du mode selon lequel est déterminée l'unité. Ainsi, ils ne savent rien énoncer sur la philosophie, **460** sinon que la | sèche identité est son principe et son résultat, et qu'elle est le système de l'identité. S'en tenant à cette pensée sans concept de l'identité, ils n'ont absolument rien saisi précisément de l'unité concrète, du concept et du contenu de la philosophie, mais c'est bien plutôt le contraire de celui-ci qu'ils ont saisi. Ils procèdent, dans ce champ, comme le font, dans celui de la physique, les physiciens, qui, pareillement, savent bien qu'ils ont devant eux des propriétés et matières sensibles variées – ou, de façon habituelle, *seulement* des matières (car, pour eux, les propriétés se changent pareillement en des matières), et que ces matières sont aussi en *relation* les unes avec les autres. Or, la question est de savoir de quelle espèce est cette relation, et le caractère propre ainsi que toute la différence de toutes les choses naturelles, inorganiques et vivantes, reposent seulement sur la *déterminité diverse de cette unité*. Mais, au lieu de connaître cette unité dans ses diverses déterminités, la physique ordinaire (la chimie y étant incluse) appréhende seulement l'une de ces déterminités, la plus extérieure, la plus mauvaise, à savoir la *composition*, elle ne fait que l'appliquer dans la série entière des formations naturelles, et elle se rend par là impossible de saisir l'une quelconque de celles-ci. – Le panthéisme insipide évoqué plus haut procède ainsi immédiatement de cette unité insipide qu'on a dite; ceux qui utilisent ce propre produit d'eux-mêmes pour accuser la philosophie retiennent, de la considération de la *relation* de Dieu au monde, que, de cette catégorie qu'est la *relation*, l'un des moments, mais qui n'est aussi qu'*un* *moment* et, à la vérité, le moment de l'indéterminité, est l'*identité*; or, ils restent dans cette moitié d'appréhension et assurent, ce qui est en fait faux, que la philosophie affirme l'identité de Dieu et du monde, et, tandis que, pour eux, en même temps, les deux termes, le monde tout autant que Dieu, ont une substantialité ferme, ils en tirent laborieusement que, dans l'Idée philosophique, Dieu serait *composé* de Dieu et du monde; et telle est alors la représentation qu'ils élaborent du panthéisme et qu'ils attribuent à la philosophie. Ceux qui, dans leur pensée et leur appréhension des pensées, ne vont pas au-delà de telles catégories, et qui, à partir d'elles, qu'ils introduisent dans la philosophie – où rien de ce genre n'est présent –, lui donnent la gale pour pouvoir la gratter, esquivent aussitôt et très facilement toutes les difficultés qui se font jour quand il s'agit d'appréhender la relation de Dieu au monde, en avouant que cette relation renferme pour eux une contradiction à laquelle ils n'entendent rien; que, par suite, il leur faut s'en tenir à la *représentation* totalement *indéterminée* d'une telle relation et, de même, de ses modalités plus prochaines, par exemple l'omniprésence, la Providence, etc. *Croire* ne signifie, en ce sens, rien d'autre que ne pas vouloir progresser jusqu'à une représentation déterminée, ne pas vouloir s'engager plus avant dans le contenu. Que des hommes et des états [sociaux] à l'entendement inculte se satisfassent de représentations indéterminées, | cela s'accorde bien; mais, lorsqu'un entendement cultivé et un intérêt **461** cultivé pour la considération réfléchissante veulent, dans ce qui est reconnu comme un intérêt supérieur et l'intérêt suprême, se contenter de représentations indéterminées, il est difficile de distinguer si, en réalité, l'esprit prend le contenu au *sérieux*. Mais, si ceux qui sont attachés à l'entendement dégarni qu'on a évoqué prenaient au sérieux, par exemple, l'affirmation de l'*omniprésence* de Dieu, en ce sens qu'ils se rendraient leur croyance en elle présente dans une représentation déterminée, dans quelle difficulté [ne] s'empêtrerait [pas] la croyance qu'ils ont en une *réalité véritable* des choses sensibles? Ils ne voudraient pas, assurément, faire habiter Dieu, comme Épicure, dans les intervalles des choses, c'est-à-dire dans les *pores* des physiciens, en tant que ces pores sont le négatif qui doit être *à côté* de ce qui est matériellement réel. Déjà, dans cet « *à côté* », ils auraient leur panthéisme de la spatialité, – leur tout-ce-qui-est, déterminé comme l'extériorité réciproque de l'espace. Mais, en tant qu'ils attribueraient à Dieu une activité efficiente sur et dans l'espace rempli, sur et dans le monde, dans la relation qu'il a avec ceux-ci, ils auraient la dislocation infinie de l'effectivité divine en la matérialité infinie, ils auraient la mauvaise représentation qu'ils appellent panthéisme ou doctrine du tout-un, en réalité seulement comme la propre conséquence nécessaire de leurs mauvaises représentations de Dieu et du monde. Mais, imputer à la philosophie des choses telles que l'unité ou identité dont on parle tant, est une si grande insouciance de la justice et de la vérité, qu'elle ne pourrait devenir compréhensible que par la difficulté de se mettre en la tête des pensées et des concepts, c'est-à-dire non pas l'unité abstraite, mais les modes, configurés de façon multiple, de son être-déterminé. Si des affirmations factuelles sont posées et si les Faits sont des pensées et des concepts, il est indispensable de saisir de telles pensées et de tels concepts. Mais le respect aussi de cette exigence s'est rendu superflu pour autant que, depuis longtemps, il est devenu un préjugé *établi* que la philosophie est un panthéisme, un système de l'identité, une doctrine du tout-un, de telle sorte que celui qui ne saurait pas ce Fait serait traité, ou bien seulement comme ignorant d'une Chose bien connue, ou bien comme cherchant des échappatoires dans un but quelconque. – C'est bien à cause de ce chorus que j'ai cru devoir m'expliquer plus en détail et de façon exotérique au sujet de la non-vérité extérieure et intérieure de ce prétendu Fait ; car, au sujet de la saisie extérieure de concepts comme de simples Faits, par quoi précisément les concepts sont renversés en leur contraire, on ne peut, tout d'abord, parler aussi que de façon exotérique. Mais la considération ésotérique de Dieu et de l'identité, ainsi que de la connaissance et des concepts, est la philosophie elle-même.

462 | § 574

Ce concept de la philosophie est l'Idée *qui se pense*, la vérité qui sait (§ 236), le logique avec cette signification qu'il est l'universalité *vérifiée* dans le contenu concret comme dans son effectivité. La science est, de cette manière, retournée en son commencement, et le logique est de telle sorte son *résultat* en tant que le *spirituel* que, de l'acte-de-juger présupposant dans lequel le concept était seulement *en soi* et le commencement un immédiat, par là de l'*apparition* qu'il avait à même lui dans cet acte, il s'est élevé dans son principe pur en même temps comme dans son élément.

§ 575

C'est cet apparaître qui fonde, tout d'abord, le développement ultérieur. La première apparition est constituée par le *syllogisme* qui a le *logique* comme fondement en tant que point de départ, et la *nature* comme moyen terme qui enchaîne l'*esprit* avec celui-là. Le logique devient la nature, et la nature l'esprit. La nature, qui se tient entre l'esprit et son essence, ne les sépare certes pas en des extrêmes d'une abstraction finie, ni ne se sépare elle-même d'eux de façon à être un terme subsistant-par-soi qui, comme Autre, ne ferait qu'enchaîner des Autres; car le syllogisme est dans l'*Idée*, et la nature n'est essentiellement déterminée que comme point de passage et comme moment négatif, et elle est *en soi* l'Idée; mais la médiation du concept a la forme extérieure du *passage*, et la science celle du cours de la nécessité, de telle sorte que c'est seulement dans l'un des extrêmes qu'est posée la liberté du concept en tant que son enchaînement avec lui-même.

§ 576

Cette apparition est supprimée dans le *deuxième syllogisme*, pour autant que celui-ci est déjà le point de vue de l'esprit lui-même, qui est le terme médiatisant du processus, qui *présuppose* la nature et l'enchaîne avec le *logique*. C'est le syllogisme de la *réflexion* spirituelle dans l'Idée; la science apparaît comme une *connaissance* subjective, dont le but est la liberté, et qui est elle-même la voie pour se produire celle-ci.

| § 577   463

Le troisième syllogisme est l'Idée de la philosophie, qui a *la raison qui se sait*, l'absolument universel, pour son *moyen terme* qui se scinde en *esprit* et *nature*, qui fait de celui-là la présupposition en tant que le processus de l'activité *subjective* de l'Idée, et de celle-ci l'extrême universel, en tant que le processus de l'Idée qui est *en soi*, objectivement. Le *jugement de soi* par lequel l'Idée se divise dans les deux apparitions (§ 575-576) détermine celles-ci comme *ses* (celles de la raison qui se sait) manifestations, et ce qui en elle se réunit, c'est que c'est la nature de la Chose – le concept – qui poursuit son mouvement et se développe, et que ce mouvement est tout autant l'activité de la connaissance, c'est que l'Idée éternelle qui est en et pour soi se fait agissante, s'engendre et jouit de soi éternellement comme esprit absolu.

ARISTOTELES METAPHYSIK. XI. 7[1]

Ἡ δὲ νόησις ἡ καθ᾽ αὑτὴν, τοῦ καθ᾽ αὑτὸ ἀρίστου· καὶ ἡ μάλιστα, τοῦ μάλιστα.

Αὑτὸν δὲ νοεῖ ὁ νοῦς κατὰ μετάληψιν τοῦ νοητοῦ. νοητὸς γὰρ γίνεται θιγγάνων καὶ νοῶν. ὥστε ταὐτὸν νοῦς καὶ νοητόν· τὸ γὰρ δεκτικὸν τοῦ νοητοῦ καὶ τῆς οὐσίας, νοῦς. ἐνεργεῖ δὲ ἔχων· ὥστε ἐκεῖνο μᾶλλον τούτου, ὃ δοκεῖ ὁ νοῦς θεῖον ἔχειν· καὶ ἡ θεωρία τὸ ἥδιστον καὶ ἄριστον. Εἰ οὖν οὕτως εὖ ἔχει, ὡς ἡμεῖς ποτέ, ὁ θεὸς ἀεί, θαυμαστόν· εἰ δὲ μᾶλλον, ἔτι θαυμασιώτερον· ἔχει δὲ ὧδε.

---

1. Dans les deux éditions de 1827 et de 1830, Hegel cite le texte aristotélicien de la *Métaphysique* sous la référence : XI, 7, le livre α n'étant pas alors pris en compte. – Voici la traduction, par J. Tricot, de ce texte de *Métaphysique*, Λ, 7, 1072 b 18-30 (Paris, Vrin, 1970, p. 681-683) : « Or la Pensée, celle qui est par soi, est la pensée de ce qui est le meilleur par soi, et la Pensée souveraine est celle du Bien souverain. L'intelligence se pense elle-même en saisissant l'intelligible, car elle devient elle-même intelligible en entrant en contact avec son objet et en le pensant, de sorte qu'il y a identité entre l'intelligence et l'intelligible : le réceptacle de l'intelligible, c'est-à-dire de la substance formelle, c'est l'intelligence, et l'intelligence est en acte quand elle est en possession de l'intelligible. Aussi l'actualité plutôt que la puissance est-elle l'élément divin que l'intelligence semble renfermer, et l'acte de contemplation est la béatitude parfaite et souveraine. Si donc cet état de joie que nous ne possédons qu'à certains moments, Dieu l'a toujours, cela est admirable ; et s'il l'a plus grand, cela est plus admirable encore. Or c'est ainsi qu'il l'a.

Καὶ ζωὴ δὲ γε ἐνυπάρχει. ἡ γὰρ νοῦ ἐνέργεια, ζωή: ἐκεῖνος δὲ ἡ ἐνέργεια: ἐνέργεια δὲ ἡ καθ᾽ αὑτὴν, ἐκείνου ζωὴ ἀρίστη καὶ ἀΐδιος. φαμὲν δὲ τὸν θεὸν εἶναι ζῷον ἀΐδιον, ἄριστον: ὥστε ζωὴ καὶ αἰὼν συνεχὴς καὶ ἀΐδιος ὑπάρχει τῷ θεῷ. Τοῦτο γὰρ ὁ θεός.

Et la vie aussi appartient à Dieu, car l'acte de l'intelligence est vie, et Dieu est cet acte même; et l'acte subsistant en soi de Dieu est une vie parfaite et éternelle. Aussi appelons-nous Dieu un vivant éternel parfait; la vie et la durée continue et éternelle appartiennent donc à Dieu, car c'est cela même qui est Dieu ».

INDEX DES NOMS DE PERSONNES

Cet Index présente les noms des personnes citées par Hegel
ou dont des textes sont explicitement cités par Hegel

TABLE DES MATIÈRES

ENCYCLOPÉDIE DES SCIENCES PHILOSOPHIQUES
de G.W.F. HEGEL

Dépôt légal : juin 2018
IMPRIMÉ EN FRANCE

Achevé d'imprimer le 12 juin 2018
sur les presses de l'imprimerie *La Source d'Or*
63039 Clermont-Ferrand
Imprimeur n° 20430N